TRAVELMAG

Deutschland / Germany / Allemagne / Duitsland
Tyskland / Germania / Německo / Niemcy

© GeoGraphic Publishers 2009/2010
GeoGraphic Publishers GmbH & Co. KG
Königinstraße 11, D-80539 München,
Telefon +49-89-458020-0, Fax +49-89-458020-21
E-Mail info@geographicmedia.de
www.kunth-verlag.de

Idee und Konzep
Geländedarstellung
MHM ® Copyri

Printed in Germ

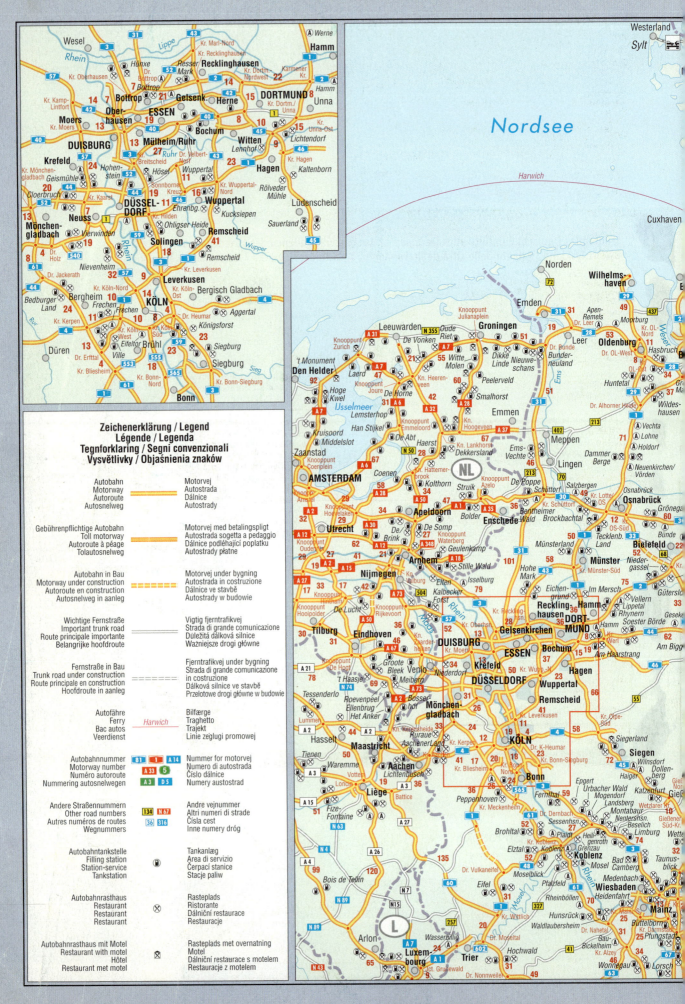

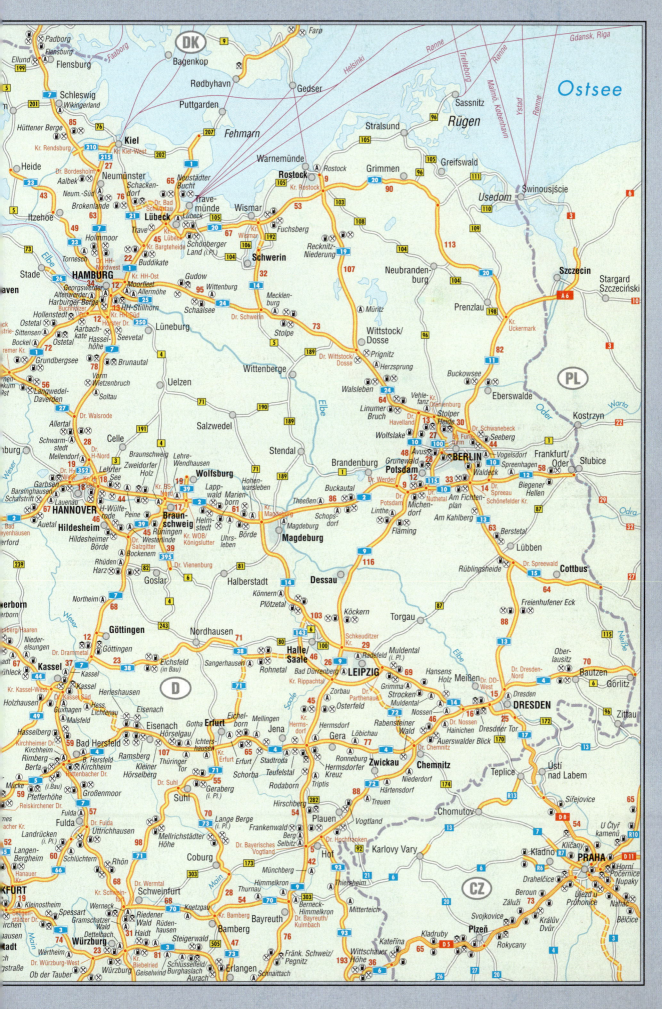

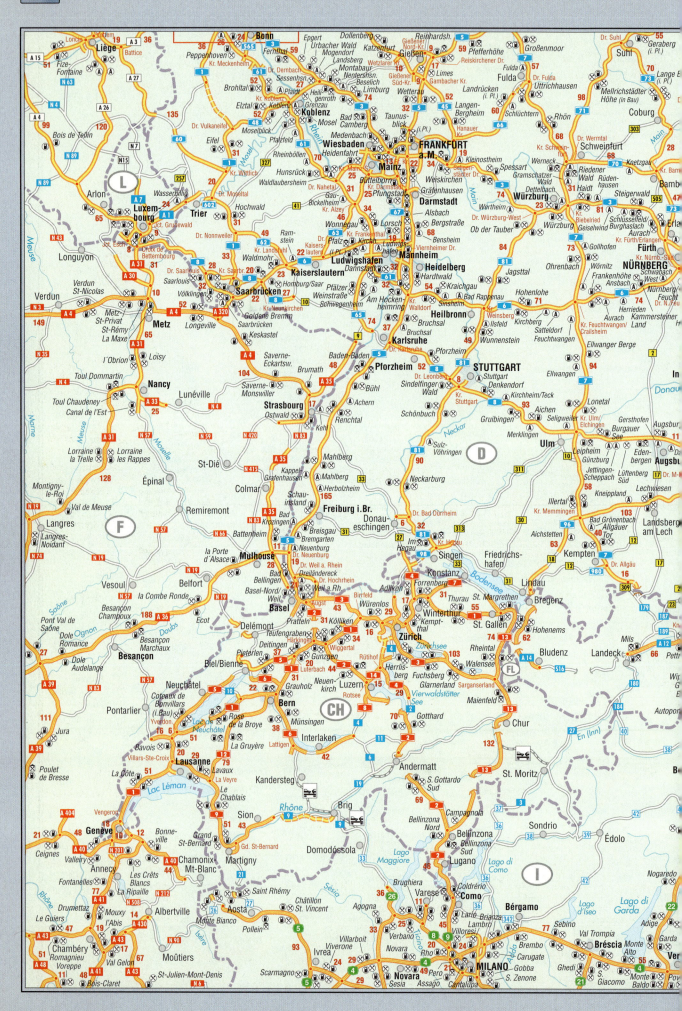

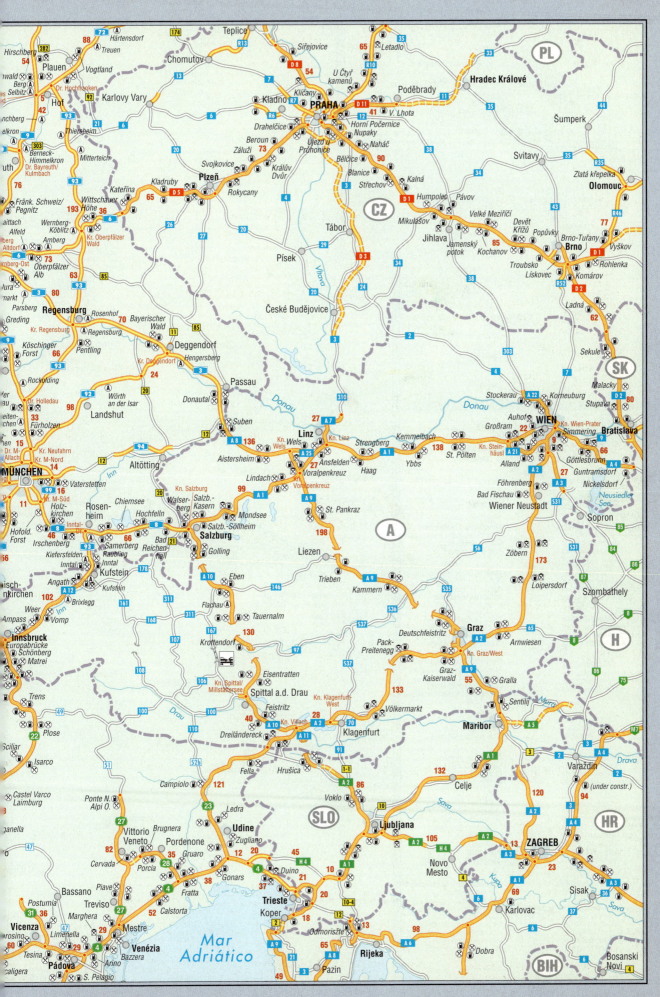

V

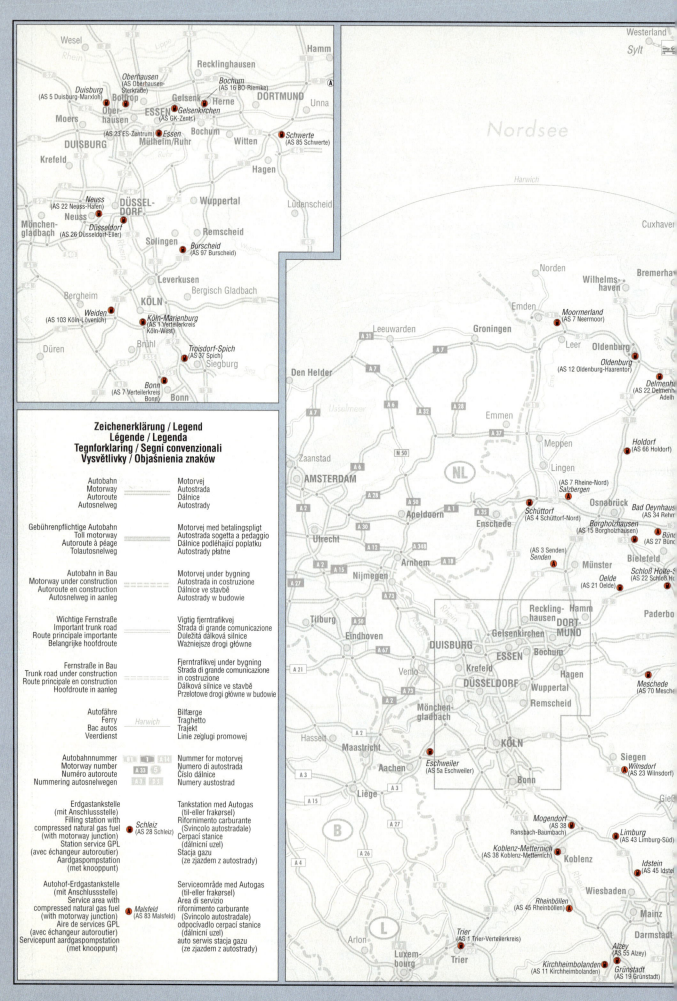

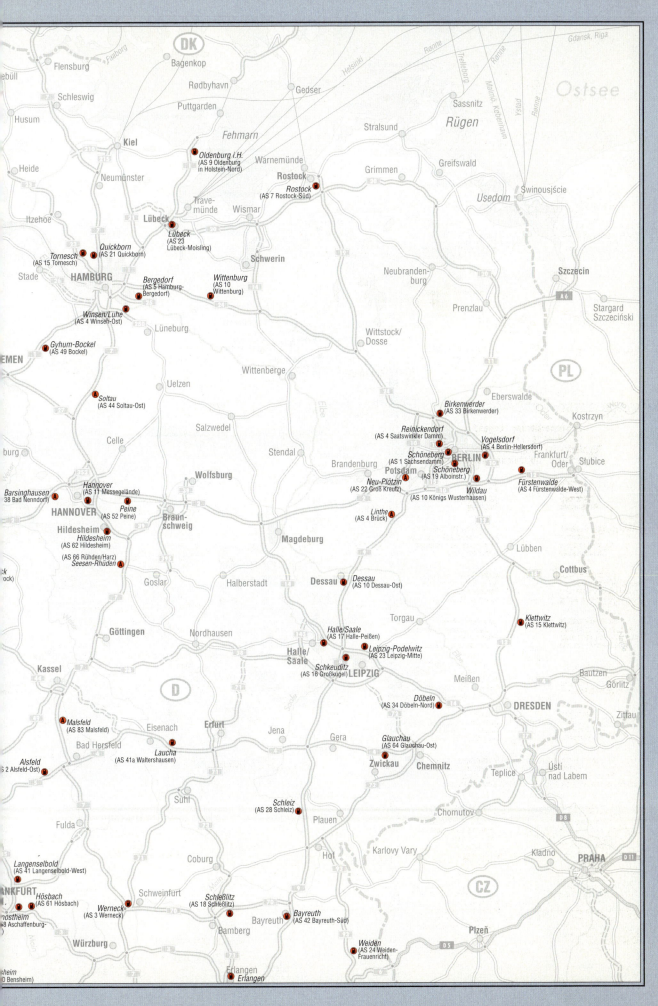

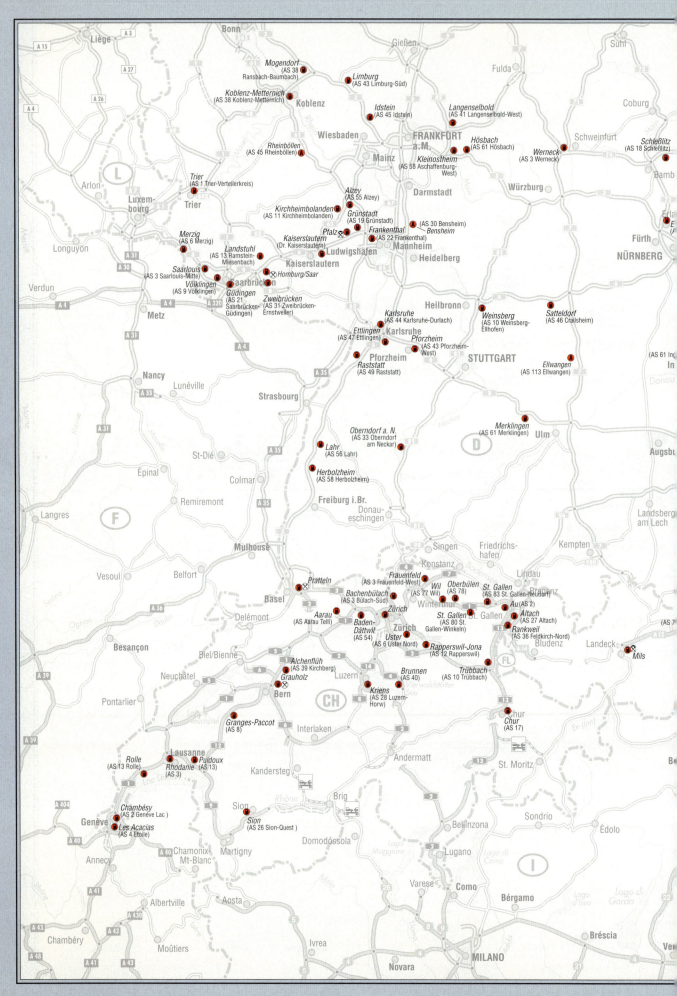

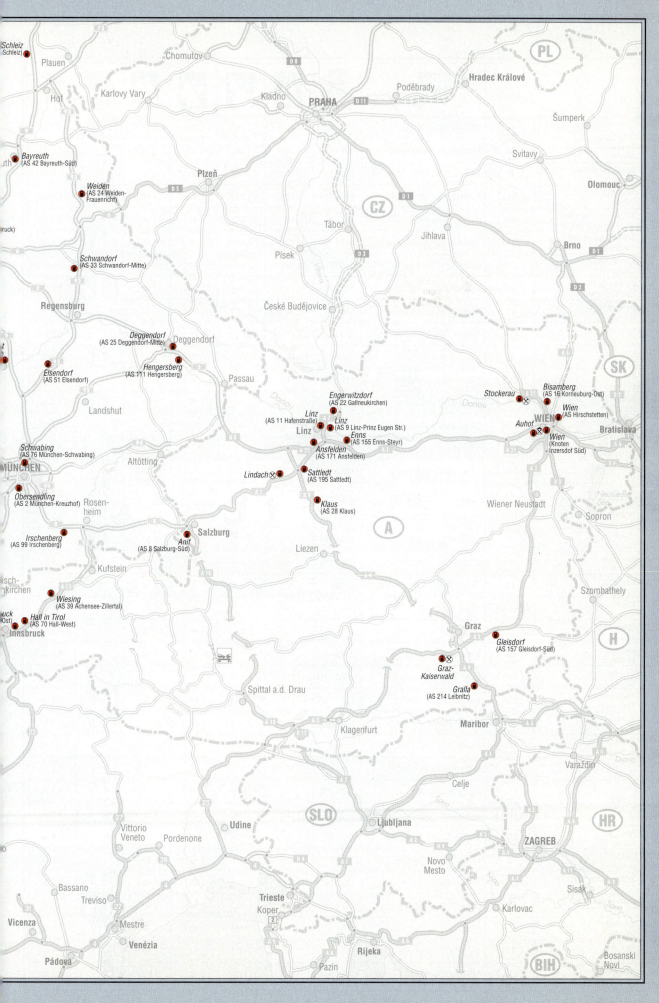

	Country	Code	Currency	SOS ☎ ⚒	🛣	🚗	🛤	🏘	MAUT/TOLL	‰
	Österreich / Austria	A	1 Euro (EUR) = 100 Cent	133 / 144	130	100	100	50	🛣🚗	0,5 ‰
	Shqipëria / Albania	AL	1 Lek (ALL) = 100 Quindarka	129 /126	120	100	80	40		0,0 ‰
	België/Belgique / Belgium	B	1 Euro (EUR) = 100 Cent	101 / 100	120	120	90	50		0,5 ‰
	Bŭlgarija / Bulgaria	BG	1 Lew (BGN) = 100 Stótinki	166 / 150	130	90	90	50	🛣🚗	0,5 ‰
	Bosna i Hercegovina / Bosnia and Herzegovina	BIH	Konvert. Marka (BAM) = 100 Fening	92 / 94	120	100	80	60		0,3 ‰
	Schweiz/Suisse/Svizzera / Switzerland	CH	1 Franken (CHF) = 100 Rappen	117 / 144	120	100	80	50	🛣	0,5 ‰
	Kypros/Kibris / Cyprus	CY	1 Euro (EUR) = 100 Cent	199	100	80	80	50		0,5 ‰
	Česká republika / Czech republic	CZ	1 Koruna (CZK) = 100 Haliru	112 / 155	130	130	90	50	🛣🚗	0,0 ‰
	Deutschland / Germany	D	1 Euro (EUR) = 100 Cent	110 / 112	⊘	⊘	100	50		0,5 ‰
	Danmark / Denmark	DK	1 Krone (DKK) = 100 Øre	112	130	80	80	50		0,5 ‰
	España / Spain	E	1 Euro (EUR) = 100 Cent	112	120	100	90	50	🛣	0,5 ‰
	Eesti / Estonia	EST	1 Kroon (EEK) = 100 Senti	110 / 112	110	110	90	50		0,0 ‰
	France / France	F	1 Euro (EUR) = 100 Cent	112	130	110	90	50	🛣	0,5 ‰
	Suomi/Finland / Finland	FIN	1 Euro (EUR) = 100 Cent	112	120	100	100	50		0,5 ‰
	United Kingdom / United Kingdom	GB	1 Pound Sterling (GBP) = 100 Pence	999 / 112	70 mph (112)	70 mph (112)	60 mph (96)	30 mph (48)		0,8 ‰
	Ellás (Hellás) / Greece	GR	1 Euro (EUR) = 100 Cent	100 / 166	120	110	90	50	🛣🚗	0,5 ‰
	Magyarország / Hungary	H	1 Forint (HUF) = 100 Filler	112	130	110	90	50	🛣	0,0 ‰
	Hrvatska / Croatia	HR	1 Kuna (HRK) = 100 Lipa	112 / 94	130	110	90	50	🛣	0,5 ‰
	Italia / Italy	I	1 Euro (EUR) = 100 Cent	112 / 118	130	110	90	50	🛣	0,5 ‰
	Éire/Ireland / Ireland	IRL	1 Euro (EUR) = 100 Cent	999 / 112	120	100	60/100	50		0,8 ‰
	Ísland / Iceland	IS	1 Krona (ISK) = 100 Aurar	112			80/90	50		0,5 ‰
	Kosovo / Kosovo	KSV	1 Euro (EUR) = 100 Cent	112 / 92	130	110	80	50		0,5 ‰
	Luxembourg / Luxembourg	L	1 Euro (EUR) = 100 Cent	113 / 112	130	90	90	50		0,5 ‰
	Lietuva / Lithuania	LT	1 Litas (LTL) = 100 Centas	02 / 03 / 112	110	90	90	50		0,4 ‰
	Latvija / Latvia	LV	1 Lats (LVL) = 100 Santïmi	02 / 03 / 112	110	90	90	50		0,5 ‰
	Makedonija / Macedonia	MK	1 Denar (MKD) = 100 Deni	192 / 194	120	100	80	40/60	🛣🚗	0,5 ‰
	Norge / Norway	N	1 Krone (NOK) = 100 Øre	112 / 113	90	90	80	50	🛣🛤🏘	0,2 ‰
	Nederland / Netherlands	NL	1 Euro (EUR) = 100 Cent	112	120	100	80	50		0,5 ‰
	Portugal / Portugal	P	1 Euro (EUR) = 100 Cent	112	120	100	90	50	🛣	0,5 ‰
	Polska / Poland	PL	1 Zloty (PLN) = 100 Groszy	112 / 999	130	100	90	50	🛣	0,2 ‰
	România / Romania	RO	1 Leu (RON) = 100 Bani	112	130	100	90	50	🛣🛤🏘	0,0 ‰
	Rossija / Russia	RUS	1 Rubel (RUB) = 100 Kopeek	02 / 03	110	90	90	60		0,3 ‰
	Sverige / Sweden	S	1 Krona (SEK) = 100 Öre	112	110	110/90	70/90	50		0,2 ‰
	Srbija / Crna Gora / Serbia / Montenegro	SRB MNE	1 Dinar (CSM) = 100 Para ; Euro	92 / 94	120	100	80	60	🛣🚗	0,5 ‰
	Slovenská republika / Slovakia	SK	1 Euro (EUR) = 100 Cent	112 / 155	130	130	90	60	🛣🚗	0,0 ‰
	Slovenija / Slovenia	SLO	1 Euro (EUR) = 100 Cent	113 / 112	130	100	90	50	🛣	0,5 ‰
	Türkiye / Turkey	TR	1 Lira (TRY) = 100 Kurus	155 / 112	120	90	90	50	🛣	0,5 ‰
	Ukrajina / Ukraine	UA	1 Griwna (UAH) = 100 Kopijken	02 / 03	130	110	90	60		0,0 ‰

X

			Warnwesten-pflicht	Lichtpflicht am Tag	Einreise-dokumente	Grüne Versicherungs-karte	Zeitzone	Vorwahl nach Deutschland	Deutsche Botschaft
	Österreich Österreich	A	ja	nein	Personalausweis	empfehlenswert	MEZ	0049	Metternichgasse 3, 1030 Wien 3 Tel (01) 71 15 40, Fax (01) 7 13 83 66
	Shqipëria Albanien	AL	nein	nein	Reisepass	erforderlich	MEZ	0049	Rruga Skënderbej 8, Tirana Tel (042) 27 45 05, Fax (042) 23 34 97
	België/Belgique Belgien	B	ja	nein	Personalausweis	empfehlenswert	MEZ	0049	Rue J. de Lalaingstr. 8-14, 1040 Bruxelles Tel. (02) 7 87 18 00, Fax (02) 7 87 28 00
	Bŭlgarija Bulgarien	BG	ja	nein	Personalausweis	erforderlich	OEZ (MEZ+1)	0049	Ulica Fr. Joliot-Curie 25, 1113 Sofija Tel (02) 91 83 80, Fax (02) 9 63 16 58
	Bosna i Hercegovina Bosnien-Herzegowina	BIH	nein	ja	Personalausweis	erforderlich	MEZ	0049	Skenderija 3, 71000 Sarajevo Tel (0) 33 56 53 00, Fax (0) 33 21 24 00
	Schweiz/Suisse/Svizzera Schweiz	CH	nein	empfehlenswert	Personalausweis	empfehlenswert	MEZ	0049	Willadingweg 83, 3006 Bern Tel (031)3 59 41 11, Fax (031) 3 59 44 44
	Kypros/Kibris Zypern	CY	nein	nein	Personalausweis	empfehlenswert	OEZ (MEZ+1)	0049	10 Nikitaras Street, 1080 Nicosia Tel (00357) 22 45 11 45, Fax (00357) 22 66 56 94
	Česká republika Tschechische Republik	CZ	ja (gewerblich)	ja	Personalausweis	empfehlenswert	MEZ	0049	Vlasská 19, 11801 Praha 1- Malá Strana Tel (02) 57 11 31 11, Fax (02) 57 53 40 56
	Deutschland Deutschland	D	nein	nein	Personalausweis	empfehlenswert	MEZ	–	–
	Danmark Dänemark	DK	nein	ja	Personalausweis	empfehlenswert	MEZ	0049	Stockholmsgade 57, 2100 København Ø Tel (03) 5 45 99 00, Fax (03) 5 26 71 05
	España Spanien	E	ja	nein	Personalausweis	empfehlenswert	MEZ	0049	Calle Fortuny 8, 28010 Madrid Tel (091)5 57 90 00, Fax (091) 3 10 21 04
	Eesti Estland	EST	nein	ja	Personalausweis	empfehlenswert	OEZ (MEZ+1)	0049	Toom-Kuninga 11, 15048 Tallinn Tel (06) 27 53 00, Fax (06) 27 53 04
	France Frankreich	F	ja	empfehlenswert	Personalausweis	empfehlenswert	MEZ	0049	13/15 Avenue Franklin D. Roosevelt, 75008 Paris Tel (01) 53 83 45 00, Fax (01) 43 59 74 18
	Suomi/Finland Finnland	FIN	ja	ja	Personalausweis	empfehlenswert	OEZ (MEZ+1)	0049 / 99049	Krogiuksentie 4, 00340 Helsinki Tel (09) 45 85 80, Fax (09) 45 85 82 58
	United Kingdom Großbritannien	GB	nein	nein	Personalausweis	empfehlenswert	WEZ (MEZ-1)	0049	23 Belgrave Square, SW 1X 8PZ London Tel (020) 78 24 13 00, Fax (020) 78 24 14 49
	Ellás (Hellás) Griechenland	GR	nein	nein	Personalausweis	empfehlenswert	OEZ (MEZ+1)	0049	Karaoli & Dimitriou 3, 10675 Athen- Kolonaki Tel (0210) 7 28 51 11, Fax (0210) 7 28 53 35
	Magyarország Ungarn	H	ja	ja	Personalausweis	empfehlenswert	MEZ	00-49	Úri Utca 64-66, 1014 Budapest Tel (01) 4 88 35 00, Fax (01) 4 88 35 05
	Hrvatska Kroatien	HR	ja	ja	Personalausweis	empfehlenswert	MEZ	0049	Ulica Grada Vukovara 64, 10000 Zagreb Tel (01) 6 30 01 00, Fax (01) 6 15 55 36
	Italia Italien	I	ja	ja	Personalausweis	empfehlenswert	MEZ	0049	Via San Martino della Battaglia 4, 00185 Roma Tel (06) 49 21 31, Fax (06) 4 45 26 72
	Éire/Ireland Irland	IRL	nein	nein	Personalausweis	empfehlenswert	WEZ (MEZ-1)	0049	31,Trimleston Av., Booterstown, Blackrock (Co.Dublin) Tel (01) 2 69 30 11, Fax (01) 2 69 39 46
	Ísland Island	IS	nein	ja	Personalausweis	empfehlenswert	WEZ (MEZ-1)	9049	Laufasvegur 31, 101 Reykjavik Tel (05) 30 11 00, Fax (05) 30 11 01
	Kosovo Kosovo	KSV	nein	ja	Reisepass	nicht gültig	MEZ	0049	Rr. Azem Jashanica 17, Arberia, 10000 Pristina Tel (0) 38 25 45 00, Fax (0) 38 25 45 36
	Luxembourg Luxemburg	L	ja	nein	Personalausweis	empfehlenswert	MEZ	0049	20-22, Av. Emile Reuter, 2420 Luxembourg Tel (02) 45 34 45-1, Fax (02) 45 56 04
	Lietuva Litauen	LT	nein	ja	Personalausweis	empfehlenswert	OEZ (MEZ+1)	0049	Sierakausko Gatve 24/8, 03105 Vilnius Tel (05) 2 10 64 00, Fax (05) 2 10 64 46
	Latvija Lettland	LV	nein	ja	Personalausweis	empfehlenswert	OEZ (MEZ+1)	0049	Raina Bulvaris 13, 1050 Riga Tel (067) 08 51 00, Fax (067) 08 51 48
	Makedonija Mazedonien	MK	nein	ja	Reisepass	erforderlich	OEZ (MEZ+1)	0049	ul. Lerinska 59, 1000 Skopje Tel (02) 3 09 39 00, Fax (02) 3 09 38 99
	Norge Norwegen	N	nein	ja	Personalausweis	empfehlenswert	MEZ	0049	Oscarsgate 45, 0244 Oslo Tel (02) 3 27 54 00, Fax (02) 2 44 76 72
	Nederland Niederlande	NL	nein	nein	Personalausweis	empfehlenswert	MEZ	0049	Groot Hertoginnelaan 18-20, 2517 Den Haag Tel (070) 3 42 06 00, Fax (070) 3 65 19 57
	Portugal Portugal	P	ja	ja (nur IP5)	Personalausweis	empfehlenswert	WEZ (MEZ-1)	0049	C. dos Mártires da Pátria 38, 1169-043 Lisboa Tel (01) 2 18 81 02 10, Fax (01) 2 18 85 38 46
	Polska Polen	PL	nein	ja	Personalausweis	empfehlenswert	MEZ	0*049	Ulica Jazdów 12, 00-467 Warszawa Tel (022) 5 84 17 00, Fax (022) 5 84 17 39
	România Rumänien	RO	ja	ja	Personalausweis	empfehlenswert	OEZ (MEZ+1)	0049	Str.Cpt.Av.Gh.Demetriade 6-8, 011849 Bucuresti Tel (021) 2 02 98 30, Fax (021) 2 30 58 46
	Rossija Russland	RUS	nein	nein	Reisepass/Visum	nicht gültig	OEZ (MEZ+2)	0049	Uliza Mosfilmowskaja 56, 119 285 Moskva Tel (0495) 9 37 95 00, Fax (0495) 9 38 23 54
	Sverige Schweden	S	geplant	ja	Personalausweis	empfehlenswert	MEZ	0049*	Artillerigatan 64, 11445 Stockholm Tel (08) 6 70 15 00, Fax (08) 6 61 52 94
	Srbija / Crna Gora Serbien / Montenegro	SRB MNE	nein	nein	Reisepass	erforderlich	MEZ	9949	Kneza Milosa 74-76, 11000 Beograd Tel (01) 13 06 43 00, Fax (01) 13 06 43 03
	Slovenská republika Slowakische Republik	SK	ja	ja (Winter)	Personalausweis	empfehlenswert	MEZ	0049	Hviezdoslavovo Nám 10, 813 03 Bratislava Tel (02) 59 20 44 00, Fax (02) 54 41 96 34
	Slovenija Slowenien	SLO	ja	ja	Personalausweis	empfehlenswert	MEZ	0049	Presernova 27, 1000 Ljubljana Tel (01) 4 79 03 00, Fax (01) 4 25 08 99
	Türkiye Türkei	TR	nein	nein	Personalausweis	empfehlenswert	OEZ (MEZ+1)	0049	Atatürk Bulvari 114, 06690 Ankara Tel (0312) 4 55 51 00, Fax (0312) 4 55 53 36
	Ukrajina Ukraine	UA	nein	nein	Reisepass	erforderlich	OEZ (MEZ+1)	8*1049	Wul. Bohdana Chmelnytzkoho 25, 01901 Kyjiv Tel (044) 2 47 68 00, Fax (044) 2 47 68 18

Deutschland

A	Augsburg	HVL	Havelland (Rathenow)
AA	Ostalbkreis (Aalen)	HWI	Hansestadt Wismar
AB	Aschaffenburg	HX	Höxter
ABG	Altenburger Land (Altenburg)	HY	Hoyerswerda
ABI	Anhalt-Bitterfeld	HZ	Harz
AC	Aachen	IGB	Sankt Ingbert (Saarpfalz-Kreis)
AIC	Aichach-Friedberg	IK	Ilm-Kreis (Arnstadt)
AK	Altenkirchen/Westerwald	IN	Ingolstadt
AM	Amberg	IZ	Steinburg (Itzehoe)
AN	Ansbach	J	Jena
ANA	Annaberg (Annaberg Buchholz)	JL	Jerichower Land (Burg)
AÖ	Altötting	K	Köln
AP	Weimarer Land (Apolda)	KA	Karlsruhe
AS	Amberg-Sulzbach (Amberg)	KB	Waldeck-Frankenberg (Korbach)
ASL	Aschersleben-Staßfurt (Aschersleben)	KC	Kronach
ASZ	Aue-Schwarzenberg (Aue)	KE	Kempten/Allgäu
AUR	Aurich	KEH	Kelheim
AW	Ahrweiler (Bad Neuenahr-Ahrweiler)	KF	Kaufbeuren
AZ	Alzey-Worms (Alzey)	KG	Bad Kissingen
AZE	Anhalt-Zerbst (Zerbst)	KH	Bad Kreuznach
B	Berlin	KI	Kiel
BA	Bamberg	KIB	Donnersbergkreis (Kirchheimbolanden)
BAD	Baden-Baden	KL	Kaiserslautern
BAR	Barnim (Eberswalde)	KLE	Kleve
BB	Böblingen	KM	Kamenz
BBG	Bernburg	KN	Konstanz
BC	Biberach (Biberach a.d. Riß)	KO	Koblenz
BGL	Berchtesgadener Land (Bad Reichenhall)	KÖT	Köthen
BI	Bielefeld	KR	Krefeld
BIR	Birkenfeld	KS	Kassel
BIT	Bitburg-Prüm	KT	Kitzingen
BK	Bördekreis	KU	Kulmbach
BL	Zollernalbkreis (Balingen)	KÜN	Hohenlohekreis (Künzelsau)
BLK	Burgenlandkreis (Naumburg)	KUS	Kusel
BM	Rhein-Erft-Kreis (Bergheim)	KYF	Kyffhäuserkreis (Sondershausen)
BN	Bonn	L	Leipzig
BO	Bochum	LA	Landshut
BÖ	Bördekreis (Oschersleben)	LAU	Nürnberger Land (Lauf a.d. Pegnitz)
BOR	Borken	LB	Ludwigsburg
BOT	Bottrop	LD	Landau i.d. Pfalz
BRA	Wesermarsch (Brake/Unterweser)	LDK	Lahn-Dill-Kreis (Wetzlar)
BRB	Brandenburg	LDS	Dahme-Spreewald (Lübben/Spreewald)
BS	Braunschweig	LER	Leer/Ostfriesland
BT	Bayreuth	LEV	Leverkusen
BTF	Bitterfeld	LG	Lüneburg
BÜS	Büsingen a. Hochrhein (Kreis Konstanz)	LI	Lindau/Bodensee
BZ	Bautzen	LIF	Lichtenfels
C	Chemnitz	LIP	Lippe (Detmold)
CB	Cottbus	LL	Landsberg a. Lech
CE	Celle	LM	Limburg-Weilburg (Limburg a.d. Lahn)
CHA	Cham	LÖ	Lörrach
CLP	Cloppenburg	LOS	Oder-Spree (Beeskow)
CO	Coburg	LU	Ludwigshafen
COC	Cochem-Zell (Cochem)	LWL	Ludwigslust
COE	Coesfeld	M	München
CUX	Cuxhaven	MA	Mannheim
CW	Calw	MB	Miesbach
D	Düsseldorf	MD	Magdeburg
DA	Darmstadt; Darmstadt-Dieburg	ME	Mettmann
DAH	Dachau	MEI	Meißen
DAN	Lüchow-Dannenberg (Lüchow)	MEK	Mittl. Erzgebirgskreis (Marienberg)
DAU	Daun	MG	Mönchengladbach
DBR	Bad Doberan	MH	Mülheim a.d. Ruhr
DD	Dresden	MI	Minden-Lübbecke (Minden)
DE	Dessau	MIL	Miltenberg
DEG	Deggendorf	MK	Märkischer Kreis (Lüdenscheid)
DEL	Delmenhorst	MKK	Main-Kinzig-Kreis (Gelnhausen)
DGF	Dingolfing-Landau (Dingolfing)	ML	Mansfelder Land (Eisleben)
DH	Diepholz	MM	Memmingen
DL	Döbeln	MN	Unterallgäu (Mindelheim)
DLG	Dillingen a.d. Donau	MOL	Märkisch-Oderland (Seelow)
DM	Demmin	MOS	Neckar-Odenwald-Kreis (Mosbach)
DN	Düren	MQ	Merseburg-Querfurt (Merseburg)
DO	Dortmund	MR	Marburg-Biedenkopf (Marburg)
DON	Donau-Ries (Donauwörth)	MS	Münster
DU	Duisburg	MSP	Main-Spessart-Kreis (Karlstadt)
DÜW	Bad Dürkheim/Weinstr.	MSH	Mansfeld-Südharz
DW	Weißeritzkreis (Dippoldiswalde)	MST	Mecklenburg-Strelitz (Neustrelitz)
DZ	Delitzsch	MTK	Main-Taunus-Kreis (Hofheim a.T.)
E	Essen	MTL	Muldentalkreis (Grimma)
EA	Eisenach	MÜ	Mühldorf a. Inn
EBE	Ebersberg	MÜR	Müritz (Waren)
ED	Erding	MW	Mittweida
EE	Elbe-Elster (Bad Liebenwerda)	MYK	Mayen-Koblenz (Koblenz)
EF	Erfurt	MZ	Mainz; Mainz-Bingen (Mainz)
EH	Eisenhüttenstadt	MZG	Merzig-Wadern (Merzig)
EI	Eichstätt	N	Nürnberg
EIC	Eichsfeld (Heiligenstadt)	NB	Neubrandenburg
EL	Emsland (Meppen)	ND	Neuburg-Schrobenhausen (Neuburg a.d. Donau)
EM	Emmendingen	NDH	Nordhausen
EMD	Emden	NE	Rhein-Kreis Neuss (Neuss)
EMS	Rhein-Lahn-Kreis (Bad Ems)	NEA	Neustadt a. Aisch-Bad Windsheim
EN	Ennepe-Ruhr-Kreis (Schwelm)	NES	Rhön-Grabfeld (Bad Neustadt/Saale)
ER	Erlangen	NEW	Neustadt a.d. Waldnaab
ERB	Odenwaldkreis (Erbach)	NF	Nordfriesland (Husum)
ERH	Erlangen-Höchstadt (Erlangen)	NI	Nienburg/Weser
ES	Esslingen a. Neckar	NK	Neunkirchen/Saar
ESW	Werra-Meißner-Kreis (Eschwege)	NM	Neumarkt i.d. Oberpfalz
EU	Euskirchen	NMS	Neumünster
F	Frankfurt a. Main	NOH	Grafschaft Bentheim (Nordhorn)
FB	Wetteraukreis (Friedberg/Hessen)	NOL	Niederschlesischer Oberlausitzkreis (Niesky)
FD	Fulda	NOM	Northeim
FDS	Freudenstadt	NR	Neuwied/Rhein
FF	Frankfurt/Oder	NU	Neu-Ulm
FFB	Fürstenfeldbruck	NVP	Nordvorpommern (Grimmen)
FG	Freiberg	NW	Neustadt a.d. Weinstraße
FL	Flensburg	NWM	Nordwestmecklenburg (Grevesmühlen)
FN	Bodenseekreis (Friedrichshafen)	OA	Oberallgäu (Sonthofen)
FO	Forchheim	OAL	Ostallgäu (Marktoberdorf)
FR	Freiburg i. Breisgau; Breisgau-Hochschwarzwald (Freiburg i.Br.)	OB	Oberhausen
FRG	Freyung-Grafenau (Freyung)	OD	Stormarn (Bad Oldesloe)
FRI	Friesland (Jever)	OE	Olpe
FS	Freising	OF	Offenbach a. Main
FT	Frankenthal/Pfalz	OG	Ortenaukreis (Offenburg)
FÜ	Fürth	OH	Ostholstein (Eutin)
G	Gera	OHA	Osterode a. Harz
GAP	Garmisch-Partenkirchen	OHV	Oberhavel (Oranienburg)
GC	Chemnitzer Land (Glauchau)	OHZ	Osterholz (Osterholz-Scharmbeck)
GE	Gelsenkirchen	OK	Ohrekreis (Haldensleben)
GER	Germersheim	OL	Oldenburg
GF	Gifhorn	OPR	Ostprignitz-Ruppin (Neuruppin)
GG	Groß-Gerau	OS	Osnabrück
GI	Gießen	OSL	Oberspreewald-Lausitz (Senftenberg)
GL	Rheinisch-Bergischer Kreis (Bergisch Gladbach)	OVP	Ostvorpommern (Anklam)
GM	Oberbergischer Kreis (Gummersbach)	P	Potsdam
GÖ	Göttingen	PA	Passau
GP	Göppingen	PAF	Pfaffenhofen a.d. Ilm
GR	Görlitz	PAN	Rottal-Inn (Pfarrkirchen)
GRZ	Greiz	PB	Paderborn
GS	Goslar	PCH	Parchim
GT	Gütersloh	PE	Peine
GTH	Gotha	PF	Pforzheim; Enzkreis (Pforzheim)
GÜ	Güstrow	PI	Pinneberg
GZ	Günzburg	PIR	Sächsische Schweiz (Pirna)
H	Hannover	PL	Plauen
HA	Hagen	PLÖ	Plön/Holstein
HAL	Halle/Saale	PM	Potsdam-Mittelmark (Belzig)
HAM	Hamm	PR	Prignitz (Perleberg)
HAS	Haßberge (Haßfurt)	PS	Pirmasens
HB	Hansestadt Bremen; Bremerhaven	QLB	Quedlinburg
HBN	Hildburghausen	R	Regensburg
HBS	Halberstadt	RA	Rastatt
HD	Heidelberg; Rhein-Neckar-Kreis (Heidelberg)	RD	Rendsburg-Eckernförde (Rendsburg)
HDH	Heidenheim a.d. Brenz	RE	Recklinghausen
HE	Helmstedt	REG	Regen
HEF	Hersfeld-Rotenburg (Bad Hersfeld)	RG	Riesa-Großenhain (Großenhain)
HEI	Dithmarschen (Heide)	RH	Roth
HER	Herne	RO	Rosenheim
HF	Herford	ROW	Rotenburg/Wümme
HG	Hochtaunuskreis (Bad Homburg v.d.H.)	RP	Rhein-Pfalz-Kreis (Ludwigshafen a.Rh.)
HGW	Hansestadt Greifswald	RS	Remscheid
HH	Hansestadt Hamburg	RT	Reutlingen
HI	Hildesheim	RÜD	Rheingau-Taunus-Kr. (B. Schwalbach)
HL	Hansestadt Lübeck	RÜG	Rügen (Bergen)
HM	Hameln-Pyrmont (Hameln)	RV	Ravensburg
HN	Heilbronn/Neckar	RW	Rottweil
HO	Hof	RZ	Herzogtum Lauenburg (Ratzeburg)
HOL	Holzminden	S	Stuttgart
HOM	Saarpfalz-Kreis (Homburg/Saar)	SAD	Schwandorf
HP	Bergstraße (Heppenheim/Bergstr.)	SAW	Altmarkkreis-Salzwedel (Salzwedel)
HR	Schwalm-Eder-Kreis (Homberg/Efze)	SB	Stadtverband Saarbrücken
HRO	Hansestadt Rostock	SBK	Schönebeck
HS	Heinsberg	SC	Schwabach
HSK	Hochsauerlandkreis (Meschede)	SDL	Stendal
HST	Hansestadt Stralsund	SE	Segeberg (Bad Segeberg)
HU	Hanau (Main-Kinzig-Kreis)	SFA	Soltau-Fallingbostel (Bad Fallingbostel)
		SG	Solingen
		SGH	Sangerhausen
		SHA	Schwäbisch Hall
SHG	Schaumburg (Stadthagen)		
SHK	Saale-Holzland-Kreis (Eisenberg)		
SHL	Suhl		
SI	Siegen-Wittgenstein (Siegen)		
SIG	Sigmaringen		
SIM	Rhein-Hunsrück-Kreis (Simmern)		
SK	Saalkreis (Halle/Saale)		
SL	Schleswig-Flensburg (Schleswig)		
SLF	Saalfeld-Rudolstadt (Saalfeld)		
SLK	Salzlandkreis		
SLS	Saarlouis		
SM	Schmalkalden-Meiningen (Meiningen)		
SN	Schwerin		
SO	Soest		
SÖM	Sömmerda		
SOK	Saale-Orla-Kreis (Oberböhmsdorf)		
SON	Sonneberg		
SP	Speyer		
SPN	Spree-Neiße-Kreis (Forst)		
SR	Straubing-Bogen (Straubing)		
ST	Steinfurt		
STA	Starnberg		
STD	Stade		
STL	Stollberg		
SU	Rhein-Sieg-Kreis (Siegburg)		
SÜW	Südliche Weinstraße (Landau i.d. Pfalz)		
SW	Schweinfurt		
SZ	Salzgitter		
TBB	Main-Tauber-Kreis (Tauberbischofsheim)		
TET	Teterow		
TF	Teltow-Fläming (Luckenwalde)		
TIR	Tirschenreuth		
TO	Torgau-Oschatz		
TÖL	Bad Tölz-Wolfratshausen (Bad Tölz)		
TR	Trier; Trier-Saarburg (Trier)		
TS	Traunstein		
TÜ	Tübingen		
TUT	Tuttlingen		
UE	Uelzen		
UER	Uecker-Randow (Pasewalk)		
UH	Unstrut-Hainich-Kreis (Mühlhausen/Thüringen)		
UL	Ulm; Alb-Donau-Kreis (Ulm)		
UM	Uckermark (Prenzlau)		
UN	Unna		
V	Vogtlandkreis (Plauen)		
VB	Vogelsbergkreis (Lauterbach/Hessen)		
VEC	Vechta		
VER	Verden (Verden/Aller)		
VIE	Viersen		
VK	Völklingen (Stadtverb. Saarbrücken)		
VS	Schwarzwald-Baar-Kreis (Villingen-Schwenningen)		
W	Wuppertal		
WAF	Warendorf		
WAK	Wartburgkreis (Bad Salzungen)		
WB	Wittenberg		
WE	Weimar		
WEN	Weiden i.d. Oberpfalz		
WES	Wesel		
WF	Wolfenbüttel		
WHV	Wilhelmshaven		
WI	Wiesbaden		
WIL	Bernkastel-Wittlich (Wittlich)		
WL	Harburg (Winsen/Luhe)		
WM	Weilheim-Schongau (Weilheim i.OB)		
WN	Rems-Murr-Kreis (Waiblingen)		
WND	Sankt Wendel		
WO	Worms		
WOB	Wolfsburg		
WR	Wernigerode		
WSF	Weißenfels		
WST	Ammerland (Westerstede)		
WT	Waldshut (Waldshut-Tiengen)		
WTM	Wittmund		
WÜ	Würzburg		
WUG	Weißenburg-Gunzenhausen (Weißenburg i. Bayern)		
WUN	Wunsiedel		
WW	Westerwald (Montabaur)		
Z	Zwickau; Zwickauer Land (Werdau)		
ZI	Löbau-Zittau (Zittau)		
ZW	Zweibrücken		

Gefahrenstelle
Kreuzung mit Vorfahrt von rechts
Kurve (rechts)
Doppelkurve (zunächst rechts)
Gefälle
Steigung
Unebene Fahrbahn
Schnee- oder Eisglätte
Schleudergefahr bei Nässe/Schmutz
Steinschlag von rechts
Splitt, Schotter
Seitenwind
Verengte Fahrbahn
Einseitig (rechts) verengte Fahrbahn
Baustelle
Stau
Gegenverkehr
Fußgänger
Kinder
Radfahrer kreuzen
Wildwechsel
Beschrankter Bahnübergang (240 m)
Unbeschrankter Bahnübergang (240 m)
Zweistreifige Bake (160 m, links)
Einstreifige Bake (80 m, rechts)
Andreaskreuz
Vorfahrt gewähren!
Halt! Vorfahrt gewähren!
Dem Gegenverkehr Vorrang gewähren!
Einbahnstraße
Geradeaus und rechts
Kreisverkehr
Rechts vorbei
Haltestelle Straßenbahnen/Linienbusse
Taxenstand
Sonderweg für Radfahrer
Sonderweg für Reiter
Sonderweg für Fußgänger
Gemeinsamer Fuß- und Radweg
Getrennter Fuß- und Radweg
Beginn des Fußgängerbereichs
Ende des Fußgängerbereichs
Verbot für Fahrzeuge aller Art
Verbot für Kraftwagen
Verbot für Kfz mit Gesamtgewicht > 3,5t
Verbot für Radfahrer
Verbot für Reiter
Verbot für Fußgänger
Verbot für (Klein-)Krafträder, Mofas, Kfz
Verbot der Einfahrt
Verbot für Kfz über angegebenem Gewicht
Verbot für Kfz über angegebener Achslast
Verbot für Kfz über angegebener Breite
Verbot für Kfz über angegebener Höhe
Verbot für Kfz über angegebener Länge
Verbot des Fahrens ohne Mindestabstand
Verbot für Kfz mit gefährlichen Gütern
Verbot für Kfz mit wassergefährdender Ladung
Wendeverbot
Verkehrsverbot bei Smog
Beginn der Umweltzone
Ende der Umweltzone
Zulässige Höchstgeschwindigkeit
Ende der zulässigen Höchstgeschwindigkeit
Beginn der Zone mit Höchstgeschwindigkeit
Ende der Zone mit Höchstgeschwindigkeit
Mindestgeschwindigkeit
Ende der Mindestgeschwindigkeit
Überholverbot für Kfz aller Art
Ende des Überholverbots
Überholverbot für Kfz mit Gewicht > 3,5t
Ende des Überholverbots
Ende sämtlicher Streckenverbote
Halteverbot
Eingeschränktes Halteverbot
Eingeschränktes Zonenhalteverbot
Ende des eingeschr. Zonenhalteverbots
Schneekettenpflicht
Vorfahrtsstraße
Ende der Vorfahrtsstraße
Vorfahrt an der nächsten Kreuzung
Vorrang vor dem Gegenverkehr
Ortseingangsschild
Ortsausgangsschild
Parkplatz
Parken auf Gehwegen
Parken und Reisen (Park and Ride)
Wandererparkplatz
Beginn des verkehrsberuhigten Bereichs
Ende des verkehrsberuhigten Bereichs
Autobahn
Ende der Autobahn
Kraftfahrstraße
Ende der Kraftfahrstraße
Fußgängerüberweg
Einbahnstraße
Wasserschutzgebiet
Fußgängerunter- oder -überführung
Sackgasse
Erste Hilfe
Pannenhilfe
Fernsprecher
Notruf
Tankstelle
Polizei
Zelt- und Wohnwagenplatz
Auskunftsstelle
Autobahnhotel
Autobahngasthaus
Autobahnkiosk
Toilette
Richtgeschwindigkeit
Ende der Richtgeschwindigkeit
Ortshinweistafel
Touristischer Hinweis
Seitenstreifen nicht befahrbar
Mautpflicht nach dem Autobahnmautgesetz
Mautpflicht
Zollstelle
Informationstafel an Grenzübergängen
Laterne brennt nicht die ganze Nacht
Nummernschild für Bundesstraßen
Nummernschild für Autobahnen
Nummernschild für Europastraßen
Ausfahrtsnummer an Autobahnen
Vorwegweiser auf Autobahnen
Ankündigungsbake (dreistreifig, 300 m)
Ankündigungsbake (zweistreifig, 200 m)
Ankündigungsbake (einstreifig, 100 m)
Entfernungstafel
Bedarfsumleitung
Nummerierte Umleitung
Umleitungswegweiser
Planskizze für Umleitung
Bedarfsumleitungstafel
Umlenkungspfeil
Schwierige Verkehrsführung
Überleitungstafel
Grünpfeil: Möglichkeit des Rechtsabbiegens bei Rot
Abknickende Vorfahrtsstraße

Entfernungs- und Fahrzeittabelle (h:min / km)

Column headers (left → right): Würzburg, Ulm, Stuttgart, Salzburg, Saarbrücken, Rostock, Passau, Nürnberg, München, Mannheim, Mainz, Magdeburg, Lübeck, Lindau, Leipzig, Köln, Kiel, Kassel, Karlsruhe, Hannover, Hamburg, Garmisch-Partenk., Freiburg i.Br., Frankfurt a. M., Flensburg, Erfurt, Düsseldorf, Duisburg, Dresden, Dortmund, Bremen, Braunschweig, Bielefeld, Berlin, Basel, Aachen (km)

h:min	Würzburg	Ulm	Stuttgart	Salzburg	Saarbrücken	Rostock	Passau	Nürnberg	München	Mannheim	Mainz	Magdeburg	Lübeck	Lindau	Leipzig	Köln	Kiel	Kassel	Karlsruhe	Hannover	Hamburg	Garmisch-Partenk.	Freiburg i.Br.	Frankfurt a. M.	Flensburg	Erfurt	Düsseldorf	Duisburg	Dresden	Dortmund	Bremen	Braunschweig	Bielefeld	Berlin	Basel	Aachen
Aachen	3:30	3:30	4:30	4:30	3:05	3:55	2:35	6:40	2:15	3:00	4:10	5:30	3:10	4:40	5:30	3:10	1:50	5:15	7:45	5:30	1:00	4:35	8:05	5:30	3:35	2:30	2:15	5:55	4:45	8:30	5:15	3:10	1:00	6:10	4:45	
Basel	3:30	3:05	5:40	5:25	2:35	8:45	6:15	4:10	2:25	1:50	3:35	6:40	7:45	2:25	5:40	4:20	7:10	4:20	0:50	6:25	5:15	3:40	0:50	3:00	8:30	5:10	4:50	5:00	6:35	6:35	6:45	6:00	3:50	4:00	526	
Berlin	4:35	5:40	5:55	6:40	2:15	3:00	4:15	4:05	4:00	5:30	5:30	3:35	3:55	6:25	1:35	6:25	5:15	3:00	5:10	3:50	3:10	6:10	9:10	5:55	3:20	3:20	5:50	2:00	2:20	5:50	1:55		869	639	260	
Bielefeld	3:10	4:35	4:35	6:40	4:05	3:35	6:40	4:30	5:30	3:40	3:25	1:50	3:10	5:30	3:10	1:30	4:10	1:45	3:10	1:30	2:45	6:10	4:20	2:10	4:50	3:20	1:10	5:50		393	638	657		
Braunschweig	3:10	4:40	4:10	6:40	4:35	3:05	5:45	3:45	4:40	4:05	3:25	1:05	2:35	5:35	2:15	3:30	3:10	2:10	4:25	1:30	2:40	6:40	4:35	2:30	4:30	2:25		165	420	657	762	260				
Bremen	4:20	5:30	5:30	6:40	4:40	2:55	6:40	5:15	5:40	4:30	4:30	2:25	2:00	6:40	3:30	3:10	2:45	3:20	5:20	1:30	1:25	6:10	4:20	2:10	3:10		170	169	389	366	541	148				
Dortmund	3:30	5:35	5:35	6:40	4:00	3:10	6:40	4:30	5:40	3:55	3:25	2:00	2:35	5:35	3:05	1:00	3:50	1:40	4:10	1:40	2:35	6:40	4:40	2:20		237	269	115	492	541	549	148				
Dresden	3:35	5:40	5:40	4:55	5:40	4:20	3:55	2:55	4:00	4:50	4:40	1:25	4:30	5:20	1:00	4:50	4:30	3:05	5:30	3:20	4:10	4:50	9:10	4:40		549	471	309	317	166	540	652	117			
Duisburg	3:35	4:55	4:55	6:45	4:00	2:55	6:10	4:25	5:30	3:50	3:30	2:35	3:05	5:30	3:20	0:45	4:25	1:40	4:40	1:45	2:35	8:00	4:40		613	57	266	337	182	549	746	117	82			
Düsseldorf	3:30	4:45	4:45	6:40	3:25	3:05	5:50	4:20	5:30	3:25	3:00	3:25	3:05	4:40	3:00	0:45	4:25	2:25	2:30	1:55	2:45	5:45		25	610	63	298	337	227	564	521	82				
Erfurt	1:50	4:30	4:15	4:30	3:25	5:10	3:00	2:15	3:50	3:35	3:00	1:40	4:15	4:15	1:40	4:15	4:00	1:20	4:30	2:55	4:10	4:50		405	410	227	344	337	318	570	440	318	656			
Flensburg	5:55	5:25	5:50	8:55	6:55	3:15	8:30	6:25	7:15	6:35	5:55	4:00	1:55	7:45	4:25	4:55	1:00	4:35	7:00	3:15	2:15	8:25		522	574	543	647	509	283	972	254	698				
Frankfurt a. M.	2:30	3:00	3:20	5:10	3:20	5:50	3:55	2:15	4:10	1:10	0:40	4:15	5:50	2:30	3:40	2:40	5:20	1:55	1:25	4:50	4:35		255	232	254	467	223	452	366	322	541					
Freiburg i.Br.	3:55	3:00	2:35	5:45	3:00	8:00	5:00	3:30	3:20	2:25	2:25	5:35	6:50	1:25	4:40	4:40	6:45	3:50	1:20	5:30	5:05		663	255	232	254	493	690	420	322	698					
Garmisch-Partenk.	4:10	3:20	3:10	2:45	4:50	7:30	3:50	2:30	1:20	3:25	3:25	5:50	7:15	2:30	5:50	5:30	8:40	4:10	3:05	5:35	7:00		272	914	513	715	739	557	701	820	698					
Hamburg	4:55	6:45	6:10	7:15	6:05	1:50	7:15	5:35	6:20	5:20	5:20	2:40	1:00	6:40	3:10	4:20	1:20	3:25	5:35	1:45		321	479	497	167	364	418	557	350	815						
Hannover	3:30	4:55	4:55	6:55	4:50	3:15	6:00	3:55	4:40	4:10	4:10	1:30	2:15	5:50	2:40	2:40	3:05	1:50	4:20		156	702	614	355	320	220	279	373	357	492						
Karlsruhe	3:30	2:20	1:50	5:45	2:00	6:25	4:10	2:00	3:00	0:45	1:20	5:00	6:05	1:25	4:20	3:50	6:25	3:00		485	629	377	140	142	201	401	363	557	360	310						
Kassel	3:10	4:10	3:55	5:10	3:35	4:45	4:30	2:55	4:15	2:55	2:15	2:25	3:30	5:05	2:00	3:25	3:50		315	167	312	548	478	150	232	220	362	174	278	310						
Kiel	5:30	6:50	6:55	8:05	6:50	2:35	8:05	5:55	6:20	5:40	5:40	2:50	1:20	7:45	3:50	4:35		411	727	248	97	944	853	595	85	462	516	475	566	449	212					
Köln	3:25	4:40	4:55	6:50	3:25	3:05	5:45	4:15	5:00	3:20	2:35	3:15	3:55	4:40	3:00		518	247	306	432	400	645	437	191	93	353	69	528	522	366	578	70				
Leipzig	1:50	4:55	4:30	4:55	4:05	4:15	3:40	2:30	4:00	4:00	3:40	1:10	4:25	5:10		521	499	297	501	300	465	515	647	401	430	182	566	629	121	607	373	210	182			
Lindau	4:30	1:30	1:15	4:35	4:05	8:55	4:50	3:35	3:15	2:55	3:55	6:25	7:45		554	598	985	588	301	742	887	177	430	482	629	655	607	645	710	713	647					
Lübeck	4:30	6:35	6:50	8:35	6:25	1:25	8:00	5:35	6:25	5:20	5:20	2:50		943	457	490	77	376	686	246	65	906	818	554	162	422	471	444	489	407	257	316	550			
Magdeburg	2:50	5:10	5:10	7:05	5:55	3:25	6:35	4:55	5:30	4:45	4:00		337	664	130	437	376	246	619	144	281	613	695	434	436	173	424	409	239	355	253	91	255	160		
Mainz	2:50	3:35	3:30	5:35	2:25	5:30	4:30	3:00	4:55	0:55		459	580	411	413	183	475	430	47	266	470	572	438	88	348	262	91	366	540	295	523	416	393	580		
Mannheim	2:10	2:10	1:35	4:45	1:20	6:40	4:00	3:15	3:45		459	506	628	361	475	246	670	261	78	424	618	398	201	78	232	285	283	306	652	540	470	603	587	795		
München	1:50	2:10	2:20	2:00	4:15	6:50	2:30	1:50		359	433	527	835	185	430	592	877	459	299	572	782	88	348	398	927	427	630	652	470	615	733	603	587	587		
Nürnberg	1:45	2:00	2:10	3:00	3:20	5:20	2:10		172	245	264	375	643	298	260	413	685	266	201	383	564	262	383	223	755	232	438	555	282	423	496	373	409	417		
Passau	2:00	2:55	3:35	1:50	4:55	7:00		224	181	457	477	548	866	351	459	642	910	513	348	564	811	272	564	383	980	451	676	698	475	665	782	653	611	228		
Rostock	3:45	6:35	7:05	8:00	7:05		821	595	765	744	708	327	117	963	410	605	194	503	701	330	182	856	932	669	279	502	590	559	523	297	373	197	316	988		
Saarbrücken	3:10	2:50	2:30	5:40		867	591	360	441	137	146	607	748	372	599	270	792	205	145	436	645	354	205	209	1079	427	433	314	551	585	540	691	611	795		
Salzburg	3:00	3:10	3:45		924	125	360	313	220	210	671	323	980	489	569	471	375	323	489	763	183	489	540	623	670	572	780	554	747	896	750	747	737		
Stuttgart	3:55	1:05		580	223	828	767	665	210	572	711	339	409	516	423	508	675	603	341	378	315															
Ulm	1:45		97	291	303	767	325	144	229	296	210	296	498	325	572	501	346	382	315																	
Würzburg		214	153	427	306	665	336	110	290	177	154	346	191	192	660	323	345	335	482																	

XIV

Herausragende Sehenswürdigkeiten • Significant points of interest • Curiosités remarquables • Opvallende bezienswaardigheden

D / GB		F / NL	D / GB		F / NL
Autoroute / Road routes		Route / Autoroute	Burg/Festung/Wehranlage / Castle/fortress/fort		Château/forteresse/remparts / Burcht/vesting/verdedigingswerk
Bahnstrecke / Rail routes		Ligne ferroviaire / Spoorwegtraject	Burgruine / Castle ruin		Château ruine / Burcht ruine
UNESCO-Weltnaturerbe / UNESCO-World Natural Heritage		Patrimoine naturel de l'UNESCO / UNESCO-wereldnatuurerfgoed	Palast/Schloss / Palace/castle		Palais/château / Paleis/kasteel
Gebirgslandschaft / Mountain landscape		Paysage de montagne / Berglandschap	Technisches/industrielles Monument / Technical/industrial monument		Monument technique/industriel / Technisch/industrieel monument
Felslandschaft / Rock landscape		Paysage rocheux / Rotslandschap	Bergwerk geschlossen / Disused mine		Mine fermée / Mijn buiten bedrijf
Schlucht/Canyon / Ravine/canyon		Gorge/canyon / Kloof/canyon	Staumauer / Dam wall		Barrage / Stuwdam
Vulkan, erloschen / Extinct volcano		Volcan éteint / Dode vulkaan	Herausragende Brücke / Amazing bridge		Pont remarquable / Opvallende brug
Höhle / Cave		Grotte / Grotten	Sehenswerter Leuchtturm / Impressive lighthouse		Très beau phare / Bezienswaardige vuurtoren
Gletscher / Glacier		Glacier / Gletsjer	Spiegel- und Radioteleskop / Space telescope		Télescope astronomique / Ruimtetelescoop
Wasserfall/Stromschnelle / Waterfall/rapids		Chute d'eau/rapide / Waterval/stroomversnelling	Windmühle / Windmill		Moulin / Windmolen
Seenlandschaft / Lake country		Paysage de lacs / Merenlandschap	Wassermühle / Water mill		Moulin à eau / Watermolen
Dünenlandschaft / Sand dunes		Dunes / Duinen	Herausragender Brunnen / Significant well		Puits remarquable / Belangrijke bron
Depression / Depression		Bassin / Depressie	Winzerei/Weinanbaugebiet / Winery/Wine-growing district		Domaine viticole/Région viticole / Wijnmakerij/Wijnbouwgebied
Nationalpark (Landschaft) / National park (landscape)		Parc national (paysage) / Nationaal park (landschap)	Kriegsschauplatz/Schlachtfeld / Theatre of war/battlefields		Champs de bataille / Strijdtoneel/slagvelden
Nationalpark (Flora) / National park (flora)		Parc national (flore) / Nationaal park (flora)	Grabmal / Grave		Tombeau / Grafmonument
Nationalpark (Fauna) / National park (fauna)		Parc national (faune) / Nationaal park (fauna)	Denkmal / Monument		Monument / Monument
Biosphärenreservat / Biosphere reserve		Réserve de biosphère / Biosfeerreservaat	Mahnmal / Memorial		Mémorial / Gedenkteken
Naturpark / Nature park		Parc naturel / Natuurpark	Sehenswerter Turm / Tower of interest		Tour intéressante / Bezienswaardige toren
Botanischer Garten / Botanic garden		Jardin botanique / Botanische tuin	Herausragendes Gebäude / Remarkable building		Bâtiment remarquable / Bijzonder gebouw
Fossilienstätte / Fossil site		Site fossile / Fossielenvindplaats	Freilichtmuseum / State Historical Park		Musée de plein air / Openluchtmuseum
Zoo/Safaripark / Zoo/safari park		Zoo/parc safari / Dierentuin/safaripark	Museum / Museum		Musée / Museum
Wildreservat / Wildlife reserve		Réserve animale / Wildreservaat	Theater / Theatre		Théâtre / Theater
Schutzgebiet für Seelöwen/Seehunde / Protected area for sealions/seals		Réserve naturelle d'otaries/de phoques / Beschermd gebied voor zeeleeuwen/-honden	Feste und Festivals / Feasts and festivals		Fêtes et festivals / Feesten en festivals
Schutzgebiet für Büffel / Protected area for buffalos		Réserve naturelle de buffles / Beschermd gebied voor buffels	Messe / Trade fair		Palais des expositions / Beurs
Vogelschutzgebiet / Protected area for birds		Réserve naturelle ornithologique / Gebied met vogelbescherming	Weltausstellung / World exhibition		Exposition universelle / Wereldtentoonstelling
Schmetterlingsfarm / Butterfly farm		Ferme de papillon / Vlinderboerderij	Olympische Spiele / Olympics		Site olympique / Olympische Spelen
Küstenlandschaft / Coastel landscape		Paysage côtier / Kustlandschap	Information / Visitor Center		Information / Informatie
Insel / Island		Île / Eiland	Arena/Stadion / Arena/stadium		Arène/stade / Arena/stadion
Strand / Beach		Plage / Strand	Rennstrecke / Race track		Circuit automobile / Circuit
Quelle / Spring		Source / Bron	Golf / Golf		Golf / Golf
UNESCO-Weltkulturerbe / UNESCO-World Cultural Heritage		Patrimoine culturel de l'UNESCO / UNESCO-wereldcultuurerfgoed	Pferdesport / Horse racing		Équitation / Paardensport
Vor- und Frühgeschichte / Pre- and early history		Préhistoire et protohistoire / Prehistorische en vroegste geschiedenis	Wintersport / Winter sports		Sports d'hiver / Wintersport
Römische Antike / Roman antiquity		Antiquité romaine / Romeinse oudheden	Segeln / Sailing		Voile / Zeilen
Wikinger / Viking		Vikings / Vikingen	Tauchen / Diving		Plongée / Duiken
Keltische Geschichte / Place of Celtic History		Site historique celtique / Keltisch historisch punt	Windsurfen / Wind surfing		Planche à voile / Surfen
Jüdische Kulturstätte / Place of Jewish cultural interest		Site juif / Joodse cultuurhistorische plaatsen	Kanu/Rafting / Canoeing/rafting		Canoë/rafting / Kanoën/rafting
Kirche allgemein / General church		Église en général / Kerk algemeen	Badeort / Beach resort		Station balnéaire / Badplaats
Kirchenruine, Klosterruine / Church ruin, Monastery ruin		Église, Monastère, ruine / Kerkruine, Kloosterruine	Freizeitbad / Leisure bath		Piscine découverte / Recreatiebad
Christliches Kloster / Christian monastery		Monastère chrétien / Christelijk klooster	Mineralbad/Therme / Mineral/thermal spa		Station hydrothermale / Mineraalbad/thermen
Romanische Kirche / Roman church		Église romane / Romaanse kerk	Freizeitpark / Amusement / theme park		Parc de loisirs / Recreatiepark
Gotische Kirche / Gothic church		Église gothique / Gotische kerk	Spielcasino / Casino		Casino / Casino
Barocke Kirche / Baroque church		Église baroque / Baroke kerk	Bergbahn / Mountain railway		Chemin de fer de montagne / Kabelbaan
Byzantinisch/orthodoxe Kirche / Byzantine/orthodox church		Église byzatin/orthodoxe / Byzantijnse/orthodoxe kerk	Aussichtspunkt / Viewpoint		Point de vue / Uitzichtpunt
Kulturlandschaft / Cultural landscape		Paysage culturel / Cultuurlandschap	Wandern/Wandergebiet / Rambling/rambling area		Randonnées/zone de randonnées / Wandelen/wandelgebied
Historisches Stadtbild / Historical city space		Cité historique / Historisch stadsgezicht	Klettergebiet / Climbing area		Zone d'escalade / Klimwand
Imposante Skyline / Impressive skyline		Gratte-ciel / Imposante skyline			

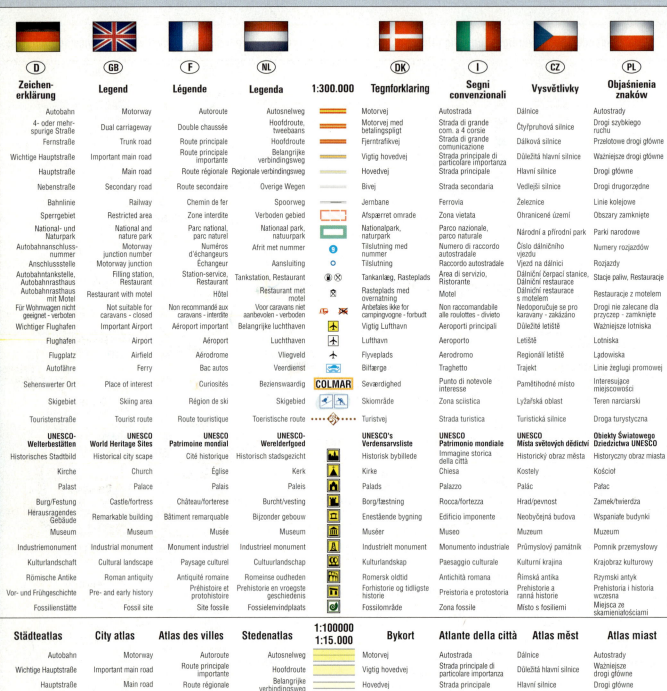

Zeichenerklärung / Legend / Légende / Legenda — 1:300.000 — Tegnforklaring / Segni convenzionali / Vysvětlivky / Objaśnienia znaków

D — Zeichenerklärung	GB — Legend	F — Légende	NL — Legenda	DK — Tegnforklaring	I — Segni convenzionali	CZ — Vysvětlivky	PL — Objaśnienia znaków
Autobahn	Motorway	Autoroute	Autosnelweg	Motorvej	Autostrada	Dálnice	Autostrady
4- oder mehrspurige Straße	Dual carriageway	Double chaussée	Hoofdroute, tweebaans	Motorvej med betalingspligt	Strada di grande com. a 4 corsie	Čtyřpruhová silnice	Drogi szybkiego ruchu
Fernstraße	Trunk road	Route principale	Hoofdroute	Fjerntrafikvej	Strada di grande comunicazione	Dálková silnice	Przelotowe drogi główne
Wichtige Hauptstraße	Important main road	Route principale importante	Belangrijke verbindingsweg	Vigtig hovedvej	Strada principale di particolare importanza	Důležitá hlavní silnice	Ważniejsze drogi główne
Hauptstraße	Main road	Route régionale	Regionale verbindingsweg	Hovedvej	Strada principale	Hlavní silnice	Drogi główne
Nebenstraße	Secondary road	Route secondaire	Overige Wegen	Bivej	Strada secondaria	Vedlejší silnice	Drogi drugorzędne
Bahnlinie	Railway	Chemin de fer	Spoorweg	Jernbane	Ferrovia	Železnice	Linie kolejowe
Sperrgebiet	Restricted area	Zone interdite	Verboden gebied	Afspærret omrade	Zona vietata	Ohraničené území	Obszary zamknięte
National- und Naturpark	National and nature park	Parc national, parc naturel	Nationaal park, natuurpark	Nationalpark, naturpark	Parco nazionale, parco naturale	Národní a přírodní park	Parki narodowe
Autobahnanschlussnummer	Motorway junction number	Numéros d'échangeurs	Afrit met nummer	Tilslutning med nummer	Numero di raccordo autostradale	Číslo dálničního vjezdu	Numery rozjazdów
Anschlussstelle	Motorway junction	Échangeur	Aansluiting	Tilslutning	Raccordo autostradale	Vjezd na dálnici	Rozjazdy
Autobahntankstelle, Autobahnrasthaus	Filling station, Restaurant	Station-service, Restaurant	Tankstation, Restaurant	Tankanlæg, Rasteplads	Area di servizio, Ristorante	Dálniční čerpací stanice, Dálniční restaurace	Stacje paliw, Restauracje
Autobahnrasthaus mit Motel	Restaurant with motel	Hôtel	Restaurant met motel	Rasteplads med overnatning	Motel	Dálniční restaurace s motelem	Restauracje z motelem
Für Wohnwagen nicht geeignet - verboten	Not suitable for caravans - closed	Non recommandé aux caravans - interdite	Voor caravans niet aanbevolen - verboden	Anbefales ikke for campingvogne - forbudt	Non raccomandabile alle roulottes - divieto	Nedoporučuje se pro karavany - zakázáno	Drogi nie zalecane dla przyczep - zamknięte
Wichtiger Flughafen	Important Airport	Aéroport important	Belangrijke luchthaven	Vigtig Lufthavn	Aeroporti principali	Důležité letiště	Ważniejsze lotniska
Flughafen	Airport	Aéroport	Luchthaven	Lufthavn	Aeroporto	Letiště	Lotniska
Flugplatz	Airfield	Aérodrome	Vliegveld	Flyveplads	Aerodromo	Regionálí letiště	Lądowiska
Autofähre	Ferry	Bac autos	Veerdienst	Bilfærge	Traghetto	Trajekt	Linie żeglugi promowej
Sehenswerter Ort	Place of interest	Curiosités	Bezienswaardig	Seværdighed	Punto di notevole interesse	Pamětihodné místo	Interesujące miejscowości
Skigebiet	Skiing area	Région de ski	Skigebied	Skiområde	Zona sciistica	Lyžařská oblast	Teren narciarski
Touristenstraße	Tourist route	Route touristique	Toeristische route	Turistvej	Strada turistica	Turistická silnice	Droga turystyczna

UNESCO-Welterbestätten / UNESCO World Heritage Sites / UNESCO Patrimoine mondial / UNESCO Werelderfgoed / UNESCO's Verdensarvsliste / UNESCO Patrimonio mondiale / UNESCO Místa světových dědictví / Obiekty Światowego Dziedzictwa UNESCO

D	GB	F	NL	DK	I	CZ	PL
Historisches Stadtbild	Historical city scape	Cité historique	Historisch stadsgezicht	Historisk bybillede	Immagine storica della città	Historický obraz města	Historyczny obraz miasta
Kirche	Church	Église	Kerk	Kirke	Chiesa	Kostely	Kościoł
Palast	Palace	Palais	Paleis	Palads	Palazzo	Palác	Pałac
Burg/Festung	Castle/fortress	Château/forterese	Burcht/vesting	Borg/fæstning	Rocca/fortezza	Hrad/pevnost	Zamek/twierdza
Herausragendes Gebäude	Remarkable building	Bâtiment remarquable	Bijzonder gebouw	Enestående bygning	Edificio imponente	Neobyčejná budova	Wspaniałe budynki
Museum	Museum	Musée	Museum	Muséer	Museo	Muzeum	Muzeum
Industriemonument	Industrial monument	Monument industriel	Industrieel monument	Industrielt monument	Monumento industriale	Průmyslový památník	Pomnik przemysłowy
Kulturlandschaft	Cultural landscape	Paysage culturel	Cultuurlandschap	Kulturlandskap	Paesaggio culturale	Kulturní krajina	Krajobraz kulturowy
Römische Antike	Roman antiquity	Antiquité romaine	Romeinse oudheden	Romersk oldtid	Antichità romana	Římská antika	Rzymski antyk
Vor- und Frühgeschichte	Pre- and early history	Préhistoire et protohistoire	Prehistorie en vroegste geschiedenis	Forhistorie og tidligste historie	Preistoria e protostoria	Prehistorie a ranná historie	Prehistoria i historia wczesna
Fossilienstätte	Fossil site	Site fossile	Fossielenvindplaats	Fossilområde	Zona fossile	Místo s fosiliemi	Miejsca ze skamieniałościami

Städteatlas / City atlas / Atlas des villes / Stedenatlas — 1:100000 / 1:15.000 — Bykort / Atlante della città / Atlas měst / Atlas miast

D — Städteatlas	GB — City atlas	F — Atlas des villes	NL — Stedenatlas	DK — Bykort	I — Atlante della città	CZ — Atlas měst	PL — Atlas miast
Autobahn	Motorway	Autoroute	Autosnelweg	Motorvej	Autostrada	Dálnice	Autostrady
Wichtige Hauptstraße	Important main road	Route principale importante	Hoofdroute	Vigtig hovedvej	Strada principale di particolare importanza	Důležitá hlavní silnice	Ważniejsze drogi główne
Hauptstraße	Main road	Route régionale	Belangrijke verbindingsweg	Hovedvej	Strada principale	Hlavní silnice	Drogi główne
Fußgängerzone	Pedestrian zone	Zone piétonne	Voetgangerzone	Gågade	Zona pedonale	Pěší zóna	Strefa ruchu pieszego
Bahnlinie	Railway	Chemin de fer	Spoorweg	Jernbane	Ferrovia	Žlezčniní trat'	Linie kolejowe
Stadion	Stadium	Stade	Stadion	Stadion	Stadio	Stadión	Stadiony
Messe	Trade fair	Palais des expositions	Beurs	Messe	Fiera	Veletrh	Targi
Hauptbahnhof	Central station	Gare central	Centraal station	Hovedbanegård	Stazione centrale	Hlavní stanice	Dworzec główny
Parkplatz, Parkhaus	Parking, parking garage	Parking	Parkeerplaats	Parkeringsplads, parkeringshus	Parcheggio, autosilo	Parkoviště, parkovací budova	Parkingi, parkingi wielokondygnacyjne
Post	Post office	Bureau de poste	Postkantoor	Posthus	Ufficio postale	Pošta	Poczty
Krankenhaus	Hospital	Hôpital	Ziekenhuis	Sygehus	Ospedale	Nemocnice	Szpitale
Information	Information	Information	Informatie	Information	Informazioni	Informace	Informacja
Busbahnhof	Bus station	Gare routière	Busstation	Busstation	Stazione degli autobus	Autobusové nádraží	Dworce autobusowe
Kirche, Synagoge Moschee	Church, synagogue mosque	Église, synagogue mosquée	Kerk, synagoge moskee	Kirke, Synagoge, Moske	Chiesa, sinagoga, moschea	Kostel, synagoga mešita	Kościoły, synagogi meczety
Theater, Museum, Bibliothek	Theatre, museum, library	Théâtre, musée, bibliothèque	Theater, museum, bibliotheek	Teater, Museum, Bibliotek	Teatro, museo, biblioteca	Divadlo, muzeum, knihovna	Teatry, muzeum, biblioteki
Kirche, Kirchenruine	Church, ruin	Église, ruines	Kerk, ruïne	Kirke, ruiner	Chiesa, rovine	Kostely, zříceniny kostelu	Kościoły, ruiny
Kloster, Klosterruine	Monastery, ruin	Monastère, ruines	Klooster, ruïne	Kloster, ruiner	Abbazia, rovine	Klášter, zříceniny kláštera	Klasztory, ruiny
Burg, Schloss, Ruine	Castle, ruin	Fort, château, ruines	Kasteel, ruïne	Borg, slot, ruiner	Castello, rovine	Hrad, zámek, zříceniny	Zamki, pałace, ruiny
Sonstige Sehenswürdigkeit	Other point of interest	Autres curiosités	Overige beziens-waardigheden	Anden seværdighed	Altro punto di intersese	Jiná pozoruhodnost	Inne interesujące obiekty
Freizeitpark	Amusement park	Parc de loisirs	Recreatiepark	Forlystelsespark	Parco di divertimento	Park pro volný čas	Park rozrywki
Erlebnisbad	Leisure bath	Piscine découverte	Recreatiebad	Svømmebad	Parco acquatico	Koupaliště	Basen
Rennstrecke	Race track	Circuit	Parcours	Væddeløbsbane	Circuito	Běžecká dráha	Trasa wyścigu

Straßenatlas Deutschland / Road atlas Germany / Atlas routier de l'Allemagne / Stratenatlas Duitsland
Tyskland Vejatlas / Atlante stradale della Germania / Silniční atlas Německo / Drogowy atlas Niemiec

1 : 300.000

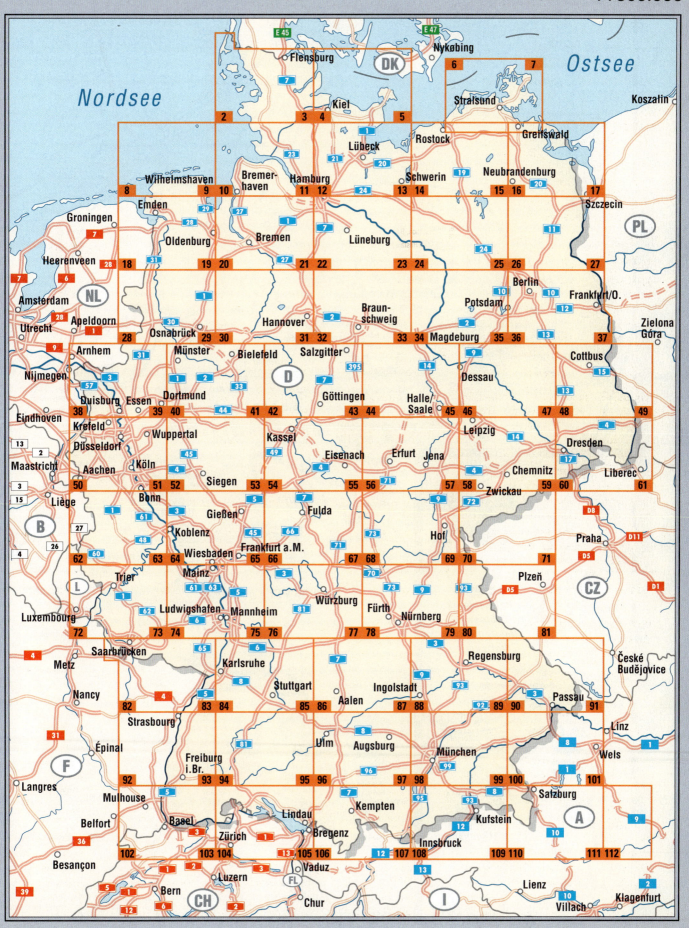

Spodsbjerg 45' ⛴
Oslo (N) 19h 30' ⛴
Göteborg (S) 14h
289 Horslunde 6 km
Kragenæs 2 km

Hα   Hb   Hc   Hd

SYDDANMARK SJÆLLAND

Langelandsbælt

Nakskov Fjord

NAKSKOV

Lolland

Femern Bælt

DANMARK
DEUTSCHLAND

Fehmarnbelt

SEE

Maribo

Søllested

Holeby

Rødby

Rødbyhavn

FEHMARN

Fehmarn

Niobe-Denkmal

Landkirchen

Burg
auf Fehmarn

Fehmarnsund

Fehmarnsundbrücke

Deutsche Ferienroute
Alpen-Ostsee

Heiligenhafen

Graswarder

HEILIGENHAFEN

Großenbrode

OLDENBURG
i. Holst.

Wallmuseum

Lensahn

Bucht

Wangels

9   Nyköbing 19 km
Eskilstrup 21 km
Vordingborg 47 km

11   Nyköbing 30'
IC/EC

297   Herritslev 1 km
Nysted 8 km
Nyköbing 23 km

6

Nynäshamn (S) 25h
Klaipeda (LT) 30h
Liepaja (LV) 30h
Riga (LV) 42h
Sankt Peterburg
(RUS) 53h

13

14

15

Hα   Hb   Hc   Hd

Lübeck 30' IC/EC   1 Neustadt i.H. 13 km   501 Grömitz 10 km   Travemünde
Lübeck 46 km   Neustadt i.H. 21 km
Hamburg 105 km

13

5

Lange Anna
Helgoland   Düne
Helgoland

Harwich (GB) 20h
Newcastle (GB) 23h

N O R D -

S E E

Cuxhaven 2 h
Hamburg 3h 30'

Cuxhaven
Hamburg

Leuchtturm
Elbe 1

Leuchtturm
Roter Sand

10

h   e   I   n   s   e   l   n

Wangerooge
Spiekeroog   Wangerooge
Pferde-   Leuchtturm
bahn   Westen   West-
Langeoog   Ostplate   anleger   Wangerooge
Melkhörn Spiekeroog   Minsener
Vogelkolonie Spiekeroog   Oog
Meierei Ostende
Langeoog   Mellum
Langeoog
sches   W a t t e n m e e r
Dornumersiel   Neues Brack
Grüne Küstenstraße   Nationalpark
Buddelschiffmuseum   Neuharlingersiel   Nieder-
Dornumersiel   Neuharlingersiel   Harlesiel   sächsisches
Ostbense   Pekiumwarten 16 Friedrichs- Elisabethgroden   Minsen   Wattenmeer
Wasserschloss Seriem   Carolinensiel   Friederikensiel   Tengs-   Schillig
Dornum   März Margens   Sielhafenmuseum Sophien- hausen Osteralten- meer
ESENS   Middelsbur   Neu-   groden   Neugarms- deich Horumersiel
Werdum   funnixsiel Groß   siel Wanger-
Utgast   Thunum Alt- Charlotten- Altgarms- Wiarden Hooksiel   Ölhafen
Fulkum   Osteraccum funnixsiel groden riege Hohenkirchen   JadeWeserPort
Roggenstede Westeraccum Pockens Westerdeich Berdumer Tettens Sankt   (in Bau)
Barkhof Wagners-   Buttförde Berdum Middoge Oldorf Joost Hillers- Grüne
Ochtersum fehn   Dunum   Eggelingen Quanens land hausen Wüppels   Küstenstraße
Westerholt Schweindorf   Groß Scheep Nenndorf Wischtens Pakens
Moorweg   Blersum   Burhafe   Westrum Waddewarden Utwarfe Sengwarden
Neuschoo Negenbargen Ahlsforde Asel   Mühlenreihe Warfleth Neuen-
WITTMUND Updorf   SCHORTENS Sillenstede Wehlens GRODEN Fedderwarder-
Willmsfeld Peldemühle Willen JEVER Moor- Grafschaft Sandelermons WILHELMS-
Südmoor   Langefeld Middels Weibersburg Schloss hausen Addernhausen HAVEN
Grüne Küstenstraße ARDORF Farlage Klein- Jever Clevers Wilhelmshavener
Bernuthsfeld Hohebarg Sandel Isums Burmönken Kreuz
Dietrichsfeld Spekendorf Müggenkrug Sandler Möns Schoost

210 Aurich 7 km   Westerstede 38 km   29 Zetel 12 km
     Emden 31 km   Oldenburg 44 km
                                                 Bremen 96 km

9

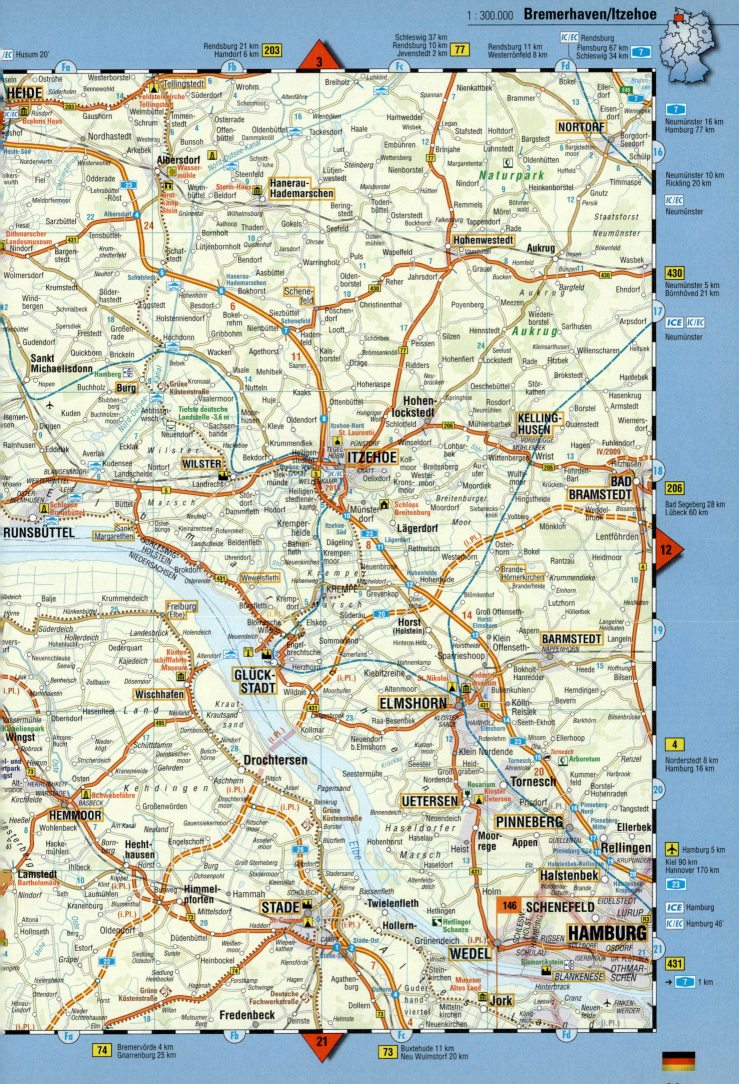

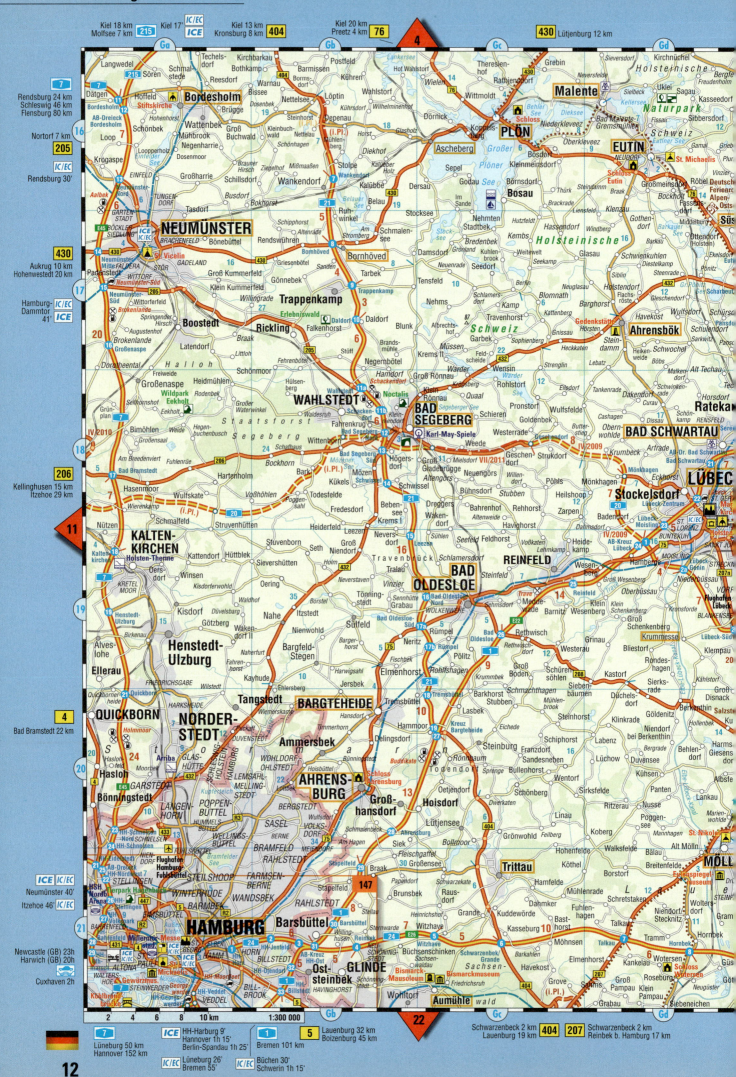

Gedser (DK) 2h   Trelleborg (S) 6-8h

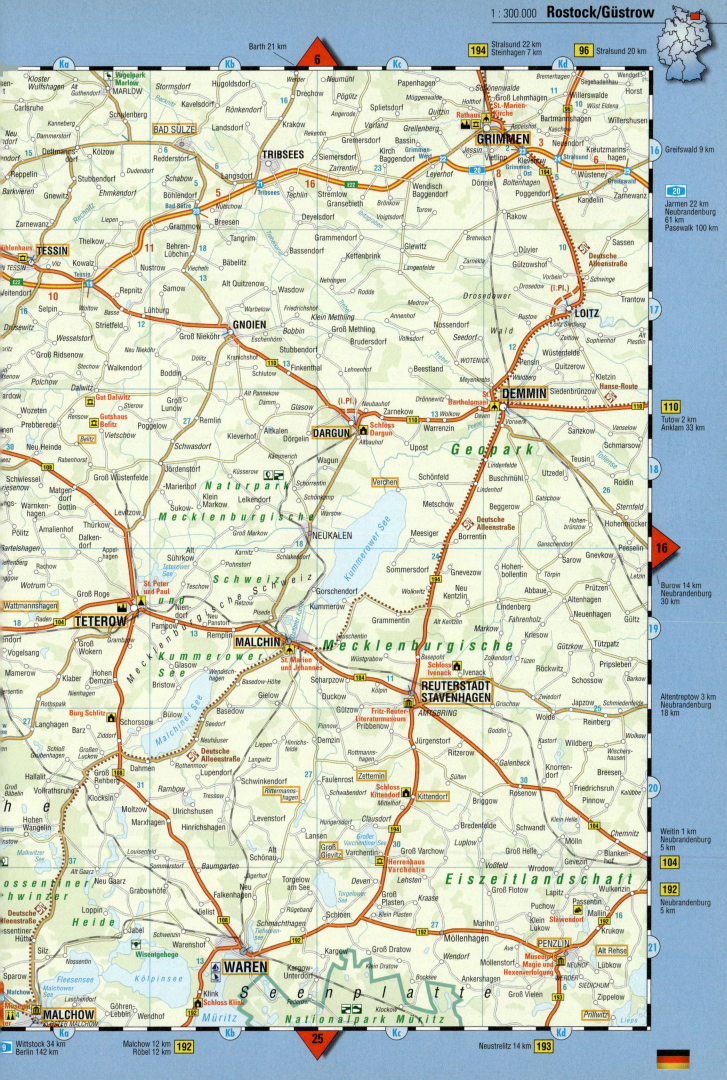

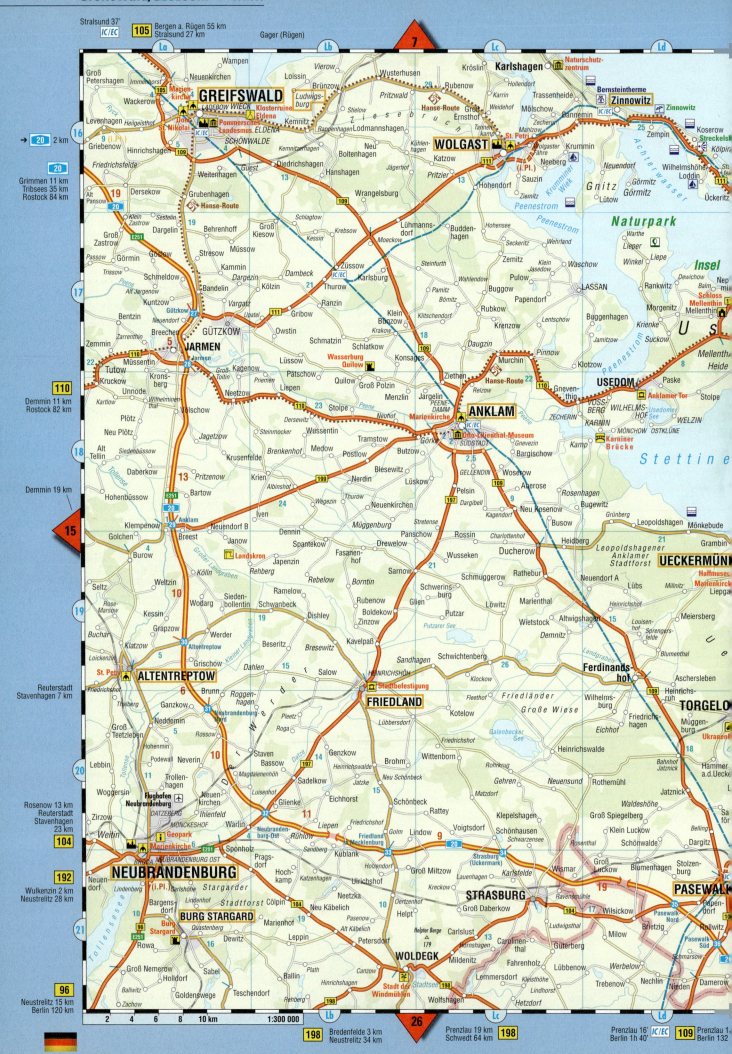

Cuxhaven 45 km
Langen 10 km
Bremerhaven 3 km

Bremerhaven 9 km 212

Bad Bederkesa 20 km
Hemmoor 19 km

Bad Bederkesa 14 km

BREMERHAVEN

Nationalpark Nieders. Wattenmeer

NORDENHAM

Loxstedt

Lünestedt

Holste

Grüne Küstenstraße

Gnarrenb

St. Christop

Stadland

Varel 10 km
Bockhorn 18 km

Ovelgönne

Hagen

Hambergen

Teufels-moor

BRAKE

Schifffahrts-museum Brake

Süderoststade

Oldenbrok

Elsfleth

Schwanewede

Grüne Küstenstraße

Lange Heide

Künstlerkolonie Worpswede

OSTERHOLZ-SCHARMBECK

Worpswede

Oldenburg 11 km
211

Rastede 9 km
Varel 29 km
Wilhelmshaven 51 km
29

Berne

Lemwerder

Ritterhude

Grasberg

Oldenburg 25
Oldenburg 3 km
Bad Zwischenahn 20 km

Hude

Lilienthal

Wümme-

BREMEN

AB-Dr. Ahlhorner Heide 32 km

Hatten

Hasbruch

DELMENHORST

NEUSTADT

Oyt

Ganderkesee

152

Stuhr

Brinkum

ACHIM

Wild- und Freizeitpark Ostrittrum

Naturpark

Großenkneten

Weyhe

Riede

Thedinghaus

Dötlingen

Wildeshausen

Oranier Route

Felde

Cloppenburg 18 km
Osnabrück 70 km
Münster 120 km

Visbeker Braut
Visbeker Bräutigam

WILDESHAUSEN

Harpstedt

SYKE

Wildeshauser Geest

Visbek

BASSUM

Bassum

Niedersächsische Spargelstraße

Bruchhaus

Vilsen

2 4 6 8 10 km 1:300 000

Goldenstedt 4 km

Twistringen 3 km
Diepolz 32 km

Osnabrück 50'

51

30

61

Sulingen 21 km
Petershagen 56 km

6

Asendorf 8 km
Nienburg (Weser) 33 k

20

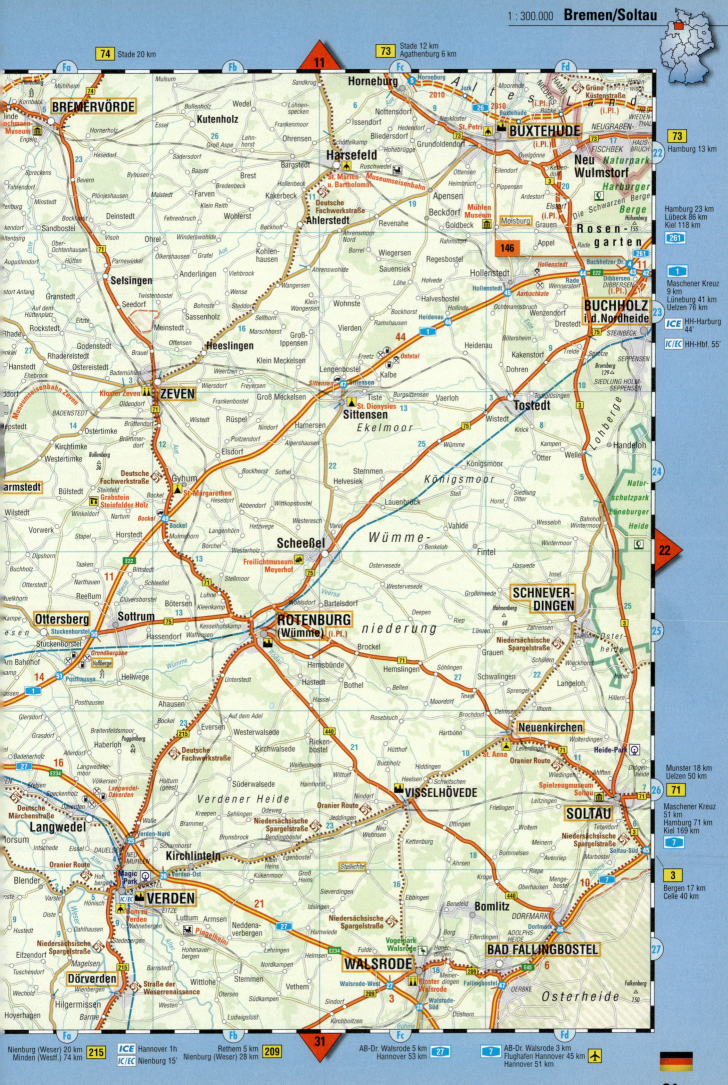

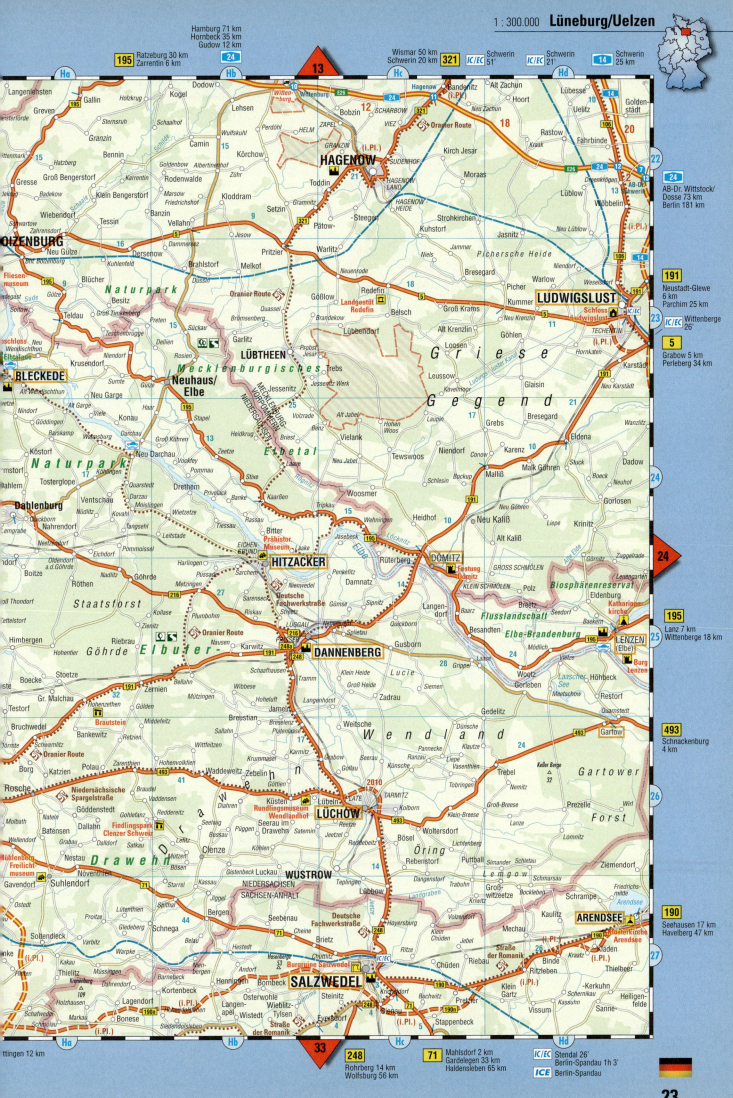

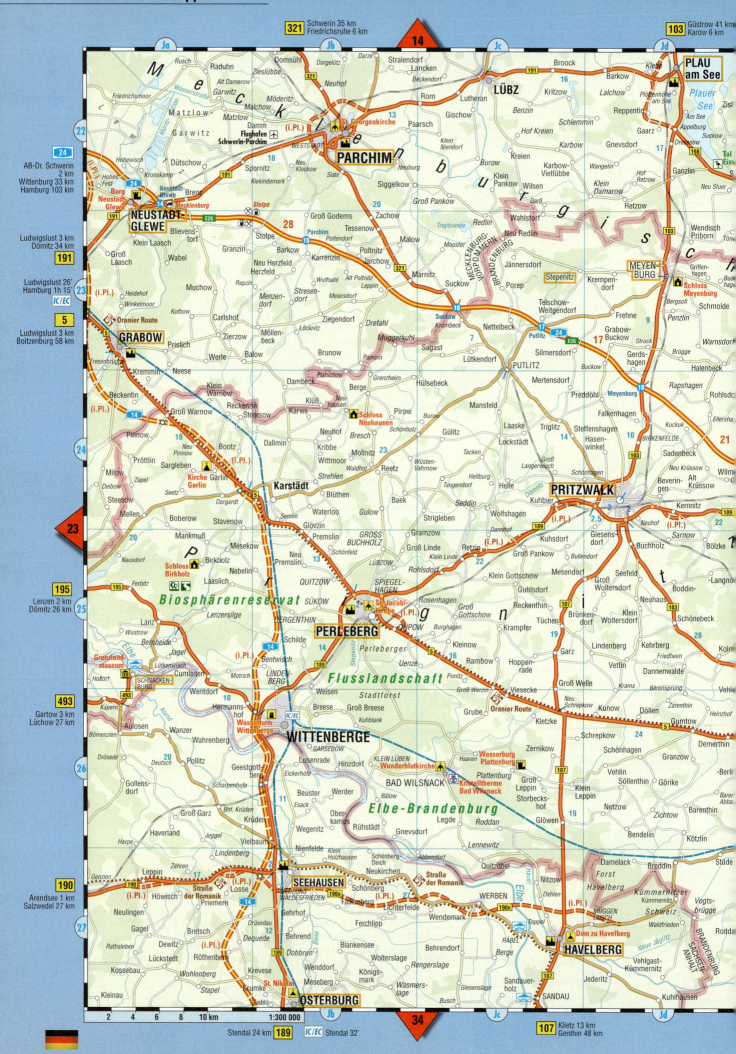

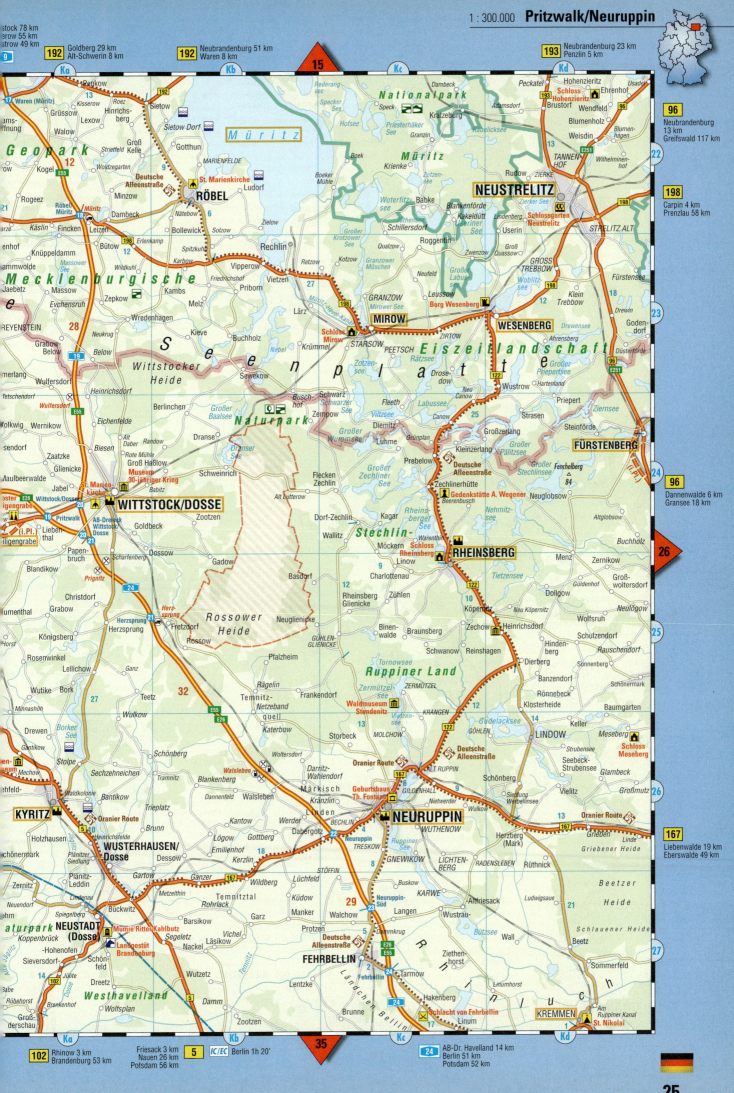

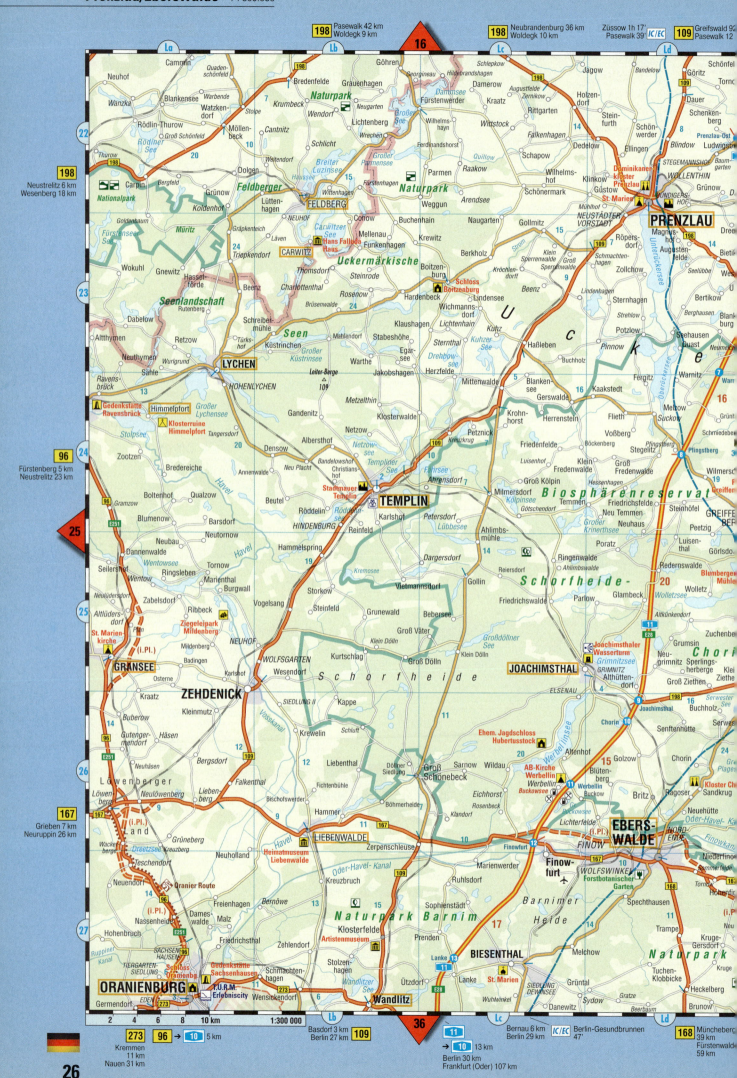

20 Pasewalk 9 km

Linken 7 km 113

Szczecin (PL) 1h 9'
IC/EC 13

Police 23 km
Szczecin 3 km

Koszalin 143 km
Świnoujście 90 km
Goleniów 17 km

A6

17

Ma

Mb

Mc

Md

10
Stargard
Szczeciński 14 km

22

3
Pyrzyce 7 km
Gorzów
Wielkopolsk
64 km

23

24

25

26
Myślibörz 5 km
Barlinek 36 km

23
Gorzów
Wielkopolsk
30 km

27

Strameh
lockow
Carmzow

BRÜSSOW

Stramehl

Sonnenberg
Schwennenz
POLSKA
DEUTSCHLAND

Będgargow
Ustowo
Przecław

ZDROJE
KLĘSKOWO

Płonia

10

Moor
Frauen-
hagen

Glasow
Woddow

Lebehn
113
Warnik
Barnisław

Kurów
Siadło Górne

PODJUCHY
A6
E28

7
7

G.
Bukowe

15
E65

3

Hammel-
stall
Trampe

21
kleptow

Grünberg
Bagemühl
Krackow
Battinsthal

Hohenholz
Nadren-
see
Pomellen

12

Kołbaskowo
Krajobrazowy
Moczyły

5

Radziszewo
Chlebowo
Binowo

Grytyńska

Glinna
St.Czarnowo

Cremzow
Battin
Grenz

Friedefeld
Schwaneberg
Wollin
11

Penkun
Storkow
3

Radekow
Rosow
Kamienin

Wysoka
Żrlisławiec

Kartno

PGR Babin
Będgoszcz

nkendorf
Rollberg

Schmölln
20
E28
11

PENKUN
Schloss
Penkun

Büssow
Neurochlitz
Pargowo

Dolina
Dolnej
Wełtyń
Kościół
Św. Mikołaja

Gardno
Drzenin
Parsów

Babin
Chabowo

enzlau-
Süd
Eickstedt
4

Schmölln
Sommers-
dorf
Freilichtmuseum
Penkun
Keesow
Schönfeld
Staffelde

Mescherin
GRYFINO
GREIFENHAGEN

Wirów
Chwarstnica
Sobieradz

Bielice
Linie II
Niebor

Damme
Falkenwalde

39
5

AB-Kreuz
Uckermark
Lützlow

Grünz
Wartin
MECKLENBURG-
VORPOMMERN
BRANDENBURG
Petershagen

Geesow
GARTZ

Krajnik

Marwice

Borzym

Dołgie
Swochowo

ohengüstow
Prenzlau

Zehnebeck

Luckow-
Petershagen
Bockwindmühle
Luckow

Hohenreinkendorf
Heinrichsdorf

K
r

National-
Stekno
Roznowo

Czarnówko

Kunowo

Granzow
hof

198

Zichow

Blumen-
berger
Blumberg
Wald

Casekow
Biesendahlshof
Hohen-
selchow

park
Dębogóra
Pacholęta

Babinek

Sosnowo

Meichow
Fredersdorf
ußen
Leopoldsthal
Golm

166
31

Jamikow
Kummerow
Schönow
Woltersdorf
Groß Pinnow
Frosten-
walde
Friedrichsthal
16

Lubiczew

Lubitcz

Lubanowo

Parnica
122

Banie

Briest
Passow
Stendell
Kunow
Hohen-
felde

Unteres
Widuchowa

Krzywin
Kłodowo
Zarczyn

Tywice

Biesenbrow
Grünow
Herrenhof

Welse
Gatow

Odertal
166
39

Blumenhagen
Orgnica

Żelechowo

Górnowo
Piasecznо

PGR
Maruszewo

nterberg
Ziethmühle
uchlagen
Welsow

Schönermark
Klein
Frauenhagen
Hohen-
landin
Heinersdorf
VIERRADEN
Wald
frieden
Tabak-
museum

Rynica

Polesiny
Swobnica

198

Frauenhagen
Landin
2

SCHWEDT/ODER

Lisie Pole

Grybno
Dłusko-
Gryfińskie

Mürow
Murow
Kerkow
Oberdori
Pinnow
(i.Pl.)
Felchow
Berkholz-
Meyenburg
Flemsdorf

Din
Krajnik-
Gr.
Nawodna
31
Strzelczyn

Strzeszów
Cieplikovo
Rów

DÖBBERZIN
ANGERMÜNDE
IC/EC
2
Neuhoí
Nationalpark
Schönberg
Nationalpark
information

Grabowo
Crewen
16
26

Rurka
Bara
TRZCIŃSKO-ZDRÓJ
BAD SCHÖNFLIESS
Góralice

RN-DE
hmargendorf
Crussow
Wilhelmsfelde
Neugalow
Altgalow
Stützkow

Raduń
Krzymów

Rosnowo
22
26

Dobropole

Neu-
künkendorf
sprung
(i.Pl.)
Unteres
Stolpe
Gellmersdorf
Grützpott
Piasek
Kuropatniki
Słoki

CHOJNA
KÖNIGSBERG
Czartoryja

Brwice

Górczyn

PGR Wesoła
Piasecznо

158
Oderdal
Stolzenhagen
Bielinek
Lubiechów
Dolny
Czachow
Metno
124
Godków
Jelenin
Stołeczna

ßkendorf
Lüdersdorf
Lunow
Lubiechów
Góry
Łasiszcze
Dolsko
Mirowo
Narost

Chełm Gorny
Babin

Parsteiner
See
Parstein
Pehlitz
23

CEDYNIA
ZEHDEN
38
Orzechów
Przyjezierze-
Moryń

Jez.
Morzycko
Witnica
Chełm Dolny
Chłopowo

odowin

NEUENDORF
Binnenschifffahrts-
museum Oderberg
Hohensaaten
Neuenzoll
Leopoldsthal

MORYN
MOHRIN
Białęgi

Warnice
Krzęzlin

Liepe
ODERBERG
124
Radostów
Golice
Nowe
Objezierze
Gadno
Wisław
Goszków

Oderberger
See
Hohenwutzen
Osinów Dolny
Żelichów
Moryń-Dwor
Macierz
Bielin
Wierzchlas

iffshebewerk
derfinow
Bralitz
Neuenhagen
Kostrzynek
Altglietzen
Starzyn Rudnica

Cedyński Park

Zielin

Smolnica
Grzymiradz

reichsdorf
Falkenberg
158
4
Gabow
Schiffmühle
POLSKA
DEUTSCHLAND
Krajobrazowy
31
MIESZKOWICE
BÄRWALDE
Klępin

then
BAD
FREIENWALDE
Schloss
Freienwalde
2
Herrens-
wiese
Neuranft
Bienen-
werder
Siekierki
Stare Łysogórki
8
Sitno
Kurzycko
Wysoka

DĘBNO
NEUDAMM

Oberzany

Neukün-
strichen
Neu-
rüdnitz
Zäckericker
Loose
Ferdinands-
hof
Gozdowice

Nowo
Kłosów
Boleszkowice
Dargomyśl

mm
Damen-
berg
Oderland-
museum
158
Altreetz
Neugaul
Altwriezen
Güstebieser
Loose
Neulietze-
göricke
Heinrichs-
dorf
Stary Błeszyn

Kłosów

Cychry
23

ölsickendorf
ollenberg
Platzfelde
Freienwalder
Forst
Rathsdorf
Mädewitz
Neukietz
Neulewin
Karls-
biese

14
Sonnenburg
Altgaul
Beauregard

Jüdischer Friedhof
Wriezen
Eichwerder
Thöringswerder
Neubarnim
Gieshof-
Zelliner Loose
Ortwig
Groß
Neuendorf

Barnim
WRIEZEN

Ma
Mb
Mc
Md

37

58
Steinbeck 2 km
Berlin 46 km

167
Seelow 30 km
Frankfurt (Oder) 58 km

31
Kostrzyn 12 km

23

27

Nordhorn/Osnabrück 1 : 300.000

28

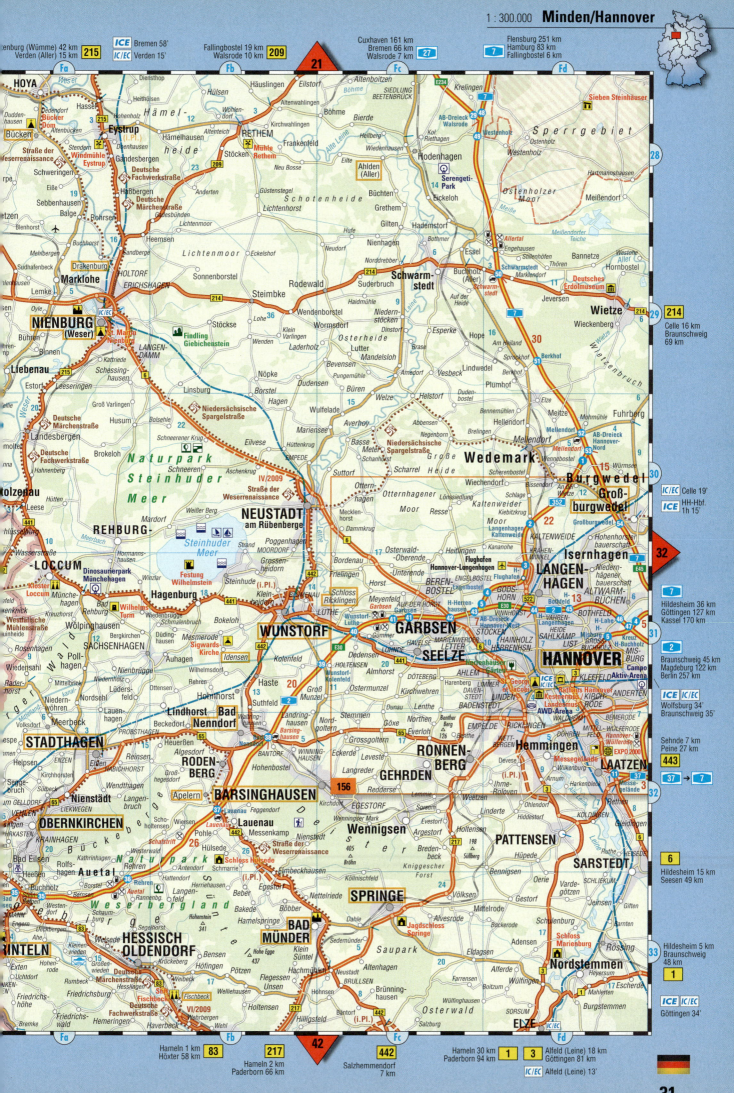

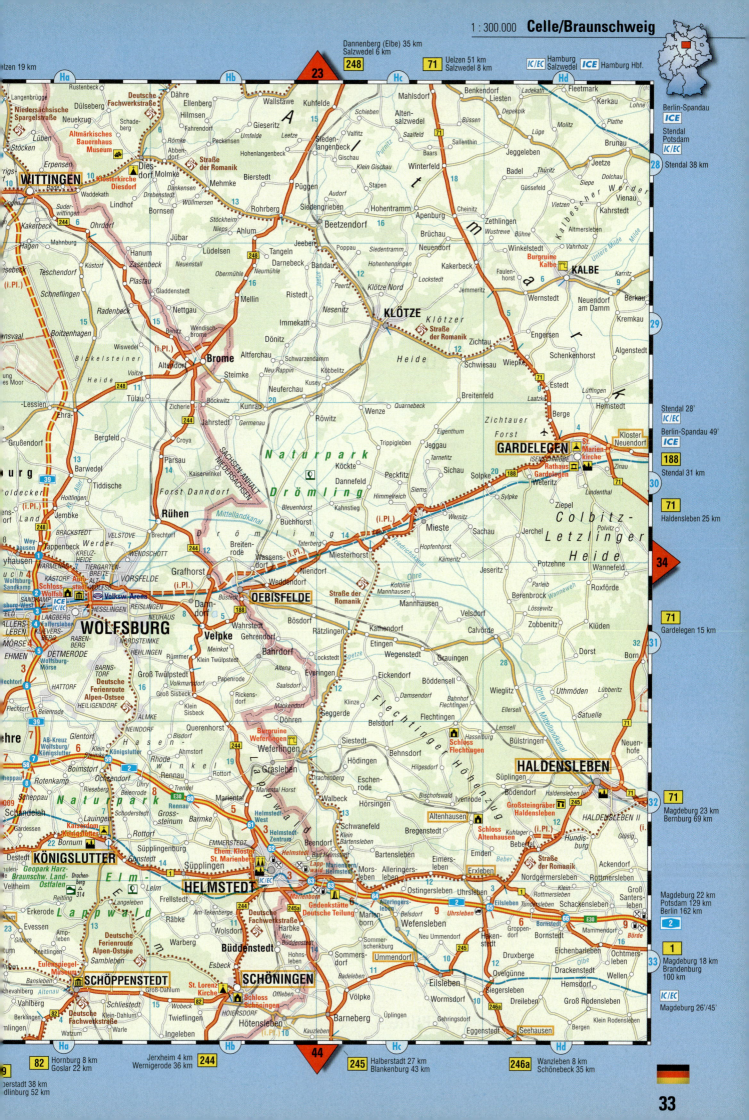

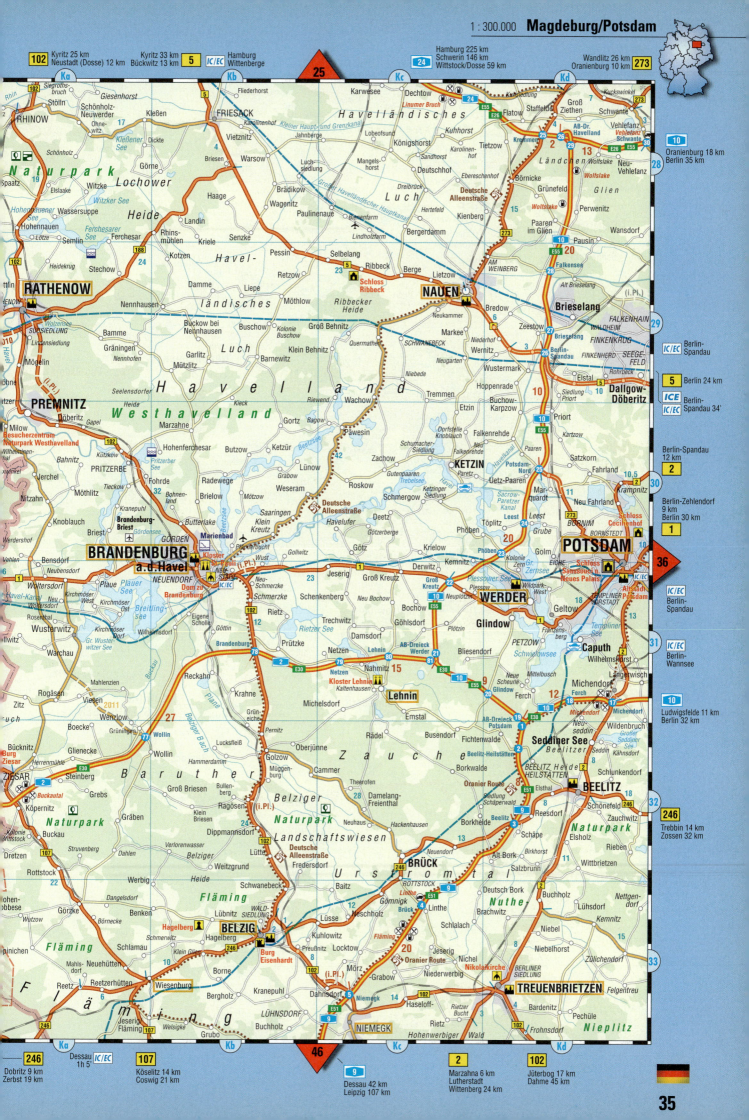

A50
Zwolle 49 km
Deventer 28 km
Apeldoorn 21 km

Deventer 26 km
Zutphen 10 km   N 348

Deventer 15 km
Zutphen 6 km   N 314

Zutphen 18 km
Vorden 9 km   N 319

Enschede 20 km   N

A12
Ede 16 km
Veenendaal 22 km
Utrecht 57 km

N 224
Ede 16 km
Scherpenzeel 30 km

ICE IC/EC
Utrecht 31'

N 225
Renkum 4 km
Wageningen 10 km

N 52
Bemmel 10 km
Nijmegen 16 km

N 325
Nijmegen 2 km

N 271
Nijmegen 15 km
Arnhem 31 km

A73 / A77
Nijmegen 35 km
Arnhem 56 km
's-Hertogenbosch
65 km

N 270
Deurne 8 km
Eindhoven 32 km

N 277
Ysselsteyn 1 km
Rips 11 km
Zeeland 34 km

Nationaal Park Veluwezoom

Nationaal Park De Maasduinen

Major places: Brummen, Steenderen, Buurlo, Eibergen, Rheden, Arnhem, Doesburg, Hummelo, Zelhem, Groenlo, Lichtenvoorde, Westervoort, Duiven, Didam, Doetinchem, Varsseveld, Aalten, Bemmel, Zevenaar, Gendt, Millingen a.d.Rijn, 's-Heerenberg, Gendringen, Dinxperlo, Bocholt, Ubbergen, Emmerich, Isselburg, Groesbeek, Kranenburg, Kleve, Rees, Hamminkeln, Bedburg-Hau, Kalkar, Gennep, Goch, Uedem, Xanten, Wesel, Boxmeer, Weeze, Sonsbeck, Voerde, Vierlingsbeek, Kevelaer, Alpen, Rheinberg, Venray, Meerlo, Issum, Geldern, Kamp-Lintfort, Moers, Horst, Arcen, Kerken, Neukirchen-Vluyn, Grubbenvorst, Sevenum, Velden, Straelen, Wachtendonk

2 4 6 8 10 km   1:300 000

A67
Asten 20 km
Eindhoven 42 km

N 277
Maasbree 2 km
Helden 6 km

A73
Venlo 5 km
Tegelen 7 km

50

40 Venlo (NL) 19 km

9 Hüls 2 km
Krefeld 11 km

57 Meerbusch 20 km
Neuss 26 km
Düsseldorf 32 km

Hannover 41 km
Springe 15 km

Rinteln 25 km
Hessisch Oldendorf 10 km **83**

217

31

Hannover 32 km
Pattensen 18 km

Hildesheim 17 km
Elze 2 km **1**

3

IC/EC Hannover 1h

34

66
Dörentrup 4 km
Lemgo 14 km

1
Horn-Bad Meinberg
10 km
Paderborn 38 km

239
Horn-Bad Meinberg
7 km
Detmold 16 km

36

41

64
Bad Driburg 3 km
Paderborn 25 km

37

38

IC/EC
ICE
Altenbeken 26'
Paderborn 35 km

7
Marsberg 18 km
Brilon 40 km

44
Diemelstadt 4 km
Paderborn 47 km
Dortmund 118 km

39

Major places:
HAMELN, Aerzen, Kirchhosen, Coppenbrügge, ELZE, GRONAU, ALFELD, Salzhemmendorf, Emmerthal, BAD PYRMONT, BARNTRUP, LÜGDE, BLOMBERG, BODEN-WERDER, ESCHERSHAUSEN, Delligsen, SCHIEDER-SCHWALENBERG, STEINHEIM, Bevern, STADTOLDENDORF, HOLZMINDEN, DASSEL, NIEHEIM, HÖXTER, BRAKEL, Boffzen, BEVERUNGEN, USLAR, HARDEGSEN, Bodenfelde, BAD KARLSHAFEN, BORGENTREICH, TRENDELBURG, Oberweser, Adelebsen, HOF-GEISMAR, LIEBENAU, Reinhardshagen, DRANSFELD, WARBURG, GREBENSTEIN, IMMENHAUSEN, HANN. MÜNDEN

Naturpark Weserbergland
Naturpark Solling-Vogler
Deutsche Märchenstraße
Straße der Weserrenaissance

2 4 6 8 10 km 1:300 000

Kassel 33 km
Bad Hersfeld 95 km **44**

Calden 2 km
Kassel 15 km **7**

83
Espenau 5 km
Kassel 13 km

54

Vellmar 21 km
Kassel 25 km **3**

Witzenhausen 18 km
Heiligenstadt 41 km **80**

Kassel Wilhelmshöhe
20' IC/EC ICE

Kassel 35 km
Bad Hersfeld 90 km
Würzburg 245 km **7**

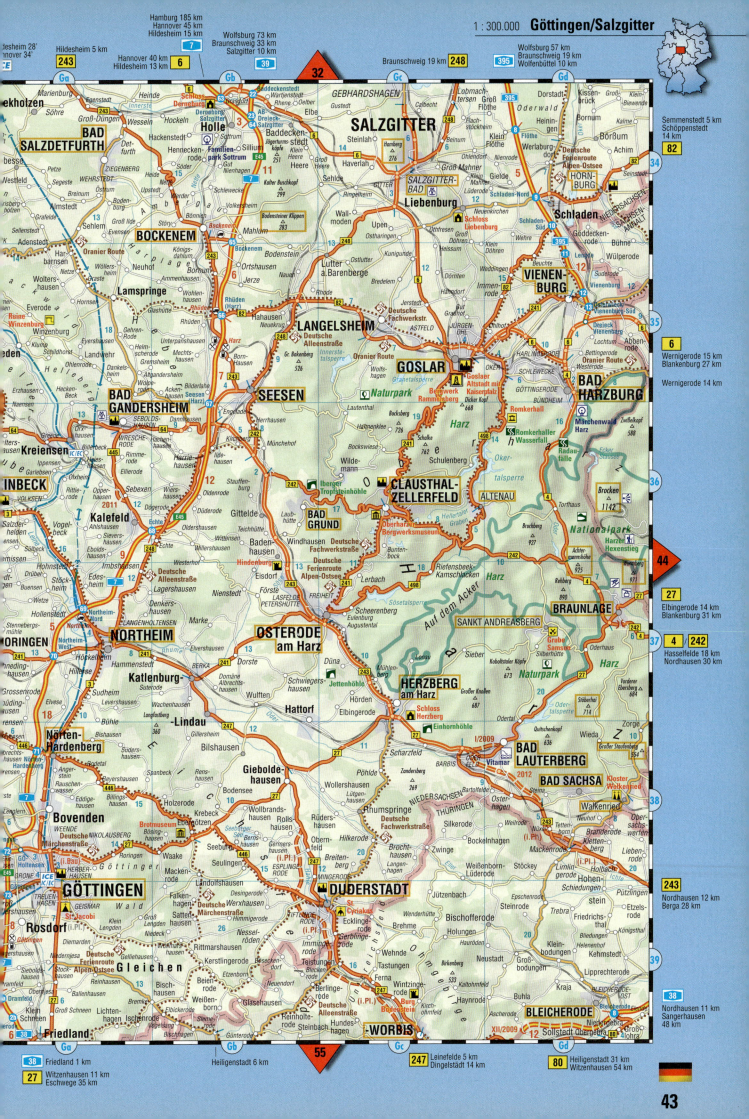

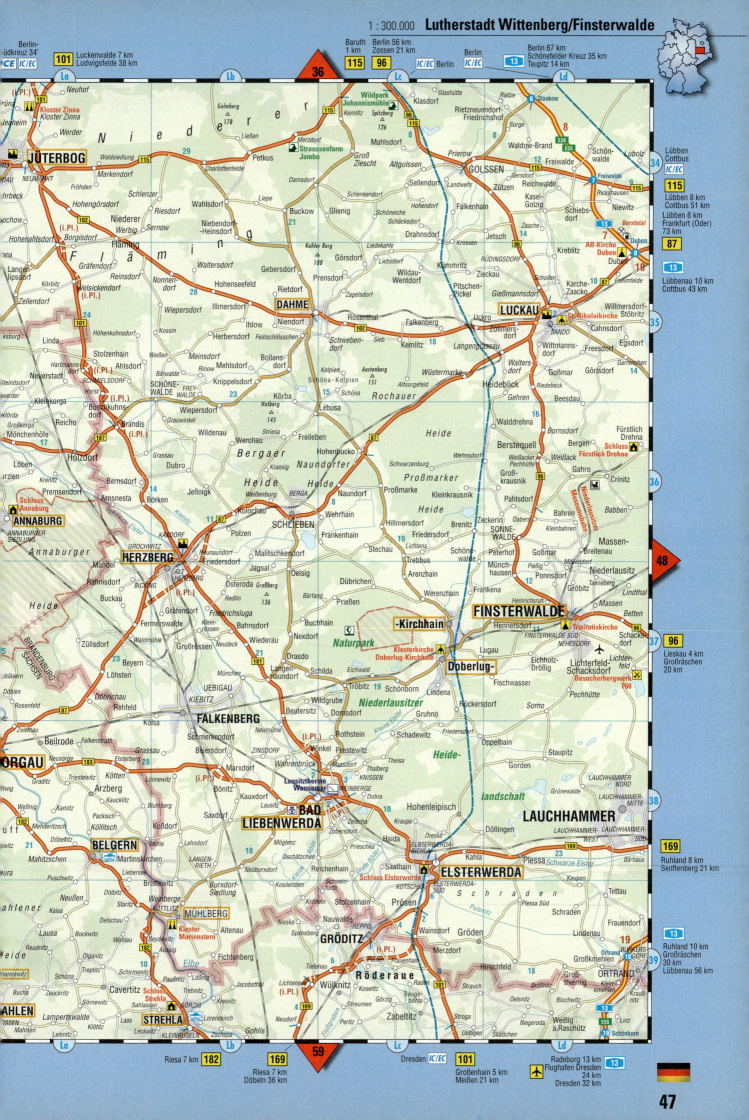

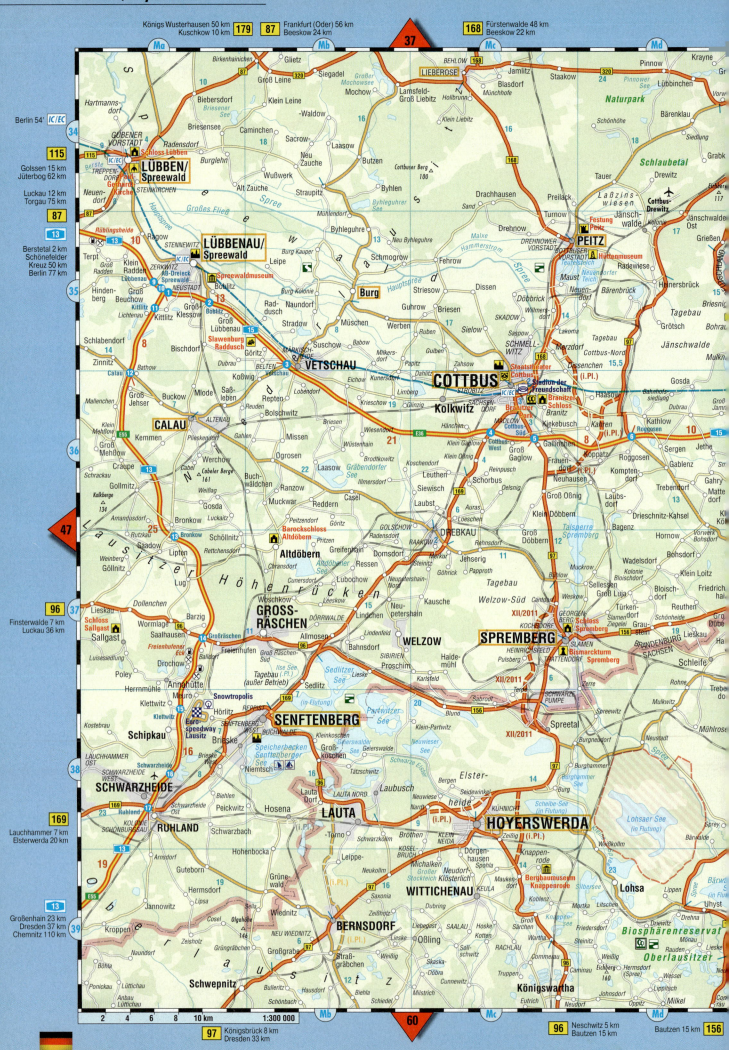

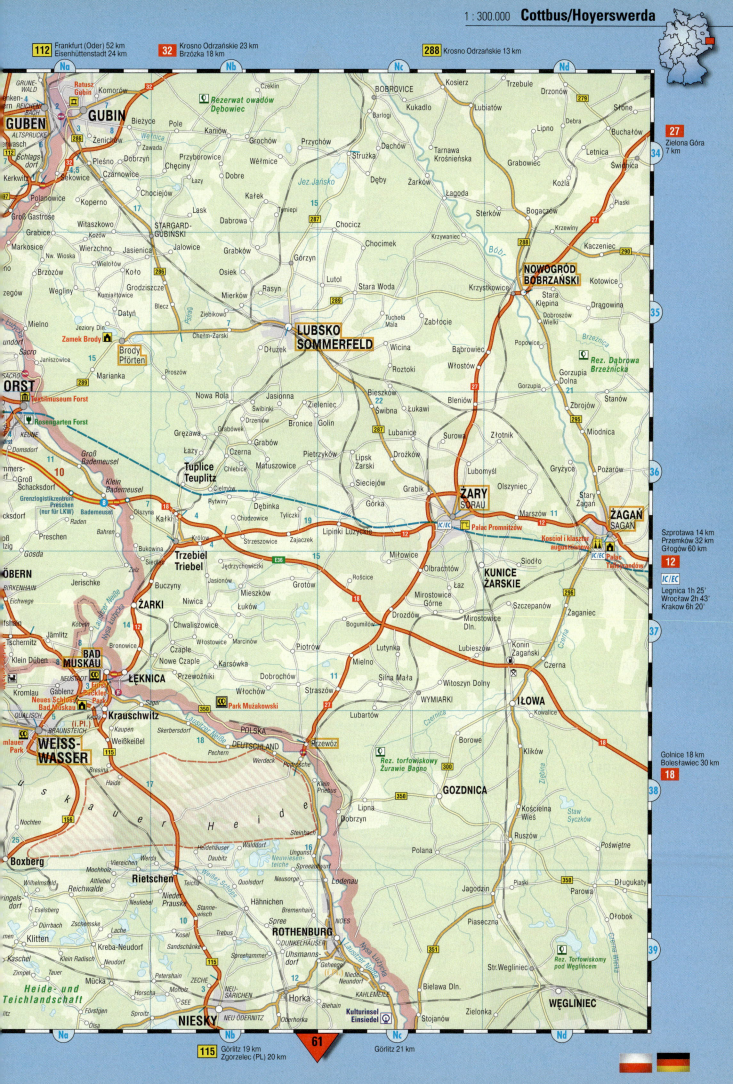

A67 Helmond 24 km / Eindhoven 37 km
N277 Uden 59 km / Ysselsteyn 14 km
Nijmegen 65 km / Venray 23 km / Horst 11 km
A73
Boxmeer 44 km / Arcen 12 km
N271
58 Geldern 20 km / Kevelaer 25 km / Straelen 17 km
40 Essen 53 km / Duisburg 35 km / AB-Kr. Moers 21 km
9 Geldern 22 km / Kerken 8 km
57 Goch 57 km / Kamp-Lintfort 14 km / AB-Kr. Moers 4 km
38

N275 Heythuysen 13 km / Weert 20 km
N273 Weert 16 km / Maaseik 19 km
N280 Weert 17 km / Eindhoven 45 km
N271 Sittard 15 km

A76 Voerendaal 1 km / Maastricht 21 km / Geleen 18 km
N278 Maastricht 23 km / Hasselt (B) 58 km / Liège (B) 55 km
N3 Thimister-Clermont 10 km / Liège 33 km / Eijsden 33 km
Liège-Guillemins 43' / Brussel/Bruxelles 1h 35'

Major places: Venlo, Tegelen, Maasbree, Kempen, Krefeld, Nettetal, Tönisvorst, Viersen, Willich, Meerbusch, Kaarst, Neuss, Roermond, Brüggen, Schwalmtal, Mönchengladbach, Korschenbroich, Wegberg, Grevenbroich, Jüchen, Wassenberg, Erkelenz, Hückelhoven, Heinsberg, Gangelt, Geilenkirchen, Linnich, Titz, Bedburg, Bergheim, Sittard, Brunssum, Heerlen, Kerkrade, Herzogenrath, Würselen, Übach-Palenberg, Baesweiler, Alsdorf, Jülich, Elsdorf, Kerpen, Aldenhoven, Niederzier, Aachen, Vaals, Eschweiler, Langerwehe, Merzenich, Düren, Nörvenich, Stolberg, Kreuzau, Vettweiß, Kelmis, Hergenrath

1:300 000 Scale: 2 4 6 8 10 km

62
N68 Eupen 7 km / Monschau 27 km
258 Roetgen 7 km / Monschau 20 km
399 Simmerath 16 km / Monschau 24 km / Schleiden 35 km
A3 Eupen 8 km / Liège 43 km
56 Zülpich 5 km / Euskirchen 15 km
265 Zülpich 2 km / Schleiden 27 km / Prüm 75 km
56n Euskirchen 10 km

THA ICE

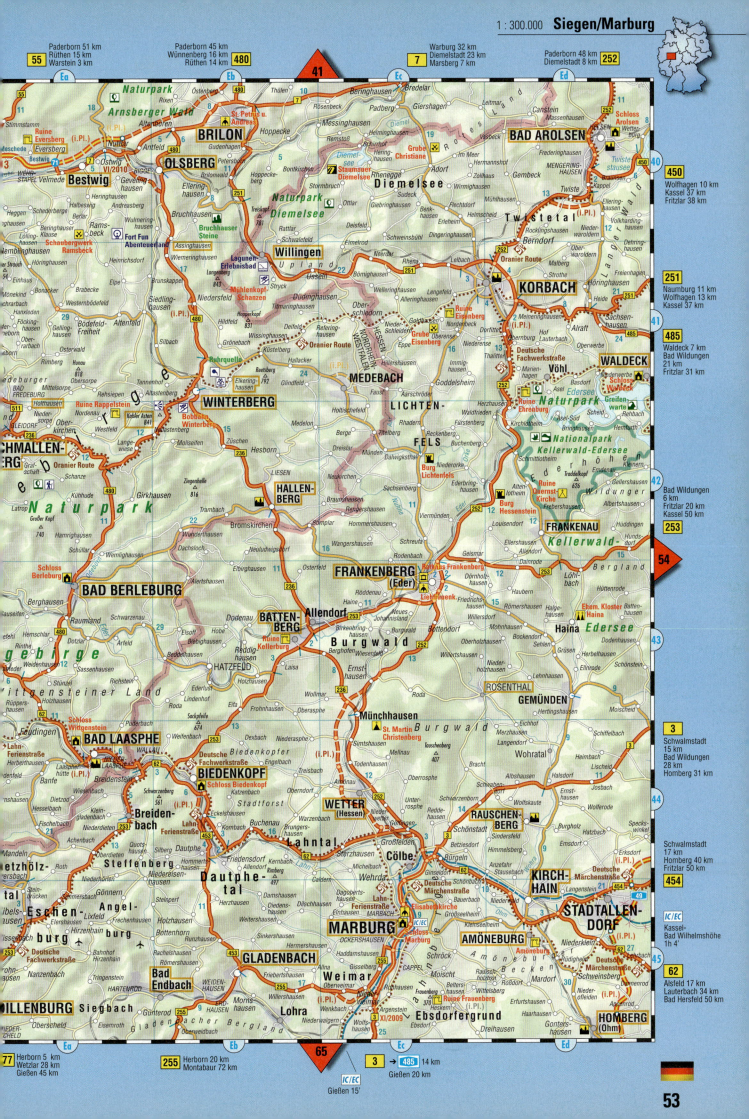

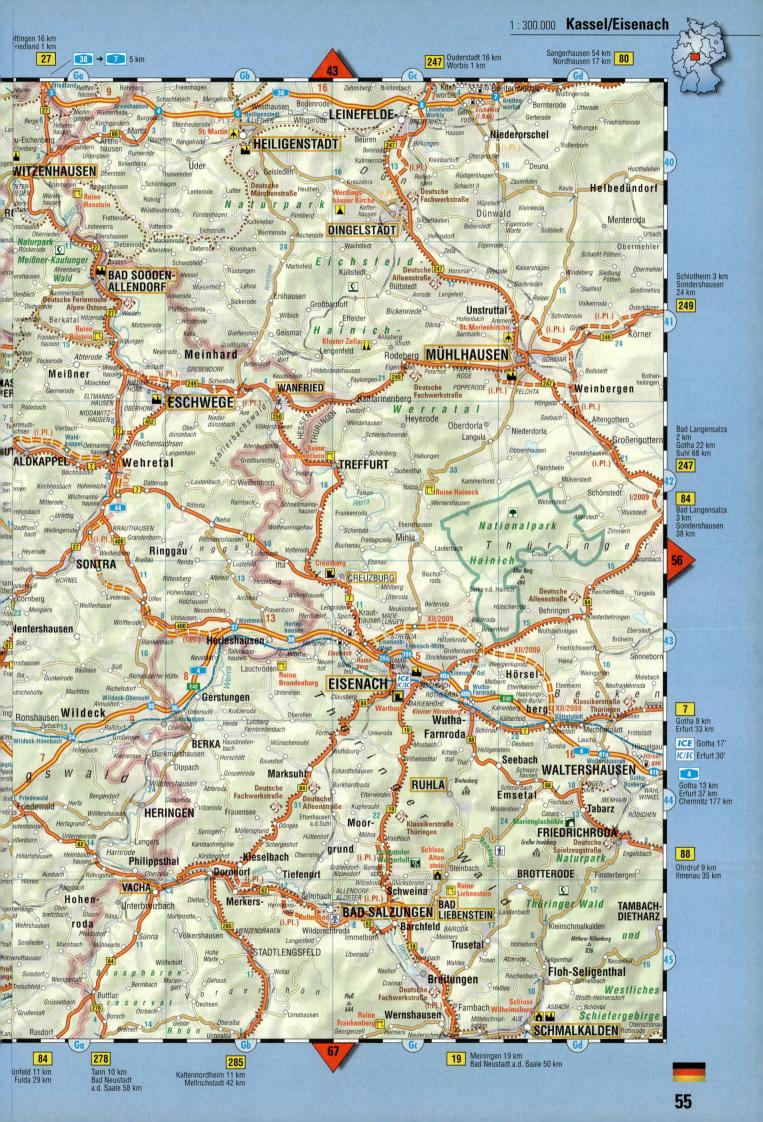

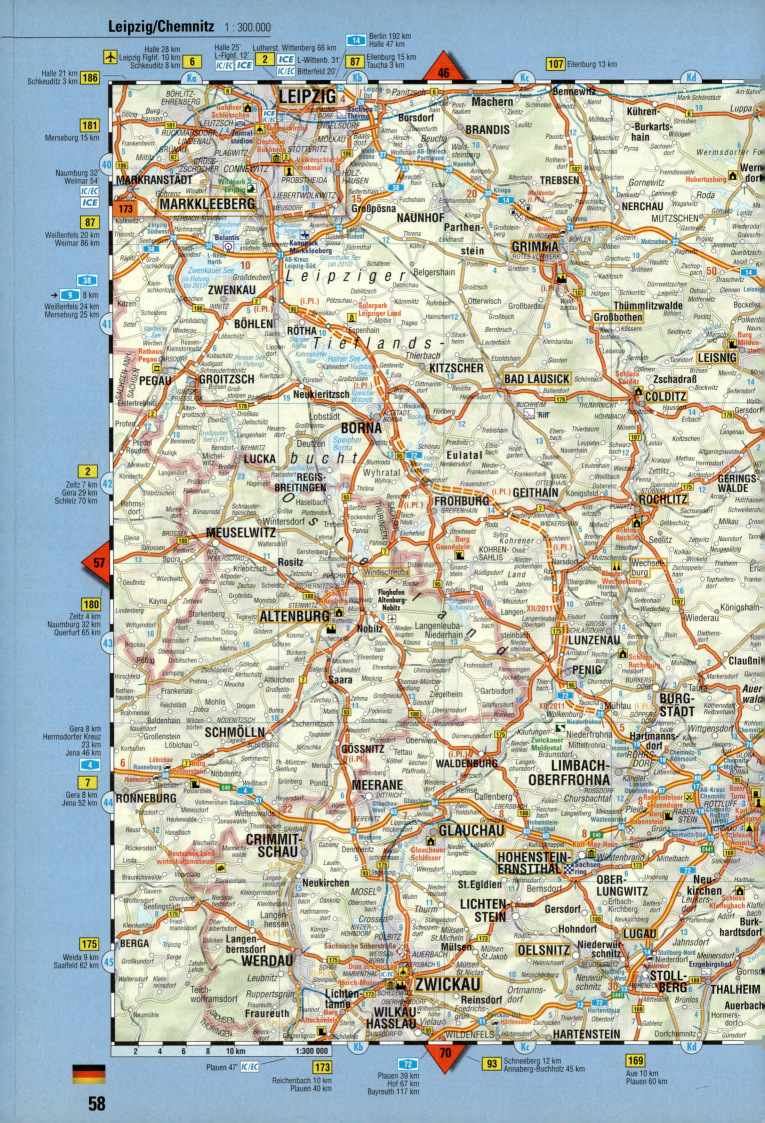

97 Cottbus 73 km · Hoyerswerda 28 km · Bernsdorf 12 km

48

96 Senftenberg 45 km · Hoyerswerda 20 km

Spremberg 64 km · Weißwasser 37 km

156

98 Großenhain 15 km · Riesa 36 km

KÖNIGSBRÜCK

KAMENZ

Schloss Königsbrück

Haselbachtal

ELSTRA

Kloster St. Marienstern

Großdubrau

Malschwitz

BAUTZEN

Kubschütz

PULSNITZ

Burkau

Schloss Rammenau (I.Pl.)

BISCHOFSWERDA

Neukirch

WILTHEN

SCHIRGISWALDE

Oppach

179

Ohorn

GROSS-RÖHRSDORF

WACHAU

Radebeul 12 km · Meißen 35 km · Chemnitz 81 km

41

4

Flughafen Dresden

RADEBERG

Arnsdorf

Großharthau

Hohwald

NEUSTADT

Sohland

Meißen 24 km · Oschatz 54 km · Leipzig 109 km

6

DRESDEN

NEUSTADT

Blaues Wunder

Gläserne Manufaktur

Dresdner Zwinger

Großer Garten

STOLPEN

Burg Stolpen

SLUKNOV (Schluckenau)

Dresden 30'

IC/EC

42

Dürrröhrsdorf-Dittersbach

HOHNSTEIN

SEBNITZ

MIKULÁŠOVICE (Nixdorf)

HEIDENAU

PIRNA

Nationalpark Sächs. Schweiz

Bastei

STADT WEHLEN

BAD SCHANDAU

Nationalpark Sächsische Schweiz

59

DOHNA

Barockgarten

KÖNIGSTEIN

PFAFFEN-DORF

Pfaffenstein

43

Reinhardtsgrimma

Berggießhübel

ČESKÁ KAMENICE (Böhm. Kamnitz)

BAD GOTTLEUBA

BÄRENSTEIN

GLASHÜTTE

Deutsche Alleenstraße

Uhrenmuseum

KAMENICKÝ ŠENOV

44

170 Dippoldiswalde 16 km · Dresden 38 km

ALTENBERG

GEISING

DEUTSCHLAND / ČESKÁ REPUBLIKA

Bergbaumuseum

Bobbahn

DĚČÍN (Tetschen)

BENEŠOV nad Ploučnicí (Bensen)

Žandov

CHKO Labské pískovce

ÚSTÍ nad Labem (Aussig)

CHKO České Středohoří

45

KRUPKA (Graupen)

Dubí (Eichwald)

Hrob (Klostergrab)

Košťany (Kosten)

Chabařovice (Karbitz)

Zámek Velké Březno

Zubrnice

Osek 1 km · Litvínov 9 km · Most 20 km

27

TEPLICE (Teplitz)

2 5 10 km   1:300 000

R13 Bílina 11 km · Most 25 km · Chomutov 45 km

8 Lovosice 20 km · Terezín 25 km · Praha 84 km

D8 →R63 0,5 km · Teplice 13 km

IC/EC Praha 1h 15'

30 / 261 Lovosice 16 km · Kladno 78 km

15 Litoměřice 19 km · Lovosice 26 km · Most 57 km

Köln (D) 79 km
AB-Kr. Aachen (D) 16 km
Aachen 16 km

A3

Aachen 15 km
→ 44 8 km 258

Düren 18 km
Hürtgenwald 4 km 399

50

Jülich 31 km
→ 4 19 km 56

265 Köln 39 km
477 Kerpen 22 km

Lontzen Walhorn Rott Langschoß 583 Vossenack Bruck NIDEGGEN ZÜLPICH Burg Nideggen

Welkenraedt Raeren Burg Raeren Rotterdell Simonskall Langendorf HOVEN

A3
Liège 36 km
Namur 101 km
Brussel/Bruxelles 132 km

EUPEN Roetgen Simmerath Rureifel Rurtalsperre HEIM-BACH Kloster Mariawald Rheinisches Freilichtmuseum KOMMERN

N 61
Verviers 12 km
Liège 41 km

N 672
Verviers 13 km
Liège 40 km

MONSCHAU Burg Monschau Eifel (i.Pl.) Dreiborn KALL SCHLEIDEN MECHERNICH

Hautes Fagnes/ Eifel) Signal de Botrange Centre Nature Botrange DEUTSCHLAND BELGIË/BELGIQUE Hellenthal Römerkanal Wanderweg Kloster Steinfeld Nettersheim

A27
Liège 49 km
Maastricht (NL) 63 km
Brussel/Bruxelles 142 km

MALMÉDY Château de Reinhardstein Belgischer BÜTGENBACH Naturpark Burg Blankenheim BLANKENHEIM

Waimes BÜLLINGEN Dahlem Vulkaneifel HILLES-HEIM

SANKT-VITH BELGIË/BELGIQUE DEUTSCHLAND (Naturpark Nordeifel) Ourtal-Route Steffelnkopf 607 GEROLSTEIN Ruine Löwenburg

N 68
Vielsalm 16 km
Trois-Ponts 28 km

Burg-Reuland PRÜM Deutsche Wildstraße European

N 12
Wincrange 12 km
Bastogne (B) 30 km

Europa-denkmal Deutsch- Ruine Bertradaburg

N 18
Wincrange 8 km
Bastogne (B) 26 km

Château de Clervaux Ruine Dasburg Luxemburgischer Ehem. Kloster St. Thomas Geo-park

CLERVAUX L'Abbaye St-Maurice Naturpark NEUERBURG Deutsche Wildstraße Schloss Hamm KYLLBURG Kloster Hamborn

N 7
Diekirch 15 km
Luxembourg 44 km

72 Vianden (L) 17 km Vianden (L) 8 km

1:300 000
0 2 4 6 8 10 km

51 Bitburg 4 km Trier 33 km
257 Bitburg 5 km Echternach (L) 25 km

62

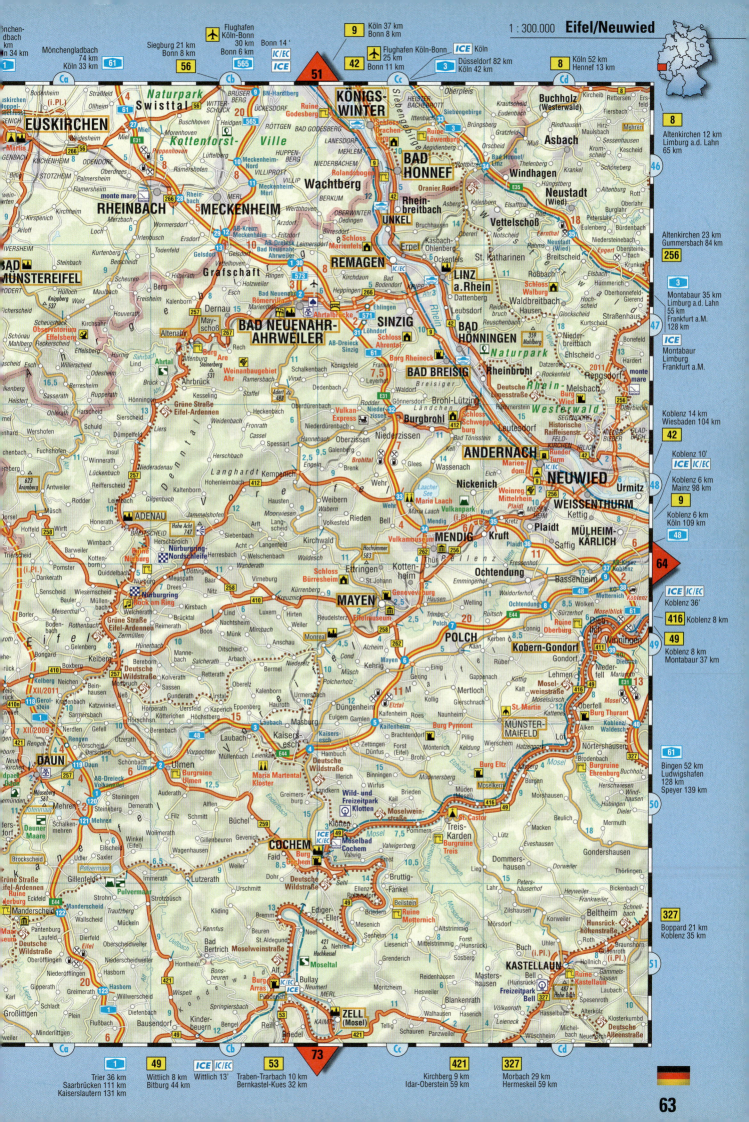

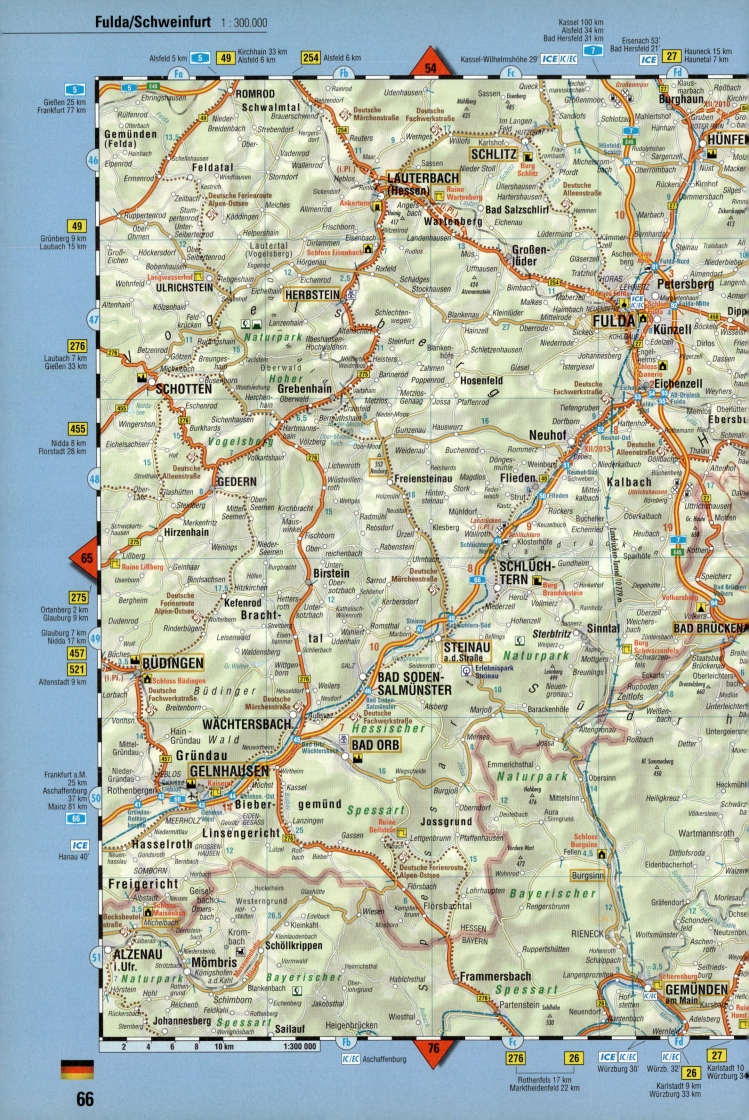

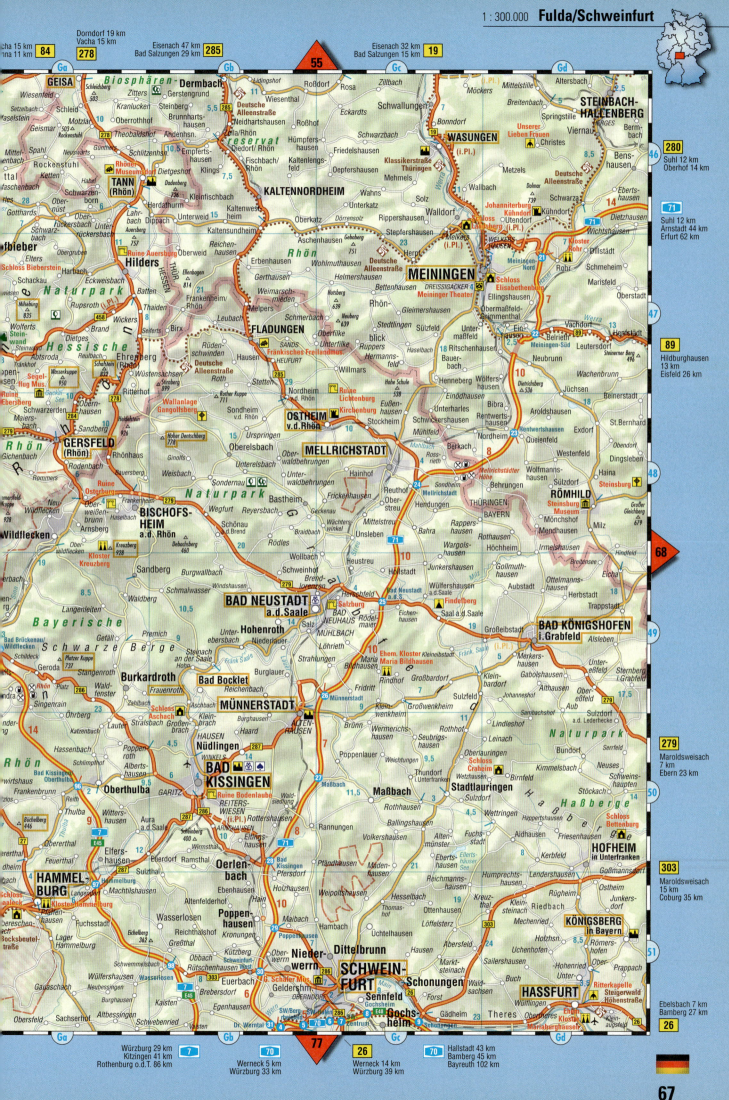

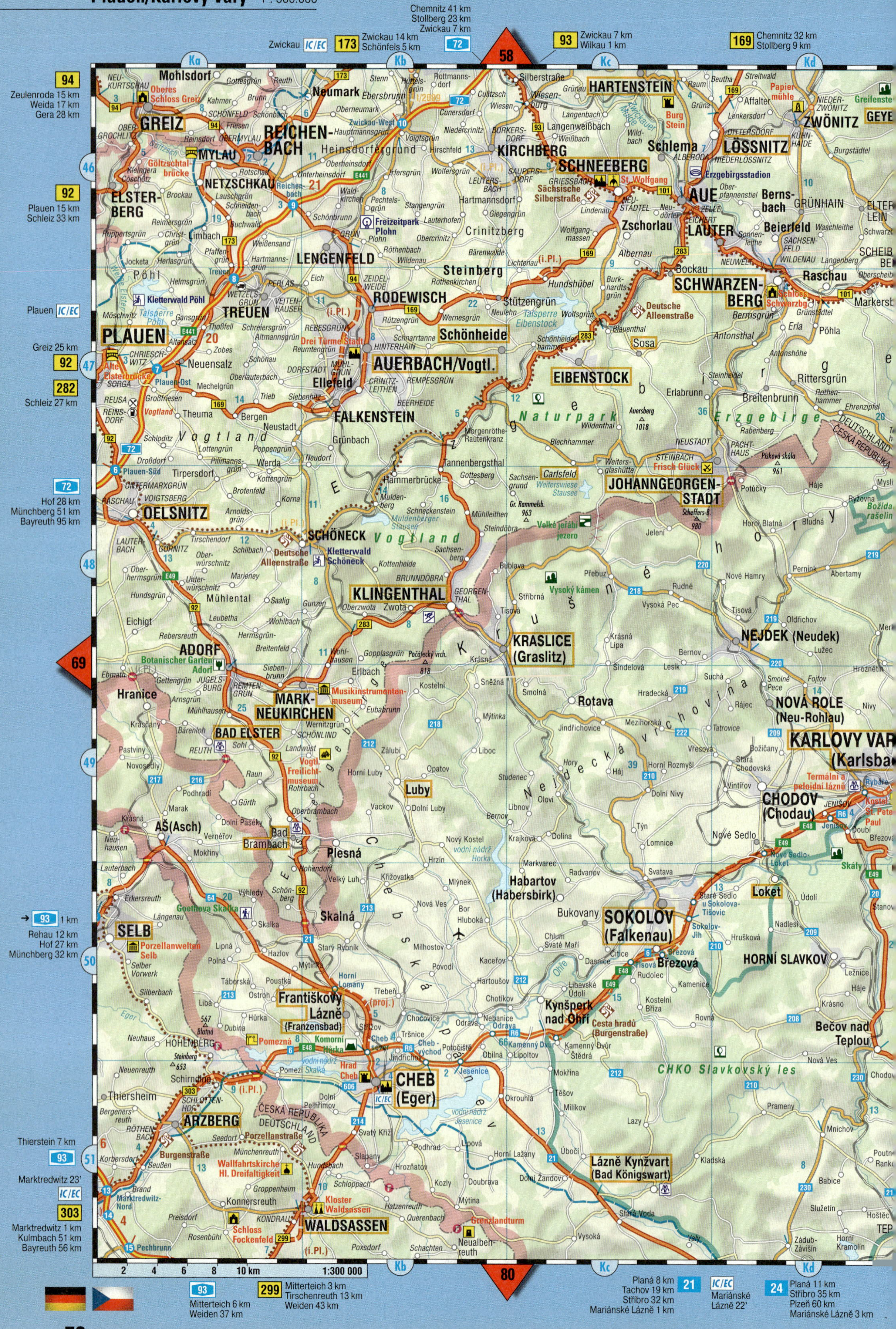

Chemnitz 41 km
Stollberg 23 km
Zwickau 7 km

Zwickau 14 km · Schönfels 5 km — 173

Zwickau 7 km · Wilkau 1 km — 93

Chemnitz 32 km · Stollberg 9 km — 169

58

94 — Zeulenroda 15 km · Weida 17 km · Gera 28 km

92 — Plauen 15 km · Schleiz 33 km

Plauen IC/EC

Greiz 25 km — **92**

Schleiz 27 km — **282**

Hof 28 km · Münchberg 51 km · Bayreuth 95 km

69

Plauen IC/EC

93 1 km · Rehau 12 km · Hof 27 km · Münchberg 32 km

Thierstein 7 km

Marktredwitz 23' — IC/EC

Marktredwitz 1 km · Kulmbach 51 km · Bayreuth 56 km — **303**

80

Mitterteich 3 km · Tirschenreuth 13 km · Weiden 43 km — **299**

Mitterteich 6 km · Weiden 37 km — 93

Planá 8 km · Tachov 19 km · Stříbro 32 km · Mariánské Lázně 1 km — **21** — Mariánské Lázně 22'

Planá 11 km · Stříbro 35 km · Plzeň 60 km · Mariánské Lázně 3 km — **24**

Major place names

GREIZ, MYLAU, REICHENBACH, NETZSCHKAU, ELSTERBERG, PLAUEN, TREUEN, LENGENFELD, RODEWISCH, AUERBACH/Vogtl., FALKENSTEIN, ELLEFELD, SCHÖNHEIDE, OELSNITZ, SCHÖNECK, KLINGENTHAL, ADORF, BAD ELSTER, MARKNEUKIRCHEN, HRANICE, SELB, AŠ (Asch), ARZBERG, WALDSASSEN, CHEB (Eger), FRANTIŠKOVY LÁZNĚ (Franzensbad), PLESNÁ, SKALNÁ, LUBY, KRASLICE (Graslitz), JOHANNGEORGENSTADT, EIBENSTOCK, SCHWARZENBERG, AUE, SCHNEEBERG, KIRCHBERG, HARTENSTEIN, LÖSSNITZ, ZWÖNITZ, LAUTER, RASCHAU, ROTAVA, NEJDEK (Neudek), NOVÁ ROLE (Neu-Rohlau), KARLOVY VARY (Karlsbad), CHODOV (Chodau), SOKOLOV (Falkenau), LOKET, HORNÍ SLAVKOV, BŘEZOVÁ, HABARTOV (Habersbirk), KYNŠPERK nad Ohří, BEČOV nad Teplou, LÁZNĚ KYNŽVART (Bad Königswart)

Naturpark Erzgebirge · CHKO Slavkovský les · ČESKÁ REPUBLIKA · DEUTSCHLAND

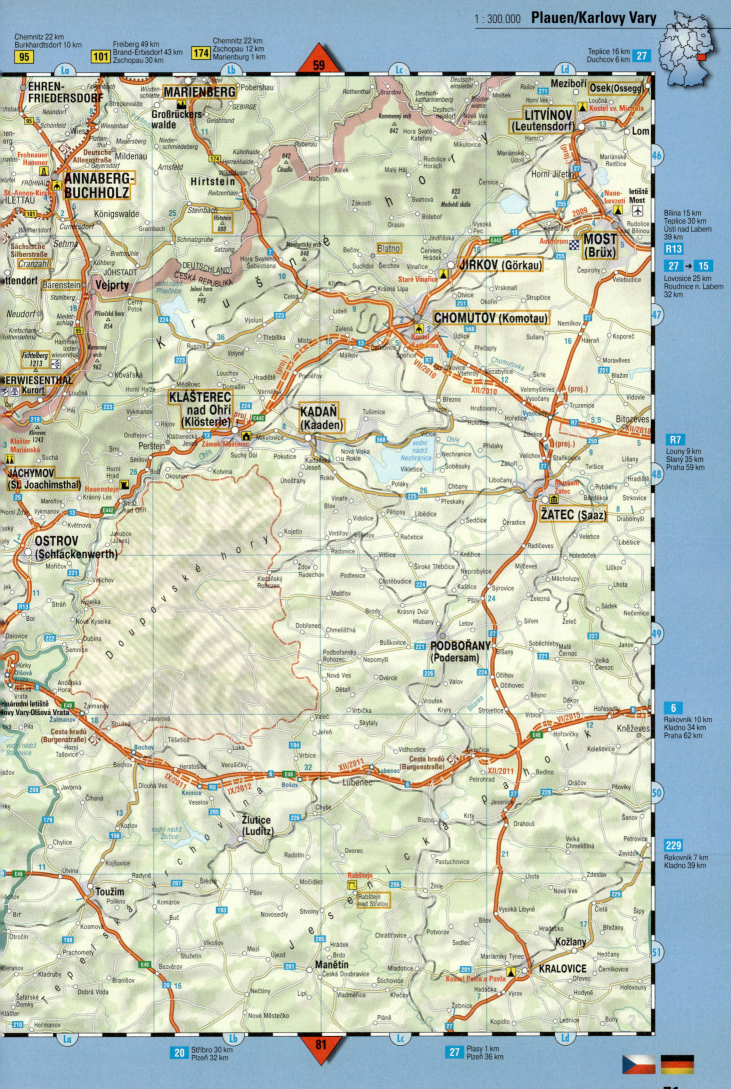

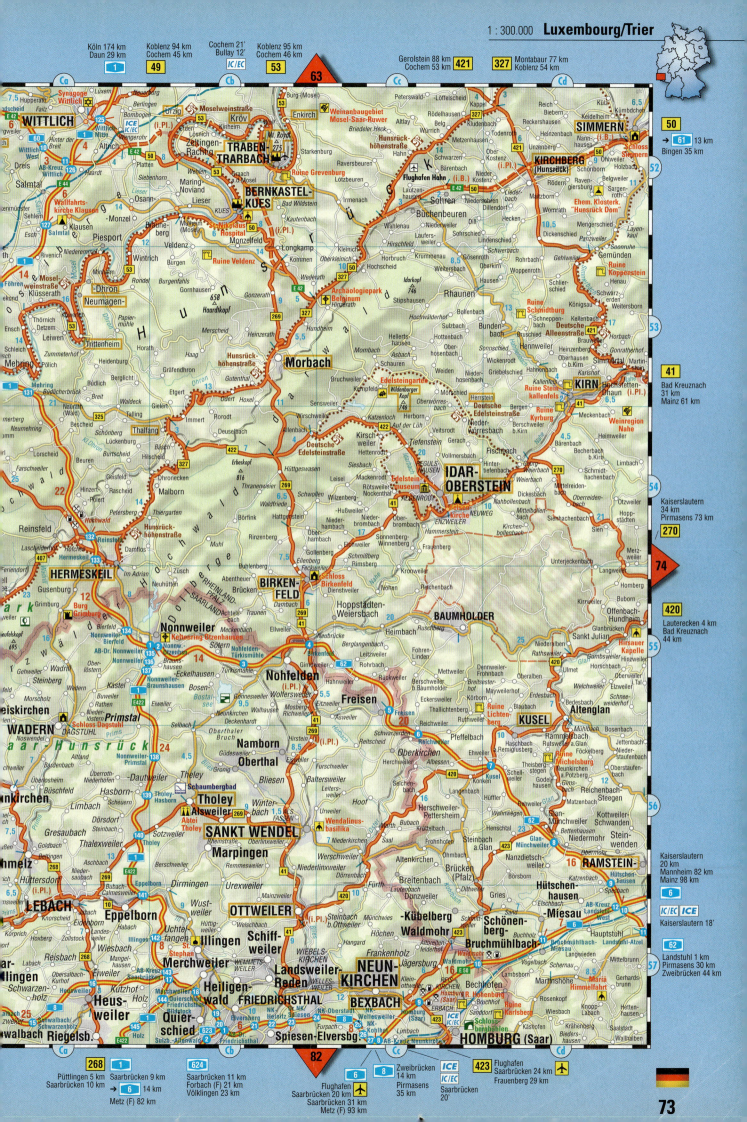

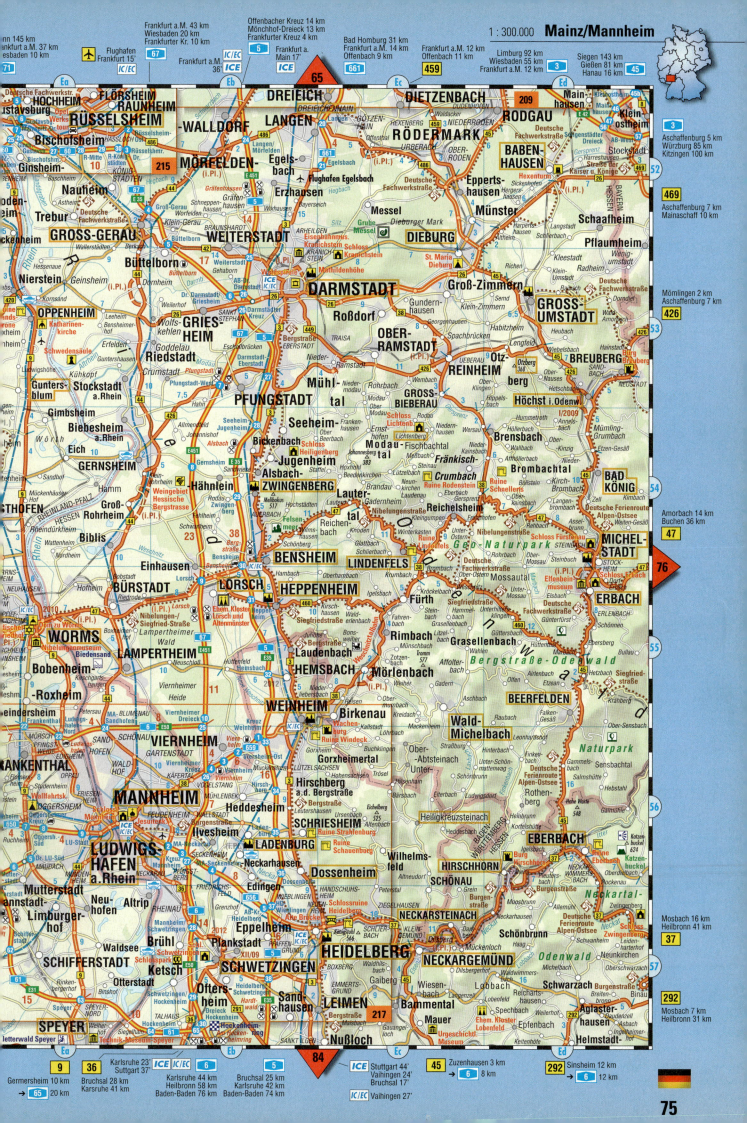

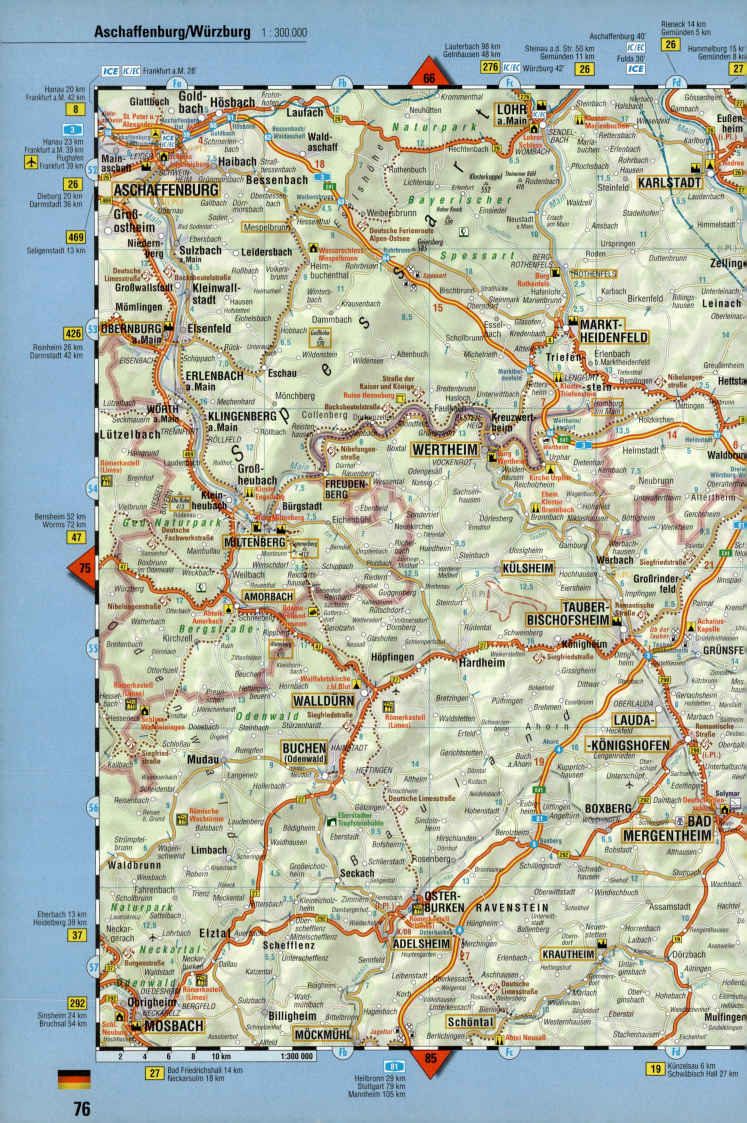

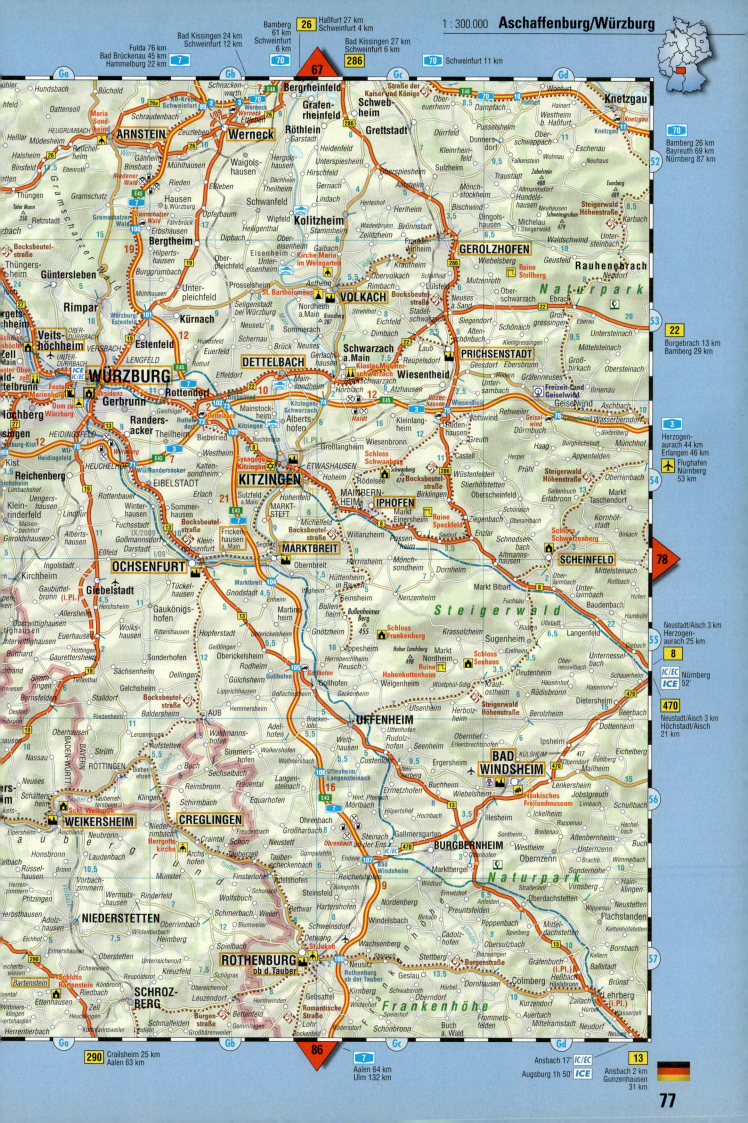

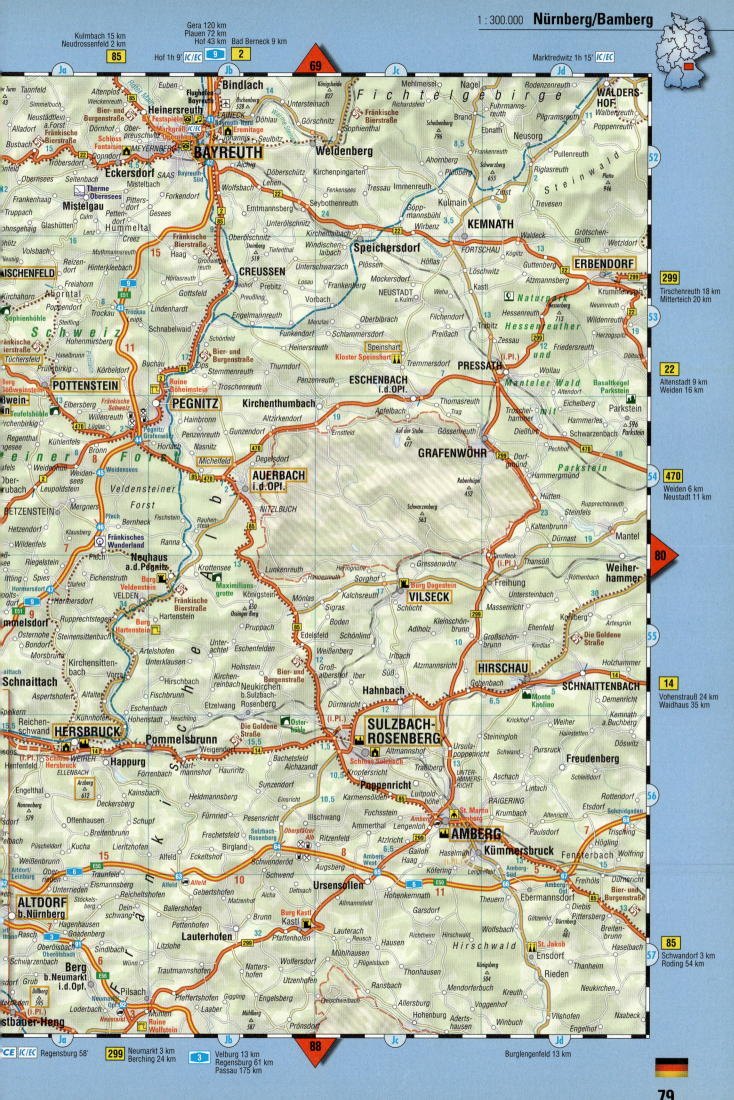

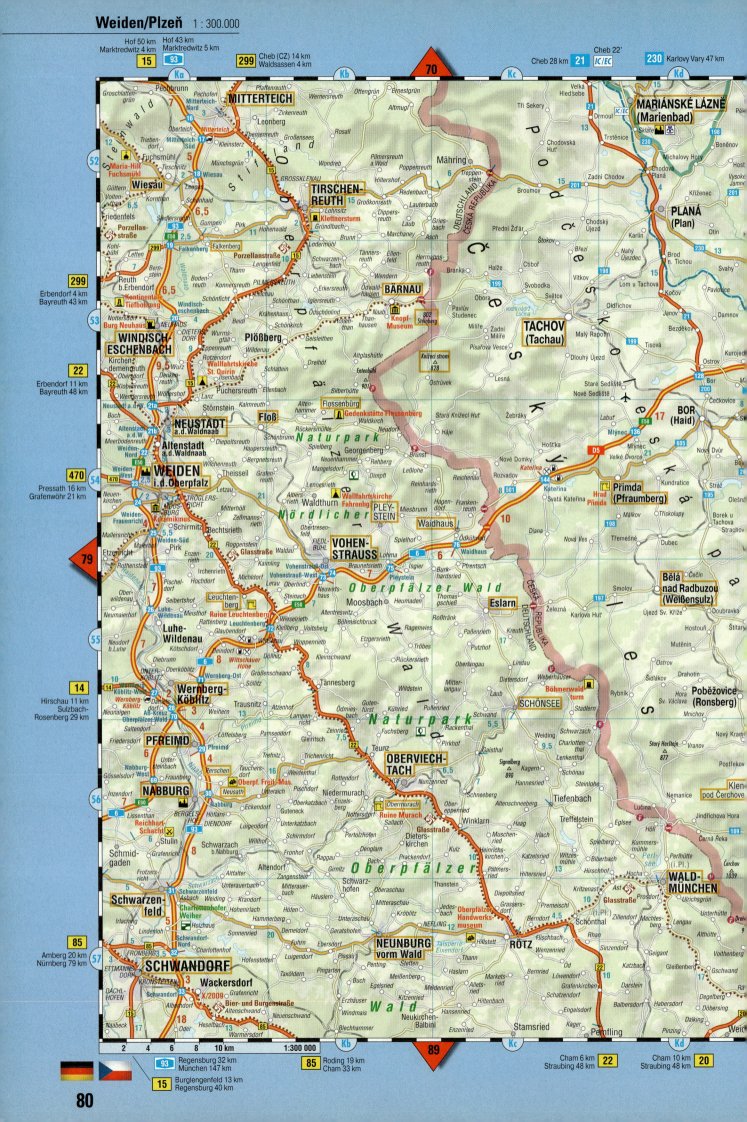

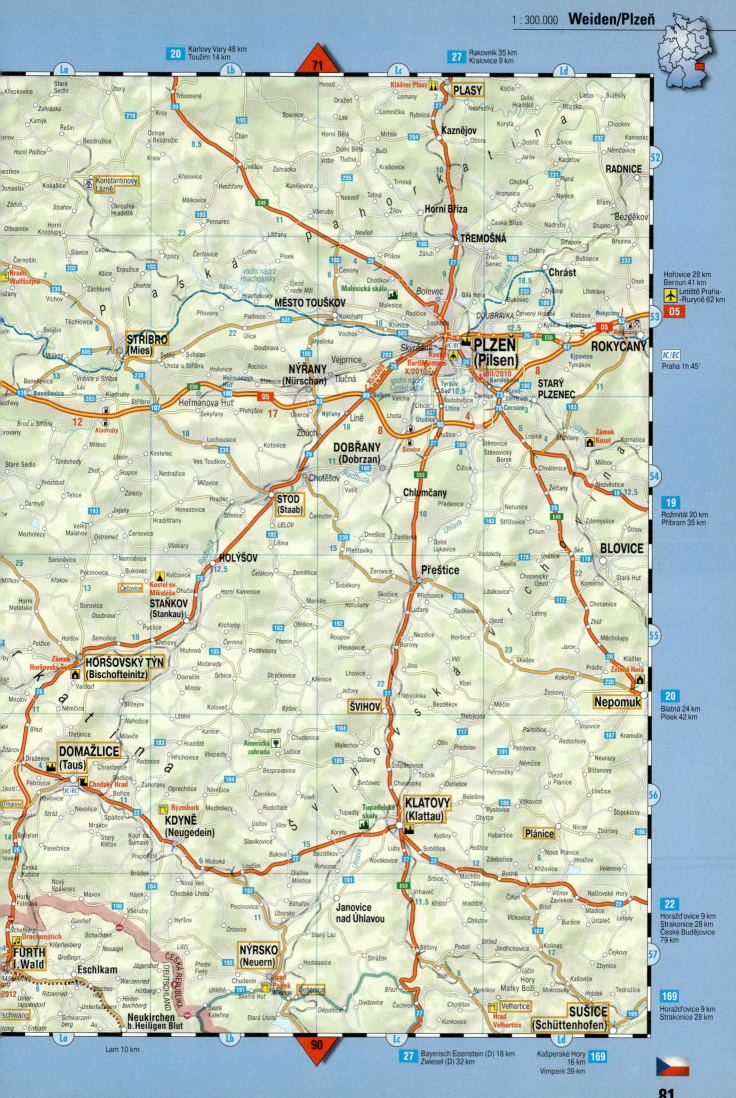

Eschlkam 6 km / Furth i. Wald 6 km — **La** — Domažlice (CZ) 40 km / Furth i. Wald 13 km / Neukirchen b.Hl. Blut 0,5 km — **Lb** — Domažlice 33 km / Klatovy 22 km / Nýrsko 6 km **190** — **81** — Přeštice 41 km / Klatovy 20 km / Běšiny 8,5 km **27** — Klatovy 22 km / Klatovy 20 km / Běšiny 10 km **171** — **Lc** — Klatovy 29 km / Horažďovice 18 km **169** — **Ld**

CHKO — Šumava — SUŠI (Schüttenhof)

Chamerau 10 km / Cham 14 km — **58**

BAD KÖTZTING — **Lam** — Železná Ruda (Markt Eisenstein) — Hartmanice (Hartmanitz) — REJŠTEJN (Unterreichenstein)

Chamerau 13 km / Cham 17 km — **85** / **59**

VIECHTACH — **Bodenmais** — Národní — **Šumava park** — Nationalpark

Bogen 11 km — **60**

ZWIESEL — Waldmuseum — **Frauenau**

REGEN — Rinchnach — Bayerischer

Bogen 5 km / Straubing 23 km / Regensburg 55 km — **89** — **3**

Bischofsmais — Kirchberg — Spiegelau — Riedlhütte — St.Oswald — **GRAFENAU**

Regensburg 32' — **IC/EC** **ICE** — **61**

Offenberg — **Metten** — **DEGGENDORF** — Schönberg — Perlesreut

Straubing 20 km / Regensburg 58 km — **8**

PLATTLING — Hengersberg — Schöllnach — Tittling

Landau 15 km / Landshut 53 km / München 120 km — **92** / **62**

OSTERHOFEN — Winzer — Iggensbach — **Fürstenzell** — Eging am See — Hutthurm

Künzing — Hofkirchen — **VILSHOFEN** — Tiefenbach — Salzweg

Reisbach 12 km — **63**

Eichendorf — **Aldersbach** — **PASSAU**

Arnstorf

2 4 6 8 10 km — 1:300 000 — **Lb** — **100** — **Lc** — **Ld**

Falkenberg 14 km / Eggenfelden 22 km — Griesbach 10 km / Fürstenzell 9 km — **100** — Schärding (A) 15 km / Suben (A) 16 km / Ried im Innkreis (A) 43 km **3** — Neuburg 5 km / Neuhaus 8 km / Pocking 22 km

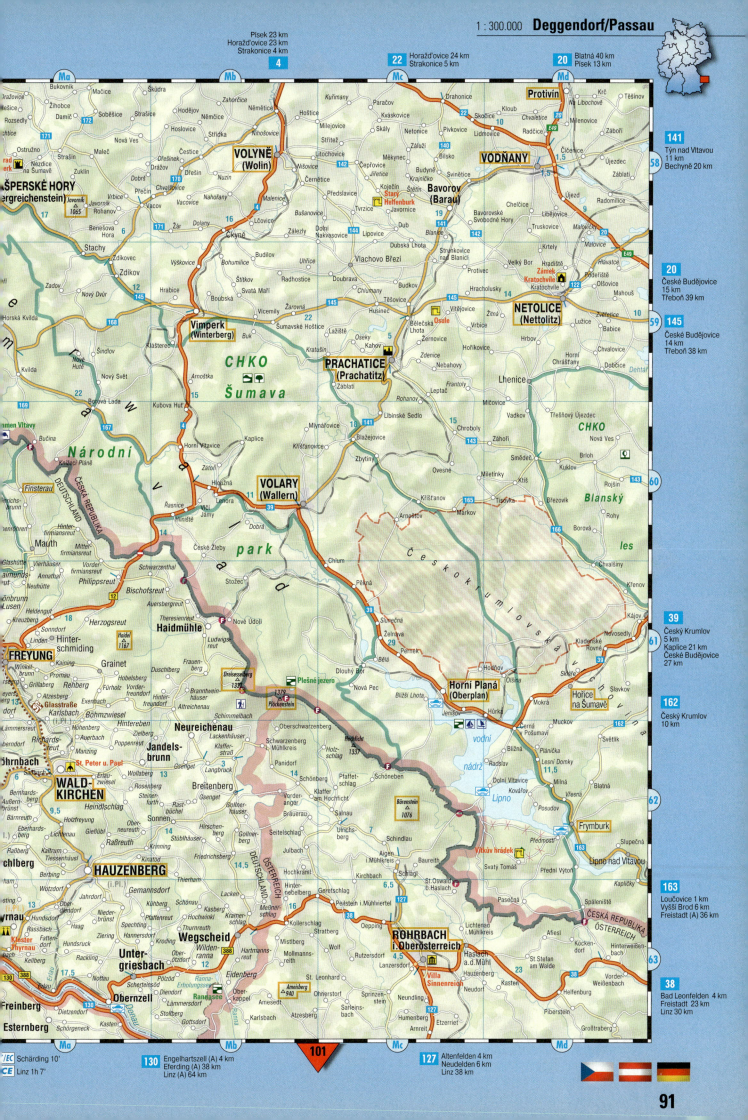

N 4 Sarrebourg 22 km
St-Quirin 2 km D 993
Sarrebourg 21 km Abreschviller 5 km D 44
82
D 218 Saverne 22 km Wangenbourg 2 km
Sarrequemines 75 km Saverne 20 km D 422
Sarrebourg 50 Saverne 22 km N 4
N 4 Lunéville 29 km
D 992 Montigny 3 km Lunéville 28 km
N 59 Lunéville 35 km Nancy 69 km
La Salle 2 km Rambervillers 23 km D 32
Bruyères 14 km Epinal 39 km N 420
D 423 Granges-s-Vologne 7 km Bruyères 17 km
D 417 Remiremont 28 km Epinal 40 km
D 486 Cornimont 5 km Le Thillot 18 km
D 43 St-Anné 19 km Remiremont 29 km
Thann 12 km D 13
Cernay 24 km D 430
D 430 Mulhouse 22 km Belfort 63 km
102
N 83 Mulhouse 23 km Belfort 52 km
IC/EC Mulhouse 23'
A 35 Mulhouse 22 km Basel (CH) 48 km Belfort 63 km
Müllheim 15 Lörrach 34 Basel (CH) 43
1:300 000
Blâmont
Cirey-sur-Vezouze
Badonviller
Celles-sur-Plaine
Raon-l'Étape
Senones
Moyenmoutier
St-Dié-des-Vosges
Fraize
Gérardmer
la Bresse
Schirmeck
Mutzig
Molsheim
Obernai
Ottrott
Barr
Andlau
Dambach-la-Ville
Sélestat
St-Hippolyte
Bergheim
Ribeauvillé
Riquewihr
Kaysersberg
Orbey
Turckheim
Wintzenheim
Eguisheim
Munster
COLMAR
Ingersheim
Rouffach
Soultzmatt
Guebwiller
Neuf-Brisach
BREISAC a. Rh
Marckolsheim
Ste-Marie-aux-Mines
Niederhaslach
Villé
Kintzheim
Col du Donon
Col de Saales
Col du Bonhomme
Col de la Schlucht
Route des Crêtes
Forêt de Haslach
Forêt de Turquestein
Forêt de Senones
Lac du Vieux Pré
Lac Blanc
Lac Noir
Lac de Gérardmer
Lac des Corbeaux

95

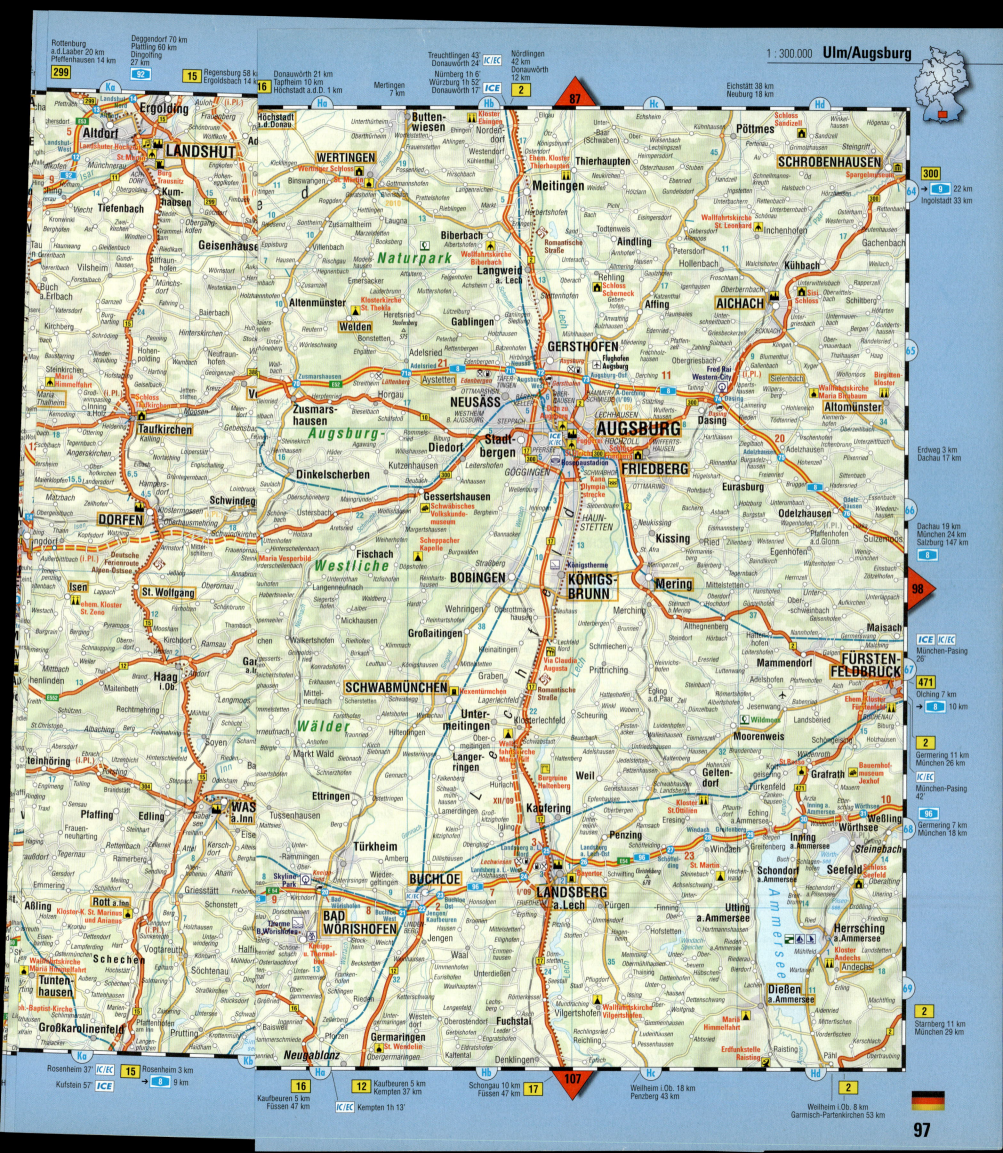

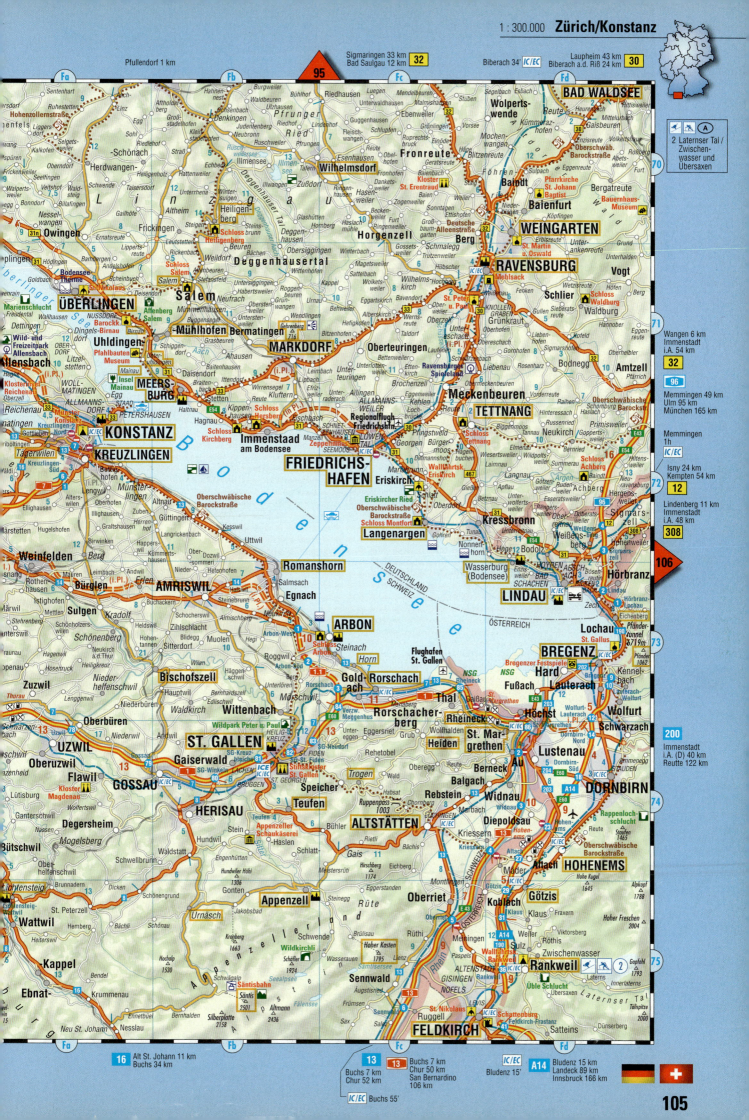

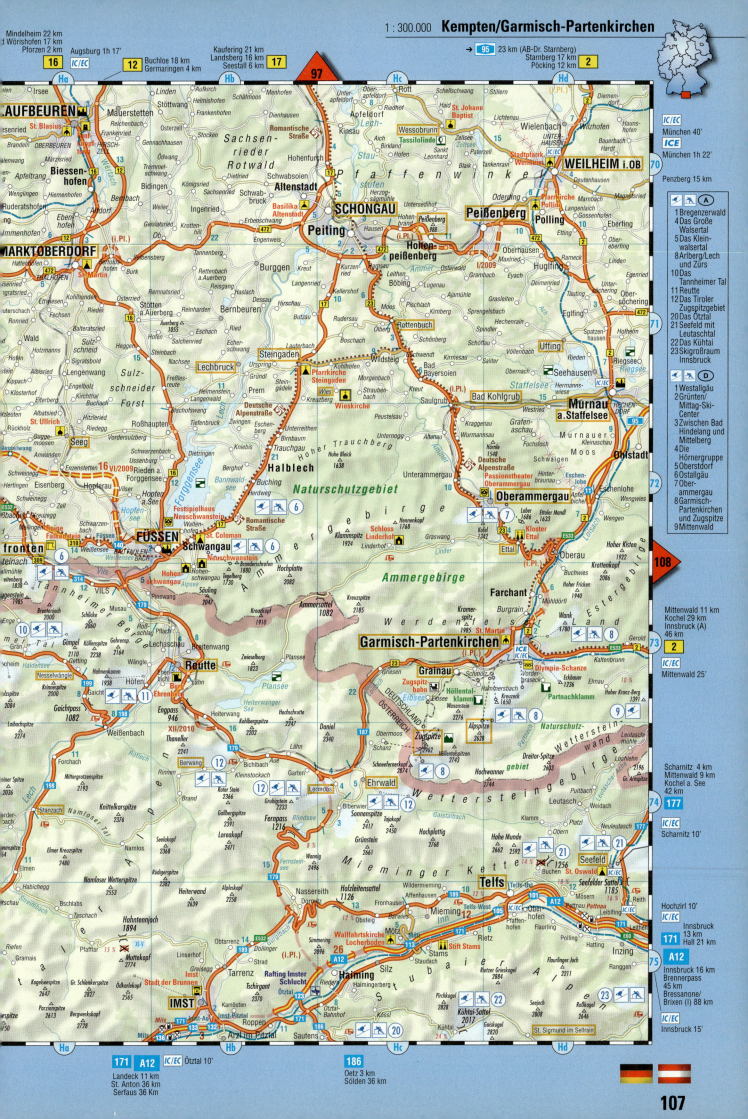

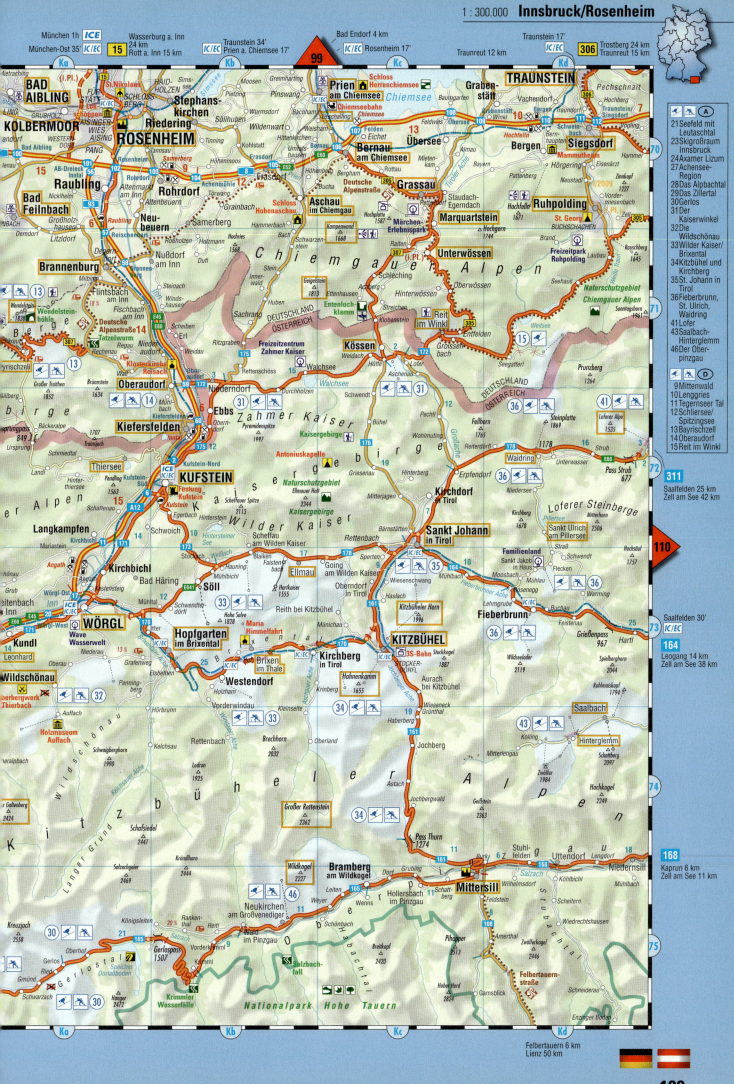

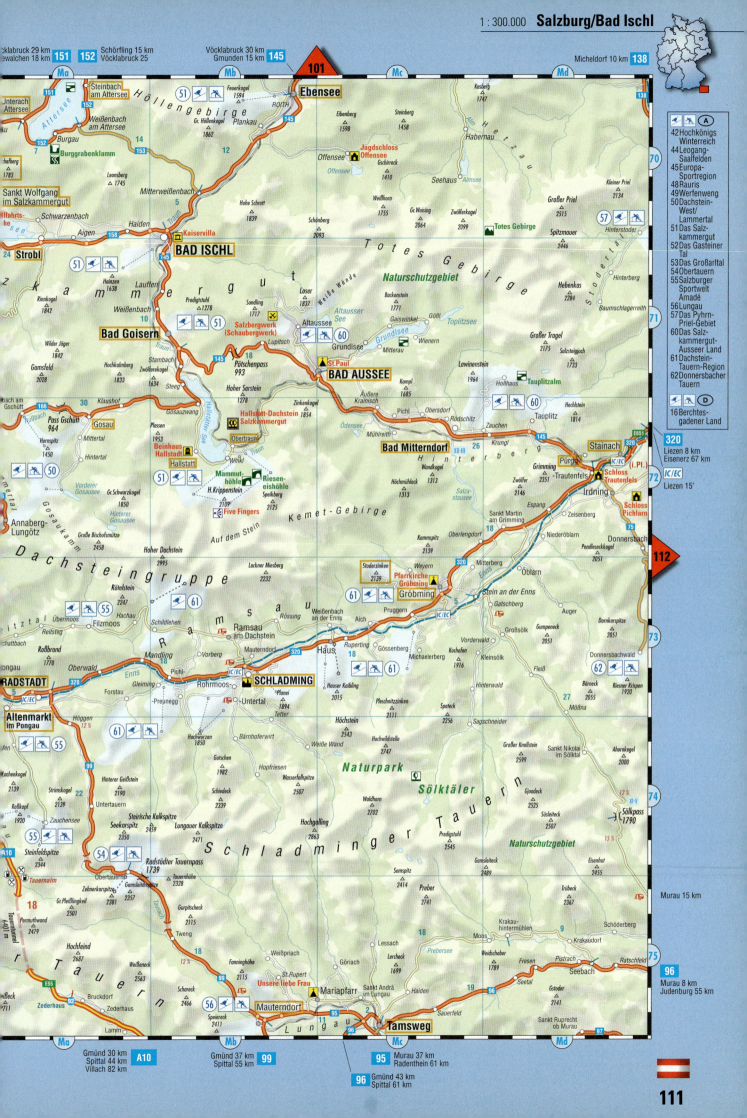

Liezen/Judenburg   1 : 300.000

A

54298 Aach 72 Bc53
78267 Aach 104 Ec70
520 . . Aachen 50 Ba45
734 . . Aalen 86 Gb62
65326 Aarbergen 64 Dc49
25560 Aasbüttel 11 Fb17
38871 Abbenrode 43 Gd35
06543 Abberode 44 Hd38
38527 Abbesbüttel 32 Gd31
91183 Abenberg 87 Hc58
84072 Abens 98 Jc64
93326 Abensberg 88 Jc62
97453 Abersfeld 67 Gc51
34388 Abgunst 42 Fb38
91720 Absberg 87 Hb59
74232 Abstatt 85 Fb60
37290 Abterode 55 Ga41
06888 Abtsdorf 46 Kc35
73453 Abtsgmünd 86 Gb61
18510 Abtshagen 6 Kc15
36163 Abtsroda 67 Ga47
97355 Abtswind 77 Gc54
88147 Achberg 105 Fd72
77855 Achern 83 Dc63
28832 Achim 20 Ed26
38312 Achim 43 Gd34
94250 Achslach 90 La60
88480 Achstetten 96 Ga67
24239 Achterwehr 4 Ga15
25917 Achtrup 2 Ed11
31135 Achtum 32 Ga33
31675 Achum 31 Fa32
39343 Ackendorf 33 Hd32
17213 Adamshoffnung 25 Ka22
73099 Adelberg 85 Fc62
37139 Adelebsen 42 Fd38
29352 Adelheidsdorf 32 Ga30
73486 Adelmannsfelden 86 Gb61
09127 Adelsberg 59 La44
97737 Adelsberg 66 Fd51
85111 Adelschlag 87 Hd61
91325 Adelsdorf 78 Hb54
74740 Adelsheim 76 Fb57
75031 Adelshofen 84 Ed59
82276 Adelshofen 97 Hd67
91587 Adelshofen 77 Gb56
86477 Adelsried 97 Ha65
86559 Adelzhausen 97 Hd66
53518 Adenau 63 Ca48
38528 Adenbüttel 32 Gc31
21365 Adendorf 22 Gc23
31171 Adensen 31 Fd33
31079 Adenstedt 43 Ga35
31246 Adenstedt 32 Gb32
38304 Adersheim 32 Gc33
06408 Aderstedt 45 Jb36
38838 Aderstedt 44 Hb34
84085 Adlhausen 88 Jd62
84166 Adlkofen 99 Kb64
31177 Adlum 32 Gb33
18211 Admannshagen-Bargeshagen 14 Jc16
08626 Adorf 70 Ka49
09221 Adorf 58 Kd45
49767 Adorf 28 Cc29
88299 Adrazhofen 106 Gb70
25572 Aebtissinwisch 11 Fb18
31855 Aerzen 42 Fa34
08294 Affalter 70 Kd46
71563 Affalterbach 85 Fb61
74182 Affaltrach 85 Fb59
86444 Affing 97 Hc65
27257 Affinghausen 30 Ed28
69483 Affolterbach 75 Ec55
83734 Agatharied 108 Jd71
21684 Agathenburg 11 Fc21
25560 Agethorst 11 Fb17
74858 Aglasterhausen 75 Ed57
83549 Aham 99 Kb68
84168 Aham 99 Kc64
48683 Ahaus 39 Cb34
27367 Ahausen 21 Fb25
28844 Ahausen 20 Ed26
88697 Ahausen 105 Fb71
33142 Ahden 41 Eb38
27616 Ahe 20 Ed23
17375 Ahlbeck 17 Ma19
17419 Ahlbeck 17 Ma17
29693 Ahlden (Aller) 31 Fc28
32257 Ahle 30 Eb33
24811 Ahlefeld 3 Fc14
5922 . Ahlen 40 Dc37
21702 Ahlerstedt 21 Fb22
59329 Ahlke 40 Dd37
04916 Ahlsdorf 47 La35
06311 Ahlsdorf 45 Ja38
98553 Ahlstädt 68 Ha47
31275 Ahlten 32 Ga31
38302 Ahlum 32 Gd33
38489 Ahlum 33 Hb28
34292 Ahnatal 54 Fb40
21368 Ahndorf 23 Ha24
24996 Ahneby 3 Fd11
29353 Ahnsbeck 32 Gc29
31708 Ahnsen 31 Fa32
94345 Aholfing 89 Kc60
94527 Aholming 90 La62
96482 Ahorn 68 Hb50
97953 Ahorn 76 Fc55
95176 Ahornberg 69 Jc49
95491 Ahorntal 79 Ja53
31180 Ahrbergen 32 Ga33
53506 Ahrbrück 63 Cb47
50374 Ahrem 51 Ca45
18510 Ahrendsee Rubelow 7 Kd15
48324 Ahrenhorst 40 Db36
23623 Ahrensbök 12 Gd17
22926 Ahrensburg 12 Gb20
14947 Ahrensdorf 36 La32
14974 Ahrensdorf 36 La31
15864 Ahrensdorf 37 Mb32
17268 Ahrensdorf 26 Lc24
16356 Ahrensfelde 36 Lc29
18320 Ahrenshagen 6 Ka15
25853 Ahrenshöft 2 Ed13
18347 Ahrenshoop 6 Jd14
25885 Ahrenviöl 3 Fa13
25885 Ahrenviölfeld 3 Fa13
45711 Ahsen 39 Cd37
31174 Ahstedt 32 Gb33
72631 Aich 95 Fa64
84155 Aich 99 Kc65
96465 Aicha 68 Hc49
94529 Aicha v. Wald 90 Lc62
86551 Aichach 97 Hd65
73101 Aichelberg 85 Fc63
73773 Aichelberg 85 Fb62
86479 Aichen 97 Ha67
78733 Aichhalden 94 Ea67
73773 Aichschieß 85 Fb62
88317 Aichstetten 106 Gb70
72631 Aichtal 85 Fa63
73773 Aichwald 85 Fb62
94501 Aidenbach 90 Lb63
97491 Aidhausen 67 Gd50
71134 Aidlingen 84 Ed63
94072 Aigen a. Inn 100 Lc66
84089 Aiglsbach 88 Jc63
88048 Ailingen 105 Fc71
86447 Aindling 97 Hc64
83404 Ainring 110 Lb70
89344 Aislingen 96 Gd64
94330 Aiterhofen 89 Kd61
88319 Aitrach 96 Gb69
87648 Aitrang 107 Ha70
06385 Aken 45 Jd35
83544 Albaching 99 Ka68
48163 Albachten 40 Da35
79774 Albbruck 103 Dc72
08321 Albernau 70 Kc46
25767 Albersdorf 11 Fb16
73095 Albershausen 85 Fc63
48324 Albersloh 40 Db36
06279 Alberstedt 45 Jb39
76857 Albersweiler 83 Dc58
97688 Albertshausen 67 Ga50
16321 Albertshof 36 Lc28
97320 Albertshofen 77 Gb54
85302 Alberzell 98 Ja65
55234 Albig 74 Dd54
67308 Albisheim 74 Dc55
98529 Albrechts 68 Ha46
23909 Albsfelde 12 Gd20
63755 Albstadt 66 Fa51
724 . . Albstadt 94 Ed67
47647 Aldekerk 38 Bc39
52457 Aldenhoven 50 Bb44
94501 Aldersbach 90 Lb63
78554 Aldingen 94 Ec68
49406 Aldorf 30 Eb28
48268 Aldrup 40 Da34
86733 Alerheim 87 Ha61
86480 Aletshausen 96 Gd67
56859 Alf 63 Cb51
73553 Alfdorf 85 Fd62
31061 Alfeld 42 Fd35
91236 Alfeld 79 Jb56
31832 Alferde 31 Fd33
49594 Alfhausen 29 Dc30
27432 Alfstedt 10 Ed21
53347 Alfter 51 Cb45
39638 Algenstedt 33 Hd29
31191 Algermissen 32 Ga32
31552 Algesdorf 31 Fb32
36211 Alheim 54 Fd43
31275 Aligse 32 Ga31
39398 Alikendorf 44 Hd34
29575 Aljarn 22 Gd24
25938 Alkersum 2 Eb11
59581 Allagen 40 Dd39
29582 Allenbostel 22 Gc26
07426 Allendorf 68 Hc46
34613 Allendorf 54 Fa44
35108 Allendorf 53 Eb43
35469 Allendorf (Lumda) 65 Ec46
78476 Allensbach 105 Fa71
39343 Alleringersleben 33 Hc33
90584 Allersberg 87 Hd58
29386 Allersehl 32 Gd28
85391 Allershausen 98 Jb65
18337 Allerstorf 6 Ka15
82239 Alling 98 Ja67
77963 Allmannsweier 93 Db66
89604 Allmendingen 95 Fd66
36341 Allmenrod 66 Fb46
01983 Allmosen 48 Mb37
36145 Allmus 66 Fd47
41515 Allrath 50 Bd42
06507 Allrode 44 Hb37
06542 Allstedt 44 Hd39
98711 Allzunah 68 Hb46
25821 Almdorf 2 Ed12
59929 Alme 41 Eb39
36100 Almendorf 66 Fd47
96528 Almerswind 68 Hc48
30926 Almhorst 31 Fc31
38446 Almke 33 Ha31
31079 Almstedt 43 Ga34
46519 Alpen 38 Bd38
57642 Alpenrod 64 Db46
72275 Alpirsbach 94 Ea66
64665 Alsbach 75 Eb54
63628 Alsberg 66 Fb49
52477 Alsdorf 50 Bb44
57518 Alsdorf 52 Db45
67677 Alsenborn 74 Db56
67821 Alsenz 74 Db54
36304 Alsfeld 54 Fb45
46149 Alsfeld 39 Ca38
67577 Alsheim 75 Ea54
06425 Alsleben 45 Jb37
97633 Alsleben 67 Gd49
48324 Alst 40 Db36
32339 Alswede 30 Eb32
66646 Alsweiler 73 Cb56
24848 Alt Bennebek 3 Fb14
14822 Alt Bork 35 Kd32
15537 Alt Buchhorst 36 Ld30
18233 Alt Bukow 14 Ja17
24791 Alt Duvenstedt 3 Fc14
12357 Alt Glienicke 36 Lc30
15526 Alt Golm 37 Mb31
23968 Alt Jassewitz 13 Hc18
18299 Alt Kätwin 14 Jd17
19294 Alt Kaliß 23 Hd24
19288 Alt Krenzlin 23 Hc23
16928 Alt Krüssow 24 Jd24
15518 Alt Madlitz 37 Mc30
15306 Alt Mahlisch 37 Mc29
19069 Alt Meteln 13 Hc19
23881 Alt Mölln 12 Gd21
18586 Alt Reddevitz 7 Lb14
17217 Alt Rehse 15 Kd21
18292 Alt Sammit 14 Jd20
15910 Alt Schadow 37 Ma33
17192 Alt Schönau 15 Kb20
17214 Alt Schwerin 14 Jd21
15859 Alt Stahnsdorf 37 Ma31
17166 Alt Sührkow 15 Kb19
23689 Alt Techau 12 Gd18
17129 Alt Tellin 16 La18
15328 Alt Tucheband 37 Md29
19230 Alt Zachun 23 Hd22
15913 Alt Zauche 48 Ma34
15326 Alt Zeschdorf 37 Mc30
73776 Altbach 85 Fb63
15320 Altbarnim 37 Mb28
97450 Altbessingen 67 Ga51
39387 Altbrandsleben 44 Hc34
03229 Altdöbern 48 Mb37
71155 Altdorf 84 Ed63
72655 Altdorf 95 Fb64
77955 Altdorf 93 Db67
83527 Altdorf 99 Kb67
84032 Altdorf 99 Ka64
87640 Altdorf 107 Ha70
90518 Altdorf b. Nürnberg 79 Ja57
18573 Altefähr 7 Kd14
93087 Alteglofsheim 89 Ka61
58762 Altena 52 Da41
53505 Altenahr 63 Cb47
04931 Altenau 47 Lb39
38707 Altenau 43 Gc36
96231 Altenbanz 68 Hb50
33184 Altenbeken 41 Ed37
01773 Altenberg 60 Ma44
48341 Altenberge 39 Cd34
49733 Altenberge 18 Cc27
07338 Altenbeuthen 69 Jb46
38889 Altenbrak 44 Hb37
97901 Altenbuch 76 Fb53
04600 Altenburg 58 Kb43
06429 Altenburg 45 Jb36
79798 Altenburg 104 Eb72
26732 Altendeich 10 Eb20
65624 Altendiez 64 Dc48
38465 Altendorf 33 Hb29
45143 Altendorf 39 Cb39
92540 Altendorf 80 Kb56
96146 Altendorf 78 Hc53
45326 Altenessen 39 Cb39
98701 Altenfeld 68 Hb47
07356 Altengesees 69 Ja47
59609 Altengeseke 40 Dd38
66885 Altenglan 73 Cd55
23818 Altengörs 12 Gc18
99991 Altengottern 55 Gd42
36391 Altengronau 66 Fc50
17091 Altenhagen 15 Kd19
18236 Altenhagen 14 Jb17
18469 Altenhagen 6 Kb15
31832 Altenhagen 31 Fc33
33729 Altenhagen 41 Eb34
35321 Altenhain 66 Fa47
39343 Altenhausen 33 Hc32
97702 Altenhausen 67 Gb50
34439 Altenheerse 41 Ed38
77743 Altenheim 93 Db65
16244 Altenhof 26 Lc26
17209 Altenhof 25 Ka23
24340 Altenhof 3 Fd14
36157 Altenhof 66 Fd48
24161 Altenholz 4 Ga14
18556 Altenkirchen 7 La11
66903 Altenkirchen 73 Cc56
57610 Altenkirchen (Westerwald) 64 Da46
39307 Altenklitsche 34 Jd30
23730 Altenkrempe 13 Ha16
96264 Altenkunstadt 68 Hd50
27239 Altenmarkhorst 30 Eb28
83352 Altenmarkt a.d. Alz 99 Kc68
83115 Altenmarkt a. Inn 109 Ka70
29575 Altenmedingen 22 Gd25
59609 Altenmellrich 40 Dd39
25335 Altenmoor 11 Fc19
86450 Altenmünster 97 Ha65
97488 Altenmünster 67 Gc50
18445 Altenpleen 6 Kc14
72657 Altenriet 95 Fa64
29416 Altensalzwedel 33 Hc28
36358 Altenschlirf 66 Fb47
63674 Altenstadt 65 Ed49
86972 Altenstadt 107 Hb70
89281 Altenstadt 96 Gb67
92665 Altenstadt a.d. Waldnaab 80 Ka54
72213 Altensteig 94 Eb64
90592 Altenthann 78 Hd57
93177 Altenthann 89 Kb59
17087 Altentreptow 16 La19
39171 Altenweddingen 45 Ja34
18320 Altenwillershagen 6 Ka15
39596 Altenzaun 34 Jc28
06543 Alterode 44 Hd37
98587 Altersbach 67 Gd46
97486 Altershausen 68 Ha51
47626 Altersteeg 38 Bc38
97237 Altertheim 76 Fd54
14913 Altes Lager 46 Kd34
84169 Altfraunhofen 99 Ka65
15320 Altfriedland 37 Mb28
15938 Altgolssen 47 Lc34
58640 Altgruland 40 Da39
97631 Althausen 67 Gd49
82278 Althegnenberg 97 Hc67
74731 Altheim 76 Fc56
88499 Altheim 95 Fc68
88699 Altheim 105 Fb70
89195 Altheim 96 Ga66
89174 Altheim (Alb) 96 Gb64
21745 Althemmoor 11 Fa20
75382 Althengstett 84 Ec63
23883 Althorst 13 Ha20
71566 Althütte 85 Fc61
16247 Althüttendorf 26 Ld25
72119 Altingen 94 Ed64
06800 Altjeßnitz 46 Ka37
17179 Altkalen 15 Kb18
47546 Altkalkar 38 Bb37
04626 Altkirchen 58 Ka43
82054 Altkirchen 98 Jb69
16278 Altkünkendorf 26 Ld25
15345 Altlandsberg 36 Ld29
15345 Altlandsberg Nord 36 Ld29
67317 Altleiningen 74 Dc56
16775 Altlüdersdorf 26 La25
44534 Altlünen 40 Da38
68804 Altlußheim 84 Ea58
88317 Altmannshofen 106 Gb70
93336 Altmannstein 88 Jb61
09648 Altmittweida 59 La43
41836 Altmyhl 50 Bb42
84503 Altötting 99 Kd66
85250 Altomünster 97 Hd65
54518 Altrich 73 Ca52
67122 Altrip 75 Ea57
15306 Altrosenthal 37 Mb29
88361 Altshausen 95 Fc69
87527 Altstädten 106 Gc73
16798 Altthymen 26 La23
16259 Alttrebbin 37 Mb28
87452 Altusried 106 Gc70
30916 Altwarmbüchen 31 Fd31
17375 Altwarp 17 Mb19
17379 Altwigshagen 16 Ld19
27616 Altwistedt 20 Ed22
29229 Alvern 32 Gb29
48351 Alverskirchen 40 Db35
25486 Alveslohe 12 Ga19
31832 Alvesrode 31 Fc33
63755 Alzenau i. Unterfranken 66 Fa51
55232 Alzey 74 Dc54
28870 Am Bahnhof 21 Fa25
26188 Am Küstenkanal 19 Dd25
86854 Amberg 97 Ha68
92224 Amberg 79 Jc56
48317 Ameke 40 Db37
21385 Amelinghausen 22 Gb25
48163 Amelsbüren 40 Da35
37586 Amelsen 42 Fd36
83123 Amerang 99 Kb69
41366 Amern 50 Bb41
39439 Amesdorf 45 Ja36
48691 Ammeloe 39 Ca34
34474 Ammenhausen 41 Ed39
72119 Ammerbuch 94 Ed64
82541 Ammerland 98 Ja69
90614 Ammerndorf 78 Hb57
22949 Ammersbek 12 Gb20
92260 Ammerthal 79 Jc56
35287 Amöneburg 53 Ed45
85241 Ampermoching 98 Jb66
84539 Ampfing 99 Kc66
39387 Ampfurth 44 Hd34
06317 Amsdorf 45 Jb39
84385 Amsham 100 Lb64
73340 Amstetten 96 Ga64
19273 Amt Neuhaus 23 Hb23
09439 Amtsberg 59 La45
17153 Amtsbring 15 Kc19
88279 Amtzell 105 Fd71
82346 Andechs 97 Hd69
36452 Andenhausen 67 Gb46
38836 Anderbeck 44 Hb35
27446 Anderlingen 21 Fb23
56626 Andernach 63 Cd48
49832 Andervenne 29 Da30
31592 Anemolter 31 Fa30
74918 Angelbachtal 84 Ec58
35719 Angelburg 53 Ea45
48167 Angelmodde 40 Da35
83454 Anger 110 La70
16278 Angermünde 27 Ma25
40489 Angermund 51 Ca40
39326 Angern 34 Jb31
36367 Angersbach 66 Fb46
06179 Angersdorf 45 Jc39
84416 Angerskirchen 99 Ka66
56584 Anhausen 64 Da47
46419 Anholt 38 Bc36
17219 Ankershagen 15 Kc21
17389 Anklam 16 Lc18
49577 Ankum 29 Dc30
09456 Annaberg-Buchholz 71 La46
06925 Annaburg 47 La36
01994 Annahütte 48 Ma37
06308 Annarode 44 Hd38
58455 Annen 39 Cd39
76855 Annweiler a. Trifels 83 Dc59
47877 Anrath 50 Bc40
33129 Anreppen 41 Eb37
59609 Anröchte 41 Ea38
91522 Ansbach 87 Ha58
09517 Ansprung 59 Lb45
82387 Antdorf 108 Ja71
48691 Antoniusheim 39 Ca34
08359 Antonsthal 70 Kd47
36326 Antrifttal 54 Fa45
90513 Anwanden 78 Hb57
84371 Anzenkirchen 100 Lb65
85646 Anzing 98 Jd67
31552 Apelern 31 Fb32
27211 Apelstedt 30 Ec28
26689 Apen 19 Db24
38486 Apenburg 33 Hc28
21641 Apensen 21 Fc22
86974 Apfeldorf 107 Hc70
99192 Apfelstädt 56 Hb44
87674 Apfeltrang 107 Ha70
99510 Apolda 57 Ja43
21279 Appel 21 Fd23
47546 Appeldorn 38 Bc37
48301 Appelhülsen 39 Cd35
27616 Appeln 20 Ed22
25482 Appen 11 Fd20
96169 Appendorf 78 Hb52
55437 Appenheim 74 Dc52
77767 Appenweier 93 Dc64
91722 Arberg 87 Ha59
58730 Ardey 40 Db39
17291 Arendsee 26 Lc22
39619 Arendsee 23 Hd27
06369 Arensdorf 45 Jc37
15518 Arensdorf 37 Mb30
37318 Arenshausen 55 Ga40
03253 Arenzhain 47 Lc37
86561 Aresing 98 Ja64
23617 Arfrade 12 Gd18
88260 Argenbühl 106 Ga72
55496 Argenthal 74 Da52
30974 Argestorf 31 Fc32
37627 Arholzen 42 Fc36
25767 Arkebek 11 Fa16
25856 Arlauschleuse 2 Ed13
25860 Arlewatt 3 Fa13
36160 Armenhof 66 Fd47
27308 Armsen 21 Fb27
55288 Armsheim 74 Dc53
24616 Armstedt 11 Fd18
21769 Armstorf 10 Ed21
88410 Arnach 106 Ga70
75305 Arnbach 84 Eb61
85247 Arnbach 98 Ja66
93471 Arnbruck 90 Lb59
39596 Arneburg 34 Jc28
89134 Arnegg 96 Ga65
24399 Arnis 4 Ga12
52353 Arnoldsweiler 50 Bc44
59 . . . Arnsberg 52 Dc40
93473 Arnschwang 81 La57
01477 Arnsdorf 60 Mb41
06917 Arnsdorf 46 Kd36
09477 Arnsfeld 71 Lb46
07318 Arnsgereuth 68 Hd46
07952 Arnsgrün 69 Jd46
04916 Arnsnesta 47 La36
99310 Arnstadt 56 Hb44
06333 Arnstedt 45 Ja37
97450 Arnstein 77 Ga52
94424 Arnstorf 90 La63
31275 Arpke 32 Gb31
24634 Arpsdorf 11 Fd17
93474 Arrach 90 Lb58
41844 Arsbeck 50 Bb42
06556 Artern 56 Hd40
21380 Artlenburg 22 Gc23
56337 Arzbach 64 Db48
04886 Arzberg 47 La38
95659 Arzberg 70 Ka51
54687 Arzfeld 62 Bb51
53567 Asbach 63 Cd46
94094 Asbach 100 Lc65
86663 Asbach-Bäumenheim 87 Hb63
48739 Asbeck 39 Cc34
94347 Ascha 89 Kd60
637 . . Aschaffenburg 76 Fa52
84544 Aschau a. Inn 99 Kb67
83229 Aschau i. Chiemgau 109 Kb70
37181 Asche 42 Fd38
24326 Ascheberg 12 Gc16
59387 Ascheberg 40 Da36
24358 Ascheffel 3 Fc14
26871 Aschendorf-Moorsiedlung 18 Cd26
98634 Aschenhausen 67 Gb47
97737 Aschenroth 66 Fd51
06449 Aschersleben 45 Ja36
85609 Aschheim 98 Jc67
21706 Aschhorn 11 Fb20
83623 Ascholding 108 Jb70
26409 Asel 9 Db21
06317 Aseleben 45 Jb39
33818 Asemissen 41 Ec35
21271 Asendorf 22 Ga23
27330 Asendorf 30 Ed28
84364 Asenham 100 Lb65
71546 Aspach 85 Fb60
38822 Aspenstedt 44 Hb35
47574 Asperden 38 Bb37
71679 Asperg 85 Fa61
25355 Aspern 11 Fd19
97959 Assamstadt 76 Fd57
33165 Asseln 41 Ed38
44319 Asseln 40 Da38
67126 Assenheim 74 Dd57
35614 Asslar 65 Ea47
85617 Aßling 99 Ka69
84529 Asten 99 Kd67
97332 Astheim 77 Gc53
06901 Ateritz 46 Kc36
38822 Athenstedt 44 Hb35
83512 Attel 99 Kb68
33165 Atteln 41 Ec38
57439 Attendorn 52 Dc42
82544 Attenham 98 Jb69
84079 Attenhausen 98 Jd64
84091 Attenhofen 88 Jd63
85395 Attenkirchen 98 Jc64
88448 Attenweiler 95 Fd68
03172 Atterwasch 49 Na34
94348 Atting 89 Kc61
39443 Atzendorf 45 Ja35
79280 Au 93 Db69
76474 Au a. Rhein 83 Dd61
83075 Au b. Bad Aibling 108 Jd70
84072 Au i.d. Hallertau 98 Jc64
97239 Aub 77 Gb55
97631 Aub 67 Gd49
97633 Aubstadt 67 Gd49
04838 Audenhain 46 Kd38
08280 Aue 70 Kc46
98673 Auengrund 68 Hb48
33034 Auenhausen 42 Fa38
77694 Auenheim 93 Db64
74360 Auenstein 85 Fb60
71549 Auenwald 85 Fc61
09392 Auerbach 58 Kd45
94530 Auerbach 90 Lb61
91275 Auerbach i.d. Oberpfalz 79 Jb54
08209 Auerbach (Vogtland) 70 Kb47
66271 Auersmacher 82 Cb59
09238 Auerswalde 58 Kd43
31749 Auetal 31 Fa33
49434 Auf dem Felde 29 Dd30
63607 Aufenau 66 Fb50
73441 Aufhausen 86 Gc61
93089 Aufhausen 89 Kb61
82544 Aufhofen 98 Jb69
91347 Aufseß 78 Hd53
79424 Auggen 102 Cd71
861 . . Augsburg 97 Hb66
06308 Augsdorf 45 Ja38
32832 Augustdorf 41 Ec35
23777 Augustenhof 5 Hb15
09573 Augustusburg 59 La44
31553 Auhagen 31 Fb31
86736 Auhausen 87 Ha60
72525 Auingen 95 Fc65
24613 Aukrug 11 Fd17
99765 Auleben 44 Hb39
48727 Aulendorf 39 Cd34
88326 Aulendorf 95 Fd69
84036 Auloh 99 Kb64
39615 Aulosen 24 Ja26
07955 Auma 57 Jc45
21521 Aumühle 12 Gc21
97717 Aura a.d. Saale 67 Ga50
97773 Aura i. Singrund 66 Fc50
91589 Aurach 86 Gd58
91086 Aurachtal 78 Hb55
2660 . Aurich 19 Da22
71665 Aurich 84 Ed61
15295 Aurith 37 Na31
24975 Ausacker 3 Fc11
39393 Ausleben 44 Hc34
94532 Außernzell 90 Lc62
96145 Autenhausen 68 Ha50
04849 Authausen 46 Kc38
25548 Auufer 11 Fc18
47638 Auwel 38 Bb39
37574 Avendshausen 42 Fd36
25927 Aventoft 2 Ec10
33335 Avenwedde 41 Ea35
49219 Averfehrden 40 Dc34
31535 Averhoy 31 Fc30
25715 Averlak 11 Fa18
06922 Axien 46 Kd37
27729 Axstedt 20 Ec23
85653 Aying 98 Jc69
54441 Ayl 72 Bc55
86482 Aystetten 97 Hb65

B

18586 Baabe 7 Lc14
41836 Baal 50 Bb43
06408 Baalberge 45 Jb36
85107 Baar-Ebenhausen 88 Ja63
06388 Baasdorf 45 Jc37
03246 Babben 47 Ld36
14482 Babelsberg 36 La31
39596 Baben 34 Jb28
64832 Babenhausen 75 Ed52
87727 Babenhausen 96 Gc68
83547 Babensham 99 Kb68
17237 Babke 25 Kc22
23992 Babst 14 Ja18
49811 Baccum 28 Cd30
93090 Bach a.d. Donau 89 Kb60
55422 Bacharach 64 Db51
96528 Bachfeld 68 Hb48
89429 Bachhagel 86 Gc63
71522 Backnang 85 Fb61
93077 Bad Abbach 89 Ka60
83043 Bad Aibling 109 Ka70
95680 Bad Alexandersbad 69 Jd51
34454 Bad Arolsen 53 Ed40
82435 Bad Bayersoien 107 Hc71
27624 Bad Bederkesa 10 Ec21
79415 Bad Bellingen 102 Cd71
48455 Bad Bentheim 28 Cc32
76887 Bad Bergzabern 83 Dc59
99438 Bad Berka 56 Hd44
57319 Bad Berleburg 53 Ea43
95460 Bad Berneck i. Fichtelgebirge 69 Jb51
56864 Bad Bertrich 63 Cb51
29549 Bad Bevensen 22 Gd25
06647 Bad Bibra 57 Ja41
84364 Bad Birnbach 100 Lb64
07422 Bad Blankenburg 68 Hd46
97708 Bad Bocklet 67 Gb49
29389 Bad Bodenteich 22 Gd27
08648 Bad Brambach 70 Ka49
24576 Bad Bramstedt 11 Fd18
53498 Bad Breisig 63 Cc47
97769 Bad Brückenau 66 Fd49
88422 Bad Buchau 95 Fc68
65520 Bad Camberg 64 Dd49
98663 Bad Colberg 68 Hb49
98663 Bad Colberg-Heldburg 68 Ha49
73342 Bad Ditzenbach 95 Fd64
18209 Bad Doberan 14 Jb16
33014 Bad Driburg 41 Ed37
04849 Bad Düben 46 Kb38
67098 Bad Dürkheim 74 Dd56
06231 Bad Dürrenberg 57 Jd40
78073 Bad Dürrheim 94 Eb69
31707 Bad Eilsen 31 Fa32
08645 Bad Elster 70 Ka49
56130 Bad Ems 64 Da49
34308 Bad Emstal 54 Fa41
35080 Bad Endbach 53 Eb45
83093 Bad Endorf 99 Kb69
49152 Bad Essen 30 Ea32
29683 Bad Fallingbostel 21 Fd27
83075 Bad Feilnbach 109 Ka70
06567 Bad Frankenhausen 56 Hc40
16259 Bad Freienwalde 27 Ma27
74177 Bad Friedrichshall 85 Fa58
94072 Bad Füssing 100 Ld65
37581 Bad Gandersheim 43 Ga36
01816 Bad Gottleuba 60 Mb44
94086 Bad Griesbach i. Rottal 100 Lc64
87730 Bad Grönenbach 106 Gc70
37539 Bad Grund 43 Gb36
38667 Bad Harzburg 43 Gd35
83670 Bad Heilbrunn 108 Jb71
33014 Bad Hermannsborn 41 Ed37
76332 Bad Herrenalb 84 Ea62
36251 Bad Hersfeld 54 Fd44
87541 Bad Hindelang 106 Gd73
53557 Bad Hönningen 63 Cc47
613 . . Bad Homburg v.d. Höhe 65 Eb50
53604 Bad Honnef 63 Cc46
49186 Bad Iburg 29 Dc33
34385 Bad Karlshafen 42 Fb38
97688 Bad Kissingen 67 Gb50
23996 Bad Kleinen 13 Hd19
07639 Bad Klosterlausnitz 57 Jc44
64732 Bad König 75 Ed54

96465 Birking 68 Hc49
71364 Birkmannsweiler 85 Fb61
01827 Birkwitz-Pratzschwitz 60 Ma43
65626 Birlenbach 64 Dc49
96349 Birnbaum 69 Ja49
97488 Birnfeld 67 Gd50
90475 Birnthon 78 Hd57
54574 Birresborn 62 Bd50
63633 Birstein 66 Fb49
98634 Birx 67 Gb47
96120 Bischberg 78 Hb52
97836 Bischbrunn 76 Fc53
03205 Bischdorf 48 Ma35
37130 Bischhausen 43 Gb39
01920 Bischheim-Häslich 60 Mb40
99094 Bischleben 56 Hb44
35649 Bischoffen 65 Ea46
37345 Bischofferode 43 Gd39
98553 Bischofrod 68 Ha47
06295 Bischofrode 45 Ja39
18556 Bischofsdorf 7 Kd12
95493 Bischofsgrün 69 Jc51
65474 Bischofsheim 75 Ea52
97475 Bischofsheim 68 Ha51
97653 Bischofsheim a.d. Rhön 67 Ga48
94253 Bischofsmais 90 Lb60
01877 Bischofswerda 60 Mc41
83483 Bischofswiesen 110 Lb71
76476 Bischweier 83 Dd62
96106 Bischwind 68 Ha51
96145 Bischwind 68 Hb50
72406 Bisingen 94 Ed66
46487 Bislich 38 Bc37
17322 Bismark 17 Mb21
39629 Bismark 34 Ja29
29646 Bispingen 22 Ga25
24582 Bissee 12 Ga16
49143 Bissendorf 29 Dd32
86657 Bissingen 87 Ha63
73266 Bissingen a.d. Teck 95 Fc64
24358 Bistensee 3 Fc14
24991 Bistoft 3 Fc11
54634 Bitburg 72 Bc52
71336 Bittenfeld 85 Fb61
19273 Bitter 23 Hb24
06749 Bitterfeld 46 Ka37
39517 Bittkau 34 Jc31
72475 Bitz 95 Fa67
33739 Blackenfeld 41 Eb34
93476 Blaibach 89 Kd58
95326 Blaich 69 Ja50
87544 Blaichach 106 Gc73
16909 Blandikow 25 Ka25
25541 Blangenmoor-Lehe 11 Fa18
36154 Blankenau 66 Fc47
63825 Blankenbach 66 Fa51
07366 Blankenberg 69 Jb48
16845 Blankenberg 25 Kb26
19412 Blankenberg 14 Ja19
13125 Blankenburg 36 Lb29
17291 Blankenburg 26 Ld23
38889 Blankenburg 44 Hb36
22609 Blankenese 11 Fd21
13159 Blankenfelde 36 Lb29
15827 Blankenfelde 36 Lb31
18182 Blankenhagen 14 Jd16
33330 Blankenhagen 41 Ea35
99444 Blankenhain 56 Hd44
06528 Blankenheim 45 Ja39
53945 Blankenheim 62 Bd48
17039 Blankenhof 15 Kd20
76297 Blankenloch 84 Ea60
56865 Blankenrath 63 Cc51
33165 Blankenrode 41 Ed39
14959 Blankensee 36 La32
17237 Blankensee 26 La22
17322 Blankensee 17 Mb21
07366 Blankenstein 69 Jb48
15868 Blasdorf 48 Mc34
32312 Blasheim 30 Eb32
79859 Blasiwald 103 Dd71
89143 Blaubeuren 95 Fd65
74572 Blaufelden 86 Ga58
89134 Blaustein 96 Ga65
51519 Blecher 51 Cc42
96515 Blechhammer 68 Hd48
21354 Bleckede 23 Ha23
54608 Bleialf 62 Bb49
79261 Bleibach 93 Dc68
99752 Bleicherode 43 Gd39
33181 Bleiwäsche 41 Ec39
24327 Blekendorf 4 Gd15
27337 Blender 21 Fa27
16909 Blesendorf 25 Ka24
17392 Blesewitz 16 Lb18
15328 Bleyen 37 Md28
21640 Bliedersdorf 21 Fc22
16269 Bliesdorf 37 Mb28
23730 Bliesdorf 13 Ha16
66606 Bliesen 73 Cb56
14542 Bliesendorf 35 Kc31
18375 Bliesenrade 6 Ka14
50374 Bliesheim 51 Ca45
66440 Blieskastel 82 Cc58
66399 Bliesmengen-Bolchen 82 Cb59
66271 Bliesransbach 82 Cb59
23847 Bliestorf 12 Gd19
19306 Blievenstorf 24 Ja23
89434 Blindheim 87 Ha63
17291 Blindow 26 Ld22
07926 Blintendorf 69 Jc48
88273 Blitzenreute 105 Fc70
14913 Blönsdorf 46 Kd34
06217 Blösien 57 Jc40
03130 Bloischdorf 48 Md37
26487 Blomberg 9 Da21
32825 Blomberg 42 Fa35
48268 Blomberg 40 Da34
25348 Blomesche Wildnis 11 Fb19
23823 Blomnath 12 Gc17
15754 Blossin 36 Ld31
23974 Blowatz 13 Hd17
19258 Blücher 23 Ha23
23923 Blüssen 13 Hb18
19357 Blüthen 24 Jb24
16306 Blumberg 27 Ma23
16356 Blumberg 36 Lc29
78176 Blumberg 104 Eb70
17337 Blumenhagen 16 Ld21
17237 Blumenholz 25 Kd22
16775 Blumenow 26 La24
16928 Blumenthal 25 Ka25
24241 Blumenthal 4 Ga15
23813 Blunk 12 Gb17
06766 Bobbau 46 Ka37
17179 Bobbin 15 Kb17
24395 Bobeck 4 Ga11
35327 Bobenhausen 66 Fa47
67240 Bobenheim 75 Ea55
08606 Bobenneukirchen 69 Jd48
19357 Boberow 24 Ja24
86399 Bobingen 97 Hb66
23996 Bobitz 13 Hd19
03222 Boblitz 48 Ma35
09627 Bobritzsch 59 Lc43
19230 Bobzin 23 Hc22
4639. Bocholt 38 Bd36
14550 Bochow 35 Kc31
14913 Bochow 47 La34
44... Bochum 39 Cc39
18445 Bock 6 Kc13
08324 Bockau 70 Kc47
37345 Bockelnhagen 43 Gc38
48727 Bockelsdorf 39 Cd34
04703 Bockelwitz 58 Kd41
55595 Bockenau 74 Da53
31167 Bockenem 43 Gb34
67278 Bockenheim a.d. Weinstr. 74 Dd55
41748 Bockert 50 Bc41
23701 Bockholt 12 Gd16
23826 Bockhorn 12 Gb18
26345 Bockhorn 19 Dc23
85461 Bockhorn 98 Jd66
26897 Bockhorst 19 Da26
33775 Bockhorst 40 Dd34
98673 Bockstadt 68 Hb48
21385 Bockum 22 Gb25
47800 Bockum 50 Bd40
59075 Bockum 40 Db37
17179 Boddin 15 Kb17
19243 Boddin 13 Hb21
16928 Boddin-Langnow 24 Jd25
72411 Bodelshausen 94 Ed65
07381 Bodelwitz 69 Jb46
39343 Bodendorf 33 Hd32
37194 Bodenfelde 42 Fc38
55294 Bodenheim 75 Ea52
84155 Bodenkirchen 99 Kc65
94249 Bodenmais 90 Lb59
37308 Bodenrode-Westhausen 55 Gb40
37434 Bodensee 43 Gb38
38729 Bodenstein 43 Gb35
93149 Bodenstein 89 Kb58
37619 Bodenwerder 42 Fc35
92439 Bodenwöhr 89 Kb58
96465 Boderndorf 68 Hc49
77694 Bodersweier 93 Db64
78351 Bodman 104 Ed71
88285 Bodnegg 105 Fd71
88131 Bodolz 105 Fd72
18356 Bodstedt 6 Ka14
31848 Böbber 31 Fb33
82389 Böbing 107 Hc71
73560 Böbingen a.d. Rems 86 Ga62
7103. Böblingen 84 Ed63
94255 Böbrach 90 Lb59
14778 Boecke 35 Ka32
29597 Boecke 23 Ha25
36100 Böckels 66 Fd47
38536 Böckelse 32 Gc30
74080 Böckingen 85 Fa59
48727 Böckinghausen 39 Cd35
33142 Böddecken 41 Ec38
39359 Böddensell 33 Hc31
29556 Böddenstedt 22 Gc26
37671 Bödexen 42 Fb36
24401 Böel 3 Fd12
24994 Bögelhuus 3 Fa10
67459 Böhl 74 Dd57
04564 Böhlen 58 Ka41
98701 Böhlen 68 Hc46
18334 Böhlendorf 15 Kb16
04430 Böhlitz-Ehrenberg 58 Ka40
29693 Böhme 31 Fc28
89558 Böhmenkirch 86 Ga63
85113 Böhmfeld 88 Ja61
14715 Böhne 35 Ka29
24220 Böhnhusen 4 Ga15
72587 Böhringen 95 Fc65
78315 Böhringen 104 Ed71
78661 Böhringen 94 Eb67
19069 Böken 13 Hc20
59558 Bökenförde 41 Ea38
24860 Böklund 3 Fc12
58099 Boele 51 Cd40
16248 Bölkendorf 27 Ma25
18239 Bölkow 14 Jc17
18276 Bölkow 14 Jd19
39517 Bölsdorf 34 Jc30
16928 Bölzke 24 Jd25
26831 Boen 18 Cd25
24620 Bönebüttel 12 Ga17
59199 Bönen 40 Db38
04924 Bönitz 47 Lb38
74357 Bönnigheim 85 Fa60
59590 Bönninghausen 41 Eb37
25474 Bönningstedt 12 Ga20
26904 Börger 19 Da27
18211 Börgerende-Rethwisch 14 Jb16
26903 Börgerwald 19 Da26
24863 Börm 3 Fb14
09437 Börnichen (Erzgebirge) 59 Lb45
14641 Börnicke 35 Kd28
16321 Börnicke 36 Lc28
32361 Börninghausen 30 Eb32
24306 Börnsdorf 12 Gc16
21039 Börnsen 22 Gb22
38312 Börßum 43 Gd34
49626 Börstel 29 Db29
73104 Börtlingen 85 Fd62
87490 Börwang 106 Gd71
23936 Börzow 13 Hb18
24306 Bösdorf 12 Gc16
39359 Bösdorf 33 Hb31
37339 Böseckendorf 43 Gb39
26219 Bösel 19 Dc26
29439 Bösel 23 Hc26
08606 Bösenbrunn 69 Jd48
48308 Bösensell 40 Da35
48308 Bösensell 39 Cd35
78662 Bösingen 94 Eb67
27367 Bötersen 21 Fb25
78583 Böttingen 94 Ec68
79268 Bötzingen 93 Da68
16727 Bötzow 36 La28
24994 Böxlund 3 Fa10
37691 Boffzen 42 Fb37
94327 Bogen 89 Kd61
26340 Bohlenberge 19 Dc22
78224 Bohlingen 104 Ed71
25853 Bohmstedt 2 Ed12
49163 Bohmte 30 Ea31
04808 Bohrau 48 Md35
03130 Bohsdorf 48 Md37
23974 Boiensdorf 13 Hd17
38154 Boimstorf 33 Ha32
19246 Boissow 13 Hb21
18249 Boitin 14 Jc19
18249 Boitze 23 Ha25
17268 Boitzenburg 26 Lc23
29378 Boitzenhagen 33 Ha29
19258 Boizenburg 23 Ha23
33129 Boke 41 Eb37
24802 Bokel 11 Fd16
25364 Bokel 11 Fd19
27616 Bokel 20 Ec23
33397 Bokel 41 Ea36
33790 Bokel 41 Ea34
31515 Bokeloh 31 Fb31
25596 Bokelrehm 11 Fb17
38556 Bokensdorf 33 Ha30
25335 Bokholt-Hanredder 11 Fd19
24637 Bokhorst 12 Ga16
25560 Bokhorst 11 Fb17
24220 Boksee 4 Gb15
67295 Bolanden 74 Dc55
18276 Boldebuck 14 Jc19
17392 Boldekow 16 Lb19
18528 Boldevitz 7 La13
89542 Bolheim 86 Gb63
73087 Boll 85 Fc63
54669 Bollendorf 72 Bb53
15936 Bollensdorf 47 Lb35
37170 Bollensen 42 Fd38
15377 Bollersdorf 37 Ma29
17207 Bollewick 25 Kb22
24855 Bollingstedt 3 Fb12
22952 Bollmoor 12 Gc20
29413 Bollschweil 93 Da69
03205 Bolschwitz 48 Mb36
87538 Bolsterlang 106 Gc73
18516 Boltenhagen 15 Kd16
23946 Boltenhagen 13 Hc17
21379 Boltersen 22 Gd24
19406 Bolz 14 Jc20
29413 Bombeck 23 Hb27
29699 Bomlitz 21 Fc27
58313 Bommern 51 Cd40
15898 Bomsdorf 37 Md33
84155 Bonbruck 99 Kc65
25850 Bondelum 3 Fa13
71149 Bondorf 94 Ec64
34414 Bonenburg 41 Ed38
29413 Bonese 23 Ha27
74906 Bonfeld 85 Fa58
53... Bonn 51 Cb45
79848 Bonndorf 104 Ea70
98634 Bonndorf 67 Gc46
32602 Bonneberg 30 Ec33
42555 Bonsfeld 51 Cc40
86486 Bonstetten 97 Ha65
17322 Boock 17 Mb21
39606 Boock 34 Ja28
87737 Boos 96 Gc68
24598 Boostedt 12 Ga17
73441 Bopfingen 86 Gc61
56154 Boppard 64 Da50
45141 Borbeck 39 Cb39
59227 Borbein 40 Db36
18528 Borchen 41 Ec37
18528 Borchtitz 7 Lb12
25852 Bordelum 2 Ed12
31535 Bordenau 31 Fc31
24582 Bordesholm 12 Ga16
24392 Boren 3 Fd12
29571 Borg 23 Ha26
24589 Borgdorf-Seedorf 11 Fd16
59514 Borgeln 40 Dc38
34434 Borgentreich 42 Fa38
34434 Borgholz 42 Fa38
33829 Borgholzhausen 41 Ea34
14913 Borgisdorf 47 La35
49176 Borgloh 29 Dd33
16556 Borgsdorf 36 La28
24794 Borgstedt 3 Fd15
25938 Borgsum 2 Eb11
24857 Borgwedel 3 Fc13
16866 Bork 25 Ka25
59379 Bork 39 Cd37
04916 Borken 47 La36
34582 Borken 54 Fb43
46325 Borken 39 Ca36
46325 Borkenwirthe 39 Ca35
32825 Borkhausen 42 Fa35
14822 Borkheide 35 Kc32
19406 Borkow 14 Jb20
26757 Borkum 8 Ca21
14822 Borkwalde 35 Kc32
18375 Born 6 Ka14
39345 Born 33 Hd31
04552 Borna 58 Kb42
04758 Borna 59 Lb40
21755 Bornberg 11 Fa20
14806 Borne 35 Kb33
39435 Borne 45 Ja35
53332 Bornheim 51 Cb45
76879 Bornheim 83 Dd58
24619 Bornhöved 12 Gb17
25557 Bornholt 11 Fb17
33415 Bornholte 41 Eb36
56348 Bornich 64 Db51
15926 Borsdorf 47 Ld36
29413 Bornsen 33 Hb28
06295 Bornstedt 45 Ja39
39343 Bornstedt 33 Hd33
24214 Bornstein 4 Ga14
17392 Borntin 16 Lb19
31167 Bornum 43 Gb35
38312 Bornum 43 Gd34
39264 Bornum 45 Jd34
50374 Borr 51 Ca45
17111 Borrentin 15 Kc18
04451 Borsdorf 58 Kb40
25376 Borsfleth 11 Fb19
24616 Borstel 11 Fd18
27246 Borstel 30 Ed29
31535 Borstel 31 Fb30
25494 Borstel-Hohenraden 11 Fd20
09579 Borstendorf 59 Lb44
23881 Borstorf 12 Gd21
47495 Borth 38 Bd38
23715 Bosau 12 Gc16
25899 Bosbüll 2 Ec10
66625 Bosen 73 Cb55
06895 Boßdorf 46 Kc34
19205 Botelsdorf 13 Hc19
27386 Bothel 21 Fc25
24250 Bothkamp 12 Gb16
06571 Bottendorf 56 Hd40
39164 Bottmersdorf 44 Hd34
462.. Bottrop 39 Cb38
66359 Bous 82 Bd58
24796 Bovenau 3 Fd15
37120 Bovenden 43 Ga38
21782 Bovenmoor 10 Ed20
03249 Boxberg 49 Na38
97944 Boxberg 76 Fd56
46238 Boy 39 Cb39
22145 Braak 12 Gb21
24598 Braak 12 Ga17
57555 Brachbach 52 Dc45
41836 Brachelen 50 Bb43
06188 Brachstedt 45 Jd38
41379 Bracht 50 Bb40
63636 Brachttal 66 Fb49
06198 Brachwitz 45 Jc38
14822 Brachwitz 35 Kd33
21438 Brackel 22 Ga23
44309 Brackel 40 Da39
74336 Brackenheim 85 Fa60
25923 Braderup 2 Ed10
14641 Brädikow 35 Kb28
06862 Bräsen 46 Ka34
91469 Bräuersdorf 78 Ha56
78199 Bräunlingen 94 Ea69
06333 Bräunrode 44 Hd37
09212 Bräunsdorf 58 Kc44
09603 Bräunsdorf-Langhennersdorf 59 Lb43
19273 Brahlstorf 23 Hb23
26919 Brake 20 Eb23
32051 Brake 41 Eb34
32657 Brake 41 Ed34
33034 Brakel 42 Fa37
16259 Bralitz 27 Ma26
06862 Brambach 45 Jd35
44536 Brambauer 39 Cd38
22453 Bramfeld 12 Gb20
24793 Brammer 11 Fd16
49565 Bramsche 29 Dc31
27628 Bramstedt 20 Ec23
25926 Bramstedtlund 3 Fa10
36115 Brand 67 Ga47
52078 Brand 50 Bb45
95682 Brand 79 Jc52
64397 Brandau 75 Ec54
25364 Brande-Hörnerkirchen 11 Fd19
1477. Brandenburg a.d. Havel 35 Kb30
09618 Branderbisdorf 59 Lb44
99755 Branderode 43 Gd38
06785 Brandhorst 46 Ka36
04821 Brandis 58 Kc40
04916 Brandis 47 La36
48341 Brandlecht 28 Cc31
18519 Brandshagen 7 Kd15
03042 Branitz 48 Mc36
83098 Brannenburg 109 Ka71
06188 Braschwitz 45 Jd38
98673 Brattendorf 68 Hb48
56338 Braubach 64 Da49
45899 Brauck 39 Cb38
36318 Brauerschwend 66 Fb46
54472 Brauneberg 73 Cb52
35619 Braunfels 65 Ea47
38700 Braunlage 43 Gd37
74542 Braunsbach 85 Fd59
06242 Braunsbedra 57 Jc40
16818 Braunsberg 25 Kc25
381.. Braunschweig 32 Gd32
06543 Braunschwende 44 Hd38
15518 Braunsdorf 37 Ma31
52525 Braunsrath 50 Ba42
85123 Brautlach 88 Ja63
50259 Brauweiler 51 Ca43
24392 Brebel 3 Fd12
97535 Brebersdorf 67 Gb51
65611 Brechen 64 Dd49
44339 Brechten 39 Cd38
34582 Breckerfeld 51 Cd41
26897 Breddenberg 19 Da26
16845 Breddin 24 Jd27
27412 Breddorf 21 Fa23
30974 Bredenbeck 31 Fc32
24326 Bredenbek 12 Gc17
24796 Bredenbek 3 Fd15
37696 Bredenborn 42 Fa36
45133 Bredeney 39 Cb39
17153 Bredenfelde 15 Kc20
17349 Bredenfelde 26 Lb22
16775 Bredereiche 26 La24
14641 Bredow 35 Kc29
25821 Bredstedt 2 Ed12
17506 Breechen 16 La17
18556 Breege 7 La11
19322 Breese 24 Jb26
17091 Breesen 15 Kd20
18334 Breesen 15 Kb16
18573 Breesen 7 Kd14
17089 Breest 16 La18
19309 Brees 23 Hd25
78147 Bregenbach 93 Dd69
39343 Bregenstedt 33 Hc32
37339 Brehme 43 Gc39
06796 Brehna 45 Jd38
06796 Brehna 46 Ka38
35236 Breidenbach 53 Ea44
24797 Breiholz 11 Fc16
52223 Breinig 50 Bb45
79206 Breisach a. Rhein 92 Cd68
96151 Breitbrunn 68 Ha51
83254 Breitbrunn a. Chiemsee 99 Kc69
26532 Breitefeld 8 Cd21
03249 Breitenau 47 Ld36
96476 Breitenau 68 Hb49
06528 Breitenbach 44 Hc38
36287 Breitenbach 54 Fc45
66916 Breitenbach 73 Cc56
97789 Breitenbach 66 Fd49
98553 Breitenbach 68 Ha47
98574 Breitenbach 67 Gd46
25597 Breitenberg 11 Fc18
37115 Breitenberg 43 Gc38
94139 Breitenberg 91 Mb62
63584 Breitenborn 66 Fa49
59823 Breitenbruch 40 Dd39
08359 Breitenbrunn 70 Kd47
87739 Breitenbrunn 96 Gd68
92363 Breitenbrunn 88 Jb59
39638 Breitenfeld 33 Hc29
23881 Breitenfelde 12 Gd21
96149 Breitengüßbach 78 Hb52
15370 Breitenhagen 45 Jc35
91344 Breitenlesau 78 Hd53
39646 Breitenrode 33 Hb30
06547 Breitenstein 44 Hb38
86488 Breitenthal 96 Gc67
37339 Breitenworbis 55 Gc40
66440 Breitfurt 82 Cc58
79874 Breitnau 93 Dc69
35767 Breitscheid 64 Dd46
40885 Breitscheid 51 Ca40
53547 Breitscheid 63 Cd47
06536 Breitungen 44 Hc39
98597 Breitungen 55 Gc45
24811 Brekendorf 3 Fc14
25821 Breklum 2 Ed12
28... Bremen 20 Ec25
59469 Bremen 40 Dc39
88171 Bremenried 106 Ga72
37696 Bremerberg 42 Fb36
275.. Bremerhaven 20 Eb22
27432 Bremervörde 21 Fa22
15890 Bremsdorf 37 Md32
97616 Brendlorenzen 67 Gc49
03253 Brenitz 47 Lc36
33142 Brenken 41 Eb38
23743 Brenkenhagen 13 Ha16
17391 Brenkenhof 16 Lb18
37671 Brenkhausen 42 Fb36
93179 Brennberg 89 Kb59
07349 Brennersgrün 69 Ja48
64395 Brensbach 75 Ed54
19306 Brenz 24 Ja22
19230 Bresegard 23 Hc23
19294 Bresegard 23 Hd24
17099 Bresewitz 16 Lb19
21698 Brest 21 Fb22
01900 Bretnig-Hauswalde 60 Mb41
39606 Bretsch 24 Ja27
74243 Brettach 85 Fb58
75015 Bretten 84 Ec60
39307 Brettin 34 Jd31
55559 Bretzenheim 74 Db53
74626 Bretzfeld 85 Fc59
64747 Breuberg 75 Ed53
48703 Breul 39 Cb34
34479 Breuna 54 Fa40
63679 Breungeshain 66 Fa47
36391 Breunings 66 Fc49
29479 Breustian 23 Hb26
37647 Brevörde 42 Fb35
56321 Brey 64 Da49
41334 Breyell 50 Bb40
46514 Bricht 39 Ca37
25712 Brickeln 11 Fa17
56867 Briedel 63 Cb51
14778 Brielow 35 Kb30
15848 Briescht 37 Mb33
14656 Brieselang 35 Kd29
03096 Briesen 48 Mc35
15518 Briesen 37 Mc31
15757 Briesen 36 Ld33
15913 Briesensee 48 Ma34
01968 Brieske 48 Ma38
15295 Brieskow-Finkenheerd 37 Md31
03149 Briesnig 48 Md35
14778 Briest 35 Ka30
16306 Briest 27 Ma24
39524 Briest 34 Jd30
21382 Brietlingen 22 Gc23
29413 Brietz 23 Hb27
17309 Brietzig 16 Ld21
39279 Brietzke 34 Jc33
78086 Brigachtal 94 Ea69
17153 Briggow 15 Kc20
59929 Brilon 53 Eb40
24816 Brinjahe 11 Fc16
26835 Brinkum 19 Da24
28816 Brinkum 20 Ec26
17166 Bristow 15 Kb19
16230 Britz 26 Ld26
79379 Britzingen 103 Da70
88074 Brochenzell 105 Fc71
37115 Brochthausen 43 Gc38
48346 Brock 40 Db34
27386 Brockel 21 Fc25
45731 Brockenscheidt 39 Cd38
33803 Brockhagen 41 Ea35
49152 Brockhausen 30 Ea32
58708 Brockhausen 40 Db39
59510 Brockhausen 40 Dd38
29565 Brockhöfe 22 Gb26
49448 Brockum 30 Ea31
24398 Brodersby 4 Ga12
24864 Brodersby 3 Fd13
24235 Brodersdorf 4 Gb14
18184 Broderstorf 14 Jd16
23626 Brodowin 27 Ma26
23570 Brodten 13 Ha17
18258 Bröbberow 14 Jc17
29356 Bröckel 32 Gb30
28857 Broekhuysen 38 Bb39
51545 Bröl 52 Da44
02979 Bröthen 48 Mc38
21514 Brothen 22 Gd22
56656 Brohl-Lützing 63 Cc47
17099 Brohm 16 Lb20
45479 Broich 39 Ca39
52146 Broichweiden 50 Bb44
25576 Brokdorf 11 Fb19
31628 Brokeloh 31 Fa30
24623 Brokenlande 12 Ga17
24616 Brokstedt 11 Fd17
84364 Brombach 100 Lb64
64753 Brombachtal 75 Ed54
38465 Brome 33 Hb29
59969 Bromskirchen 53 Eb42
03205 Bronkow 48 Ma36
19386 Brook 24 Jc22
66663 Brotdorf 72 Bd56
98599 Brotterode 55 Gd45
04895 Brottewitz 47 Lb38
49497 Bruch 29 Db32
16278 Bruchhagen 27 Ma24
59821 Bruchhausen 40 Dc39
76275 Bruchhausen 84 Ea61
27305 Bruchhausen-Vilsen 20 Ed27
63486 Bruchköbel 65 Ed50
66892 Bruchmühlbach 73 Cd57
15370 Bruchmühle 36 Ld29
76646 Bruchsal 84 Eb59
29585 Bruchtorf 22 Gd25
29588 Bruchwedel 23 Ha26
76891 Bruchweiler-Bärenbach 83 Db59
85567 Bruck 98 Jd68
92436 Bruck i.d. Oberpfalz 89 Kb58
84079 Bruckberg 98 Jd64
91590 Bruckberg 78 Ha57
84307 Bruckhausen 99 Kd65
83052 Bruckmühl 98 Jd69
83052 Bruckmühl 108 Jd70
17159 Brudersdorf 15 Kc17
14822 Brück 35 Kc32
06528 Brücken 44 Hc39
55767 Brücken 73 Cb55
66904 Brücken (Pfalz) 73 Cc56
97769 Brückenau, Staatsbad 66 Fd49
19412 Brüel 14 Ja19
24582 Brügge 12 Ga16
58553 Brügge 52 Da41
33428 Brüggemann 40 Dd35
31033 Brüggen 42 Fd34
41379 Brüggen 50 Bb41
50321 Brühl 51 Ca44
68782 Brühl 75 Eb57
59519 Brüllingsen 40 Dd39
46499 Brünen 38 Bd37
18337 Brünkendorf 6 Ka15
09380 Brünlos 58 Kd45
96106 Brünn 68 Ha51
97702 Brünn 67 Gc50
98673 Brünn (Thüringen) 68 Hb48
31863 Brünninghausen 31 Fc33
32657 Brüntorf 41 Ec34
17509 Brünzow 16 Lb16
19071 Brüsewitz 13 Hc20
17326 Brüssow 27 Ma22
37449 Brumby 45 Jb35
39624 Brunau 33 Hd28
16845 Brunn 25 Ka26
17039 Brunn 16 La20
93164 Brunn 88 Jb59
16833 Brunne 25 Kc27
86564 Brunnen 88 Ja63
36452 Brunnhartshausen 67 Gb46
85649 Brunnthal 98 Jc69
16259 Brunow 26 Ld27
19372 Brunow 24 Jb23
22946 Brunsbek 12 Gb21
25541 Brunsbüttel 11 Fa18
23883 Brunsmark 13 Ha21
21524 Brunstorf 22 Gc22
32825 Bruntrup 41 Ed35
56814 Bruttig 63 Cc50
91088 Bubenreuth 78 Hc55
89347 Bubesheim 96 Gc65
18528 Bubkevitz 7 La12
13125 Buch 36 Lb28
39517 Buch 34 Jc30
56290 Buch 63 Cd51
89290 Buch 96 Gc67
91085 Buch 78 Hb55
97531 Buch 67 Gd51
85656 Buch a. Buchrain 98 Jd67
84172 Buch a. Erlbach 99 Ka65
96215 Buch a. Forst 68 Hc50
91592 Buch a. Wald 77 Gc57
07336 Bucha 69 Ja46
07389 Bucha 69 Jb46
84428 Buchbach 99 Kb66
96361 Buchbach 68 Hd48
98743 Buchbach 68 Hd47
86675 Buchdorf 87 Hb62
74722 Buchen (Odenwald) 76 Fb56
79256 Buchenbach 93 Dc69
87474 Buchenberg 106 Gc71
17268 Buchenhain 26 Lb23
36103 Buchenrod 66 Fc48
03253 Buchhain 47 Lb37
51065 Buchheim 51 Cb43
79232 Buchheim 93 Da68
94533 Buchhofen 90 La62
14547 Buchholz 35 Kd33
14823 Buchholz 35 Kb33
15345 Buchholz 36 Ld29
15518 Buchholz 37 Mb30
16775 Buchholz 25 Kc24
16928 Buchholz 24 Jd25
17209 Buchholz 25 Kb23
18461 Buchholz 6 Kc15
19071 Buchholz 13 Hd21
23911 Buchholz 13 Ha20
25712 Buchholz 11 Fa18
31710 Buchholz 31 Fa33
32469 Buchholz 30 Ed31
33181 Buchholz 41 Ec39
39579 Buchholz 34 Jb30
99762 Buchholz 44 Hb38

29690 Buchholz (Aller) 31 Fd29
21244 Buchholz i.d. Nordheide 21 Fd23
53567 Buchholz (Westerwald) 63 Cd46
39646 Buchhorst 33 Hb30
87642 Buching 107 Hb72
86807 Buchloe 97 Hb68
14641 Buchow-Karpzow 35 Kd30
03229 Buchwäldchen 48 Mb36
04895 Buckau 47 La37
14793 Buckau 35 Ka32
96260 Buckendorf 68 Hd51
91054 Buckenhof 78 Hc55
03205 Buckow 48 Ma36
12107 Buckow 36 Lb30
14913 Buckow 47 Lb34
15377 Buckow 37 Ma29
15848 Buckow 37 Mb32
14715 Buckow b. Nennhausen 35 Kb29
47495 Budberg 38 Bd38
59457 Budberg 40 Db38
17440 Buddenhagen 16 Lc17
55257 Budenheim 64 Dd51
66129 Bübingen 82 Cb59
56823 Büchel 63 Cb50
21514 Büchen 22 Gd22
91186 Büchenbach 87 Hc58
55491 Büchenbeuren 73 Cc52
63654 Büches 66 Fa49
75015 Büchig 84 Ec60
75015 Büchig 84 Ec60
94124 Büchlberg 91 Ma62
21465 Büchsenschinken 12 Gb21
31675 Bückeburg 30 Ed32
49740 Bückelte 28 Cd29
27333 Bücken 31 Fa28
14793 Bücknitz 35 Ka32
16845 Bückwitz 25 Ka27
38372 Büddenstedt 33 Hb33
24782 Büdelsdorf 3 Fc15
39291 Büden 34 Jb33
40667 Büderich 50 Bd41
46487 Büderich 38 Bd38
63654 Büdingen 66 Fa49
77815 Bühl 83 Dd63
87509 Bühl 106 Gc73
89346 Bühl 96 Gc65
37154 Bühle 43 Ga37
97776 Bühler 77 Ga52
77830 Bühlertal 83 Dd63
74424 Bühlertann 86 Ga60
74426 Bühlerzell 86 Ga60
38835 Bühne 43 Gd34
23845 Bühnsdorf 12 Gc18
31619 Bühren 31 Fa29
37127 Bühren 42 Fd39
21782 Bülkau 10 Ed20
17166 Bülow 15 Kb20
18276 Bülow 14 Jc19
19089 Bülow 14 Jb21
19217 Bülow 13 Hb19
27412 Bülstedt 21 Fa24
39345 Bülstringen 33 Hd32
31241 Bülten 32 Gb32
49808 Bülten 28 Cd30
06895 Bülzig 46 Kc35
32257 Bünde 30 Eb33
46414 Büngern 38 Bd36
24794 Bünsdorf 3 Fd14
73061 Bünzwangen 85 Fc63
26316 Büppel 19 Dd23
49328 Buer 30 Ea32
19089 Bürbeck 14 Jb20
98646 Bürden 68 Hb48
31535 Büren 31 Fc29
33142 Büren 41 Eb38
07616 Bürgel 57 Jb43
88069 Bürgermoos 105 Fc72
63927 Bürgstadt 76 Fb54
51371 Bürrig 51 Cb43
68642 Bürstadt 75 Ea55
66687 Büschfeld 73 Ca56
39624 Büste 34 Ja28
25761 Büsum 10 Ed16
25761 Büsumer Deichhausen 10 Ed16
17209 Bütow 25 Ka23
25572 Büttel 11 Fa18
64572 Büttelborn 75 Eb53
97244 Bütthard 77 Ga55
37359 Büttstedt 55 Gc41
14715 Bützer 35 Ka30
18246 Bützow 14 Jc18
99869 Bufleben 56 Ha43
17398 Bugewitz 16 Lc18
17440 Buggenhagen 16 Ld17
79426 Buggingen 103 Da70
15859 Bugk 37 Ma32
37339 Buhla 43 Gd39
39264 Buhlendorf 45 Jc34
50170 Buir 50 Bd44
33184 Buke 41 Ed37
06869 Buko 46 Ka35
48249 Buldern 39 Cd36
56859 Bullay 63 Cb51
23898 Bullenhorst 12 Gc20
25355 Bullenkuhlen 11 Fd19
49328 Bulsten 30 Ea32
26831 Bunde 18 Cd24
55626 Bundenbach 73 Cd53
76891 Bundenthal 83 Db59
26831 Bunderhee 18 Cd24
97494 Bundorf 67 Gd50
25767 Bunsoh 11 Fb16
57299 Burbach 52 Dc45
66126 Burbach 82 Ca58
76359 Burbach 84 Ea61
59302 Bureik 40 Dd36
03096 Burg 48 Mb35
21710 Burg 11 Fb20
25712 Burg 11 Fa17
39288 Burg 34 Jb32
23769 Burg a. Fehmarn 5 Hc13
17094 Burg Stargard 16 La21
45289 Burg-Altendorf 39 Cc39
67714 Burgalben 83 Da58
89331 Burgau 96 Gd65
87545 Burgberg 106 Gc73
89537 Burgberg 96 Gc64
91593 Burgbernheim 77 Gc56
56659 Burgbrohl 63 Cc48
31303 Burgdorf 32 Ga31
38272 Burgdorf 32 Gb33
96138 Burgebrach 78 Ha53
86977 Burggen 107 Hb71
96342 Burggrub 68 Hd49
96152 Burghaslach 78 Ha54
36151 Burghaun 66 Fd46
84489 Burghausen 100 La67
97535 Burghausen 67 Ga51
86666 Burgheim 87 Hc63
63637 Burgjoß 66 Fc50
07907 Burgk 69 Jb47
06804 Burgkemnitz 46 Ka37
84508 Burgkirchen a.d. Alz 99 Kd67
96224 Burgkunstadt 68 Hd50
97724 Burglauer 67 Gb49
15913 Burglehn 48 Ma34
07356 Burglemnitz 69 Ja47
93133 Burglengenfeld 88 Jd58
06184 Burgliebenau 45 Jd39
91595 Burgoberbach 87 Ha58
97496 Burgpreppach 68 Ha50
82467 Burgrain 107 Hd73
88483 Burgrieden 96 Ga67
91790 Burgsalach 87 Hc60
65558 Burgschwalbach 64 Dc49
06295 Burgsdorf 45 Jb38
97775 Burgsinn 66 Fd50
23769 Burgstaaken 5 Hc14
09217 Burgstädt 58 Kd43
39517 Burgstall 34 Jb31
08538 Burgstein 69 Jd48
71576 Burgstetten 85 Fb61
90559 Burgthann 78 Hd57
35099 Burgwald 53 Ec43
16775 Burgwall 26 La25
97659 Burgwallbach 67 Gb49
30938 Burgwedel 31 Fd30
96154 Burgwindheim 78 Ha53
26969 Burhave 10 Ea21
91596 Burk 86 Gd59
97705 Burkardroth 67 Ga49
01906 Burkau 60 Mc41
07422 Burkersdorf 68 Hd46
63679 Burkhards 66 Fa48
09235 Burkhardtsdorf 58 Kd45
72393 Burladingen 95 Fa66
17089 Burow 16 La19
51399 Burscheid 51 Cb42
89349 Burtenbach 96 Gd66
52068 Burtscheid 50 Ba45
21709 Burweg 11 Fa21
04895 Burxdorf-Siedlung 47 Lb38
33178 Busch 41 Ec38
15328 Buschdorf 37 Mc28
06926 Buschkuhnsdorf 47 La36
17111 Buschmühl 15 Kd18
14715 Buschow 35 Kb29
18528 Buschvitz 7 La13
24637 Busdorf 3 Fc13
24637 Busdorf 12 Ga16
35418 Buseck 65 Ec47
76337 Busenbach 84 Ea61
76891 Busenberg 83 Db59
14547 Busendorf 35 Kc32
96179 Busendorf 68 Hb51
25719 Busenwurth 10 Ed17
18469 Bussin 6 Kc14
45968 Butendorf 39 Cb38
26969 Butjadingen 10 Ea21
99439 Buttelstedt 56 Hd42
96155 Buttenheim 78 Hc53
86647 Buttenwiesen 97 Ha64
36419 Buttlar 55 Ga45
99628 Buttstädt 57 Ja42
35510 Butzbach 65 Eb48
15913 Butzen 48 Mb34
41569 Butzheim 50 Bd43
14778 Butzow 35 Kb30
17392 Butzow 16 Lc18
54309 Butzweiler 72 Bd53
85114 Buxheim 88 Ja62
87740 Buxheim 96 Gb69
21614 Buxtehude 21 Fd22
15913 Byhleguhre 48 Mb35
15913 Byhlen 48 Mb34

C

21781 Cadenberge 10 Ed19
90556 Cadolzburg 78 Hb56
15926 Cahnsdorf 47 Ld35
08124 Cainsdorf 58 Kb45
03205 Calau 48 Ma36
39240 Calbe 45 Jb35
38547 Calberlah 32 Gd31
34379 Calden 54 Fb40
34414 Calenberg 42 Fa39
09337 Callenberg 58 Kc44
75323 Calmbach 84 Eb62
39359 Calvörde 33 Hd31
75365 Calw 84 Ec63
19067 Cambs 13 Hd20
07774 Camburg 57 Jb42
19246 Camin 23 Hb22
15913 Caminchen 48 Mb34
14822 Cammer 35 Kb32
17094 Cammin 26 La22
18195 Cammin 14 Jd17
59394 Capelle 40 Da37
31089 Capellenhagen 42 Fc35
27632 Cappel 10 Eb20
32825 Cappel 41 Ed35
59556 Cappel 41 Ea37
49692 Cappeln 29 Dd28
59379 Cappenberg 40 Da37
14548 Caputh 35 Kd31
18337 Carlewitz 6 Ka15
19217 Carlow 13 Ha19
67316 Carlsberg 74 Dc56
34369 Carlsdorf 42 Fb39
08325 Carlsfeld 70 Kc47
18337 Carlsruhe 15 Ka16
17291 Carmzow 27 Ma22
17237 Carpin 26 La22
17258 Carwitz 26 Lb23
15326 Carzig 37 Mc29
16306 Casekow 27 Mb23
03229 Casel 48 Mb36
97355 Castell 77 Gc54
445 . . Castrop-Rauxel 39 Cd38
38889 Cattenstedt 44 Hb36
04758 Cavertitz 47 La39
2922 . Celle 32 Gb29
93413 Cham 89 Kd58
93466 Chamerau 89 Kd58
93413 Chammünster 89 Kd58
18569 Charlottendorf 7 Kd12
18292 Charlottenthal 14 Jd20
091 . . Chemnitz 58 Kd44
17039 Chemnitz 15 Kd20
83339 Chieming 99 Kd69
06386 Chörau 45 Jd36
16230 Chorin 26 Ld26
50765 Chorweiler 51 Ca43
15848 Chossewitz 37 Mc33
16909 Christdorf 25 Ka25
98547 Christes 67 Gd46
24799 Christiansholm 3 Fb15
25704 Christianskoog 10 Ed16
15806 Christinendorf 36 Lb32
25593 Christinenthal 11 Fc17
09212 Chursbachtal 58 Kc44
07907 Chursdorf 69 Jc46
23743 Cismar 13 Hb16
33442 Clarholz 40 Dd35
17153 Clausdorf 15 Kc20
18239 Clausdorf 14 Jb17
66978 Clausen 83 Da58
09236 Claußnitz 58 Kd43
38678 Clausthal-Zellerfeld 43 Gc36
74389 Cleebronn 84 Ed60
29459 Clenze 23 Hb26
99718 Clingen 56 Hb41
49661 Cloppenburg 19 Dc27
49808 Clusorth 28 Cd29
39517 Cobbel 34 Jb31
06869 Cobbelsdorf 46 Kb34
96450 Coburg 68 Hb49
56812 Cochem 63 Cc50
06449 Cochstedt 44 Hd35
35091 Cölbe 53 Ec44
17094 Cölpin 16 Lb21
48157 Coerde 40 Da35
06408 Cörmigk 45 Jc37
48653 Coesfeld 39 Cc35
06369 Cösitz 45 Jd37
39326 Colbitz 34 Ja32
04680 Colditz 58 Kd42
97903 Collenberg 76 Fb54
91598 Colmberg 77 Gd57
01738 Colmnitz 59 Lc43
27243 Colnrade 20 Eb27
04277 Connewitz 58 Ka40
17258 Conow 26 Lb23
66497 Contwig 82 Cd58
75334 Conweiler 84 Eb62
31863 Coppenbrügge 42 Fc34
31091 Coppengrave 42 Fd35
18184 Cordshagen 14 Jd16
36219 Cornberg 55 Ga43
06369 Cosa 45 Jd37
01462 Cossebaude 59 Ld42
01640 Coswig 59 Ld41
06869 Coswig 46 Kb35
030 . . Cottbus 48 Mc36
74564 Crailsheim 86 Gb59
36355 Crainfeld 66 Fb48
38312 Cramme 32 Gc33
19071 Cramonshagen 13 Hc20
21129 Cranz 11 Fd21
09465 Cranzahl 71 La47
03205 Craupe 48 Ma36
99330 Crawinkel 56 Ha45
97993 Creglingen 77 Gb56
38162 Cremlingen 32 Gd32
95473 Creussen 79 Jb53
99831 Creuzburg 55 Gc43
16306 Criewen 27 Mb25
08451 Crimmitschau 58 Kb44
03246 Crinitz 47 Ld36
08147 Crinitzberg 70 Kb46
07924 Crispendorf 69 Jb46
19089 Crivitz 14 Ja21
98673 Crock 68 Hb48
39517 Cröchern 34 Ja31
42349 Cronenberg 51 Cc41
07613 Crossen 57 Jc43
08129 Crossen 58 Kb45
02681 Crostau 60 Md41
01920 Crostwitz 60 Mc40
09474 Crottendorf 71 La47
64560 Crumstadt 75 Eb53
16278 Crussow 27 Ma25
19322 Cumlosen 24 Ja25
09456 Cunersdorf 71 La46
02733 Cunewalde 60 Md41
2747 . Cuxhaven 10 Ec19

D

57567 Daaden 52 Dc45
19406 Dabel 14 Jb20
17237 Dabelow 26 La23
15806 Dabendorf 36 Lb32
16818 Dabergotz 25 Kc26
17129 Daberkow 16 La18
06888 Dabrun 46 Kc35
85221 Dachau 98 Ja66
91462 Dachsbach 78 Ha55
79875 Dachsberg (Südschwarzwald) 103 Dc71
56340 Dachsenhausen 64 Da49
31303 Dachtmissen 32 Ga30
99100 Dachwig 56 Hb42
19294 Dadow 23 Hd24
25578 Dägeling 11 Fc18
29413 Dähre 33 Hb28
18347 Dändorf 6 Jd15
24229 Dänischenhagen 4 Gb14
24589 Dätgen 12 Ga16
71120 Dätzingen 84 Ed63
25899 Dagebüll 2 Ec11
66687 Dagstuhl 73 Ca56
33100 Dahl 41 Ec37
41069 Dahl 50 Bc41
58762 Dahle 52 Db40
14195 Dahlem 36 La30
21368 Dahlem 23 Ha24
53949 Dahlem 62 Bc48
04774 Dahlen 47 La39
17039 Dahlen 16 Lb19
39579 Dahlen 34 Jb29
21368 Dahlenburg 23 Ha24
39326 Dahlenwarsleben 34 Ja33
15827 Dahlewitz 36 Lb31
44879 Dahlhausen 39 Cc39
58708 Dahlhausen 40 Db39
15366 Dahlwitz-Hoppegarten 36 Lc29
15936 Dahme 47 Lb35
23747 Dahme 5 Hb15
17166 Dahmen 15 Ka20
22946 Dahmker 12 Gc21
15864 Dahmsdorf 37 Ma32
66994 Dahn 83 Db59
14806 Dahnsdorf 35 Kc33
88718 Daisendorf 105 Fb71
23623 Dakendorf 12 Gd18
19071 Dalberg-Wendelstorf 13 Hc20
32825 Dalborn 41 Ed35
39279 Dalchau 34 Jc33
24635 Daldorf 12 Gb17
48249 Daldrup 39 Cd36
37688 Dalhausen 42 Fb38
33165 Dalheim 41 Ec38
36129 Dalherda 66 Fd48
17166 Dalkendorf 15 Ka19
29562 Dallahn 23 Ha26
21483 Dalldorf 22 Gd22
38542 Dalldorf 32 Gc31
39397 Dalldorf 44 Hd35
29348 Dalle 32 Gc28
14624 Dallgow-Döberitz 35 Kd29
19357 Dallmin 24 Jb24
67592 Dalsheim 74 Dd55
17179 Dalwitz 15 Ka18
41372 Dam 50 Bb41
39240 Damaschkeplan 45 Jb35
90768 Dambach 78 Hc56
17495 Dambeck 16 Lb17
19357 Dambeck 24 Jb24
16845 Damelack 24 Jd27
14822 Damelang-Freienthal 35 Kc32
24361 Damendorf 3 Fd14
17309 Damerow 16 Ld21
23738 Damlos 5 Ha15
14662 Damm 25 Kb27
18196 Damm 14 Jc17
19374 Damm 24 Jb22
46514 Damm 39 Ca37
63874 Dammbach 76 Fb53
14715 Damme 35 Kb29
17291 Damme 27 Ma23
49401 Damme 29 Dd30
15299 Dammendorf 37 Mc32
36088 Dammersbach 66 Fd46
25554 Dammfleth 11 Fb18
29472 Damnatz 23 Hc25
24351 Damp 4 Ga12
14797 Damsdorf 35 Kc31
23824 Damsdorf 12 Gb17
23948 Damshagen 13 Hc18
26427 Damsum 9 Da20
16321 Danewitz 26 Lc27
06493 Dankerode 44 Hc38
99837 Dankmarshausen 55 Ga44
14913 Danna 46 Kd34
24329 Dannau 4 Gd15
38461 Danndorf 33 Hb31
39649 Dannefeld 33 Hc30
16259 Dannenberg 27 Ma27
29451 Dannenberg 23 Hb25
15754 Dannenreich 36 Ld31
16775 Dannenwalde 26 La25
16866 Dannenwalde 24 Jd25
24867 Dannewerk 3 Fc13
39245 Dannigkow 45 Jc34
67125 Dannstadt 75 Ea57
38855 Danstedt 44 Hb35
48720 Darfeld 39 Cc34
17498 Dargelin 16 La17
17419 Dargen 17 Ma17
17159 Dargun 15 Kc18
38871 Darlingerode 44 Ha36
642 . . Darmstadt 75 Eb53
38489 Darnebeck 33 Hb29
29378 Darrigsdorf 33 Ha28
16818 Darritz-Wahlendorf 25 Kb26
48301 Darup 39 Cd35
86453 Dasing 97 Hc65
18320 Daskow 6 Ka15
37586 Dassel 42 Fd36
36093 Dassen 66 Fd47
21521 Dassendorf 22 Gc22
37574 Dassensen 42 Fd36
23942 Dassow 13 Hb18
45711 Datteln 39 Cd37
53547 Dattenberg 63 Cc47
51570 Dattenfeld 52 Da45
78083 Dauchingen 94 Eb68
17291 Dauer 26 Ld22
17390 Daugzin 16 Lc17
54550 Daun 63 Ca50
56132 Dausenau 64 Db49
35232 Dautphetal 53 Eb45
59387 Davensberg 40 Da36
76189 Daxlanden 84 Ea60
96135 Debring 78 Hb53
19217 Dechow 13 Ha20
16833 Dechtow 35 Kc28
75392 Deckenpfronn 84 Ec63
38836 Dedeleben 44 Hb34
17291 Dedelow 26 Ld22
30926 Dedensen 31 Fc31
06295 Dederstedt 45 Jb38
59558 Dedinghausen 41 Ea37
37627 Deensen 42 Fc36
38835 Deersheim 44 Ha35
98744 Deesbach 68 Hc47
38828 Deesdorf 44 Hc35
14550 Deetz 35 Kc30
39264 Deetz 45 Jd34
70597 Degerloch 85 Fa62
79793 Degernau 104 Ea72
82541 Degerndorf 108 Ja70
94469 Deggendorf 90 La61
88693 Deggenhausen 105 Fb71
88693 Deggenhausertal 105 Fb71
73326 Deggingen 95 Fd64
08538 Dehles 69 Jd48
73450 Dehlingen 86 Gc62
67146 Deidesheim 74 Dd57
78586 Deilingen 94 Ec67
82544 Deining 98 Jb69
92364 Deining 88 Jb58
86738 Deiningen 87 Ha61
21717 Deinste 11 Fb21
27446 Deinstedt 21 Fa22
59494 Deiringsen 40 Dc38
86489 Deisenhausen 96 Gc67
78652 Deißlingen 94 Eb68
73779 Deizisau 85 Fb63
33129 Delbrück 41 Eb37
41540 Delhoven 51 Ca42
22941 Delingsdorf 12 Gb20
06246 Delitz a. Berge 45 Jc39
04509 Delitzsch 46 Ka38
66503 Dellfeld 82 Cd58
37170 Delliehausen 42 Fd37
31073 Delligsen 42 Fd35
89155 Dellmensingen 96 Ga66
25786 Dellstedt 3 Fb15
45357 Dellwig 39 Cb39
58730 Dellwig 40 Da39
277 . . Delmenhorst 20 Ec25
41542 Delrath 51 Ca42
58091 Delstern 52 Da40
25788 Delve 3 Fa15
19089 Demen 14 Jb20
19217 Demern 13 Hb19
16866 Demerthin 24 Jd26
01877 Demitz-Thumitz 60 Mc41
39579 Demker 34 Jb30
17109 Demmin 15 Kd18
15518 Demnitz 37 Mb30
17379 Demnitz 16 Lc19
39307 Demsin 34 Jd30
17139 Demzin 15 Kb20
73770 Denkendorf 85 Fb63
85095 Denkendorf 88 Ja61
37154 Denkershausen 43 Ga37
78588 Denkingen 94 Ec68
88630 Denkingen 105 Fb70
86920 Denklingen 97 Hb69
38321 Denkte 32 Gd33
14913 Dennewitz 46 Kd34
08393 Dennheritz 58 Kb44
17392 Dennin 16 Lb18
17268 Densow 26 Lb24
91599 Dentlein a. Forst 86 Gd59
79211 Denzlingen 93 Db68
24601 Depenau 12 Gb16
39317 Derben 34 Jc31
38895 Derenburg 44 Hb36
40239 Derendorf 51 Ca41
37691 Derental 42 Fb37
36466 Dermbach 67 Gb46
53507 Dernau 63 Cb47
56307 Dernbach 64 Da47
56428 Dernbach 64 Db48
44329 Derne 40 Da38
48249 Dernekamp 39 Cd36
24326 Dersau 12 Gc16
57520 Derschen 64 Dc46
17498 Dersekow 16 La16
19260 Dersenow 23 Ha23
26906 Dersum 18 Cd26
14550 Derwitz 35 Kc31
0684 . Dessau 46 Ka36
16845 Dessow 25 Kb26
26847 Detern 19 Db24
39291 Detershagen 34 Jb32
31162 Detfurth 43 Ga34
29633 Dethlingen 22 Gb26
327 . . Detmold 41 Ed35
97337 Dettelbach 77 Gb53
83075 Dettendorf 109 Ka70
72135 Dettenhausen 95 Fa64
76706 Dettenheim 84 Ea59
97799 Detter 66 Fd50
79802 Dettighofen 104 Ea72
72108 Dettingen 94 Ed65
72160 Dettingen 94 Eb65
78465 Dettingen 105 Fa71
89547 Dettingen a. Albuch 96 Gb64
72581 Dettingen a.d. Erms 95 Fb64
88451 Dettingen a.d. Iller 96 Gb68
73265 Dettingen u. Teck 95 Fc64
18334 Dettmannsdorf 15 Ka16
38173 Dettum 33 Ha33
06682 Deuben 57 Jd42
88239 Deuchelried 106 Ga71
93180 Deuerling 88 Jd60
37355 Deuna 55 Gd40
14822 Deutsch Bork 35 Kc33
21407 Deutsch Evern 22 Gc24
16818 Deutschhof 35 Kc28
04574 Deutzen 58 Kb42
17192 Deven 15 Kc21
18439 Devin 7 Kd15
17094 Dewitz 16 La21
55278 Dexheim 75 Ea53
18513 Deyelsdorf 15 Kb16
54347 Dhron 73 Ca53
27321 Dibbersen 20 Ed26
49453 Dickel 30 Eb29
49477 Dickenberg 29 Db32
34576 Dickershausen 54 Fc43
38530 Didderse 32 Gc31
47661 Die Leucht 38 Bc38
91583 Diebach 86 Gc58
97762 Diebach 67 Ga51
56332 Dieblich 63 Cd49
64807 Dieburg 75 Ec53
06369 Diebzig 45 Jc35
38539 Dieckhorst 32 Gc30
15306 Diedersdorf 37 Mc29
15831 Diedersdorf 36 Lb31
86420 Diedorf 97 Hb66
36452 Diedorf (Rhön) 67 Gb46
17498 Diedrichshagen 16 Lb16
18230 Diedrichshagen 14 Ja16
66763 Diefflen 72 Bd57
15890 Diehlo 37 Md32
18299 Diekhof 14 Jd18
24326 Diekhof 12 Gb16
31199 Diekholzen 43 Ga34
25709 Diekhusen-Fahrstedt 10 Ed18
69234 Dielheim 84 Ec58
37633 Dielmissen 42 Fc35
34519 Diemelsee 53 Ec40
34474 Diemelstadt 41 Ed39
17252 Diemitz 25 Kc24
55276 Dienheim 75 Ea53
15864 Diensdorf-Radlow 37 Ma32
31603 Diepenau 30 Ec31
15831 Diepensee 36 Lc31
49356 Diepholz 30 Ea29
01665 Diera 59 Lc41
42799 Dierath 51 Cb42
16835 Dierberg 25 Kd25
56269 Dierdorf 64 Da47
18347 Dierhagen 6 Jd15
77749 Diersburg 93 Db65
01612 Diesbar-Seußlitz 59 Lc40
29413 Diesdorf 33 Ha28
93128 Diesenbach 89 Ka59
06184 Dieskau 45 Jd39
91456 Diespeck 78 Ha55
86911 Dießen a. Ammersee 97 Hd69
59329 Diestedde 40 Dd37
32760 Diestelbruch 41 Ed35
19399 Diestelow 14 Jc21
29303 Diesten 32 Ga28
84178 Dietelskirchen 99 Kb64
97877 Dietenhan 76 Fc54
89165 Dietenheim 96 Gb67
90599 Dietenhofen 78 Ha57
84378 Dietersburg 100 La64
06536 Dietersdorf 44 Hc38
14913 Dietersdorf 46 Kc34
91126 Dietersdorf 78 Hc57
96145 Dietersdorf 68 Hb50
36093 Dietershausen 66 Fd47
85386 Dietersheim 98 Jc66
91463 Dietersheim 77 Gd55
92542 Dieterskirchen 80 Kb56
92345 Dietfurt a.d. Altmühl 88 Jb60
36115 Dietges 67 Ga47
36142 Dietgeshof 67 Gb46
78661 Dietingen 94 Eb67
75210 Dietlingen 84 Eb61
87463 Dietmannsried 106 Gc70
83623 Dietramszell 108 Jb70
06888 Dietrichsdorf 46 Kc35
63128 Dietzenbach 75 Ec52
98530 Dietzhausen 67 Gd46
35716 Dietzhölztal 53 Ea45
65582 Diez 64 Dc48
66787 Differten 82 Bd58
75172 Dill-Weissenstein 84 Eb61
356 . . Dillenburg 52 Dd45
89407 Dillingen a.d. Donau 96 Gd64
66763 Dillingen (Saar) 72 Bd57
98530 Dillstädt 67 Gd47
69151 Dilsberg 75 Ec57
46499 Dingden 38 Bd36
78465 Dingelsdorf 105 Fa71
37351 Dingelstädt 55 Gc40
38838 Dingelstedt 44 Hb35
25715 Dingen 11 Fa18
82064 Dingharting 98 Jb69
84130 Dingolfing 89 Kc63
97497 Dingolshausen 77 Gc52
98646 Dingsleben 67 Gd48
91550 Dinkelsbühl 86 Gc60
86424 Dinkelscherben 97 Ha66
59514 Dinker 40 Dc38
49413 Dinklage 29 Dd29
31174 Dinklar 32 Ga33
4653 . Dinslaken 39 Ca38
36142 Dippach 67 Gb46
99837 Dippach 55 Gb44
36160 Dipperz 66 Fd47
14806 Dippmannsdorf 35 Kb32
01744 Dippoldiswalde 59 Ld43
36369 Dirlammen 66 Fb46
87742 Dirlewang 96 Gd69
36093 Dirlos 66 Fd47
66571 Dirmingen 73 Cb57
67246 Dirmstein 74 Dd55
84140 Dirnaich 99 Kc65
89561 Dischingen 86 Gc63
17099 Dishley 16 Lb19
03096 Dissen 48 Mc35
49201 Dissen a. Teutoburger Wald 40 Dd34
03052 Dissenchen 48 Mc36
45699 Disteln 39 Cc38
06484 Ditfurt 44 Hc36
97456 Dittelbrunn 67 Gc51
02788 Dittelsdorf 61 Nb42
67596 Dittelsheim 74 Dd54
99099 Dittelstedt 56 Hc43
91723 Dittenheim 87 Hb60
96250 Dittersbrunn 68 Hc51
07422 Dittersdorf 68 Hd46
07907 Dittersdorf 69 Jc46
96126 Ditterswind 68 Ha50
97797 Dittlofsroda 66 Fd50
70825 Ditzingen 85 Fa62
18314 Divitz 6 Kb14
07926 Dobareuth 69 Jc48
39606 Dobberkau 34 Ja28
19399 Dobbertin 14 Jc20
18292 Dobbin 14 Jd20
14947 Dobbrikow 36 La33
75335 Dobel 84 Ea62
15868 Doberburg 37 Mc33
03253 Doberlug-Kirchhain 47 Lc37
04838 Doberschütz 46 Kc38
24232 Dobersdorf 4 Gb15
39264 Dobritz 45 Jd34
39171 Dodendorf 45 Ja34
19243 Dodow 23 Hb22
15306 Döbberin 37 Mc30
19243 Döbbersen 13 Hb21
03054 Döbbrick 48 Mc35

1 : 300.000 Döb-Eri

04720 Döbeln 59 La41
14727 Döberitz 35 Ka30
03159 Döbern 49 Na37
04509 Döbernitz 46 Ka38
95517 Döberschütz 79 Jb52
06198 Döblitz 45 Jc38
04886 Döbrichau 47 La37
78199 Döggingen 104 Ea70
95182 Döhlau 69 Jd49
32469 Döhren 30 Ed31
39356 Döhren 33 Hb31
06120 Dölau 45 Jc38
06184 Dölbau 45 Jd39
36124 Döllbach 66 Fd48
16866 Döllen 24 Jd26
04928 Döllingen 47 Lc38
06184 Döllnitz 45 Jd39
99100 Döllstädt 56 Ha42
48691 Doemern 39 Ca34
19303 Dömitz 23 Hc25
36103 Döngersmühle 66 Fc48
38486 Dönitz 33 Hb29
18516 Dönnie 15 Kd16
33178 Dörenhagen 41 Ec37
49477 Dörenthe 29 Db33
32694 Dörentrup 41 Ed34
96487 Dörfles-Esbach 68 Hc49
97486 Dörflis 68 Ha51
02979 Dörgenhausen 48 Mc39
96250 Döringstadt 68 Hb51
07426 Dörnfeld a.d. Heide 68 Hc46
24326 Dörnick 12 Gc16
39291 Dörnitz 34 Jd32
09509 Dörnthal 59 Lc45
26892 Dörpen 18 Cd26
24398 Dörphof 4 Ga12
25794 Dörpling 3 Fb15
24869 Dörpstedt 3 Fb14
25821 Dörpum 2 Ed12
66822 Dörsdorf 73 Ca56
27313 Dörverden 21 Fa27
74677 Dörzbach 76 Fd57
07429 Döschnitz 68 Hd46
06198 Dößel 45 Jb38
27801 Dötlingen 20 Ea26
79804 Dogern 103 Dd72
01809 Dohna 60 Ma43
06369 Dohndorf 45 Jc37
21255 Dohren 21 Fd23
49770 Dohren 29 Da29
59229 Dolberg 40 Dc37
15306 Dolgelin 37 Mc29
17258 Dolgen 26 La22
18461 Dolgen 6 Kb15
15754 Dolgenbrodt 36 Ld32
55278 Dolgesheim 74 Dd53
26831 Dollart 18 Cd24
39517 Dolle 34 Ja31
03238 Dollenchen 48 Ma37
21739 Dollern 11 Fc21
24989 Dollerup 3 Fc11
15913 Dollgen 37 Mb33
16775 Dollgow 25 Kd25
91795 Dollnstein 87 Hc61
24392 Dollrottfeld 3 Fd12
91601 Dombühl 86 Gc58
39164 Domersleben 44 Hd34
56290 Dommershausen 63 Cd50
04880 Dommitzsch 46 Kd37
06420 Domnitz 45 Jc37
03116 Domsdorf 48 Mb37
04924 Domsdorf 47 Lc37
19374 Domsühl 24 Jb22
78166 Donaueschingen 94 Ea69
93093 Donaustauf 89 Ka60
86609 Donauwörth 87 Hb63
52222 Donnerberg 50 Bb45
27612 Donnern 20 Ec22
97499 Donnersdorf 77 Gd52
32825 Donop 41 Ed35
66978 Donsieders 83 Da58
73072 Donzdorf 86 Ga63
90765 Doos 78 Hc56
79872 Dorf 103 Dc70
23972 Dorf Mecklenburg 13 Hd19
19089 Dorf Zapel 14 Ja21
16837 Dorf-Zechlin 25 Kc24
94496 Dorfbach 100 Lc64
36119 Dorfborn 66 Fc48
08297 Dorfchemnitz 58 Kd45
09619 Dorfchemnitz 59 Lc44
84405 Dorfen 99 Ka66
27628 Dorfhagen 20 Ec23
01738 Dorfhain 59 Ld43
07338 Dorfilm 69 Ja47
07318 Dorfkulm 68 Hd46
97904 Dorfprozelten 76 Fb54
415 .. Dormagen 51 Ca42
72358 Dormettingen 94 Ec67
91077 Dormitz 78 Hc55
06901 Dorna 46 Kc36
06369 Dornbock 45 Jc36
07778 Dornburg 57 Jb43
39264 Dornburg 45 Jc34
65599 Dornburg 64 Dc47
36460 Dorndorf 55 Gb44
07778 Dorndorf-Steudnitz 57 Jb43
72175 Dornhan 94 Eb66
64521 Dornheim 75 Ea53
46446 Dornick 38 Bc36
04808 Dornreichenbach 46 Kd39
21769 Dornsode 10 Ed21
89160 Dornstadt 96 Ga65
06179 Dornstedt 45 Jb39
72280 Dornstetten 94 Ea65
15837 Dornswalde 36 Lc33
26553 Dornum 9 Da20
26553 Dornumersiel 9 Da20
24616 Dorotheental 12 Ga17
39638 Dorst 33 Hd31
38312 Dorstadt 43 Gd34
37520 Dorste 43 Gb37
4628 . Dorsten 39 Cb37
44147 Dorstfeld 39 Cd39
44 ... Dortmund 39 Cd39
27632 Dorum 10 Eb20
69221 Dossenheim 75 Eb56
16909 Dossow 25 Ka24
72359 Dotternhausen 94 Ec67
51674 Drabenderhöhe 51 Cd44
03185 Drachhausen 48 Mc34
94256 Drachselsried 90 Lb59
39365 Drackenstedt 33 Hd33
21423 Drage 22 Gb22
25582 Drage 11 Fc17
25878 Drage 3 Fa14
07907 Dragensdorf 69 Jc46
19205 Dragun 13 Hc20
15848 Drahendorf 37 Mb31
15938 Drahnsdorf 47 Lc34
95194 Draisendorf 69 Jd49
31623 Drakenburg 31 Fa29
27624 Drangstedt 10 Ec21
34434 Drankhausen 42 Fa38
16909 Dranse 25 Kb24
37127 Dransfeld 42 Fd39
18556 Dranske 7 Kd11
04938 Drasdo 47 Lb37
07806 Dreba 69 Jb46
09430 Drebach 59 La45
49457 Drebber 30 Ea29
03116 Drebkau 48 Mc36
06528 Drebsdorf 44 Hc39
59069 Drechen 40 Db38
18465 Drechow 15 Kb16
48317 Drees 40 Db36
16845 Dreetz 25 Ka27
18249 Dreetz 14 Jb19
19372 Drefahl 24 Jb23
23845 Dreggers 12 Gc18
03185 Drehnow 48 Mc35
53937 Dreiborn 62 Bc47
63303 Dreieich 65 Ec51
63303 Dreieichenhain 75 Ec52
04860 Dreiheide 46 Kd38
39365 Dreileben 33 Hd33
19243 Dreilützow 13 Hb21
54518 Dreis 73 Ca52
51674 Dreisbach 52 Da43
98617 Dreißigacker 67 Gc47
25853 Drelsdorf 2 Ed12
52525 Dremmen 50 Bb42
48317 Drensteinfurt 40 Db36
49406 Drentwede 30 Eb28
95512 Dreschen 69 Ja51
18573 Dreschvitz 7 La13
01 ... Dresden 60 Ma42
21279 Drestedt 21 Fd23
29490 Drethem 23 Hb24
14793 Dretzen 35 Ka32
17392 Drewelow 16 Lb19
16866 Drewen 25 Ka26
59602 Drewer 41 Ea39
03197 Drewitz 48 Md34
39291 Drewitz 34 Jd32
32130 Dreyen 30 Eb33
19205 Drieberg 13 Hc20
35759 Driedorf 64 Dd46
03130 Drieschnitz-Kahsel 48 Md36
48465 Drievorden 28 Cc31
27628 Driftsethe 20 Eb23
33014 Dringenberg 41 Ed37
19069 Drispeth 13 Hd19
01994 Drochow 48 Ma37
21706 Drochtersen 11 Fb20
07426 Dröbischau 68 Hc46
08606 Dröda 69 Jd48
19243 Drönnewitz 13 Hb21
07338 Drognitz 69 Ja46
06456 Drohndorf 45 Ja37
57489 Drolshagen 52 Db43
06369 Drosa 45 Jc36
17255 Drosedow 25 Kc23
91330 Drosendorf 78 Hc53
52372 Drove 50 Bc45
06722 Droyßig 57 Jd42
38871 Drübeck 44 Ha36
18195 Drüsewitz 15 Ka17
33397 Druffel 41 Ea36
39365 Druxberge 33 Hd33
15926 Duben 47 Ld35
04916 Dubro 47 Lb36
17398 Ducherow 16 Lc19
78247 Duchtlingen 104 Ec71
17139 Duckow 15 Kc19
54647 Dudeldorf 72 Bd52
18334 Dudendorf 15 Ka16
67373 Dudenhofen 84 Ea58
63654 Dudenrod 66 Fa49
31535 Dudensen 31 Fb29
37115 Duderstadt 43 Gc39
66125 Dudweiler 82 Cb58
06869 Düben 46 Ka35
03253 Dübrichen 47 Lc37
23847 Düchelsdorf 12 Gd20
21709 Düdenbüttel 11 Fb21
47533 Düffelward 38 Bb36
74889 Dühren 84 Ec58
41751 Dülken 50 Bc41
48249 Dülmen 39 Cc36
29413 Dülseberg 33 Ha28
14947 Dümde 36 Lb33
19073 Dümmer 13 Hc21
19073 Dümmerstück Hof 13 Hc21
45475 Dümpten 39 Ca39
37520 Düna 43 Gc37
56761 Düngenheim 63 Cc49
32257 Dünne 30 Eb33
27243 Dünsen 20 Eb27
37308 Dünwald 55 Gc40
66701 Düppenweiler 72 Bd57
78589 Dürbheim 94 Ec68
523 ... Düren 50 Bc45
88525 Dürmentingen 95 Fc68
73105 Dürnau 85 Fd63
07343 Dürrenbach 69 Ja48
15910 Dürrenhofe 37 Ma33
02708 Dürrhennersdorf 61 Na42
56307 Dürrholz 64 Da47
89350 Dürrlauingen 96 Gd65
75417 Dürrmenz 84 Ec61
75248 Dürrn 84 Ec61
96160 Dürrnbuch 77 Gd54
01833 Dürrröhrsdorf-Dittersbach 60 Mb42
91602 Dürrwangen 86 Gd59
51515 Dürscheid 51 Cc43
39606 Düsedau 34 Jb28
40 ... Düsseldorf 51 Ca41
19372 Dütschow 24 Ja22
31224 Düttenstedt 32 Gc32
17121 Düvier 15 Kd17
93182 Duggendorf 88 Jd59
31089 Duingen 42 Fd34
47 ... Duisburg 39 Ca39
49844 Duisenburg 28 Cd30
18196 Dummerstorf 14 Jd17
18574 Dumsevitz 7 La14
77743 Dundenheim 93 Db65
31226 Dungelbeck 32 Gc32
78655 Dunningen 94 Ea67
25938 Dunsum 2 Ea11
26427 Dunum 9 Db21
66916 Dunzweiler 73 Cc57
87471 Durach 106 Gd71
77770 Durbach 93 Dc65
76227 Durlach 84 Ea60
73568 Durlangen 85 Fd61
76448 Durmersheim 83 Dd61
72144 Dußlingen 94 Ed65
67435 Duttweiler 83 Dd58
9047 . Dutzendteich 78 Hc57
19205 Dutzow 13 Hb20
18442 Duvendiek 6 Kc14
23898 Duvensee 12 Gd20

E

33803 Ebbesloh 41 Ea35
48653 Ebbing 39 Cc35
33165 Ebbinghausen 41 Ec38
99713 Ebeleben 56 Ha41
97500 Ebelsbach 78 Ha52
39179 Ebendorf 34 Ja33
98646 Ebenhards 68 Ha48
85107 Ebenhausen 88 Ja63
87640 Ebenhofen 107 Ha70
96250 Ebensfeld 68 Hb51
88370 Ebenweiler 105 Fc70
69412 Eberbach 75 Ed56
71735 Eberdingen 84 Ed61
82390 Eberfing 107 Hd70
37136 Ebergötzen 43 Gb38
88436 Eberhardzell 96 Ga69
31079 Eberholzen 42 Fd34
92263 Ebermannsdorf 79 Jd57
91320 Ebermannstadt 78 Hd53
96106 Ebern 68 Hb51
55583 Ebernburg 74 Db53
56424 Ebernhahn 64 Db48
01561 Ebersbach 59 Ld40
02730 Ebersbach 61 Na42
04720 Ebersbach 59 La42
87634 Ebersbach 106 Gd70
88371 Ebersbach 95 Fc69
73061 Ebersbach a.d. Fils 85 Fc63
85560 Ebersberg 98 Jd68
08144 Ebersbrunn 70 Kb46
36157 Ebersburg 66 Fd48
02708 Ebersdorf 61 Na41
27432 Ebersdorf 10 Ed21
96337 Ebersdorf 68 Hd47
96465 Ebersdorf 68 Hc49
96237 Ebersdorf b. Coburg 68 Hc50
07368 Ebersdorf (Thüringen) 69 Jb47
07952 Ebersgrün 69 Jd46
84149 Eberspoint 99 Kb65
74246 Eberstadt 85 Fb59
76530 Ebersteinburg 83 Dd62
1622 . Eberswalde-Finow 26 Ld27
77770 Ebersweier 93 Dc64
97532 Ebertshausen 67 Gc50
98554 Ebertshausen 67 Gd46
67280 Ebertsheim 74 Dc55
72224 Ebhausen 94 Eb64
73432 Ebnat 86 Gc62
95683 Ebnath 79 Jd52
96157 Ebrach 77 Gd53
79285 Ebringen 93 Da69
35085 Ebsdorfergrund 53 Ec45
29574 Ebstorf 22 Gc26
21379 Echem 22 Gd23
84174 Eching 99 Ka64
85386 Eching 98 Jb66
82279 Eching a. Ammersee 97 Hd68
49824 Echteler 28 Ca29
70771 Echterdingen 85 Fa63
59519 Echtrop 40 Dd39
61209 Echzell 65 Ed48
98590 Eckardts 67 Gc46
06648 Eckartsberga 57 Ja42
77731 Eckartsweiler 93 Db64
21224 Eckel 22 Ga23
66625 Eckelhausen 73 Cb55
91448 Eckenberg 78 Hb55
90542 Eckental 78 Hd55
75417 Eckenweiher 84 Ec61
30890 Eckerde 31 Fc32
24340 Eckernförde 3 Fd13
95488 Eckersdorf 79 Ja52
23617 Eckhorst 12 Gd18
25572 Ecklak 11 Fa18
37339 Ecklingerode 43 Gc39
36115 Eckweisbach 67 Ga47
25715 Eddelak 11 Fa18
06388 Edderitz 45 Jc37
31234 Eddesse 32 Gb31
92265 Edelsfeld 79 Jb55
36043 Edelzell 66 Fd47
31234 Edemissen 32 Gb31
37574 Edemissen 43 Ga37
29553 Edendorf 22 Gd25
67480 Edenkoben 83 Dd58
86739 Ederheim 86 Gd62
34295 Edermünde 54 Fb41
06528 Edersleben 44 Hd39
34549 Edertal 54 Fa42
37154 Edesheim 43 Ga37
67483 Edesheim 83 Dd58
26188 Edewecht 19 Dc25
56814 Ediger 63 Cb51
68535 Edingen 75 Eb56
06420 Edlau 45 Jc37
83533 Edling 99 Ka68
25704 Eesch 10 Ed17
37359 Effelder 55 Gc41
96528 Effelder-Rauenstein 68 Hc48
59609 Effeln 41 Ea39
96352 Effelter 69 Ja48
91090 Effeltrich 78 Hc54
79588 Efringen-Kirchen 102 Cd72
39435 Egeln 44 Hd35
63329 Egelsbach 75 Eb52
72227 Egenhausen 94 Eb64
97440 Egenhausen 67 Gb51
82281 Egenhofen 97 Hd66
21272 Egestorf 22 Ga24
78464 Egg 105 Fa71
87743 Egg a.d. Günz 96 Gc68
24852 Eggebek 3 Fb12
26655 Eggeloge 19 Dc23
84307 Eggenfelden 100 La65
39365 Eggenstedt 33 Hc33
76344 Eggenstein 84 Ea60
87653 Eggenthal 96 Gd69
49577 Eggermühlen 29 Db30
48624 Eggerode 39 Cc34
15370 Eggersdorf 36 Ld29
15518 Eggersdorf 37 Mb30
39221 Eggersdorf 45 Jb34
17367 Eggesin 17 Ma19
31848 Eggestorf 31 Fb33
79805 Eggingen 104 Ea71
94072 Egglfing a. Inn 100 Ld65
84385 Egglham 100 Lb64
84546 Egglkofen 99 Kc65
91330 Eggolsheim 78 Hc54
83125 Eggstätt 99 Kc69
25721 Eggstedt 11 Fa17
94535 Eging a. See 90 Lc62
82436 Eglfing 107 Hd71
82544 Egling 98 Jb69
86492 Egling a.d. Paar 97 Hc67
91349 Egloffstein 78 Hd54
88260 Eglofs 106 Ga72
71634 Eglosheim 85 Fa61
85658 Egmating 98 Jc69
15926 Egsdorf 47 Ld35
85116 Egweil 87 Hd62
86676 Ehekirchen 87 Hd63
78259 Ehingen 104 Ec70
89584 Ehingen 95 Fd66
91725 Ehingen 86 Gd59
31655 Ehlen 31 Fa32
24796 Ehlersdorf 3 Fd14
31303 Ehlershausen 32 Ga30
56581 Ehlscheid 63 Cd47
38442 Ehmen 33 Ha31
18195 Ehmkendorf 15 Ka16
24647 Ehndorf 11 Fd17
96528 Ehnes 68 Hc48
71139 Ehningen 84 Ed63
38468 Ehra-Lessien 33 Ha30
54293 Ehrang 72 Bd53
98660 Ehrenberg 68 Ha47
36115 Ehrenberg (Rhön) 67 Ga47
27248 Ehrenburg 30 Ec28
09427 Ehrenfriedersdorf 71 La46
79238 Ehrenkirchen 93 Da69
89134 Ehrenstein 96 Ga65
32791 Ehrentrup 41 Ec35
35329 Ehringshausen 66 Fa46
35630 Ehringshausen 65 Ea47
02739 Eibau 61 Na42
35713 Eibelshausen 53 Ea45
97246 Eibelstadt 77 Gb54
08309 Eibenstock 70 Kc47
67575 Eich 75 Ea54
98646 Eicha 67 Gd49
16356 Eiche 36 Lc29
36369 Eichelhain 66 Fb47
63679 Eichelsachsen 66 Fa48
36137 Eichenau 66 Fc46
82223 Eichenau 98 Ja67
39167 Eichenbarleben 33 Hd33
98553 Eichenberg 68 Ha47
63928 Eichenbühl 76 Fb54
48346 Eichendorf 40 Db34
94428 Eichendorf 90 La63
36148 Eichenried 66 Fd48
85452 Eichenried 98 Jc66
36369 Eichenrod 66 Fb47
36124 Eichenzell 66 Fd47
85464 Eicherloh 98 Jc66
17379 Eichhof 16 Ld20
21436 Eichholz 22 Gc23
03238 Eichholz-Drößig 47 Ld37
16244 Eichhorst 26 Lc26
17099 Eichhorst 16 Lb20
07338 Eichicht 69 Ja46
08626 Eichigt 70 Ka48
44227 Eichlinghofen 39 Cd39
16727 Eichstädt 36 La28
85072 Eichstätt 87 Hd61
39596 Eichstedt 34 Jb28
79356 Eichstetten 93 Da68
74918 Eichtersheim 84 Ec58
15732 Eichwalde 36 Lc31
16321 Eichwerder 36 Lc28
59556 Eickelborn 40 Dd37
29693 Eickeloh 31 Fc28
41063 Eicken 50 Bc41
39221 Eickendorf 45 Jb35
39359 Eickendorf 33 Hc31
41352 Eickenried 50 Bd41
33142 Eickhoff 41 Eb38
59581 Eickhoff 40 Dd39
29358 Eicklingen 32 Gb30
17291 Eickstedt 27 Ma22
66822 Eidenborn 73 Ca57
78253 Eigeltingen 104 Ed70
46240 Eigen 39 Cb38
51519 Eikamp 51 Cc43
59597 Eikeloh 41 Ea38
04838 Eilenburg 46 Kc39
52080 Eilendorf 50 Ba45
38838 Eilenstedt 44 Hb35
38838 Eilsdorf 44 Hb34
32120 Eilshausen 30 Eb33
39365 Eilsleben 33 Hc33
31535 Eilvese 31 Fb30
31848 Eimbeckhausen 31 Fb33
31036 Eime 42 Fd34
79591 Eimeldingen 102 Cd72
37632 Eimen 42 Fd36
39343 Eimersleben 33 Hc32
29578 Eimke 22 Gc26
37574 Einbeck 43 Ga36
96472 Einberg 68 Hc49
59514 Einecke 40 Dc38
48231 Einen 40 Dc35
23911 Einhaus 13 Ha20
64683 Einhausen 75 Eb54
98617 Einhausen 67 Gd47
98663 Einöd 68 Ha49
98617 Einödhausen 67 Gc47
09125 Einsiedel 59 La44
89079 Einsingen 96 Ga66
58840 Eiringhausen 52 Db41
32457 Eisbergen 30 Ed33
37534 Eisdorf 43 Gb37
83549 Eiselfing 99 Kb68
99817 Eisenach 55 Gc43
36341 Eisenbach 66 Fb47
65618 Eisenbach 64 Dd49
79871 Eisenbach 93 Dd69
07607 Eisenberg 57 Jc43
87637 Eisenberg 107 Ha72
67304 Eisenberg (Pfalz) 74 Dc55
95180 Eisenbühl 69 Jb48
24589 Eisendorf 11 Fd16
88260 Eisenharz 106 Ga71
97247 Eisenheim 77 Gb53
85253 Eisenhofen 98 Ja66
15890 Eisenhüttenstadt 37 Md32
77815 Eisental 83 Dd63
98673 Eisfeld 68 Hb48
98646 Eishausen 68 Ha48
75239 Eisingen 84 Eb61
97249 Eisingen 77 Ga54
73054 Eislingen a.d. Fils 85 Fd63
27321 Eißel 20 Ed26
48739 Eissingort 39 Cc34
49751 Eisten 29 Da28
56337 Eitelborn 64 Da48
85117 Eitensheim 88 Ja62
36132 Eiterfeld 54 Fd45
93128 Eitlbrunn 89 Ka59
53783 Eitorf 51 Cd45
85462 Eitting 98 Jd65
27318 Eitzendorf 21 Fa27
66265 Eiweiler 73 Ca57
18334 Eixen 6 Kb15
24392 Ekenis 3 Fd12
83730 Elbach 108 Jd71
38274 Elbe 43 Gc34
39218 Elbenau 45 Jb34
49624 Elbergen 29 Db28
37412 Elbingerode 43 Gc37
38875 Elbingerode 44 Ha36
65627 Elbtal 64 Dc47
76477 Elchesheim 83 Dd61
73450 Elchingen 86 Gc62
31832 Eldagsen 31 Fc33
19294 Eldena 23 Hd24
19309 Eldenburg 23 Hd25
29351 Eldingen 32 Gc29
38875 Elend 44 Ha37
97725 Elfershausen 67 Ga50
98716 Elgersburg 68 Hb46
77656 Elgersweier 93 Db65
07356 Eliasbrunn 69 Jb47
15374 Elisenhof 37 Mb29
57578 Elkenroth 52 Db45
65620 Ellar 64 Dc47
08236 Ellefeld 70 Kb47
91217 Ellenbach 79 Ja56
29413 Ellenberg 33 Hb28
73488 Ellenberg 86 Gc60
37586 Ellensen 42 Fd36
49424 Ellenstedt 30 Ea28
40229 Eller 51 Ca41
56814 Eller 63 Cc51
25479 Ellerau 12 Ga19
25474 Ellerbek 11 Fd20
24589 Ellerdorf 11 Fd16
25373 Ellerhoop 11 Fd20
29578 Ellerndorf 22 Gc26
67158 Ellerstadt 74 Dd56
25923 Ellhöft 2 Ed10
74248 Ellhofen 85 Fb59
37181 Ellierode 42 Fd38
91792 Ellingen 87 Hc60
27239 Ellinghausen 30 Eb28
98617 Ellingshausen 67 Gd47
24870 Ellingstedt 3 Fb13
75210 Ellmendingen 84 Eb61
99755 Ellrich 44 Ha38
21368 Ellringen 22 Gd24
73479 Ellwangen 86 Gb61
89352 Ellzee 96 Gc66
18510 Elmenhorst 7 Kd15
21493 Elmenhorst 12 Gd21
23869 Elmenhorst 12 Gb19
23948 Elmenhorst 13 Hb17
48324 Elmenhorst 40 Db36
18107 Elmenhorst-Lichtenhagen 14 Jc16
27624 Elmlohe 10 Ec21
2533 . Elmshorn 11 Fc19
67471 Elmstein 74 Dc57
35329 Elpenrod 66 Fa46
25704 Elpersbüttel 10 Ed17
96476 Elsa 68 Hb49
06369 Elsdorf 45 Jc36
27404 Elsdorf 21 Fb24
50189 Elsdorf 50 Bd43
24800 Elsdorf-Westermühlen 3 Fc15
33106 Elsen 41 Ec37
84094 Elsendorf 88 Jc62
63820 Elsenfeld 76 Fa53
75031 Elsenz 84 Ec59
26931 Elsfleth 20 Eb24
55271 Elsheim 74 Dd52
14547 Elsholz 35 Kd32
25361 Elskop 11 Fc19
04880 Elsnig 46 Kd37
06386 Elsnigk 45 Jd36
57368 Elspe 52 Dc42
14627 Elstal 35 Kd29
06918 Elster 46 Kc35
07985 Elsterberg 70 Ka46
04523 Elstertrebnitz 58 Ka41
04910 Elsterwerda 47 Lc38
01920 Elstra 60 Mb40
46446 Elten 38 Bb35
09481 Elterlein 70 Kd46
36145 Elters 67 Ga47
97714 Eltingshausen 67 Gb50
97483 Eltmann 78 Ha52
6534 . Eltville a. Rhein 64 Dd51
32052 Elverdissen 41 Eb34
59348 Elvert 39 Cd36
99334 Elxleben 56 Hc44
65604 Elz 64 Dc48
79215 Elzach 93 Dc67
31008 Elze 31 Fd33
74834 Elztal 76 Fa57
21409 Embsen 22 Gc24
24819 Embühren 11 Fc16
2672 . Emden 18 Cc23
39343 Emden 33 Hd32
29568 Emern 22 Gd27
86494 Emersacker 97 Ha65
83342 Emertsham 99 Kc68
24802 Emkendorf 3 Fd15
49824 Emlichheim 28 Cb29
49733 Emmeln 28 Cd28
25924 Emmelsbüll 2 Ec10
56281 Emmelshausen 64 Da50
29386 Emmen 32 Gd28
79312 Emmendingen 93 Db68
29579 Emmendorf 22 Gd26
46446 Emmerich 38 Bb36
82275 Emmering 98 Ja67
83550 Emmering 99 Ka69
31860 Emmerthal 42 Fb34
84547 Emmerting 100 La67
72202 Emmingen 94 Ec64
78576 Emmingen 94 Ec69
36452 Empfertshausen 67 Gb46
72186 Empfingen 94 Ec65
48488 Emsbüren 28 Cd31
48282 Emsdetten 29 Da33
06528 Emseloh 44 Hd39
48291 Emsesch 40 Db35
99891 Emsetal 55 Gd44
91448 Emskirchen 78 Ha55
96528 Emstadt 68 Hc48
14797 Emstal 35 Kc31
49685 Emstek 19 Dd27
27321 Emtinghausen 20 Ed26
95517 Emtmannsberg 79 Jb52
95233 Enchenreuth 69 Jb49
96231 End 68 Hc51
53123 Endenich 51 Cb45
79346 Endingen a. Kaiserstuhl 93 Da68
82544 Endlhausen 98 Jb69
06333 Endorf 44 Hd37
48465 Engden 28 Cc31
25917 Enge-Sande 2 Ed11
24321 Engelau 4 Gd15
25348 Engelbrechtsche 11 Fb19
36093 Engelhelms 66 Fd47
27305 Engeln 30 Ed28
84549 Engelsberg 99 Kc67
75331 Engelsbrand 84 Eb62
21710 Engelschoff 11 Fb20
04439 Engelsdorf 58 Kb40
51766 Engelskirchen 51 Cd43
91238 Engelthal 79 Ja56
78234 Engen 104 Ec70
30938 Engensen 32 Ga30
32130 Enger 30 Eb33
39638 Engersen 33 Hd29
94081 Engertsham 100 Ld64
72336 Engstlatt 94 Ed66
97340 Enheim 77 Gb55
72800 Eningen u. Achalm 95 Fb65
67677 Enkenbach 74 Db56
56850 Enkirch 73 Cb52
58256 Ennepetal 51 Cd40
59320 Enniger 40 Dc36
59320 Ennigerloh 40 Dc36
66806 Ensdorf 72 Bd57
92266 Ensdorf 79 Jd57
59469 Ense 40 Dc39
66131 Ensheim 82 Cb58
71665 Ensingen 84 Ed61
83242 Entfelden 109 Kc71
72119 Entringen 94 Ed64
32657 Entrup 41 Ed34
75417 Enzberg 84 Ec61
84104 Enzelhausen 98 Jc64
75337 Enzklösterle 84 Ea63
71665 Enzweihingen 84 Ed61
48599 Epe 28 Cb33
25704 Epenwöhrden 10 Ed16
74925 Epfenbach 75 Ed57
78736 Epfendorf 94 Eb67
66571 Eppelborn 73 Ca57
69214 Eppelheim 75 Eb57
55234 Eppelsheim 74 Dd54
66957 Eppenbrunn 82 Cd59
09575 Eppendorf 59 Lb44
45721 Eppendorf 39 Cc37
58093 Eppenhausen 51 Cd40
94536 Eppenschlag 90 Lc61
64859 Eppertshausen 75 Ec52
75031 Eppingen 84 Ed59
87745 Eppishausen 96 Gd67
65817 Eppstein 65 Ea50
64711 Erbach 75 Ed55
89155 Erbach 96 Ga66
92681 Erbendorf 79 Jd53
07985 Erbengrün 69 Jd46
98634 Erbenhausen 67 Gb47
55234 Erbes-Büdesheim 74 Dc54
97262 Erbshausen 77 Ga52
06317 Erdeborn 45 Jb39
32689 Erder 30 Ed33
85435 Erding 98 Jd66
71729 Erdmannhausen 85 Fb61
09573 Erdmannsdorf 59 La44
85253 Erdweg 98 Ja66
86922 Eresing 97 Hc68
24803 Erfde 3 Fb15
64560 Erfelden 75 Ea53
50374 Erftstadt 51 Ca45
990 .. Erfurt 56 Hc43
66996 Erfweiler 83 Db59
66399 Erfweiler-Ehlingen 82 Cb58
72108 Ergenzingen 94 Ec65
91465 Ergersheim 77 Gc56
82544 Ergertshausen 98 Jb69
84030 Ergolding 99 Ka64
84061 Ergoldsbach 89 Ka63
84513 Erharting 99 Kd66
94140 Ering 100 Lc66

59590 Eringerfeld 41 Ea38
88097 Eriskirch 105 Fc72
41812 Erkelenz 50 Bb42
73268 Erkenbrechtsweiler 95 Fc64
38173 Erkerode 33 Ha33
87746 Erkheim 96 Gc68
15537 Erkner 36 Ld30
40699 Erkrath 51 Ca41
08340 Erla 70 Kd47
08349 Erlabrunn 70 Kc47
97250 Erlabrunn 77 Ga53
9105. Erlangen 78 Hc55
09306 Erlau 58 Kd42
98553 Erlau 68 Ha47
08265 Erlbach 70 Kb49
84567 Erlbach 100 La66
09385 Erlbach-Kirchberg 58 Kc45
45891 Erle 39 Cb38
46348 Erle 39 Ca37
74235 Erlenbach 85 Fb59
63906 Erlenbach a. Main 76 Fa53
97837 Erlenbach b. Marktheidenfeld 76 Fc53
88416 Erlenmoos 96 Ga68
63526 Erlensee 65 Ed50
74391 Erligheim 85 Fa60
34431 Erlinghausen 41 Ed39
83355 Erlstätt 99 Kd69
36325 Ermenrod 66 Fa46
96126 Ermershausen 68 Ha50
06184 Ermlitz 45 Jd39
06463 Ermsleben 44 Hd37
57339 Erndtebrück 52 Dd43
85119 Ernsgaden 88 Jb62
64397 Ernsthofen 75 Ec54
98724 Ernstthal 68 Hc47
88453 Erolzheim 96 Gb68
50374 Erp 50 Bd45
53579 Erpel 63 Cc47
52525 Erpen 50 Ba43
29378 Erpensen 33 Ha28
72820 Erpfingen 95 Fa66
67167 Erpolzheim 74 Dd56
34396 Ersen 42 Fa39
37308 Ershausen 55 Gb41
75236 Ersingen 84 Eb61
88521 Ertingen 95 Fc68
59597 Erwitte 41 Ea38
39343 Erxleben 33 Hc32
39606 Erxleben 34 Jb28
64390 Erzhausen 75 Eb52
79771 Erzingen 104 Ea72
38364 Esbeck 33 Hb33
59558 Esbeck 41 Ea37
50189 Esch 50 Bd43
50765 Esch 51 Ca43
73569 Eschach 86 Ga61
63863 Eschau 76 Fb53
79252 Eschbach 93 Dc69
79427 Eschbach 103 Da70
66121 Eschberg 82 Cb58
65760 Eschborn 65 Eb50
78664 Eschbronn 94 Ea67
49828 Esche 28 Cb30
49824 Eschebrügge 28 Ca29
21039 Escheburg 22 Gc22
29348 Eschede 32 Gb28
74889 Eschelbach 84 Ec58
74927 Eschelbronn 84 Ec58
97483 Eschen-bach 78 Ha52
74182 Eschenau 85 Fb59
73107 Eschenbach 85 Fd63
92676 Eschenbach i.d. Oberpfalz 79 Jc54
32825 Eschenbruch 42 Fa35
35713 Eschenburg 53 Ea45
82438 Eschenlohe 107 Hd72
63679 Eschenrod 66 Fa48
39356 Eschenrode 33 Hc32
95460 Escherlich 69 Jb51
37170 Eschershausen 42 Fc37
37632 Eschershausen 42 Fc35
37269 Eschwege 55 Gb41
52249 Eschweiler 50 Bb44
37079 Esebeck 42 Fd38
88271 Esenhausen 105 Fc70
26427 Esens 9 Da20
26954 Esenshammergroden 20 Ea22
24402 Esgrus 3 Fd11
48727 Esking 39 Cd34
92693 Eslarn 80 Kc55
59889 Eslohe 52 Dd41
78333 Espasingen 104 Ed70
32339 Espelkamp 30 Eb31
33161 Espeln 41 Eb36
34314 Espenau 54 Fc40
04579 Espenhain 58 Kb41
31535 Esperke 31 Fc29
06279 Esperstedt 45 Jb39
37181 Espol 42 Fd37
07924 Eßbach 69 Jb46
29690 Essel 31 Fc29
97839 Esselbach 76 Fc53
45... Essen 39 Cb39
49632 Essen 29 Dc28
84051 Essenbach 89 Kb63
55270 Essenheim 74 Dd52
34431 Essentho 41 Ec39
31603 Essern 30 Ec31
97232 Eßfeld 77 Ga55
93343 Essing 88 Jc61
73457 Essingen 86 Gb62
76879 Essingen 83 Dd58
737.. Eßlingen a. Neckar 85 Fb63
39638 Estedt 33 Hd29
97230 Estenfeld 77 Ga53
48712 Estern 39 Cb35
26897 Esterwegen 19 Da26
67472 Esthal 74 Dc57
82140 Esting 98 Ja67
21727 Estorf 11 Fa21
31629 Estorf 31 Fa29
39448 Etgersleben 44 Hd34
39359 Etingen 33 Hc31
82488 Ettal 107 Hd72
33178 Etteln 41 Ec38
38539 Ettenbüttel 32 Gc30
77955 Ettenheim 93 Db67
93152 Etterzhausen 88 Jd60
85049 Etting 88 Ja62
97440 Ettleben 77 Gb52
76275 Ettlingen 84 Ea61
56729 Ettringen 63 Cc49
86833 Ettringen 97 Ha68
97318 Etwashausen 77 Gc54
26446 Etzel 19 Dc22
91315 Etzelskirchen 78 Hb54
99735 Etzelsrode 43 Gd39
92268 Etzelwang 79 Jb55
92694 Etzenricht 80 Ka54
76337 Etzenrot 84 Ea61
14641 Etzin 35 Kc30
79774 Etzwihl 103 Dc72
97502 Euerbach 67 Gb51
97717 Euerdorf 67 Ga50
85298 Euernbach 98 Ja64
04651 Eulatal 58 Kc42
82547 Eurasburg 108 Ja70
86495 Eurasburg 97 Hc66
538.. Euskirchen 63 Ca46
97638 Eußenhausen 67 Gc48
97776 Eußenheim 76 Fd52
23701 Eutin 12 Gd16
72184 Eutingen i. Gäu 94 Ec65
06888 Eutzsch 46 Kc36
58791 Eveking 52 Db41
59368 Evenkamp 40 Da37
48308 Everding 40 Da35
39359 Everingen 33 Hc31
30989 Everloh 31 Fc32
31085 Everode 43 Ga35
29416 Eversdorf 23 Hb27
27367 Eversen 21 Fb26
29303 Eversen 32 Ga28
26556 Eversmeer 9 Da21
48351 Everswinkel 40 Db35
31675 Evesen 30 Ed32
38173 Evessen 33 Ha33
44339 Eving 39 Cd38
41569 Evinghoven 50 Bd42
98631 Exdorf 67 Gd48
34388 Exen 42 Fb38
32602 Exter 30 Ec33
32699 Extertal 42 Fa34
07318 Eyba 68 Hd46
49406 Eydelstedt 30 Eb29
21376 Eyendorf 22 Gb24
27324 Eystrup 31 Fa28

F

56133 Fachbach 64 Da49
14532 Fahlhorst 36 La31
19288 Fahrbinde 23 Hd22
24857 Fahrdorf 3 Fc13
24253 Fahren 4 Gc14
74864 Fahrenbach 76 Fa57
17091 Fahrenholz 15 Kd19
17337 Fahrenholz 16 Lc21
23795 Fahrenkrug 12 Gb18
17309 Fahrenwalde 17 Ma21
85777 Fahrenzhausen 98 Jb66
14476 Fahrland 35 Kd30
79650 Fahrnau 103 Db72
56814 Faid 63 Cb50
09569 Falkenau 59 La44
04895 Falkenberg 47 Lb37
15518 Falkenberg 37 Mb30
15848 Falkenberg 37 Mb32
15926 Falkenberg 47 Lc35
16259 Falkenberg 27 Ma27
39615 Falkenberg 24 Jb27
84326 Falkenberg 99 Kd64
32049 Falkendiek 30 Ec33
15306 Falkenhagen 37 Mc30
16928 Falkenhagen 24 Jd24
17291 Falkenhagen 26 Lc22
18519 Falkenhagen 7 La15
37136 Falkenhagen 43 Gb39
04808 Falkenhain 46 Kd39
15938 Falkenhain 47 Lc34
49356 Falkenhardt 30 Ea29
14612 Falkenhöh 36 La29
24635 Falkenhorst 12 Gb17
14641 Falkenrehde 35 Kd30
14612 Falkensee 36 La29
08223 Falkenstein 70 Kb47
93167 Falkenstein 89 Kc59
97499 Falkenstein 77 Gd52
16775 Falkenthal 26 La26
17291 Falkenwalde 27 Ma23
38442 Fallersleben 33 Ha31
98597 Fambach 55 Gc45
56814 Fankel 63 Cc51
82490 Farchant 107 Hd73
24256 Fargau 4 Gc15
24256 Fargau-Pratjau 4 Gc15
26409 Farlage 9 Db21
31174 Farmsen 32 Gb33
22159 Farmsenberne 12 Gb21
06279 Farnstädt 45 Ja39
39326 Farsleben 34 Ja32
27446 Farven 21 Fb22
49624 Farwick 29 Dc28
29328 Faßberg 22 Gb27
23701 Fassensdorf 12 Gd17
95111 Faßmannsreuth 69 Jd49
95145 Fattigau 69 Jc49
97906 Faulbach 76 Fc54
17139 Faulenrost 15 Kc20
96465 Fechheim 68 Hc49
34414 Feckenhof 42 Fa39
25779 Fedderingen 3 Fa15
26969 Fedderwardersiel 10 Ea21
23769 Fehmarn 5 Hb13
23769 Fehmarnsund 5 Hb14
16833 Fehrbellin 25 Kc27
98666 Fehrenbach 68 Hb47
03096 Fehrow 48 Mc35
84550 Feichten a.d. Alz 99 Kd68
67824 Feilbingert 74 Db54
95183 Feilitzsch 69 Jc48
16278 Felchow 27 Ma25
82340 Feldafing 98 Ja69
36325 Feldatal 66 Fa46
17258 Feldberg 26 Lb22
79856 Feldberg (Schwarzwald) 103 Dc70
31185 Feldbergen 32 Gb33
24242 Felde 4 Ga15
27339 Felde 20 Ed26
85232 Feldgeding 98 Ja67
14913 Feldheim 46 Kc34
23858 Feldhorst 12 Gc19
63768 Feldkahl 66 Fa51
83620 Feldkirchen 98 Jd69
85622 Feldkirchen 98 Jc67
94351 Feldkirchen 89 Kc61
35327 Feldkrücken 66 Fa47
33397 Feldmark 41 Ea36
75334 Feldrennach 84 Eb61
32805 Feldrom 41 Ed36
14947 Felgentreu 35 Kd33
54341 Fell 72 Bd53
7073. Fellbach 85 Fb62
97778 Fellen 66 Fc50
87748 Fellheim 96 Gb68
24244 Felm 4 Ga14
34587 Felsberg 54 Fb42
66802 Felsberg 82 Bd58
92269 Fensterbach 79 Jd56
14548 Ferch 35 Kd31
14715 Ferchels 34 Jd29
14715 Ferchesar 35 Ka28
39317 Ferchland 34 Jc30
17379 Ferdinandshof 16 Ld19
17268 Fergitz 26 Ld24
04895 Fermerswalde 47 La37
37339 Ferna 43 Gc39
35463 Fernwald 65 Ec47
90537 Feucht 78 Hd57
91555 Feuchtwangen 86 Gc59
57334 Feudingen 53 Ea44
70469 Feuerbach 85 Fa62
79400 Feuerbach 103 Da71
95686 Fichtelberg 69 Jc51
74579 Fichtenau 86 Gc60
04931 Fichtenberg 47 Lb39
74427 Fichtenberg 85 Fd60
14547 Fichtenwalde 35 Kd32
24217 Fiefbergen 4 Gc14
25785 Fiel 11 Fa16
06198 Fienstedt 45 Jb38
18184 Fienstorf 14 Jd16
70794 Filderstadt 85 Fa63
26849 Filsum 19 Da24
17209 Fincken 25 Ka22
59320 Finkenberg 40 Dc36
17179 Finkenthal 15 Kb17
57413 Finnentrop 52 Dc42
89435 Finningen 86 Gd63
16227 Finow 26 Ld26
16244 Finowfurt 26 Lc26
85464 Finsing 98 Jd67
99898 Finsterbergen 55 Gd44
83703 Finsterwald 108 Jc71
03238 Finsterwalde 47 Ld37
27389 Fintel 21 Fc24
26835 Firrel 19 Db23
86850 Fischach 97 Ha66
55743 Fischbach 73 Cd54
88048 Fischbach 105 Fb72
96317 Fischbach 69 Ja50
96472 Fischbach 68 Hc49
83126 Fischbach a. Inn 109 Ka71
66996 Fischbach b. Dahn 83 Da59
36452 Fischbach (Rhön) 67 Gb46
83730 Fischbachau 108 Jd71
64405 Fischbachtal 75 Ec54
39524 Fischbeck 34 Jc30
63633 Fischborn 66 Fb48
47807 Fischeln 50 Bd40
87538 Fischen i. Allgäu 106 Gc73
77716 Fischerbach 93 Dc66
72172 Fischingen 94 Eb65
03238 Fischwasser 47 Ld37
32805 Fissenknick 41 Ed35
25579 Fitzbek 11 Fd17
21514 Fitzen 22 Gd22
91604 Flachslanden 77 Gd57
65558 Flacht 64 Dc49
71287 Flacht 84 Ed62
97650 Fladungen 67 Gb47
45721 Flaesheim 39 Cc37
57632 Flammersfeld 64 Da46
16766 Flatow 35 Kd28
39345 Flechtingen 33 Hc32
24357 Fleckeby 3 Fc13
16837 Flecken Zechlin 25 Kc24
21217 Fleestedt 22 Ga22
29416 Fleetmark 33 Hd28
31848 Flegessen 31 Fb33
40221 Flehe 51 Ca41
75038 Flehingen 84 Ec60
74223 Flein 85 Fa59
22962 Fleischgaffel 12 Gb21
16306 Flemsdorf 27 Mb25
249.. Flensburg 3 Fb11
39606 Flessau 34 Ja28
19067 Flessenow 13 Hd19
36103 Flieden 66 Fc48
59199 Flierich 40 Db38
17268 Flieth 26 Ld24
24220 Flintbek 4 Ga15
83126 Flintsbach a. Inn 109 Ka71
51061 Flittard 51 Cb43
27624 Flögeln 10 Ec20
09557 Flöha 59 La44
63639 Flörsbach 66 Fb51
63639 Flörsbachtal 66 Fb51
65439 Flörsheim 75 Ea52
67592 Flörsheim 74 Dd55
98593 Floh-Seligenthal 55 Gd45
55237 Flonheim 74 Dc54
61197 Florstadt 65 Ec49
92685 Floß 80 Ka54
92696 Flossenbürg 80 Kb54
46487 Flüren 38 Bd37
78737 Fluorn 94 Ea66
24787 Fockbek 3 Fc15
25563 Föhrden-Barl 11 Fd18
54343 Föhren 72 Bd53
49419 Föhrlingen 30 Eb30
95126 Förbau 69 Jc50
39443 Förderstedt 45 Ja35
96524 Föritz 68 Hd49
37520 Förste 43 Gb37
07937 Förthen 69 Jc46
96332 Förtschendorf 68 Hd48
14798 Fohrde 35 Ka30
95111 Fohrenreuth 69 Jd49
76596 Forbach 84 Ea63
76287 Forchheim 83 Dd60
79362 Forchheim 93 Da67
91301 Forchheim 78 Hc54
74670 Forchtenberg 85 Fc58
96472 Fornbach 68 Hc49
71540 Fornsbach 85 Fd60
51503 Forsbach 51 Cc44
03149 Forst 49 Na36
76694 Forst 84 Eb59
97453 Forst 67 Gc51
85659 Forstern 98 Jd67
83539 Forsting 99 Ka68
85661 Forstinning 98 Jd67
64407 Fränkisch-Crumbach 75 Ec54
55234 Framersheim 74 Dd54
97833 Frammersbach 66 Fc51
03253 Frankena 47 Lc37
07580 Frankenau 58 Ka43
35110 Frankenau 53 Ed42
09669 Frankenberg 59 La43
35066 Frankenberg (Eder) 53 Ec43
97723 Frankenbrunn 67 Ga50
07922 Frankendorf 69 Jc47
16818 Frankendorf 25 Kb25
27336 Frankenfeld 31 Fb28
16269 Frankenfelde 37 Ma28
04936 Frankenhain 47 Lc36
74586 Frankenhardt 86 Ga60
34393 Frankenhausen 54 Fb40
98634 Frankenheim (Rhön) 67 Gb47
66450 Frankenholz 73 Cc57
09569 Frankenstein 59 Lb43
67468 Frankenstein 74 Dc56
01909 Frankenthal 60 Mb41
67227 Frankenthal 75 Ea56
97447 Frankenwinheim 77 Gc53
6.... Frankfurt a. Main 65 Eb51
1523. Frankfurt (Oder) 37 Md30
06259 Frankleben 57 Jc40
18461 Franzburg 6 Kc15
22929 Franzdorf 12 Gc20
83112 Frasdorf 109 Kb70
06386 Fraßdorf 45 Jd37
94258 Frauenau 90 Lc60
84036 Frauenberg 99 Kb64
01945 Frauendorf 47 Ld39
03058 Frauendorf 48 Mc36
16278 Frauenhagen 27 Ma24
19205 Frauenmark 13 Hc20
83553 Frauenneuharting 99 Ka68
07774 Frauenprießnitz 57 Jb43
97705 Frauenroth 67 Ga49
84137 Frauensattling 99 Kc65
36460 Frauensee 55 Gb44
09623 Frauenstein 59 Ld44
98711 Frauenwald 68 Hb47
69168 Frauenweiler 84 Eb58
85447 Fraunberg 98 Jd65
08427 Fraureuth 58 Ka45
50226 Frechen 51 Ca44
48231 Freckenhorst 40 Dc35
76872 Freckenfeld 83 Dc60
06456 Freckleben 45 Ja37
23909 Fredeburg 13 Ha20
37186 Fredelsloh 42 Fd37
31084 Freden 43 Ga35
21717 Fredenbeck 11 Fb21
14806 Fredersdorf 35 Kb32
15370 Fredersdorf 36 Ld29
16306 Fredersdorf 27 Ma24
23826 Fredesdorf 12 Gb18
15926 Freesdorf 47 Ld35
18569 Freesen 7 Kd12
18569 Freesenort 7 Kd13
59320 Freesland 40 Dc36
17440 Freest 7 Lc15
16945 Frehne 24 Jd23
55546 Frei-Laubersheim 74 Db53
79348 Freiamt 93 Db67
09599 Freiberg 59 Lc43
71691 Freiberg 85 Fa61
21729 Freiburg (Elbe) 11 Fb19
79... Freiburg i. Breisgau 93 Db69
15757 Freidorf 36 Ld33
16515 Freienhagen 26 La27
01983 Freienhufen 48 Ma37
36399 Freiensteinau 66 Fb48
24991 Freienwill 3 Fb11
63579 Freigericht 66 Fa51
92271 Freihung 79 Jd55
83395 Freilassing 110 Lb70
04936 Freileben 47 Lb36
80939 Freimann 98 Jb67
67251 Freinsheim 74 Dd56
66629 Freisen 73 Cc55
8535. Freising 98 Jc65
06347 Freist 45 Jb38
27259 Freistatt 30 Eb29
01705 Freital 59 Ld42
15910 Freiwalde 47 Ld34
38373 Frellstedt 33 Hb33
27616 Frelsdorf 20 Ed22
86742 Fremdingen 86 Gd60
96158 Frensdorf 78 Hb53
49832 Freren 29 Da30
27616 Freschluneberg 20 Ec22
14552 Fresdorf 36 La32
49762 Fresenburg 18 Cd27
25876 Fresendelf 3 Fa14
25727 Frestedt 11 Fa17
48739 Frettholt 39 Cc34
16909 Fretzdorf 25 Kb25
16259 Freudenberg 36 Ld28
57258 Freudenberg 52 Db44
92272 Freudenberg 79 Jd56
97896 Freudenberg 76 Fb54
54450 Freudenburg 72 Bc55
72250 Freudenstadt 94 Ea65
75038 Freudenstein 84 Ec60
74392 Freudental 84 Ed60
83349 Freutsmoos 99 Kd68
06632 Freyburg 57 Jb41
16918 Freyenstein 25 Ka23
92342 Freystadt 88 Ja58
94078 Freyung 91 Ma61
72636 Frickenhausen 95 Fb64
97638 Frickenhausen 67 Gc48
97252 Frickenhausen a. Main 77 Gb54
88699 Frickingen 105 Fb70
78567 Fridingen a.d. Donau 94 Ed69
83413 Fridolfing 100 La68
97702 Fridritt 67 Gc49
86316 Friedberg 97 Hc66
61169 Friedberg (Hessen) 65 Ec49
06347 Friedeburg 45 Jb38
26446 Friedeburg 19 Dc22
06347 Friedeburgerhütte 45 Jb38
98634 Friedelshausen 67 Gc46
67159 Friedelsheim 74 Dd56
48612 Friedenau 39 Cd34
17268 Friedenfelde 26 Lc24
95688 Friedenfels 80 Ka52
39291 Friedensau 34 Jc32
79877 Friedenweiler 103 Dd70
02742 Friedersdorf 61 Na42
03253 Friedersdorf 47 Lc36
04916 Friedersdorf 47 Lb37
06749 Friedersdorf 46 Ka37
15306 Friedersdorf 37 Mc29
15754 Friedersdorf 36 Ld31
98701 Friedersdorf 68 Hc46
36289 Friedewald 55 Ga44
57520 Friedewald 64 Dc46
32469 Friedewalde 30 Ec31
78224 Friedingen 104 Ec71
17098 Friedland 16 Lb19
37133 Friedland 43 Ga39
95239 Friedmannsdorf 69 Jc50
99894 Friedrichroda 55 Gd44
06449 Friedrichsaue 44 Hd36
15328 Friedrichsaue 37 Mc28
06507 Friedrichsbrunn 44 Hb37
31840 Friedrichsburg 31 Fa33
61381 Friedrichsdorf 65 Eb49
34388 Friedrichsfeld 42 Fc38
17498 Friedrichsfelde 16 La16
25764 Friedrichsgabekoog 10 Ed16
24799 Friedrichsgraben 3 Fb15
08149 Friedrichsgrün 58 Kc45
8804. Friedrichshafen 105 Fc72
03130 Friedrichshain 48 Md37
1.... Friedrichshain 36 Lb29
06507 Friedrichshöhe 44 Hb38
98749 Friedrichshöhe 68 Hc47
15374 Friedrichshof 37 Mb29
85049 Friedrichshofen 88 Ja62
24799 Friedrichsholm 3 Fb15
25718 Friedrichskoog 10 Ed17
04916 Friedrichsluga 47 Lb37
19374 Friedrichsruhe 14 Jb21
25840 Friedrichstadt 3 Fa14
76297 Friedrichstal 84 Ea59
16306 Friedrichsthal 27 Mb24
16515 Friedrichsthal 26 La27
66299 Friedrichsthal 73 Cb57
99735 Friedrichsthal 43 Gd39
31737 Friedrichswald 31 Fa33
16247 Friedrichswalde 26 Lc25
34621 Frielendorf 54 Fb43
30826 Frielingen 31 Fc31
99869 Friemar 56 Ha43
47229 Friemersheim 50 Bd40
14662 Friesack 35 Kb28
07368 Friesau 69 Jb47
26939 Frieschenmoor 20 Ea23
06543 Friesdorf 44 Hd38
96114 Friesen 78 Hc53
96317 Friesen 68 Hd49
51598 Friesenhagen 52 Db44
36160 Friesenhausen 66 Fd47
97491 Friesenhausen 67 Gd50
77948 Friesenheim 93 Db66
88299 Friesenhofen 106 Gb71
87654 Friesenried 107 Ha70
50374 Friesheim 51 Ca45
26169 Friesoythe 19 Dc26
32469 Frille 30 Ed32
71292 Friolzheim 84 Ec62
36341 Frischborn 66 Fb46
78665 Frittlingen 94 Ec68
34560 Fritzlar 54 Fb42
08548 Fröbersgrün 69 Jd46
79677 Fröhnd 103 Db71
58730 Frömern 40 Db39
58730 Fröndenberg 40 Db39
24988 Frörup 3 Fb11
07926 Frössen 69 Jc48
04654 Frohburg 58 Kb42
33034 Frohnhausen 42 Fa38
63846 Frohnhofen 76 Fb52
96237 Frohnlach 68 Hc50
14929 Frohnsdorf 35 Kd33
72479 Frohnstetten 95 Fa68
35112 Fronhausen 65 Ec46
88273 Fronreute 105 Fc70
84160 Frontenhausen 99 Kc64
06464 Frose 44 Hd36
32339 Frotheim 30 Ec31
91477 Fuchsau 77 Gd55
95689 Fuchsmühl 80 Ka52
97234 Fuchsstadt 77 Ga54
97488 Fuchsstadt 67 Gd50
97727 Fuchsstadt 67 Ga51
86925 Fuchstal 97 Hb69
49835 Füchtenfeld 28 Cc30
48336 Füchtorf 40 Dc34
50769 Fühlingen 51 Ca43
15890 Fünfeichen 37 Md32
86681 Fünfstetten 87 Hb62
55546 Fürfeld 74 Db54
37671 Fürstenau 42 Fb36
49584 Fürstenau 29 Db30
16798 Fürstenberg 25 Kd24
33181 Fürstenberg 41 Ec39
37699 Fürstenberg 42 Fb37
94142 Fürsteneck 90 Ld62
82256 Fürstenfeldbruck 97 Hd67
37170 Fürstenhagen 42 Fc38
94538 Fürstenstein 90 Ld62
15517 Fürstenwalde 37 Ma31
17291 Fürstenwerder 26 Lb22
94081 Fürstenzell 100 Ld64
03246 Fürstlich Drehna 47 Ld36
64658 Fürth 75 Ec55
66564 Fürth 73 Cc57
9076. Fürth 78 Hc56
96465 Fürth a. Berg 68 Hc49
57539 Fürthen 52 Da45
24882 Füsing 3 Fc13
87629 Füssen 107 Hb72
48268 Fuestrup 40 Db34
78176 Fützen 104 Eb70
18356 Fuhlendorf 6 Ka14
24649 Fuhlendorf 11 Fd18
21493 Fuhlenhagen 12 Gd21
30938 Fuhrberg 31 Fd30
360.. Fulda 66 Fd47
34277 Fuldabrück 54 Fc41
34233 Fuldatal 54 Fc40
26427 Fulkum 9 Da20
17268 Funkenhagen 26 Lb23
84095 Furth 89 Ka63
94327 Furth 89 Kd60
78120 Furtwangen i. Schwarzwald 93 Dd68
67136 Fußgönheim 74 Dd56

G

83512 Gabersee 99 Kb68
02953 Gablenz 49 Na37
03058 Gablenz 48 Md36
09127 Gablenz 59 La44
86456 Gablingen 97 Hb65
97631 Gabolshausen 67 Gd49
86565 Gachenbach 97 Hd64
19205 Gadebusch 13 Hb20
06918 Gadegast 46 Kd35
64686 Gadernheim 75 Ec54
16909 Gadow 25 Kb25
15806 Gadsdorf 36 Lb32
19089 Gädebehn 14 Ja20
97503 Gädheim 67 Gc51
19406 Gägelow 14 Jb20
23968 Gägelow 13 Hd18
97450 Gänheim 77 Ga52
96224 Gärtenroth 68 Hd50
71116 Gärtringen 84 Ed63
71126 Gäufelden 94 Ec64
39606 Gagel 24 Ja27
18586 Gager 7 Lb14
76571 Gaggenau 84 Ea62
46514 Gahlen 39 Ca37
07356 Gahma 69 Ja47
03246 Gahro 47 Ld36
03149 Gahry 48 Md36
69251 Gaiberg 75 Ec57
78343 Gaienhofen 104 Ed72
74405 Gaildorf 85 Fd60
78262 Gailingen 104 Ec71
85080 Gaimersheim 88 Ja62
88339 Gaisbeuren 105 Fd70
83674 Gaißach 108 Jb71
17153 Galenbeck 15 Kd20
19258 Gallin 23 Ha22
19386 Gallin 14 Jc21
03058 Gallinchen 48 Mc36
91605 Gallmersgarten 77 Gc56
15749 Gallun 36 Lc32
25899 Galmsbüll 2 Ec11
24340 Gammelby 3 Fd13
19230 Gammelin 13 Hc21
85408 Gammelsdorf 98 Jd64
73108 Gammelshausen 85 Fd63
72501 Gammertingen 95 Fa67
77855 Gamshurst 83 Dc63
17268 Gandenitz 26 Lb24
27777 Ganderkesee 20 Eb26
27324 Gandesbergen 31 Fa28
52538 Gangelt 50 Ba43
84140 Gangkofen 99 Kc65
16845 Ganzer 25 Kb27
17039 Ganzkow 16 La20
19395 Ganzlin 24 Jd22
40595 Garath 51 Ca42
23827 Garbek 12 Gc17
04618 Garbisdorf 58 Kc43
3082. Garbsen 31 Fc31
85748 Garching 98 Jc66
84518 Garching a.d. Alz 99 Kd67
39638 Gardelegen 33 Hd30
25836 Garding 2 Ec15
59558 Garfeln 41 Ea37
97688 Garitz 67 Gb50
19357 Garlin 24 Ja24
39579 Garlipp 34 Ja29
14715 Garlitz 35 Kb29
19249 Garlitz 23 Hb23
21376 Garlstorf 22 Gb24
82467 Garmisch-Partenkirchen 107 Hd73
49681 Garrel 19 Dc26
14823 Garrey 46 Kc34
83536 Gars a. Inn 99 Kb67
21441 Garstedt 22 Gb23
22850 Garstedt 12 Ga20
76199 Gartenstadt 84 Ea60
16845 Gartow 25 Kb26
29471 Gartow 23 Hd26
46569 Gartrop-Bühl 39 Ca37
16307 Gartz 27 Mc23
18233 Garvensdorf 14 Ja17
18230 Garvsmühlen 14 Ja16
16845 Garz 25 Kb27
16928 Garz 24 Jc25
18574 Garz 7 La14
39524 Garz 34 Jd28
15345 Garzau 37 Ma29
15345 Garzin 37 Ma29
63599 Gassen 66 Fb50
06466 Gatersleben 44 Hd36
95185 Gattendorf 69 Jd49
55435 Gau-Algesheim 74 Dc52
55599 Gau-Bickelheim 74 Dc53
55296 Gau-Bischofsheim 74 Dd52
55239 Gau-Odernheim 74 Dd54
97762 Gauaschach 67 Ga51
96476 Gauerstadt 68 Hb49
97253 Gaukönigshofen 77 Ga55
48653 Gaupel 39 Cc35
76596 Gausbach 84 Ea63
72393 Gauselfingen 95 Fa66
25782 Gaushorn 11 Fa16

02633 Gaußig *60 Mc41*
82131 Gauting *98 Ja68*
93083 Gebelkofen *89 Ka60*
92274 Gebenbach *79 Jc55*
84416 Gebensbach *99 Kb66*
15936 Gebersdorf *47 Lb35*
98743 Gebersdorf *68 Hd47*
71229 Gebersheim *84 Ed62*
07926 Gebersreuth *69 Jc48*
92283 Gebertshofen *79 Jb57*
99189 Gebesee *56 Hb42*
57580 Gebhardshain *52 Db45*
88299 Gebrazhofen *106 Ga71*
91607 Gebsattel *77 Gc57*
75391 Gechingen *84 Ec63*
29494 Gedelitz *23 Hc26*
63688 Gedern *66 Fa48*
16307 Geesow *27 Mb23*
49744 Geeste *28 Cd29*
39615 Geestgottberg *24 Jb26*
21502 Geesthacht *22 Gc22*
97705 Gefäll *67 Ga49*
07926 Gefell *69 Jc48*
96524 Gefell *68 Hd49*
95482 Gefrees *69 Jc51*
17375 Gegensee *17 Ma19*
98559 Gehlberg *68 Ha46*
49596 Gehrde *29 Dc30*
30989 Gehrden *31 Fc32*
39264 Gehrden *45 Jc34*
15926 Gehren *47 Ld35*
17335 Gehren *16 Lc20*
98708 Gehren *68 Hc46*
39359 Gehrendorf *33 Hb31*
94244 Geiersthal *90 La59*
52511 Geilenkirchen *50 Ba43*
65468 Geinsheim *75 Ea53*
67435 Geinsheim *83 Dd58*
36419 Geisa *67 Ga46*
58239 Geisecke *40 Da39*
63826 Geiselbach *66 Fa51*
82140 Geiselbullach *98 Ja67*
94333 Geiselhöring *89 Kb61*
96160 Geiselwind *77 Gd54*
85290 Geisenfeld *88 Jb63*
84144 Geisenhausen *99 Kb64*
85301 Geisenhausen *98 Jb64*
65366 Geisenheim *74 Dc52*
01778 Geising *60 Ma44*
37308 Geisleden *55 Gb40*
72351 Geislingen *94 Ec66*
73312 Geislingen *86 Ga63*
36419 Geismar *67 Ga46*
37308 Geismar *55 Gb41*
79771 Geißlingen *104 Ea72*
48720 Geitendorf *39 Cc34*
04643 Geithain *58 Kc42*
18182 Gelbensande *6 Jd15*
97255 Gelchsheim *77 Gb55*
47608 Geldern *38 Bc38*
97505 Geldersheim *67 Gb51*
09423 Gelenau *59 La45*
98663 Gellershausen *68 Ha49*
16278 Gellmersdorf *27 Ma25*
48157 Gelmer *40 Db34*
63683 Gelnhaar *66 Fa49*
63571 Gelnhausen *66 Fa50*
458.. Gelsenkirchen *39 Cb38*
82269 Geltendorf *97 Hc68*
24395 Gelting *3 Fd11*
24884 Geltorf *3 Fc13*
14542 Geltow *35 Kd31*
97496 Gemeinfeld *68 Ha50*
48624 Gemen *39 Cc34*
75050 Gemmingen *84 Ed59*
74376 Gemmrigheim *85 Fa60*
96145 Gemünda *68 Hb50*
35285 Gemünden *53 Ed43*
35329 Gemünden *65 Ed46*
55490 Gemünden *73 Cd53*
56459 Gemünden *64 Dc47*
97737 Gemünden a. Main *66 Fd51*
35329 Gemünden (Felda) *66 Fa46*
86682 Genderkingen *87 Hb63*
84508 Gendorf *99 Kd67*
77723 Gengenbach *93 Dc65*
41379 Genholt *50 Bb41*
72820 Genkingen *95 Fa65*
15328 Genschmar *37 Md28*
14974 Genshagen *36 Lb31*
55457 Gensingen *74 Dc53*
06918 Gentha *46 Kd35*
39307 Genthin *34 Jd31*
17099 Genzkow *16 Lb20*
92697 Georgenberg *80 Kb54*
91166 Georgensgmünd *87 Hc59*
99887 Georgenthal *56 Ha44*
49828 Georgsdorf *28 Cc30*
49124 Georgsmarienhütte *29 Dc33*
075.. Gera *57 Jd44*
98716 Geraberg *56 Hb45*
74582 Gerabronn *86 Ga58*
96161 Gerach *68 Hb51*
73630 Geradstetten *85 Fc62*
84552 Geratskirchen *99 Kd65*
06429 Gerbitz *45 Jb36*
37115 Gerblingerode *43 Gc39*
97218 Gerbrunn *77 Ga54*
06347 Gerbstedt *45 Ja37*
29581 Gerdau *22 Gc26*
41812 Gerderath *50 Bb42*
16928 Gerdshagen *24 Jd23*
18276 Gerdshagen *14 Jc20*
82538 Geretsried *108 Jb70*
91466 Gerhardshofen *78 Ha55*
98646 Gerhardtsgereuth *68 Ha48*
89143 Gerhausen *96 Ga65*
09326 Geringswalde *58 Kd42*
97359 Gerlachshausen *77 Gc53*
06420 Gerlebogk *45 Jc37*
48727 Gerleve *39 Cc35*
70839 Gerlingen *85 Fa62*
87656 Germaringen *97 Ha69*
16767 Germendorf *26 La27*
82110 Germering *98 Ja67*
76726 Germersheim *84 Ea58*
82216 Gernlinden *98 Ja67*
06507 Gernrode *44 Hc37*
37339 Gernrode *55 Gc40*
76593 Gernsbach *84 Ea62*
64579 Gernsheim *75 Ea54*
97779 Geroda *67 Ga49*
95179 Geroldsgrün *69 Jb49*
97256 Geroldshausen *77 Ga54*
85283 Geroldshausen i.d. Hallertau *98 Jb64*
85049 Gerolfing *88 Ja62*
91726 Gerolfingen *86 Gd60*
85302 Gerolsbach *98 Ja64*
54568 Gerolstein *62 Bd50*
97447 Gerolzhofen *77 Gc52*
04703 Gersdorf *58 Kd42*
09355 Gersdorf *58 Kc45*
01920 Gersdorf-Möhrsdorf *60 Mb40*
36129 Gersfeld (Rhön) *67 Ga48*
66453 Gersheim *82 Cc59*
49838 Gersten *29 Da30*
36419 Gerstengrund *67 Gb46*
89547 Gerstetten *86 Gb63*
86368 Gersthofen *97 Hb65*
99834 Gerstungen *55 Gb43*
17268 Gerswalde *26 Lc24*
07389 Gertewitz *69 Jb46*
98617 Gerthausen *67 Gb47*
39175 Gerwisch *34 Jb33*
84175 Gerzen *99 Kc64*
23815 Geschendorf *12 Gc18*
48712 Gescher *39 Cb35*
98716 Geschwenda *56 Hb45*
95494 Gesees *79 Jb52*
59590 Geseke *41 Eb38*
91608 Geslau *77 Gc57*
86459 Gessertshausen *97 Hb66*
47475 Gestfeld *38 Bd39*
31832 Gestorf *31 Fd33*
88167 Gestratz *106 Gb72*
49843 Getelo *28 Ca30*
49843 Getelomoor *28 Ca30*
98553 Gethles *68 Ha47*
32361 Getmold *30 Eb32*
24214 Gettorf *4 Ga14*
06217 Geusa *57 Jc40*
96346 Geuser *69 Ja49*
96260 Geutenreuth *68 Hd51*
58285 Gevelsberg *51 Cd40*
38384 Gevensleben *44 Ha34*
21784 Geversdorf *11 Fa19*
17039 Gevezin *15 Kd21*
52393 Gey *50 Bc45*
09468 Geyer *70 Kd46*
36129 Gichenbach *67 Ga48*
70839 Giebel *85 Fa62*
97232 Giebelstadt *77 Ga55*
37434 Gieboldehausen *43 Gb38*
24321 Giekau *4 Gc15*
38315 Gielde *43 Gd34*
17139 Gielow *15 Kb19*
15345 Gielsdorf *36 Ld28*
89537 Giengen a.d. Brenz *86 Gc63*
41363 Gierath *50 Bd42*
06449 Giersleben *45 Ja36*
36119 Giesel *66 Fc47*
31180 Giesen *32 Ga33*
16845 Giesenhorst *35 Ka28*
41238 Giesenkirchen *50 Bc42*
15848 Giesensdorf *37 Mb32*
16928 Giesensdorf *24 Jd24*
23909 Giesensdorf *12 Gd20*
29413 Gieseritz *33 Hb28*
15324 Gieshof-Zelliner Loose *37 Mb27*
81541 Giesing *98 Jb68*
35... Gießen *65 Ec47*
15926 Gießmannsdorf *47 Ld35*
98667 Gießübel *68 Hb47*
48149 Gievenbeck *40 Da35*
38518 Gifhorn *32 Gd30*
85376 Giggenhausen *98 Jc65*
82205 Gilching *98 Ja68*
54558 Gillenfeld *63 Ca50*
98701 Gillersdorf *68 Hc46*
52511 Gillrath *50 Ba43*
34630 Gilserberg *54 Fa44*
29690 Gilten *31 Fc28*
67578 Gimbsheim *75 Ea54*
48268 Gimbte *40 Da34*
06198 Gimritz *45 Jc38*
34346 Gimte *42 Fc39*
46487 Ginderich *38 Bd37*
73333 Gingen a.d. Fils *85 Fd63*
18569 Gingst *7 Kd13*
65462 Ginsheim *75 Ea52*
56412 Girod *64 Dc48*
19386 Gischow *24 Jc22*
99091 Gispersleben *56 Hb43*
37534 Gittelde *43 Gb36*
48157 Gittrup *40 Da34*
39307 Gladau *34 Jd32*
4596. Gladbeck *39 Cb38*
48301 Gladbeck *39 Cc35*
35075 Gladenbach *53 Eb45*
39606 Gladigau *34 Ja28*
36039 Gläserzell *66 Fd47*
19288 Glaisin *23 Hd23*
16775 Glambeck *25 Kd26*
66907 Glan-Münchweiler *73 Cd56*
49219 Glandorf *40 Dc34*
23719 Glasau *12 Gc17*
37308 Glasehausen *43 Gb39*
18276 Glasewitz *14 Jd19*
01768 Glashütte *60 Ma44*
17321 Glashütte *17 Mb20*
61479 Glashütten *65 Ea50*
63697 Glashütten *66 Fa48*
95496 Glashütten *79 Ja52*
23992 Glasin *14 Ja18*
17159 Glasow *15 Kb18*
17322 Glasow *27 Mb22*
63864 Glattbach *76 Fa52*
72293 Glatten *94 Eb65*
14959 Glau *36 La32*
01612 Glaubitz *59 Lb40*
63695 Glauburg *65 Ed49*
04849 Glaucha *46 Kb38*
08371 Glauchau *58 Kb44*
06369 Glauzig *45 Jc37*
06794 Glebitzsch *45 Jd38*
41352 Glehn *50 Bd42*
98646 Gleichamberg *68 Ha48*
37130 Gleichen *43 Gb39*
98646 Gleicherwiesen *68 Ha48*
30880 Gleidingen *31 Fd32*
06632 Gleina *57 Jb41*
96145 Gleismuthhausen *68 Ha50*
38154 Glentorf *33 Ha32*
04509 Glesien *46 Ka39*
50354 Gleuel *51 Ca44*
96274 Gleußen *68 Hb50*
18513 Glewitz *15 Kc17*
14793 Glienecke *35 Ka32*
15806 Glienick *36 Lb32*
15864 Glienicke *37 Mb32*
16548 Glienicke-Nordbahn *36 Lb28*
15936 Glienig *47 Lc34*
17099 Glienke *16 Lb20*
15913 Glietz *48 Mb34*
21509 Glinde *12 Gb21*
27432 Glinde *21 Fa22*
39249 Glinde *45 Jc34*
39326 Glindenberg *34 Jb32*
14542 Glindow *35 Kd31*
31619 Glissen *31 Fa29*
06901 Globig-Bleddin *46 Kc36*
59823 Glösingen *52 Dd40*
39240 Glöthe *45 Jb35*
89353 Glött *96 Gd64*
19339 Glöwen *24 Jc26*
85625 Glonn *98 Jd69*
79286 Glottertal *93 Db68*
18551 Glowe *7 La12*
24960 Glücksburg *3 Fc10*
25348 Glückstadt *11 Fb19*
25779 Glüsing *3 Fa15*
83703 Gmund a. Tegernsee *108 Jc71*
39249 Gnadau *45 Jb34*
27442 Gnarrenburg *20 Ed23*
02692 Gnaschwitz-Doberschau *60 Md41*
18246 Gnemern *14 Jb18*
06369 Gnetsch *45 Jd37*
19065 Gneven *14 Ja20*
17111 Gnevezow *15 Kc19*
17089 Gnevkow *15 Kd19*
19395 Gnevsdorf *24 Jd22*
18195 Gnewitz *15 Ka16*
18528 Gnies *7 La13*
17179 Gnoien *15 Kb17*
24622 Gnutz *11 Fd16*
47574 Goch *38 Bb37*
76703 Gochsheim *84 Ec59*
97469 Gochsheim *67 Gc51*
24326 Godau *12 Gc16*
64560 Goddelau *75 Eb53*
17237 Godendorf *25 Kd23*
27404 Godenstedt *21 Fa23*
19065 Godern *13 Hd20*
50389 Godorf *51 Cb44*
76829 Godramstein *83 Dc58*
75245 Göbrichen *84 Ec61*
02633 Göda *60 Mc41*
38835 Göddeckenrode *43 Gd34*
29571 Göddenstedt *23 Ha26*
21376 Gödenstorf *22 Gb24*
39264 Gödnitz *45 Jc34*
73571 Göggingen *86 Ga61*
86199 Göggingen *97 Hb66*
23758 Göhl *5 Ha15*
15898 Göhlen *37 Md33*
19288 Göhlen *23 Hd23*
14542 Göhlsdorf *35 Kc31*
29473 Göhrde *23 Ha25*
17348 Göhren *26 Lb22*
19089 Göhren *14 Ja21*
18586 Göhren *7 Lc14*
17213 Göhren-Lebbin *15 Ka21*
18196 Göldenitz *14 Jd17*
18258 Göldenitz *14 Jc18*
23919 Göldenitz *12 Gd20*
49843 Gölenkamp *28 Cb30*
67307 Göllheim *74 Dc55*
18246 Göllin *14 Jb18*
03238 Göllnitz *48 Ma37*
15518 Gölsdorf *37 Mb30*
75015 Gölshausen *84 Ec60*
14822 Gömnigk *35 Kc33*
24610 Gönnebek *12 Gb17*
67161 Gönnheim *74 Dd56*
72770 Gönningen *95 Fa65*
95632 Göpfersgrün *69 Jd51*
7303. Göppingen *85 Fd63*
16866 Görike *24 Jd26*
87657 Görisried *106 Gd71*
03226 Göritz *48 Mb35*
07927 Göritz *69 Jc48*
17291 Göritz *26 Ld22*
17389 Görke *16 Lc18*
07907 Görkwitz *69 Jc46*
0282. Görlitz *61 Nc41*
15306 Görlsdorf *37 Mc29*
15926 Görlsdorf *47 Ld35*
16278 Görlsdorf *26 Ld25*
17121 Görmin *16 La17*
17440 Görmitz *16 Ld16*
14728 Görne *35 Kb28*
99765 Görsbach *44 Hb39*
15848 Görsdorf *37 Mb32*
15859 Görsdorf *36 Ld32*
15936 Görsdorf *47 Lc35*
79733 Görwihl *103 Dc72*
06369 Görzig *45 Jc37*
15848 Görzig *37 Mb31*
14828 Görzke *35 Ka33*
07907 Göschitz *69 Jc46*
95233 Gösmes *69 Jb49*
91344 Gösseldorf *78 Hd53*
98743 Gösselsdorf *68 Hd47*
97780 Gössenheim *76 Fd52*
07389 Gössitz *69 Jb46*
19249 Gößlow *23 Hc23*
04639 Gößnitz *58 Kb44*
91327 Gößweinstein *79 Ja53*
18573 Götemitz *7 Kd14*
72184 Göttelfingen *94 Ec65*
07926 Göttengrün *69 Jc47*
21514 Göttin *12 Gd21*
37... Göttingen *43 Ga38*
14715 Göttlin *35 Ka29*
06780 Göttnitz *45 Jd37*
14778 Götz *35 Kc30*
24558 Götzberg *12 Ga19*
63679 Götzen *66 Fa47*
30890 Göxe *31 Fc32*
01619 Gohlis *47 Lb39*
06786 Gohrau *46 Kb36*
01824 Gohrisch *60 Mb43*
25557 Gokels *11 Fb16*
06420 Golbitz *45 Jb37*
17089 Golchen *16 La19*
85399 Goldach *98 Jc66*
63773 Goldbach *76 Fa52*
99869 Goldbach *56 Ha43*
16909 Goldbeck *25 Ka24*
21643 Goldbeck *21 Fc22*
39596 Goldbeck *34 Jb28*
19399 Goldberg *14 Jc21*
25862 Goldebek *3 Fa12*
25862 Goldelund *3 Fa12*
23820 Goldenbek *12 Gc18*
19079 Goldenstädt *23 Hd22*
49424 Goldenstedt *30 Ea28*
98746 Goldisthal *68 Hc47*
97495 Goldkronach *69 Jb51*
98528 Goldlauter *68 Ha46*
95460 Goldmühl *69 Jb51*
77694 Goldscheuer *93 Db64*
41812 Golkrath *50 Bb42*
39615 Gollensdorf *24 Ja26*
97258 Gollhofen *77 Gb55*
17268 Gollin *26 Lc25*
03205 Gollmitz *48 Ma36*
17291 Gollmitz *26 Lc23*
97633 Gollmuthhausen *67 Gd49*
14789 Gollwitz *35 Ka31*
14476 Golm *35 Kd30*
16306 Golm *27 Ma24*
37640 Golmbach *42 Fc35*
15938 Golssen *47 Lc34*
06785 Goltewitz *46 Ka36*
24864 Goltoft *3 Fd13*
40474 Golzheim *51 Ca41*
14778 Golzow *35 Kb32*
15328 Golzow *37 Mc29*
16230 Golzow *26 Ld26*
72532 Gomadingen *95 Fb65*
72810 Gomaringen *95 Fa65*
39245 Gommern *45 Jb34*
67377 Gommersheim *83 Dd58*
98663 Gompertshausen *68 Ha49*
01462 Gompitz *59 Ld42*
75053 Gondelsheim *84 Eb60*
56283 Gondershausen *63 Cd50*
56330 Gondorf *63 Cd49*
06528 Gonna *44 Hd39*
90556 Gonnersdorf *78 Hb56*
24340 Goosefeld *3 Fd14*
03238 Gorden *47 Ld38*
06343 Gorenzen *44 Hd38*
15328 Gorgast *37 Md29*
16352 Gorinsee *36 Lb28*
29475 Gorleben *23 Hd25*
19294 Gorlosen *23 Hd24*
09405 Gornau *59 La45*
04685 Gornewitz *58 Kd40*
09390 Gornsdorf *58 Kd45*
17139 Gorschendorf *15 Kb19*
14778 Gortz *35 Kb30*
69517 Gorxheimertal *75 Ec56*
73342 Gosbach *95 Fd64*
03149 Gosda *48 Md36*
03149 Gosda *49 Na36*
03205 Gosda *48 Ma36*
06667 Goseck *57 Jc41*
15537 Gosen *36 Ld30*
78559 Gosheim *94 Ec68*
3864. Goslar *43 Gc35*
06773 Gossa *46 Kb37*
96269 Gossenberg *68 Hb50*
76857 Gossersweiler *83 Db59*
97461 Goßmannsdorf *67 Gd50*
98669 Goßmannsrod *68 Hb48*
03249 Goßmar *47 Ld36*
15926 Goßmar *47 Ld35*
07334 Goßwitz *69 Ja46*
23936 Gostorf *13 Hb18*
99867 Gotha *56 Ha43*
23701 Gothendorf *12 Gd17*
16845 Gottberg *25 Kb26*
79288 Gottenheim *93 Da68*
15320 Gottesgabe *37 Mb28*
19209 Gottesgabe *13 Hc19*
94239 Gotteszell *90 La60*
84177 Gottfrieding *89 Kc63*
36167 Gotthards *67 Ga46*
17207 Gotthun *25 Kb22*
78244 Gottmadingen *104 Ec71*
91560 Gottmannsdorf *78 Hb57*
14947 Gottow *36 Lb33*
34388 Gottsbüren *42 Fc38*
48653 Goxel *39 Cc35*
15913 Goyatz *37 Mb33*
18181 Graal-Müritz *6 Jd15*
21493 Grabau *12 Gd21*
23845 Grabau *12 Gb19*
76676 Graben *84 Ea59*
86836 Graben *97 Hb67*
83355 Grabenstätt *109 Kd70*
72582 Grabenstetten *95 Fc64*
18573 Grabitz *7 Kd14*
03172 Grabko *48 Md34*
06917 Grabo *46 Kb36*
14823 Grabow *35 Kc33*
16909 Grabow *25 Ka25*
18574 Grabow *7 La15*
19300 Grabow *23 Ja24*
39291 Grabow *34 Jc32*
17209 Grabow-Below *25 Ka23*
16945 Grabow-Buckow *24 Jd23*
17194 Grabowhöfe *15 Kb21*
14793 Gräben *35 Ka32*
15741 Gräbendorf *36 Ld32*
82166 Gräfelfing *98 Ja68*
91322 Gräfenberg *78 Hd55*
04916 Gräfendorf *47 Lb37*
07387 Gräfendorf *69 Ja46*
14913 Gräfendorf *47 La35*
97782 Gräfendorf *66 Fd51*
99887 Gräfenhain *56 Ha45*
06773 Gräfenhainichen *46 Kb36*
64331 Gräfenhausen *75 Eb52*
99330 Gräfenroda *56 Hb45*
98743 Gräfenthal *68 Hd47*
07929 Gräfenwarth *69 Jb47*
98704 Gräfinau-Angstedt *68 Hc46*
42329 Gräfrath *51 Cb41*
14715 Gräningen *35 Ka29*
21727 Gräpel *11 Fa21*
48683 Graes *28 Cb33*
61279 Grävenwiesbach *65 Ea48*
82445 Grafenaschau *107 Hd72*
71120 Grafenau *84 Ed63*
94481 Grafenau *90 Ld61*
72661 Grafenberg *95 Fb64*
95356 Grafengehaig *69 Jb50*
77966 Grafenhausen *93 Da66*
79865 Grafenhausen *103 Dd71*
97506 Grafenrheinfeld *77 Gb52*
46244 Grafenwald *39 Cb38*
93479 Grafenwiesen *90 La58*
92655 Grafenwöhr *79 Jd54*
38462 Grafhorst *33 Hb31*
85567 Grafing b. München *98 Jd68*
94539 Grafling *90 Lb61*
82284 Grafrath *97 Hd68*
26419 Grafschaft *9 Dc21*
46539 Grafschaft *39 Ca38*
53501 Grafschaft *63 Cb47*
82491 Grainau *107 Hc73*
83122 Grainbach *109 Kb70*
94143 Grainet *91 Ma61*
23883 Grambek *12 Gd21*
17375 Grambin *16 Ld19*
17322 Grambow *17 Mb21*
19071 Grambow *13 Hc20*
23968 Gramkow *13 Hc18*
18513 Grammendorf *15 Kc17*
17153 Grammentin *15 Kc19*
18195 Grammow *15 Kb16*
18556 Gramtitz *7 Kd11*
17291 Gramzow *27 Ma23*
22946 Grande *12 Gc21*
03172 Grano *48 Md34*
06679 Granschütz *57 Jd41*
18513 Gransebieth *15 Kc16*
16775 Gransee *26 La25*
18569 Granskevitz *7 Kd12*
27446 Granstedt *21 Fa23*
19386 Granzin *14 Jb21*
16866 Granzow *24 Jd26*
17089 Grapzow *16 La19*
28879 Grasberg *20 Ed24*
85630 Grasbrunn *98 Jc68*
6518. Graselberg *64 Dd51*
64689 Grasellenbach *75 Ec55*
38368 Grasleben *33 Hb32*
04895 Grassau *47 Lb38*
39579 Grassau *34 Ja29*
83224 Grassau *109 Kc70*
38527 Grassel *32 Gd31*
94541 Grattersdorf *90 Lc61*
96476 Grattstadt *68 Hb48*
24594 Grauel *11 Fc17*
21279 Grauen *21 Fd22*
29643 Grauen *21 Fc25*
17348 Grauenhagen *26 Lb22*
39359 Grauingen *33 Hc31*
29556 Graulingen *22 Gc27*
01827 Graupa *60 Ma42*
03130 Graustein *48 Md37*
19374 Grebbin *14 Jb21*
36323 Grebenau *54 Fc45*
34639 Grebenhagen *54 Fc44*
36355 Grebenhain *66 Fb47*
34393 Grebenstein *42 Fb39*
24329 Grebin *12 Gc16*
14793 Grebs *35 Ka32*
19294 Grebs *23 Ja23*
91171 Greding *88 Ja60*
33428 Greffen *40 Dd35*
77836 Greffern *83 Dc62*
47929 Grefrath *50 Bc40*
86926 Greifenberg *97 Hd68*
06333 Greifenhagen *44 Hd38*
03116 Greifenhain *48 Mb37*
35753 Greifenstein *64 Dd46*
16278 Greiffenberg *26 Ld24*
174.. Greifswald *16 La16*
83677 Greiling *108 Jb71*
54314 Greimerath *72 Bd55*
07973 Greiz *70 Ka46*
18513 Grellenberg *15 Kc16*
51105 Gremberg *51 Cb44*
18461 Gremersdorf *15 Kc16*
23758 Gremersdorf *5 Ha14*
91350 Gremsdorf *78 Hb54*
06803 Greppin *46 Ka37*
66822 Gresaubach *73 Ca56*
18337 Gresenhorst *15 Ka16*
19258 Gresse *23 Ha22*
52224 Gressenich *50 Bb45*
97535 Greßthal *67 Gb51*
29690 Grethem *31 Fc28*
97508 Grettstadt *77 Gc52*
99718 Greussen *56 Hb41*
97259 Greußenheim *76 Fd53*
97355 Greuth *77 Gc54*
19258 Greven *23 Ha22*
48268 Greven *40 Da34*
4151. Grevenbroich *50 Bd42*
57368 Grevenbrück *52 Dc42*
32839 Grevenhagen *41 Ed36*
25361 Grevenkop *11 Fc19*
23936 Grevenstein *13 Hb18*
23936 Grevesmühlen *13 Hc18*
25596 Gribbohm *11 Fb17*
17506 Gribow *16 Lb17*
16775 Grieben *25 Kd26*
23936 Grieben *13 Hb19*
39517 Grieben *34 Jc31*
18516 Griebenow *16 La16*
06869 Griebo *46 Kb35*
66903 Gries *73 Cd57*
06786 Griesen *46 Ka36*
64347 Griesheim *75 Eb53*
03172 Grießen *48 Md35*
79771 Grießen *104 Ea72*
83556 Griesstätt *99 Kb69*
47546 Grieth *38 Bc36*
06528 Grillenberg *44 Hd38*
34396 Grimelsheim *42 Fa39*
04668 Grimma *58 Kc41*
39264 Grimme *46 Ka34*
18507 Grimmen *15 Kd16*
23847 Grinau *12 Gd19*
59387 Gripshöver *40 Da36*
17089 Grischow *16 La19*
17153 Grischow *15 Kd19*
17498 Gristow *7 La15*
07389 Grobengereuth *69 Jb46*
39579 Grobleben *34 Jc30*
07907 Grochwitz *69 Jb47*
14974 Gröben *36 La31*
82194 Gröbenzell *98 Ja67*
06773 Gröbern *46 Kb37*
06184 Gröbers *45 Jd39*
03238 Gröbitz *47 Ld37*
06388 Gröbzig *45 Jc37*
25869 Gröde *2 Ec12*
04932 Gröden *47 Lc39*
24376 Grödersby *4 Ga12*
15910 Gröditsch *37 Ma33*
01609 Gröditz *47 Lc39*
23743 Grömitz *13 Hb16*
06408 Gröna *45 Jb36*
39397 Gröningen *44 Hc35*
22956 Grönwohld *12 Gc20*
03185 Grötsch *48 Md35*
72631 Grötzingen *85 Fb63*
83242 Groissenbach *109 Kc71*
04539 Groitzsch *58 Ka41*
74906 Grombach *84 Ed58*
31028 Gronau *42 Fd34*
48599 Gronau *28 Cb33*
33442 Groppel *40 Dd35*
39326 Groß Ammensleben *34 Ja32*
63457 Groß Auheim *65 Ed51*
03149 Groß Bademeusel *49 Na36*
18528 Groß Banzelvitz *7 La12*
14641 Groß Behnitz *35 Kc29*
19258 Groß Bengerstorf *23 Ha22*
49777 Groß Berßen *29 Da28*
03222 Groß Beuchow *48 Ma35*
23847 Groß Boden *12 Gc19*
39435 Groß Börnecke *45 Ja35*
19322 Groß Breese *24 Jb25*
14806 Groß Briesen *35 Kb32*
19071 Groß Brütz *13 Hc20*
24582 Groß Buchwald *12 Ga16*
26409 Groß Charlottengroden *9 Db20*
17348 Groß Daberkow *16 Lc21*
23911 Groß Disnack *12 Gd20*
03058 Groß Döbbern *48 Mc36*
17268 Groß Dölln *26 Lb25*
17192 Groß Dratow *15 Kc21*
03172 Groß Drewitz *37 Md33*
02959 Groß Düben *48 Md37*
15859 Groß Eichholz *37 Ma32*
19205 Groß Eichsen *13 Hc19*
37079 Groß Ellershausen *43 Ga39*
17440 Groß Ernsthof *16 Lc16*
38312 Groß Flöthe *43 Gd34*
17219 Groß Flotow *15 Kc21*
17268 Groß Fredenwalde *26 Ld24*
03058 Groß Gaglow *48 Mc36*
39615 Groß Garz *24 Ja26*
03172 Groß Gastrose *49 Na34*
39398 Groß Germersleben *44 Hd34*
17192 Groß Gievitz *15 Kc20*
23795 Groß Gladebrügge *12 Gc18*
14476 Groß Glienicke *36 La30*
19372 Groß Godems *24 Jb23*
19406 Groß Görnow *14 Jb19*
18292 Groß Grabow *14 Jd20*
23627 Groß Grönau *13 Ha19*
16909 Groß Haßlow *25 Kb24*
17091 Groß Helle *15 Kd20*
31185 Groß Himstedt *32 Gb33*
27243 Groß Ippener *20 Eb26*
03205 Groß Jehser *48 Ma36*
17207 Groß Kelle *25 Ka22*
15831 Groß Kienitz *36 Lb31*
17495 Groß Kiesow *16 Lb17*
17268 Groß Kölpin *26 Lc24*
03159 Groß Kölzig *49 Na37*
15746 Groß Köris *36 Lc32*
31275 Groß Kolshorn *32 Ga31*
18442 Groß Kordshagen *6 Kb14*
19230 Groß Krams *23 Hc23*
23966 Groß Krankow *13 Hc19*
14550 Groß Kreutz *35 Kc31*
24626 Groß Kummerfeld *12 Ga17*
18184 Groß Kussewitz *14 Jd16*
19288 Groß Laasch *24 Ja23*
19417 Groß Labenz *14 Jb19*
18510 Groß Lehmhagen *15 Kd16*
15913 Groß Leine *48 Mb34*
19339 Groß Leppin *24 Jc26*
27232 Groß Lessen *30 Ec29*
15913 Groß Leuthen *37 Ma33*
15295 Groß Lindow *37 Md31*
31191 Groß Lobke *32 Gb32*
17337 Groß Luckow *16 Ld21*
03226 Groß Lübbenau *48 Ma35*
18442 Groß Lüdershagen *7 Kd14*
18190 Groß Lüsewitz *14 Jd16*
03130 Groß Luja *48 Md37*
15806 Groß Machnow *36 Lb31*
38259 Groß Mahner *43 Gc34*
29597 Groß Malchau *23 Ha25*
14823 Groß Marzehns *46 Kb34*
27419 Groß Meckelsen *21 Fb23*
17159 Groß Methling *15 Kc17*
17349 Groß Miltzow *16 Lb21*
18445 Groß Mohrdorf *6 Kc13*
19217 Groß Molzahn *13 Ha20*
15868 Groß Muckrow *37 Mc33*
30890 Groß Munzel *31 Fc31*
17094 Groß Nemerow *16 La21*
15324 Groß Neuendorf *27 Mc27*
17179 Groß Nieköhr *15 Kb17*
19374 Groß Niendorf *14 Jb21*
23816 Groß Niendorf *12 Gb19*
25436 Groß Nordende *11 Fc20*
29393 Groß Oesingen *32 Gc29*
25355 Groß Offenseth *11 Fd19*
03058 Groß Oßnig *48 Mc36*
21493 Groß Pampau *12 Gd21*
16928 Groß Pankow *24 Jc25*
17498 Groß Petershagen *16 La16*

16306 Groß Pinnow 27 Mb23
17192 Groß Plasten 15 Kc21
17390 Groß Polzin 16 Lb18
38822 Groß Quenstedt 44 Hc35
24872 Groß Rheide 3 Fb14
18299 Groß Ridsenow 15 Ka17
15848 Groß Rietz 37 Mb32
39167 Groß Rodensleben 33 Hd33
23795 Groß Rönnau 12 Gb18
19073 Groß Rogahn 13 Hc21
17166 Groß Roge 15 Ka19
39240 Groß Rosenburg 45 Jc35
19217 Groß Rünz 13 Hb19
19205 Groß Salitz 13 Hb20
39343 Groß Santersleben 33 Hd33
23627 Groß Sarau 13 Ha19
03149 Groß Schacksdorf 49 Na36
15859 Groß Schauen 37 Ma32
23860 Groß Schenkenberg 12 Gd19
06449 Groß Schierstedt 45 Ja36
16348 Groß Schönebeck 26 Lb26
18574 Groß Schoritz 7 La14
15806 Groß Schulzendorf 36 Lb32
39579 Groß Schwechten 34 Jb28
18276 Groß Schwiesow 14 Jc18
23923 Groß Siemz 13 Ha19
23972 Groß Stieten 13 Hd19
29581 Groß Süstedt 22 Gc26
17091 Groß Teetzleben 16 La20
18246 Groß Tessin 14 Jb18
19069 Groß Trebbow 13 Hd20
38464 Groß Twülpstedt 33 Hb31
18276 Groß Upahl 14 Jc19
17219 Groß Varchow 15 Kc20
17217 Groß Vielen 15 Kd21
24802 Groß Vollstedt 3 Fd15
23948 Groß Walmstorf 13 Hc18
19357 Groß Warnow 24 Ja24
15910 Groß Wasserburg 37 Ma33
16866 Groß Welle 24 Jc25
24361 Groß Wittensee 3 Fd14
17166 Groß Wokern 15 Ka19
16928 Groß Woltersdorf 24 Jd25
17168 Groß Wüstenfelde 15 Ka18
23883 Groß Zecher 13 Ha21
18586 Groß Zicker 7 Lb14
15837 Groß Ziescht 47 Lc34
16247 Groß Ziethen 26 Ld25
16766 Groß Ziethen 35 Kd28
64401 Groß-Bieberau 75 Ec53
15848 Groß-Briesen 37 Mc33
31162 Groß-Düngen 43 Ga34
35325 Groß-Eichen 66 Fa47
64521 Groß-Gerau 75 Ea52
31180 Groß-Giesen 32 Ga33
27419 Groß-Ippensen 21 Fb23
03222 Groß-Klessow 48 Ma35
27243 Groß-Köhren 20 Eb27
03205 Groß-Mehßow 48 Ma36
06925 Groß-Naundorf 46 Kd37
01983 Groß-Räschen 48 Mb37
48734 Groß-Reken 39 Cb36
01900 Groß-Röhrsdorf 60 Mb41
68649 Groß-Rohrheim 75 Ea54
38179 Groß-Schwülper 32 Gc31
64823 Groß-Umstadt 75 Ed53
64846 Groß-Zimmern 75 Ec53
86845 Großaitingen 97 Hb67
37247 Großalmerode 54 Fd41
49328 Großaschen 30 Ea33
71546 Großaspach 85 Fb61
06369 Großbadegast 45 Jc37
04668 Großbardau 58 Kc41
97633 Großbardorf 67 Gc49
24245 Großbarkau 4 Gb15
37359 Großbartloff 55 Gb41
14979 Großbeeren 36 Lb31
91220 Großbellhofen 78 Hd55
72663 Großbettlingen 95 Fb64
14974 Großbeuthen 36 La32
37345 Großbodungen 43 Gd39
04668 Großbothen 58 Kc41
71723 Großbottwar 85 Fb60
98701 Großbreitenbach 68 Hc47
30938 Großburgwedel 31 Fd30
46325 Großburlo 39 Ca35
16845 Großderschau 25 Ka27
04564 Großdeuben 58 Ka41
01909 Großdrebnitz 60 Mc41
02694 Großdubrau 60 Md40
26629 Großefehn 19 Da22
97633 Großeibstadt 67 Gd49
72415 Großelfingen 94 Ed66
24623 Großenaspe 12 Ga18
36088 Großenbach 66 Fd46
97708 Großenbrach 67 Gb50
37696 Großenbreden 42 Fa36
23775 Großenbrode 5 Hb14
99718 Großenehrich 56 Hb41
99991 Großengottern 55 Gd42
72829 Großengstingen 95 Fb66
01558 Großenhain 59 Lc40
31515 Großenheidorn 31 Fb31
26197 Großenkneten 20 Ea26
36137 Großenlüder 66 Fc47
32825 Großenmarpe 41 Ed35
36151 Großenmoor 66 Fd46
25712 Großenrade 11 Fa17
37186 Großenrode 43 Ga37
22946 Großensee 12 Gc21
91091 Großenseebach 78 Hb55
07580 Großenstein 58 Ka44
31606 Großenvörde 30 Ed31
24969 Großenwiehe 3 Fa11
21712 Großenwörden 11 Fa20
01454 Großerkmannsdorf 60 Ma41
71577 Großerlach 85 Fc60
99706 Großfurra 56 Ha40
75417 Großglattbach 84 Ed61
30890 Großgoltern 31 Fc32
01936 Großgrabe 48 Mb39
06246 Großgräfendorf 45 Jc39
90613 Großhabersdorf 78 Hb57
22927 Großhansdorf 12 Gb20
24625 Großharrie 12 Ga16
01909 Großharthau 60 Mb41
09618 Großhartmannsdorf 59 Lb44
83607 Großhartpenning 108 Jc70
26532 Großheide 8 Cd21
96269 Großheirath 68 Hb50
85655 Großhelfendorf 98 Jc69
02747 Großhennersdorf 61 Nb42
63920 Großheubach 76 Fa54
83064 Großholzhausen 109 Ka70
67229 Großkarlbach 74 Dd56
83109 Großkarolinenfeld 99 Ka69
06242 Großkayna 57 Jc40
01990 Großkmehlen 47 Ld39
94431 Großköllnbach 89 Kd62
06688 Großkorbetha 57 Jd41
01968 Großkoschen 48 Mb38
03249 Großkrausnik 47 Ld36
63538 Großkrotzenburg 65 Ed51
89520 Großkuchen 86 Gc62
06184 Großkugel 45 Jd39
97320 Großlangheim 77 Gc54
04420 Großlehna 57 Jd40
06528 Großleinungen 44 Hc39
54534 Großlittgen 63 Ca51
99759 Großlohra 43 Gd39
56276 Großmaischeid 64 Da47
85098 Großmehring 88 Jb62
23701 Großmeinsdorf 12 Gd16
99625 Großmonra 56 Hd41
39221 Großmühlingen 45 Jb35
16775 Großmutz 25 Kd26
01936 Großnaundorf 60 Ma40
67259 Großniedesheim 75 Ea55
06348 Großörner 45 Ja38
09432 Großolbersdorf 59 La45
63762 Großostheim 76 Fa52
06369 Großpaschleben 45 Jc36
04463 Großpösna 58 Kb40
02692 Großpostwitz 60 Md41
97950 Großrinderfeld 76 Fd55
04895 Großrössen 47 Lb37
66352 Großrosseln 82 Ca58
99195 Großrudestedt 56 Hc42
09518 Großrückerswalde 71 Lb46
74343 Großsachsenheim 85 Fa61
09603 Großschirma 59 Lb43
02779 Großschönau 61 Na43
02708 Großschweidnitz 61 Na41
35274 Großseelheim 53 Ec45
24991 Großsolt 3 Fc11
38154 Großsteinum 33 Hb32
04932 Großthiemig 47 Ld39
04886 Großtreben-Zwethau 46 Kd37
75038 Großvillars 84 Ec60
63868 Großwallstadt 76 Fa53
09575 Großwaltersdorf 59 Lb44
99735 Großwechsungen 44 Ha39
77855 Großweier 83 Dc63
82439 Großweil 108 Ja71
04720 Großweitzschen 59 La41
95168 Großwendern 69 Jd50
97702 Großwenkheim 67 Gc49
99735 Großwerther 44 Ha39
29485 Großwitzeetze 23 Hd27
16775 Großwoltersdorf 25 Kd25
14715 Großwudicke 34 Jd29
16831 Großzerlang 25 Kc24
96260 Großziegenfeld 68 Hd51
15831 Großziethen 36 Lb30
06780 Großzöberitz 45 Jd37
21493 Grove 12 Gc21
25774 Groven 2 Ed15
90559 Grub 79 Ja57
98530 Grub 68 Ha47
96271 Grub a. Forst 68 Hc50
14469 Grube 35 Kd30
19336 Grube 24 Jc26
23749 Grube 5 Hb15
36151 Gruben 66 Fd46
17498 Grubenhagen 16 La16
14823 Grubo 35 Kb33
18320 Gruel 6 Ka15
18442 Grün Kordshagen 6 Kc15
09224 Grüna 58 Kd44
14913 Grüna 47 La34
08223 Grünbach 70 Kb47
17326 Grünberg 27 Ma22
35305 Grünberg 65 Ed47
63584 Gründau 66 Fa50
16775 Grüneberg 26 La26
14641 Grünefeld 35 Kd28
88167 Grünenbach 106 Gb72
21720 Grünendeich 11 Fc21
18249 Grünenhagen 14 Jc19
97877 Grünenwört 76 Fc54
01945 Grünewald 48 Mb39
08358 Grünhain 70 Kd46
09579 Grünhainichen 59 Lb44
15537 Grünheide 36 Ld30
24996 Grünholz 3 Fd11
88287 Grünkraut 105 Fd71
16278 Grünow 27 Ma24
17237 Grünow 26 La22
17291 Grünow 26 Ld22
97947 Grünsfeld 76 Fd55
67269 Grünstadt 74 Dd55
16230 Grüntal 26 Ld27
24398 Grüntal 4 Ga12
82031 Grünwald 98 Jb68
76228 Grünwettersbach 84 Ea61
17328 Grünz 27 Ma23
17213 Grüssow 25 Ka22
46325 Grütlohn 39 Ca36
14715 Grütz 34 Jd28
03238 Gruhno 47 Lc37
73344 Gruibingen 95 Fd64
42781 Gruiten 51 Cb41
01723 Grumbach 59 Ld42
07343 Grumbach 69 Ja48
73630 Grunbach 85 Fb62
24977 Grundhof 3 Fc11
21641 Grundoldendorf 21 Fc22
23948 Grundshagen 13 Hb17
33165 Grundsteinheim 41 Ed38
17268 Grunewald 26 Lb25
15299 Grunow 37 Mc32
15377 Grunow 37 Ma28
72401 Gruol 94 Ec66
38524 Grußendorf 33 Ha30
74417 Gschwend 85 Fd61
83671 Gschwendt 108 Ja71
83257 Gstadt a. Chiemsee 99 Kc69
03172 Guben 49 Na34
15907 Gubener Vorstadt 48 Ma34
18190 Gubkow 14 Jd17
25693 Gudendorf 11 Fa17
34281 Gudensberg 54 Fb42
21720 Guderhandviertel 11 Fc21
23899 Gudow 13 Ha21
39175 Gübs 34 Jb33
24357 Güby 3 Fc13
96126 Gückelhirn 68 Ha50
74363 Güglingen 84 Ed60
19348 Gülitz 24 Jc24
14715 Gülpe 34 Jd28
72218 Gültlingen 84 Ec63
71083 Gültstein 94 Ed64
17089 Gültz 15 Kd19
17153 Gülzow 15 Kc19
18276 Gülzow 14 Jc19
21483 Gülzow 22 Gc22
17121 Gülzowshof 15 Kd17
79848 Gündelwangen 103 Dd70
85232 Günding 98 Ja66
79206 Gündlingen 93 Da69
84079 Gündlkofen 99 Ka64
59519 Günne 40 Dc39
33442 Günnewig 40 Dd35
16278 Günterberg 27 Ma24
06507 Güntersberge 44 Hb37
97261 Güntersleben 77 Ga53
06254 Günthersdorf 57 Jd40
15848 Günthersdorf 37 Mc33
99869 Günthersleben 56 Ha44
18445 Günz 6 Kc14
87634 Günzach 106 Gd70
89312 Günzburg 96 Gc65
85386 Günzenhausen 98 Jb66
99735 Günzerode 44 Ha39
52355 Gürzenich 50 Bc45
39317 Güsen 34 Jc31
17498 Guest 16 Lb16
39439 Güsten 45 Ja36
21514 Güster 12 Gd21
17291 Güstow 26 Ld22
18273 Güstrow 14 Jd19
78148 Gütenbach 93 Dc68
17335 Güterberg 16 Lc21
14532 Güterfelde 36 La31
39264 Güterglück 45 Jc34
3333 . Gütersloh 41 Ea35
78315 Güttingen 104 Ed71
17091 Gützkow 15 Kd19
17506 Gützkow 16 La17
15913 Guhlen 37 Mb33
19348 Guhlsdorf 24 Jc25
03096 Guhrow 48 Mc35
55452 Guldental 74 Db53
18551 Gummanz 7 Lb12
5164 . Gummersbach 52 Da43
95369 Gumpersdorf 69 Ja50
16866 Gumtow 24 Jd26
79194 Gundelfingen 93 Db68
89423 Gundelfingen a.d. Donau 96 Gd64
74831 Gundelsheim 85 Fa58
96163 Gundelsheim 78 Hb52
64380 Gundernhausen 75 Ec53
67598 Gundersheim 74 Dd54
36381 Gundhelm 66 Fc49
95236 Gundlitz 69 Jb50
89355 Gundremmingen 96 Gd64
39393 Gunsleben 44 Hb34
67583 Guntersblum 75 Ea53
36399 Gunzenau 66 Fb48
91710 Gunzenhausen 87 Hb59
79761 Gurtweil 103 Dd72
29476 Gusborn 23 Hc25
54413 Gusenburg 73 Ca55
15306 Gusow-Platkow 37 Mc29
15754 Gussow 36 Ld32
55246 Gustavsburg 75 Ea52
91189 Gustefelden 78 Hc57
54317 Gusterath 72 Bd54
18574 Gustow 7 Kd14
77793 Gutach 93 Dd67
79261 Gutach i. Breisgau 93 Dc68
01945 Guteborn 48 Ma39
06193 Gutenberg 45 Jc38
08538 Gutenfürst 69 Jd48
16775 Gutengermendorf 26 La26
91468 Gutenstetten 78 Ha55
39326 Gutenswegen 34 Ja32
88484 Gutenzell 96 Gb68
78187 Gutmadingen 104 Eb70
18276 Gutow 14 Jc19
02694 Guttau 61 Na40
95358 Guttenberg 69 Jb50
90547 Gutzberg 78 Hc57
34302 Guxhagen 54 Fc41
27404 Gyhum 21 Fb24
50374 Gymnich 51 Ca44

H

95473 Haag 79 Jb53
85410 Haag a.d. Amper 98 Jc65
83527 Haag i. Oberbayern 99 Ka67
14662 Haage 35 Kb28
79541 Haagen 103 Da72
24819 Haale 11 Fc16
42781 Haan 51 Cb41
85540 Haar 98 Jc68
84137 Haarbach 99 Kb65
94542 Haarbach 100 Lc64
37688 Haarbrück 42 Fb38
96465 Haarbrücken 68 Hc49
97720 Haard 67 Gb50
67435 Haardt 74 Dd57
33181 Haaren 41 Ec38
03058 Haasow 48 Md36
82392 Habach 108 Ja71
50226 Habbelrath 51 Ca44
27299 Haberloh 21 Fa26
94419 Haberskirchen 99 Kd64
97833 Habichsthal 66 Fb51
34317 Habichtswald 54 Fb40
29359 Habighorst 32 Gb28
44579 Habinghorst 39 Cd38
64853 Habitzheim 75 Ed53
24361 Haby 3 Fd14
57627 Hachenburg 64 Db46
31848 Hachmühlen 31 Fc33
41540 Hackenbroich 51 Ca42
55546 Hackenheim 74 Db53
31188 Hackenstedt 43 Gb34
06528 Hackpfüffel 44 Hc39
65589 Hadamar 64 Dc48
48493 Haddorf 28 Cd32
29693 Hademstorf 31 Fc28
25560 Hadenfeld 11 Fb17
39398 Hadmersleben 44 Hd34
25779 Hägen 3 Fa15
33824 Häger 41 Ea34
48161 Häger 40 Da34
18276 Hägerfelde 14 Jc19
02923 Hähnichen 49 Nb39
64665 Hähnlein 75 Eb54
31275 Hämelerwald 32 Gb31
27324 Hämelhausen 31 Fb28
39590 Hämerten 34 Jc29
27330 Haendorf 30 Ed28
31311 Hänigsen 32 Gb30
79730 Hänner 103 Dc72
98646 Häselrieth 68 Ha48
16775 Häsen 26 La26
79837 Häusern 103 Dd71
27336 Häuslingen 31 Fb28
97840 Hafenlohr 76 Fc53
96126 Hafenpreppach 68 Ha50
99735 Haferungen 44 Ha39
46459 Haffen-Mehr 38 Bc37
49843 Haftenkamp 28 Cb30
26524 Hage 8 Cd21
23974 Hagebök 14 Ja17
14806 Hagelberg 35 Kb33
93095 Hagelstadt 89 Ka61
45711 Hagem 39 Cd38
24576 Hagen 11 Fd18
27628 Hagen 20 Eb23
29365 Hagen 32 Gc28
29378 Hagen 33 Ha28
31535 Hagen 31 Fb30
31812 Hagen 42 Fa35
33129 Hagen 41 Eb37
49170 Hagen a. Teutoburger Wald 29 Dc33
58 . . . Hagen (Westf.) 51 Cd40
39624 Hagenau 34 Ja28
76767 Hagenbach 83 Dd60
41749 Hagenbroich 50 Bc40
91469 Hagenbüchach 78 Hb56
31558 Hagenburg 31 Fb31
90518 Hagenhausen 79 Ja57
19230 Hagenow 23 Hc22
26524 Hagermarsch 8 Cd20
88709 Hagnau 105 Fb72
38729 Hahausen 43 Gb35
92256 Hahnbach 79 Jc55
42119 Hahnerberg 51 Cc41
55278 Hahnheim 74 Dd53
65623 Hahnstätten 64 Dc49
63808 Haibach 76 Fa52
94353 Haibach 89 Kd60
04910 Haida 47 Lc38
18569 Haide 7 Kd13
03130 Haidemühl 48 Mc37
88410 Haidgau 106 Ga70
94145 Haidmühle 91 Mb61
95028 Haidt 69 Jd48
35708 Haiger 52 Dd45
72401 Haigerloch 94 Ec66
72108 Hailfingen 94 Ec64
36041 Haimbach 66 Fc47
85778 Haimhausen 98 Jb66
84533 Haiming 100 La66
97490 Hain 67 Gb51
63584 Hain-Gründau 66 Fa50
35114 Haina 53 Ed43
98631 Haina 67 Gd48
63538 Hainburg 65 Ed51
97478 Hainert 77 Gd52
02779 Hainewalde 61 Nb43
09661 Hainichen 59 La43
06528 Hainrode 44 Hc39
99735 Hainrode (Hainleite) 44 Ha39
93138 Hainsacker 89 Ka59
86744 Hainsfarth 87 Ha61
36154 Hainzell 66 Fc47
72221 Haiterbach 94 Eb64
39448 Hakeborn 44 Hd35
16833 Hakenberg 25 Kc27
23883 Hakendorf 13 Ha21
39343 Hakenstedt 33 Hc33
15757 Halbe 36 Ld33
26524 Halbemond 8 Cd21
02953 Halbendorf 48 Md37
38820 Halberstadt 44 Hb35
87642 Halblech 107 Hb72
39340 Haldensleben 33 Hd32
87490 Haldenwang 106 Gd70
89356 Haldenwang 96 Gd65
46459 Haldern 38 Bc36
16945 Halenbeck 24 Jd23
83128 Halfing 99 Kb69
58708 Halingen 40 Db39
85399 Hallbergmoos 98 Jc66
37620 Halle 42 Fc35
49843 Halle 28 Cb30
061 . . Halle (Saale) 45 Jc39
33790 Halle (Westf.) 41 Ea34
59969 Hallenberg 53 Eb42
91352 Hallerndorf 78 Hc54
95126 Hallerstein 69 Jc50
18311 Hallstadt 78 Hb52
72280 Hallwangen 94 Ea65
84553 Halsbach 99 Kd67
09633 Halsbrücke 59 Lc43
56283 Halsenbach 64 Da50
25469 Halstenbek 11 Fd21
45721 Haltern 39 Cc37
58553 Halver 51 Cd41
21646 Halvesbostel 21 Fc23
97456 Hambach 67 Gb51
23619 Hamberge 12 Gd19
27729 Hambergen 20 Ec23
47167 Hamborn 39 Ca39
76707 Hambrücken 84 Eb59
29313 Hambühren 32 Ga29
2 . . . . Hamburg 12 Ga21
23795 Hamdorf 12 Gb17
24805 Hamdorf 3 Fc15
3178 . Hameln 42 Fb34
31848 Hamelspringe 31 Fb33
27419 Hamersen 21 Fb24
39393 Hamersleben 44 Hc34
22929 Hamfelde 12 Gc21
40221 Hamm 51 Ca41
41747 Hamm 50 Bc41
57577 Hamm 52 Da45
590 . . Hamm 40 Db37
67580 Hamm 75 Ea54
99765 Hamma 44 Hb39
21714 Hammah 11 Fb21
97762 Hammelburg 67 Ga51
17268 Hammelspring 26 Lb25
37154 Hammenstedt 43 Gb37
16559 Hammer 26 Lb26
17358 Hammer a.d. Uecker 16 Ld20
08269 Hammerbrücke 70 Kb48
63546 Hammersbach 65 Ed50
46499 Hamminkeln 38 Bd37
22941 Hammoor 12 Gc20
84405 Hampersdorf 99 Ka66
24816 Hamweddel 11 Fc16
6345 . Hanau 65 Ed51
21256 Handeloh 21 Fd24
24983 Handewitt 3 Fb11
21447 Handorf 22 Gc23
31226 Handorf 32 Gb32
48157 Handorf 40 Db35
49838 Handrup 29 Da30
25557 Hanerau-Hademarschen 11 Fb16
15518 Hangelsberg 37 Ma30
48329 Hangsbeck 39 Cd35
67374 Hanhofen 84 Ea58
29386 Hankensbüttel 32 Gd28
30 . . . Hannover 31 Fd31
34346 Hannoversch Münden 54 Fc40
47546 Hanselaer 38 Bc37
48341 Hansell 40 Da34
29525 Hansen 22 Gc26
17509 Hanshagen 16 Lb16
23936 Hanshagen 13 Hc19
21271 Hanstedt 22 Ga24
27412 Hanstedt 21 Fa23
29582 Hanstedt 22 Gc25
18239 Hanstorf 14 Jb17
38489 Hanum 33 Ha29
66271 Hanweiler 82 Cb59
91230 Happurg 79 Ja56
31097 Harbarnsen 43 Ga35
39365 Harbke 33 Hb33
21075 Harburg 22 Ga22
86655 Harburg 87 Ha62
24616 Hardebek 11 Fd17
37181 Hardegsen 42 Fd38
34414 Hardehausen 41 Ed38
17268 Hardenbeck 26 Lb23
74736 Hardheim 76 Fc55
41169 Hardt 50 Bc41
46282 Hardt 39 Cb37
48324 Hardt 40 Db36
78739 Hardt 94 Ea67
74239 Hardthausen a. Kocher 85 Fb58
49733 Haren 28 Cc28
55595 Hargesheim 74 Db53
23942 Harkensee 13 Hb18
06543 Harkerode 44 Hd37
48653 Harle 39 Cc35
26409 Harlesiel 9 Db20
32361 Harlinghausen 30 Eb32
23738 Harmsdorf 5 Ha15
23911 Harmsdorf 12 Gd20
23936 Harmshagen 13 Hc19
21228 Harmstorf 22 Ga23
21368 Harmstorf 23 Ha24
16269 Harnekop 37 Ma28
36269 Harnrode 55 Ga44
21502 Harnwarde 22 Gc22
83530 Harpfing 99 Kc68
27243 Harpstedt 20 Eb27
07366 Harra 69 Jb48
98673 Harras 68 Hb48
97737 Harrbach 76 Fd52
27628 Harrendorf 20 Ec23
24955 Harrislee 3 Fb10
95499 Harsdorf 69 Jb51
21698 Harsefeld 21 Fc22
33428 Harsewinkel 40 Dd35
38829 Harsleben 44 Hc36
31177 Harsum 32 Ga33
83339 Hart 99 Kb69
84562 Hart 99 Kc66
84579 Hart a.d. Alz 99 Kd67
47608 Hartefeld 38 Bc39
24628 Hartenholm 12 Ga18
08118 Hartenstein 70 Kc46
91235 Hartenstein 79 Jb55
36110 Hartershausen 66 Fc46
33142 Harth 41 Eb39
07570 Harth-Pöllnitz 57 Jd45
01737 Hartha 59 Ld43
04746 Hartha 59 La42
67376 Harthausen 84 Ea58
72474 Harthausen 95 Fa67
79258 Hartheim 93 Da69
34393 Hartigshof 42 Fb39
94060 Hartkirchen 100 Ld65
07613 Hartmannsdorf 57 Jd43
08107 Hartmannsdorf 70 Kc46
09232 Hartmannsdorf 58 Kd44
15528 Hartmannsdorf 36 Ld31
15907 Hartmannsdorf 48 Ma34
01762 Hartmannsdorf-Reichenau 59 Ld44
36355 Hartmannshain 66 Fb48
55296 Harxheim 74 Dd52
06493 Harzgerode 44 Hc37
99762 Harzungen 44 Ha38
49205 Hasbergen 29 Dc32
66636 Hasborn-Dautweiler 73 Ca56
25489 Haselau 11 Fc20
04617 Haselbach 58 Kb42
94354 Haselbach 89 Kd60
96523 Haselbach 68 Hd48
16269 Haselberg 37 Ma28
25489 Haseldorf 11 Fc21
14823 Haseloff 35 Kc33
36167 Haselstein 67 Ga46
49740 Haselünne 29 Da29
25855 Haselund 3 Fa12
33161 Hasendorf 41 Eb36
15518 Hasenfelde 37 Mb30
21787 Hasenfleet 11 Fa19
24616 Hasenkrug 11 Fd17
24640 Hasenmoor 12 Ga18
96523 Hasenthal 68 Hd47
88263 Hasenweiler 105 Fc70
88430 Haslach 96 Gb69
77716 Haslach i. Kinzigtal 93 Dc66
97907 Hasloch 76 Fc53
25474 Hasloh 12 Ga20
31626 Haßbergen 31 Fa28
27324 Hassel 31 Fa28
29303 Hassel 32 Ga28
39596 Hassel 34 Jc29
45896 Hassel 39 Cb38
66386 Hassel 82 Cb58
24376 Hasselberg 4 Ga11
23730 Hasselburg 13 Ha16
38899 Hasselfelde 44 Hb37
63594 Hasselroth 66 Fa50
97723 Hassenbach 67 Ga50
23715 Hassendorf 12 Gc17
27367 Hassendorf 21 Fa25
97437 Haßfurt 67 Gd51
96342 Haßlach b. Kronach 68 Hd49
17291 Haßleben 26 Lc23
99189 Haßleben 56 Hb42
67454 Haßloch 74 Dd57
74855 Haßmersheim 85 Fa58
83301 Haßmoning 99 Kd69
24790 Haßmoor 3 Fd15
31559 Haste 31 Fb31
27386 Hastedt 21 Fb25
15328 Hathenow 37 Md29
26209 Hatten 20 Ea26
36119 Hattenhof 66 Fd48
73110 Hattenhofen 85 Fc63
82285 Hattenhofen 97 Hd67
96145 Hattersdorf 68 Hb50
65795 Hattersheim 65 Ea51
57644 Hattert 64 Db46
26209 Hatterwüsting 20 Ea26
4552 . Hattingen 51 Cc40
37197 Hattorf 43 Gb37
38444 Hattorf 33 Ha31
25856 Hattstedt 2 Ed13
76770 Hatzenbühl 83 Dd59
35116 Hatzfeld 53 Eb43
76532 Haueneberstein 83 Dd62
76846 Hauenstein 83 Db59
79541 Hauingen 103 Da72
91729 Haundorf 87 Hb59
36282 Hauneck 54 Fd45
36132 Haunetal 54 Fd45
89437 Haunsheim 96 Gd64
86179 Haunstetten 97 Hc66
84155 Haunzenbergersöll 99 Kc65
33129 Haupt 41 Eb36
66851 Hauptstuhl 73 Cd57
77756 Hausach 93 Dd66
48249 Hausdülmen 39 Cc36
53547 Hausen 63 Cd47
63840 Hausen 76 Fa53
78183 Hausen 104 Ea70
82131 Hausen 98 Ja68
91353 Hausen 78 Hc54
93345 Hausen 88 Jd61
97453 Hausen 67 Gc51
97647 Hausen 67 Gb47
97688 Hausen 67 Gb50
97854 Hausen 76 Fd52
74336 Hausen a.d. Zaber 85 Fa60
97262 Hausen b. Würzburg 77 Gb52
79688 Hausen i. Wiesental 103 Db72
83734 Hausham 108 Jd71
06458 Hausneindorf 44 Hd36
66701 Haustadt 72 Bd57
36119 Hauswurz 66 Fc48
94051 Hauzenberg 91 Ma62
21493 Havekost 12 Gc21
23623 Havekost 12 Gd17
39539 Havelberg 24 Jc27
14778 Havelufer 35 Kc30
31787 Haverbeck 31 Fb33
38275 Haverlah 43 Gc34
24873 Havetoft 3 Fc12
24875 Havetoftloit 3 Fc12
23858 Havighorst 12 Gc19
48329 Havixbeck 39 Cd35
87749 Hawangen 96 Gc69
72534 Hayingen 95 Fc66
06536 Hayn 44 Hc38
37339 Haynrode 43 Gd39
07343 Heberndorf 69 Ja47
84332 Hebertsfelden 100 La65
84332 Hebertsfelden 100 La65
85241 Hebertshausen 98 Jb66
36341 Heblos 66 Fb46
72379 Hechingen 94 Ed66
21755 Hechthausen 11 Fa20
16259 Heckelberg 26 Ld27
66399 Heckendalheim 82 Cb58
39444 Hecklingen 45 Ja36
68542 Heddesheim 75 Eb56
38322 Hedeper 44 Ha34
06295 Hedersleben 45 Jb38
06458 Hedersleben 44 Hd36
25761 Hedwigenkoog 10 Ec16
25355 Heede 11 Fd19
26892 Heede 18 Cd26
48619 Heek 28 Cc33
31622 Heemsen 31 Fa29
33719 Heepen 41 Eb34
33442 Heerde 40 Dd35
41460 Heerdt 50 Bd41
38277 Heere 43 Gb34
59590 Heeren 34 Jc30
46459 Heeren-Herken 38 Bc36
59174 Heeren-Werve 40 Db38
27616 Heerstedt 20 Ec22
38229 Heerte (Salzgitter) 32 Gc33

47652 Hees 38 Bb38
27404 Heeslingen 21 Fb23
21745 Heeßel 11 Fa20
31707 Heeßen 31 Fa33
32805 Heesten 41 Ed36
88142 Hege 105 Fd72
33142 Hegensdorf 41 Eb39
48720 Hegerort 39 Cc34
87448 Hegge 106 Gc71
57413 Heggen 52 Dc42
37619 Hehlen 42 Fc35
38446 Hehlingen 33 Ha31
51580 Heidberg 52 Db43
25746 Heide 11 Fa16
15926 Heideblick 47 Ld35
91180 Heideck 87 Hd59
23858 Heidekamp 12 Gc19
07613 Heideland 57 Jc43
691 .. Heidelberg 75 Eb57
06780 Heideloh 45 Jd37
76646 Heidelsheim 84 Eb59
32791 Heiden 41 Ec35
46359 Heiden 39 Cb36
01809 Heidenau 60 Ma42
21258 Heidenau 21 Fc23
91719 Heidenheim 87 Hb60
895 .. Heidenheim a.d. Brenz 86 Gb63
32758 Heidenoldendorf 41 Ec35
65321 Heidenrod 64 Dc50
23816 Heiderfeld 12 Gb18
98528 Heidersberg 68 Ha46
09526 Heidersdorf 59 Lc45
55262 Heidesheim 74 Dc52
25436 Heidgraben 11 Fc20
45239 Heidhausen 51 Cb40
19303 Heidhof 23 Hc24
24632 Heidmoor 11 Fd19
24598 Heidmühlen 12 Ga18
63869 Heigenbrücken 66 Fb51
24226 Heikendorf 4 Gb14
740 .. Heilbronn 85 Fa59
96145 Heilgersdorf 68 Hb50
88633 Heiligenberg 105 Fb70
38444 Heiligendorf 33 Ha31
39606 Heiligenfelde 23 Hd27
16909 Heiligengrabe 25 Ka24
23774 Heiligenhafen 5 Hb14
18239 Heiligenhagen 14 Jb17
42579 Heiligenhaus 51 Cb40
51491 Heiligenhaus 51 Cc44
32760 Heiligenkirchen 41 Ed35
27239 Heiligenloh 30 Eb28
28816 Heiligenrode 20 Ec26
56412 Heiligenroth 64 Db48
37308 Heiligenstadt 55 Gb40
91332 Heiligenstadt i. Oberfranken 78 Hd53
25524 Heiligenstedten 11 Fb18
25524 Heiligenstedtenerkamp 11 Fb18
06347 Heiligenthal 45 Jb38
66578 Heiligenwald 73 Cb57
83308 Heiligkreuz 99 Kd68
97797 Heiligkreuz 66 Fd50
69253 Heiligkreuzsteinach 75 Ec56
91560 Heilsbronn 78 Hb57
23619 Heilshoop 12 Gd18
52396 Heimbach 62 Bc46
55779 Heimbach 73 Cc55
79331 Heimbach 93 Db67
63872 Heimbuchenthal 76 Fb53
38889 Heimburg 44 Hb36
88178 Heimenkirch 106 Ga72
71254 Heimerdingen 84 Ed62
50767 Heimersdorf 51 Ca43
87751 Heimertingen 96 Gb68
53913 Heimerzheim 51 Ca45
32469 Heimsen 30 Ed31
71296 Heimsheim 84 Ec62
37627 Heinade 42 Fc36
21726 Heinbockel 11 Fb21
31162 Heinde 43 Ga34
96365 Heinersberg 69 Ja48
03185 Heinersbrück 48 Md35
07356 Heinersdorf 69 Jb47
15518 Heinersdorf 37 Mb30
96515 Heinersdorf 68 Hd48
08538 Heinersgrün 69 Jd48
95500 Heinersreuth 79 Ja52
38312 Heiningen 43 Gd34
73092 Heiningen 85 Fd63
24594 Heinkenborstel 11 Fd16
39326 Heinrichsberg 34 Jb32
16831 Heinrichsdorf 25 Kd25
07343 Heinrichshöhe 69 Ja48
17379 Heinrichsruh 16 Ld20
17379 Heinrichswalde 16 Lc20
52525 Heinsberg 50 Ba42
27432 Heinschenwalde 10 Ed21
08468 Heinsdorfergrund 70 Kb46
37649 Heinsen 42 Fb36
74906 Heinsheim 85 Fa58
34434 Heiserfeld 42 Fb38
45257 Heisingen 51 Cb40
25492 Heist 11 Fc20
65558 Heistenbach 64 Dc48
36355 Heisters 66 Fb47
79423 Heitersheim 103 Da70
49152 Heithöfen 30 Ea31
30826 Heitlingen 31 Fc32
48231 Heitmann 40 Dc35
99713 Helbedündorf 55 Gd40
06311 Helbra 45 Ja38
84431 Heldenstein 99 Kb66
06577 Heldrungen 56 Hc40
56244 Helferskirchen 64 Db47
27498 Helgoland 9 Dc16
16928 Helle 24 Jc24
30900 Hellendorf 31 Fd30
56479 Hellenhahn-Schellenberg 64 Dc46
53940 Hellenthal 62 Bc47
12629 Hellersdorf 36 Lc29
98663 Hellingen 68 Ha49
27729 Hellingst 20 Ed23
25764 Hellschen 10 Ec16
27367 Hellwege 21 Fa25
95233 Helmbrechts 69 Jb49
33181 Helmern 41 Ec38
98617 Helmershausen 67 Gc47
34474 Helmighausen 41 Ed39
07356 Helmsgrün 69 Jb48
76646 Helmsheim 84 Eb60
74291 Helmstadt 75 Ed57
97264 Helmstadt 76 Fd54
38350 Helmstedt 33 Hb32
24321 Helmstorf 4 Gd15
35327 Helpershain 66 Fa46
31691 Helpsen 31 Fa32
17349 Helpt 16 Lb21
33813 Helpup 41 Ec35
33813 Helpup 41 Ec35
34298 Helsa 54 Fd41
48488 Helschen 28 Cd31
25709 Helse 10 Ed18
31535 Helstorf 31 Fc30
67716 Heltersberg 83 Da58
27389 Helvesiek 21 Fc24
93155 Hemau 88 Jc60
46399 Hemden 38 Bd35
25485 Hemdingen 11 Fd19
58675 Hemer 52 Db40
31840 Hemeringen 31 Fa33
48361 Hemfeld 40 Dd35
83093 Hemhof 99 Kb69
91334 Hemhofen 78 Hb54
21745 Hemm 11 Fa20
25774 Hemme 2 Ed15
59427 Hemmerde 40 Db38
59602 Hemmern 41 Ea39
79664 Hemmet 103 Db72
30966 Hemmingen 31 Fd32
71282 Hemmingen 84 Ed61
25770 Hemmingstedt 10 Ed16
21745 Hemmoor 11 Fa20
69502 Hemsbach 75 Eb55
27386 Hemsbünde 21 Fb25
49716 Hemsen 28 Cd28
27386 Hemslingen 21 Fc25
49453 Hemsloh 30 Eb29
39638 Hemstedt 33 Hd29
97640 Hendungen 67 Gc48
91239 Henfenfeld 79 Ja56
98660 Henfstädt 67 Gd47
94491 Hengersberg 90 Lb62
33165 Henglarn 41 Ec38
98617 Henneberg 67 Gc47
31188 Henneckenrode 43 Gb34
53773 Hennef 51 Cc45
58640 Hennen 40 Da39
03253 Hennersdorf 47 Ld37
14947 Hennickendorf 36 La33
15378 Hennickendorf 36 Ld29
16761 Hennigsdorf 36 La28
29413 Henningen 23 Hb27
25581 Hennstedt 11 Fd17
25779 Hennstedt 3 Fa15
55619 Hennweiler 73 Cd53
44579 Henrichenburg 39 Cd38
24558 Henstedt-Ulzburg 12 Ga19
15898 Henzendorf 37 Md33
85120 Hepberg 88 Ja62
63928 Heppdiel 76 Fb55
53797 Heppenberg 51 Cc44
64646 Heppenheim 75 Eb55
27412 Hepstedt 21 Fa24
58456 Herbede 39 Cc39
48268 Herbern 40 Da34
59387 Herbern 40 Da37
14913 Herbersdorf 47 Lb35
88518 Herbertingen 95 Fc68
86405 Herbertshofen 97 Hb64
74861 Herbolzheim 85 Fb58
79336 Herbolzheim 93 Da67
35745 Herborn 65 Ea46
35745 Herbornseelbach 65 Ea46
33165 Herbram-Wald 41 Ed37
89542 Herbrechtingen 86 Gc63
32689 Herbrechtsdorf 41 Ed34
34471 Herbsen 41 Ed39
99955 Herbsleben 56 Hb42
97633 Herbstadt 67 Gd49
36358 Herbstein 66 Fb47
36355 Herchenhain 66 Fb48
97232 Herchsheim 77 Ga55
58313 Herdecke 51 Cd40
57562 Herdorf 52 Dc45
88634 Herdwangen 105 Fa70
86465 Heretsried 97 Hb65
320 .. Herford 30 Ec33
88145 Hergatz 106 Ga72
88138 Hergensweiler 105 Fd72
06313 Hergisdorf 45 Ja38
36266 Heringen 55 Ga44
99765 Heringen 44 Hb39
25764 Heringsand 10 Ed16
23777 Heringsdorf 5 Hb15
17424 Heringsdorf 17 Ma17
15328 Herkenrath 51 Cc43
37293 Herleshausen 55 Gb43
34414 Herlinghausen 42 Fa39
29320 Hermannsburg 22 Gb27
98617 Hermannsfeld 67 Gc47
34346 Hermannshagen 54 Fd40
18356 Hermannshagen Heide 6 Ka14
89568 Hermaringen 96 Gc64
06543 Hermerode 44 Hd38
66919 Hermersberg 74 Da57
15374 Hermersdorf 37 Mb29
95179 Hermesgrün 69 Jb48
54411 Hermeskeil 73 Ca54
01458 Hermsdorf 60 Ma41
01776 Hermsdorf 59 Ld44
01945 Hermsdorf 48 Ma39
07629 Hermsdorf 57 Jc44
15748 Hermsdorf 36 Ld32
39326 Hermsdorf 34 Ja33
50354 Hermülheim 51 Ca44
446 .. Herne 39 Cc38
09419 Herold 59 La45
91336 Heroldsbach 78 Hc54
90562 Heroldsberg 78 Hd55
72535 Heroldstatt 95 Fd65
36381 Herolz 66 Fc49
47638 Herongen 38 Bb39
90542 Herpersdorf 78 Hd55
98617 Herpf 67 Gc47
41189 Herrath 50 Bc42
71083 Herrenberg 94 Ec64
66125 Herrensohr 82 Cb58
32825 Herrentrup 41 Ed35
78662 Herrenzimmern 94 Eb67
91567 Herrieden 86 Gd58
79737 Herrischried 103 Dc72
89134 Herrlingen 96 Ga65
99762 Herrmannsacker 44 Hb38
84097 Herrngiersdorf 89 Ka62
02747 Herrnhut 61 Nb42
92331 Herrnried 88 Jc59
67550 Herrnsheim 75 Ea55
82211 Herrsching a. Ammersee 97 Hd69
91217 Hersbruck 79 Ja56
56249 Herschbach 64 Db47
98701 Herschdorf 68 Hc46
42799 Herscheid 51 Cb42
58849 Herscheid 52 Db42
97616 Herschfeld 67 Gc49
66909 Herschweiler-Pettersheim 73 Cc56
53844 Hersel 51 Cb45
48653 Herteler 39 Cc35
45 ... Herten 39 Cc38
79618 Herten 103 Da73
71364 Hertmannsweiler 85 Fb61
46284 Hervest 39 Cb37
76863 Herxheim 83 Dd59
04916 Herzberg 47 Lb37
15864 Herzberg 37 Mb32
19374 Herzberg 14 Jb21
37412 Herzberg a. Harz 43 Gc37
16835 Herzberg (Mark) 25 Kd26
33442 Herzebrock-Clarholz 40 Dd36
19372 Herzfeld 24 Jb23
59510 Herzfeld 40 Dd37
15378 Herzfelde 36 Ld30
17268 Herzfelde 26 Lc24
25379 Herzhorn 11 Fb19
49770 Herzlake 29 Da29
91074 Herzogenaurach 78 Hb55
52134 Herzogenrath 50 Ba44
16278 Herzsprung 27 Ma25
16909 Herzsprung 25 Ka25
26835 Hesel 19 Da23
31693 Hespe 31 Fa32
34474 Hesperinghausen 41 Ed39
91093 Heßdorf 78 Hb55
97783 Heßdorf 66 Fd51
97532 Hesselbach 67 Gc51
77731 Hesselhurst 93 Db64
33775 Hesselteich 40 Dd34
38835 Hessen 44 Ha34
18317 Hessenburg 6 Ka14
64754 Hesseneck 76 Fa55
63875 Hessenthal 76 Fb52
99735 Hesserode 44 Ha39
67258 Heßheim 74 Dd56
74394 Hessigheim 85 Fa60
37235 Hessisch Lichtenau 54 Fd41
31840 Hessisch Oldendorf 31 Fa33
67596 Heßloch 74 Dd54
32791 Heßloh 41 Ec35
06458 Heteborn 44 Hd35
25491 Hetlingen 11 Fc21
98669 Hetschbach 68 Hb48
36129 Hettenhausen 66 Fd48
67310 Hettenleidelheim 74 Dc56
37181 Hettensen 42 Fd38
85276 Hettenshausen 98 Jb64
63633 Hettersroth 66 Fb49
72513 Hettingen 95 Fa67
97265 Hettstadt 76 Fd53
06333 Hettstedt 45 Ja37
17337 Hetzdorf 16 Lc21
54523 Hetzerath 73 Ca53
91077 Hetzles 78 Hc55
36148 Heubach 66 Fd48
73540 Heubach 86 Ga62
98666 Heubach 68 Hb47
96524 Heubisch 68 Hc49
35452 Heuchelheim 65 Eb47
67259 Heuchelheim 74 Dd55
73572 Heuchlingen 86 Ga61
38855 Heudeber 44 Ha35
78253 Heudorf 104 Ed70
31700 Heuerßen 31 Fb32
63150 Heusenstamm 65 Ec51
97618 Heustreu 67 Gb49
66265 Heusweiler 73 Ca57
53804 Hevinghausen 51 Cd44
59519 Hewingsen 40 Dc39
63128 Hexenberg 75 Ec52
37619 Heyen 42 Fc34
99988 Heyerode 55 Gc42
01683 Heynitz 59 Lc42
39175 Heyrothsberge 34 Jb33
32120 Hiddenhausen 30 Eb33
32760 Hiddesen 41 Ec35
48249 Hiddingsel 39 Cd36
59457 Hilbeck 40 Db38
09627 Hilbersdorf 59 Lc43
57271 Hilchenbach 52 Dd43
18510 Hildbrandshagen 7 Kd15
98646 Hildburghausen 68 Ha48
4072 . Hilden 51 Cb42
95632 Hildenbach 69 Jd51
36115 Hilders 67 Ga47
311 .. Hildesheim 32 Ga33
71157 Hildrizhausen 84 Ed63
41836 Hilfarth 50 Bb42
48703 Hilgenberg 39 Cb34
27318 Hilgermissen 21 Fa27
56206 Hilgert 64 Da48
86567 Hilgertshausen 98 Ja65
86567 Hilgertshausen-Tandern 98 Ja65
26897 Hilkenbrook 19 Db26
37115 Hilkerode 43 Gc38
32479 Hille 30 Ec32
32694 Hillentrup 41 Ed34
37154 Hillerse 43 Ga37
38543 Hillerse 32 Gc31
39343 Hillersleben 34 Ja32
54576 Hillesheim 62 Bd49
25764 Hillgroven 2 Ed15
31789 Hilligsfeld 31 Fb33
04936 Hillmersdorf 47 Lc36
56204 Hillscheid 64 Da48
29413 Hilmsen 33 Hb28
76593 Hilpertsau 84 Ea62
91161 Hilpoltstein 87 Hd58
74889 Hilsbach 84 Ec59
86856 Hiltenfingen 97 Hb67
49176 Hilter a. Teutoburger Wald 29 Dd33
91355 Hiltpoltstein 78 Hd54
44805 Hiltrop 39 Cc39
48165 Hiltrup 40 Da35
34346 Hilwartshausen 42 Fc39
37586 Hilwartshausen 42 Fd36
78247 Hilzingen 104 Ec71
29584 Himbergen 23 Ha25
95502 Himmelkron 69 Jb51
16798 Himmelpfort 26 La24
21709 Himmelpforten 11 Fb21
97267 Himmelstadt 76 Fd52
33039 Himmighausen 41 Ed36
03222 Hindenberg 48 Ma35
16835 Hindenberg 25 Kd25
39596 Hindenburg 34 Jc28
25563 Hingstheide 11 Fd18
17194 Hinrichshagen 15 Kb20
17349 Hinrichshagen 16 Lb21
17498 Hinrichshagen 16 La16
41334 Hinsbeck 50 Bb40
06386 Hinsdorf 45 Jd37
26759 Hinte 18 Cc22
21635 Hinterbrack 11 Fd21
94146 Hinterschmiding 91 Ma61
17375 Hintersee 17 Mb20
84181 Hinterskirchen 99 Kb65
87541 Hinterstein 106 Gd73
36396 Hintersteinau 66 Fc48
66999 Hinterweidenthal 83 Db59
83246 Hinterwössen 109 Kc71
79856 Hinterzarten 103 Dc70
27432 Hinzel 20 Ed22
27432 Hipstedt 20 Ed22
72145 Hirrlingen 94 Ed65
96114 Hirschaid 78 Hc53
72070 Hirschau 94 Ed65
92242 Hirschau 79 Jd55
92275 Hirschbach 79 Jb55
98553 Hirschbach 68 Ha47
07927 Hirschberg 69 Jc48
59581 Hirschberg 40 Dd39
69493 Hirschberg a.d. Bergstr. 75 Eb56
18311 Hirschburg 6 Jd15
98678 Hirschendorf 68 Hb48
04932 Hirschfeld 47 Ld39
02788 Hirschfelde 61 Nb42
16356 Hirschfelde 36 Ld28
69434 Hirschhorn 75 Ed56
01594 Hirschstein 59 Lc40
09496 Hirtstein 71 Lb46
07338 Hirzbach 69 Ja47
63697 Hirzenhain 66 Fa48
51371 Hitdorf 51 Ca42
21522 Hittbergen 22 Gd23
29456 Hitzacker 23 Hb25
85122 Hitzhofen 88 Ja61
24576 Hitzhusen 11 Fd18
63699 Hitzkirchen 66 Fa49
29279 Hobeck 45 Jc34
25712 Hochdonn 11 Fb17
67126 Hochdorf 74 Dd57
72202 Hochdorf 94 Ec65
73269 Hochdorf 85 Fc63
88454 Hochdorf 95 Fd69
71735 Hochdorf a.d. Enz 84 Ed61
46284 Hochfeld 39 Cb37
65239 Hochheim 75 Ea52
02627 Hochkirch 61 Na41
45661 Hochlarmark 39 Cc38
78727 Hochmössingen 94 Eb66
48712 Hochmoor 39 Cb35
67691 Hochspeyer 74 Db56
76879 Hochstadt 83 Dd58
96272 Hochstadt a. Main 68 Hd50
83093 Hochstätt 99 Kc69
76351 Hochstetten 84 Ea59
55606 Hochstetten-Dhaun 73 Cd53
51588 Hochstraßen 51 Cd44
86163 Hochzoll 97 Hc66
31162 Hockeln 43 Gb34
68766 Hockenheim 84 Eb58
29693 Hodenhagen 31 Fc28
25569 Hodorf 11 Fb18
97204 Höchberg 77 Ga54
66450 Höchen 73 Cc57
79862 Höchenschwand 103 Dd71
97633 Höchheim 67 Gd49
63571 Höchst 66 Fa50
64739 Höchst i. Odenwald 75 Ed53
91315 Höchstadt a.d. Aisch 78 Hb54
95186 Höchstädt 69 Jd50
89420 Höchstädt a.d. Donau 87 Ha63
37154 Höckelheim 43 Ga37
01774 Höckendorf 59 Ld43
35325 Höckersdorf 66 Fa47
39356 Hödingen 33 Hc32
75339 Höfen a.d. Enz 84 Eb62
29361 Höfer 32 Gb29
95326 Höferänger 69 Ja50
31840 Höfingen 31 Fb33
96317 Höfles 69 Ja50
25858 Högel 2 Ed12
23795 Högersdorf 12 Gb18
24327 Högsdorf 4 Gd15
29478 Höhbeck 23 Hd25
66989 Höheinöd 83 Da58
51061 Höhenhaus 51 Cb43
85635 Höhenkirchen 98 Jc68
48527 Höhenkörben 28 Cc30
83620 Höhenrain 98 Jd69
56462 Höhn 64 Dc46
96465 Höhn 68 Hc49
24217 Höhndorf 4 Gc14
06179 Höhnstedt 45 Jb39
56203 Höhr-Grenzhausen 64 Da48
42659 Höhscheid 51 Cb42
59469 Höingen 40 Dc39
97783 Höllrich 66 Fd51
84140 Hölsbrunn 99 Kc64
32108 Hölsen 41 Ec34
96515 Hönbach 68 Hc49
52477 Hoengen 50 Bb44
15366 Hönow 36 Lc29
44869 Höntrop 39 Cc39
32825 Höntrup 41 Ed35
74746 Höpfingen 76 Fb55
48720 Höpingen 39 Cd34
84494 Hörbering 99 Kc65
37412 Hörden 43 Gc37
76593 Hörden 84 Ea62
76771 Hördt 84 Ea59
36369 Hörgenau 66 Fb47
83313 Hörgering 109 Kd70
85413 Hörgertshausen 98 Jd64
34471 Hörle 42 Fa39
01968 Hörlitz 48 Ma38
25997 Hörnum (Sylt) 2 Ea11
29646 Hörpel 22 Ga25
99819 Hörselberg 55 Gd43
99880 Hörselgau 55 Gd44
39356 Hörsingen 33 Hc32
32791 Hörste 41 Ec35
33790 Hörste 41 Ea34
59558 Hörste 41 Ea37
63755 Hörstein 66 Fa51
48477 Hörstel 29 Da32
24797 Hörsten 3 Fc15
48361 Hörster 40 Dd35
97318 Hörstgen 38 Bc39
32657 Hörstmar 41 Ec34
24980 Hörup 3 Fa11
39393 Hösbach 76 Fa52
40883 Hösel 51 Ca40
83129 Höslwang 99 Kb69
59320 Hoest 40 Dc36
39393 Hötensleben 33 Hb33
48231 Hoetmar 40 Dc36
91798 Höttingen 87 Hc60
25782 Hövede 3 Fb15
48301 Hövel 39 Cd35
59075 Hövel 40 Db37
33161 Hövelhof 41 Eb36
48720 Höven 39 Cc35
39615 Höwisch 24 Ja27
37671 Höxter 42 Fb36
56472 Hof 64 Dc46
950 .. Hof 69 Jc49
36167 Hofaschenbach 67 Ga46
36145 Hofbieber 67 Ga47
24582 Hoffeld 12 Ga16
74889 Hoffenheim 84 Ec58
51503 Hoffnungsthal 51 Cc44
34369 Hofgeismar 42 Fb39
68623 Hofheim 75 Ea55
65719 Hofheim a. Taunus 65 Ea51
97461 Hofheim i. Unterfranken 67 Gd50
94544 Hofkirchen 90 Lb62
85649 Hofolding 98 Jc69
77716 Hofstetten 93 Dc67
86928 Hofstetten 97 Hc69
97486 Hofstetten 68 Ha51
97737 Hofstetten 66 Fd51
77749 Hohberg 93 Db65
04808 Hohburg 46 Kd39
26409 Hohebarg 9 Db21
37696 Hohehaus 42 Fb36
97318 Hoheim 77 Gc54
16540 Hohen Neuendorf 36 La28
19406 Hohen Pritz 14 Jb20
23948 Hohen Schönberg 13 Hb17
18299 Hohen Sprenz 14 Jd18
23996 Hohen Viecheln 13 Hd19
17194 Hohen Wangelin 15 Ka20
23968 Hohen Wieschendorf 13 Hc18
17166 Hohen-Demzin 15 Ka19
14913 Hohenahlsdorf 47 La35
35644 Hohenahr 65 Eb46
25582 Hohenaspe 11 Fc17
94545 Hohenau 90 Ld61
95352 Hohenberg 69 Jb50
95691 Hohenberg a.d. Eger 70 Ka50
39596 Hohenberg-Krusemark 34 Jc28
01945 Hohenbocka 48 Mb38
17111 Hohenbollentin 15 Kd19
30890 Hohenbostel 31 Fb32
16515 Hohenbruch 26 La27
15910 Hohenbrück-Neu Schadow 37 Ma33
17111 Hohenbrünzow 15 Kd18
85662 Hohenbrunn 98 Jc68
04936 Hohenbucko 47 Lc36
17129 Hohenbüssow 16 La18
39167 Hohendodeleben 34 Ja33
17440 Hohendorf 16 Lc16
18445 Hohendorf 6 Kc13
02906 Hohendubrau 61 Na40
67661 Hoheneck 74 Da57
39443 Hohenerxleben 45 Jb36
16306 Hohenfelde 27 Mb24
18209 Hohenfelde 14 Jb16
22946 Hohenfelde 12 Gc20
24257 Hohenfelde 4 Gc14
25358 Hohenfelde 11 Fc19
78355 Hohenfels 105 Fa70
92366 Hohenfels 88 Jc58
14798 Hohenferchesar 35 Kb30
25551 Hohenfiert 11 Fc17
16248 Hohenfinow 26 Ld27
86978 Hohenfurch 107 Hc70
73666 Hohengehren 85 Fc62
39524 Hohengöhren 34 Jc29
14913 Hohengörsdorf 47 La34
17291 Hohengüstow 27 Ma23
31249 Hohenhameln 32 Gc33
74343 Hohenhaslach 84 Ed60
32689 Hohenhausen 41 Ed34
48329 Hohenholte 39 Cd34
21526 Hohenhorn 22 Gc22
25489 Hohenhorst 11 Fc20
30916 Hohenhorster Bauerschaft 31 Fd30
85411 Hohenkammer 98 Jb65
26434 Hohenkirchen 9 Dc20
04934 Hohenleipisch 47 Lc38
39264 Hohenlepte 45 Jc35
07958 Hohenleuben 57 Jd45
58119 Hohenlimburg 52 Da40
85664 Hohenlinden 99 Ka67
14828 Hohenlobbese 35 Ka33
25551 Hohenlockstedt 11 Fc18
89537 Hohenmemmingen 86 Gc63
17111 Hohenmocker 15 Kd18
06679 Hohenmölsen 57 Jd41
14715 Hohennauen 35 Ka28
96523 Hohenofen 68 Hd48
82383 Hohenpeißenberg 107 Hc70
84432 Hohenpolding 99 Ka65
04838 Hohenprießnitz 46 Kb38
86381 Hohenraunau 96 Gd67
16307 Hohenreinkendorf 27 Mb23
36284 Hohenroda 55 Ga45
90619 Hohenroth 78 Ha56
97618 Hohenroth 67 Gb49
97794 Hohenroth 66 Fd51
16248 Hohensaaten 27 Mb26
39307 Hohenseeden 34 Jc32
14913 Hohenseefeld 47 Lb35
16306 Hohenselchow 27 Mb23
73037 Hohenstaufen 85 Fd62
15345 Hohenstein 37 Ma29
65329 Hohenstein 64 Dc50
72531 Hohenstein 95 Fb66
99755 Hohenstein 43 Gd38
09337 Hohenstein-Ernstthal 58 Kc44
88367 Hohentengen 95 Fb69
79801 Hohentengen a. Hochrhein 104 Ea73
83104 Hohenthann 98 Jd69
84098 Hohenthann 89 Ka63
06188 Hohenthurm 45 Jd38
38489 Hohentramm 33 Hc28
15234 Hohenwalde 37 Mc31
39326 Hohenwarsleben 34 Ja33
86558 Hohenwart 98 Ja64
07338 Hohenwarte 69 Ja46
93480 Hohenwarth 90 La58
39291 Hohenwarthe 34 Jb32
06179 Hohenweiden 45 Jc39
14823 Hohenwerbig 46 Kc34
24594 Hohenwestedt 11 Fc17
39606 Hohenwulsch 34 Ja29
16259 Hohenwutzen 27 Ma26
36381 Hohenzell 66 Fc49
39291 Hohenziatz 34 Jc33
17237 Hohenzieritz 25 Kd22
63776 Hohl 66 Fa51
24806 Hohn 3 Fc15
07985 Hohndorf 69 Jd46
09394 Hohndorf 58 Kc45
29362 Hohne 32 Gc29
29364 Hohnebostel 32 Gc30
31559 Hohnhorst 31 Fb31
37154 Hohnstedt 43 Ga37
01848 Hohnstein 60 Mb42
21522 Hohnstorf 22 Gd23
24321 Hohwacht 4 Gd15
01844 Hohwald 60 Mc42
59602 Hoinkhausen 41 Ea38
22955 Hoisdorf 12 Gc20
99735 Holbach 43 Gd38
06528 Holdenstedt 45 Ja39
19217 Holdorf 13 Hb20
49451 Holdorf 29 Dd29
37642 Holenberg 42 Fc35
49134 Hollage 29 Dc32
17094 Holldorf 16 La21
31188 Holle 43 Gb34
06179 Holleben 45 Jc39
27616 Hollen 20 Ec22
86568 Hollenbach 97 Hc64
23883 Hollenbek 13 Ha21
21279 Hollenstedt 21 Fd23
37154 Hollenstedt 43 Ga37
56412 Holler 64 Db48
21734 Hollerdeich 11 Fa19
21723 Hollern 11 Fc21
96142 Hollfeld 78 Hd52
48351 Holling 40 Db35
24876 Hollingstedt 3 Fb13
25788 Hollingstedt 3 Fa15
21769 Hollnseth 11 Fa21
97618 Hollstadt 67 Gc49
25488 Holm 11 Fc21
25923 Holm 2 Ed10
92259 Holnstein 79 Jb55
27729 Holste 20 Ed23
23623 Holstendorf 12 Gd17
25554 Holstenniendorf 11 Fb17
46284 Holsterhausen 39 Cb37
24994 Holt 3 Fa10
24793 Holtdorf 11 Fd16
49143 Holte 29 Dd33
46147 Holten 39 Ca38
31787 Holtensen 31 Fb33
37574 Holtershausen 43 Ga36
26427 Holtgast 9 Dd20
48366 Holthausen 39 Cd34
33165 Holtheim 41 Ed38
19075 Holthusen 13 Hd21
33649 Holtkamp 41 Ea35
26835 Holtland 19 Da24
24363 Holtsee 3 Fd14
45721 Holtwick 39 Cc37
46399 Holtwick 38 Bd36
46399 Holtwick 38 Bd35
48720 Holtwick 39 Cc34
37345 Holungen 43 Gc39
51069 Holweide 51 Cb43
29556 Holxen 22 Gc27
66265 Holz 73 Ca57
56379 Holzappel 64 Db49
41564 Holzbüttgen 50 Bd41
24361 Holzbunge 3 Fd14
06926 Holzdorf 47 La36
24364 Holzdorf 3 Fd13
72805 Holzelfingen 95 Fb65
37632 Holzen 42 Fd35
44267 Holzen 40 Da39

79400 Holzen 103 Da71
17291 Holzendorf 26 Lc22
37136 Holzerode 43 Gb38
71088 Holzgerlingen 84 Ed63
87752 Holzgünz 96 Gc69
83052 Holzham 98 Jd69
04454 Holzhausen 58 Kb40
16845 Holzhausen 25 Ka26
32361 Holzhausen 30 Eb32
34376 Holzhausen 54 Fc40
39629 Holzhausen 34 Ja29
79232 Holzhausen 93 Db68
82064 Holzhausen 98 Jb69
97456 Holzhausen 67 Gb51
97486 Holzhausen 67 Gd51
98663 Holzhausen 68 Ha49
56357 Holzhausen a.d. Haide 64 Db50
32479 Holzhausen II 30 Ec32
32805 Holzhausen-Externsteine 41 Ed36
41466 Holzheim 50 Bd42
86684 Holzheim 87 Hc63
89291 Holzheim 96 Gb66
89438 Holzheim 96 Gd64
93183 Holzheim a. Forst 88 Jd59
83607 Holzkirchen 108 Jc70
97292 Holzkirchen 76 Fd54
53229 Holzlar 51 Cc45
73271 Holzmaden 85 Fc63
37603 Holzminden 42 Fb36
83629 Holzolling 108 Jd70
06808 Holzweißig 46 Ka38
59439 Holzwickede 40 Da39
91480 Hombeer 78 Ha54
34576 Homberg 54 Fb43
47198 Homberg 38 Bd39
35315 Homberg (Ohm) 53 Ed45
34369 Hombressen 42 Fb39
44225 Hombruch 39 Cd39
66424 Homburg (Saar) 73 Cc57
46348 Homer 39 Ca36
27305 Homfeld 30 Ed28
47574 Hommersum 38 Ba37
24211 Honigsee 4 Gb15
66701 Honzrath 72 Bd56
66606 Hoof 73 Cc56
49846 Hoogstede 28 Cb29
27628 Hoope 20 Ec23
19230 Hoort 23 Hd22
29690 Hope 31 Fc29
87629 Hopfen a. See 107 Ha72
87659 Hopferau 107 Ha72
15345 Hoppegarten 37 Ma29
14641 Hoppenrade 35 Kd29
16928 Hoppenrade 24 Jc25
18292 Hoppenrade 14 Jd19
17375 Hoppenwalde 17 Ma19
55768 Hoppstädten-Weiersbach 73 Cc55
48496 Hopsten 29 Da31
36039 Horas 66 Fd47
96465 Horb 68 Hc49
72160 Horb a. Neckar 94 Eb65
07426 Horba 68 Hc46
90579 Horbach 78 Hb56
67547 Horchheim 75 Ea55
39387 Hordorf 44 Hc34
48703 Hordt 39 Cb35
86497 Horgau 97 Ha65
88263 Horgenzell 105 Fc71
56593 Horhausen (Westerwald) 64 Da47
79793 Horheim 104 Ea72
02923 Horka 49 Nb39
06528 Horla 44 Hc38
09395 Hormersdorf 58 Kd45
21769 Horn 10 Ed21
78343 Horn 104 Ed71
32805 Horn-Bad Meinberg 41 Ed36
59597 Horn-Millinghausen 40 Dd38
66500 Hornbach 82 Cc59
21514 Hornbek 12 Gd21
78132 Hornberg 93 Dd67
29323 Hornbostel 31 Fd29
06295 Hornburg 45 Ja39
38315 Hornburg 43 Gd34
21640 Horneburg 21 Fc22
45711 Horneburg 39 Cd38
39397 Hornhausen 44 Hc34
03130 Hornow 48 Md37
23974 Hornstorf 13 Hd18
50169 Horrem 50 Bd44
69234 Horrenberg 84 Ec58
71665 Horrheim 84 Ed60
25924 Horsbüll 2 Ec10
23617 Horsdorf 12 Gd18
18519 Horst 15 Kd16
21220 Horst 22 Ga23
21709 Horst 11 Fb20
23883 Horst 13 Ha20
30826 Horst 31 Fc31
45279 Horst 39 Cc39
45899 Horst 39 Cb38
48301 Horst 39 Cd35
59368 Horst 40 Db37
25358 Horst (Holstein) 11 Fc19
06785 Horstdorf 46 Ka36
25860 Horstedt 2 Ed13
27367 Horstedt 21 Fa24
15806 Horstfelde 36 Lb32
44532 Horstmar 40 Da38
48612 Horstmar 39 Cd34
15837 Horstwalde 36 Lb33
01996 Hosena 48 Mb38
36154 Hosenfeld 66 Fc47
24873 Hostrup 3 Fc12
31157 Hotteln 32 Ga32
39638 Hottendorf 34 Ja30
59510 Hovestadt 40 Dd37
46325 Hoxfeld 39 Ca36
27318 Hoya 31 Fa28
27318 Hoyerhagen 21 Fa27
31093 Hoyershausen 42 Fd34
02977 Hoyerswerda 48 Mc38
06467 Hoym 44 Hd36
31600 Hoysinghausen 30 Ed30
75181 Huchenfeld 84 Ec61
47529 Huckingen 50 Bd40
25876 Hude 3 Fa14
27798 Hude 20 Eb25
06308 Hübitz 45 Ja38
41836 Hückel-Hoven 50 Bb42
42499 Hückeswagen 51 Cd42
31177 Hüddessum 32 Ga33
49448 Hüde 30 Ea30
55595 Hüffelsheim 74 Db53
74928 Hüffenhardt 85 Fa58
78183 Hüfingen 94 Ea69
76549 Hügelsheim 83 Dc62
72584 Hülben 95 Fb64
32609 Hüllhorst 30 Ec32
47839 Hüls 50 Bc40
53819 Hülscheid 51 Cd44
16949 Hülsebeck 24 Jb24
19230 Hülseburg 13 Hc21
31867 Hülsede 31 Fb32
66773 Hülzweiler 73 Ca57
34369 Hümme 42 Fb38
98634 Hümpfershausen 67 Gc46
36088 Hünfeld 66 Fd46
65597 Hünfelden 64 Dd49
36151 Hünhan 66 Fd46
59469 Hünningen 40 Dc39
65510 Hünstetten 64 Dd50
46569 Hünxe 39 Ca37
30982 Hüpede 31 Fd32
88484 Hürbel 96 Ga68
89537 Hürben 96 Gc64
79777 Hürrlingen 103 Dd71
50354 Hürth 51 Ca44
24975 Hürup 3 Fc11
24850 Hüsby 3 Fb13
49152 Hüsede 30 Ea32
39579 Hüselitz 34 Jb30
66882 Hütschenhausen 73 Cd57
24641 Hüttblek 12 Ga19
24358 Hütten 3 Fd14
35625 Hüttenberg 65 Eb47
47259 Hüttenheim 51 Ca40
38889 Hüttenrode 44 Hb36
96515 Hüttensteinach 68 Hd48
66839 Hüttersdorf 73 Ca56
89185 Hüttisheim 96 Ga66
73460 Hüttlingen 86 Gb61
49751 Hüven 29 Da28
82386 Hugfling 107 Hd71
18465 Hugoldsdorf 15 Kb16
79232 Hugstetten 93 Da68
47551 Huisberden 38 Bb36
86685 Huisheim 87 Ha62
25588 Huje 11 Fb18
45721 Hullern 39 Cc37
59510 Hultrop 40 Dc38
48691 Humberg 39 Ca34
32694 Humfeld 41 Ed34
24357 Hummelfeld 3 Fd13
95503 Hummeltal 79 Ja52
97519 Humprechtshausen 67 Gd51
25923 Humptrup 2 Ed10
06862 Hundeluft 46 Ka34
94336 Hunderdorf 89 Kd60
37339 Hundeshagen 43 Gc39
83730 Hundham 108 Jd71
94551 Hunding 90 Lc61
39343 Hundisburg 33 Hd32
56414 Hundsangen 64 Dc48
08318 Hundshübel 70 Kc47
35410 Hungen 65 Ed48
86857 Hurlach 97 Hb68
24975 Husby 3 Fc11
33165 Husen 41 Ec38
29229 Hustedt 32 Ga29
25813 Husum 2 Ed13
31632 Husum 31 Fa30
76661 Huttenheim 84 Ea59
94116 Hutthurm 100 Ld62
38836 Huy-Neinstedt 44 Hb35

I

4947. Ibbenbüren 29 Db32
89335 Ichenhausen 96 Gc66
77743 Ichenheim 93 Db65
99334 Ichtershausen 56 Hb44
44581 Ickern 39 Cd38
82057 Icking 98 Ja69
55743 Idar-Oberstein 73 Cc54
39606 Iden 34 Jc28
24879 Idstedt 3 Fc12
65510 Idstein 64 Dd50
82393 Iffeldorf 108 Ja71
76473 Iffezheim 83 Dd62
97342 Iffigheim 77 Gc55
99831 Ifta 55 Gb43
54298 Igel 72 Bc54
91338 Igensdorf 78 Hd55
97999 Igersheim 76 Fd56
67459 Iggelheim 74 Dd57
94547 Iggensbach 90 Lb62
73574 Iggingen 86 Ga62
86859 Igling 97 Hb68
21769 Ihlbeck 11 Fa20
39291 Ihleburg 34 Jc31
17039 Ihlenfeld 16 La20
06347 Ihlewitz 45 Jb37
21775 Ihlienworth 10 Ed20
14913 Ihlow 47 Lb35
15377 Ihlow 37 Ma28
26632 Ihlow 19 Da22
30952 Ihme-Roloven 31 Fd32
79241 Ihringen 93 Da68
93346 Ihrlerstein 88 Jd60
06408 Ilberstedt 45 Jb36
36355 Ilbeshausen-Hochwaldhausen 66 Fb47
76829 Ilbesheim 83 Dc59
99768 Ilfeld 44 Ha38
89269 Illerberg 96 Gb66
89171 Illerkirchberg 96 Gb66
89186 Illerrieden 96 Gb66
89257 Illertissen 96 Gb67
91471 Illesheim 77 Gc56
66557 Illingen 73 Cb57
75428 Illingen 84 Ed61
76477 Illingen 83 Dd61
88636 Illmensee 105 Fb70
14913 Illmersdorf 47 Lb35
92278 Illschwang 79 Jb56
98693 Ilmenau 68 Hb46
85304 Ilmmünster 98 Jb64
99326 Ilmtal 56 Hc45
31241 Ilsede 32 Gb32
38871 Ilsenburg 44 Ha36
32469 Ilserheide 30 Ed31
74360 Ilsfeld 85 Fa60
74532 Ilshofen 86 Ga59
31319 Ilten 32 Ga32
68549 Ilvesheim 75 Eb56
36110 Im Langen Feld 66 Fc46
46244 Im Loh 39 Cb38
37154 Imbshausen 43 Ga37
38486 Immekath 33 Hb29
51491 Immekeppel 51 Cc43
36433 Immelborn 55 Gc45
78532 Immendingen 94 Ec69
34376 Immenhausen 42 Fc39
87674 Immenhofen 107 Ha70
95505 Immenreuth 79 Jc52
88353 Immenried 106 Ga70
38690 Immenrode 43 Gd35
99735 Immenrode 44 Ha39
31275 Immensen 32 Ga31
88090 Immenstaad a. Bodensee 105 Fb72
87509 Immenstadt i. Allgäu 106 Gc73
25767 Immenstedt 11 Fb16
25885 Immenstedt 3 Fa13
41812 Immerath 50 Bc42
40764 Immigrath 51 Cb42
37115 Immingerode 43 Gb39
67817 Imsbach 74 Db55
86570 Inchenhofen 97 Hd64
52459 Inden 50 Bc44
38385 Ingeleben 33 Hb33
74653 Ingelfingen 85 Fd58
55218 Ingelheim 74 Dc52
76831 Ingenheim 83 Dc59
86980 Ingenried 107 Hb70
74379 Ingersheim 85 Fa61
99192 Ingersleben 56 Hb44
88456 Ingoldingen 95 Fd69
850.. Ingolstadt 88 Ja62
72513 Inneringen 95 Fb67
94548 Innernzell 90 Lc61
82266 Inning a. Ammersee 97 Hd68
84416 Inning a. Holz 99 Ka65
39599 Insel 34 Jb29
18565 Insel Hiddensee 7 Kd12
76865 Insheim 83 Dd59
91610 Insingen 86 Gb58
83334 Inzell 110 La70
72514 Inzigkofen 95 Fa68
79594 Inzlingen 103 Da72
97346 Iphofen 77 Gc54
97258 Ippesheim 77 Gc55
91472 Ipsheim 77 Gd56
75446 Iptingen 84 Ed61
85564 Irl 99 Kc66
94342 Irlbach 89 Kd61
97633 Irmelshausen 67 Gd48
54666 Irrel 72 Bc53
54296 Irsch 72 Bd54
54451 Irsch 72 Bc55
83737 Irschenberg 108 Jd70
87660 Irsee 107 Ha70
78661 Irslingen 94 Eb67
39167 Irxleben 34 Ja33
37130 Ischenrode 43 Ga39
84424 Isen 99 Ka67
38550 Isenbüttel 32 Gd31
32339 Isenstedt 30 Ec31
586.. Iserlohn 52 Da40
30916 Isernhagen 31 Fd31
96215 Isling 68 Hc51
85737 Ismaning 98 Jc67
88316 Isny 106 Gb71
75228 Ispringen 84 Eb61
95183 Issar 69 Jc48
46419 Issel-Burg 38 Bc36
33334 Isselhorst 41 Ea35
21698 Issendorf 21 Fc22
95188 Issigau 69 Jb48
47661 Issum 38 Bc38
48465 Isterberg 28 Cc31
39279 Isterbies 34 Jd33
36041 Istergiesel 66 Fc47
32825 Istrup 41 Ed35
49847 Itterbeck 28 Ca30
76307 Ittersbach 84 Ea61
94315 Ittling 89 Kd61
74930 Ittlingen 84 Ed59
25524 Itzehoe 11 Fc18
96274 Itzgrund 68 Hb50
23845 Itzstedt 12 Gb19
17391 Iven 16 Lb18
17153 Ivenack 15 Kc19
39343 Ivenrode 33 Hc32

J

16909 Jabel 25 Ka24
17194 Jabel 15 Ka21
15236 Jacobsdorf 37 Mc31
26349 Jade 19 Dd23
17209 Jaebetz 25 Ka23
66424 Jägersburg 73 Cc57
95028 Jägersruh 69 Jd49
03130 Jämlitz 49 Na37
14947 Jänickendorf 36 La33
15518 Jänickendorf 37 Ma30
16949 Jännersdorf 24 Jc23
03197 Jänschwalde 48 Md35
39638 Jävenitz 34 Ja30
96515 Jagdshof 68 Hd48
24878 Jagel 3 Fc13
17129 Jagetzow 16 La18
17337 Jagow 26 Lc22
04936 Jagsal 47 Lb37
74177 Jagstfeld 85 Fa58
74249 Jagsthausen 85 Fc58
74564 Jagstheim 86 Gb59
73489 Jagstzell 86 Gb60
18337 Jahnkendorf 6 Ka15
09419 Jahnsbach 59 La45
09387 Jahnsdorf 58 Kd45
15320 Jahnsfelde 37 Mb29
24594 Jahrsdorf 11 Fc17
38486 Jahrstedt 33 Hb30
37688 Jakobsberg 42 Fb38
18442 Jakobsdorf 6 Kc15
17268 Jakobshagen 26 Lb23
63869 Jakobsthal 66 Fb51
29479 Jameln 23 Hb25
16306 Jamikow 27 Mb24
15868 Jamlitz 48 Mc34
94118 Jandelsbrunn 91 Ma62
24992 Janneby 3 Fb12
01945 Jannowitz 48 Ma39
17392 Japenzin 16 Lb19
39596 Jarchau 34 Jb29
24994 Jardelund 3 Fa10
17126 Jarmen 16 La17
18528 Jarnitz 7 La13
24941 Jarplund-Weding 3 Fb11
24232 Jasdorf 4 Gb15
19230 Jasnitz 23 Hd22
17099 Jatzke 16 Lb20
17309 Jatznick 16 Ld20
06862 Jeber-Bergfrieden 46 Ka34
99706 Jecha 56 Hb40
39524 Jederitz 24 Jd27
89257 Jedesheim 96 Gb67
38489 Jeeben 33 Hc29
23936 Jeese 13 Hb19
39624 Jeetze 33 Hd28
39649 Jeggau 33 Hc30
29416 Jeggeleben 33 Hd28
03116 Jehserig 48 Mc37
30982 Jeinsen 31 Fd33
29585 Jelmstorf 22 Gd25
38477 Jembke 33 Ha30
26844 Jemgum 18 Cd24
0774. Jena 57 Ja44
86860 Jengen 97 Hb69
18230 Jennewitz 14 Jb16
14715 Jerchel 35 Ka30
39517 Jerchel 34 Jc30
39638 Jerchel 33 Hd30
39319 Jerichow 34 Jc30
03159 Jerischke 49 Na37
24963 Jerrishoe 3 Fb12
22941 Jersbek 12 Gb20
39326 Jersleben 34 Ja32
38381 Jerxheim 44 Hb34
31167 Jerze 43 Gb35
34632 Jesberg 54 Fa43
19417 Jesendorf 14 Ja19
82287 Jesenwang 97 Hd67
14778 Jeserig 35 Kc31
14822 Jeserig 35 Kc33
14827 Jeserig (Fläming) 35 Ka33
14827 Jeserigerhütten 46 Kb34
39638 Jeseritz 33 Hd31
04838 Jesewitz 46 Kb39
06917 Jessen 46 Kd36
19249 Jessenitz 23 Hb23
15913 Jessern 37 Mb33
96106 Jesserndorf 68 Ha51
18507 Jessin 15 Kc16
04916 Jeßnigk 47 Lb36
06800 Jessnitz (Anhalt) 46 Ka37
21266 Jesteburg 22 Ga23
79798 Jestetten 104 Eb72
98708 Jesuborn 68 Hc46
03149 Jethe 48 Md36
15938 Jetsch 47 Ld34
84555 Jettenbach 99 Kc67
89343 Jettingen 96 Gd65
89343 Jettingen-Scheppach 96 Gd65
85305 Jetzendorf 98 Ja65
24808 Jevenstedt 3 Fc15
26441 Jever 9 Dc21
29323 Jeversen 31 Fd29
16247 Joachimsthal 26 Lc25
76751 Jockgrim 83 Dd59
03149 Jocksdorf 49 Na36
95189 Joditz 69 Jc48
75045 Jöhlingen 84 Eb60
09477 Jöhstadt 71 La47
33739 Jöllenbeck 41 Eb34
17168 Jördenstorf 15 Kb18
24992 Jörl 3 Fb12
18233 Jörnstorf 14 Ja17
08547 Jößnitz 69 Jd47
36041 Johannesberg 66 Fc47
63867 Johannesberg 66 Fa51
84175 Johannesbrunn 99 Kc64
08349 Johanngeorgenstadt 70 Kd47
84381 Johanniskirchen 100 Lb64
123.. Johannisthal 36 Lb30
25862 Joldelund 3 Fa12
02796 Jonsdorf 61 Nb43
21635 Jork 11 Fc21
36154 Jossa 66 Fc47
36391 Jossa 66 Fc50
63637 Jossgrund 66 Fc50
96515 Judenbach 68 Hd48
38489 Jübar 33 Hb29
24855 Jübek 3 Fb13
41363 Jüchen 50 Bc42
98631 Jüchsen 67 Gd48
06773 Jüdenberg 46 Ka36
37127 Jühnde 42 Fd39
15831 Jühnsdorf 36 Lb31
19412 Jülchendorf 14 Ja20
52428 Jülich 50 Bc44
54584 Jünkerath 62 Bd49
18246 Jürgenshagen 14 Jb17
17153 Jürgenstorf 15 Kc20
21379 Jürgenstorf 22 Gd23
14913 Jüterbog 47 La34
39264 Jütrichau 45 Jd35
37345 Jützenbach 43 Gc39
64342 Jugenheim 75 Eb54
55270 Jugenheim i. Rheinhessen 74 Dc53
84387 Julbach 100 Lb66
21483 Juliusburg 22 Gc22
72417 Jungingen 94 Ed66
97486 Junkersdorf 67 Gd51
97618 Junkershausen 67 Gc49

K

25582 Kaaks 11 Fb17
17268 Kaakstedt 26 Ld24
41564 Kaarst 50 Bd41
19412 Kaarz 14 Ja20
58099 Kabel 51 Cd40
23738 Kabelhorst 5 Ha15
15758 Kablow 36 Ld31
39307 Kade 34 Jd31
79790 Kadelburg 103 Dd72
56337 Kadenbach 64 Db48
01665 Käbschütztal 59 Lc41
36039 Kämmerzell 66 Fd47
75236 Kämpfelbach 84 Eb61
09247 Kändler 58 Kd44
84332 Käsberg 100 La65
98663 Käßlitz 68 Ha50
39599 Käthen 34 Ja29
16837 Kagar 25 Kc24
15345 Kagel 37 Ma30
17391 Kagenow 16 La18
63796 Kahl 65 Ed51
04928 Kahla 47 Lc38
07768 Kahla 57 Jb45
98701 Kahlert 68 Hb47
03051 Kahren 48 Md36
39624 Kahrstedt 33 Hd28
96231 Kaider 68 Hc51
91085 Kairlindach 78 Hb55
25560 Kaisborstel 11 Fb17
25709 Kaiser-Wilhelm-Koog 10 Ed18
79872 Kaiserhaus 103 Dc71
73667 Kaisersbach 85 Fd61
56759 Kaisersesch 63 Cb50
676.. Kaiserslautern 74 Db56
86687 Kaisheim 87 Hb62
97535 Kaisten 67 Gb51
21734 Kajedeich 11 Fa19
06785 Kakau 46 Ka36
21255 Kakenstorf 21 Fd23
21702 Kakerbeck 21 Fb22
29378 Kakerbeck 33 Ha28
39624 Kakerbeck 33 Hc29
36124 Kalbach 66 Fd48
27419 Kalbe 21 Fc23
39624 Kalbe 33 Hd29
90562 Kalchreuth 78 Hc55
53721 Kaldauen 51 Cc45
41334 Kaldenkirchen 50 Bb40
37589 Kalefeld 43 Ga36
51103 Kalk 51 Cb43
47546 Kalkar 38 Bb37
23942 Kalkhorst 13 Hb17
48145 Kalksbeck 39 Cc35
53925 Kall 62 Bc47
29596 Kallenbrock 22 Gd27
59602 Kallenhardt 41 Ea39
32689 Kalletal 41 Ed34
15806 Kallinchen 36 Lc32
84405 Kalling 99 Ka66
93183 Kallmünz 88 Jd59
67169 Kallstadt 74 Dd56
78476 Kaltbrunn 105 Fa71
96274 Kaltenbrunn i. Itzgrund 68 Hb50
56220 Kaltenengers 64 Da48
23999 Kaltenhof 13 Hd17
24568 Kaltenkirchen 12 Ga19
36452 Kaltenlengsfeld 67 Gb46
36452 Kaltennordheim 67 Gb46
98634 Kaltensundheim 67 Gb46
87662 Kaltental 97 Hb69
98634 Kaltenwestheim 67 Gb46
58640 Kalthof 40 Da39
24326 Kalübbe 12 Gb16
17207 Kambs 25 Kb23
18258 Kambs 14 Jc18
59174 Kamen 40 Da38
01917 Kamenz 60 Mb40
39524 Kamern 34 Jd28
18233 Kamin 14 Ja17
89358 Kammeltal 96 Gd66
83278 Kammer 99 Kd69
85777 Kammerberg 98 Jb65
37170 Kammerborn 42 Fc37
91126 Kammerstein 87 Hc58
17506 Kammin 16 La17
18556 Kammin 7 La12
17419 Kamminke 17 Ma18
87754 Kammlach 96 Gd68
17398 Kamp 16 Ld18
23827 Kamp 12 Gc17
56341 Kamp-Bornhofen 64 Da50
25999 Kampen 2 Ea9
47475 Kamplintfort 38 Bd39
07333 Kamsdorf 69 Ja46
76870 Kandel 83 Dd60
08538 Kandelhof 69 Jd48
18516 Kandelin 15 Kd16
79400 Kandern 103 Da71
06116 Kanena 45 Jd39
21514 Kankelau 12 Gd21
06578 Kannawurf 56 Hc41
16845 Kantow 25 Kb26
47447 Kapellen 38 Bd39
47608 Kapellen 38 Bc38
16775 Kappe 26 Lb26
77966 Kappel 93 Da66
79853 Kappel 103 Dd70
24376 Kappeln 4 Ga12
77876 Kappelrodeck 93 Dc64
97842 Karbach 76 Fd53
61184 Karben 65 Ec50
19386 Karbow-Vietlübbe 24 Jc22
24398 Karby 4 Ga12
15926 Karche-Zaacko 47 Ld35
18276 Karcheez 14 Jc19
32791 Karchtenhausen 41 Ec35
19294 Karenz 23 Hd24
93138 Kareth 89 Ka60
19243 Karft 13 Hb21
17192 Kargow 15 Kc21
17192 Kargow-Unterdorf 15 Kb21
18236 Karin 14 Ja17
39291 Karith 34 Jb33
76307 Karlsbad 84 Ea61
66352 Karlsbrunn 82 Bd59
17495 Karlsburg 16 Lb17
15320 Karlsdorf 37 Mb28
76689 Karlsdorf 84 Eb59
85757 Karlsfeld 98 Jb67
17449 Karlshagen 16 Lc16
10318 Karlshorst 36 Lc30
86668 Karlshuld 88 Ja63
85123 Karlskron 88 Ja63
76... Karlsruhe 84 Ea60
97753 Karlstadt 76 Fd52
93128 Karlstein 89 Ka59
63791 Karlstein a. Main 65 Ed51
25926 Karlum 2 Ed10
18469 Karnin 6 Kb14
18574 Karnitz 7 La14
25774 Karolinenkoog 2 Ed15
19395 Karow 14 Jd21
39307 Karow 34 Jd31
94086 Karpfham 100 Lc65
15848 Karras 37 Mc33
17498 Karrendorf 7 La15
19372 Karrenzin 24 Jb23
79618 Karsau 103 Db72
97783 Karsbach 66 Fd51
06638 Karsdorf 57 Jb40
19294 Karstädt 23 Hd23
19357 Karstädt 24 Jb24
17129 Kartlow 16 La18
16833 Karwesee 35 Kc28
29481 Karwitz 23 Hb25
53547 Kasbach-Ohlenberg 63 Cc47
02906 Kaschel 49 Na39
54317 Kasel 72 Bd54
15938 Kasel-Golzig 47 Ld34
95359 Kasendorf 68 Hd51
18581 Kasnevitz 7 La14
96260 Kaspauer 68 Hd51
22929 Kasseburg 12 Gc21
23717 Kasseedorf 12 Gd16
341.. Kassel 54 Fc40
63599 Kassel 66 Fb50
39638 Kassieck 34 Ja29
18258 Kassow 14 Jc18
66620 Kastel 73 Ca55
56288 Kastellaun 63 Cd51
50181 Kaster 50 Bd43
84556 Kastl 99 Kd67
92280 Kastl 79 Jb57
95506 Kastl 79 Jc53
23847 Kastorf 12 Gd19
18249 Katelbogen 14 Jb18
16818 Katerbow 25 Kb26
42111 Katernberg 51 Cc41
45884 Katernberg 39 Cb39
99988 Katharinenberg 55 Gc42
25836 Katharinenheerd 2 Ec15
06542 Katharinenried 44 Hd39
39359 Kathendorf 33 Hc31
03058 Kathlow 48 Md36
25832 Kating 2 Ed15
37191 Katlenburg 43 Gb37
95326 Katschenreuth 69 Ja51
24568 Kattendorf 12 Ga19
49536 Kattenvenne 40 Db34
91522 Katterbach 78 Ha57
56368 Katzen-Elnbogen 64 Dc49
18465 Katzenow 6 Kb15
98746 Katzhütte 68 Hc47
29571 Katzien 23 Ha26
17509 Katzow 16 Lc16
67734 Katzweiler 74 Da56
57581 Katzwinkel 52 Db45
56349 Kaub 64 Db51
87600 Kaufbeuren 107 Ha70
86916 Kaufering 97 Hb68
34260 Kaufungen 54 Fc41
07338 Kaulsdorf 69 Ja46
12621 Kaulsdorf 36 Lc29
33415 Kaunitz 41 Eb36
03130 Kausche 48 Mc37
08525 Kauschwitz 69 Jd47
95182 Kautendorf 69 Jd49
04924 Kauxdorf 47 Lb38
18334 Kavelsdorf 15 Kb16
18196 Kavelstorf 14 Jc17
84529 Kay 100 La68
71083 Kayh 84 Ed64
23863 Kayhude 12 Gb19
06724 Kayna 58 Ka43
19412 Keez 14 Ja19
63699 Kefenrod 66 Fa49
21785 Kehdingbruch 10 Ed19
77694 Kehl 93 Db64
96361 Kehlbach 68 Hd48
88074 Kehlen 105 Fc72
99752 Kehmstedt 43 Gd39
39517 Kehnert 34 Jb31
16928 Kehrberg 24 Jd25
56729 Kehrig 63 Cc49
15859 Kehrigk 37 Ma32
47546 Kehrum 38 Bc37
07389 Keila 69 Jb46
53539 Kelberg 63 Ca49
06537 Kelbra 44 Hc39
50389 Keldenich 51 Cb45
93309 Kelheim 88 Jd61
93309 Kelheimwinzer 88 Jd61
65779 Kelkheim 65 Ea51
54427 Kell a. See 73 Ca55
23746 Kellenhusen 13 Hb16
16775 Keller 25 Kd26
49661 Kellerhöhe 19 Dd27
25548 Kellinghusen 11 Fd18
89293 Kellmünz a.d. Iller 96 Gb68
65451 Kelsterbach 65 Eb51
75210 Keltern 84 Eb61
34369 Kelze 42 Fb39
41363 Kelzenberg 50 Bc42
06901 Kemberg 46 Kc36
23715 Kembs 12 Gc17
95188 Kemlas 69 Jb48
15926 Kemlitz 47 Lc35
03205 Kemmen 48 Ma36
51789 Kemmerich 51 Cd43
96164 Kemmern 78 Hb52
95478 Kemnath 79 Jc52
08538 Kemnitz 69 Jd48
14542 Kemnitz 35 Kc30
14947 Kemnitz 35 Kd33
16928 Kemnitz 24 Jd24
17509 Kemnitz 16 Lb16

32805 Kempen 41 Ed36
47906 Kempen 50 Bc40
52525 Kempen 50 Ba42
56746 Kempenich 63 Cb48
59227 Kemper 40 Db36
8743 . Kempten (Allgäu) 106 Gc71
09240 Kemtau 59 La45
54344 Kenn 72 Bd53
18314 Kenz 6 Kb14
79341 Kenzingen 93 Da67
47589 Keppeln 38 Bb37
63628 Kerbersdorf 66 Fb49
97491 Kerbfeld 67 Gd50
39264 Kerchau 45 Jd34
29416 Kerkau 33 Hd28
47647 Kerken 38 Bc39
16278 Kerkow 27 Ma25
03172 Kerkwitz 49 Na34
71394 Kernen i. Remstal 85 Fb62
501 . . Kerpen 50 Bd44
83549 Kerschdorf 99 Kb68
37130 Kerstlingerode 43 Gb39
47627 Kervenheim 38 Bb37
36124 Kerzell 66 Fd48
14974 Kerzendorf 36 Lb32
67304 Kerzenheim 74 Dc55
16845 Kerzlin 25 Kb26
47574 Kessel 38 Ba37
59510 Kesseler 40 Dd37
01723 Kesselsdorf 59 Ld42
18196 Kessin 14 Jc16
24392 Ketelsby 3 Fd12
68775 Ketsch 75 Eb57
36419 Ketten 67 Ga46
49577 Kettenkamp 29 Db29
86498 Kettershausen 96 Gc67
56220 Kettig 63 Cd48
45129 Kettwig 51 Cb40
01623 Ketzerbachtal 59 Lb41
14669 Ketzin 35 Kc30
14778 Ketzür 35 Kb30
4762 . Kevelaer 38 Bb38
72108 Kiebingen 94 Ed65
25368 Kiebitzreihe 11 Fc19
65399 Kiedrich 64 Dc51
83088 Kiefersfelden 109 Kb72
15324 Kiehnwerder 37 Mb28
03058 Kiekebusch 48 Mc36
241 . . Kiel 4 Ga15
15345 Kienbaum 37 Ma30
14641 Kienberg 35 Kd28
83361 Kienberg 99 Kc68
15324 Kienitz 37 Mc28
15324 Kienitz-Nord 37 Mc28
58566 Kierspe 52 Da42
24392 Kiesby 3 Fd12
36460 Kieselbach 55 Gb44
75249 Kieselbronn 84 Ec61
15890 Kieselwitz 37 Md32
79774 Kiesenbach 103 Dc72
17209 Kieve 25 Kb23
97494 Kimmelsbach 67 Gd50
87452 Kimratshofen 106 Gc71
99638 Kindelbrück 56 Hc41
54538 Kinderbeuern 63 Cb51
48159 Kinderhaus 40 Da34
85125 Kinding 88 Ja60
66862 Kindsbach 74 Da57
18445 Kinnbackenhagen 6 Kc13
86981 Kinsau 107 Hc70
85110 Kipfenberg 88 Ja60
88090 Kippenhausen 105 Fb72
77971 Kippenheim 93 Db66
77933 Kippenheimweiler 93 Db66
18513 Kirch Baggendorf 15 Kc16
23936 Kirch Mummendorf 13 Hb18
18276 Kirch Rosin 14 Jd19
64753 Kirch-Brombach 75 Ed54
19230 Kirch-Jesar 23 Hc22
18233 Kirch-Mulsow 14 Ja17
83417 Kirchanschöring 100 La69
74912 Kirchardt 84 Ed59
24245 Kirchbarkau 12 Gb16
08107 Kirchberg 70 Kb46
84307 Kirchberg 99 Kd65
84434 Kirchberg 99 Ka65
94259 Kirchberg 90 Lc60
88486 Kirchberg a.d. Iller 96 Gb68
74592 Kirchberg a.d. Jagst 86 Ga59
71737 Kirchberg a.d. Murr 85 Fb61
55481 Kirchberg (Hunsrück) 73 Cd52
63633 Kirchbracht 66 Fb48
37619 Kirchbrak 42 Fc35
18519 Kirchdorf 7 La15
23999 Kirchdorf 13 Hd17
27245 Kirchdorf 30 Ec29
83527 Kirchdorf 99 Kb67
85414 Kirchdorf a.d. Amper 98 Jc65
88457 Kirchdorf a.d. Iller 96 Gb68
84375 Kirchdorf a. Inn 100 Lb66
94261 Kirchdorf i. Wald 90 Lc60
91356 Kirchehrenbach 78 Hd54
57548 Kirchen 52 Db45
78187 Kirchen 104 Eb70
89584 Kirchen 95 Fd66
92665 Kirchendemenreuth 79 Jd53
95158 Kirchenlamitz 69 Jd50
95466 Kirchenpingarten 79 Jc52
92268 Kirchenreinbach 79 Jb55
91241 Kirchensittenbach 79 Ja55
72138 Kirchentellinsfurt 95 Fa64
91281 Kirchenthumbach 79 Jc54
76187 Kirchfeld Siedlung 84 Ea60
21745 Kirchfelde 11 Fa20
90579 Kirchfembach 78 Hb56
21394 Kirchgellersen 22 Gb24
35274 Kirchhain 53 Ed45
94148 Kirchham 100 Lc65
07407 Kirchhasel 57 Ja45
36088 Kirchhasel 66 Fd46
87755 Kirchhaslach 96 Gc68
32657 Kirchheide 41 Ec34
36275 Kirchheim 54 Fc44
84529 Kirchheim 100 La68
97268 Kirchheim 77 Ga55
67281 Kirchheim a.d. Weinstr. 74 Dd56
74366 Kirchheim a. Neckar 85 Fa60
73467 Kirchheim a. Ries 86 Gd61
85551 Kirchheim b. München 98 Jc67
87757 Kirchheim i. Schwaben 96 Gd67
73230 Kirchheim u. Teck 85 Fc63
67292 Kirchheim-Bolanden 74 Dc55
46244 Kirchhellen 39 Cb38
44229 Kirchhörde 39 Cd39
57399 Kirchhundem 52 Dc42
96166 Kirchlauter 68 Ha51
96224 Kirchlein 68 Hd50
32278 Kirchlengern 30 Eb33
95326 Kirchleus 69 Ja50
44369 Kirchlinde 39 Cd39
27308 Kirchlinteln 21 Fb26
23714 Kirchnüchel 12 Gd16
31860 Kirchohsen 42 Fb34
94356 Kirchroth 89 Kc60
27243 Kirchseelte 20 Ec26
85614 Kirchseeon 98 Jd68
27412 Kirchtimke 21 Fa24
56729 Kirchwald 63 Cc48
27386 Kirchwalsede 21 Fb26
30926 Kirchwehren 31 Fc31
84558 Kirchweidach 99 Kd68
27616 Kirchwistedt 20 Ed22
37339 Kirchworbis 55 Gc40
79199 Kirchzarten 93 Db69
63931 Kirchzell 76 Fa55
66459 Kirkel 82 Cc58
55606 Kirn 73 Cd53
01855 Kirnitzschtal 60 Mc42
66424 Kirrberg 82 Cc58
68753 Kirrlach 84 Eb58
67489 Kirrweiler 83 Dd58
02681 Kirschau 60 Md41
64646 Kirschhausen 75 Ec55
07919 Kirschkau 69 Jc46
55743 Kirschweiler 73 Cc54
36320 Kirtorf 54 Fa45
24629 Kisdorf 12 Ga19
38324 Kissenbrück 43 Gd34
86438 Kissing 97 Hc66
88353 Kißlegg 106 Ga71
97270 Kist 77 Ga54
17153 Kittendorf 15 Kc20
02708 Kittlitz 61 Na41
03222 Kittlitz 48 Ma35
23911 Kittlitz 13 Ha20
04460 Kitzen 58 Ka41
97318 Kitzingen 77 Gb54
04567 Kitzscher 58 Kb41
18279 Klaber 15 Ka19
14089 Kladow 36 La30
39579 Kläden 34 Ja29
39619 Kläden 23 Hd27
09125 Klaffenbach 58 Kd45
82493 Klais 108 Ja73
24321 Klamp 4 Gd15
25924 Klanxbüll 2 Ec10
24860 Klappholz 3 Fc12
15837 Klasdorf 47 Lc34
15838 Klausdorf 36 Lb32
18445 Klausdorf 6 Kc13
24147 Klausdorf 4 Gb15
54524 Klausen 73 Ca52
17268 Klaushagen 26 Lc23
06779 Kleckewitz 46 Ka37
34376 Kleeberg 42 Fc39
64823 Kleestadt 75 Ed53
39326 Klein Ammensleben 34 Ja32
03149 Klein Bademeusel 49 Na36
24245 Klein Barkau 4 Gb15
14641 Klein Behnitz 35 Kc29
18246 Klein Belitz 14 Jb18
19258 Klein Bengerstorf 23 Ha22
24848 Klein Bennebek 3 Fb14
49777 Klein Berßen 29 Da28
38319 Klein Biewende 43 Gd34
38319 Klein Biewende 43 Gd34
17390 Klein Bünzow 16 Lb17
03058 Klein Döbbern 48 Mc36
03130 Klein Düben 49 Na37
38312 Klein Flöthe 43 Gd34
29416 Klein Gartz 23 Hd27
19348 Klein Gottschow 24 Jc25
18292 Klein Grabow 14 Jd20
31241 Klein Ilsede 32 Gb32
26409 Klein Isums 9 Db21
03159 Klein Kölzig 48 Md36
24626 Klein Kummerfeld 12 Ga17
18184 Klein Kussewitz 14 Jd16
15913 Klein Leine 48 Mb34
19339 Klein Leppin 24 Jc26
03130 Klein Loitz 48 Md37
17337 Klein Luckow 16 Ld20
17217 Klein Lukow 15 Kd21
14823 Klein Marzehns 46 Kb34
27419 Klein Meckelsen 21 Fb23
17159 Klein Methling 15 Kb17
19217 Klein Molzahn 13 Ha19
15868 Klein Muckrow 37 Mc33
15324 Klein Neuendorf 37 Mb28
25336 Klein Nordende 11 Fc20
25365 Klein Offenseth 11 Fd19
39398 Klein Oschersleben 44 Hd34
21514 Klein Pampau 12 Gd21
18196 Klein Potrems 14 Jd17
03222 Klein Radden 48 Ma35
26670 Klein Remels 19 Db23
24848 Klein Rheide 3 Fb14
23795 Klein Rönnau 12 Gc18
19073 Klein Rogahn 13 Hd21
06449 Klein Schierstedt 45 Ja36
37133 Klein Schneen 43 Ga39
14959 Klein Schulzendorf 36 La32
39579 Klein Schwechten 34 Jb28
18246 Klein Sien 14 Jb18
31848 Klein Süntel 31 Fb33
19069 Klein Trebbow 13 Hd20
18276 Klein Upahl 14 Jc19
19399 Klein Wangelin 14 Jd21
39164 Klein Wanzleben 44 Hd34
19357 Klein Warnow 24 Ja24
19209 Klein Welzin 13 Hc20
23860 Klein Wesenberg 12 Gd19
24361 Klein Wittensee 3 Fd14
16928 Klein Woltersdorf 24 Jd25
39307 Klein Wusterwitz 34 Jd30
23883 Klein Zecher 13 Ha21
18586 Klein Zicker 7 Lc14
16247 Klein Ziethen 26 Ld25
64572 Klein-Gerau 75 Eb52
48734 Klein-Reken 39 Cb36
55270 Klein-Winternheim 74 Dd52
64846 Klein-Zimmern 75 Ec53
86507 Kleinaitingen 97 Hb67
39398 Kleinalsleben 44 Hd35
71546 Kleinaspach 85 Fb60
39606 Kleinau 24 Ja27
97437 Kleinaugsfeld 67 Gd51
97633 Kleinbardorf 67 Gc49
14979 Kleinbeeren 36 Lb31
66271 Kleinblittersdorf 82 Cb59
99752 Kleinbodungen 43 Gd39
97688 Kleinbrach 67 Gb50
30938 Kleinburgwedel 32 Ga30
42499 Kleineichen 51 Cd42
51503 Kleineichen 51 Cc44
33165 Kleinenberg 41 Ed38
32457 Kleinenbremen 30 Ed32
72829 Kleinengstingen 95 Fb66
02633 Kleinförstchen 60 Md41
99735 Kleinfurra 44 Ha39
75031 Kleingartach 84 Ed59
07318 Kleingeschwenda 68 Hd46
41836 Kleingladbach 50 Bb42
71665 Kleinglattbach 84 Ed61
31515 Kleinheidorn 31 Fb31
63924 Kleinheubach 76 Fa54
74379 Kleiningersheim 85 Fa60
63828 Kleinkahl 66 Fb51
47624 Kleinkevelaer 38 Bb38
06926 Kleinkorga 47 La36
03249 Kleinkrausnik 47 Lc36
97355 Kleinlangheim 77 Gc54
06528 Kleinleinungen 44 Hc39
36137 Kleinlüder 66 Fc47
14532 Kleinmachnow 36 La30
24306 Kleinmeinsdorf 12 Gc16
39221 Kleinmühlingen 45 Jb35
16775 Kleinmutz 26 La26
09128 Kleinolbersdorf-Altenhain 59 La44
63801 Kleinostheim 75 Ed52
19348 Kleinow 24 Jc25
06369 Kleinpaschleben 45 Jc36
97271 Kleinrinderfeld 77 Ga54
98593 Kleinschmalkalden 55 Gd45
91077 Kleinsendelbach 78 Hd55
97519 Kleinsteinach 67 Gd51
76327 Kleinsteinbach 84 Eb61
24802 Kleinvollstedt 3 Fd15
63839 Kleinwallstadt 76 Fa53
99735 Kleinwechsungen 44 Ha39
02627 Kleinwelka 60 Md40
97702 Kleinwenkheim 67 Gc49
24969 Kleinwiehe 3 Fa11
16831 Kleinzerlang 25 Kc24
23628 Klempau 12 Gd19
17089 Klempenow 16 La19
85302 Klenau 98 Ja65
24882 Klensby 3 Fc13
23715 Klenzau 12 Gd17
06366 Klepzig 45 Jc36
14823 Klepzig 46 Kb34
14728 Kleßen 35 Ka28
24327 Kletkamp 4 Gd15
99755 Klettenberg 43 Gd38
79771 Klettgau 104 Ea72
01998 Klettwitz 48 Ma38
04519 Kletzen-Zschölkau 46 Kb39
17111 Kletzin 15 Kd17
19336 Kletzke 24 Jc26
96250 Kleukheim 68 Hc51
06842 Kleutsch 46 Ka36
25554 Kleve 11 Fb18
25779 Kleve 3 Fa15
47533 Kleve 38 Bb36
18516 Klevenow 15 Kd16
17179 Kleverhof 15 Kb18
06869 Klieken 46 Ka35
14959 Kliestow 36 La32
39524 Klietz 34 Jc28
39319 Klietznick 34 Jc30
83547 Kling 99 Kb68
01738 Klingenberg 59 Ld43
63911 Klingenberg a. Main 76 Fa54
94518 Klingenbrunn 90 Lc60
34414 Klingenburg 42 Fa39
76889 Klingenmünster 83 Dc59
89134 Klingenstein 96 Ga65
08248 Klingenthal 70 Kb48
36452 Klings 67 Gb46
17192 Klink 15 Kb21
19374 Klinken 14 Ja21
17291 Klinkow 26 Ld22
23898 Klinkrade 12 Gd20
01665 Klipphausen 59 Lc42
39307 Klitsche 34 Jd30
02906 Klitten 49 Na39
25899 Klixbüll 2 Ed10
18311 Klockenhagen 6 Jd15
19217 Klocksdorf 13 Hb19
17194 Klocksin 15 Ka20
19260 Kloddram 23 Hb22
06917 Klöden 46 Kd36
38486 Klötze 33 Hc29
38486 Klötze Nord 33 Hc29
06198 Kloschwitz 45 Jb38
08527 Kloschwitz 69 Jd47
39638 Kloster Neuendorf 33 Hd30
98660 Kloster Veßra 68 Ha47
18337 Kloster Wulfshagen 15 Ka16
14913 Kloster Zinna 47 La34
15345 Klosterdorf 37 Ma29
16348 Klosterfelde 26 Lb27
16835 Klosterheide 25 Kd25
96215 Klosterlangheim 68 Hc51
86836 Klosterlechfeld 97 Hb67
06308 Klostermansfeld 45 Ja38
45711 Klostern 39 Cd37
72270 Klosterreichenbach 94 Ea64
17268 Klosterwalde 26 Lc24
56818 Klotten 63 Cc50
17440 Klotzow 16 Lc17
39638 Klüden 33 Hd31
54340 Klüsserath 73 Ca53
32758 Klüt 41 Ed35
23948 Klütz 13 Hc18
88048 Kluftern 105 Fb71
18569 Kluis 7 La13
26892 Kluse 18 Cd26
02979 Knappenrode 48 Mc39
07389 Knau 69 Jb46
59602 Kneblinghausen 41 Eb39
19205 Kneese 13 Hb20
29379 Knesebeck 33 Ha29
97478 Knetzgau 77 Gd52
76187 Knielingen 84 Ea60
04916 Knippelsdorf 47 Lb35
75438 Knittlingen 84 Ec60
14715 Knoblauch 35 Ka30
17091 Knorrendorf 15 Kd20
34593 Knüllwald 54 Fc43
17209 Knüppeldamm 25 Ka23
37079 Knutbühren 42 Fd38
15890 Kobbeln 37 Md33
23881 Koberg 12 Gd20
56330 Kobern-Gondorf 63 Cd49
04889 Kobershain 46 Kd39
17309 Koblentz 17 Ma20
560 . . Koblenz 64 Da49
19406 Kobrow 14 Jb20
82431 Kochel a. See 108 Ja72
02923 Kodersdorf 61 Nb40
19217 Köchelstorf 13 Hb19
39649 Köckte 33 Hc30
36325 Köddingen 66 Fa46
96365 Ködelberg 69 Ja49
07426 Köditz 68 Hc46
95189 Köditz 69 Jc49
95361 Ködnitz 69 Ja51
93096 Köfering 89 Ka60
27624 Köhlen 10 Ed21
24257 Köhn 4 Gc14
33790 Kölkebeck 41 Ea34
99625 Kölleda 56 Hd41
66346 Köllerbach 82 Ca58
04886 Köllitsch 47 La38
17089 Kölln 16 La19
25337 Kölln-Reisiek 11 Fd19
5 . . . . Köln 51 Cb44
17459 Kölpinsee 16 Ld16
04895 Kölsa 47 Lb37
35327 Kölzenhain 66 Fa47
17506 Kölzin 16 Lb17
18334 Kölzow 15 Ka16
79331 Köndringen 93 Db68
54329 Könen 72 Bc54
73257 Köngen 85 Fb63
45663 König Ludwig 39 Cc38
06493 Königerode 44 Hc38
97953 Königheim 76 Fc55
15711 Königs-Wusterhausen 36 Lc31
75203 Königsbach 84 Eb61
16909 Königsberg 25 Ka25
97486 Königsberg i. Bayern 67 Gd51
39175 Königsborn 34 Jb33
59425 Königsborn 40 Db38
89551 Königsbronn 86 Gb62
01936 Königsbrück 60 Ma40
86343 Königsbrunn 97 Hb66
50226 Königsdorf 51 Ca43
82549 Königsdorf 108 Jb70
07426 Königsee 68 Hc46
09306 Königsfeld 58 Kc42
96167 Königsfeld 78 Hd52
78126 Königsfeld i. Schwarzwald 94 Ea68
02829 Königshain 61 Nb40
09306 Königshain-Wiederau 58 Kd43
46145 Königshardt 39 Ca38
97922 Königshofen 76 Fd56
63776 Königshofen a.d. Kahl 66 Fa51
16833 Königshorst 35 Kc28
24799 Königshügel 3 Fb14
38875 Königshütte 44 Ha37
38154 Königslutter 33 Ha32
39606 Königsmark 24 Jb27
21255 Königsmoor 21 Fc24
86669 Königsmoos 87 Hd63
01824 Königstein 60 Mb43
61462 Königstein 65 Ea50
92281 Königstein 79 Jb55
07330 Königsthal 68 Hd47
09471 Königswalde 71 La46
02699 Königswartha 48 Mc39
53639 Königswinter 63 Cc46
07336 Könitz 69 Ja46
06420 Könnern 45 Jb37
39629 Könnigde 34 Ja29
12555 Köpenick 36 Lc30
14793 Köpernitz 35 Ka32
04936 Körba 47 Lb36
59519 Körbecke 40 Dd39
39175 Körbelitz 34 Jb33
19243 Körchow 23 Hb22
34327 Körle 54 Fc42
44143 Körne 40 Da39
44143 Körne 40 Da39
99998 Körner 55 Gd41
54675 Körperich 72 Bb52
85092 Kösching 88 Jb62
06869 Köselitz 46 Kb34
97486 Köslau 68 Ha51
94149 Kößlarn 100 Lc65
21368 Köstorf 23 Ha24
22929 Köthel 12 Gc21
06366 Köthen 45 Jc36
15748 Köthen 36 Ld33
96215 Köttel 68 Hd51
04886 Kötten 47 La38
16866 Kötzlin 24 Jd26
06231 Kötzschau 57 Jd40
17213 Kogel 25 Ka22
19246 Kogel 23 Hb22
72664 Kohlberg 95 Fb64
92702 Kohlberg 79 Jd55
21702 Kohlenhausen 21 Fb23
34454 Kohlgrund 41 Ed39
52134 Kohlscheid 50 Ba44
33189 Kohlstädt 41 Ed36
04655 Kohren-Sahlis 58 Kc42
15752 Kolberg 36 Ld32
83059 Kolbermoor 109 Ka70
78600 Kolbingen 94 Ed68
25840 Koldenbüttel 2 Ed14
31515 Kolenfeld 31 Fb31
97509 Kolitzheim 77 Gc52
25862 Kolkerheide 3 Fa12
03099 Kolkwitz 48 Mc36
84140 Kollbach 99 Kd64
85238 Kollbach 98 Jb65
95233 Kollerhammer 69 Jb49
93155 Kollersried 88 Jc59
25377 Kollmar 11 Fb20
25524 Kollmoor 11 Fc18
79183 Kollnau 93 Dc68
94262 Kollnburg 90 La59
21527 Kollow 22 Gc22
04936 Kolochau 47 Lb36
15518 Kolpin 37 Ma31
16866 Kolrep 24 Jd25
03058 Komptendorf 48 Md36
19273 Konau 23 Ha24
95692 Konnersreuth 70 Ka51
95176 Konradsreuth 69 Jc49
7846 . Konstanz 105 Fa72
54329 Konz 72 Bc54
94357 Konzell 89 Kd59
03058 Koppatz 48 Md36
24306 Koppelsberg 12 Gc16
71404 Korb 85 Fb62
34497 Korbach 53 Ec41
06258 Korbetha 45 Jc39
54306 Kordel 72 Bd53
06905 Korgau 46 Kc37
77694 Kork 93 Db64
08539 Kornbach 69 Jc47
95482 Kornbach 69 Jc51
90455 Kornburg 78 Hc57
70825 Korntal-Münchingen 85 Fa62
70806 Kornwestheim 85 Fa61
41352 Korschenbroich 50 Bc41
17419 Korswandt 17 Ma17
29413 Kortenbeck 23 Hb27
24354 Kosel 3 Fd13
23738 Koselau 5 Ha15
17459 Koserow 16 Ld16
52428 Koslar 50 Bb43
04838 Kospa-Pressen 46 Kb39
04849 Kossa 46 Kc37
04895 Koßdorf 47 Lb38
19374 Kossebade 14 Jb21
39606 Kossebau 24 Ja27
15848 Kossenblatt 37 Mb33
03226 Koßwig 48 Mb36
17099 Kotelow 16 Lc20
97786 Kothen 66 Fd48
19075 Kothendorf 13 Hc21
97486 Kottenbrunn 68 Ha51
96151 Kottendorf 68 Ha51
56736 Kottenheim 63 Cc49
82288 Kottgeisering 97 Hd68
66879 Kottweiler-Schwanden 73 Cd56
14715 Kotzen 35 Kb29
25832 Kotzenbüll 2 Ed15
18195 Kowalz 15 Ka17
17219 Kraase 15 Kc21
16775 Kraatz 26 La25
17291 Kraatz 26 Lc22
17329 Krackow 27 Mb22
16818 Kränzlin 25 Kc26
87647 Kraftisried 106 Gd71
07586 Kraftsdorf 57 Jc44
24997 Kragstedt 3 Fb12
14778 Krahne 35 Kb31
84559 Kraiburg a. Inn 99 Kc67
76703 Kraichtal 84 Ec59
82152 Krailling 98 Ja68
99752 Kraja 43 Gd39
18465 Krakow 15 Kb16
18292 Krakow a. See 14 Jd20
18581 Krakvitz 7 La14
18445 Kramerhof 6 Kc14
19348 Krampfer 24 Jc25
14476 Krampnitz 35 Kd30
21726 Kranenburg 11 Fa21
47559 Kranenburg 38 Ba36
49584 Kranenpool 29 Db30
14806 Kranepuhl 35 Kb33
99195 Kranichborn 56 Hc42
99448 Kranichfeld 56 Hd44
31737 Krankenhagen 31 Fa33
36419 Kranlucken 67 Ga46
53804 Kranüchel 51 Cd44
85402 Kranzberg 98 Jb65
87549 Kranzegg 106 Gc72
23992 Krassow 14 Ja18
17237 Kratzeburg 25 Kc22
72505 Krauchenwies 95 Fb69
02957 Krauschwitz 49 Na37
15910 Krausnick 36 Ld33
99819 Krauthausen 55 Gc43
74238 Krautheim 76 Fd57
97332 Krautheim 77 Gc53
21706 Krautsand 11 Fb20
03172 Krayne 48 Md34
02906 Kreba-Neudorf 49 Na39
37434 Krebeck 43 Gb38
15926 Kreblitz 47 Ld35
17348 Kreckow 16 Lc21
47 . . . Krefeld 50 Bd40
19386 Kreien 24 Jc22
37547 Kreiensen 43 Ga36
01731 Kreischa 60 Ma43
19205 Krembz 13 Hb20
39624 Kremkau 33 Hd29
16766 Kremmen 25 Kd27
19300 Kremmin 24 Ja24
25376 Krempdorf 11 Fb19
25361 Krempe 11 Fc19
25774 Krempel 2 Ed15
16945 Krempendorf 24 Jd23
25569 Kremperheide 11 Fb18
25569 Krempermoor 11 Fb18
18233 Krempin 14 Ja17
23816 Krems I 12 Gb18
23827 Krems II 12 Gc17
74594 Kreßberg 86 Gc59
88079 Kressbronn 105 Fc72
06712 Kretzschau 57 Jd42
83708 Kreuth 108 Jc72
92286 Kreuth 79 Jd57
18516 Kreutzmannshagen 15 Kd16
52372 Kreuzau 50 Bc45
1 . . . . Kreuzberg 36 Lb30
16559 Kreuzbruch 26 Lb27
57223 Kreuztal 52 Dc43
87474 Kreuzthal 106 Gb71
97519 Kreuzthal 67 Gd51
97892 Kreuzwertheim 76 Fc54
39606 Krevese 24 Ja27
16775 Krewelin 26 Lb26
17268 Krewitz 26 Lb23
19357 Kribbe 24 Jb24
67706 Krickenbach 74 Da57
04617 Kriebitzsch 58 Ka42
09648 Kriebstein 59 La42
67819 Kriegsfeld 74 Db54
14715 Kriele 35 Kb28
14550 Krielow 35 Kc30
17391 Krien 16 Lb18
17237 Krienke 25 Kc22
17406 Krienke 16 Ld17
17091 Kriesow 15 Kd19
65830 Kriftel 65 Ea51
06774 Krina 46 Kb37
02943 Kringelsdorf 49 Na39
19294 Krinitz 23 Hd24
04838 Krippehna 46 Kb38
18198 Kritzmow 14 Jc17
19386 Kritzow 24 Jc22
07387 Krölpa 69 Ja46
07955 Krölpa 69 Jc46
18445 Krönnevitz 6 Kc14
18236 Kröpelin 14 Jb16
21529 Kröppelshagen-Fahrendorf 22 Gc22
17440 Kröslin 16 Lc16
23758 Kröß 5 Ha15
95032 Krötenbruck 69 Jc49
54536 Kröv 73 Cb52
35435 Krofdorf-Gleiberg 65 Eb46
24644 Krogaspe 12 Ga16
17268 Krohnhorst 26 Lc24
24217 Krokau 4 Gc14
63829 Krombach 66 Fa51
02953 Kromlau 49 Na37
99441 Kromsdorf 56 Hd43
96317 Kronach 68 Hd49
76709 Kronau 84 Eb58
61476 Kronberg i. Taunus 65 Eb50
87758 Kronburg 106 Gb70
25709 Kronprinzenkoog 10 Ed18
24395 Kronsgaard 4 Ga11
24119 Kronshagen 4 Ga14
25597 Kronsmoor 11 Fc18
97490 Kronungen 67 Gb51
24848 Kropp 3 Fc14
01945 Kroppen 48 Ma39
39397 Kroppenstedt 44 Hd35
06895 Kropstädt 46 Kc34
06193 Krosigk 45 Jc38
04509 Krostitz 46 Kb39
39387 Krottorf 44 Hc35
17129 Kruckow 16 La18
46569 Krudenburg 39 Ca37
19089 Krudopp 14 Ja21
39615 Krüden 24 Ja26
82494 Krün 108 Ja73
39291 Krüssau 34 Jc32
21483 Krüzen 22 Gd22
56642 Kruft 63 Cd48
15913 Krugau 37 Ma33
16259 Kruge-Gersdorf 26 Ld27
17309 Krugsdorf 17 Ma21
87452 Krugzell 106 Gc71
17217 Krukow 15 Kd21
21483 Krukow 22 Gc22
86381 Krumbach 96 Gd67
23617 Krumbeck 12 Gd18
09434 Krumhermersdorf 59 La45
24217 Krummbek 4 Gc14
21732 Krummendeich 11 Fa19
25554 Krummendiek 11 Fb18
25355 Krummendieke 11 Fd19
92703 Krummennaab 79 Jd53
16356 Krummensee 36 Lc29
23628 Krummesse 12 Gd19
26736 Krummhörn 18 Cc22
17440 Krummin 16 Lc16
24796 Krummwisch 3 Fd14
06242 Krumpa 57 Jc40
25727 Krumstedt 11 Fa17
19273 Krusendorf 23 Ha23
17391 Krusenfelde 16 La18
23974 Krusenhagen 13 Hd18
17349 Kublank 16 Lb20
02627 Kubschütz 60 Md41
18292 Kuchelmiß 14 Jd20
73329 Kuchen 85 Fd63
41812 Kuckum 50 Bc42
22958 Kuddewörde 12 Gc21
25712 Kuden 11 Fa18
25572 Kudensee 11 Fa18
66901 Kübelberg 73 Cc57
18317 Kückenshagen 6 Ka14
41812 Kückhoven 50 Bc42
16845 Küdow 25 Kb27
86556 Kühbach 97 Hd64
18225 Kühlungsborn 14 Ja16
18225 Kühlungsborn West 14 Ja16
98547 Kühndorf 67 Gd46
94060 Kühnham 100 Lc65
04808 Kühnitzsch 46 Kd39
06385 Kühren 45 Jc35
24211 Kühren 12 Gb16
04808 Kühren-Burkartshain 58 Kd40
27624 Kührstedt 10 Ec21
23898 Kühsen 12 Gd20
23829 Kükels 12 Gb18
37359 Küllstedt 55 Gc41
97900 Külsheim 76 Fc55
88339 Kümmerazhofen 105 Fd70
92245 Kümmersbruck 79 Jc56
15938 Kümmritz 47 Lc35
48341 Kümper 39 Cd34
07922 Künsdorf 69 Jc47
33790 Künsebeck 41 Ea34

36093 Künzell 66 Fd47
74653 Künzelsau 85 Fd58
94550 Künzing 90 Lb63
96328 Küps 68 Hd50
08538 Kürbitz 69 Jd47
97273 Kürnach 77 Gb53
75057 Kürnbach 84 Ec60
51515 Kürten 51 Cc43
77974 Kürzell 93 Db65
39291 Küsel 34 Jd32
29482 Küsten 23 Hb26
15328 Küstrin-Kietz 37 Md28
17279 Küstrinchen 26 Lb23
18356 Küstrow 6 Kb14
06193 Kütten 45 Jc38
97490 Kützberg 67 Gb51
76773 Kuhardt 83 Dd59
76773 Kuhardt 84 Ea59
16928 Kuhbier 24 Jc24
29416 Kuhfelde 33 Hc28
16818 Kuhhorst 35 Kc28
19412 Kuhlen 14 Ja20
39524 Kuhlhausen 24 Jd27
14806 Kuhlowitz 35 Kb33
18311 Kuhlrade 6 Ka15
18276 Kuhs 14 Jd18
16928 Kuhsdorf 24 Jc25
19230 Kuhstorf 23 Hc22
04420 Kulkwitz 58 Ka40
07929 Kulm 69 Jb47
95508 Kulmain 79 Jc52
95326 Kulmbach 69 Ja51
23911 Kulpin 12 Gd20
84036 Kumhausen 99 Ka64
19288 Kummer 23 Hd23
25495 Kummerfeld 11 Fd20
15848 Kummerow 37 Mb32
16306 Kummerow 27 Mb24
17139 Kummerow 15 Kc19
18442 Kummerow 6 Kc14
15838 Kummersdorf 36 Lb33
15859 Kummersdorf 36 Ld31
15806 Kummersdorf-Alexanderdorf 36 Lb32
16269 Kunersdorf 37 Mb28
16866 Kunow 24 Jd26
38486 Kunrau 33 Hb30
91358 Kunreuth 78 Hc54
95362 Kupferberg 69 Jb50
45257 Kupferdreh 51 Cb40
74635 Kupferzell 85 Fd58
76456 Kuppenheim 83 Dd62
19386 Kuppentin 14 Jc21
71083 Kuppingen 94 Ec64
16792 Kurtschlag 26 Lb25
18246 Kurzen Trechow 14 Jb18
15910 Kuschkow 37 Ma33
66869 Kusel 73 Cd56
72127 Kusterdingen 95 Fa64
27449 Kutenholz 21 Fb22
86500 Kutzenhausen 97 Ha66
66265 Kutzhof 73 Ca57
54655 Kyllburg 62 Bd51
16866 Kyritz 25 Ka26

L

93164 Laaber 88 Jd59
18299 Laage 14 Jd18
33129 Laake 41 Eb36
34289 Laar 54 Fb40
49824 Laar 28 Ca29
18249 Laase 14 Jb19
16949 Laaske 24 Jc24
19348 Laaslich 24 Ja25
03205 Laasow 48 Mb36
15913 Laasow 48 Mb34
30880 Laatzen 31 Fd32
47665 Labbeck 38 Bc37
23898 Labenz 12 Gd20
84082 Laberweinting 89 Kb62
24235 Laboe 4 Gb14
06922 Labrun 46 Kd37
87760 Lachen 96 Gc69
29331 Lachendorf 32 Gb29
49549 Ladbergen 29 Db33
16321 Ladeburg 36 Lc28
39279 Ladeburg 34 Jc33
25926 Ladelund 2 Ed10
68526 Ladenburg 75 Eb56
31535 Laderholz 31 Fc29
25566 Lägerdorf 11 Fc18
49774 Lähden 29 Da28
48155 Laer 40 Db35
48366 Laer 39 Cd34
17248 Lärz 25 Kb23
07937 Läwitz 69 Jc46
32791 Lage 41 Ec35
49828 Lage 28 Cb30
29413 Lagendorf 23 Ha27
97762 Lager Hammelburg 67 Ga51
86836 Lagerlechfeld 97 Hb67
37154 Lagershausen 43 Ga37
32469 Lahde 30 Ed31
96215 Lahm 68 Hc51
96274 Lahm 68 Hb51
49757 Lahn 19 Da27
35633 Lahnau 65 Eb47
56112 Lahnstein 64 Da49
35094 Lahntal 53 Eb44
77933 Lahr (Schwarzwald) 93 Db66
36142 Lahrbach 67 Ga46
31246 Lahstedt 32 Gb32
89150 Laichingen 95 Fd65
80687 Laim 98 Jb67
72488 Laiz 95 Fa68
18279 Lalendorf 15 Ka19
94551 Lalling 90 Lb61
93462 Lam 90 Lb58
67466 Lambrecht (Pfalz) 74 Dc57
18069 Lambrechtshagen 14 Jc16
67245 Lambsheim 74 Dd56
86862 Lamerdingen 97 Hb68
24238 Lammershagen 4 Gc15
68623 Lampertheim 75 Ea55
01561 Lampertswalde 59 Ld40
04758 Lampertswalde 47 La39
15913 Lamsfeld-Groß Liebitz 48 Mb34
31195 Lamspringe 43 Ga35
21769 Lamstedt 11 Fa20
18546 Lancken 7 Lb12
18556 Lancken 7 Kd11
18586 Lancken-Granitz 7 Lb13
94405 Landau a.d. Isar 89 Kd63
76829 Landau i.d. Pfalz 83 Dc59
36367 Landenhausen 66 Fc46
48485 Landersum 28 Cd32
31628 Landesbergen 31 Fa30
21729 Landesbrück 11 Fa19
14715 Landin 35 Kb28
16278 Landin 27 Ma24
23769 Landkirchen 5 Hb13
37136 Landolfshausen 43 Gb38
25554 Landrecht 11 Fb18
06188 Landsberg 45 Jd38
86899 Landsberg a. Lech 97 Hb68
82290 Landsberied 97 Hd67
54526 Landscheid 72 Bd52
25572 Landscheide 11 Fa18
18465 Landsdorf 15 Kb16
07338 Landsendorf 69 Ja47
840.. Landshut 99 Ka64
66849 Landstuhl 74 Da57
66578 Landsweiler-Reden 73 Cb57
31087 Landwehr 43 Ga35
83670 Langau 108 Jb71
24977 Langballig 3 Fc11
24977 Langballigau 3 Fc10
94264 Langdorf 90 Lb60
27711 Lange Heide 20 Ec24
01465 Langebrück 60 Ma41
51143 Langel 51 Cb44
33014 Langeland 41 Ed36
25485 Langeln 11 Fd19
38871 Langeln 44 Ha35
29640 Langeloh 21 Fd25
38685 Langelsheim 43 Gc35
16818 Langen 25 Kc27
27607 Langen 10 Eb21
49838 Langen 29 Da30
63225 Langen 75 Eb52
19412 Langen-Jarchow 14 Ja19
91799 Langenaltheim 87 Hc61
29413 Langenapel 23 Hb27
88085 Langenargen 105 Fc72
09636 Langenau 59 Lb44
79650 Langenau 103 Db72
89129 Langenau 96 Gb65
95179 Langenau 69 Ja49
07919 Langenbach 69 Jc47
08134 Langenbach 70 Kc46
85416 Langenbach 98 Jd65
33449 Langenberg 41 Ea36
42555 Langenberg 51 Cc40
08428 Langenbernsdorf 58 Ka45
36145 Langenbieber 66 Fd47
06179 Langenbogen 45 Jb39
76596 Langenbrand 84 Ea63
31655 Langenbruch 31 Fa32
76669 Langenbrücken 84 Eb59
07919 Langenbuch 69 Jc47
74595 Langenburg 86 Ga58
18311 Langendamm 6 Ka14
27612 Langendammsmoor 20 Eb23
06667 Langendorf 57 Jc41
18442 Langendorf 6 Kc14
29484 Langendorf 23 Hc25
97762 Langendorf 67 Ga51
44892 Langendreer 39 Cd39
06268 Langeneichstädt 57 Jb40
59590 Langeneicke 41 Ea38
88515 Langenenslingen 95 Fb68
25863 Langeneß 2 Eb12
31840 Langenfeld 31 Fb33
40764 Langenfeld 51 Cb42
91474 Langenfeld 77 Gd55
27616 Langenfelde 20 Ec23
15926 Langengrassau 47 Ld35
19399 Langenhagen 14 Jc21
3085.. Langenhagen (Hannover) 31 Fd31
56459 Langenhahn 64 Dc47
01819 Langenhennersdorf 60 Mb43
08439 Langenhessen 58 Kb45
22848 Langenhorn 12 Ga20
25842 Langenhorn 2 Ed12
21514 Langenlehsten 23 Ha22
97657 Langenleiten 67 Ga49
04618 Langenleuba-Niederhain 58 Kc43
14913 Langenlipsdorf 47 La35
55450 Langenlonsheim 74 Db53
86571 Langenmosen 87 Hd63
04938 Langennaundorf 47 Lb37
86863 Langenneufnach 97 Ha66
79822 Langenordnach 93 Dd69
07381 Langenorla 57 Ja45
85229 Langenpettenbach 98 Ja65
85465 Langenpreising 98 Jd65
97737 Langenprozelten 66 Fd51
39590 Langensalzwedel 34 Jc29
63505 Langenselbold 65 Ed50
91094 Langensendelbach 78 Hc55
95512 Langenstadt 69 Ja51
38895 Langenstein 44 Hb36
04657 Langensteinbach 58 Kc43
76307 Langensteinbach 84 Ea61
59602 Langenstraße 41 Ea38
34388 Langenthal 42 Fb38
92363 Langenthonhausen 88 Jb59
39171 Langenweddingen 45 Ja34
07957 Langenwetzendorf 69 Jd46
07937 Langenwolschendorf 69 Jc46
90579 Langenzenn 78 Hb56
26465 Langeoog 9 Da19
58332 Langerfeld 51 Cc41
86853 Langerringen 97 Hb68
52379 Langerwehe 50 Bc44
14557 Langerwisch 35 Kd31
15518 Langewahl 37 Mb31
98704 Langewiesen 68 Hb46
91731 Langfurth 86 Gd59
35428 Langgöns 65 Eb47
07926 Langgrün 69 Jc47
18279 Langhagen 15 Ka20
29364 Langlingen 32 Gc30
88069 Langnau 105 Fd72
84085 Langquaid 89 Ka61
30890 Langreder 31 Fc32
58730 Langschede 40 Db39
18334 Langsdorf 15 Kb16
24852 Langstedt 3 Fb12
54308 Langsur 72 Bc54
99986 Langula 55 Gc42
41516 Langwaden 50 Bd42
26969 Langwarden 10 Ea21
90471 Langwasser 78 Hc57
24631 Langwedel 12 Ga16
27299 Langwedel 21 Fa26
29386 Langwedel 32 Gd29
86462 Langweid a. Lech 97 Hb64
40668 Lank-Latum 50 Bd40
23881 Lankau 12 Gd20
16359 Lanke 26 Lc27
12249 Lankwitz 36 Lb30
17192 Lansen 15 Kb20
44532 Lanstrop 40 Da38
19309 Lanz 24 Ja25
21483 Lanze 22 Gd23
36358 Lanzenhain 66 Fb47
63599 Lanzingen 66 Fb50
17217 Lapitz 15 Kd21
93138 Lappersdorf 89 Ka59
23847 Lasbek 12 Gc20
19246 Lassahn 13 Hb21
17440 Lassan 16 Lc17
32699 Laßbruch 41 Ed34
18442 Lassentin 6 Kc14
49688 Lastrup 29 Dc28
06408 Latdorf 45 Jb36
24598 Latendorf 12 Ga17
49762 Lathen 18 Cd27
34346 Laubach 54 Fd40
35321 Laubach 65 Ed47
56759 Laubach 63 Cb50
87493 Lauben 106 Gc71
87761 Lauben 96 Gc68
03058 Laubsdorf 48 Md36
03116 Laubst 48 Mc36
02991 Laubusch 48 Mb38
06636 Laucha a.d. Unstrut 57 Jb41
72517 Laucherthal 95 Fb68
01979 Lauchhammer 47 Ld38
73466 Lauchheim 86 Gc61
79787 Lauchringen 103 Dd72
99819 Lauchröden 55 Gb43
97922 Lauda 76 Fd55
63925 Laudenbach 76 Fa54
69514 Laudenbach 75 Eb55
23923 Lauen 13 Ha18
31867 Lauenau 31 Fb32
37586 Lauenberg 42 Fd36
27389 Lauenbrück 21 Fc24
21481 Lauenburg 22 Gd23
37697 Lauenförde 42 Fb37
31714 Lauenhagen 31 Fa31
96337 Lauenhain 69 Ja48
09648 Lauenhain-Tanneberg 59 La43
96337 Lauenstein 69 Ja47
77886 Lauf 83 Dc63
91207 Lauf a.d. Pegnitz 78 Hd56
63846 Laufach 76 Fb52
74429 Laufen 86 Ga61
79295 Laufen 103 Da70
83410 Laufen 100 Lb69
79725 Laufenburg (Baden) 103 Dc73
74348 Lauffen a. Neckar 85 Fa60
86502 Laugna 97 Ha64
38154 Lauingen 33 Ha32
89415 Lauingen (Donau) 96 Gd64
21755 Laumühlen 11 Fa21
88471 Laupheim 96 Ga67
52072 Laurensberg 50 Ba45
04874 Lausa 47 La39
98724 Lauscha 68 Hc47
03172 Lauschütz 37 Md33
07387 Lausnitz 69 Ja46
04838 Laußig 46 Kc38
01936 Laußnitz 60 Ma40
02991 Lauta 48 Mb38
02991 Lauta Dorf 48 Mb38
76593 Lautenbach 84 Ea62
77794 Lautenbach 93 Dc64
08312 Lauter 70 Kd46
96169 Lauter 78 Hb52
97705 Lauter 67 Ga50
98528 Lauter 68 Hd46
09496 Lauterbach 59 Lb45
66333 Lauterbach 82 Bd59
78730 Lauterbach 94 Ea67
85232 Lauterbach 98 Ja66
36341 Lauterbach (Hessen) 66 Fb46
63069 Lauterborn 65 Ec51
67742 Lauterecken 74 Da55
92283 Lauterhofen 79 Jb57
73529 Lauterstein 86 Ga63
64686 Lautertal 75 Ec54
96472 Lautertal 68 Hc49
36369 Lautertal (Vogelsberg) 66 Fa47
87763 Lautrach 106 Gb70
45721 Lavesum 39 Cc36
02708 Lawalde 61 Na41
15898 Lawitz 37 Md32
66822 Lebach 73 Ca57
17322 Lebehn 27 Mb22
06420 Lebendorf 45 Jb37
38226 Lebenstedt 32 Gc33
06922 Lebien 46 Kd36
46359 Leblich 39 Cb36
24306 Lebrade 4 Gc15
15326 Lebus 37 Md30
04936 Lebusa 47 Lb36
86983 Lechbruck 107 Hb71
50374 Lechenich 51 Ca45
96145 Lechenroth 68 Ha50
86165 Lechhausen 97 Hc65
25917 Leck 2 Ed11
16767 Leegebruch 36 La28
26789 Leer 19 Da24
31633 Leese 31 Fa30
31629 Leeseringen 31 Fa29
15868 Leeskow 37 Mc33
06895 Leetza 46 Kc35
26529 Leezdorf 8 Cd21
19067 Leezen 13 Hd20
23816 Leezen 12 Gb18
87764 Legau 106 Gb70
19336 Legde 24 Jc26
48739 Legden 39 Cc34
77731 Legelshurst 93 Db64
25774 Lehe 2 Ed14
26892 Lehe 18 Cd26
95326 Lehenthal 69 Ja50
07349 Lehesten 69 Ja47
48346 Lehmbrock 40 Db34
56332 Lehmen 63 Cd49
19075 Lehmkuhlen 13 Hc21
24211 Lehmkuhlen 4 Gc15
23883 Lehmrade 13 Ha21
36039 Lehnerz 66 Fd47
14797 Lehnin 35 Kc31
16565 Lehnitz 36 La28
14823 Lehnsdorf 46 Kb34
91611 Lehrberg 77 Gd57
38165 Lehre 33 Ha32
74251 Lehrensteinsfeld 85 Fb59
31275 Lehrte 32 Ga31
19243 Lehsen 23 Hb22
17219 Lehsten 15 Kc21
95233 Lehsten 69 Jb49
15913 Leibchel 37 Mb33
33181 Leiberg 41 Eb39
88637 Leibertingen 94 Ed68
94339 Leiblfing 89 Kc62
15910 Leibsch 37 Ma33
42799 Leichlingen 51 Cb42
63849 Leidersbach 76 Fa53
38542 Leiferde 32 Gc31
36433 Leimbach 55 Gb45
99735 Leimbach 44 Hb39
66978 Leimen 83 Db58
69181 Leimen 75 Ec57
76774 Leimersheim 84 Ea59
95028 Leimitz 69 Jd49
98646 Leimrieth 68 Ha48
97274 Leinach 76 Fd53
97633 Leinach 67 Gd50
99894 Leinatal 56 Ha44
91227 Leinburg 78 Hd56
38304 Leinde 32 Gc33
37327 Leinefelde 55 Gc40
70771 Leinfelden 85 Fa63
74211 Leingarten 85 Fa59
73575 Leinzell 86 Ga62
06917 Leipa 46 Kd35
03226 Leipe 48 Mb35
78187 Leipferdingen 104 Eb70
89340 Leipheim 96 Gc65
02991 Leippe 48 Mb39
04... Leipzig 58 Ka40
63607 Leisenwald 66 Fa49
04703 Leisnig 58 Kd41
06667 Leißling 57 Jc41
15848 Leißnitz 37 Mb33
17498 Leist 7 La15
19395 Leisten 14 Jd21
84085 Leitenhausen 88 Jd62
07937 Leitlitz 69 Jd46
39279 Leitzkau 45 Jc34
54340 Leiwen 73 Ca53
17209 Leizen 25 Ka22
17168 Lelkendorf 15 Kb18
16866 Lellichow 25 Ka25
38154 Lelm 33 Ha33
97483 Lembach 78 Ha52
46286 Lembeck 39 Cc36
66969 Lemberg 83 Da59
49459 Lembruch 30 Ea30
49448 Lemförde 30 Ea30
32657 Lemgo 41 Ed34
29485 Lemgow 23 Hd27
31608 Lemke 31 Fa29
17337 Lemmersdorf 16 Lc21
96476 Lempertshausen 68 Ha48
27809 Lemwerder 20 Eb25
52355 Lendersdorf 50 Bc45
18469 Lendershagen 6 Kc15
97461 Lendershausen 67 Gd50
84435 Lengdorf 99 Ka66
38268 Lengede 32 Gc33
06528 Lengefeld 44 Hd39
09514 Lengefeld 59 Lb45
27419 Lengenbostel 21 Fc23
08485 Lengenfeld 70 Kb46
92355 Lengenfeld 88 Jb58
99976 Lengenfeld 55 Gb41
87663 Lengenwang 107 Ha71
49525 Lengerich 29 Db33
49838 Lengerich 29 Da30
36266 Lengers 55 Ga44
64853 Lengfeld 75 Ed53
98660 Lengfeld 68 Ha47
83661 Lenggries 108 Jb71
83536 Lengmoos 99 Kb67
37627 Lenne 42 Fd35
42897 Lennep 51 Cc41
57368 Lennestadt 52 Dc42
73252 Lenningen 95 Fc64
23738 Lensahn 5 Ha15
19374 Lenschow 14 Jb21
23743 Lenste 13 Hb16
23743 Lensterstrand 13 Hb16
24632 Lentföhrden 11 Fd18
30989 Lenthe 31 Fc31
85101 Lenting 88 Ja62
16833 Lentzke 25 Kb27
19309 Lenzen (Elbe) 23 Hd25
79853 Lenzkirch 103 Dd70
83410 Leobendorf 100 La69
71229 Leonberg 84 Ed62
95666 Leonberg 80 Ka52
76344 Leopoldshafen 84 Ea59
17375 Leopoldshagen 16 Ld18
33818 Leopoldshöhe 41 Ec34
32805 Leopoldstal 41 Ed36
18334 Leplow 6 Kb15
01454 Leppersdorf 60 Mb41
17349 Leppin 16 Lb21
39615 Leppin 24 Ja27
39264 Leps 45 Jd35
37520 Lerbach 43 Gc37
38228 Lesse 32 Gb33
38468 Lessien 33 Ha30
15324 Letschin 37 Mc28
48653 Lette 39 Cc35
59302 Lette 40 Dd36
63637 Lettgenbrunn 66 Fb50
06120 Lettin 45 Jc38
39638 Letzlingen 34 Ja30
97650 Leubach 67 Gb47
01623 Leuben-Schleinitz 59 Lb41
08412 Leubnitz 58 Kb45
08539 Leubnitz 69 Jd47
09573 Leubsdorf 59 Lb44
53547 Leubsdorf 63 Cc47
92705 Leuchtenberg 80 Ka55
16259 Leuenberg 36 Ld28
09387 Leukersdorf 58 Kd45
35638 Leun 65 Ea47
06237 Leuna 57 Jd40
95191 Leupoldsgrün 69 Jc49
19288 Leussow 23 Hc23
71397 Leutenbach 85 Fb61
91359 Leutenbach 78 Hd54
07338 Leutenberg 69 Ja47
02794 Leutersdorf 61 Na42
98617 Leutersdorf 67 Gd47
91578 Leutershausen 86 Gd58
56599 Leutesdorf 63 Cd48
77694 Leutesheim 83 Db63
41334 Leuth 50 Bb40
03058 Leuthen 48 Mc36
88299 Leutkirch i. Allgäu 106 Gb70
07422 Leutnitz 68 Hd46
82319 Leutstetten 98 Ja68
91189 Leutzdorf 78 Hb57
17498 Levenhagen 16 La16
513.. Leverkusen 51 Cb43
30989 Leveste 31 Fc32
17168 Levitzow 15 Ka18
25923 Lexgaard 2 Ed10
17213 Lexow 25 Ka22
18513 Leyerhof 15 Kc16
15306 Libbenichen 37 Mc29
06386 Libbesdorf 45 Jd36
06369 Libehna 45 Jd37
50374 Liblar 51 Ca45
35423 Lich 65 Ec47
63633 Lichenroth 66 Fb48
98739 Lichte 68 Hc47
09244 Lichtenau 59 La43
33165 Lichtenau 41 Ed38
77839 Lichtenau 83 Dc63
91586 Lichtenau 87 Ha58
01896 Lichtenberg 60 Mb41
09638 Lichtenberg 59 Lc44
12685 Lichtenberg 36 Lc29
17259 Lichtenberg 26 Lb22
95192 Lichtenberg 69 Jb48
07366 Lichtenbrunn 69 Jb48
67661 Lichtenbuch 74 Da57
35104 Lichtenfels 53 Ec42
96215 Lichtenfels 68 Hc50
84175 Lichtenhaag 99 Kb64
37133 Lichtenhagen 43 Ga39
98744 Lichtenhain 68 Hc46
98743 Lichtenhain b. Gräfenthal 68 Hd47
15345 Lichtenow 37 Ma29
12277 Lichtenrade 36 Lb30
09350 Lichtenstein 58 Kc45
72805 Lichtenstein 95 Fb65
07338 Lichtentanne 69 Ja47
08115 Lichtentanne 58 Kb45
73669 Lichtenwald 85 Fc63
03238 Lichterfeld 47 Ld37
03238 Lichterfeld-Schacksdorf 47 Ld37
14167 Lichterfelde 36 La30
16230 Lichterfelde 26 Ld26
39615 Lichterfelde 24 Jb27
14947 Liebätz 36 La33
31618 Liebenau 31 Fa29
34396 Liebenau 42 Fb39
88074 Liebenau 105 Fc71
38704 Liebenburg 43 Gc34
07368 Liebengrün 69 Jb47
99755 Liebenrode 43 Gd38
16559 Liebenthal 26 Lb26
16909 Liebenthal 25 Ka24
16559 Liebenwalde 26 Lb26
15868 Lieberose 48 Mc34
04445 Liebertwolkwitz 58 Kb40
18196 Lieblingshof 14 Jd17
63584 Lieblos 66 Fa50
07368 Liebschütz 69 Jb47
04758 Liebschützberg 59 La40
01825 Liebstadt 60 Ma43
52525 Lieck 50 Ba42
65835 Liederbach 65 Eb51
06528 Liedersdorf 44 Hd39
76706 Liedolsheim 84 Ea59
01465 Liegau-Augustusbad 60 Ma41
32657 Lieme 41 Ec34
49536 Lienen 29 Dc33
79801 Lienheim 104 Ea72
75417 Lienzingen 84 Ec60
14715 Liepe 35 Kb29
16248 Liepe 27 Ma26
17406 Liepe 16 Ld17
17099 Liepen 16 Lb20
17391 Liepen 16 Lb18
17375 Liepgarten 16 Ld19
59329 Liesborn 40 Dd37
18569 Lieschow 7 Kd13
54470 Lieser 73 Cb52
03130 Lieskau 48 Md37
03238 Lieskau 48 Ma37
06120 Lieskau 45 Jc38
14913 Ließen 47 Lb34
18299 Liessow 14 Jd18
19067 Liessow 14 Ja20
29416 Liesten 33 Hd28
25770 Lieth 10 Ed16
15306 Lietzen 37 Mc29
15306 Lietzen Nord 37 Mc29
39264 Lietzo 45 Jd34
14641 Lietzow 35 Kc29
18528 Lietzow 7 Lb13
28865 Lilienthal 20 Ed25
08491 Limbach 70 Ka46
66839 Limbach 73 Ca56
74838 Limbach 76 Fa56
09212 Limbach-Oberfrohna 58 Kd44
655.. Limburg a.d. Lahn 64 Dc48
67117 Limburgerhof 75 Ea57
63674 Limeshain 65 Ed49
99755 Limlingerode 43 Gd38
15864 Limsdorf 37 Ma32
22959 Linau 12 Gc20
06928 Linda 47 La35
07819 Linda b. Neustadt a.d. Orla 69 Jc46
97509 Lindach 77 Gb52
24214 Lindau 3 Fd14
37191 Lindau 43 Gb37
39264 Lindau 45 Jd34
88131 Lindau 105 Fd73
94227 Lindberg 90 Lc59
03103 Lindchen 48 Mb37
25791 Linden 3 Fa15
29593 Linden 22 Gc26
35440 Linden 65 Eb47
66851 Linden 74 Da57
84332 Linden 100 La65
87677 Linden 107 Hb70
03238 Lindena 47 Lc37
01945 Lindenau 47 Ld39
98663 Lindenau 68 Ha49
15864 Lindenberg 37 Mb32
16321 Lindenberg 36 Lc29
16928 Lindenberg 24 Jd25
17111 Lindenberg 15 Kd19
67473 Lindenberg 74 Dc57
88161 Lindenberg 106 Ga72
15838 Lindenbrück 36 Lc33
64678 Lindenfels 75 Ec54
04466 Lindenthal 46 Ka39
50931 Lindenthal 51 Ca44
49699 Lindern 19 Db27
30952 Linderte 31 Fc32
24969 Lindewitt 3 Fa11
29413 Lindhof 33 Ha28
31698 Lindhorst 31 Fb31
39326 Lindhorst 34 Ja32
51789 Lindlar 51 Cd43
15848 Lindow 37 Mc33
16321 Lindow 36 Lc28
16835 Lindow 25 Kd26
23923 Lindow 13 Ha19
39638 Lindstedt 34 Ja29
03238 Lindthal 47 Ld37
39596 Lindtorf 34 Jc28
29690 Lindwedel 31 Fd29
498.. Lingen 28 Cd30
67360 Lingenfeld 84 Ea58
29386 Lingwedel 32 Gd29
76351 Linkenheim-Hochstetten 84 Ea59
47809 Linn 50 Bd40
52441 Linnich 50 Bb43
16831 Linow 25 Kc25
31636 Linsburg 31 Fb29
63589 Linsengericht 66 Fa50
72636 Linsenhofen 95 Fb64
18292 Linstow 15 Ka20
14822 Linthe 35 Kc33
27624 Lintig 10 Ed21
40885 Lintorf 51 Ca40
49152 Lintorf 30 Ea32
16833 Linum 25 Kc27
53545 Linz a. Rhein 63 Cc47
59510 Lippborg 40 Dc37
45731 Lippe 39 Cd38
98743 Lippelsdorf 68 Hd47
59558 Lipperbruch 41 Ea37
59558 Lipperode 41 Ea37
95119 Lippertsgrün 69 Jb49
59510 Lippetal 40 Dd37
33129 Lippling 41 Eb36
44536 Lippolthausen 39 Cd38
71549 Lippoltsweiler 85 Fc61
45721 Lippramsdorf 39 Cc37
99752 Lipprechterode 43 Gd39
5955. Lippstadt 41 Ea37
03205 Lipten 48 Ma37
78576 Liptingen 94 Ed69
96170 Lisberg 78 Ha53
63683 Lißberg 66 Fa48
54587 Lissendorf 62 Bd49
25992 List 2 Ea9
06918 Listerfehrda 46 Kd36
48488 Listrup 28 Cd31
78465 Litzelstetten 105 Fa71
96123 Litzendorf 78 Hc52
83075 Litzldorf 109 Ka71
74931 Lobbach 75 Ed57
41334 Lobberich 50 Bb40
14913 Lobbese 46 Kc34
07356 Lobenstein 69 Jb48
16321 Lobetal 36 Lc28
18556 Lobkevitz 7 La12
38259 Lobmachtersen 43 Gc34
04552 Lobstädt 58 Kb42
39279 Loburg 34 Jd33
31547 Loccum 31 Fa31
06184 Lochau 45 Jd39
83627 Lochham 108 Jc70
16949 Lockstädt 24 Jc24
25551 Lockstedt 11 Fc17
14806 Locktow 35 Kc33
23923 Lockwisch 13 Ha19
17459 Loddin 16 Ld16
02929 Lodenau 49 Nc39
17509 Lodmannshagen 16 Lb16
02708 Löbau 61 Na41
48727 Löbberding 39 Cd34
06193 Löbejün 45 Jc37
06925 Löben 47 La36
06780 Löberitz 45 Jd37
04626 Löbichau 58 Ka44
04509 Löbnitz 46 Kb38
06369 Löbnitz 45 Jc36
18314 Löbnitz 6 Kb14
39443 Löbnitz (Bode) 45 Jb36
74369 Löchgau 85 Fa60
17321 Löcknitz 17 Mb21
39240 Lödderitz 45 Jc35
39446 Löderburg 45 Ja35
56332 Löf 63 Cd50
97453 Löffelsterz 67 Gc51

79843 Löffingen 104 Ea70
16845 Lögow 25 Kb26
91344 Löhlitz 79 Ja53
07907 Löhma 69 Jc46
95131 Löhmar 69 Jb49
95131 Löhmarmühle 69 Jb49
16356 Löhme 36 Lc28
35792 Löhnberg 64 Dd47
32584 Löhne 30 Ec33
97616 Löhrieth 67 Gc49
04895 Löhsten 47 La37
49624 Löningen 29 Db28
15757 Löpten 36 Ld32
24250 Löptin 12 Gb16
795 .. Lörrach 103 Da72
55296 Lörzweiler 74 Dd53
07919 Lössau 69 Jc46
08294 Lössnitz 70 Kd46
50859 Lövenich 51 Ca43
53909 Lövenich 50 Bb43
16775 Löwenberg 26 La26
14974 Löwenbruch 36 Lb31
25864 Löwenstedt 3 Fa12
74245 Löwenstein 85 Fb59
17398 Löwitz 16 Lc19
19217 Löwitz 13 Hb19
76597 Loffenau 84 Ea62
25551 Lohbarbek 11 Fc18
93470 Lohberg 90 Lb58
27616 Lohe 20 Ec22
32545 Lohe 30 Ec33
24806 Lohe-Föhrden 3 Fc14
25746 Lohe-Rickelshof 11 Fa16
34253 Lohfelden 54 Fc41
31600 Lohhof 30 Ed30
84494 Lohkirchen 99 Kc66
16845 Lohm 25 Ka27
53797 Lohmar 51 Cc44
18551 Lohme 7 Lb12
01847 Lohmen 60 Mb42
18276 Lohmen 14 Jc20
49393 Lohne (Oldenburg) 29 Dd29
48308 Lohoff 40 Da36
96176 Lohr 68 Ha50
97816 Lohr a. Main 76 Fc52
35102 Lohra 53 Eb45
63639 Lohrhaupten 66 Fc51
02999 Lohsa 48 Md39
84180 Loiching 89 Kc63
17509 Loissin 16 Lb16
24888 Loit 3 Fc12
39326 Loitsche 34 Jb32
17121 Loitz 15 Kd17
35457 Lollar 65 Ec46
75417 Lomersheim 84 Ec61
01623 Lommatzsch 59 Lb41
50737 Longerich 51 Cb43
54472 Longkamp 73 Cb53
54340 Longuich 72 Bd53
91475 Lonnerstadt 78 Ha54
89173 Lonsee 96 Ga64
25582 Looft 11 Fc17
24644 Loop 12 Ga16
51766 Loope 51 Cd43
24366 Loose 3 Fd13
19288 Loosen 23 Hc23
17194 Loppin 15 Ka21
26736 Loquard 18 Cc23
63654 Lorbach 66 Fa49
65391 Lorch 64 Db51
73547 Lorch 85 Fd62
64653 Lorsch 75 Eb55
26901 Lorup 19 Da27
39615 Losenrade 24 Jb26
18574 Losentitz 7 La15
66679 Losheim am See 72 Bd56
07318 Lositz 68 Hd46
72290 Loßburg 94 Ea65
39615 Losse 24 Ja27
39291 Lostau 34 Jb32
32816 Lothe 42 Fa36
07356 Lothra 69 Ja47
49504 Lotte 29 Dc32
24878 Lottorf 3 Fc13
79807 Lottstetten 104 Eb72
47551 Louisendorf 38 Bb37
27612 Loxstedt 20 Eb22
33775 Loxten 40 Dd34
17509 Lubmin 7 Lb15
03103 Lubochow 48 Mb37
15907 Lubolz 47 Ld34
04613 Lucka 58 Ka42
15926 Luckau 47 Ld35
29487 Luckau 23 Hb26
14943 Luckenwalde 36 La33
16306 Luckow 27 Mb23
17375 Luckow 17 Ma19
19243 Luckwitz 13 Hc21
17207 Ludorf 25 Kb22
66333 Ludweiler-Warndt 82 Bd58
36251 Ludwigsau 54 Fd44
17291 Ludwigsburg 26 Ld22
17509 Ludwigsburg 16 Lb16
716 .. Ludwigsburg 85 Fa61
95364 Ludwigschorgast 69 Jb50
02829 Ludwigsdorf 61 Nc40
14974 Ludwigsfelde 36 La31
670 .. Ludwigshafen 75 Ea56
78351 Ludwigshafen 104 Ed70
19288 Ludwigslust 23 Hd23
96337 Ludwigsstadt 69 Ja47
39291 Lübars 34 Jd33
32312 Lübbecke 30 Eb32
15907 Lübben (Spreewald) 48 Ma34
03222 Lübbenau (Spreewald) 48 Ma35
19249 Lübbendorf 23 Hc23
17337 Lübbenow 16 Ld21
21376 Lübberstedt 22 Gb24
27729 Lübberstedt 20 Ec23
23992 Lübberstorf 14 Ja18
03172 Lübbinchen 48 Md34
29488 Lübbow 23 Hc27
235 .. Lübeck 12 Gd18
29482 Lübeln 23 Hb26
29378 Lüben 33 Ha28
19077 Lübesse 23 Hd22
17217 Lübkow 15 Kd21
19288 Lüblow 23 Hd22
14806 Lübnitz 35 Kb33
23972 Lübow 13 Hd18
17379 Lübs 16 Ld19
39264 Lübs 45 Jc34
19069 Lübstorf 13 Hd20
19249 Lübtheen 23 Hb23
19386 Lübz 24 Jc22
18249 Lübzin 14 Jb19
16845 Lüchfeld 25 Kb27
23898 Lüchow 12 Gd20
29439 Lüchow 23 Hc26
07368 Lückenmühle 69 Jb47
39606 Lückstedt 24 Ja27
38489 Lüdelsen 33 Hb29
32689 Lüdenhausen 41 Ed34
585 .. Lüdenscheid 52 Da41
39517 Lüderitz 34 Jb30
36041 Lüdermünd 66 Fc46
21379 Lüdersburg 22 Gd23
14943 Lüdersdorf 36 Lb32
16248 Lüdersdorf 27 Ma26
23923 Lüdersdorf 13 Ha19
16269 Lüdersdorf-Biesdorf 37 Ma28
31702 Lüdersfeld 31 Fa31
18314 Lüdershagen 6 Ka14
59348 Lüdinghausen 39 Cd36
37635 Lüerdissen 42 Fc35
32676 Lügde 42 Fa35
17179 Lühburg 15 Ka17
17495 Lühmannsdorf 16 Lb17
14823 Lühnsdorf 35 Kb33
14943 Lühsdorf 35 Kd33
47608 Lüllingen 38 Bb38
97511 Lülsfeld 77 Gc53
2133 . Lüneburg 22 Gc24
4453 . Lünen 40 Da38
44532 Lünen-Süd 40 Da38
48480 Lünne 28 Cd31
14778 Lünow 35 Kb30
24850 Lürschau 3 Fc13
29367 Lüsche 32 Gc28
14806 Lüsse 35 Kc33
17506 Lüssow 16 Lb17
18276 Lüssow 14 Jc18
18442 Lüssow 6 Kc14
21483 Lütau 22 Gd22
26524 Lütetsburg 8 Cd21
44379 Lütgendortmund 39 Cd39
37586 Lüthorst 42 Fd36
25557 Lütjenbornholt 11 Fb17
21037 Lütjenburg 22 Gb22
24321 Lütjenburg 4 Gd15
25842 Lütjenholm 2 Ed12
22952 Lütjensee 12 Gc20
25585 Lütjenwestedt 11 Fc16
16949 Lütkendorf 24 Jc23
17440 Lütow 16 Ld16
06317 Lüttchendorf 45 Jb39
14806 Lütte 35 Kb32
17258 Lüttenhagen 26 Lb22
38835 Lüttgenrode 44 Ha35
39291 Lüttgenziatz 34 Jc33
19246 Lüttow 13 Ha21
96450 Lützelbuch 68 Hc49
06686 Lützen 57 Jd41
72178 Lützenhardt 94 Eb65
17291 Lützlow 27 Ma23
19209 Lützow 13 Hc20
04469 Lützschena-Stahmeln 46 Ka39
03205 Lug 48 Ma37
03238 Lugau 47 Lc37
09385 Lugau 58 Kd45
31711 Luhden 31 Fa33
92706 Luhe-Wildenau 80 Ka55
32657 Luherheide 41 Ed34
16837 Luhme 25 Kc24
24816 Luhnstedt 11 Fd16
99885 Luisenthal 56 Ha45
06869 Luko 46 Ka35
25774 Lunden 2 Ed15
27616 Lunestedt 20 Ec22
16248 Lunow 27 Ma26
09328 Lunzenau 58 Kc43
92331 Lupburg 88 Jc59
17194 Lupendorf 15 Kb20
17091 Luplow 15 Kc20
04758 Luppa 58 Kd40
22523 Lurup 11 Fd21
39264 Luso 45 Jd35
67363 Lustadt 83 Dd58
19386 Lutheran 24 Jc22
06295 Lutherstadt Eisleben 45 Ja38
06886 Lutherstadt Wittenberg 46 Kc35
31535 Lutter 31 Fc29
38729 Lutter a. Barenberge 43 Gc35
37186 Lutterbeck 42 Fd37
24235 Lutterbek 4 Gb14
29345 Lutterloh 22 Gb27
31188 Luttrum 32 Gb33
27308 Luttum 21 Fb27
48727 Lutum 39 Cc35
56826 Lutzerath 63 Cb50
25355 Lutzhorn 11 Fd19
89440 Lutzingen 86 Gd63
17279 Lychen 26 La23

M

24975 Maasbüll 3 Fc11
25920 Maasbüll 2 Ec11
06388 Maasdorf 45 Jc37
27249 Maasen 30 Ed29
24404 Maasholm 4 Ga11
36041 Maberzell 66 Fc47
04827 Machern 58 Kc40
97725 Machtilshausen 67 Ga51
89150 Machtolsheim 95 Fd65
31177 Machtsum 32 Ga33
67686 Mackenbach 74 Da56
37136 Mackenrode 43 Gb39
99755 Mackenrode 43 Gd38
37586 Mackensen 42 Fd36
36088 Mackenzell 66 Fd46
97532 Madenhausen 67 Gc50
59929 Madfeld 41 Ec39
16259 Mädewitz 27 Mb27
06493 Mägdesprung 44 Hc37
96476 Mährenhausen 68 Hb49
95695 Mähring 80 Kc52
85123 Mändlfeld 88 Ja63
07937 Märien 69 Jd46
14974 Märkisch Wilmersdorf 36 Lb32
14947 Märtensmühle 36 La32
99441 Magdala 57 Ja44
391 .. Magdeburg 34 Ja33
39291 Magdeburgerforth 34 Jd32
36103 Magdlos 66 Fc48
71106 Magstadt 84 Ed62
04916 Mahdel 47 La36
04874 Mahitzschen 47 La38
46514 Mahlberg 39 Ca37
77972 Mahlberg 93 Db66
14715 Mahlitz 34 Jd28
15831 Mahlow 36 Lb31
15938 Mahlsdorf 47 Lc34
29416 Mahlsdorf 33 Hc28
31167 Mahlum 43 Gb34
39517 Mahlwinkel 34 Jb31
97490 Maibach 67 Gb51
48336 Maibaum 40 Dc34
88167 Maierhöfen 106 Gb72
36129 Maiersbach 67 Ga48
86747 Maihingen 86 Gd61
67487 Maikammer 83 Dd58
63814 Mainaschaff 76 Fa52
97350 Mainbernheim 77 Gc54
84048 Mainburg 88 Jc63
74535 Mainhardt 85 Fc60
95336 Mainleus 69 Ja51
96224 Mainroth 68 Hd50
97320 Mainstockheim 77 Gb54
63477 Maintal 65 Ec50
551 .. Mainz 74 Dd52
82216 Maisach 97 Hd67
82343 Maising 98 Ja69
83558 Maitenbeth 99 Ka67
54426 Malborn 73 Cb54
17139 Malchin 15 Kb19
94094 Malching 100 Lc66
17213 Malchow 15 Ka21
19374 Malchow 24 Jb22
23714 Malente 12 Gd16
84333 Malgersdorf 99 Kd64
04936 Malitschkendorf 47 Lb36
19294 Malk Göhren 23 Hd24
36041 Malkes 66 Fc47
23936 Mallentin 13 Hb18
84066 Mallersdorf 89 Kb62
17217 Mallin 15 Kd21
19294 Malliß 23 Hd24
15326 Mallnow 37 Md30
71272 Malmsheim 84 Ed62
79429 Malsburg-Marzell 103 Da71
69254 Malsch 84 Eb58
76316 Malsch 84 Ea61
69231 Malschenberg 84 Eb58
02694 Malschwitz 60 Md40
34323 Malsfeld 54 Fc42
66113 Malstatt 82 Ca58
01734 Malter 59 Ld43
79364 Malterdingen 93 Db67
14913 Malterhausen 46 Kd34
16515 Malz 26 La27
23923 Malzow 13 Hb18
18279 Mamerow 15 Ka19
82291 Mammendorf 97 Hd67
94437 Mamming 89 Kd63
85077 Manching 88 Jb62
66399 Mandelbachtal 82 Cb59
18184 Mandelshagen 14 Jd16
31535 Mandelsloh 31 Fc29
54531 Manderscheid 63 Ca51
98693 Manebach 68 Hb46
39524 Mangelsdorf 34 Jc30
23738 Manhagen 13 Ha16
16845 Manker 25 Kb27
19357 Mankmuß 24 Ja25
39359 Mannhausen 33 Hc31
68 ... Mannheim 75 Ea56
06343 Mansfeld 45 Ja38
16949 Mansfeld 24 Jc24
26736 Manslagt 18 Cc22
92708 Mantel 79 Jd54
33154 Mantinghausen 41 Eb37
36100 Marbach 66 Fd46
96126 Marbach 68 Ha50
71672 Marbach a. Neckar 85 Fb61
46359 Marbeck 39 Cb36
350 .. Marburg 53 Ec45
26639 Marcardsmoor 19 Db22
79232 March 93 Da68
31535 Mardorf 31 Fb30
26427 Margens 9 Db20
97276 Margetshöchheim 77 Ga53
87764 Maria Steinbach 106 Gb70
48734 Maria Veen 39 Cc36
88097 Mariabrunn 105 Fc72
52477 Mariadorf 50 Bb44
94553 Mariaposching 90 La61
46509 Marienbaum 38 Bc37
09496 Marienberg 71 Lb46
39365 Marienborn 33 Hc33
31141 Marienburg 43 Ga34
34434 Marienburg 42 Fb38
33428 Marienfeld 41 Ea35
12277 Marienfelde 36 Lb30
26529 Marienhafe 8 Cd21
31094 Marienhagen 42 Fd34
51709 Marienheide 52 Da42
33104 Marienloh 41 Ec37
37696 Marienmünster 42 Fa36
31535 Mariensee 31 Fc30
38368 Mariental 33 Hb32
16775 Marienthal 26 La25
17309 Marienthal 17 Ma20
46499 Marienthal 39 Ca37
16348 Marienwerder 26 Lc27
17219 Marihn 15 Kd21
54484 Maring-Noviand 73 Cb52
98530 Marisfeld 67 Gd47
36396 Marjoß 66 Fc49
08258 Mark-Neukirchen 70 Kb49
88677 Markdorf 105 Fb71
06779 Marke 46 Ka37
37520 Marke 43 Gb37
14641 Markee 35 Kc29
78315 Markelfingen 104 Ed71
14913 Markendorf 47 La34
08352 Markersbach 70 Kd47
18146 Markgrafenheide 14 Jc15
15528 Markgrafpieske 37 Ma31
71706 Markgröningen 85 Fa61
04416 Markkleeberg 58 Ka40
84163 Marklkofen 99 Kc64
31608 Marklohe 31 Fa29
37586 Markoldendorf 42 Fd36
17153 Markow 15 Kd19
04420 Markranstädt 58 Ka40
99819 Marksuhl 55 Gb44
91801 Markt Berolzheim 87 Hb60
91477 Markt Bibart 77 Gd55
97348 Markt Einersheim 77 Gc54
91459 Markt Erlbach 78 Ha56
85229 Markt Indersdorf 98 Ja66
91478 Markt Nordheim 77 Gc55
87733 Markt Rettenbach 96 Gd69
85570 Markt Schwaben 98 Jd67
91480 Markt Taschendorf 77 Gd54
86865 Markt Wald 97 Ha68
91613 Marktbergel 77 Gc56
97340 Marktbreit 77 Gb54
07330 Marktgölitz 68 Hd47
96257 Marktgraitz 68 Hd50
97828 Marktheidenfeld 76 Fc53
84533 Marktl 100 La66
95352 Marktleugast 69 Jb50
95168 Marktleuthen 69 Jd50
87616 Marktoberdorf 107 Ha71
86748 Marktoffingen 86 Gd61
95615 Marktredwitz 69 Jd51
96364 Marktrodach 69 Ja49
83487 Marktschellenberg 110 Lb71
95509 Marktschorgast 69 Jb51
97342 Marktsteft 77 Gb54
97453 Marktsteinach 67 Gc51
96275 Marktzeuln 68 Hc50
49448 Marl 30 Ea30
457 .. Marl (Westf.) 39 Cc37
77694 Marlen 93 Db64
95119 Marlesreuth 69 Jb49
91080 Marloffstein 78 Hc55
18337 Marlow 15 Ka16
25709 Marne 10 Ed18
25709 Marnerdeich 10 Ed18
67297 Marnheim 74 Dc55
19376 Marnitz 24 Jb23
96126 Maroldsweisach 68 Ha50
66646 Marpingen 73 Cb56
14476 Marquardt 35 Kd30
83250 Marquartstein 109 Kc70
34431 Marsberg 41 Ec39
21436 Marschacht 22 Gc22
18442 Martensdorf 6 Kc14
18314 Martenshagen 6 Kb14
24238 Martensrade 4 Gc15
27327 Martfeld 20 Ed27
37318 Marth 55 Ga40
95126 Martinlamitz 69 Jd50
97340 Martinsheim 77 Gb55
66894 Martinshöhe 73 Cd57
04895 Martinskirchen 47 Lb38
95176 Martinsreuth 69 Jc49
06528 Martinsrieth 44 Hd39
16727 Marwitz 36 La28
26446 Marx 19 Dc22
04924 Marxdorf 47 Lb38
15306 Marxdorf 37 Mb29
21439 Marxen 22 Ga23
95119 Marxgrün 69 Jb48
86688 Marxheim 87 Hc62
76359 Marxzell 84 Ea61
12687 Marzahn 36 Lc29
14913 Marzahna 46 Kc34
14778 Marzahne 35 Kb30
79429 Marzell 103 Da71
85417 Marzling 98 Jc65
48329 Masbeck 39 Cd35
56761 Masburg 63 Cb50
29365 Masel 32 Gd28
88437 Maselheim 96 Ga68
29525 Masendorf 22 Gd26
32825 Maspe 42 Fa35
97711 Maßbach 67 Gc50
03238 Massen 47 Ld37
03238 Massen-Niederlausitz 47 Ld36
74252 Massenbachhausen 84 Ed59
85376 Massenhausen 98 Jb66
98646 Massenhausen 68 Ha48
98666 Masserberg 68 Hb47
84323 Massing 99 Kd65
17209 Massow 25 Ka23
66506 Maßweiler 82 Cd58
56869 Mastershausen 63 Cd51
33397 Mastholte 41 Ea37
17168 Matgendorf 15 Ka18
18556 Mattchow 7 La11
03159 Mattendorf 48 Md36
84435 Matzbach 99 Ka66
83301 Matzing 99 Kd69
19372 Matzlow-Garwitz 24 Ja22
99735 Mauderode 44 Ha38
69256 Mauer 75 Ec57
85419 Mauern 98 Jd64
87665 Mauerstetten 107 Ha70
16909 Maulbeerwalde 25 Ka24
75433 Maulbronn 84 Ec60
79689 Maulburg 103 Da72
48145 Mauritz 40 Da35
96528 Mausendorf 68 Hc48
03185 Maust 48 Mc35
63633 Mauswinkel 66 Fb48
94151 Mauth 91 Ma60
67133 Maxdorf 74 Dd56
93142 Maxhütte-Haidhof 89 Ka58
76744 Maximiliansau 83 Dd60
56244 Maxsain 64 Db47
56727 Mayen 63 Cc49
53508 Mayschoß 63 Cb47
97519 Mechenried 67 Gd51
53894 Mechernich 62 Bd46
95213 Mechlenreuth 69 Jc50
23909 Mechow 13 Ha20
21358 Mechtersen 22 Gc23
67354 Mechtersheim 84 Ea58
99880 Mechterstädt 55 Gd44
21217 Meckelfeld 22 Ga22
49536 Meckelwege 40 Dc34
88074 Meckenbeuren 105 Fc71
53340 Meckenheim 63 Cb46
67149 Meckenheim 74 Dd57
74909 Meckesheim 84 Ec58
45711 Meckinghoven 39 Cd38
48163 Mecklenbeck 40 Da35
55566 Meddersheim 74 Da54
23847 Meddewade 12 Gc19
59964 Medebach 53 Ec41
24994 Medelby 3 Fa10
21775 Medemstade 10 Ed20
14827 Medewitz 46 Ka34
01458 Medingen 60 Ma41
96179 Medlitz 68 Hb51
17391 Medow 16 Lb18
96484 Meeder 68 Hb49
08393 Meerane 58 Kb44
31715 Meerbeck 31 Fa32
406 .. Meerbusch 50 Bd41
34431 Meerhof 41 Ec39
63571 Meerholz 66 Fa50
88709 Meersburg 105 Fb71
17111 Meesiger 15 Kc18
19205 Meetzen 13 Hb20
24594 Meezen 11 Fd17
86750 Megesheim 87 Ha61
24799 Meggerdorf 3 Fb14
67735 Mehlbach 74 Da56
25588 Mehlbek 11 Fb17
67678 Mehlingen 74 Db56
98544 Mehlis 68 Ha46
95694 Mehlmeisel 79 Jc52
15936 Mehlsdorf 47 Lb35
01594 Mehltheuer 59 Lb40
08539 Mehltheuer 69 Jd47
98634 Mehmels 67 Gc46
29413 Mehmke 33 Hb28
54552 Mehren 63 Ca50
46499 Mehrhoog 38 Bd37
54346 Mehring 73 Ca53
84561 Mehring 100 La67
06456 Mehringen 45 Ja37
16356 Mehrow 36 Lc29
72537 Mehrstetten 95 Fc66
36369 Meiches 66 Fa46
17291 Meichow 27 Ma23
95131 Meierhof 69 Jb49
17375 Meiersberg 16 Ld19
06386 Meilendorf 45 Jd37
96465 Meilschnitz 68 Hc48
74336 Meimsheim 85 Fa60
38527 Meine 32 Gd31
07937 Meinersdorf 69 Jd46
09390 Meinersdorf 58 Kd45
38536 Meinersen 32 Gc30
58540 Meinerzhagen 52 Da42
37276 Meinhard 55 Gb41
98617 Meiningen 67 Gd47
59494 Meiningsen 40 Dc38
14913 Meinsdorf 47 Lb35
31675 Meinsen 30 Ed32
27404 Meinstedt 21 Fb23
06463 Meisdorf 44 Hd37
55590 Meisenheim 74 Da54
01662 Meissen 59 Lc41
29308 Meißendorf 31 Fd28
77974 Meißenheim 93 Db65
37290 Meißner 55 Ga41
59602 Meiste 41 Eb39
86405 Meitingen 97 Hb64
30900 Meitze 31 Fd30
39326 Meitzendorf 34 Ja32
21406 Melbeck 22 Gc24
16230 Melchow 26 Lc27
25704 Meldorf 10 Ed17
95326 Melkendorf 69 Ja51
98639 Melkers 67 Gc46
19273 Melkof 23 Hb23
39524 Melkow 34 Jd30
4932 . Melle (Wiehengeb.) 30 Ea33
83458 Melleck 110 La71
19309 Mellen 24 Ja24
98746 Mellenbach-Glasbach 68 Hc46
15806 Mellensee 36 Lb32
17429 Mellenthin 16 Ld17
25992 Mellhörn 2 Ea9
38489 Mellin 33 Hb29
99441 Mellingen 56 Ja43
27249 Mellinghausen 30 Ed28
06918 Mellnitz 46 Kd35
18574 Mellnitz 7 La14
59609 Mellrich 41 Ea38
97638 Mellrichstadt 67 Gc48
98634 Melpers 67 Gb47
56581 Melsbach 63 Cd47
24109 Melsdorf 4 Ga15
34212 Melsungen 54 Fc42
04808 Meltewitz 46 Kd39
17209 Melz 25 Kb23
17291 Melzow 26 Ld24
96117 Memmelsdorf 78 Hb52
96190 Memmelsdorf 68 Hb50
87700 Memmingen 96 Gc69
87766 Memmingerberg 96 Gc69
95349 Menchau 69 Ja51
587 .. Menden 40 Db39
98631 Mendhausen 67 Gd48
56743 Mendig 63 Cc48
44359 Mengede 39 Cd38
88512 Mengen 95 Fb68
96529 Mengersgereuth-Hämmern 68 Hc48
35794 Mengerskirchen 64 Dd47
84152 Mengkofen 89 Kc62
17326 Menkin 17 Ma21
34414 Menne 42 Fa39
06385 Mennewitz 45 Jc36
49637 Menslage 29 Db29
99996 Menteroda 55 Gd40
16775 Menz 25 Kd24
39175 Menz 34 Jb33
59602 Menzel 41 Ea39
46519 Menzelen 38 Bd38
23923 Menzendorf 13 Hb19
76703 Menzingen 84 Ec59
49716 Meppen 28 Cd28
98673 Merbelsrod 68 Hb47
86504 Merching 97 Hc67
66589 Merchweiler 73 Cb57
79291 Merdingen 93 Da69
35799 Merenberg 64 Dd47
48249 Merfeld 39 Cc36
86415 Mering 97 Hc66
52353 Merken 50 Bc44
23730 Merkendorf 13 Ha16
91732 Merkendorf 87 Ha58
96117 Merkendorf 78 Hb52
63697 Merkenfritz 66 Fa48
50769 Merkenich 51 Cb43
48565 Merker 39 Cd34
36460 Merkers-Kieselbach 55 Gb45
97631 Merkershausen 67 Gd49
71263 Merklingen 84 Ec62
89188 Merklingen 95 Fd64
59514 Merklingsen 40 Dc38
52134 Merkstein 50 Ba44
96145 Merlach 68 Ha50
33039 Merlsheim 41 Ed36
63628 Mernes 66 Fc50
48317 Mersch 40 Db37
06217 Merseburg 57 Jc40
53332 Merten 51 Ca45
16949 Mertensdorf 24 Jc24
54331 Mertert 72 Bc54
54318 Mertesdorf 72 Bd53
86690 Mertingen 87 Hb63
56753 Mertloch 63 Cc49
55627 Merxheim 74 Da53
15848 Merz 37 Mc32
66978 Merzalben 83 Da58
03042 Merzdorf 48 Mc35
04932 Merzdorf 47 Lc39
14913 Merzdorf 47 Lb34
49586 Merzen 29 Db30
52399 Merzenich 50 Bc44
34628 Merzhausen 54 Fa44
79249 Merzhausen 93 Db69
06369 Merzien 45 Jd36
66663 Merzig 72 Bd56
59872 Meschede 52 Dd40
18230 Meschendorf 14 Ja16
50997 Meschenich 51 Ca44
16775 Meseberg 25 Kd26
39326 Meseberg 34 Ja32
39606 Meseberg 24 Jb27
17498 Mesekenhagen 7 La15
16928 Mesendorf 24 Jd25
31515 Mesmerode 31 Fb31
63875 Mespelbrunn 76 Fb52
08527 Meßbach 69 Jd47
39624 Meßdorf 34 Ja28
64409 Messel 75 Ec52
31867 Messenkamp 31 Fb32
49832 Messingen 29 Da30
88605 Messkirch 95 Fa69
72469 Meßstetten 94 Ed67
19374 Mestlin 14 Jb21
48231 Mestrup 40 Dc36
31535 Metel 31 Fc30
48629 Metelen 28 Cc33
23972 Metelsdorf 13 Hd18
17111 Metschow 15 Kc18
94526 Metten 90 La61
54675 Mettendorf 72 Bb52
67582 Mettenheim 75 Ea54
84562 Mettenheim 99 Kc66
49497 Mettingen 29 Db32
59558 Mettinghausen 41 Ea37
66693 Mettlach 72 Bc56
40822 Mettmann 51 Cb41
16269 Metzdorf 37 Mb28
95326 Metzdorf 69 Ja50
98639 Metzels 67 Gd46
17268 Metzelthin 26 Lb24
72555 Metzingen 95 Fb64
95482 Metzlersreuth 69 Jc51
36355 Metzlos 66 Fb48
36355 Metzlos-Gehaag 66 Fb47
56414 Meudt 64 Db47
98744 Meura 68 Hd47
01994 Meuro 48 Ma38
06905 Meuro 46 Kc36
98746 Meuselbach-Schwarzmühle 68 Hc47
04610 Meuselwitz 58 Ka42
17322 Mewegen 17 Mb21
16945 Meyenburg 24 Jd23
30826 Meyenfeld 31 Fc31
24980 Meyn 3 Fa11
18356 Michaelsdorf 6 Ka14
02979 Michalken 48 Mc39
96247 Michelau i. Oberfranken 68 Hc50
97513 Michelau i. Steigerwald 77 Gd52
63755 Michelbach 66 Fa51
76571 Michelbach 84 Ea62
74544 Michelbach a.d. Bilz 85 Fd60
74545 Michelfeld 85 Fd59
06386 Micheln 45 Jc36
14797 Michelsdorf 35 Kc31
93185 Michelsneukirchen 89 Kc59
36088 Michelsrombach 66 Fd46
64720 Michelstadt 75 Ed54
04539 Michelwitz 58 Ka42
14552 Michendorf 35 Kd31
86866 Mickhausen 97 Ha67
18586 Middelhagen 7 Lc14
26434 Middoge 9 Dc20
48720 Midlich 39 Cc34
25938 Midlum 2 Eb11
27632 Midlum 10 Eb20
73614 Miedelsbach 85 Fc62
56357 Miehlen 64 Db50
07922 Mielesdorf 69 Jc47
24247 Mielkendorf 4 Ga15
66892 Miesau 73 Cd57
83714 Miesbach 108 Jd70
66877 Miesenbach 74 Da56
39649 Mieste 33 Hc30
39649 Miesterhorst 33 Hc30
88487 Mietingen 96 Ga67
99826 Mihla 55 Gc42
07422 Milbitz b. Rottenbach 68 Hc46
09456 Mildenau 71 La46

17348 Mildenitz 16 Lc21
25866 Mildstedt 3 Fa13
09306 Milkau 58 Kd42
02699 Milkel 48 Md39
18461 Millienhagen 6 Kb15
46459 Millingen 38 Bc36
17268 Milmersdorf 26 Lc24
14715 Milow 35 Ka30
17337 Milow 16 Ld21
19300 Milow 24 Ja24
58256 Milspe 51 Cd40
93468 Miltach 89 Kd58
48231 Milte 40 Dc35
63897 Miltenberg 76 Fb54
39590 Miltern 34 Jc29
04205 Miltitz 58 Ka40
18519 Miltzow 7 Kd15
98631 Milz 67 Gd48
06246 Milzau 57 Jc40
88682 Mimmenhausen 105 Fb71
87719 Mindelheim 96 Gd68
93349 Mindelstetten 88 Jb61
3242 . Minden (Westfalen) 30 Ed32
76872 Minfeld 83 Dd60
76669 Mingolsheim 84 Eb58
79618 Minseln 103 Da72
26434 Minsen 9 Dc20
85375 Mintraching 98 Jc66
93098 Mintraching 89 Kb60
17209 Minzow 25 Ka22
17252 Mirow 25 Kc23
96484 Mirsdorf 68 Hb49
84051 Mirskofen 89 Ka63
27632 Misselwarden 10 Eb20
03205 Missen 48 Mb36
87547 Missen 106 Gb72
08538 Mißlareuth 69 Jc48
95511 Mistelbach 79 Ja52
96215 Mistelfeld 68 Hc50
95490 Mistelgau 79 Ja52
18276 Mistorf 14 Jc18
84424 Mittbach 99 Ka67
63584 Mittel-Gründau 66 Fa50
63688 Mittel-Seemen 66 Fa48
36167 Mittelaschenbach 67 Ga46
09224 Mittelbach 58 Kd44
87466 Mittelberg 106 Gd72
88441 Mittelbiberach 95 Fd68
91734 Mitteleschenbach 87 Hb58
79868 Mittelfalkau 103 Dc70
09243 Mittelfrohna 58 Kc44
06542 Mittelhausen 45 Ja39
02763 Mittelherwigsdorf 61 Nb43
18320 Mittelhof 6 Kb15
57537 Mittelhof 52 Db45
36148 Mittelkalbach 66 Fc48
86868 Mittelneufnach 97 Ha67
21720 Mittelnkirchen 11 Fc21
31832 Mittelrode 31 Fc33
36041 Mittelrode 66 Fc47
74850 Mittelschefflenz 76 Fb57
79871 Mittelschollach 93 Dd69
21714 Mittelsdorf 11 Fb21
97785 Mittelsinn 66 Fc50
72766 Mittelstadt 95 Fa64
21770 Mittelstenahe 10 Ed20
82293 Mittelstetten 97 Hd66
98574 Mittelstille 67 Gd46
97640 Mittelstreu 67 Gc48
72270 Mitteltal 93 Dd64
35756 Mittenaar 65 Ea46
82481 Mittenwald 108 Ja73
15749 Mittenwalde 36 Lc32
17268 Mittenwalde 26 Lc24
94360 Mitterfels 89 Kd60
83559 Mittergars 99 Kb67
83257 Mitterndorf 99 Kc69
83349 Mitterroidham 99 Kd68
84335 Mitterskirchen 99 Kd65
95666 Mitterteich 80 Ka52
09648 Mittweida 59 La43
15848 Mittweide 37 Mb33
96268 Mitwitz 68 Hd49
15299 Mixdorf 37 Mc32
03205 Mlode 48 Ma36
01462 Mobschatz 59 Ld42
04720 Mochau 59 Lb41
06888 Mochau 46 Kc35
88284 Mochenwangen 105 Fd70
15913 Mochow 48 Mb34
04838 Mockrehna 46 Kd38
64397 Modautal 75 Ec54
96260 Modschiedel 68 Hd51
15890 Möbiskruge 37 Md32
39291 Möckern 34 Jc33
98590 Möckers 67 Gc46
74219 Möckmühl 76 Fb57
89426 Mödingen 86 Gd63
90482 Mögeldorf 78 Hd56
14715 Mögelin 35 Ka29
73563 Mögglingen 86 Ga62
16269 Möglin 37 Ma28
71701 Möglingen 85 Fa61
06791 Möhlau 46 Ka36
59519 Möhnesee 40 Dd39
21493 Möhnsen 12 Gc21
98708 Möhrenbach 68 Hb46
91096 Möhrendorf 78 Hc55
70567 Möhringen 85 Fa63
78532 Möhringen 94 Ec69
04457 Mölkau 58 Kb40
32457 Möllbergen 30 Ed33
17237 Möllenbeck 26 La22
19300 Möllenbeck 24 Jb23
31737 Möllenbeck 30 Ed33
39606 Möllenbeck 34 Ja28
06343 Möllendorf 44 Hd38
17219 Möllenhagen 15 Kc21
06869 Möllensdorf 46 Kb35
17091 Mölln 15 Kd20
23879 Mölln 12 Gd20
17449 Mölschow 16 Lc16
63776 Mömbris 66 Fa51
63853 Mömlingen 76 Fa53
63933 Mönchberg 76 Fb53
41... Mönchengladbach 50 Bc41
06926 Mönchenhöfe 47 La36
99198 Mönchenholzhausen 56 Hc43
18182 Mönchhagen 14 Jd16
96472 Mönchröden 68 Hc49
86751 Mönchsdeggingen 87 Ha62
91614 Mönchsroth 86 Gc60
78087 Mönchweiler 94 Ea68
15528 Mönchwinkel 37 Ma30
24248 Mönkeberg 4 Gb14
17375 Mönkebude 16 Ld19
23619 Mönkhagen 12 Gd18
24576 Mönkloh 11 Fd18
59590 Mönninghausen 41 Ea37
71297 Mönsheim 84 Ec61
24594 Mörel 11 Fd16
64546 Mörfelden 75 Eb52
39599 Möringen 34 Jb29
69509 Mörlenbach 75 Ec55
91804 Mörnsheim 87 Hc61
4744 . Moers 38 Bd39
76287 Mörsch 83 Dd61
40470 Mörsenbroich 51 Ca41
14806 Mörz 35 Kc33
77855 Mösbach 93 Dc64
33397 Moese 41 Ea36
39291 Möser 34 Jb32
72116 Mössingen 94 Ed65
84453 Mößling 99 Kc66
06193 Mösthinsdorf 45 Jc37
14715 Möthlitz 35 Ka30
14715 Möthlow 35 Kb29
86753 Möttingen 87 Ha62
93099 Mötzing 89 Kb61
71159 Mötzingen 94 Ec64
23795 Mözen 12 Gb18
56424 Mogendorf 64 Db47
04626 Mohlis 58 Ka43
07987 Mohlsdorf 70 Ka46
01723 Mohorn 59 Lc42
24405 Mohrkirch 3 Fd12
18246 Moisall 14 Jb18
21647 Moisburg 21 Fd22
51429 Moitzfeld 51 Cc43
49696 Molbergen 19 Dc27
24113 Molfsee 4 Ga15
15517 Molkenberg 37 Ma30
17217 Mollenstorf 15 Kd21
83373 Mollstätten 99 Kd69
06543 Molmerswende 44 Hd38
29413 Molmke 33 Hb28
99869 Molschleben 56 Ha43
23996 Moltow 13 Hd19
17194 Moltzow 15 Ka20
36088 Molzbach 66 Fd46
55278 Mommenheim 74 Dd53
53859 Mondorf 51 Cb45
97877 Mondtal 76 Fb54
40789 Monheim 51 Ca42
86653 Monheim 87 Hb62
52156 Monschau 62 Bb47
67590 Monsheim 74 Dd55
56410 Montabaur 64 Db48
54518 Monzel 73 Ca52
54472 Monzelfeld 73 Cb52
55569 Monzingen 74 Da53
23948 Moor 13 Hb18
25597 Moordiek 11 Fc18
25597 Moordorf 11 Fc18
82272 Moorenweis 97 Hc67
36433 Moorgrund 55 Gc44
26316 Moorhausen 19 Dd22
25554 Moorhusen 11 Fb18
26802 Moormerland 19 Da23
25436 Moorrege 11 Fc20
26427 Moorweg 9 Da21
78345 Moos 104 Ed71
94554 Moos 90 La62
85665 Moosach 98 Jd68
87477 Moosbach 106 Gd72
92709 Moosbach 80 Kb55
85368 Moosburg 98 Jd65
84416 Moosen 99 Ka66
82549 Mooseurach 108 Jb70
85452 Moosinning 98 Jd66
84164 Moosthenning 89 Kc63
19230 Moraas 23 Hc22
54497 Morbach 73 Cb53
17406 Morgenitz 16 Ld17
37186 Moringen 43 Ga37
39264 Moritz 45 Jc34
01468 Moritzburg 59 Ld41
06193 Morl 45 Jc38
36167 Morles 67 Ga46
97762 Morlesau 66 Fd51
51597 Morsbach 52 Db44
34326 Morschen 54 Fc43
39343 Morsleben 33 Hc32
27321 Morsum 21 Fa26
06528 Morungen 44 Hd39
06918 Morxdorf 46 Kd35
74821 Mosbach 76 Fa57
32758 Mosebeck 41 Ed35
08129 Mosel 58 Kb45
64756 Mossautal 75 Ed55
07907 Moßbach 69 Jc46
97786 Motten 66 Fd48
36391 Mottgers 66 Fd49
15741 Motzen 36 Lc32
36419 Motzlar 67 Ga46
07381 Moxa 69 Jb46
53804 Much 51 Cd44
24238 Mucheln 4 Gc15
19300 Muchow 24 Ja23
95512 Muckenreuth 69 Ja51
32257 Muckum 30 Eb33
03229 Muckwar 48 Mb36
69427 Mudau 76 Fa56
57555 Mudersbach 52 Dc45
06249 Mücheln 57 Jb40
02906 Mücka 49 Na39
35325 Mücke 65 Ed46
15837 Mückendorf 36 Lc33
69151 Mückenloch 75 Ec57
38539 Müden 32 Gc30
04769 Mügeln 59 La40
17392 Müggenburg 16 Lb18
26409 Müggenkrug 9 Db21
01809 Müglitztal 60 Ma43
24582 Mühbrook 12 Ga16
18276 Mühl Rosin 14 Jd19
75417 Mühlacker 84 Ec61
06888 Mühlanger 46 Kc35
09241 Mühlau 58 Kb43
09669 Mühlbach 59 La43
66509 Mühlbach 82 Cd58
75031 Mühlbach 84 Ed59
97616 Mühlbach 67 Gc49
06774 Mühlbeck 46 Ka37
04931 Mühlberg 47 Lb39
99869 Mühlberg 56 Hb44
82490 Mühldörfl 107 Hd73
84453 Mühldorf a. Inn 99 Kc66
19205 Mühlen Eichsen 13 Hc19
77796 Mühlenbach 93 Dc67
25548 Mühlenbarbek 11 Fc18
16567 Mühlenbeck 36 Lb28
19075 Mühlenbeck 13 Hc21
37603 Mühlenberg 42 Fc36
19399 Mühlenhof 14 Jc21
21493 Mühlenrade 12 Gc21
33129 Mühlensenne 41 Eb36
08626 Mühlental 70 Ka48
97638 Mühlfeld 67 Gc48
59425 Mühlhausen 40 Db38
69242 Mühlhausen 84 Ec58
75233 Mühlhausen 84 Ec62
78259 Mühlhausen 104 Ec70
92360 Mühlhausen 88 Ja59
96172 Mühlhausen 78 Hb54
75417 Mühlhausen a.d. Enz 84 Ed61
73347 Mühlhausen i. Täle 95 Fd64
99974 Mühlhausen (Thüringen) 55 Gd41
78570 Mühlheim a.d. Donau 94 Ed69
63165 Mühlheim a. Main 65 Ec51
88690 Mühlhofen 105 Fb71
78357 Mühlingen 104 Ed70
02959 Mühlrose 48 Md38
06862 Mühlstedt 46 Ka35
64367 Mühltal 75 Ec53
07919 Mühltroff 69 Jc47
50665 Mülheim 51 Cb43
454 . Mülheim a.d. Ruhr 39 Ca39
56218 Mülheim-Kärlich 63 Cd48
79379 Müllheim 103 Da70
15299 Müllrose 37 Mc31
08132 Mülsen Sankt Jacob 58 Kc45
08132 Mülsen Sankt Micheln 58 Kc45
08146 Mülsen Sankt Niclas 58 Kc45
08146 Mülsen-Ortmannsdorf 58 Kc45
64739 Mümling-Grumbach 75 Ed54
95213 Münchberg 69 Jc50
15374 Müncheberg 37 Mb29
15366 Münchehofe 36 Lc30
15748 Münchehofe 36 Ld32
8 . . . . München 98 Jb67
07589 München-Bernsdorf 57 Jc44
95183 Münchenreuth 69 Jc48
94140 Münchham 100 Lc65
03238 Münchhausen 47 Ld37
35117 Münchhausen 53 Ec43
84186 Münchsdorf 99 Ka65
85126 Münchsmünster 88 Jc62
91481 Münchsteinach 78 Ha55
77955 Münchweier 93 Db67
67728 Münchweiler a.d. Alsenz 74 Db56
66981 Münchweiler a.d. Rodalb 83 Da58
71263 Münklingen 84 Ec62
97702 Münnerstadt 67 Gb50
82541 Münsing 98 Ja69
72525 Münsingen 95 Fc65
64839 Münster 75 Ec52
481 . . Münster (Westf.) 40 Da35
56294 Münster-Maifeld 63 Cd49
55424 Münster-Sarmsheim 74 Db52
25587 Münsterdorf 11 Fc18
86505 Münsterhausen 96 Gd66
79244 Münstertal (Schwarzwald) 103 Db70
35516 Münzenberg 65 Ec48
76703 Münzesheim 84 Ec59
16278 Mürow 27 Ma25
36137 Müs 66 Fc47
03096 Müschen 48 Mb35
57629 Müschenbach 64 Db46
31675 Müsingen 31 Fa32
21516 Müssen 22 Gd22
23827 Müssen 12 Gc17
32791 Müssen 41 Ec35
48351 Müssingen 40 Dc35
14823 Mützdorf 46 Kb34
39307 Mützel 34 Jd31
14715 Mützlitz 35 Kb29
76461 Muggensturm 83 Dd61
91735 Muhr a. See 87 Ha59
09619 Mulda 59 Ld44
06804 Muldenstein 46 Ka37
74673 Mulfingen 76 Fd57
03149 Mulknitz 48 Md35
27632 Mulsum 10 Eb20
78183 Mundelfingen 104 Ea70
74395 Mundelsheim 85 Fa60
89597 Munderkingen 95 Fd67
49808 Mundersum 28 Cd30
79312 Mundingen 93 Db68
24960 Munkbrarup 3 Fc10
86754 Munningen 87 Ha61
07338 Munschwitz 69 Ja46
29633 Munster 22 Ga26
07955 Muntscha 69 Jc46
96524 Mupperg 68 Hc49
17390 Murchin 16 Lc17
79730 Murg 103 Dc73
82418 Murnau a. Staffelsee 107 Hd71
71711 Murr 85 Fb61
71540 Murrhardt 85 Fc60
88371 Musbach 95 Fc69
06679 Muschwitz 57 Jd41
48712 Musholt 39 Cb35
46395 Mussum 38 Bd36
19406 Mustin 14 Jc20
23911 Mustin 13 Ha20
73557 Mutlangen 85 Fd62
76307 Mutschelbach 84 Eb61
67112 Mutterstadt 75 Ea56
04688 Mutzschen 58 Kd40
18445 Muuks 6 Kc14
41849 Myhl 50 Bb42
41849 Myhl 50 Bb42
08499 Mylau 70 Ka46

N

92507 Nabburg 80 Ka56
73230 Nabern 95 Fc64
58769 Nachrodt-Wiblingwerde 52 Da40
06469 Nachterstedt 44 Hd36
16845 Nackel 25 Kb27
96172 Nackendorf 78 Hb54
55299 Nackenheim 75 Ea52
17329 Nadrensee 27 Mb22
15806 Nächst Neuendorf 36 Lb32
95697 Nagel 79 Jd52
72202 Nagold 94 Ec64
23866 Nahe 12 Gb19
98553 Nahetal 68 Hb47
14797 Nahmitz 35 Kc31
21369 Nahrendorf 23 Ha24
39599 Nahrstedt 34 Jb29
95119 Naila 69 Jb49
66809 Nalbach 72 Bd57
66640 Namborn 73 Cb56
85405 Nandlstadt 98 Jc64
97788 Nantenbach 66 Fd51
66909 Nanzdietschweiler 73 Cd56
04657 Narsdorf 58 Kc42
56377 Nassau 64 Db49
85128 Nassenfels 87 Hd62
16515 Nassenheide 26 La27
56355 Nastätten 64 Db50
48231 Natarp 40 Dc35
59514 Nateln 40 Dc38
29587 Natendorf 22 Gc25
27239 Natenstedt 30 Eb28
34434 Natingen 42 Fa38
48317 Natorp 40 Db36
48329 Natrup 39 Cd35
39606 Natterheide 34 Ja28
89564 Nattheim 86 Gc63
23996 Naudin 13 Hd19
14641 Nauen 35 Kc29
06193 Nauendorf 45 Jc38
17291 Naugarten 26 Lc23
64569 Nauheim 75 Ea52
06618 Naumburg 57 Jc41
34311 Naumburg 54 Fa41
03096 Naundorf 48 Mb35
03149 Naundorf 49 Na35
04769 Naundorf 59 La40
04838 Naundorf 46 Kb38
04936 Naundorf 47 Lc36
06918 Naundorf b. Seyda 46 Kd35
04683 Naunhof 58 Kc40
56237 Nauort 64 Da48
57583 Nauroth 64 Db46
01609 Nauwalde 47 Lc39
25946 Nebel 2 Ea12
19348 Nebelin 24 Jb25
01920 Nebelschütz 60 Mc40
06642 Nebra 57 Ja40
71126 Nebringen 94 Ec64
17309 Nechlin 16 Ld21
74924 Neckarbischofsheim 84 Ed58
69151 Neckargemünd 75 Ec57
69437 Neckargerach 76 Fa57
68535 Neckarhausen 75 Eb56
69239 Neckarsteinach 75 Ec57
74172 Neckarsulm 85 Fa59
72666 Neckartailfingen 95 Fb64
72654 Neckartenzlingen 95 Fa64
74382 Neckarwestheim 85 Fa60
74865 Neckarzimmern 85 Fa58
17039 Neddemin 16 La20
27308 Neddenaverbergen 21 Fb27
18551 Neddesitz 7 Lb12
39264 Nedlitz 34 Jd33
39291 Nedlitz 34 Jb33
17440 Neeberg 16 Lc16
06295 Neehausen 45 Jb38
48465 Neerlage 28 Cc31
47877 Neersen 50 Bc41
21398 Neetze 22 Gd24
17349 Neetzka 16 Lb21
17391 Neetzow 16 La18
26409 Negenbargen 9 Db21
37643 Negenborn 42 Fc35
24625 Negenharrie 12 Ga16
23795 Negernbötel 12 Gb17
59929 Nehden 41 Eb39
59755 Neheim-Hüsten 40 Dc39
06193 Nehlitz 45 Jc38
23813 Nehms 12 Gc17
24326 Nehmten 12 Gc17
72147 Nehren 95 Fa65
75015 Neibsheim 84 Eb60
96484 Neida 68 Hb49
67468 Neidenfels 74 Dc57
74933 Neidenstein 84 Ed58
36452 Neidhartshausen 67 Gb46
73272 Neidlingen 95 Fc64
38321 Neindorf 32 Gd33
38446 Neindorf 33 Ha32
06502 Neinstedt 44 Hc37
02829 Neißeaue 61 Nc40
89191 Nellingen 95 Fd64
06268 Nemsdorf-Göhrendorf 57 Jb40
78532 Nendingen 94 Ec69
26556 Nenndorf 9 Da21
14715 Nennhausen 35 Kb29
73111 Nenningen 86 Ga63
91790 Nennslingen 87 Hd60
36214 Nentershausen 55 Ga43
56412 Nentershausen 64 Dc48
95194 Nentschau 69 Jd49
78359 Nenzingen 104 Ed70
19417 Neperstorf 14 Ja19
17429 Neppermin 16 Ld17
04685 Nerchau 58 Kd40
17391 Nerdin 16 Lb18
73450 Neresheim 86 Gc62
23843 Neritz 12 Gb19
89278 Nersingen 96 Gb65
14806 Neschholz 35 Kc33
19217 Neschow 13 Ha19
02699 Neschwitz 60 Mc40
38486 Nesenitz 33 Hc29
19217 Nesow 13 Hb19
06682 Nessa 57 Jd42
26553 Nesse 8 Cd20
27612 Nesse 20 Eb22
37115 Nesselröden 43 Gb39
87484 Nesselwang 106 Gd72
88662 Nesselwangen 105 Fa70
26553 Neßmersiel 8 Cd20
29562 Nestau 23 Ha26
57250 Netphen 52 Dd44
16949 Nettelbeck 24 Jc23
29596 Nettelkamp 22 Gd27
31848 Nettelrede 31 Fb33
24250 Nettelsee 12 Gb16
32312 Nettelstedt 30 Ec32
48720 Netter 39 Cc34
53947 Nettersheim 62 Bd47
41334 Nettetal 50 Bb40
38489 Nettgau 33 Hb29
14947 Nettgendorf 35 Kd33
16818 Netzeband 25 Kb25
14797 Netzen 35 Kc31
19339 Netzow 24 Jd26
08491 Netzschkau 70 Ka46
26632 Neu Barstede 18 Cd22
18442 Neu Bartelshagen 6 Kc14
19386 Neu Benthen 14 Jc21
18249 Neu Bernitt 14 Jb18
17509 Neu Boltenhagen 16 Lb16
29490 Neu Darchau 23 Ha24
24794 Neu Duvenstedt 3 Fd14
21224 Neu Eckel 22 Ga23
50825 Neu Ehrenfeld 51 Ca43
14476 Neu Fahrland 35 Kd30
17192 Neu Falkenhagen 15 Kb21
19205 Neu Frauenmark 13 Hc19
17194 Neu Gaarz 15 Ka21
19273 Neu Garge 23 Ha23
49824 Neu Gnadenfeld 28 Cb29
15526 Neu Golm 37 Mb31
19258 Neu Gülze 23 Ha23
17168 Neu Heinde 15 Ka18
17348 Neu Käbelich 16 Lb21
19294 Neu Kaliß 23 Hc24
17111 Neu Kentzlin 15 Kc19
17398 Neu Kosenow 16 Lc18
15910 Neu Lübbenau 37 Ma33
15518 Neu Madlitz 37 Mb30
15306 Neu Mahlisch 37 Mc29
19069 Neu Meteln 13 Hd19
18519 Neu Miltzow 7 Kd15
19399 Neu Poserin 14 Jd21
19357 Neu Premslin 24 Jb25
18586 Neu Reddevitz 7 Lb14
27726 Neu Sankt Jürgen 20 Ed24
18469 Neu Seehagen 6 Kb15
39446 Neu Staßfurt 45 Ja35
23689 Neu Techau 12 Gd18
18190 Neu Wendorf 15 Ka16
21629 Neu Wulmstorf 21 Fd22
15913 Neu Zauche 48 Mb34
15537 Neu Zittau 36 Ld30
61267 Neu-Anspach 65 Eb49
37249 Neu-Eichenberg 55 Ga40
63263 Neu-Isenburg 65 Ec51
8923 . Neu-Ulm 96 Gb65
16766 Neu-Vehlefanz 35 Kd28
95698 Neualbenreuth 70 Kb51
59269 Neubeckum 40 Dc36
24879 Neuberend 3 Fc13
63543 Neuberg 65 Ed50
97450 Neubessingen 67 Ga51
83115 Neubeuern 109 Ka70
85579 Neubiberg 98 Jc68
26909 Neubörger 19 Da26
1703 . Neubrandenburg 16 La20
15848 Neubrück 37 Mc31
96166 Neubrunn 68 Ha51
97277 Neubrunn 76 Fd54
98617 Neubrunn 67 Gd47
18233 Neubukow 14 Ja17
75387 Neubulach 84 Ec63
86633 Neuburg a.d. Donau 87 Hd62
86476 Neuburg a.d. Kammel 96 Gd66
94172 Neuburg a. Inn 100 Ld64
76776 Neuburg a. Rhein 83 Dd60
23974 Neuburg-Steinhausen 14 Ja18
76287 Neuburgweier 83 Dd61
85467 Neuching 98 Jd66
74861 Neudenau 85 Fb58
95168 Neudes 69 Jd51
99192 Neudietendorf 56 Hb44
06493 Neudorf 44 Hc38
09465 Neudorf 71 La47
34474 Neudorf 41 Ed39
76676 Neudorf 84 Ea59
95197 Neudorf 69 Jc49
96260 Neudorf 68 Hd51
24214 Neudorf-Bornstein 4 Ga14
95512 Neudrossenfeld 69 Ja51
16230 Neuehütte 26 Ld26
14827 Neuehütten 35 Ka33
29413 Neuekrug 33 Ha28
96515 Neuenbau 68 Hd48
33100 Neuenbeken 41 Ec37
07338 Neuenbeuthen 69 Jb47
25578 Neuenbrook 11 Fc19
75305 Neuenbürg 84 Eb62
26340 Neuenburg 19 Dc23
79395 Neuenburg a. Rhein 102 Cd70
25436 Neuendeich 11 Fc20
91564 Neuendettelsau 87 Hb58
03185 Neuendorf 48 Md35
14823 Neuendorf 46 Kc34
15907 Neuendorf 48 Ma34
16515 Neuendorf 26 La27
17391 Neuendorf 16 La19
17440 Neuendorf 16 Ld16
18246 Neuendorf 14 Jb18
18317 Neuendorf 6 Ka14
18516 Neuendorf 15 Kd16
18569 Neuendorf 7 La12
18581 Neuendorf 7 Lb14
19205 Neuendorf 13 Hb20
25554 Neuendorf 11 Fb18
37339 Neuendorf 43 Gb39
38486 Neuendorf 33 Hc29
97788 Neuendorf 66 Fd51
17379 Neuendorf A 16 Ld19
39624 Neuendorf a. Damm 33 Hd29
15910 Neuendorf a. See 37 Ma33
25335 Neuendorf b. Elmshorn 11 Fc20
18317 Neuendorf Heide 6 Ka14
15518 Neuendorf i. Sande 37 Mb30
25488 Neuenfelde 11 Fd21
59505 Neuengeseke 40 Dd38
23818 Neuengörs 12 Gc18
36391 Neuengronau 66 Fc49
96346 Neuengrün 69 Ja49
15366 Neuenhagen 36 Lc29
16259 Neuenhagen 27 Ma26
49828 Neuenhaus 28 Cb30
72631 Neuenhaus 85 Fa63
33014 Neuenheerse 41 Ed37
39345 Neuenhofe 33 Hd32
41363 Neuenhoven 50 Bc42
17039 Neuenkirchen 16 La20
17392 Neuenkirchen 16 Lb18
17498 Neuenkirchen 16 La16
18569 Neuenkirchen 7 La12
21640 Neuenkirchen 11 Fc21
21763 Neuenkirchen 10 Ed19
25792 Neuenkirchen 2 Ed15
27251 Neuenkirchen 30 Ec28
29643 Neuenkirchen 21 Fd26
48485 Neuenkirchen 28 Cd32
49326 Neuenkirchen 30 Ea33
49434 Neuenkirchen 29 Dd30
49586 Neuenkirchen 29 Db31
32469 Neuenknick 31 Fa31
49770 Neuenlande 29 Da29
95339 Neuenmarkt 69 Jb51
58809 Neuenrade 52 Db41
18320 Neuenrost 6 Kb15
08541 Neuensalz 70 Ka47
74196 Neuenstadt 85 Fb58
36286 Neuenstein 54 Fc44
74632 Neuenstein 85 Fc58
17335 Neuensund 16 Lc20
34599 Neuental 54 Fa43
54673 Neuerburg 62 Bb51
39524 Neuermark-Lübars 34 Jc29
06926 Neuerstadt 47 La35
82140 Neuesting 98 Ja67
85375 Neufahrn 98 Jc66
84088 Neufahrn i. Niederbayern 89 Ka62
25724 Neufeld 10 Ed18
25724 Neufelderkoog 10 Ed18
38486 Neuferchau 33 Hb29
72639 Neuffen 95 Fb64
85464 Neufinsing 98 Jc67
72419 Neufra 95 Fa67
88499 Neufra 95 Fc68
88682 Neufrach 105 Fb71
84181 Neufraunhofen 99 Kb65
87600 Neugablonz 97 Ha69
06429 Neugattersleben 45 Jb36
02727 Neugersdorf 61 Na42
16775 Neuglobsow 25 Kd24
16247 Neugrimnitz 26 Ld25
95352 Neuguttenberg 69 Jb50
56335 Neuhäusel 64 Da48
15320 Neuhardenberg 37 Mb28
26427 Neuharlingersiel 9 Db20
18347 Neuhaus 6 Jd15
21785 Neuhaus 10 Ed19
48356 Neuhaus 39 Cd34
83727 Neuhaus 108 Jd71
95152 Neuhaus 69 Jc48
91284 Neuhaus a.d. Pegnitz 79 Jb55
94152 Neuhaus a. Inn 100 Ld64
98724 Neuhaus a. Rennweg 68 Hc47
96524 Neuhaus-Schierschnitz 68 Hd49
03058 Neuhausen 48 Md36
09544 Neuhausen 59 Lc45
75242 Neuhausen 84 Ec62
80637 Neuhausen 98 Jb67
73765 Neuhausen a.d. Fildern 85 Fb63
78579 Neuhausen ob Eck 94 Ed69
14913 Neuheim 47 La34
14913 Neuhof 47 La34
17237 Neuhof 26 La22
19246 Neuhof 13 Hb21
31195 Neuhof 43 Ga35
36119 Neuhof 66 Fc48
95030 Neuhof 69 Jc49
90616 Neuhof a.d. Zenn 78 Ha56
67141 Neuhofen 75 Ea57
16515 Neuholland 26 La26
53797 Neuhonrath 51 Cc44
23883 Neuhorst 13 Ha21
97843 Neuhütten 76 Fb52
17154 Neukalen 15 Kb18
18581 Neukamp 7 La14
26835 Neukamperfehn 19 Da23
04575 Neukieritzsch 58 Kb41
01904 Neukirch 60 Mc41
01936 Neukirch 60 Mb40
88099 Neukirch 105 Fd72
08451 Neukirchen 58 Kb44
09221 Neukirchen 58 Kd44
23779 Neukirchen 5 Hb14
25927 Neukirchen 2 Ec10
34626 Neukirchen 54 Fb44
39615 Neukirchen 24 Jb27
84371 Neukirchen 100 Lb65
93155 Neukirchen 88 Jc59
94362 Neukirchen 89 Kd60
94127 Neukirchen a. Inn 100 Ld64
83364 Neukirchen a. Teisenberg 110 La70
92259 Neukirchen b. Sulzbach-Rosenberg 79 Jb55
94154 Neukirchen v. Wald 90 Ld62
92445 Neukirchen-Balbini 80 Kb57

47506 Neukirchen-Vluyn 38 Bd39
86438 Neukissing 97 Hc66
23992 Neukloster 14 Ja18
12 . . . Neukölln 36 Lb30
16278 Neukünkendorf 27 Ma25
04509 Neukyhna 46 Ka38
21710 Neuland 11 Fb20
15306 Neulangsow 37 Mc29
71543 Neulautern 85 Fb60
23923 Neuleben 13 Ha19
26909 Neulehe 18 Cd26
73491 Neuler 86 Gb61
16259 Neulewin 27 Mb27
39615 Neulingen 24 Ja27
75245 Neulingen 84 Ec61
16775 Neulögow 25 Kd25
16775 Neulöwenberg 26 La26
68809 Neulußheim 84 Eb58
54347 Neumagen-Dhron 73 Ca53
08496 Neumark 70 Kb46
26169 Neumarkhausen 19 Db27
92318 Neumarkt i.d. Oberpfalz 88 Ja58
84494 Neumarkt-Sankt Veit 99 Kc65
18461 Neumühl 15 Kc16
2453 . Neumünster 12 Ga17
92431 Neunburg vorm Wald 80 Kb57
07356 Neundorf 69 Jb48
07924 Neundorf 69 Jc46
08527 Neundorf 69 Jd47
39418 Neundorf 45 Ja36
91086 Neundorf 78 Hb55
96479 Neundorf 68 Hb50
57520 Neunkhausen 64 Db46
57290 Neunkirchen 52 Dc45
74867 Neunkirchen 75 Ed57
97980 Neunkirchen 76 Fb54
91077 Neunkirchen a. Brand 78 Hc55
91233 Neunkirchen a. Sand 78 Hd56
66 . . . Neunkirchen (Saar) 73 Cc57
53819 Neunkirchen-Seelscheid 51 Cd44
84524 Neuötting 99 Kd66
03103 Neupetershain 48 Mb37
06333 Neuplatendorf 44 Hd37
76777 Neupotz 84 Ea59
41517 Neurath 50 Bd43
16259 Neureetz 27 Mb27
94089 Neureichenau 91 Mb62
76149 Neureut 84 Ea60
77743 Neuried 93 Db65
82061 Neuried 98 Jb68
49767 Neuringe 28 Cb29
16307 Neurochlitz 27 Mc22
16816 Neuruppin 25 Kc26
86356 Neusäss 97 Hb65
02742 Neusalza-Spremberg 61 Na42
77815 Neusatz 83 Dd63
94556 Neuschönau 90 Ld61
26487 Neuschoo 9 Da21
14554 Neuseddin 35 Kd31
96317 Neuses 68 Hd50
97337 Neuses 77 Gb53
97494 Neuses 67 Gd50
96106 Neuses a. Raueneck 68 Ha51
91616 Neusitz 77 Gc57
95700 Neusorg 79 Jd52
414 . . Neuss 50 Bd41
04874 Neußen 47 La39
01844 Neustadt 60 Mc42
08223 Neustadt 70 Ka47
35279 Neustadt 54 Fa44
37345 Neustadt 43 Gd39
71336 Neustadt 85 Fb62
79822 Neustadt 103 Dd70
99762 Neustadt 44 Ha38
91413 Neustadt a.d. Aisch 78 Ha55
93333 Neustadt a.d. Donau 88 Jc62
07806 Neustadt a.d. Orla 57 Jb45
92660 Neustadt a.d. Waldnaab 80 Ka54
6743 . Neustadt a.d. Weinstr. 74 Dd57
95514 Neustadt a. Kulm 79 Jc53
97845 Neustadt a. Main 76 Fc52
98701 Neustadt a. Rennsteig 68 Hb47
31535 Neustadt a. Rübenberge 31 Fb30
96465 Neustadt b. Coburg 68 Hc49
16845 Neustadt (Dosse) 25 Ka27
23730 Neustadt i. Holstein 13 Ha16
53577 Neustadt (Wied) 63 Cd46
19306 Neustadt-Glewe 24 Ja22
32049 Neustädter Feldmark 30 Ec33
72149 Neustetten 94 Ec65
17235 Neustrelitz 25 Kd22
76689 Neuthard 84 Eb59
93073 Neutraubling 89 Ka60
88316 Neutrauchburg 106 Gb71
15320 Neutrebbin 37 Mb28
06198 Neutz-Lettewitz 45 Jc38
39387 Neuwegersleben 44 Hc34
76534 Neuweier 83 Dd63
75389 Neuweiler 84 Eb63
41066 Neuwerk 50 Bc41
5656 . Neuwied 63 Cd48
97772 Neuwildflecken 67 Ga48
97797 Neuwirtshaus 67 Ga50
24214 Neuwittenbek 4 Ga14
09397 Neuwürschnitz 58 Kc45
15898 Neuzelle 37 Na33
17039 Neverin 16 La20
23816 Neversdorf 12 Gb18
42553 Neviges 51 Cb40
54309 Newel 72 Bc53
03253 Nexdorf 47 Lb37
14822 Nichel 35 Kc33
56645 Nickenich 63 Cc48
63667 Nidda 65 Ed48
61194 Niddatal 65 Ec49
61130 Nidderau 65 Ec50

52385 Nideggen 62 Bc46
14929 Niebel 35 Kd33
14929 Niebelhorst 35 Kd33
14913 Niebendorf-Heinsdorf 47 Lb34
25938 Nieblum 2 Eb11
25899 Niebüll 2 Ec11
24395 Nieby 4 Ga11
17309 Nieden 16 Ld21
34305 Niedenstein 54 Fb41
02956 Nieder Prauske 49 Nb39
36329 Nieder-Breidenbach 66 Fa46
32051 Nieder-Eickum 41 Eb34
55268 Nieder-Olm 74 Dd52
64367 Nieder-Ramstadt 75 Ec53
63110 Nieder-Roden 75 Ed52
63688 Nieder-Seemen 66 Fa48
36110 Nieder-Stoll 66 Fc46
84100 Niederaichbach 89 Kb63
94557 Niederalteich 90 Lb62
01689 Niederau 59 Lc41
83080 Niederaudorf 109 Kb71
36272 Niederaula 54 Fc45
50126 Niederaußem 50 Bd43
50374 Niederberg 51 Ca45
84494 Niederbergkirchen 99 Kc66
59457 Niederbergstraße 40 Dc38
36145 Niederbieber 66 Fd47
56589 Niederbreitbach 63 Cd47
23560 Niederbüssau 12 Gd19
08107 Niedercrinitz 70 Kb46
02708 Niedercunnersdorf 61 Na41
09366 Niederdorf 58 Kd45
87787 Niederdorf 106 Gc70
61138 Niederdorfelden 65 Ec50
99986 Niederdorla 55 Gd42
79418 Niedereggenen 103 Da71
56412 Niederelbert 64 Db48
50189 Niederembt 50 Bc43
59469 Niederense 40 Dc39
14913 Niederer Fläming 47 La34
78078 Niedereschach 94 Eb68
56332 Niederfell 63 Cd49
16248 Niederfinow 26 Ld26
57572 Niederfischbach 52 Db44
09243 Niederfrohna 58 Kc44
96489 Niederfüllbach 68 Hc50
99759 Niedergebra 43 Gd39
14913 Niedergörsdorf 46 Kd34
63584 Niedergründau 66 Fa50
79365 Niederhausen 93 Da67
76879 Niederhochstadt 83 Dd58
88299 Niederhofen 106 Gb70
65835 Niederhofheim 65 Ea51
15306 Niederjesar 37 Mc30
36148 Niederkalbach 66 Fc48
53859 Niederkassel 51 Cb45
67700 Niederkirchen 74 Da55
67150 Niederkirchen b. Deidesheim 74 Dd57
24306 Niederkleveez 12 Gc16
41372 Niederkrüchten 50 Bb41
95158 Niederlamitz 69 Jd50
49779 Niederlangen 18 Cd27
97618 Niederlauer 67 Gb49
85283 Niederlauterbach 88 Jb63
15751 Niederlehme 36 Lc31
84085 Niederleierndorf 89 Ka61
49525 Niederlengerich 29 Db33
66606 Niederlinxweiler 73 Cb56
66679 Niederlosheim 72 Bd56
34431 Niedermarsberg 41 Ec39
32689 Niedermeien 41 Ed34
34396 Niedermeiser 42 Fb39
47546 Niedermörmter 38 Bc36
66879 Niedermohr 73 Cd56
92545 Niedermurach 80 Kb56
48612 Niedern 39 Cd34
63843 Niedernberg 76 Fa52
39167 Niederndodeleben 34 Ja33
65629 Niederneisen 64 Dc49
85467 Niederneuching 98 Jd66
30916 Niedernhagener Bauerschaft 31 Fd31
74676 Niedernhall 85 Fc58
65527 Niedernhausen 65 Ea50
31535 Niedernstöcken 31 Fc29
33154 Niederntudorf 41 Ec38
31712 Niedernwöhren 31 Fa32
02791 Niederoderwitz 61 Nb42
37355 Niederorschel 55 Gc40
86381 Niederraunau 96 Gd67
87767 Niederrieden 96 Gc68
36041 Niederrode 66 Fc47
06542 Niederröblingen 44 Hd39
99510 Niederroßla 57 Ja43
85229 Niederroth 98 Ja66
99762 Niedersachswerfen 44 Ha38
09600 Niederschöna 59 Lc43
86694 Niederschönenfeld 87 Hc63
77749 Niederschopfheim 93 Db65
40882 Niederschwarzbach 51 Cb41
38173 Niedersickte 32 Gd33
66955 Niedersimten 83 Da59
97996 Niederstetten 77 Ga57
89168 Niederstotzingen 96 Gc64
04741 Niederstriegis 59 La42
84494 Niedertaufkirchen 99 Kc66
84183 Niederviehbach 89 Kb63
88239 Niederwangen 106 Ga72
45529 Niederwenigern 39 Cc39
14822 Niederwerbig 35 Kc33
97464 Niederwerrn 67 Gb51
09577 Niederwiesa 59 La44
79733 Niederwihl 103 Dc72
94559 Niederwinkling 90 La61
55758 Niederwörresbach 73 Cc54
09399 Niederwürschnitz 58 Kd45
66440 Niederwürzbach 82 Cc58
36381 Niederzell 66 Fc49
52382 Niederzier 50 Bc44
56651 Niederzissen 63 Cc48
83374 Niedling 99 Kd69
75223 Niefern 84 Ec61
18279 Niegleve 14 Jd19
39291 Niegripp 34 Jb32
33039 Nieheim 42 Fa36
33334 Niehorst 41 Ea35
48301 Niehues 39 Cd35
18190 Niekrenz 14 Jd17
47559 Niel 38 Ba36

39319 Nielebock 34 Jc30
19069 Niemark 13 Hc20
06188 Niemberg 45 Jd38
14823 Niemegk 35 Kc33
16909 Niemerlang 25 Ka23
37127 Niemetal 42 Fd39
01968 Niemtsch 48 Ma38
48161 Nienberge 40 Da34
24819 Nienborstel 11 Fc16
31553 Nienbrügge 31 Fa31
25596 Nienbüttel 11 Fb17
06429 Nienburg 45 Jb36
31582 Nienburg (Weser) 31 Fa29
15936 Niendorf 47 Lb35
18059 Niendorf 14 Jc17
19294 Niendorf 23 Hc24
23923 Niendorf 13 Ha19
23948 Niendorf 13 Hc18
23996 Niendorf 13 Hd19
29591 Niendorf 22 Gd25
39646 Niendorf 33 Hb31
23919 Niendorf b. Berkenthin 12 Gd20
23881 Niendorf (Stecknitz) 12 Gd21
18442 Nienhagen 6 Kc15
23743 Nienhagen 13 Ha16
29336 Nienhagen 32 Gb30
29690 Nienhagen 31 Fc29
33818 Nienhagen 41 Ec34
37186 Nienhagen 42 Fd37
39397 Nienhagen 44 Hc35
18211 Nienhagen 14 Jb16
24808 Nienkattbek 11 Fd16
31688 Nienstädt 31 Fa32
06542 Nienstedt 44 Hd39
31848 Nienstedt 31 Fb32
37520 Nienstedt 43 Gb37
23863 Nienwohld 12 Gb19
29596 Nienwohlde 22 Gd27
18442 Niepars 6 Kc14
55283 Nierstein 75 Ea53
47574 Nierswalde 38 Bb37
33034 Niesen 42 Fa38
24395 Niesgrau 3 Fd11
02906 Niesky 49 Nb39
34329 Nieste 54 Fd40
34266 Niestetal 54 Fc40
47647 Nieukerk 38 Bc39
56132 Nievern 64 Da49
32758 Niewald 41 Ec35
15848 Niewisch 37 Mb33
15910 Niewitz 47 Ld34
83739 Nikalsreuth 108 Jd70
79331 Nimburg 93 Da68
21769 Nindorf 11 Fa21
24594 Nindorf 11 Fc16
25704 Nindorf 11 Fa17
50735 Nippes 51 Cb43
18445 Nisdorf 6 Kc14
57645 Nister 64 Db46
57647 Nistertal 64 Db46
54453 Nittel 72 Bc54
93149 Nittenau 89 Kb58
93152 Nittendorf 88 Jd60
14715 Nitzahn 35 Ka30
39539 Nitzow 24 Jc27
04603 Nobitz 58 Kb43
04626 Nöbdenitz 58 Ka44
31535 Nöpke 31 Fb29
24214 Noer 4 Ga13
86720 Nördlingen 86 Gd61
37176 Nörten-Hardenberg 43 Ga38
56283 Nörtershausen 63 Cd50
52388 Nörvenich 50 Bd45
75196 Nöttingen 84 Eb61
29562 Növenthien 23 Ha26
66625 Nohfelden 73 Cb55
99428 Nohra 56 Hd43
99735 Nohra 44 Ha39
14913 Nonnendorf 47 Lb35
88149 Nonnenhorn 105 Fd72
77963 Nonnenweier 93 Da66
66620 Nonnweiler 73 Cb55
38272 Nordassel 32 Gb33
59199 Nordbögge 40 Db38
25764 Norddeich 10 Ed16
59071 Norddinker 40 Dc38
25946 Norddorf 2 Ea12
26506 Norden 8 Cc21
86695 Nordendorf 97 Hb64
26954 Nordenham 20 Eb22
24392 Norderbrarup 3 Fd12
21782 Norderende 10 Ed19
25779 Norderheistedt 3 Fa15
25704 Nordermeldorf 10 Ed16
26548 Norderney 8 Cc20
25868 Norderstapel 3 Fa14
228 . . Norderstedt 12 Ga20
25746 Norderwöhrden 10 Ed16
39343 Nordgermersleben 33 Hd33
30890 Nordgoltern 31 Fc32
24980 Nordhackstedt 3 Fa11
96365 Nordhalben 69 Ja48
25785 Nordhastedt 11 Fa16
74336 Nordhausen 85 Fa59
99734 Nordhausen 44 Ha39
74226 Nordheim 85 Fa59
86690 Nordheim 87 Hb63
98631 Nordheim 67 Gc48
97334 Nordheim a. Main 77 Gb53
97647 Nordheim v.d. Rhön 67 Gb48
27637 Nordholz 10 Eb19
33330 Nordhorn 41 Ea35
485 . . Nordhorn 28 Cb31
46359 Nordick 39 Cb36
59394 Nordkirchen 40 Da37
21765 Nordleda 10 Ec19
49835 Nordlohne 28 Cc30
77787 Nordrach 93 Dc65
31717 Nordsehl 31 Fa31
24939 Nordstadt 3 Fb10
38446 Nordsteimke 33 Ha31
31171 Nordstemmen 31 Fd33
25845 Nordstrand 2 Ed13
46342 Nordvelen 39 Cb35
48356 Nordwalde 40 Da34
41469 Norf 51 Ca42

55585 Norheim 74 Db53
57629 Norken 64 Db46
25884 Norstedt 3 Fa12
37154 Northeim 43 Ga37
30989 Northen 31 Fc32
26845 Nortmoor 19 Da24
24589 Nortorf 11 Fd16
25554 Nortorf 11 Fb18
49638 Nortrup 29 Dc29
01683 Nossen 59 Lb42
17111 Nossendorf 15 Kc17
17214 Nossentiner Hütte 15 Ka21
19258 Nostorf 22 Gd22
21640 Nottensdorf 21 Fc22
24392 Nottfeld 3 Fd12
48301 Nottuln 39 Cd35
85445 Notzing 98 Jd66
73274 Notzingen 85 Fc63
06896 Nudersdorf 46 Kb35
14532 Nudow 36 La31
24809 Nübbel 3 Fc15
24881 Nübel 3 Fc13
24972 Nübelfeld 3 Fd11
97720 Nüdlingen 67 Gb50
51588 Nümbrecht 52 Da44
01612 Nünchritz 59 Lc40
904 . . Nürnberg 78 Hc56
72622 Nürtingen 85 Fb63
36088 Nüst 66 Fd46
36167 Nüsttal 67 Ga46
24568 Nützen 12 Ga19
71154 Nufringen 84 Ed63
66687 Nunkirchen 73 Ca56
15806 Nunsdorf 36 Lb32
96349 Nurn 69 Ja49
72362 Nusplingen 94 Ed68
77704 Nußbach 93 Dc64
78098 Nußbach 93 Dd68
71735 Nussdorf 84 Ed61
76829 Nußdorf 83 Dc58
83365 Nußdorf 99 Kd69
83131 Nußdorf a. Inn 109 Kb71
23896 Nusse 12 Gd20
69226 Nußloch 75 Ec57
18195 Nustrow 15 Ka17
39264 Nutha 45 Jc35
14947 Nuthe-Urstromtal 36 La33
25594 Nutteln 11 Fb17
80639 Nymphenburg 98 Jb67

O

87651 Ob 107 Hb70
97502 Obbach 67 Gb51
69518 Ober-Abtsteinach 75 Ec56
36329 Ober-Breidenbach 66 Fa46
55234 Ober-Flörsheim 74 Dd54
63667 Ober-Lais 66 Fa48
61239 Ober-Mörlen 65 Ec48
35325 Ober-Ohmen 66 Fa46
55270 Ober-Olm 74 Dd52
64372 Ober-Ramstadt 75 Ec53
63688 Ober-Seemen 66 Fa48
35327 Ober-Seibertenrod 66 Fa47
61206 Ober-Wöllstadt 65 Ec49
76703 Oberacker 84 Ec59
44532 Oberaden 40 Da38
84100 Oberaichbach 99 Kb64
82229 Oberalting 97 Hd68
82487 Oberammergau 107 Hd72
90522 Oberasbach 78 Hc57
82496 Oberau 107 Hd72
83080 Oberaudorf 109 Kb71
36280 Oberaula 54 Fc44
97514 Oberaurach 78 Ha52
50126 Oberaussem 50 Bd43
97772 Oberbach 67 Ga49
32609 Oberbauerschaft 30 Eb32
84564 Oberbergkirchen 99 Kc66
73614 Oberberken 85 Fc62
86551 Oberbernbach 97 Hd65
63856 Oberbessenbach 76 Fb52
82041 Oberbiberg 98 Jb69
84364 Oberbirnbach 100 Lb64
07907 Oberböhmsdorf 69 Jc47
72644 Oberboihingen 85 Fb63
52525 Oberbruch 50 Bb42
77815 Oberbruch 83 Dc63
82131 Oberbrunn 98 Ja68
96250 Oberbrunn 68 Hb51
42799 Oberbüscherhof 51 Cb42
23560 Oberbüssau 12 Gd19
01762 Obercarsdorf 59 Ld43
02708 Obercunnersdorf 61 Na42
91617 Oberdachstetten 77 Gd57
75038 Oberderdingen 84 Ec60
72469 Oberdigisheim 94 Ed67
85445 Oberding 98 Jd66
89610 Oberdischingen 96 Ga66
85129 Oberdolling 88 Jb61
87448 Oberdorf 106 Gc72
88085 Oberdorf 105 Fc72
73441 Oberdorf a. Ipf 86 Gc61
99986 Oberdorla 55 Gc42
95326 Oberdornlach 69 Ja50
79618 Obereichsel 103 Da72
51588 Oberelben 52 Da44
89275 Oberelchingen 96 Gb65
96145 Oberelldorf 68 Ha50
97656 Oberelsbach 67 Gb48
54329 Oberemmel 72 Bd54
97762 Obererthal 67 Ga50
97762 Obereschenbach 67 Ga51
97631 Obereßfeld 67 Gd49
89278 Oberfahlheim 96 Gb65
56332 Oberfell 63 Cd49
79859 Oberfischbach 103 Dd70
84570 Oberflossing 99 Kc67
96237 Oberfüllbach 68 Hc49
31246 Oberg 32 Gb32
84036 Obergangkofen 99 Ka64
99759 Obergebra 43 Gd39
87656 Obergermaringen 97 Ha69
74906 Obergimpern 84 Ed58
86573 Obergriesbach 97 Hc65
76646 Obergrombach 84 Eb60
87634 Obergünzburg 106 Gd70
02692 Obergurig 60 Md41
82041 Oberhaching 98 Jb68

96173 Oberhaid 78 Hb52
07426 Oberhain 68 Hc46
84384 Oberham 100 Lb65
77784 Oberharmersbach 93 Dc66
46 . . . Oberhausen 39 Ca39
68794 Oberhausen 84 Ea58
79365 Oberhausen 93 Da67
82386 Oberhausen 107 Hd71
86153 Oberhausen 97 Hb65
86697 Oberhausen 87 Hd63
06577 Oberheldrungen 56 Hd41
76879 Oberhochstadt 83 Dd58
79856 Oberhöllsteig 103 Dc70
98559 Oberhof 68 Ha46
97437 Oberhohenried 67 Gd51
49324 Oberholsten 30 Ea32
97258 Oberickelsheim 77 Gb55
71083 Oberjesingen 84 Ec63
71131 Oberjettingen 94 Ec64
87541 Oberjoch 106 Gd73
14778 Oberjünne 35 Kb32
36148 Oberkalbach 66 Fd48
4054 . Oberkassel 51 Ca41
53227 Oberkassel 51 Cc45
98634 Oberkatz 67 Gc46
77704 Oberkirch 93 Dc64
66629 Oberkirchen 73 Cc56
24306 Oberkleveez 12 Gc16
73447 Oberkochen 86 Gb62
84103 Oberköllnbach 89 Kb63
95145 Oberkotzau 69 Jc49
41372 Oberkrüchten 50 Bb41
91443 Oberlaimbach 77 Gd55
95499 Oberlaitsch 69 Jb51
96523 Oberland a. Rennsteig 68 Hd48
49779 Oberlangen 18 Cd27
96328 Oberlangenstadt 68 Hd50
96215 Oberlangheim 68 Hc51
97488 Oberlauringen 67 Gc50
97789 Oberleichtersbach 66 Fd49
97274 Oberleinach 76 Fd53
07356 Oberlemnitz 69 Jb47
01936 Oberlichtenau 60 Mb40
96515 Oberling 68 Hd49
32479 Oberlübbe 30 Ec32
09353 Oberlungwitz 58 Kc44
34431 Obermarsberg 41 Ec39
98617 Obermaßfeld-Grimmenthal 67 Gd47
99996 Obermehler 55 Gd41
32312 Obermehnen 30 Eb32
86836 Obermeitingen 97 Hb67
90587 Obermichelbach 78 Hb56
67823 Obermoschel 74 Db54
84101 Obermünchen 98 Jd64
97342 Obernbreit 77 Gb55
63785 Obernburg a. Main 76 Fa53
21787 Oberndorf 11 Fa20
63637 Oberndorf 66 Fc50
97424 Oberndorf 67 Gc51
97836 Oberndorf 76 Fc53
86698 Oberndorf a. Lech 87 Hb63
78727 Oberndorf a. Neckar 94 Eb66
85467 Oberneuching 98 Jd66
86865 Oberneufnach 97 Ha67
84565 Oberneukirchen 99 Kc67
37434 Obernfeld 43 Gb38
36129 Obernhausen 67 Ga48
72364 Obernheim 94 Ec67
66919 Obernheim-Kirchenarnbach 74 Da57
29386 Obernholz 32 Gd28
31683 Obernkirchen 31 Fa32
33154 Oberntudorf 41 Eb38
36145 Obernüst 67 Ga46
23617 Obernwohlde 12 Gd18
94130 Obernzell 91 Ma63
91619 Obernzenn 77 Gd56
02744 Oberoderwitz 61 Nb42
58708 Oberoesbern 40 Db39
76703 Oberöwisheim 84 Ec59
84419 Oberornau 99 Kb67
86869 Oberostendorf 97 Hb69
76889 Oberotterbach 83 Dc60
86507 Oberottmarshausen 97 Hb67
82234 Oberpfaffenhofen 98 Ja68
85667 Oberpframmern 98 Jd68
08539 Oberpirk 69 Jd47
97241 Oberpleichfeld 77 Gb53
94562 Oberpöring 90 La62
98693 Oberpörlitz 68 Hb46
86871 Oberrammingen 97 Ha68
63633 Oberreichenbach 66 Fb48
75394 Oberreichenbach 84 Eb63
91097 Oberreichenbach 78 Hb55
88131 Oberreitnau 105 Fd72
88179 Oberreute 106 Ga73
79254 Oberried 93 Db69
87769 Oberrieden 96 Gd68
90518 Oberrieden 79 Ja57
71739 Oberriexingen 84 Ed61
96364 Oberrodach 69 Ja49
36041 Oberrode 66 Fc47
06528 Oberröblingen 44 Hd39
36088 Oberrombach 66 Fd46
74420 Oberrot 85 Fd60
85247 Oberroth 98 Ja66
99755 Obersachswerfen 43 Gd38
77880 Obersasbach 83 Dc63
91483 Oberscheinfeld 77 Gd54
85764 Oberschleißheim 98 Jb66
94363 Oberschneiding 89 Kd62
07426 Oberschöbling 68 Hc46
90592 Oberschöllenbach 78 Hd55
09600 Oberschöna 59 Lb43
12555 Oberschöneweide 36 Lc30
77948 Oberschopfheim 93 Db65
97478 Oberschwappach 77 Gd52
97516 Oberschwarzach 77 Gd53
82294 Oberschweinbach 97 Hd67
06528 Obersdorf 44 Hd38
15374 Obersdorf 37 Mb29
97776 Obersfeld 67 Ga51
38173 Obersickte 32 Gd33
88693 Obersiggingen 105 Fb71
97791 Obersinn 66 Fc50
82395 Obersöchering 107 Hd71
74423 Obersontheim 86 Ga60

63633 Obersotzbach 66 Fb49
89613 Oberstadion 95 Fd67
98530 Oberstadt 67 Gd47
87534 Oberstaufen 106 Gb73
87561 Oberstdorf 106 Gc74
71720 Oberstenfeld 85 Fb60
85077 Oberstimm 88 Ja63
97640 Oberstreu 67 Gc48
84101 Obersüßbach 88 Jd63
74182 Obersulm 85 Fb59
72270 Obertal 93 Dd64
72160 Obertalheim 94 Eb65
84419 Obertaufkirchen 99 Kb66
88094 Oberteuringen 105 Fc71
66649 Oberthal 73 Cb56
97531 Obertheres 67 Gd51
97723 Oberthulba 67 Ga50
93083 Obertraubling 89 Ka60
84140 Obertrennbach 99 Kc64
91286 Obertrubach 79 Ja54
63179 Obertshausen 65 Ec51
76593 Obertsrot 84 Ea62
61440 Oberursel 65 Eb50
34246 Obervellmar 54 Fc40
92526 Oberviechtach 80 Kb56
97332 Obervolkach 77 Gc53
36355 Oberwald 66 Fb48
97645 Oberwaldbehrungen 67 Gb48
95485 Oberwarmensteinach 69 Jc51
51597 Oberwarnsbach 52 Db44
96242 Oberwasungen 68 Hc49
98634 Oberweid 67 Gb47
79410 Oberweiler 103 Da70
98744 Oberweissbach 68 Hc47
95100 Oberweissenbach 69 Jd50
95233 Oberweissenbach 69 Jb49
97653 Oberweißenbrunn 67 Ga48
97464 Oberwerrn 67 Gb51
55430 Oberwesel 64 Da51
34399 Oberweser 42 Fc38
51674 Oberwiehl 52 Da44
08396 Oberwiera 58 Kb44
45731 Oberwiese 39 Cd38
09484 Oberwiesenthal 71 La48
98673 Oberwind 68 Hb48
07422 Oberwirbach 68 Hd46
83246 Oberwössen 109 Kc71
77709 Oberwolfach 93 Dd66
66386 Oberwürzbach 82 Cb58
95346 Oberzaubach 69 Ja50
36391 Oberzell 66 Fd49
88213 Oberzell 105 Fc71
95326 Oberzettlitz 69 Ja51
56651 Oberzissen 63 Cc48
06268 Obhausen 45 Jb39
83119 Obing 99 Kc68
67283 Obrigheim 74 Dd55
74847 Obrigheim 76 Fa57
90592 Ochenbruck 78 Hd57
38154 Ochsendorf 33 Ha32
97199 Ochsenfurt 77 Gb55
88416 Ochsenhausen 96 Ga68
56299 Ochtendung 63 Cd49
26489 Ochtersum 9 Da21
39167 Ochtmersleben 33 Hd33
48607 Ochtrup 28 Cc33
53545 Ockenfels 63 Cc47
26670 Ockenhausen 19 Db23
55437 Ockenheim 74 Dc52
25842 Ockholm 2 Ec12
25785 Odderade 11 Fa16
85235 Odelzhausen 97 Hd66
67748 Odenbach 74 Da54
76684 Odenheim 84 Ec59
51519 Odenthal 51 Cb43
16248 Oderberg 27 Ma26
82398 Oderding 107 Hd70
15757 Oderin 36 Ld33
55571 Odernheim a. Glan 74 Da54
02791 Oderwitz 61 Nb42
21775 Odisheim 10 Ed20
18461 Oebelitz 6 Kb15
39646 Oebisfelde 33 Hb31
29582 Öchtringen 22 Gc25
31174 Oedelum 32 Gb33
09569 Oederan 59 Lb44
21734 Oederquart 11 Fa19
74229 Oedheim 85 Fb58
46354 Oeding 39 Ca35
47929 Oedt 50 Bc40
79664 Öflingen 103 Db72
24404 Oehe 4 Ga11
14913 Oehna 47 La35
78337 Öhningen 104 Ed72
97705 Öhrberg 67 Ga50
98704 Oehrenstock 68 Hb46
74613 Öhringen 85 Fc59
75248 Ölbronn 84 Ec60
59302 Oelde 40 Dd36
25524 Oelixdorf 11 Fc18
04936 Oelsig 47 Lb37
08606 Oelsnitz 70 Ka48
09376 Oelsnitz 58 Kc45
77855 Önsbach 93 Dc64
98634 Oepfershausen 67 Gc46
89614 Öpfingen 96 Ga66
45739 Oer-Erkenschwick 39 Cc37
27432 Oerel 20 Ed22
30982 Oerie 31 Fd33
23845 Oering 12 Gb19
97714 Oerlenbach 67 Gb50
33813 Oerlinghausen 41 Eb35
29386 Oerrel 32 Gd29
24407 Oersberg 3 Fd12
24568 Oersdorf 12 Ga19
25548 Oeschebüttel 11 Fd17
75223 Öschelbronn 84 Ec61
72116 Öschingen 95 Fa65
34431 Oesdorf 41 Ed39
27432 Oese 20 Ed22
96472 Oeslau 68 Hc49
30880 Oesselse 32 Ga32
25761 Oesterdeichstrich 10 Ed16
59602 Oestereiden 41 Ea38
33189 Oesterholz 41 Ec36
33775 Oesterweg 40 Dd34
33415 Österwiehe 41 Eb36
25764 Oesterwurth 10 Ed16
59510 Oestinghausen 40 Dd38

44359 Oestrich 39 Cd38
65375 Oestrich-Winkel 74 Dc52
76684 Östringen 84 Ec58
76470 Ötigheim 83 Dd61
75443 Ötisheim 84 Ec61
22961 Oetjendorf 12 Gc20
18246 Oettelin 14 Jc18
07907 Oettersdorf 69 Jc46
86732 Oettingen i. Bayern 87 Ha61
96476 Oettingshausen 68 Hb49
29588 Oetzen 22 Gd26
29599 Oetzendorf 22 Gd25
56244 Ötzingen 64 Db47
25938 Oevenum 2 Eb11
24988 Oeversee 3 Fb11
29303 Offen 32 Ga28
74254 Offenau 85 Fa58
76877 Offenbach a.d. Queich 83 Dd59
630.. Offenbach a. Main 65 Ec51
67749 Offenbach-Hundheim 73 Cd55
94560 Offenberg 90 La61
25767 Offenbüttel 11 Fb16
7765. Offenburg 93 Db65
23626 Offendorf 13 Ha18
91238 Offenhausen 79 Ja56
37170 Offensen 42 Fd38
89362 Offingen 96 Gd65
67591 Offstein 74 Dd55
72131 Ofterdingen 94 Ed65
87527 Ofterschwang 106 Gc73
68723 Oftersheim 75 Eb57
89522 Oggenhausen 86 Gc63
67071 Oggersheim 75 Ea56
03205 Ogrosen 48 Mb36
58840 Ohle 52 Db41
21220 Ohlendorf 22 Ga23
42699 Ohligs 51 Cb42
77797 Ohlsbach 93 Dc65
82441 Ohlstadt 107 Hd72
73275 Ohmden 85 Fc63
72770 Ohmenhausen 95 Fa65
48465 Ohne 28 Cd32
01896 Ohorn 60 Mb41
29378 Ohrdorf 33 Ha28
99885 Ohrdruf 56 Ha44
27446 Ohrel 21 Fb23
91620 Ohrenbach 77 Gc56
21698 Ohrensen 21 Fb22
24395 Ohrfeld 3 Fd11
39393 Ohrsleben 44 Hb34
49626 Ohrte 29 Db29
38312 Ohrum 32 Gd33
09526 Olbernhau 59 Lc45
02785 Olbersdorf 61 Nb43
82140 Olching 98 Ja67
29313 Oldau 32 Ga29
25560 Oldenborstel 11 Fc17
25557 Oldenbüttel 11 Fb16
23758 Oldenburg i. Holstein 5 Ha15
261.. Oldenburg (Oldenburg) 20 Ea25
21385 Oldendorf 22 Gb25
21726 Oldendorf 11 Fa21
25588 Oldendorf 11 Fb18
29320 Oldendorf 32 Gb28
33829 Oldendorf 40 Dd34
49324 Oldendorf 30 Ea32
24793 Oldenhütten 11 Fd16
37186 Oldenrode 42 Fd37
25870 Oldenswort 2 Ed14
25873 Oldersbek 3 Fa14
25860 Olderup 3 Fa13
06578 Oldisleben 56 Hc40
26434 Oldorf 9 Dc20
25938 Oldsum 2 Eb11
59399 Olfen 39 Cd37
21271 Ollsen 22 Ga24
57462 Olpe 52 Db43
24376 Olpenitz 4 Ga12
59939 Olsberg 53 Eb40
67737 Olsbrücken 74 Da56
63826 Omersbach 66 Fa51
66399 Ommersheim 82 Cb58
88145 Opfenbach 106 Ga72
79112 Opfingen 93 Da69
59439 Opherdicke 40 Da39
51381 Opladen 51 Cb42
02736 Oppach 60 Md41
03238 Oppelhain 47 Lc38
77728 Oppenau 93 Dd65
32351 Oppendorf 30 Eb31
55276 Oppenheim 75 Ea53
32351 Oppenwehe 30 Eb31
71570 Oppenweiler 85 Fc60
06188 Oppin 45 Jd38
01619 Oppitzsch 47 Lb39
47809 Oppum 50 Bd40
07381 Oppurg 57 Jb45
06785 Oranienbaum 46 Ka36
16515 Oranienburg 26 La27
54298 Orenhofen 72 Bd52
41515 Orken 50 Bd42
07768 Orlamünde 57 Ja45
66399 Ormesheim 82 Cb58
91737 Ornbau 87 Ha59
66693 Orscholz 72 Bc56
78359 Orsingen 104 Ed70
47495 Orsoy 38 Bd38
95233 Ort 69 Jb49
63683 Ortenberg 65 Ed49
77799 Ortenberg 93 Dc65
94496 Ortenburg 100 Lc64
01990 Ortrand 47 Ld39
31167 Ortshausen 43 Gb35
15938 Osann 73 Ca52
51766 Osberghausen 51 Cd43
54317 Osburg 72 Bd54
04758 Oschatz 59 La40
39387 Oschersleben 44 Hc34
14979 Osdorf 36 Lb31
24251 Osdorf 4 Ga14
38557 Osloß 33 Ha30
490... Osnabrück 29 Dc32
47495 Ossenberg 38 Bd38
15898 Ossendorf 37 Md33
37127 Ossenfeld 42 Fd39
07343 Oßla 69 Ja47
01920 Oßling 48 Mc39
99510 Oßmannstedt 57 Ja43
26427 Ostbense 9 Da20
48346 Ostbevern 40 Db34
58730 Ostbüren 40 Db39
26529 Osteel 8 Cd21
75395 Ostelsheim 84 Ec63
21756 Osten 11 Fa20
58313 Ostende 39 Cd39
48612 Ostendorf 39 Cd34
24790 Ostenfeld 3 Fd15
25872 Ostenfeld 3 Fa13
49219 Ostenfelde 40 Dc34
59320 Ostenfelde 40 Dd36
49757 Ostenwalde 19 Da27
25885 Oster-Ohrstedt 3 Fa13
26427 Osteraccum 9 Db20
40670 Osterath 50 Bd41
21762 Osterbruch 10 Ed19
39606 Osterburg 24 Jb27
74706 Osterburken 76 Fb57
24367 Osterby 3 Fd13
24994 Osterby 3 Fa11
49179 Ostercappeln 29 Dd32
27404 Ostereistedt 21 Fa23
25980 Osterende 2 Ea10
06721 Osterfeld 57 Jc42
59069 Osterflierich 40 Db38
26345 Osterforde 19 Dc23
37431 Osterhagen 43 Gd38
06295 Osterhausen 45 Ja39
94486 Osterhofen 90 Lb62
27711 Osterholz-Scharmbeck 20 Ec24
25364 Osterhorn 11 Fd19
25813 Osterhusum 3 Fa13
38228 Osterlinde 32 Gb33
30890 Ostermunzel 31 Fc31
27616 Osterndorf 20 Ec22
06386 Osternienburg 45 Jc36
91220 Osternohe 79 Ja55
04916 Osteroda 47 Lb37
38835 Osterode 44 Ha34
37520 Osterode a. Harz 43 Gc37
25767 Osterrade 11 Fb16
24783 Osterrönfeld 3 Fc15
56340 Osterspai 64 Da50
25590 Osterstedt 11 Fc16
27412 Ostertimke 21 Fa24
49828 Osterwald 28 Cb30
30826 Osterwald-Oberende 31 Fc31
30826 Osterwald-Unterende 31 Fc31
21776 Osterwanna 10 Ec20
39171 Osterweddingen 45 Ja34
48720 Osterwick 39 Cc34
38835 Osterwieck 44 Ha35
29413 Osterwohle 23 Hb27
73760 Ostfildern 85 Fb63
34396 Ostheim 42 Fb39
97461 Ostheim 67 Gd51
97645 Ostheim v.d. Rhön 67 Gc48
48727 Osthellermark 39 Cc35
67574 Osthofen 75 Ea54
39343 Ostingersleben 33 Hc33
59505 Ostinghausen 40 Dd38
49774 Ostlähden 29 Da28
59494 Ostönnen 40 Dc38
88356 Ostrach 95 Fb69
04749 Ostrau 59 La41
06193 Ostrau 45 Jc38
26842 Ostrhauderfehn 19 Da25
02899 Ostritz 61 Nc42
25746 Ostrohe 11 Fa16
22113 Oststeinbek 12 Gb21
22605 Othmarschen 11 Fd21
97633 Ottelmannshausen 67 Gd49
76571 Ottenau 84 Ea62
73113 Ottenbach 85 Fd63
25591 Ottenbüttel 11 Fc18
09648 Ottendorf 59 La43
23701 Ottendorf 12 Gd17
24107 Ottendorf 4 Ga14
01458 Ottendorf-Okrilla 60 Ma41
08606 Ottengrün 69 Jd48
75334 Ottenhausen 84 Eb61
97453 Ottenhausen 67 Gc51
77963 Ottenheim 93 Da65
77883 Ottenhöfen i. Schwarzwald 93 Dd64
85570 Ottenhofen 98 Jd67
91242 Ottensoos 79 Ja56
31868 Ottenstein 42 Fb35
48683 Ottenstein 39 Cb34
21259 Otter 21 Fd24
67731 Otterbach 74 Da56
67697 Otterberg 74 Db56
83624 Otterfing 99 Jc69
21762 Otterndorf 10 Ed19
31535 Otternhagen 31 Fc30
28870 Ottersberg 21 Fa25
76879 Ottersheim 83 Dd59
67166 Otterstadt 75 Ea57
77833 Ottersweier 83 Dc63
04668 Otterwisch 58 Kc41
83329 Otting 99 Kd69
48308 Ottmarsbocholt 40 Da36
87724 Ottobeuren 96 Gc69
85521 Ottobrunn 98 Jc68
34633 Ottrau 54 Fb45
66564 Ottweiler 73 Cb57
64853 Otzberg 75 Ed53
31303 Otze 32 Ga30
94563 Otzing 90 La62
26939 Ovelgönne 20 Ea23
29313 Ovelgönne 32 Ga29
39365 Ovelgünne 33 Hd33
32469 Ovenstädt 30 Ed31
51491 Overath 51 Cc44
46514 Overbeck 39 Ca37
59557 Overhagen 41 Ea37
27612 Overwarfe 20 Eb22
73277 Owen 95 Fc64
72401 Owingen 94 Ec66
88696 Owingen 105 Fa70
24811 Owschlag 3 Fc14
87466 Oy 106 Gd72
87466 Oy-Mittelberg 106 Gd72
02797 Oybin 61 Nb43
28876 Oyten 20 Ed25

P

14641 Paaren i. Glien 35 Kd28
19372 Paarsch 24 Jb22
38836 Pabstorf 44 Hb34
39624 Packebusch 34 Ja28
24634 Padenstedt 12 Ga17
33... Paderborn 41 Ec37
27632 Padingbüttel 10 Eb20
82396 Pähl 97 Hd69
38536 Päse 32 Gc30
19230 Pätow-Steegen 23 Hc22
15741 Pätz 36 Lc32
14778 Päwesin 35 Kc30
51469 Paffrath 51 Cb43
25794 Pahlen 3 Fb15
03249 Pahlsdorf 47 Ld36
07937 Pahren 69 Jc46
93351 Painten 88 Jc60
83349 Palling 99 Kd68
54439 Palzem 72 Bb55
85406 Palzing 98 Jc65
17166 Pampow 15 Kb19
17322 Pampow 17 Mb20
19075 Pampow 13 Hd21
04451 Panitzsch 58 Kb40
24321 Panker 4 Gd14
13156 Pankow 36 Lb29
01920 Panschwitz-Kuckau 60 Mc40
06543 Pansfelde 44 Hd37
18442 Pantelitz 6 Kc14
23896 Panten 12 Gd20
18320 Pantlitz 6 Ka15
16909 Papenbruch 25 Ka24
26871 Papenburg 18 Cd25
17309 Papendorf 16 Ld21
18059 Papendorf 14 Jc17
18510 Papenhagen 15 Kc16
23936 Papenhusen 13 Hb18
15837 Paplitz 36 Lc33
39307 Paplitz 34 Jd32
91788 Pappenheim 87 Hc61
59494 Paradiese 40 Dc38
39291 Parchau 34 Jc31
39307 Parchen 34 Jd31
19370 Parchim 24 Jb22
18528 Parchtitz 7 La13
14715 Parey 34 Jd28
39317 Parey 34 Jc31
23948 Parin 13 Hc18
18246 Parkow 14 Jb18
92711 Parkstein 79 Jd54
94365 Parkstetten 89 Kc61
16247 Parlow-Glambeck 26 Ld25
38470 Parsau 33 Hb30
83714 Parsberg 108 Jd70
92331 Parsberg 88 Jc59
85599 Parsdorf 98 Jc67
16248 Parstein 27 Ma26
55288 Partenheim 74 Dc53
97846 Partenstein 66 Fc51
04668 Parthenstein 58 Kc40
18276 Parum 14 Jc19
19243 Parum 13 Hc21
48653 Pascherhook 39 Cc35
17349 Pasenow 16 Lb21
17309 Pasewalk 16 Ld21
80689 Pasing 98 Jb67
07381 Paska 69 Jb46
24253 Passade 4 Gb14
9403. Passau 90 Ld63
23992 Passee 14 Ja17
16306 Passow 27 Ma24
19386 Passow 14 Jc21
85669 Pastetten 98 Jd67
19406 Pastin 14 Jb20
94265 Patersdorf 90 La60
30982 Pattensen 31 Fd32
18528 Patzig 7 La13
14641 Paulinenaue 35 Kc28
85307 Paunzhausen 98 Jb65
07952 Pausa i. Vogtland 69 Jd46
14641 Pausin 35 Kd28
33334 Pavenstädt 41 Ea35
95701 Pechbrunn 80 Ka52
03238 Pechhütte 47 Ld37
14913 Pechüle 35 Kd33
33775 Peckeloh 40 Dd34
39649 Peckfitz 33 Hc30
46569 Peddenberg 39 Ca37
59069 Pedinghausen 40 Db38
17449 Peenemünde 7 Lc15
17111 Peeselin 15 Kd18
18249 Peetsch 14 Jb19
04523 Pegau 58 Ka41
37619 Pegestorf 42 Fc35
91257 Pegnitz 79 Jb54
32108 Pehlen 41 Ec34
01945 Peickwitz 48 Mb38
3122. Peine 32 Gb32
06188 Peißen 45 Jd38
06408 Peißen 45 Jb36
25551 Peissen 11 Fc17
82380 Peißenberg 107 Hd70
86971 Peiting 107 Hc70
03185 Peitz 48 Mc35
45711 Pelkum 39 Cd37
54570 Pelm 62 Bd49
17392 Pelsin 16 Lc18
09322 Penig 58 Kc43
17213 Penkow 25 Ka22
17328 Penkun 27 Mb22
98708 Pennewitz 68 Hc46
31621 Pennigsehl 30 Ed29
17111 Pensin 15 Kd17
93080 Pentling 89 Ka60
48268 Pentrup 40 Da34
82377 Penzberg 108 Ja71
18249 Penzin 14 Jb18
86929 Penzing 97 Hc68
17217 Penzlin 15 Kd21
18233 Pepelow 14 Ja17
84567 Perach 100 La66
82319 Perchting 98 Ja69
94368 Perkam 89 Kc61
66706 Perl 72 Bb56
19348 Perleberg 24 Jb25
94157 Perlesreut 90 Ld61
19209 Perlin 13 Hc21
71277 Perouse 84 Ed62
14641 Perwenitz 35 Kd28
39398 Peseckendorf 44 Hd34
14641 Pessin 35 Kb29
01705 Pesterwitz 59 Ld42
03249 Peterhof 47 Ld36
91580 Petersaurach 78 Ha57
06193 Petersberg 45 Jc38
36100 Petersberg 66 Fd47
15236 Petersdorf 37 Mc30
15518 Petersdorf 37 Ma31
17348 Petersdorf 16 Lb21
86574 Petersdorf 97 Hc64
99735 Petersdorf 44 Ha38
26345 Petersgroden 19 Dd22
15236 Petershagen 37 Mc30
15370 Petershagen 36 Ld29
16306 Petershagen 27 Mb23
32469 Petershagen 30 Ed31
85238 Petershausen 98 Jb65
83342 Peterskirchen 99 Kc68
06809 Petersroda 46 Ka38
14913 Petkus 47 Lb34
18196 Petschow 14 Jd17
93186 Pettendorf 88 Jd59
83367 Petting 100 La69
96166 Pettstadt 68 Ha51
96175 Pettstadt 78 Hb53
95326 Petzmannsberg 69 Ja51
17268 Petznick 26 Lc24
07389 Peuschen 69 Jb46
72119 Pfäffingen 94 Ed64
97456 Pfändhausen 67 Gb50
55546 Pfaffen-Schwabenheim 74 Dc53
84066 Pfaffenberg 89 Kb62
15848 Pfaffendorf 37 Mb31
96126 Pfaffendorf 68 Ha50
63637 Pfaffenhausen 66 Fc50
87772 Pfaffenhausen 96 Gd68
97762 Pfaffenhausen 67 Ga51
74397 Pfaffenhofen 84 Ed60
85235 Pfaffenhofen a.d. Glonn 97 Hd66
85276 Pfaffenhofen a.d. Ilm 98 Jb64
89284 Pfaffenhofen a.d. Roth 96 Gb66
36154 Pfaffenrod 66 Fc47
78052 Pfaffenweiler 94 Ea69
79292 Pfaffenweiler 93 Da69
83539 Pfaffing 99 Ka68
09526 Pfaffroda 59 Lc45
73553 Pfahlbronn 85 Fd62
85110 Pfahldorf 88 Ja60
73479 Pfahlheim 86 Gc61
93101 Pfakofen 89 Ka61
47574 Pfalzdorf 38 Bb37
54293 Pfalzel 72 Bd53
72285 Pfalzgrafenweiler 94 Eb64
84347 Pfarrkirchen 100 Lb65
96176 Pfarrweisach 68 Ha50
93102 Pfatter 89 Kb60
74629 Pfedelbach 85 Fc59
66871 Pfeffelbach 73 Cc56
84076 Pfeffenhausen 88 Jd63
27801 Pfennigstedterfeld 20 Ea27
97490 Pfersdorf 67 Gb51
98646 Pfersdorf 68 Ha48
88069 Pfingstweid 105 Fc72
76327 Pfinztal 84 Eb60
63762 Pflaumheim 75 Ed52
04889 Pflückuff 46 Kd38
85104 Pförring 88 Jc62
91738 Pfofeld 87 Hb59
78166 Pfohren 94 Eb69
36110 Pfordt 66 Fc46
87666 Pforzen 97 Ha69
751.. Pforzheim 84 Ec61
92536 Pfreimd 80 Ka56
72074 Pfrondorf 95 Fa64
72539 Pfronstetten 95 Fb66
87459 Pfronten 107 Ha72
88630 Pfullendorf 95 Fb69
72793 Pfullingen 95 Fa65
64319 Pfungstadt 75 Eb53
15859 Philadelphia 37 Ma32
76661 Philippsburg 84 Ea58
94158 Philippsreut 91 Ma61
14532 Philippsthal 36 La31
36269 Philippsthal 55 Ga44
14542 Phöben 35 Kc30
19230 Picher 23 Hd23
83451 Piding 110 Lb70
59394 Piekenbrock 40 Da37
93188 Pielenhofen 88 Jd59
52459 Pier 50 Bc44
98739 Piesau 68 Hd47
66809 Piesbach 72 Bd57
15848 Pieskow 37 Mb33
54498 Piesport 73 Ca52
06388 Piethen 45 Jc37
83413 Pietling 100 La68
39291 Pietzpuhl 34 Jb32
95111 Pilgramsreuth 69 Jd49
15236 Pillgram 37 Mc31
92367 Pilsach 79 Ja57
94431 Pilsting 89 Kd62
75446 Pinache 84 Ec61
19069 Pingelshagen 13 Hc20
25421 Pinneberg 11 Fd20
03172 Pinnow 48 Md34
16278 Pinnow 27 Ma25
17091 Pinnow 15 Kd20
17390 Pinnow 16 Lc17
19065 Pinnow 13 Hd21
19065 Pinnow 14 Ja21
83253 Pinswang 109 Kb70
91361 Pinzberg 78 Hc54
85250 Pipinsried 98 Ja65
07330 Pippelsdorf 68 Hd47
07366 Pirk 69 Jb48
92712 Pirk 80 Ka54
91448 Pirkach 78 Hb56
93142 Pirkensee 89 Ka59
6695. Pirmasens 83 Da58
01796 Pirna 60 Mb43
19348 Pirow 24 Jb24
06343 Piskaborn 44 Hd38
15926 Pitschen-Pickel 47 Lc35
83132 Pittenhart 99 Kc69
33442 Pixel 41 Ea35
18276 Plaaz 14 Jd18
16845 Plänitz-Leddin 25 Ka27
56637 Plaidt 63 Cd48
82152 Planegg 98 Ja68
95515 Plankenfels 78 Hd52
49844 Plankorth 28 Cd29
68723 Plankstadt 75 Eb57
08606 Planschwitz 69 Jd48
48480 Plantlünne 28 Cd31
29378 Plastau 33 Ha29
19086 Plate 13 Hd21
15306 Platkow 37 Mc29
15848 Plattkow 37 Ma33
94447 Plattling 90 La62
19395 Plau a. See 24 Jd22
99338 Plaue 56 Hb45
0852. Plauen 69 Jd47
19395 Plauerhagen 14 Jd21
04349 Plaußig 46 Kb39
91287 Plech 79 Ja54
74385 Pleidelsheim 85 Fa61
91785 Pleinfeld 87 Hc59
84568 Pleiskirchen 99 Kd66
09246 Pleißa 58 Kd44
18334 Plennin 6 Ka15
04928 Plessa 47 Ld38
58840 Plettenberg 52 Db41
92714 Pleystein 80 Kb54
85652 Pliening 98 Jc67
72124 Pliezhausen 95 Fa64
76437 Plittersdorf 83 Dd61
73207 Plochingen 85 Fb63
06774 Plodda 46 Kb37
91126 Plöckendorf 78 Hc57
24306 Plön 12 Gc16
95703 Plößberg 80 Kb53
06193 Plötz 45 Jc37
17129 Plötz 16 La18
14542 Plötzin 35 Kc31
06425 Plötzkau 45 Jb36
39245 Plötzky 45 Jb34
17321 Plöwen 17 Mb21
06922 Plossig 46 Kd37
07907 Plothen 69 Jc46
01594 Plotitz 59 Lb40
73655 Plüderhausen 85 Fc62
23936 Plüschow 13 Hc19
30900 Plumhof 31 Fd29
54316 Pluwig 72 Bd54
09496 Pobershau 71 Lb46
06429 Pobzig 45 Jc36
09509 Pockau 59 Lb45
94060 Pocking 100 Ld65
04448 Podelwitz 46 Ka39
15326 Podelzig 37 Md29
82343 Pöcking 98 Ja69
18461 Pöglitz 15 Kc16
08543 Pöhl 70 Ka47
08352 Pöhla 70 Kd47
37412 Pöhlde 43 Gc38
23619 Pöhls 12 Gc18
18059 Pölchow 14 Jc17
18299 Pölitz 15 Ka18
23847 Pölitz 12 Gc19
07937 Pöllwitz 69 Jd46
06528 Pölsfeld 44 Hd38
07554 Pölzig 58 Ka43
39249 Pömmelte 45 Jb34
23569 Pöppendorf 13 Ha18
85604 Pöring 98 Jd68
07907 Pörmitz 69 Jc46
85309 Pörnbach 88 Ja63
25560 Pöschendorf 11 Fc17
07381 Pößneck 57 Jb45
23942 Pötenitz 13 Ha18
86554 Pöttmes 97 Hc64
31840 Pötzen 31 Fb33
23911 Pogeez 13 Ha19
17168 Poggelow 15 Ka18
18516 Poggendorf 15 Kd16
31535 Poggenhagen 31 Fb30
23896 Poggensee 12 Gd20
31867 Pohle 31 Fb32
35415 Pohlheim 65 Ec47
15890 Pohlitz 37 Md32
24211 Pohnsdorf 4 Gb15
85586 Poing 98 Jd67
19205 Pokrent 13 Hc20
29571 Polau 23 Ha26
56751 Polch 63 Cc49
18299 Polchow 15 Ka17
18551 Polchow 7 Lb12
39264 Polenzko 46 Ka34
06408 Poley 45 Jb36
39606 Polkau 34 Jb28
04703 Polkenberg 58 Kd41
37647 Polle 42 Fb35
06295 Polleben 45 Ja38
85131 Pollenfeld 87 Hd61
31718 Pollhagen 31 Fa31
82398 Polling 107 Hd70
84570 Polling 99 Kd67
39615 Pollitz 24 Ja26
83349 Polsing 99 Kd69
91805 Polsingen 87 Ha61
16278 Polßen 27 Ma24
45768 Polsum 39 Cb38
19303 Polz 23 Hd25
04916 Polzen 47 Lb36
17309 Polzow 17 Ma21
91224 Pommelsbrunn 79 Ja56
24395 Pommerby 4 Ga11
96178 Pommersfelden 78 Hb54
04639 Ponitz 58 Kb44
03238 Ponnsdorf 47 Ld37
47608 Pont 38 Bb39
26939 Popkenhöge 20 Ea23
22399 Poppenbüttel 12 Ga20
18184 Poppendorf 14 Jd16
18337 Poppendorf 6 Ka15
36163 Poppenhausen 67 Ga47
97490 Poppenhausen 67 Gb51
98663 Poppenhausen 68 Ha50
97711 Poppenlauer 67 Gc50
92284 Poppenricht 79 Jc56
36154 Poppenrod 66 Fc47
97688 Poppenroth 67 Ga50
98673 Poppenwind 68 Hb48
17268 Poratz 26 Ld25
16949 Porep 24 Jc23
01814 Porschdorf 60 Mc43
32457 Porta Westfalica 30 Ed33
37586 Portenhagen 42 Fd36
51145 Porz 51 Cb44
18574 Poseritz 7 La14
08606 Posseck 69 Jd48
01728 Possendorf 59 Ld43
97346 Possenheim 77 Gc54
82343 Possenhofen 98 Ja69
84103 Postau 89 Kb63
92353 Postbauer-Heng 79 Ja57
24211 Postfeld 12 Gb16
17391 Postlow 16 Lb18
84389 Postmünster 100 La65
144.. Potsdam 35 Kd30
91278 Pottenstein 79 Ja53
07366 Pottiga 69 Jb48
56459 Pottum 64 Dc47
39638 Potzehne 33 Hd31
17291 Potzlow 26 Ld23
06774 Pouch 46 Ka37
91099 Poxdorf 78 Hc54
25581 Poyenberg 11 Fc17
57589 Pracht 52 Da45
94267 Prackenbach 90 La59
96250 Prächting 68 Hc51
17094 Pragsdorf 16 La21
97437 Prappach 67 Gd51
24253 Prasdorf 4 Gb14
17168 Prebberede 15 Ka18
95473 Prebitz 79 Jb53
16928 Preddöhl 24 Jd24
18445 Preetz 6 Kc14
24211 Preetz 4 Gb15
03185 Preilack 48 Mc34
86984 Prem 107 Hb71
97705 Premich 67 Ga49
14727 Premnitz 35 Ka30
06926 Premsendorf 47 La36
19357 Premslin 24 Jb25
16348 Prenden 26 Lc27
15936 Prensdorf 47 Lc35
17291 Prenzlau 26 Ld22
13086 Prenzlauer Berg 36 Lb29
18375 Prerow 6 Ka13
03159 Preschen 49 Na36
92690 Pressath 79 Jd53
95355 Presseck 69 Jb49
04849 Pressel 46 Kc38
96332 Pressig 68 Hd49
04924 Prestewitz 47 Lc38
19089 Prestin 14 Jb21
15910 Pretschen 37 Ma33
06922 Prettin 46 Kd37
91362 Pretzfeld 78 Hd54
39245 Pretzien 45 Jb34
29416 Pretzier 23 Hc27
06909 Pretzsch 46 Kc36
01774 Pretzschendorf 59 Lc43
32361 Preußisch Oldendorf 30 Eb32
06408 Preußlitz 45 Jb37
95194 Prex 69 Jd49
29491 Prezelle 23 Hd26
17209 Priborn 25 Kb23
97357 Prichsenstadt 77 Gc53
83209 Prien a. Chiemsee 109 Kc70
17255 Priepert 25 Kd24
15752 Prieros 36 Ld32
15938 Prierow 47 Lc34
23942 Prieschendorf 13 Hb18
96170 Priesendorf 78 Ha52
06909 Priesitz 46 Kd37
03253 Prießen 47 Lc37
04509 Priester 46 Kb39
01561 Priestewitz 59 Lc40
17237 Prillwitz 15 Kd21
88239 Primisweiler 105 Fd72
66620 Primstal 73 Ca56
27243 Prinzhöfte 20 Eb26
14641 Priort 35 Kd30
17091 Pripsleben 15 Kd19
18196 Prisannewitz 14 Jd17
25497 Prisdorf 11 Fd20
19300 Prislich 24 Ja23
86931 Prittriching 97 Hc67
17089 Pritzenow 16 La18
14798 Pritzerbe 35 Ka30
17440 Pritzier 16 Lc16
19230 Pritzier 23 Hb23
18574 Pritzwald 7 La14
16928 Pritzwalk 24 Jd24
24253 Probsteierhagen 4 Gb14
87463 Probstried 106 Gc70
07330 Probstzella 69 Ja47
39264 Prödel 45 Jc34
04932 Prösen 47 Lc39
19357 Pröttlin 24 Ja24
15345 Prötzel 37 Ma28
33142 Prövenholz 41 Eb38
06725 Profen 58 Ka42
18445 Prohn 6 Kc14
01471 Promnitztal 59 Ld41
23820 Pronstorf 12 Gc18
03130 Proschim 48 Mc37
06369 Prosigk 45 Jd37
97279 Prosselsheim 77 Gb53
04936 Proßmarke 47 Lc36
16833 Protzen 25 Kc27
18356 Pruchten 6 Kb14
91483 Prühl 77 Gd54
54595 Prüm 62 Bc50
97789 Prünst 78 Hb57
17089 Prützen 15 Kd19
14797 Prützke 35 Kb31
18276 Prüzen 14 Jc19
83134 Prutting 99 Kb69
82178 Puchheim 98 Ja67
82178 Puchheim Bahnhof 98 Ja67
17217 Puchow 15 Kd21
17429 Pudagla 17 Ma17
15528 Pudel 37 Ma31
56305 Puderbach 64 Da46
92715 Püchersreuth 80 Ka53
29416 Püggen 33 Hb28
86932 Pürgen 97 Hc68
84478 Pürten 99 Kc67
91238 Püscheldorf 79 Ja56
49477 Püsselbüren 29 Da32
18442 Pütte 6 Kc14
66346 Püttlingen 82 Ca58
99735 Pützlingen 43 Gd39

50259 Pulheim 51 Ca43
82049 Pullach 98 Jb68
95704 Pullenreuth 79 Jd52
85354 Pulling 98 Jc65
17440 Pulow 16 Lc17
25560 Puls 11 Fc17
01896 Pulsnitz 60 Mb41
39264 Pulspforde 45 Jd34
06928 Purzien 47 La36
90617 Puschendorf 78 Hb56
02699 Puschwitz 60 Mc40
18581 Putbus 7 La14
21376 Putensen 22 Gb24
18556 Putgarten 7 La11
16949 Putlitz 24 Jc23
29485 Puttball 23 Hc26
17392 Putzar 16 Lc19
85640 Putzbrunn 98 Jc68
90602 Pyrbaum 87 Hd58

Q

23821 Quaal 12 Gc18
50127 Quadrath-Ichendorf 50 Bd43
49610 Quakenbrück 29 Dc29
18249 Qualitz 14 Jb19
23758 Quals 5 Hb15
15320 Quappendorf 37 Mb28
24107 Quarnbek 4 Ga15
25563 Quarnstedt 11 Fd18
21271 Quarrendorf 22 Ga24
07389 Quaschwitz 69 Jb46
39264 Quast 45 Jd34
36110 Queck 66 Fc46
06484 Quedlinburg 44 Hc36
66851 Queidersbach 74 Da57
98631 Queienfeld 67 Gd48
06188 Queis 45 Jd39
06386 Quellendorf 45 Jd36
95126 Quellenreuth 69 Jd49
48465 Quendorf 28 Cc32
06333 Quenstedt 45 Ja37
38368 Querenhorst 33 Hb32
06268 Querfurt 57 Ja40
24972 Quern 3 Fd11
49448 Quernheim 30 Ea31
39579 Querstedt 34 Ja29
06536 Questenberg 44 Hc39
06780 Quetzdölsdorf 45 Jd38
32469 Quetzen 30 Ed32
25451 Quickborn 12 Ga20
25712 Quickborn 11 Fa17
66287 Quierschied 73 Cb57
17390 Quilow 16 Lb18
54293 Quint 72 Bd53
07422 Quittelsdorf 68 Hd46
17111 Quitzerow 15 Kd17
18513 Quitzin 15 Kc16
19336 Quitzöbel 24 Jc27

R

25335 Raa-Besenbek 11 Fc20
24376 Rabel 4 Ga11
14823 Raben 46 Kb34
19065 Raben Steinfeld 13 Hd21
01734 Rabenau 59 Ld43
35466 Rabenau 65 Ed46
83352 Rabenden 99 Kc68
24395 Rabenholz 3 Fd11
24407 Rabenkirchen-Faulück 3 Fd12
36396 Rabenstein 66 Fb48
06901 Rackith 46 Kc36
04519 Rackwitz 46 Ka39
21449 Radbruch 22 Gb23
31604 Raddestorf 30 Ed31
03226 Raddusch 48 Mb35
06917 Rade 46 Kd36
24594 Rade 11 Fd16
24790 Rade 3 Fd15
25579 Rade 11 Fd17
01454 Radeberg 60 Ma41
01445 Radebeul 59 Ld41
01471 Radeburg 59 Ld40
04509 Radefeld 46 Ka39
06369 Radegast 45 Jd37
18239 Radegast 14 Jb17
16306 Radekow 27 Mb22
15837 Radeland 36 Lc33
21401 Radenbeck 22 Gd24
29378 Radenbeck 33 Ha29
15913 Radensdorf 48 Ma34
32469 Raderhorst 31 Fa31
42477 Radevormwald 51 Cd41
14778 Radewege 35 Kb30
32120 Radewiger Feldmark 30 Eb33
64850 Radheim 75 Ed53
02627 Radibor 60 Md40
06773 Radis 46 Kb36
06463 Radisleben 44 Hd37
36399 Radmühl 66 Fb48
78315 Radolfzell a. Bodensee 104 Ed71
19374 Raduhn 24 Ja22
38375 Räbke 33 Hb33
01920 Räckelwitz 60 Mc40
14797 Rädel 35 Kc32
14823 Rädigke 46 Kb34
16818 Rägelin 25 Kb25
46348 Raesfeld 39 Ca36
48291 Raestrup 40 Db35
29590 Rätzlingen 22 Gd26
39359 Rätzlingen 33 Hc31
95131 Räumlas 69 Jb49
06862 Ragösen 46 Ka34
14806 Ragösen 35 Kb32
03222 Ragow 48 Ma35
15749 Ragow 36 Lc31
15848 Ragow 37 Mc32
06779 Raguhn 46 Ka37
19243 Raguth 13 Hb21
32369 Rahden 30 Eb31
22143 Rahlstedt 12 Gb21
04916 Rahnisdorf 47 La37
06895 Rahnsdorf 46 Kc34
07929 Raila 69 Jc47
86641 Rain 87 Hb63
94369 Rain 89 Kc61
73492 Rainau 86 Gb61
90587 Raindorf 78 Hb56
24223 Raisdorf 4 Gb15
82399 Raisting 97 Hd69
91790 Raitenbuch 87 Hd60
84489 Raitenhaslach 100 La67
18233 Rakow 14 Ja17
18516 Rakow 15 Kd16
01920 Ralbitz-Rosenthal 60 Mc40
54310 Ralingen 72 Bc53
18528 Ralswiek 7 La13
76857 Ramberg 83 Dc58
18573 Rambin 7 Kd14
17194 Rambow 15 Kb20
19336 Rambow 24 Jc25
23966 Rambow 13 Hd19
83561 Ramerberg 99 Ka68
25715 Ramhusen 11 Fa18
17321 Ramin 17 Mb21
31303 Ramlingen 32 Ga30
66887 Rammelsbach 73 Cd56
01877 Rammenau 60 Mb41
89192 Rammingen 96 Gb64
19067 Rampe 13 Hd20
84437 Ramsau 99 Kb67
83486 Ramsau b. Berchtesgaden 110 Lb72
46342 Ramsdorf 39 Cb35
67305 Ramsen 74 Dc56
95463 Ramsenthal 69 Jb51
06794 Ramsin 46 Ka37
25876 Ramstedt 3 Fa14
66877 Ramstein 73 Cd56
97729 Ramsthal 67 Gb50
71229 Ramtel 84 Ed62
39221 Randau-Calenberge 45 Jb34
78244 Randegg 104 Ec71
97236 Randersacker 77 Ga54
72414 Rangendingen 94 Ed66
15834 Rangsdorf 36 Lb31
39221 Ranies 45 Jb34
07389 Ranis 69 Ja46
17406 Rankwitz 16 Ld17
97517 Rannungen 67 Gb50
56235 Ransbach-Baumbach 64 Db48
07952 Ranspach 69 Jd47
63691 Ranstadt 65 Ed49
25873 Rantrum 3 Fa14
25980 Rantum (Sylt) 2 Ea10
24329 Rantzau 4 Gc15
24576 Rantzau 11 Fd19
15848 Ranzig 37 Mb33
17495 Ranzin 15 Lb17
03229 Ranzow 48 Mb36
98553 Rappelsdorf 68 Ha47
97640 Rappershausen 67 Gc48
18528 Rappin 7 La12
96358 Rappoltengrün 69 Ja48
08352 Raschau 70 Kd47
36169 Rasdorf 55 Ga45
15848 Raßmannsdorf 37 Mb31
06184 Raßnitz 45 Jd39
76437 Rastatt 83 Dd61
26901 Rastdorf 19 Db27
26180 Rastede 19 Dd24
99636 Rastenberg 57 Ja41
24211 Rastorf 4 Gb15
19077 Rastow 23 Hd22
23626 Ratekau 12 Gd18
40472 Rath 51 Ca41
51107 Rath-Heumar 51 Cb44
17398 Rathebur 16 Lc19
14712 Rathenow 35 Ka29
24306 Rathjensdorf 12 Gc16
25709 Rathjensdorf 10 Ed17
01814 Rathmannsdorf 60 Mc43
39439 Rathmannsdorf 45 Ja36
15328 Rathstock 37 Md29
408.. Ratingen 51 Ca40
98553 Ratscher 68 Ha47
96179 Rattelsdorf 68 Hb51
94371 Rattenberg 89 Kd59
84431 Rattenkirchen 99 Kb66
17349 Rattey 16 Lc20
94372 Rattiszell 89 Kd60
23909 Ratzeburg 13 Ha20
88260 Ratzenried 106 Ga71
56316 Raubach 64 Da47
83064 Raubling 109 Ka70
15518 Rauen 37 Ma31
69231 Rauenberg 84 Ec58
96181 Rauhenebrach 77 Gd53
87509 Rauhenzell 106 Gc73
95158 Raumetengrün 69 Jd50
65479 Raunheim 75 Ea52
87448 Rauns 106 Gc72
35282 Rauschenberg 53 Ed44
16775 Rauschendorf 25 Kd25
07356 Rauschengesees 69 Ja47
95195 Rauschensteig 69 Jd51
22929 Rausdorf 12 Gc21
31177 Rautenberg 32 Ga33
18334 Ravenhorst 6 Kb15
18233 Ravensberg 14 Ja17
8821. Ravensburg 105 Fd71
74747 Ravenstein 76 Fc57
17392 Rebelow 16 Lb19
29488 Rebenstorf 23 Hc26
35327 Rebgeshain 66 Fa47
36396 Rebsdorf 66 Fb48
73529 Rechberg 85 Fd63
73098 Rechberghausen 85 Fd63
09623 Rechenberg-Bienenmühle 59 Ld45
94262 Rechertsried 90 La59
17248 Rechlin 25 Kb23
76889 Rechtenbach 83 Dc60
97848 Rechtenbach 76 Fc52
83562 Rechtmehring 99 Ka67
26529 Rechtsupweg 8 Cd21
14778 Reckahn 35 Kb31
49509 Recke 29 Db31
59348 Reckelsum 39 Cd37
96182 Reckendorf 68 Hb51
16928 Reckenthin 24 Jc25
19357 Reckenzin 24 Ja24
456.. Recklinghausen 39 Cc38
18276 Recknitz 14 Jd18
38855 Reddeber 44 Ha36
18209 Reddelich 14 Jb16
03229 Reddern 48 Mb36
30989 Redderse 31 Fc32
18334 Redderstorf 15 Kb16
19230 Redefin 23 Hc23
39319 Redekin 34 Jc30
18239 Rederank 14 Jb17
91126 Rednitzhembach 87 Hc58
96257 Redwitz a.d. Rodach 68 Hd50
33014 Reelsen 41 Ed37
46459 Rees 38 Bc36
14547 Reesdorf 35 Kd32
24241 Reesdorf 12 Ga16
39291 Reesdorf 34 Jd32
39291 Reesen 34 Jc32
27367 Reeßum 21 Fa25
14827 Reetz 35 Ka33
19348 Reetz 24 Jb24
14827 Reetzerhütten 35 Ka33
18196 Reez 14 Jc17
51427 Refrath 51 Cb43
94209 Regen 90 Lb60
930.. Regensburg 89 Ka60
93128 Regenstauf 89 Ka59
21649 Regesbostel 21 Fc23
04565 Regis-Breitingen 58 Kb42
95194 Regnitzlosau 69 Jd49
15806 Rehagen 36 Lb32
95111 Rehau 69 Jd49
17349 Rehberg 16 Lb21
17392 Rehberg 16 La19
17349 Rehburg 31 Fa30
31547 Rehburg-Loccum 31 Fa30
49453 Rehden 30 Eb29
25593 Reher 11 Fc17
04895 Rehfeld 47 La37
16866 Rehfeld-Berlitt 25 Ka26
15345 Rehfelde 37 Ma29
23619 Rehhorst 12 Gc18
86508 Rehling 97 Hc65
21385 Rehlingen 22 Gb25
66780 Rehlingen 72 Bd57
25776 Rehm-Flehde-Bargen 2 Ed15
06729 Rehmsdorf 58 Ka42
19217 Rehna 13 Hb19
06786 Rehsen 46 Kb36
06667 Reichardtswerben 57 Jc41
74934 Reichartshausen 75 Ed57
90451 Reichelsdorf 78 Hc57
61203 Reichelsheim 65 Ec49
64385 Reichelsheim 75 Ec54
78479 Reichenau 105 Fa71
02894 Reichenbach 61 Nb41
07407 Reichenbach 69 Ja46
08468 Reichenbach 70 Ka46
09603 Reichenbach 59 Lb43
63776 Reichenbach 66 Fa51
64686 Reichenbach 75 Ec54
73072 Reichenbach 85 Fd63
73326 Reichenbach 95 Fd64
76337 Reichenbach 84 Ea61
93189 Reichenbach 89 Kb58
96358 Reichenbach 69 Ja48
97702 Reichenbach 67 Gb49
73262 Reichenbach a.d. Fils 85 Fc63
01936 Reichenbach-Reichenau 60 Mb40
66879 Reichenbach-Steegen 73 Cd56
01468 Reichenberg 59 Ld41
15377 Reichenberg 37 Mb28
97234 Reichenberg 77 Ga54
66386 Reichenbrunn 82 Cb58
84140 Reicheneibach 99 Kd64
04932 Reichenhain 47 Lc38
98634 Reichenhausen 67 Gb47
15345 Reichenow-Möglin 37 Ma28
91244 Reichenschwand 79 Ja56
76593 Reichental 84 Ea63
15526 Reichenwalde 37 Ma31
83677 Reichersbeuern 108 Jc71
15868 Reicherskreuz 37 Md33
85293 Reichertshausen 98 Jb65
84437 Reichertsheim 99 Kb67
85084 Reichertshofen 88 Ja63
92369 Reichertshofen 88 Ja58
86934 Reichling 97 Hc69
98739 Reichmannsdorf 68 Hd47
97453 Reichmannshausen 67 Gc51
06926 Reicho 47 La36
95158 Reicholdsgrün 69 Jd50
87463 Reicholzried 106 Gc70
51580 Reichshof 52 Da43
02943 Reichwalde 49 Na39
15938 Reichwalde 47 Ld34
74889 Reihen 84 Ed58
56861 Reil 63 Cb51
37639 Reileifzen 42 Fc35
68799 Reilingen 84 Eb58
18276 Reimershagen 14 Jd20
86756 Reimlingen 86 Gd62
21465 Reinbek 22 Gb22
17091 Reinberg 15 Kd20
18519 Reinberg 7 Kd15
23858 Reinfeld 12 Gc19
34359 Reinhardshagen 42 Fc39
87647 Reinhardsried 106 Gd71
01814 Reinhardtsdorf-Schöna 60 Mc43
01768 Reinhardtsgrimma 60 Ma43
64354 Reinheim 75 Ec53
66453 Reinheim 82 Cb59
37308 Reinholterode 43 Gb39
09629 Reinsberg 59 Lc42
25764 Reinsbüttel 10 Ed16
06556 Reinsdorf 56 Hd40
07907 Reinsdorf 69 Jc46
08141 Reinsdorf 58 Kc45
14913 Reinsdorf 47 La35
31655 Reinsen 31 Fb32
54421 Reinsfeld 73 Ca54
18239 Reinshagen 14 Jb17
18279 Reinshagen 14 Jd19
06463 Reinstedt 44 Hd36
21400 Reinstorf 22 Gd24
23992 Reinstorf 14 Ja18
66793 Reisbach 73 Ca57
94419 Reisbach 89 Kd63
84571 Reischach 99 Kd66
35447 Reiskirchen 65 Ec47
83242 Reit i. Winkl 109 Kc71
97688 Reiterswiesen 67 Gb50
83627 Reitham 108 Jc70
15328 Reitwein 37 Md29
07338 Reitzengeschwenda 69 Ja46
48734 Reken 39 Cb36
37586 Relliehausen 42 Fd36
25462 Rellingen 11 Fd20
53424 Remagen 63 Cc47
75196 Remchingen 84 Eb61
07407 Remda 56 Hd45
07407 Remda-Teichel 56 Hd45
26670 Remels 19 Db23
39164 Remkersleben 44 Hd34
17168 Remlin 15 Kb18
38319 Remlingen 33 Ha33
97280 Remlingen 76 Fd53
24594 Remmels 11 Fc16
72149 Remmingsheim 94 Ed65
17139 Remplin 15 Kb19
07368 Remptendorf 69 Jb47
428.. Remscheid 51 Cc41
08373 Remse 58 Kc44
71686 Remseck a. Neckar 85 Fb61
73630 Remshalden 85 Fc62
77871 Renchen 93 Dc64
24768 Rendsburg 3 Fc15
24619 Rendswühren 12 Gb17
97778 Rengersbrunn 66 Fc51
56579 Rengsdorf 63 Cd47
49762 Renkenberge 18 Cd27
38368 Rennau 33 Hb32
06794 Renneritz 46 Ka38
56477 Rennerod 64 Dc46
86643 Rennertshofen 87 Hc62
71272 Renningen 84 Ed62
34431 Rennufer 41 Ec39
45966 Rentfort 39 Cb38
96184 Rentweinsdorf 68 Hb51
98631 Rentwertshausen 67 Gd48
25451 Renzel 11 Fd20
19209 Renzow 13 Hc20
47445 Repelen 38 Bd39
18190 Reppelin 15 Ka16
21391 Reppenstedt 22 Gc24
06386 Reppichau 45 Jd36
14828 Reppinichen 35 Ka33
38228 Reppner 32 Gc33
03205 Repten 48 Mb36
18230 Rerik 14 Ja16
07318 Reschwitz 68 Hd46
45892 Resse 39 Cc38
03103 Ressen 48 Mb37
15913 Ressen 37 Mb33
49696 Resthausen 19 Dc27
29478 Restorf 23 Hd25
19067 Retgendorf 13 Hd19
27336 Rethem 31 Fb28
30880 Rethen 31 Fd32
38533 Rethen 32 Gd31
23847 Rethwisch 12 Gc19
25566 Rethwisch 11 Fc19
18211 Retschow 14 Jb17
83539 Rettenbach 99 Ka68
89364 Rettenbach 96 Gc65
93191 Rettenbach 89 Kc59
87549 Rettenberg 106 Gc72
69242 Rettigheim 84 Ec58
23730 Rettin 13 Ha16
06779 Retzau 46 Ka36
32108 Retzen 41 Ec34
19348 Retzin 24 Jc25
14641 Retzow 35 Kb29
17279 Retzow 26 La23
19395 Retzow 24 Jd22
97282 Retzstadt 77 Ga52
06725 Reuden 58 Ka42
39264 Reuden 46 Ka34
15848 Reudnitz 37 Mc32
96215 Reundorf 68 Hc50
06369 Reupzig 45 Jd36
98646 Reurieth 68 Ha48
40764 Reusrath 51 Cb42
06188 Reußen 45 Jd38
25821 Reußenköge 2 Ed12
84367 Reut 100 Lb66
79276 Reute 93 Db68
88074 Reute 105 Fc72
88339 Reute 105 Fd70
36341 Reuters 66 Fb46
96106 Reutersbrunn 68 Ha51
17153 Reuterstadt Stavenhagen 15 Kc19
08538 Reuth 69 Jd47
92717 Reuth b. Erbendorf 80 Ka53
03130 Reuthen 48 Md37
727.. Reutlingen 95 Fa65
21644 Revenahe 21 Fc22
72160 Rexingen 94 Eb65
97654 Reyersbach 67 Gb48
27404 Rhade 21 Fa23
46286 Rhade 39 Cb37
27404 Rhadereistedt 21 Fa23
26817 Rhauderfehn 19 Da25
55624 Rhaunen 73 Cc53
33378 Rheda-Wiedenbrück 41 Ea36
26899 Rhede 18 Cd25
46414 Rhede 39 Ca36
46325 Rhedebrügge 39 Ca36
31039 Rheden 42 Fd34
53859 Rheidt 51 Cb45
68219 Rheinau 75 Eb57
53359 Rheinbach 63 Cb46
47495 Rheinberg 38 Bd38
77866 Rheinbischofsheim 83 Db63
55494 Rheinböllen 74 Da52
53619 Rheinbreitbach 63 Cc46
56598 Rheinbrohl 63 Cd47
41179 Rheindahlen 50 Bc42
51371 Rheindorf 51 Cb42
67550 Rheindürkheim 75 Ea54
484.. Rheine 28 Cd32
79618 Rheinfelden (Baden) 103 Da73
47228 Rheinhausen 38 Bd39
68794 Rheinhausen 84 Ea58
79365 Rheinhausen 93 Da67
77836 Rheinmünster 83 Dc62
16831 Rheinsberg 25 Kc25
76661 Rheinsheim 84 Ea58
76287 Rheinstetten 83 Dd60
76764 Rheinzabern 83 Dd59
56321 Rhens 64 Da49
47509 Rheurdt 38 Bc39
41239 Rheydt 50 Bc41
14728 Rhinow 35 Ka28
14715 Rhinsmühlen 35 Kb28
38154 Rhode 33 Ha32
34474 Rhoden 41 Ed39
38835 Rhoden 44 Ha34
76835 Rhodt 83 Dc58
98617 Rhönblick 67 Gc47
37434 Rhumspringe 43 Gc38
14641 Ribbeck 35 Kc29
16775 Ribbeck 26 La25
38551 Ribbesbüttel 32 Gd31
18311 Ribnitz-Damgarten 6 Ka15
75031 Richen 84 Ed59
40595 Richrath 51 Ca42
18461 Richtenberg 6 Kc15
52072 Richterich 50 Ba44
79736 Rickenbach 103 Dc72
24782 Rickert 3 Fc15
24635 Rickling 12 Gb17
25551 Ridders 11 Fc17
14547 Rieben 35 Kd32
29499 Riebrau 23 Ha25
86510 Ried 97 Hc66
87459 Ried 107 Ha72
97519 Riedbach 67 Gd51
27339 Riede 20 Ed26
56745 Rieden 63 Cc48
87668 Rieden 97 Ha69
92286 Rieden 79 Jd57
97262 Rieden 77 Gb52
87669 Rieden a. Forggensee 107 Hb72
97792 Riedenberg 67 Ga49
93339 Riedenburg 88 Jc60
06507 Rieder 44 Hc37
72585 Riederich 95 Fb64
83083 Riedering 109 Kb70
79777 Riedern a. Wald 103 Dd71
88377 Riedhausen 105 Fc70
78247 Riedheim 104 Ec71
83708 Riedlern 108 Jc72
94566 Riedlhütte 90 Ld60
79400 Riedlingen 103 Da71
86609 Riedlingen 87 Hb63
88499 Riedlingen 95 Fc68
78176 Riedöschingen 104 Eb70
64560 Riedstadt 75 Eb53
37520 Riefensbeek-Kamschlacken 43 Gc37
33161 Riege 41 Eb36
79359 Riegel 93 Da67
66292 Riegelsberg 73 Ca57
82418 Riegsee 107 Hd71
50735 Riehl 51 Cb43
27386 Riekenbostel 21 Fb26
78239 Rielasingen 104 Ec71
71672 Rielingshausen 85 Fb61
17498 Riemserort 7 La15
49328 Riemsloh 30 Ea33
97794 Rieneck 66 Fd51
34414 Riepen 42 Fa39
15859 Rieplos 37 Ma31
19217 Rieps 13 Ha19
23738 Riepsdorf 5 Hb15
77784 Riersbach 93 Dd66
015.. Riesa 59 Lb40
24969 Riesbriek 3 Fa11
73469 Riesbürg 86 Gd61
66509 Rieschweiler-Mühlbach 82 Cd58
06369 Riesdorf 45 Jd37
14913 Riesdorf 47 La34
24354 Rieseby 3 Fd13
06786 Riesigk 46 Kb36
15890 Rießen 37 Md32
49597 Rieste 29 Dc30
06528 Riestedt 44 Hd39
29525 Riestedt 22 Gd26
71665 Riet 84 Ed61
33397 Rietberg 41 Ea36
15936 Rietdorf 47 Lb35
17375 Rieth 17 Mb19
98663 Rieth 68 Ha49
78589 Rietheim 94 Ec69
06528 Riethnordhausen 44 Hd39
02956 Rietschen 49 Nb39
14797 Rietz 35 Kb31
14929 Rietz 35 Kc33
39291 Rietzel 34 Jc32
15910 Rietzneuendorf-Friedrichshof 47 Ld34
66271 Rilchingen 82 Cb59
64668 Rimbach 75 Ec55
84326 Rimbach 99 Kd64
93485 Rimbach 90 La58
97222 Rimpar 77 Ga53
83253 Rimsting 99 Kb69
94269 Rinchnach 90 Lc60
63654 Rinderbügen 66 Fa49
47533 Rindern 38 Bb36
49824 Ringe 28 Cb29
94160 Ringelai 90 Ld61
46499 Ringenberg 38 Bd37
15377 Ringenwalde 37 Mb28
17268 Ringenwalde 26 Lc25
39517 Ringfurth 34 Jc31
37296 Ringgau 55 Gb42
06556 Ringleben 56 Hc40
24977 Ringsberg 3 Fc10
88400 Ringschnait 96 Ga68
77975 Ringsheim 93 Db67
27624 Ringstedt 10 Ec21
48317 Rinkerode 40 Db36
48324 Rinkhöven 40 Db36
75015 Rinklingen 84 Eb60
31737 Rinteln 31 Fa33
54340 Riol 73 Ca53
98639 Rippershausen 67 Gc46
79713 Rippolingen 103 Dc72
89584 Rißtissen 96 Ga67
38486 Ristedt 33 Hb29
25920 Risum-Lindholm 2 Ed11
98617 Ritschenhausen 67 Gd47
27721 Ritterhude 20 Ec24
06333 Ritterode 45 Ja37
54636 Rittersdorf 62 Bc51
08355 Rittersgrün 70 Kd47
97253 Rittershausen 77 Gb55
37130 Rittmarshausen 43 Gb39
23896 Ritzerau 12 Gd20
17153 Ritzerow 15 Kc20
06543 Ritzgerode 44 Hd38
29416 Ritzleben 23 Hd27
36358 Rixfeld 66 Fb47
59609 Robringhausen 40 Dd38
39579 Rochau 34 Jb28
09306 Rochlitz 58 Kd42
35519 Rockenberg 65 Ec48
07387 Rockendorf 69 Ja46
67806 Rockenhausen 74 Db55
36419 Rockenstuhl 67 Ga46
27404 Rockstedt 21 Fa23
04688 Roda 58 Kd40
96476 Rodach b. Coburg 68 Ha49
07343 Rodacherbrunn 69 Ja48
66976 Rodalben 83 Da58
08539 Rodau 69 Jd47
16845 Roddahn 24 Jd27
99976 Rodeberg 55 Gc41
97849 Roden 76 Fc53
25924 Rodenäs 2 Ec10
36129 Rodenbach 67 Ga48
63517 Rodenbach 65 Ed50
67688 Rodenbach 74 Da56
24247 Rodenbek 4 Ga15
31552 Rodenberg 31 Fb32
50996 Rodenkirchen 51 Cb44
19260 Rodenwalde 23 Hb22
08538 Rodersdorf 69 Jd47
38828 Rodersdorf 44 Hc35
31637 Rodewald 31 Fc29
08228 Rodewisch 70 Kb47
63110 Rodgau 65 Ed51
97258 Rodheim 77 Gb55
35444 Rodheim-Bieber 65 Eb46
93426 Roding 89 Kc58
99762 Rodishain 44 Hb38
06862 Rodleben 45 Jd35
54313 Rodt 72 Bd53
23923 Roduchelstorf 13 Hb19
17207 Röbel 25 Kb22
23701 Röbel 12 Gd16
96114 Röbersdorf 78 Hb53
06317 Röblingen a. See 45 Jb39
31675 Röcke 30 Ed32
04808 Röcknitz-Böhlitz 46 Kc39
17091 Röckwitz 15 Kd19
17268 Röddelin 26 Lb24
97618 Rödelmaier 67 Gc49
97348 Rödelsee 77 Gc54
96472 Rödental 68 Hc49
01619 Röderau-Bobersen 59 Lb40
01609 Röderaue 47 Lc39
63322 Rödermark 75 Ec52
67127 Rödersheim-Gronau 74 Dd57
06766 Rödgen 45 Jd37
32289 Rödinghausen 30 Eb32
97654 Rödles 67 Gb48
17237 Rödlin-Thurow 26 La22
89365 Röfingen 96 Gd65
96450 Rögen 68 Hc49
06184 Röglitz 45 Jd39
19205 Rögnitz 13 Hb21
73479 Röhlingen 86 Gc61
85244 Röhrmoos 98 Jb66
94133 Röhrnbach 91 Ma62
01809 Röhrsdorf 60 Ma43
09247 Röhrsdorf 58 Kd44
31228 Röhrse 32 Gb31
63934 Röllbach 76 Fa54
34637 Röllshausen 54 Fb44
52355 Rölsdorf 50 Bc45
67354 Römerberg 84 Ea58
34599 Römersberg 54 Fa43
97486 Römershofen 67 Gd51
72587 Römerstein 95 Fc64
98631 Römhild 67 Gd48
23909 Römnitz 13 Ha20
29591 Römstedt 22 Gd25
18465 Rönkendorf 15 Kb16
22965 Rönnbaum 12 Gc20
21436 Rönne 22 Gc22
16775 Rönnebeck 25 Kd25
39606 Rönnebeck 34 Ja28
17291 Röpersdorf 26 Ld23
07368 Röppisch 69 Jb47
06774 Rösa 46 Kb37
95195 Röslau 69 Jd51
51503 Rösrath 51 Cc44
31171 Rössing 31 Fd33
08527 Rößnitz 69 Jd47
25767 Röst 11 Fa16
88364 Rötenbach 106 Ga71
78733 Rötenberg 94 Ea66
52159 Roetgen 62 Bb46
38531 Rötgesbüttel 32 Gd31
04571 Rötha 58 Kb41
29473 Röthen 23 Ha25
88167 Röthenbach 106 Gb72
90610 Röthenbach 79 Ja57
90552 Röthenbach a.d. Pegnitz 78 Hd56
97520 Röthlein 77 Gc52
91187 Röttenbach 87 Hc59
91341 Röttenbach 78 Hb54
07349 Röttersdorf 69 Ja47
97285 Röttingen 77 Ga56
18182 Rövershagen 6 Jd15
38486 Röwitz 33 Hb30
14789 Rogäsen 35 Ka31
39326 Rogätz 34 Jb32
17209 Rogeez 25 Ka22
89297 Roggenburg 96 Gc66
19205 Roggendorf 13 Hb20
17039 Roggenhagen 16 Lb20
26553 Roggenstede 9 Da20
23936 Roggenstorf 13 Hb18
17252 Roggentin 25 Kc23
18184 Roggentin 14 Jd16
84329 Roggifing 100 La65
03058 Roggosen 48 Md36
18230 Roggow 14 Ja16

08606 Tirpersdorf 70 Ka48
95643 Tirschenreuth 80 Kb52
27419 Tiste 21 Fc23
79822 Titisee 103 Dd70
07343 Titschendorf 69 Ja48
85135 Titting 87 Hd60
94104 Tittling 90 Ld62
84529 Tittmoning 100 La68
52445 Titz 50 Bc43
19230 Toddin 23 Hc22
24819 Todenbüttel 11 Fc16
22965 Todendorf 12 Gc20
23769 Todendorf 5 Hc13
23826 Todesfelde 12 Gb18
86447 Todtenweis 97 Hc64
79682 Todtmoos 103 Dc71
79674 Todtnau 103 Db70
79674 Todtnauberg 103 Db70
84513 Töging a. Inn 99 Kd66
47906 Tönisberg 38 Bc39
47918 Tönisvorst 50 Bc40
25832 Tönning 2 Ed15
59227 Tönnishäuschen 40 Dc36
15755 Töpchin 36 Lc32
95183 Töpen 69 Jc48
14476 Töplitz 35 Kd30
84529 Törring 100 La68
24894 Tolk 3 Fc12
06231 Tollwitz 57 Jd40
89160 Tomerdingen 96 Ga65
99958 Tonna 56 Ha42
32369 Tonnenheide 30 Eb31
21442 Toppenstedt 22 Gb24
04860 Torgau 47 La38
17358 Torgelow 16 Ld20
17192 Torgelow a. See 15 Kb21
17358 Torgelow-Holländerei 17 Ma19
23923 Torisdorf 13 Hb19
06774 Tornau 46 Kb37
06779 Tornau v.d. Heide 45 Jd37
25436 Tornesch 11 Fd20
39249 Tornitz 45 Jb35
02991 Torno 48 Mb38
16775 Tornow 26 La25
21255 Tostedt 21 Fd24
21371 Tosterglope 23 Ha24
56841 Traben-Trarbach 73 Cb52
92724 Trabitz 79 Jc53
36041 Trätzhof 66 Fc47
91486 Tragelhöchstädt 78 Ha54
91352 Trailsdorf 78 Hc54
93358 Train 88 Jc62
93455 Traitsching 89 Kd58
23843 Tralau 12 Gb19
19089 Tramm 14 Ja21
21516 Tramm 12 Gd21
23936 Tramm 13 Hb18
16230 Trampe 26 Ld27
17326 Trampe 27 Ma22
17391 Tramstow 16 Lb18
29379 Transvaal 33 Ha29
17121 Trantow 15 Kd17
24610 Trappenkamp 12 Gb17
97633 Trappstadt 67 Gd49
54441 Trassem 72 Bc55
17449 Trassenheide 16 Lc16
82327 Traubing 98 Ja69
87642 Trauchgau 107 Hb72
29633 Trauen 22 Gb26
83301 Traunreut 99 Kd69
83278 Traunstein 99 Kd69
92555 Trausnitz 80 Ka55
38899 Trautenstein 44 Ha37
90619 Trautskirchen 78 Ha56
23843 Travenbrück 12 Gb19
23827 Travenhorst 12 Gc17
15848 Trebatsch 37 Mb33
06369 Trebbichau 45 Jc37
14959 Trebbin 36 La32
03253 Trebbus 47 Lc36
29494 Trebel 23 Hd26
04617 Treben 58 Kb42
02959 Trebendorf 48 Md37
03149 Trebendorf 48 Md36
17337 Trebenow 16 Ld21
95367 Trebgast 69 Jb51
06909 Trebitz 46 Kc36
15868 Trebitz 37 Mc33
06420 Trebnitz 45 Jb37
15320 Trebnitz 37 Mb29
99735 Trebra 43 Gd39
19249 Trebs 23 Hb23
04687 Trebsen 58 Kc40
65468 Trebur 75 Ea52
15517 Trebus 37 Ma30
55413 Trechtingshausen 74 Db52
14778 Trechwitz 35 Kc31
93492 Treffelstein 80 Kc56
99830 Treffurt 55 Gc42
24896 Treia 3 Fb13
56253 Treis-Karden 63 Cc50
14641 Tremmen 35 Kc29
07985 Tremnitz 69 Jd46
22967 Tremsbüttel 12 Gc20
14552 Tremsdorf 36 La32
34388 Trendelburg 42 Fb38
25693 Trennewurth 10 Ed17
18569 Trent 7 Kd12
15236 Treplin 37 Mc30
15898 Treppeln 37 Md33
1 .... Treptow 36 Lb30
38889 Treseburg 44 Hb37
95466 Tressau 79 Jc52
23966 Tressow 13 Hc19
91757 Treuchtlingen 87 Hb61
08233 Treuen 70 Ka47
14929 Treuenbrietzen 35 Kd33
38524 Triangel 32 Gd30
18569 Tribbevitz 7 La12
78098 Triberg i. Schwarzwald 93 Dd68
18320 Tribohm 6 Ka15
18465 Tribsees 15 Kb16
78736 Trichtingen 94 Eb66
08606 Triebel i. Vogtland 69 Jd48
95346 Triebenreuth 69 Jb50
07950 Triebes 57 Jd45
01665 Triebischtal 59 Lc41
97855 Triefenstein 76 Fc53
16845 Trieplatz 25 Kb26
5429 . Trier 72 Bd54
54311 Trierweiler 72 Bc54
84371 Triftern 100 Lb65
16949 Triglitz 24 Jc24
72401 Trillfingen 94 Ec66
06369 Trinum 45 Jc36
18320 Trinwillershagen 6 Ka15
67705 Trippstadt 74 Db57
07819 Triptis 57 Jc45
22946 Trittau 12 Gc21
54349 Trittenheim 73 Ca53
72818 Trochtelfingen 95 Fa66
03253 Tröbitz 47 Lc37
37181 Trögen 42 Fd37
06729 Tröglitz 57 Jd42
24321 Tröndel 4 Gc14
95709 Tröstau 69 Jd51
95183 Trogen 69 Jd48
5384 . Troisdorf 51 Cc45
17039 Trollenhagen 16 La20
96120 Trosdorf 78 Hb52
04880 Trossin 46 Kd37
78647 Trossingen 94 Eb68
83308 Trostberg 99 Kd68
83376 Truchtlaching 99 Kc69
96528 Truckenthal 68 Hc48
66957 Trulben 82 Cd59
87779 Trunkelsberg 96 Gc69
98596 Trusetal 55 Gc45
39291 Tryppehna 34 Jc33
03130 Tschernitz 49 Na37
96367 Tschirn 69 Ja48
39307 Tucheim 34 Jd32
16230 Tuchen-Klobbicke 26 Ld27
90587 Tuchenbach 78 Hb56
7207 . Tübingen 94 Ed64
16928 Tüchen 24 Jc25
52538 Tüddern 50 Ad43
38474 Tülau 33 Ha29
25881 Tümlauer Koog 2 Ec14
03130 Türkendorf 48 Md37
82299 Türkenfeld 97 Hd68
86842 Türkheim 97 Ha68
50169 Türnich 51 Ca44
28879 Tüschendorf 20 Ed24
84577 Tüßling 99 Kd67
24214 Tüttendorf 4 Ga14
17091 Tützpatz 15 Kd19
48712 Tungerloh 39 Cb35
48712 Tungerloh-Pröbsting 39 Cb35
78609 Tuningen 94 Eb69
83104 Tuntenhausen 99 Ka69
03185 Turnow 48 Mc35
86874 Tussenhausen 97 Ha68
17129 Tutow 16 La17
78532 Tuttlingen 94 Ec69
82327 Tutzing 98 Ja69
24894 Twedt 3 Fc12
38388 Twieflingen 33 Hb33
21723 Twielenfleth 11 Fc21
48336 Twillingen 40 Dc34
49767 Twist 28 Cc29
47624 Twisteden 38 Bb38
34477 Twistetal 53 Ed40
27239 Twistringen 30 Eb28
29413 Tylsen 23 Hb27
84558 Tyrlaching 99 Kd68

U

76698 Ubstadt-Weiher 84 Eb59
97437 Uchenhofen 67 Gd51
39517 Uchtdorf 34 Jb31
31600 Uchte 30 Ed30
66557 Uchtelfangen 73 Cb57
39599 Uchtspringe 34 Ja30
15926 Uckro 47 Lc35
18569 Udars 7 Kd12
63636 Udenhain 66 Fb49
34393 Udenhausen 42 Fc39
36323 Udenhausen 66 Fb46
55288 Udenheim 74 Dd53
37318 Uder 55 Gb40
52531 Übach-Palenberg 50 Ba43
82216 Überacker 98 Ja67
66802 Überherrn 82 Bd58
78224 Überlingen 104 Ed71
88662 Überlingen 105 Fa71
83236 Übersee 109 Kc70
04938 Uebigau 47 Lb37
97532 Üchtelhausen 67 Gc51
45886 Ückendorf 39 Cc39
17459 Ückeritz 16 Ld16
17373 Ueckermünde 17 Ma19
47589 Uedem 38 Bb37
47589 Uedemerbruch 38 Bc37
54552 Üdersdorf 63 Ca50
41468 Uedesheim 51 Ca42
38239 Üfingen (Salzgitter) 32 Gc33
46514 Üfte 39 Ca37
91486 Uehlfeld 78 Ha54
79777 Ühlingen 103 Dd71
38170 Uehrde 44 Ha34
59609 Uelde 41 Ea39
19077 Uelitz 23 Hd22
36110 Üllershausen 66 Fc46
24860 Ülsby 3 Fc12
49843 Uelsen 28 Cb30
55278 Uelversheim 74 Dd53
29525 Uelzen 22 Gd26
39579 Uenglingen 34 Jb29
47829 Uerdingen 50 Bd40
36396 Ürzell 66 Fb48
54539 Ürzig 73 Cb52
18574 Üselitz 7 La14
37181 Üssinghausen 42 Fd37
25436 Uetersen 11 Fc20
97292 Uettingen 76 Fd53
39517 Ütz 34 Jb31
14476 Uetz-Paaren 35 Kd30
16359 Ützdorf 26 Lc27
31311 Uetze 32 Gb31
41844 Uevekoven 50 Bb42
54579 Üxheim 62 Bd49
49477 Uffeln 29 Da32
97215 Uffenheim 77 Gc56
36137 Uffhausen 66 Fc47
82449 Uffing 107 Hd71
06548 Uftrungen 44 Hb39
73066 Uhingen 85 Fc63
88690 Uhldingen 105 Fa71
48159 Uhlenbrock 40 Da34
17309 Uhlenkrug 17 Ma20
07407 Uhlstädt 57 Ja45
39343 Uhrsleben 33 Hd33
02923 Uhsmannsdorf 49 Nb39
02999 Uhyst 48 Md39
06667 Uichteritz 57 Jc41
23701 Uklei 12 Gd16
84384 Ulbering 100 Lb65
46282 Ulfkotte 39 Cb38
01454 Ullersdorf 60 Ma42
15868 Ullersdorf 37 Mc33
07927 Ullersreuth 69 Jc48
77871 Ulm 93 Dc64
890 ... Ulm (Donau) 96 Gb65
36396 Ulmbach 66 Fb49
56766 Ulmen 63 Cb50
35327 Ulrichstein 66 Fa47
24897 Ulsnis 3 Fd12
06543 Ulzigerode 44 Hd37
79224 Umkirch 93 Da69
18569 Ummanz 7 Kd13
33649 Ummeln 41 Ea35
39365 Ummendorf 33 Hc33
88444 Ummendorf 96 Ga68
29369 Ummern 32 Gc29
21274 Undeloh 22 Ga24
55278 Undenheim 74 Dd53
72820 Undingen 95 Fa65
93152 Undorf 88 Jd60
53572 Unkel 63 Cc46
88527 Unlingen 95 Fc67
5942 . Unna 40 Db38
57648 Unnau 64 Dc46
96231 Unnersdorf 68 Hb51
18569 Unrow 7 Kd13
39435 Unseburg 45 Ja35
31787 Unsen 31 Fb33
97618 Unsleben 67 Gc48
99976 Unstruttal 55 Gc41
69518 Unter-Abtsteinach 75 Ec56
35327 Unter-Seibertenrod 66 Fa46
82497 Unterammergau 107 Hc72
88281 Unterankenreute 105 Fd71
46509 Unterbirten 38 Bc38
73337 Unterböhringen 85 Fd63
36414 Unterbreizbach 55 Ga45
82131 Unterbrunn 98 Ja68
96250 Unterbrunn 68 Hb51
86944 Unterdießen 97 Hb69
84339 Unterdietfurt 99 Kd65
72469 Unterdigisheim 94 Ed67
97618 Unterebersbach 67 Gb49
87782 Unteregg 96 Gd69
74257 Untereisesheim 85 Fa58
89275 Unterelchingen 96 Gb65
96145 Unterelldorf 68 Hb50
97656 Unterelsbach 67 Gb48
72669 Unterensingen 85 Fb63
97762 Untererthal 67 Ga50
88214 Untereschach 105 Fc71
97631 Untereßfeld 67 Gd49
89278 Unterfahlheim 96 Gb65
97647 Unterfilke 67 Gb47
85774 Unterföhring 98 Jc67
94107 Untergriesbach 91 Ma63
74177 Untergriesheim 85 Fa58
76646 Untergrombach 84 Eb60
74199 Untergruppenbach 85 Fb59
82008 Unterhaching 98 Jb68
77736 Unterharmersbach 93 Dc66
72805 Unterhausen 95 Fb65
91227 Unterheidelbach 79 Ja56
74199 Unterheinriet 85 Fb60
97437 Unterhohenried 67 Gd51
97340 Unterickelsheim 77 Gb55
71131 Unterjettingen 94 Ec64
98634 Unterkatz 67 Gc46
89171 Unterkirchberg 96 Gb66
78052 Unterkirnach 94 Ea68
07922 Unterkoskau 69 Jc47
95028 Unterkotzau 69 Jc48
98724 Unterlauscha 68 Hc48
79872 Unterlehen 103 Dc71
97789 Unterleichtersbach 66 Fd49
97274 Unterleinach 76 Fd53
91364 Unterleinleiter 78 Hd53
96199 Unterleiterbach 68 Hb51
07356 Unterlemnitz 69 Jb47
96515 Unterlind 68 Hc49
90592 Unterlindelburg 78 Hd57
29345 Unterlüß 22 Gc27
98617 Untermaßfeld 67 Gc47
86836 Untermeitingen 97 Hb67
96190 Untermerzbach 68 Hb51
74547 Untermünkheim 85 Fd59
84579 Unterneukirchen 99 Kd67
96250 Unterneuses 68 Hc51
76703 Unteröwisheim 84 Eb59
82110 Unterpfaffenhofen 98 Ja68
97294 Unterpleichfeld 77 Gb53
96106 Unterpreppach 68 Ha51
40468 Unterrath 51 Ca41
07952 Unterreichenau 69 Jd46
63633 Unterreichenbach 66 Fb49
75399 Unterreichenbach 84 Ec62
83567 Unterreit 99 Kb67
87769 Unterrieden 96 Gd68
06295 Unterrißdorf 45 Ja38
96364 Unterrodach 69 Ja49
74405 Unterrot 85 Fd60
36142 Unterrückersbach 67 Ga46
25764 Unterschaar 10 Ed16
90613 Unterschlauersbach 78 Hb57
85716 Unterschleißheim 98 Jb66
73485 Unterschneidheim 86 Gc61
82282 Unterschweinbach 97 Hd67
96253 Untersiemau 68 Hb50
63633 Untersotzbach 66 Fb49
95369 Untersteinach 69 Ja50
85461 Unterstrogn 98 Jd66
88471 Untersulmetingen 96 Ga67
72160 Untertalheim 94 Eb65
88094 Unterteuringen 105 Fc71
87647 Unterthingau 106 Gd71
70327 Untertürkheim 85 Fb62
97654 Unterwaldbehrungen 67 Gb48
96465 Unterwasungen 68 Hc49
98634 Unterweid 67 Gb46
85253 Unterweikertshofen 98 Ja66
71554 Unterweissach 85 Fc61
98744 Unterweißbach 68 Hc46
07334 Unterwellenborn 69 Ja46
07422 Unterwirbach 68 Hd46
83246 Unterwössen 109 Kc71
95346 Unterzaubach 69 Ja50
84337 Unterzeitlarn 100 La64
95326 Unterzettlitz 69 Ja51
87496 Untrasried 106 Gd70
77833 Unzhurst 83 Dc63
23936 Upahl 13 Hc19
38704 Upen 43 Gc34
26529 Upgant-Schott 8 Cd21
25923 Uphusum 2 Ec10
26670 Uplengen 19 Db23
17111 Upost 15 Kc18
31135 Uppen 32 Ga33
33154 Upsprunge 41 Eb38
78147 Urach 93 Dd69
56317 Urbach 64 Da47
73660 Urbach 85 Fc62
99765 Urbach 44 Hb39
56182 Urbar 64 Da48
40593 Urdenbach 51 Ca42
66646 Urexweiler 73 Cb56
77767 Urloffen 93 Dc64
56220 Urmitz 63 Cd48
86513 Ursberg 96 Gd66
92289 Ursensollen 79 Jc57
73114 Ursenwang 85 Fd63
97645 Urspringen 67 Gb48
97857 Urspringen 76 Fd53
17406 Usedom 16 Ld18
17237 Userin 25 Kd22
61250 Usingen 65 Eb49
37170 Uslar 42 Fc37
86514 Ustersbach 97 Ha66
26556 Utarp 9 Da21
19217 Utecht 13 Ha19
98617 Utendorf 67 Gd46
25938 Utersum 2 Ea11
47445 Utfort 38 Bd39
26427 Utgast 9 Da20
06773 Uthausen 46 Kb36
99765 Uthleben 44 Hb39
27628 Uthlede 20 Eb23
39345 Uthmöden 33 Hd31
91080 Uttenreuth 78 Hc55
88524 Uttenweiler 95 Fd68
86919 Utting a. Ammersee 97 Hd68
36148 Uttrichshausen 66 Fd48
17111 Utzedel 15 Kd18

V

25594 Vaale 11 Fb17
25594 Vaalermoor 11 Fb18
36404 Vacha 55 Ga45
98617 Vachdorf 67 Gd47
83377 Vachendorf 109 Kd70
36318 Vadenrod 66 Fb46
48291 Vadrup 40 Db34
21258 Vaerloh 21 Fc24
38170 Vahlberg 33 Ha33
37647 Vahlbruch 42 Fb35
27389 Vahlde 21 Fc24
39345 Vahldorf 34 Ja32
37170 Vahle 42 Fd37
70565 Vaihingen 85 Fa63
71665 Vaihingen a.d. Enz 84 Ed61
97440 Vaisten 67 Gb51
32602 Valdorf 30 Ec33
56179 Vallendar 64 Da48
83626 Valley 98 Jc69
38159 Vallstedt 32 Gc33
19246 Valluhn 13 Ha21
17192 Varchentin 15 Kc20
30982 Vardegötzen 31 Fd33
37574 Vardeilsen 42 Fd36
26316 Varel 19 Dd23
29553 Varendorf 22 Gc25
48480 Varenrode 28 Cd31
33397 Varensell 41 Ea36
32369 Varl 30 Eb31
37127 Varmissen 42 Fd39
76534 Varnhalt 83 Dd63
18556 Varnkevitz 7 La11
21770 Varrel 10 Ed20
27259 Varrel 30 Ec29
18569 Vaschvitz 7 Kd12
21397 Vastorf 22 Gd24
85591 Vaterstetten 98 Jc68
06343 Vatterode 45 Ja38
38159 Vechelde 32 Gc32
49377 Vechta 30 Ea28
49626 Vechtel 29 Da30
38871 Veckenstedt 44 Ha35
19205 Veelböken 13 Hc19
46519 Veen 38 Bc38
26802 Veenhusen 19 Da23
16727 Vehlefanz 35 Kd28
39539 Vehlgast-Kümmernitz 24 Jd27
16866 Vehlin 24 Jd26
39291 Vehlitz 34 Jc33
16866 Vehlow 24 Jd25
98669 Veilsdorf 68 Hb48
90587 Veitsbronn 78 Hb56
97209 Veitshöchheim 77 Ga53
425 .. Velbert 51 Cb40
92355 Velburg 88 Jb58
84149 Velden 99 Kb65
91235 Velden 79 Ja55
54472 Veldenz 73 Cb53
49828 Veldhausen 28 Cb30
32805 Veldrom 41 Ed36
46342 Velen 39 Cb35
18469 Velgast 6 Kb15
19260 Vellahn 23 Hb22
74541 Vellberg 86 Ga59
59269 Vellern 40 Dc36
59514 Vellinghausen 40 Dc37
34128 Vellmar 54 Fc40
38458 Velpke 33 Hb31
39359 Velsdorf 33 Hc31
38448 Velstove 33 Ha30
16727 Velten 36 La28
32457 Veltheim 30 Ed33
38173 Veltheim 33 Ha33
38835 Veltheim 44 Ha34
48308 Venne 40 Da36
21371 Ventschau 23 Ha24
19417 Ventschow 14 Ja19
09430 Venusberg 59 La45
19089 Venzkow 14 Ja20
18574 Venzvitz 7 Kd14
17111 Verchen 15 Kc18
27283 Verden 21 Fa27
72519 Veringenstadt 95 Fa67
33415 Verl 41 Eb36
33154 Verlar 41 Eb37
37170 Verliehausen 42 Fd38
33154 Verne 41 Eb37
47608 Vernum 38 Bc39
33775 Versmold 40 Dd34
31535 Vesbeck 31 Fc29
98711 Vesser 68 Ha46
91487 Vestenbergsgreuth 78 Ha54
29664 Vethem 21 Fb27
03226 Vetschau 48 Mb35
53560 Vettelschoß 63 Cd46
16928 Vettin 24 Jd25
52391 Vettweiß 50 Bd45
16845 Vichel 25 Kb27
84174 Viecht 99 Ka64
94234 Viechtach 90 La59
93161 Viehhausen 88 Jd60
19303 Vielank 23 Hc24
08149 Vielau 58 Kb45
39615 Vielbaum 24 Jb26
17194 Vielist 15 Kb21
16835 Vielitz 25 Kd26
39624 Vienau 33 Hd28
38690 Vienenburg 43 Gd35
27419 Vierden 21 Fc23
17309 Viereck 17 Ma20
18569 Vieregge 7 La12
96191 Viereth-Trunstadt 78 Ha52
21444 Vierhöfen 22 Gb24
14715 Vieritz 34 Jd30
02906 Vierkirchen 61 Nb40
85256 Vierkirchen 98 Jb65
98547 Viernau 67 Gd46
68519 Viernheim 75 Eb56
17509 Vierow 16 Lb16
16306 Vierraden 27 Mb24
417 .. Viersen 50 Bc41
19336 Viesecke 24 Jc26
14789 Viesen 35 Ka31
18279 Vietgest 14 Jd19
18507 Vietlipp 15 Kd16
17268 Vietmannsdorf 26 Lb25
17168 Vietschow 15 Ka18
14662 Vietznitz 35 Kb28
18249 Viezen 14 Jb18
86946 Vilgertshofen 97 Hc69
53225 Vilich 51 Cb45
41569 Villau 50 Bd42
86637 Villenbach 97 Ha64
780 ... Villingen-Schwenningen 94 Ea68
78667 Villingendorf 94 Eb67
65606 Villmar 64 Dd48
84137 Vilsbiburg 99 Kb65
92249 Vilseck 79 Jc55
33739 Vilsendorf 41 Eb34
84186 Vilsheim 99 Ka65
94474 Vilshofen 90 Lc63
84149 Vilslern 99 Kb65
93413 Vilzing 89 Kd58
90613 Vincenzenbronn 78 Hb57
49774 Vinnen 29 Db28
66957 Vinningen 82 Cd59
59399 Vinnum 39 Cd37
32839 Vinsebeck 41 Ed36
29587 Vinstedt 22 Gc26
49586 Vinte 29 Dc31
39599 Vinzelberg 34 Ja29
23843 Vinzier 12 Gb19
25884 Viöl 3 Fa12
17209 Vipperow 25 Kb23
49429 Visbek 20 Ea27
26736 Visquard 18 Cc22
27374 Visselhövede 21 Fc26
29416 Vissum 23 Hd27
19217 Vitense 13 Hb19
32602 Vlotho 30 Ec33
06786 Vockerode 46 Ka35
21360 Vögelsen 22 Gc23
34516 Vöhl 53 Ed41
78147 Vöhrenbach 93 Dd68
72189 Vöhringen 94 Eb66
89269 Vöhringen 96 Gb66
76316 Völkersbach 84 Ea61
36404 Völkershausen 55 Gb45
98663 Völkershausen 68 Ha49
66333 Völklingen 82 Ca58
31832 Völksen 31 Fc33
18337 Völkshagen 14 Jd16
26810 Völlen 18 Cd25
59519 Völlinghausen 40 Dd39
39393 Völpke 33 Hc33
17129 Völschow 16 La18
63633 Völzberg 66 Fb48
46562 Voerde 38 Bd38
37696 Vörden 42 Fa36
49434 Vörden 29 Dd30
79279 Vörstetten 93 Db68
37574 Vogelbeck 43 Ga36
95030 Vogelheerd 69 Jc49
15890 Vogelsang 37 Na32
16792 Vogelsang 26 Lb25
17375 Vogelsang 17 Ma19
15370 Vogelsdorf 36 Ld29
38836 Vogelsdorf 44 Hb34
88267 Vogt 105 Fd71
83569 Vogtareuth 99 Kb69
79235 Vogtsburg i. Kaiserstuhl 93 Da68
85088 Vohburg a.d. Donau 88 Jb62
92648 Vohenstrauss 80 Kb55
42329 Vohwinkel 51 Cb41
17349 Voigtsdorf 16 Lc20
06556 Voigtstedt 56 Hd40
51519 Voiswinkel 51 Cc43
95163 Voitsumra 69 Jc51
59469 Volbringen 40 Dc39
37574 Voldagsen 42 Fd36
39599 Volgfelde 34 Ja30
97332 Volkach 77 Gc53
36355 Volkartshain 66 Fb48
84106 Volkenschwand 88 Jd63
97769 Volkers 66 Fd49
97711 Volkershausen 67 Gc50
78269 Volkertshausen 104 Ec70
07318 Volkmannsdorf 68 Hd46
07924 Volkmannsdorf 69 Jb46
95197 Volkmannsgrün 69 Jb49
34471 Volkmarsen 54 Fa40
34346 Volkmarshausen 42 Fd39
06295 Volkstedt 45 Ja38
29646 Volkwardingen 22 Ga25
38551 Vollbüttel 32 Gd31
27729 Vollersode 20 Ed23
36381 Vollmerz 66 Fc49
17194 Vollrathsruhe 15 Ka20
25821 Vollstedt 2 Ed12
58300 Volmarstein 51 Cd40
32549 Volmerdingsen 30 Ec32
37170 Volpriehausen 42 Fd37
25693 Volsemenhusen 11 Fa18
49599 Voltlage 29 Db31
63654 Vonhausen 66 Fa49
95519 Vorbach 79 Jc53
18258 Vorbeck 14 Jc18
33775 Vorbruch 40 Dd34
39264 Vordamm 45 Jd34
79837 Vorderdorf 103 Dc70
87541 Vorderhindelang 106 Gd73
95346 Vorderreuth 69 Ja50
15741 Vordersiedlung 36 Lc32
38533 Vordorf 32 Gd31
58089 Vorhalle 51 Cd40
59227 Vorhelm 40 Dc36
29379 Vorhop 32 Gd29
18513 Vorland 15 Kc16
91247 Vorra 79 Ja55
96158 Vorra 78 Hb53
23560 Vorrade 12 Gd19
38448 Vorsfelde 33 Ha31
41564 Vorst 50 Bd41
41749 Vorst 50 Bc40
47918 Vorst 50 Bc40
27412 Vorwerk 21 Fa24
29575 Vorwerk 22 Gd25
46514 Voshövel 39 Ca37
17091 Voßfeld 15 Kc20
32657 Voßheide 41 Ed34
24628 Voßhöhlen 12 Ga18
48268 Vosskotten 40 Da34
59757 Voßwinkel 40 Dc39
46446 Vrasselt 38 Bc36
48691 Vreden 39 Ca34
49757 Vrees 19 Db27
46509 Vynen 38 Bc37

W

24369 Waabs 4 Ga13
37136 Waake 43 Gb38
83666 Waakirchen 108 Jc71
86875 Waal 97 Hb69
18569 Waase 7 Kd13
34590 Wabern 54 Fb42
01454 Wachau 60 Ma41
98660 Wachenbrunn 67 Gd47
67157 Wachenheim a.d. Weinstr. 74 Dd56
96193 Wachenroth 78 Ha54
14641 Wachow 35 Kc29
99310 Wachsenburggemeinde 56 Hb44
53343 Wachtberg 63 Cc46
47669 Wachtendonk 38 Bc39
25596 Wacken 11 Fb17
55263 Wackernheim 74 Dd52
17498 Wackerow 16 La16
83646 Wackersberg 108 Jb71
39393 Wackersleben 44 Hb34
32107 Waddenhausen 41 Ec34
29496 Waddeweitz 23 Hb26
03130 Wadelsdorf 48 Md37
66687 Wadern 73 Ca56
59329 Wadersloh 40 Dd37
66787 Wadgassen 82 Bd58
66687 Wadrill 73 Ca55
63607 Wächtersbach 66 Fb49
72291 Wälde 94 Ea66
73116 Wäschenbeuren 85 Fd62
31191 Wätzum 32 Ga32
98666 Waffenrod 68 Hb47
49419 Wagenfeld 30 Eb30
38559 Wagenhoff 32 Gd30
14641 Wagenitz 35 Kb28
24392 Wagersrott 3 Fd12
68753 Waghäusel 84 Eb58
83329 Waging a. See 100 La69
77855 Wagshurst 83 Dc63
17159 Wagun 15 Kc18
66679 Wahlen 72 Bd56
63628 Wahlert 66 Fb49
39175 Wahlitz 34 Jb33
37194 Wahlsburg 42 Fc38
53797 Wahlscheid 51 Cc44
14913 Wahlsdorf 47 Lb34
23812 Wahlstedt 12 Gb18
19386 Wahlstorf 24 Jc23
24211 Wahlstorf 12 Gb16
78333 Wahlwies 104 Ed70
98634 Wahns 67 Gc46
39615 Wahrenberg 24 Ja26
04924 Wahrenbrück 47 Lb38
29399 Wahrenholz 32 Gd29
23923 Wahrsow 13 Ha19
38458 Wahrstedt 33 Hb31
7133 . Waiblingen 85 Fb62
74915 Waibstadt 84 Ed58
92726 Waidhaus 80 Kc54
86579 Waidhofen 98 Ja64
97534 Waigolshausen 77 Gb52
88489 Wain 96 Gb67
04932 Wainsdorf 47 Lc39
91344 Waischenfeld 79 Ja53

34376 Waitzrodt 42 Fc39
97797 Waizenbach 66 Fd50
23845 Wakendorf 12 Gc18
24558 Wakendorf II 12 Ga19
19205 Wakenstädt 13 Hb20
06333 Walbeck 45 Ja37
39356 Walbeck 33 Hc32
47608 Walbeck 38 Bb39
53332 Walberberg 51 Ca45
84367 Walburgskirchen 100 La65
16833 Walchow 25 Kc27
26907 Walchum 18 Cd26
42655 Wald 51 Cb41
87616 Wald 107 Ha71
88639 Wald 95 Fa69
93192 Wald 89 Kb59
69483 Wald-Michelbach 75 Ec55
04821 Wald-Steinberg 58 Kc40
72178 Waldachtal 94 Eb65
55425 Waldalgesheim 74 Db52
74889 Waldangelloch 84 Ec58
63857 Waldaschaff 76 Fb52
98667 Waldau 68 Hb47
97657 Waldberg 67 Ga49
55596 Waldböckelheim 74 Da53
56588 Waldbreitbach 63 Cd47
51545 Waldbröl 52 Da44
76337 Waldbronn 84 Ea61
69429 Waldbrunn 76 Fa56
97295 Waldbrunn 76 Fd54
65620 Waldbrunn (Westerwald) 64 Dd47
97297 Waldbüttelbrunn 77 Ga53
88289 Waldburg 105 Fd71
72141 Walddorfhäslach 95 Fa64
15926 Walddrehna 47 Ld36
34513 Waldeck 54 Fa41
65529 Waldems 65 Ea50
71111 Waldenbuch 85 Fa63
08396 Waldenburg 58 Kc44
74638 Waldenburg 85 Fd59
63607 Waldensberg 66 Fa49
93194 Walderbach 89 Kb58
95679 Waldershof 79 Jd52
56323 Waldesch 64 Da49
17309 Waldeshöhe 16 Ld20
97705 Waldfenster 67 Ga49
52525 Waldfeucht 50 Ba42
67714 Waldfischbach 83 Da58
16321 Waldfrieden 36 Lc28
73547 Waldhausen 85 Fd62
83530 Waldhausen 99 Kc68
04736 Waldheim 59 La42
16352 Waldheim 36 Lb28
49751 Waldhöfe 19 Da27
02906 Waldhufen 61 Nb40
37284 Waldkappel 55 Ga42
79183 Waldkirch 93 Db68
09437 Waldkirchen 59 La45
94065 Waldkirchen 91 Ma62
84478 Waldkraiburg 99 Kc67
78713 Waldmössingen 94 Ea67
66914 Waldmohr 73 Cc57
41366 Waldniel 50 Bb41
53332 Waldorf 51 Cb45
15913 Waldow 48 Mb34
15910 Waldow-Brand 47 Ld34
81739 Waldperlach 98 Jc68
76316 Waldprechtsweier 84 Ea61
54320 Waldrach 72 Bd54
75305 Waldrennach 84 Eb62
97453 Waldsachsen 67 Gc51
95652 Waldsassen 70 Kb51
67165 Waldsee 75 Ea57
79761 Waldshut 103 Dd72
15377 Waldsieversdorf 37 Ma29
35647 Waldsolms 65 Eb48
15838 Waldstadt 36 Lc32
74821 Waldstadt 76 Fa57
76139 Waldstadt 84 Ea60
73550 Waldstetten 86 Ga62
89367 Waldstetten 96 Gc66
92727 Waldthurn 80 Kb54
77876 Waldulm 93 Dc64
52076 Walheim 50 Bb45
74399 Walheim 85 Fa60
17179 Walkendorf 15 Ka17
37445 Walkenried 43 Gd38
84419 Walkersaich 99 Kb66
86877 Walkertshofen 97 Ha67
23896 Walksfelde 12 Gd20
16818 Wall 25 Kd27
83627 Wall 108 Jc70
98639 Wallbach 67 Gc46
64546 Walldorf 75 Eb52
69190 Walldorf 84 Eb58
98639 Walldorf 67 Gc46
74731 Walldürn 76 Fb55
29308 Walle 32 Ga28
25788 Wallen 3 Fa15
32139 Wallenbrück 30 Ea33
06254 Wallendorf 57 Jd40
96346 Wallenfels 69 Ja49
49134 Wallenhorst 29 Dc32
36341 Wallenrod 66 Fb46
66798 Wallerfangen 72 Bd57
94574 Wallerfing 90 La62
96260 Wallersberg 68 Hd51
94522 Wallersdorf 89 Kd62
86757 Wallerstein 86 Gd61
55578 Wallertheim 74 Dc53
82499 Wallgau 108 Ja73
06528 Wallhausen 44 Hc39
55595 Wallhausen 74 Db53
74599 Wallhausen 86 Gb58
27729 Wallhöfen 20 Ed23
16837 Wallitz 25 Kc24
57584 Wallmenroth 52 Db45
56414 Wallmerod 64 Dc47
38729 Wallmoden 43 Gc34
17291 Wallmow 27 Ma22
98646 Wallrabs 68 Ha48
36381 Wallroth 66 Fc48
24980 Wallsbüll 3 Fa11
29413 Wallstawe 33 Hb28
65396 Walluf 64 Dd51
06193 Wallwitz 45 Jc38
39291 Wallwitz 34 Jc33
17209 Walow 25 Ka22
85469 Walpertskirchen 98 Jd66
99189 Walschleben 56 Hb42
96194 Walsdorf 78 Hb53
16818 Walsleben 25 Kb26
39606 Walsleben 34 Jb28
19073 Walsmühlen 13 Hc21
29664 Walsrode 21 Fc27
48317 Walstedde 40 Db37
46147 Walsumermark 39 Ca38
87448 Waltenhofen 106 Gc72
39264 Walternienburg 45 Jc35
02799 Waltersdorf 61 Na43
14913 Waltersdorf 47 Lb35
15732 Waltersdorf 36 Lc31
15926 Waltersdorf 47 Ld35
99880 Waltershausen 55 Gd44
79112 Waltershofen 93 Da69
85137 Walting 88 Ja61
59469 Waltringen 40 Dc39
45731 Waltrop 39 Cd38
75045 Walzbachtal 84 Eb60
59069 Wambeln 40 Dc38
19406 Wamckow 14 Jb20
17498 Wampen 16 La16
99869 Wandersleben 56 Hb44
24997 Wanderup 3 Fb11
16348 Wandlitz 26 Lb27
22159 Wandsbek 12 Ga21
37281 Wanfried 55 Gb42
85368 Wang 98 Jd64
21483 Wangelau 22 Gd22
37627 Wangelnstedt 42 Fd36
23758 Wangels 5 Ha15
70327 Wangen 85 Fa62
73117 Wangen 85 Fc63
82319 Wangen 98 Ja68
88239 Wangen 106 Ga71
26434 Wangerland 9 Dc20
26486 Wangerooge 9 Dc19
24601 Wankendorf 12 Gb16
72127 Wankheim 95 Fa65
41189 Wanlo 50 Bc42
39638 Wannefeld 33 Hd31
14109 Wannsee 36 La30
72827 Wannweil 95 Fa64
14641 Wansdorf 35 Kd28
06318 Wansleben a. See 45 Jb39
39615 Wanzer 24 Ja26
39164 Wanzleben 44 Hd34
24594 Wapelfeld 11 Fc17
38378 Warberg 33 Hb33
47533 Warbeyen 38 Bb36
34414 Warburg 42 Fa39
14789 Warchau 35 Ka31
26203 Wardenburg 19 Dd25
23821 Warder 12 Gc18
18299 Wardow 15 Ka18
46509 Wardt 38 Bc37
17192 Waren 15 Kb21
48231 Warendorf 40 Dc35
97618 Wargolshausen 67 Gc49
19417 Warin 14 Ja19
17039 Warlin 16 La20
19230 Warlitz 23 Hc23
19288 Warlow 23 Hd23
71229 Warmbronn 84 Ed62
95485 Warmensteinach 69 Jc51
31606 Warmsen 30 Ec31
24250 Warnau 12 Gb16
39524 Warnau 34 Jd28
83627 Warngau 108 Jc70
17291 Warnitz 26 Ld24
17168 Warnkenhagen 15 Ka18
18249 Warnow 14 Jb19
23936 Warnow 13 Hc18
23626 Warnsdorf 13 Ha18
06502 Warnstedt 44 Hc36
27333 Warpe 31 Fa28
17111 Warrenzin 15 Kc18
25560 Warringholz 11 Fb17
17375 Warsin 17 Ma19
14662 Warsow 35 Kb28
19075 Warsow 13 Hc21
59581 Warstein 41 Ea39
72213 Wart 94 Eb64
13059 Wartenberg 36 Lc29
36367 Wartenberg 66 Fc46
85456 Wartenberg 98 Jd65
06901 Wartenburg 46 Kc36
95355 Wartenfels 69 Ja50
88447 Warthausen 96 Ga68
17268 Warthe 26 Lb23
16306 Wartin 27 Ma23
97797 Wartmannsroth 66 Fd50
25761 Warwerort 10 Ed16
24647 Wasbek 11 Fd17
38553 Wasbüttel 32 Gd31
17440 Waschow 16 Lc17
19243 Waschow 13 Hb21
17179 Wasdow 15 Kb17
56653 Wassenach 63 Cc48
41849 Wassenberg 50 Bb42
39646 Wassensdorf 33 Hb31
79312 Wasser 93 Db68
73433 Wasseralfingen 86 Gb61
83512 Wasserburg a. Inn 99 Kb68
88142 Wasserburg (Bodensee) 105 Fd73
59427 Wasserkurl 40 Da38
38871 Wasserleben 44 Ha35
54332 Wasserliesch 72 Bc54
97535 Wasserlosen 67 Gb51
21789 Wassermühle 11 Fa20
32469 Wasserstraße 31 Fa30
14715 Wassersuppe 35 Ka28
91717 Wassertrüdingen 87 Ha60
15831 Waßmannsdorf 36 Lb31
98634 Wasungen 67 Gc46
38112 Watenbüttel 32 Gc32
38229 Watenstedt 32 Gc33
29339 Wathlingen 32 Gb30
24582 Wattenbek 12 Ga16
96196 Wattendorf 68 Hc51
67319 Wattenheim 74 Dc56
44867 Wattenscheid 39 Cc39
78250 Watterdingen 104 Ec70
18279 Wattmannshagen 15 Ka19
96269 Watzendorf 68 Hb50
17237 Watzkendorf 26 La22
54649 Waxweiler 62 Bb51
06679 Webau 57 Jd41
86759 Wechingen 87 Ha61
99869 Wechmar 56 Ha44
09306 Wechselburg 58 Kd43
07937 Weckersdorf 69 Jc46
41466 Weckhoven 50 Bd42
24576 Weddelbrook 11 Fd18
39646 Weddendorf 33 Hb31
48249 Weddern 39 Cd36
06502 Weddersleben 44 Hc36
06458 Wedderstedt 44 Hc36
13353 Wedding 36 Lb29
59192 Weddinghofen 40 Da38
25795 Weddingstedt 3 Fa15
21717 Wedel 21 Fb22
22880 Wedel 11 Fd21
38527 Wedelheine 32 Gd31
38527 Wedelsbüttel 32 Gd31
30900 Wedemark 31 Fd30
19217 Wedendorf 13 Hb19
06429 Wedlitz 45 Jb35
23795 Weede 12 Gc18
26826 Weener 18 Cd24
31096 Weenzen 42 Fd34
24999 Wees 3 Fc10
24994 Weesby 3 Fa10
16356 Weesow 36 Ld28
30952 Weetzen 31 Fc32
47652 Weeze 38 Bb37
39365 Wefensleben 33 Hc33
39356 Weferlingen 33 Hb32
31303 Weferlingsen 32 Ga30
41844 Wegberg 50 Bb42
38828 Wegeleben 44 Hc35
15345 Wegendorf 36 Ld29
39615 Wegenitz 24 Jb26
39359 Wegenstedt 33 Hc31
97653 Wegfurt 67 Gb48
83661 Wegscheid 108 Jb71
94110 Wegscheid 91 Mb63
32369 Wehe 30 Eb31
78564 Wehingen 94 Ec68
49757 Wehm 19 Db27
37339 Wehnde 43 Gc39
31234 Wehnsen 32 Gb31
48739 Wehr 39 Cc34
56653 Wehr 63 Cc48
79664 Wehr 103 Db72
27259 Wehrbleck 30 Ec29
35041 Wehrda 53 Ec45
37287 Wehretal 55 Ga42
04936 Wehrhain 47 Lc36
61273 Wehrheim 65 Eb49
49328 Wehringdorf 30 Ea33
86517 Wehringen 97 Hb67
59872 Wehrstapel 53 Ea40
33142 Weiberg 41 Eb39
56745 Weibern 63 Cc48
63879 Weibersbrunn 76 Fb52
83379 Weibhausen 99 Kd69
15848 Weichensdorf 37 Mc33
86706 Weichering 88 Ja62
36391 Weichersbach 66 Fd49
85258 Weichs 98 Ja65
59602 Weickede 41 Ea38
07570 Weida 57 Jd45
96479 Weidach 68 Hb49
92637 Weiden i.d. Oberpfalz 80 Ka54
36399 Weidenau 66 Fb48
91746 Weidenbach 87 Ha58
95466 Weidenberg 79 Jb52
50737 Weidenpesch 51 Cb43
89197 Weidenstetten 96 Gb64
67475 Weidenthal 74 Dc57
95152 Weidesgrün 69 Jb49
96279 Weidhausen b. Coburg 68 Hc50
93495 Weiding 80 Kd57
90491 Weigelshof 78 Hc56
91249 Weigendorf 79 Jb56
97215 Weigenheim 77 Gc55
02733 Weigsdorf-Köblitz 60 Md41
91629 Weihenzell 78 Ha57
76698 Weiher 84 Eb59
95326 Weiher 69 Ja51
76199 Weiherfeld 84 Ea60
92729 Weiherhammer 79 Jd54
84107 Weihmichl 89 Ka63
97990 Weikersheim 77 Ga56
86947 Weil 97 Hc68
79576 Weil a. Rhein 103 Da72
71263 Weil der Stadt 84 Ec62
71093 Weil i. Schönbuch 95 Fa64
63937 Weilbach 76 Fa55
35781 Weilburg 64 Dd48
83317 Weildorf 100 La69
88682 Weildorf 105 Fb71
86561 Weilenbach 98 Ja64
55413 Weiler 74 Db52
74889 Weiler 84 Ec58
88171 Weiler 106 Ga72
67685 Weilerbach 74 Da56
63607 Weilers 66 Fb49
91365 Weilersbach 78 Hc54
53919 Weilerswist 51 Ca45
78604 Weilheim 94 Ec69
79809 Weilheim 103 Dd72
73235 Weilheim a.d. Teck 95 Fc64
82362 Weilheim i. Oberbayern 107 Hd70
70499 Weilimdorf 85 Fa62
35789 Weilmünster 65 Ea48
61276 Weilrod 65 Ea49
91744 Weiltingen 86 Gd60
35096 Weimar 53 Ec45
9942 . Weimar 56 Hd43
97650 Weimarschmieden 67 Gb47
96465 Weimersdorf 68 Hc49
35796 Weinbach 64 Dd48
04931 Weinberg 47 Lb39
99998 Weinbergen 55 Gd41
01689 Weinböhla 59 Ld41
33142 Weine 41 Eb38
67366 Weingarten 83 Dd58
76356 Weingarten 84 Eb60
88250 Weingarten 105 Fd70
69469 Weinheim 75 Eb55
74189 Weinsberg 85 Fb59
54595 Weinsheim 62 Bc49
55595 Weinsheim 74 Db53
71384 Weinstadt 85 Fb62
97532 Weipoltshausen 67 Gc51
07356 Weisbach 69 Jb47
97656 Weisbach 67 Gb48
08538 Weischlitz 69 Jd48
07338 Weischwitz 69 Ja46
56348 Weisel 64 Db51
19322 Weisen 24 Jb25
76599 Weisenbach 84 Ea63
91085 Weisendorf 78 Hb55
67273 Weisenheim a. Berg 74 Dd56
67256 Weisenheim a. Sand 74 Dd56
19386 Weisin 14 Jc21
63110 Weiskirchen 65 Ec51
66709 Weiskirchen 73 Ca55
96260 Weismain 68 Hd51
71287 Weißach 84 Ed62
71573 Weißach i. Tal 85 Fc61
15926 Weißack 47 Ld36
06369 Weißandt-Gölzau 45 Jd37
08134 Weißbach 70 Kc46
74679 Weißbach 85 Fc58
87459 Weißbach 107 Ha72
95237 Weißdorf 69 Jc50
97799 Weißenbach 66 Fd50
02627 Weißenberg 61 Na40
41462 Weißenberg 50 Bd41
07639 Weißenborn 57 Jc43
09600 Weißenborn 59 Lc43
36205 Weißenborn 55 Ga42
37130 Weißenborn 43 Gb39
37345 Weißenborn-Lüderode 43 Gc38
96369 Weißenbrunn 68 Hd50
91781 Weißenburg i. Bayern 87 Hc60
07950 Weißendorf 69 Jd46
06667 Weißenfels 57 Jc41
89264 Weißenhorn 96 Gb66
91367 Weißenohe 78 Hd55
88138 Weißensberg 105 Fd72
13088 Weißensee 36 Lb29
99631 Weißensee 56 Hc41
95163 Weißenstadt 69 Jc51
73111 Weißenstein 86 Ga63
56575 Weißenthurm 63 Cd48
39517 Weißewarte 34 Jb30
01561 Weißig a. Raschütz 47 Ld39
02957 Weißkeißel 49 Na38
02943 Weißwasser 49 Na38
79367 Weisweil 93 Da67
57586 Weitefeld 52 Dc45
66693 Weiten 72 Bc56
18299 Weitendorf 14 Jd18
19412 Weitendorf 14 Ja20
23999 Weitendorf 13 Hd17
17498 Weitenhagen 16 La16
18461 Weitenhagen 6 Kb15
78247 Weiterdingen 104 Ec71
56191 Weitersburg 64 Da48
90574 Weitersdorf 78 Hb57
64331 Weiterstadt 75 Eb52
83373 Weitgassing 99 Kd68
17033 Weitin 16 La20
07343 Weitisberga 69 Ja47
87480 Weitnau 106 Gb72
96479 Weitramsdorf 68 Hb49
29439 Weitsche 23 Hc26
14806 Weitzgrund 35 Kb32
01108 Weixdorf 60 Ma41
06333 Welbsleben 44 Hd37
34414 Welda 42 Fa39
86465 Welden 97 Ha65
06333 Welfesholz 45 Ja37
98617 Welkershausen 67 Gd47
21261 Welle 21 Fd24
27616 Wellen 20 Ec22
39167 Wellen 33 Hd33
78669 Wellendingen 94 Ec68
37586 Wellersen 42 Fd36
91809 Wellheim 87 Hc62
44265 Wellinghofen 40 Da39
96465 Wellmersdorf 68 Hc49
15898 Wellmitz 37 Na33
07985 Wellsdorf 69 Jd46
25782 Welmbüttel 11 Fa16
45525 Welper 39 Cc39
49163 Welplage 30 Ea31
96274 Welsberg 68 Hb50
54298 Welschbillig 72 Bc53
77790 Welschensteinach 93 Dc66
78234 Welschingen 104 Ec70
14913 Welsickendorf 47 La35
39221 Welsleben 45 Ja34
16278 Welsow 27 Ma24
48249 Welte 39 Cc36
17089 Weltzin 16 La19
59514 Welver 40 Dc38
31535 Welze 31 Fc29
73642 Welzheim 85 Fd61
03119 Welzow 48 Mb37
47652 Wemb 38 Bb38
86650 Wemding 87 Ha61
39517 Wenddorf 34 Jb31
38176 Wendeburg 32 Gc32
55234 Wendelsheim 74 Dc54
90530 Wendelstein 78 Hd57
39615 Wendemark 24 Jc27
57482 Wenden 52 Db43
31634 Wendenborstel 31 Fb29
51597 Wendershagen 52 Db44
31228 Wendesee 32 Gb31
48703 Wendfeld 39 Cb34
21400 Wendhausen 22 Gd24
17213 Wendhof 15 Ka21
18513 Wendisch Baggendorf 15 Kc16
21403 Wendisch Evern 22 Gc24
18445 Wendisch Langendorf 6 Kc13
19395 Wendisch Priborn 24 Jd23
15864 Wendisch Rietz 37 Ma32
19399 Wendisch Waren 14 Jc21
73240 Wendlingen a. N. 85 Fb63
17219 Wendorf 15 Kc21
18190 Wendorf 15 Ka16
18246 Wendorf 14 Jb19
18442 Wendorf 15 Kd16
19412 Wendorf 14 Ja20
31655 Wendthagen 31 Fa32
24235 Wendtorf 4 Gb14
84187 Weng 89 Kb63
94086 Weng 100 Lc64
87480 Wengen 106 Gb72
48465 Wengsel 28 Cc31
63762 Wenigumstadt 75 Ed53
63688 Wenings 66 Fa48
25767 Wennbüttel 11 Fb16
30974 Wennigsen 31 Fc32
48691 Wenning 39 Ca34
25996 Wenningstedt 2 Ea9
63897 Wenschdorf 76 Fb54
16515 Wensickendorf 26 Lb27
23827 Wensin 12 Gc17
21465 Wentorf 22 Gb22
23898 Wentorf 12 Gc20
16775 Wentow 26 La25
48165 Wentrup 40 Da35
38486 Wenze 33 Hc30
37574 Wenzen 42 Fd36
93173 Wenzenbach 89 Ka59
21279 Wenzendorf 21 Fd23
14778 Wenzlow 35 Ka32
97956 Werbach 76 Fd54
16244 Werbellin 26 Lc26
17337 Werbelow 16 Ld21
03096 Werben 48 Mb35
39615 Werben 24 Jc27
14806 Werbig 35 Kb33
14913 Werbig 47 La34
15306 Werbig 37 Mc29
04916 Werchau 47 Lb36
03205 Werchow 48 Ma36
08223 Werda 70 Ka48
08412 Werdau 58 Kb45
45239 Werden 51 Cb40
14542 Werder 35 Kd31
14913 Werder 47 La34
15345 Werder 37 Ma29
15848 Werder 37 Ma33
16818 Werder 25 Kb26
17089 Werder 16 La19
19386 Werder 14 Jc21
58791 Werdohl 52 Db41
26427 Werdum 9 Db20
03253 Werenzhain 47 Lc37
32257 Werfen 30 Eb33
14913 Wergzahna 46 Kc34
59457 Werl 40 Dc38
38315 Werlaburgdorf 43 Gd34
19300 Werle 24 Ja23
49757 Werlte 19 Db27
42929 Wermelskirchen 51 Cc42
97702 Wermerichshausen 67 Gc50
04779 Wermsdorf 58 Kd40
73249 Wernau 85 Fb63
92533 Wernberg-Köblitz 80 Ka55
07381 Wernburg 69 Jb46
44894 Werne 39 Cd39
59368 Werne 40 Da37
97440 Werneck 77 Gb52
76857 Wernersberg 83 Db59
16356 Werneuchen 36 Ld28
97737 Wernfeld 66 Fd51
36341 Wernges 66 Fb46
38855 Wernigerode 44 Ha36
16909 Wernikow 25 Ka24
14641 Wernitz 35 Kd29
15537 Wernsdorf 36 Ld31
98590 Wernshausen 55 Gc45
39624 Wernstedt 33 Hd29
49751 Werpeloh 19 Da27
66606 Werschweiler 73 Cc56
49504 Wersen 29 Dc32
40225 Wersten 51 Ca41
87497 Wertach 106 Gd72
46419 Werth 38 Bd36
97877 Wertheim 76 Fc54
33824 Werther 41 Ea34
99735 Werther 44 Ha39
46499 Wertherbruch 38 Bd36
86637 Wertingen 97 Ha64
37115 Werxhausen 43 Gb39
46325 Weseke 39 Ca35
4648 . Wesel 38 Bd37
66919 Weselberg 74 Da57
17291 Weselitz 26 Ld23
17255 Wesenberg 25 Kd23
23858 Wesenberg 12 Gd19
15345 Wesendahl 36 Ld29
16792 Wesendorf 26 Lb25
29392 Wesendorf 32 Gd29
14778 Weseram 35 Kb30
59505 Weslarn 40 Dd38
39249 Wespen 45 Jb35
23758 Wessek 5 Ha15
59329 Wessel 41 Ea37
59368 Wessel 40 Da37
25764 Wesselburen 10 Ed16
25764 Wesselburener Deichhausen 10 Ed16
25764 Wesselburenerkoog 2 Ed15
50389 Wesseling 51 Cb44
25746 Wesseln 11 Fa16
31162 Wesseln 43 Ga34
18195 Wesselstorf 15 Ka17
29587 Wessenstedt 22 Gc25
19089 Wessin 14 Ja21
82234 Weßling 97 Hd68
82405 Wessobrunn 107 Hc70
48683 Wessum 39 Cb34
48291 Westbevern 40 Db34
06449 Westdorf 44 Hd37
26579 Westdorf 8 Cd20
29599 Weste 23 Ha25
26486 Westen 9 Dc19
18233 Westenbrügge 14 Ja17
49219 Westendorf 40 Dc34
49832 Westendorf 29 Da30
86707 Westendorf 97 Hb64
87679 Westendorf 97 Hb69
31604 Westenfeld 30 Ed31
98631 Westenfeld 67 Gd48
33129 Westenholz 41 Ea37
24259 Westensee 3 Fd15
48268 Wester 40 Db34
25885 Wester-Ohrstedt 3 Fa13
23847 Westerau 12 Gc19
58135 Westerbauer 51 Cd40
27616 Westerbeverstedt 20 Ec22
25782 Westerborstel 3 Fa15
25782 Westerborstel 11 Fa16
56457 Westerburg 64 Dc47
25761 Westerdeichstrich 10 Ed16
39448 Westeregeln 44 Hd35
21765 Westerende 10 Ec19
21394 Westergellersen 22 Gb24
83620 Westerham 98 Jd69
06484 Westerhausen 44 Hc36
72589 Westerheim 95 Fd64
87784 Westerheim 96 Gc69
85134 Westerhofen 88 Ja61
26556 Westerholt 9 Da21
45701 Westerholt 39 Cb38
24977 Westerholz 3 Fc10
25364 Westerhorn 11 Fc19
49492 Westerkappeln 29 Dc32
25980 Westerland 2 Ea10
25597 Westermoor 11 Fc18
63825 Westerngrund 66 Fa51
23815 Westerrade 12 Gc18
24784 Westerrönfeld 3 Fc15
26632 Westersander 19 Da22
26655 Westerstede 19 Dc24
89198 Westerstetten 96 Ga64
27412 Westertimke 21 Fa24
27386 Westerwalsede 21 Fb26
21776 Westerwanna 10 Ec20
29525 Westerweyhe 22 Gd26
33397 Westerwiehe 41 Eb36
31079 Westfeld 43 Ga34
26629 Westgroßefehn 19 Da23
73463 Westhausen 86 Gc61
98663 Westhausen 68 Ha49
34431 Westheim 41 Ed39
67368 Westheim 84 Ea58
91747 Westheim 87 Ha60
48727 Westhellen 39 Cc35
59427 Westhemmerde 40 Db38
58239 Westhofen 40 Da39
67593 Westhofen 74 Dd54
59320 Westkirchen 40 Dc35
45721 Westleven 39 Cc37
59457 Westönnen 40 Dc38
26810 Westoverledingen 19 Da25
25926 Westre 2 Ed10
26434 Westrum 9 Dc21
49770 Westrum 29 Da28
39638 Weteritz 33 Hd30
34474 Wethen 42 Fa39
59192 Wethmar 40 Da38
49453 Wetschen 30 Ea29
79219 Wettelbrunn 103 Da70
06528 Wettelrode 44 Hd39
91757 Wettelsheim 87 Hb60
04626 Wettelswalde 58 Ka44
47625 Wetten 38 Bb38
35435 Wettenberg 65 Eb46
49328 Wetter 30 Ea33
58300 Wetter 51 Cd40
35083 Wetter (Hessen) 53 Ec44
06722 Wetterzeube 57 Jd43
96365 Wetthof 69 Ja48
06198 Wettin 45 Jb38
30938 Wettmar 32 Ga30
38547 Wettmershagen 32 Gd31
48493 Wettringen 28 Cd33
97488 Wettringen 67 Gd50
49838 Wettrup 29 Da29
85139 Wettstetten 88 Ja62
21385 Wetzen 22 Gb24
90427 Wetzendorf 78 Hc56
17309 Wetzenow 17 Ma21
355 . . Wetzlar 65 Eb47
33142 Wewelsburg 41 Eb38
25599 Wewelsfleth 11 Fb19
33106 Wewer 41 Ec37
83629 Weyarn 108 Jd70
42719 Weyer 51 Cb41
57635 Weyerbusch 52 Da45
97783 Weyersfeld 66 Fd51
38554 Weyhausen 33 Ha30
28844 Weyhe 20 Ec26
36157 Weyhers 66 Fd47
26434 Wiarden 9 Dc20
17291 Wichmannsdorf 26 Lc23
98530 Wichtshausen 67 Gd46
44319 Wickede 40 Da38
58739 Wickede 40 Db39
06536 Wickerode 44 Hc39
36115 Wickers 67 Ga47
07318 Wickersdorf 68 Hd46
91580 Wicklesgreuth 78 Ha57
41189 Wickrath 50 Bc42
74259 Widdern 85 Fb58
50859 Widdersdorf 51 Ca43
36266 Widdershausen 55 Ga44
33129 Wiebeler 41 Ea37
19258 Wiebendorf 23 Ha22
29413 Wieblitz 23 Hb27
30900 Wiechendorf 31 Fd30
18375 Wieck 6 Ka13
29323 Wieckenberg 31 Fd29
37447 Wieda 43 Gd38
04509 Wiedemar 45 Jd39
08626 Wieden 68 Hd51
24613 Wiedenborstel 11 Fd17
29364 Wiedenrode 32 Gb30
31719 Wiedensahl 31 Fa31
04938 Wiederau 47 Lb37
86879 Wiedergeltingen 97 Ha68
04448 Wiederitzsch 46 Ka39
98667 Wiedersbach 68 Ha47
08606 Wiedersberg 69 Jd48
06333 Wiederstedt 45 Ja37
02994 Wiednitz 48 Mb39
26215 Wiefelstede 19 Dd24
21644 Wiegersen 21 Fc23
39345 Wieglitz 33 Hd31
06571 Wiehe 56 Hd41

Straßenregister / Index of streets / Liste des rues / Stratenregister
Gaderegister / Indice stradale / Rejstřík ulic / Spis ulic

Berlin S. 164-167

Abbestr. G8–H7
Ackerstr. E13–F14
Adalbertstr. J16–K15
Admiralstr. K15
Agricolastr. G8/9
Ahornallee G/H4
Ahornsteig H11/12
Ahornstr. K10
Akazienallee G4
Akazienstr. L/M10
Albertstr. M10
Albrecht-Achilles-Str. K/L6
Albrechtstr. G13
Alexanderpl. G15
Alexanderstr. G/H15
Alexanderufer F/G12
Alexandrinenstr. J15–K14
Alfred-Döblin-Pl. J15
Alice-Berend-Str. G10/11
Almstadtstr. F/G15
Alt-Lietzow G6/7
Alt-Moabit G11
Alte Jakobstr. H15–K14
Alte Potsdamer Str. J12
Alte Schönhauser Str. F14/15
Altonaer Str. G9–H10
Alvenslebenstr. K/L11
Am Bahnhof Westend G5
Am Berlin-Museum J/K14
Am Comeniuspl. H18
Am Friedrichshain F16/17
Am Karlsbad J11/12
Am Köllnischen Park H15
Am Kupfergraben G13/14
Am Lustgarten G14
Am Oberbaum K18
Am Ostbahnhof H16–J17
Am Rathaus M9
Am Schillertheater H7
Am Spreebord G6/7
Am Weidendamm G13
Am Wriezener Bahnhof H17
Am Zirkus G13
An der Apostelkirche K10
An der Brauerei F/G18
An der Kolonnade H12
An der Schillingbrücke J16
An der Spandauer Brücke G14
An der Urania J/K10
Andreaspl. H16/17
Andreasstr. H16/17
Anhalter Str. J12/13
Anklamer Str. E13/14
Annenstr. J15
Ansbacher Str. J–L9
Apostel-Paulus-Str. L10–M9
Arcostr. G6
Arnswalder Pl. E17
Aschaffenburger Str. L8/9
Askanischer Pl. J12
Auerstr. G17/18
Augsburger Str. J8–K9
Auguste-Viktoria-Str. L/M5
Auguststr. F13/14
Avus K4
Axel-Springer-Str. H/J14
Babelsberger Str. M9
Bachstr. G/H9
Badensche Str. M8/9
Baerwaldbrücke K14
Baerwaldstr. K14
Ballenstedter Str. L6
Bamberger Str. K–M9
Barbarossapl. L10
Barbarossastr. L9/10
Barnimstr. F16
Barstr. L/M7
Bartningallee G9/10
Bauhofstr. G13/14
Bayerische Str. K/L7
Bayerischer Pl. L9
Bayreuther Str. J/K9
Bechstedter Weg M6
Behaimstr. H6
Behrenstr. H12/13
Belforter Str. E/F15
Bellevueallee H10–12
Bellevuestr. H/J12
Belziger Str. M9/10
Ben-Gurion-Str. H/J12
Berchtesgadener Str. L/M9
Bergfriedstr. K15
Bergstr. E13–F14
Berliner Str. M6–9
Bernauer Str. E13
Bernburger Str. J12
Bernhard-Lichtenberg-Str. E17
Berolinastr. G16
Bersarinpl. G18
Berta-Benz-Str. G11
Bertolt-Brecht-Pl. G13
Besselstr. J13
Bethaniendamm J15/16
Beuthstr. H/J14
Bielefelder Str. L6
Bismarckallee L/M4
Bismarckpl. L5
Bismarckstr. H6/7
Bissingzeile J/K11
Bleibtreustr. J/K7
Blissestr. M7
Blüthgenstr. L6
Blumenstr. H16/17
Blumenthalstr. K11
Bodestr. G14
Böcklerstr. K15
Bötzowstr. E17–F16
Bona-Peiser-Weg J16
Bornimer Str. K5
Bornstedter Str. K4/5
Borsigstr. F13
Bozener Str. L/M9
Brachvogelstr. K14
Brandenburgische Str. K6–M7
Brandesstr. K13
Brauhofstr. G6
Bredtschneiderstr. J4
Bregenzer Str. K7
Breite Str. H14
Breitscheidpl. J8/9
Bremer Weg H9–11
Brienner Str. L/M7
Brommystr. J17
Brückenstr. H15
Brunhildstr. M11
Brunnenstr. E/F14
Budapester Str. J9/10
Bülowstr. K10–L11
Büschingstr. F/G16
Bundesallee K–M8
Bundesratufer G9
Burggrafenstr. J9
Burgstr. G14
Calvinstr. G10
Carl-Herz-Ufer K14
Carmerstr. J8
Carnotstr. G7
Caspar-Theuß-Str. L4/5
Cauerstr. G/H7
Charlottenbrunner Str. M5/6
Charlottenburger Brücke H8
Charlottenburger Ufer G6
Charlottenstr. J–H13
Chausseestr. E12–F13
Cheruskerstr. M11
Choriner Str. E15–F14
Christinenstr. E15–F14
Christstr. H5
Cicerostr. K/L6
Claudiusstr. G9
Clausewitzstr. K6/7
Comeniuspl. H18
Conrad-Blenkle-Str. E/F18
Cora-Berliner-Str. H12
Corneliusstr. J10
Cotheniusstr. F18
Courbièrestr. K10
Crellestr. L11–M10
Crusiusstr. G/H4
Cunostr. M5
Cuvrystr. K17/18
Dahlmannstr. J/K6
Damaschkestr. K5/6
Danckelmannstr. H5
Danneckerstr. J/K18
Danziger Str. E17–F18
Darmstädter Str. K7
Darwinstr. G7
Delbrückstr. M4
Dennewitzstr. K11
Derfflingerstr. J/K10
Dernburgstr. J4/5
Dessauer Str. J12
Diedenhofer Str. E15
Diestelmeyerstr. G17
Dietrich-Bonhoeffer-Str. E17
Dircksenstr. G14–H15
Dorotheenstr. G12–14
Dortmunder Str. G9
Dovebrücke G7
Dovestr. G7/8
Dresdener Str. J/K15
Dresselstr. J4/5
Droysenstr. J/K6
Düsseldorfer Str. K6–L8
Duisburger Str. K6/7
E.-T.-A.-Hoffmann-Prom. K13
Ebelingstr. G18
Ebereschenallee H4
Ebersstr. M9/10
Ebertstr. G–J12
Ebertystr. F/G18
Eckertstr. G18
Ehrenbergstr. J/K18
Eichenallee H4
Eichendorffstr. F13
Einemstr. J/K10
Einsteinufer G7–H8
Eisenacher Str. K–M10
Eisenbahnstr. J17–K16
Eisenzahnstr. K/L6
Eislebener Str. K8/9
Elberfelder Str. G9
Elisabeth-Abegg-Str. G11
Elisabethkirchstr. E13/14
Else-Lasker-Schüler-Str. K10
Elßholzstr. L10
Emma-Herwegh-Str. E/F11
Emser Pl. L7
Emser Str. K/L7
Enckestr. J13
Engeldamm J16
Englische Str. H8
Entlastungsstr. H11–J12
Eosanderpl. G6
Eosanderstr. G6
Epiphanienweg H4
Erbacher Str. L4
Erdmannstr. L/M11
Erich-Boltze-Str. E18–F17
Erich-Steinfurth-Str. H/J17
Erkelenzdamm K15
Erna-Berger-Str. J12
Ernst-Bumm-Weg G5
Ernst-Fürstenberg-Str. E17–F18
Ernst-Reuter-Pl. H7/8
Esmarchstr. E17–F16
Ettaler Str. K9
Europapl. F11
Falckensteinstr. K17/18
Fanny-Hensel-Weg J12
Fasanenpl. K8
Fasanenstr. H–L8
Fechnerstr. L7–M8
Fehrbelliner Pl. L7
Fehrbelliner Str. E14–F15
Feilnerstr. J14
Feurigstr. M10/11
Fischerinsel H14/15
Flemingstr. G10/11
Flensburger Str. G9/10
Flinsberger Pl. M5
Flotowstr. H9
Flottwellstr. J12–K11
Fontanepl. J12
Forum G12
Fraenkelufer K/L15
Framstr. L16/17
Franklinstr. G8
Franz-Klühs-Str. K13
Franz-Künstler-Str. K14
Franz-Mehring-Pl. H17
Franzensbader Str. M5
Französische Str. H13/14
Fraunhoferstr. H7
Fredericiastr. H4
Fredersdorfer Str. H17
Freisinger Str. L9/10
Friedbergstr. J5/6
Friedenstr. F16–H17
Friedrich-Ebert-Pl. G12
Friedrich-List-Ufer F/G11
Friedrich-Stampfer-Str. K13
Friedrichsbergerstr. G17
Friedrichsruher Str. L/M5
Friedrichstr. F–K13
Fritschestr. H5–J6
Fritz-Riedel-Str. E/F18
Fritz-Wildung-Str. M5/6
Frobenstr. K11
Fürstenbrunner Weg G4
Fürstenwalder Str. G16/17
Fürther Str. K9
Fuggerstr. K9
Gabriele-Tergit-Promenade J12
Galvanistr. G7
Gardes-du-Corps-Str. G5
Gartenstr. E/F13
Gartenufer H8–J9
Gasteiner Str. M7/8
Gaußstr. F6/7
Geisbergstr. K9
Gendarmenmarkt H13
Genthiner Str. J11–K10
Georg-Wilhelm-Str. K5
George-C.-Marshall-Brücke J12
Georgenkirchstr. F16
Georgenstr. G13
Gerdauer Str. M8
Gertraudenbrücke H14
Gertraudenstr. H14
Gertrud-Kolmar-Str. H12
Gervinusstr. J6–K5
Geßlerstr. M11
Gierkezeile G/H6
Giesebrechtstr. J6–K7
Gieselerstr. L7
Gipsstr. F14
Gitschiner Str. K14
Gleditschstr. K/L10
Glinkastr. H/J13
Goebenstr. L11
Görlitzer Str. K17
Goethestr. J6–8
Goltzstr. K/L10
Gormannstr. F14
Gossowstr. K10
Gothaer Str. M10
Grainauer Str. K9
Graudenzer Str. H18
Greifswalder Str. E/F16
Grieserpl. L5
Gröbenufer K17/18
Grolmanstr. J7–8
Großbeerenstr. K13
Große Hamburger Str. F/G14
Große Querallee G11
Große Sternallee H10–J11
Großer Stern H10
Großer Weg H9–J11
Großfürstenpl. H10/11
Großgörschenstr. L11
Grünberger Str. H18
Grunerstr. G/H15
Grunewaldstr. L11–M9
Gubener Str. H/J18
Güntzelstr. L7–9
Guerickestr. G7–H8
Gustav-Heinemann-Brücke G12
Gutenbergstr. H8
Haberlandstr. L9
Habersaathstr. E/F12
Habsburgerstr. K/L10
Hackescher Markt G14
Händelallee H9
Haeselerstr. H4
Halberstädter Str. L5
Halenseestr. K/L4
Hallerstr. G8
Hallesche Str. K12/13
Hallesche Torbrücke K13
Hallesches Ufer K12–14
Hannah-Arendt-Str. H12
Hannah-Karminski-Str. H8
Hannoversche Str. F12/13
Hans-Otto-Str. E/F17
Hansaufer G9
Hardenbergstr. H/J8
Haubachstr. H6
Hauptstr. L11–N9
Hausburgstr. F/G18
Hausvogteipl. H14
Hebbelstr. H6
Heckmannufer K18
Hedemannstr. J/K13
Heidenfeldstr. F18
Heidestr. E/F11
Heilbronner Str. K5, L9
Heinrich-Heine-Pl. J15
Heinrich-Heine-Str. H/J15
Heinrich-Roller-Str. F16
Heinrich-von-Gagern-Str. G11
Heinrichpl. K16
Heinz-Kapelle-Str. E17
Hektorstr. K6
Helgoländer Ufer G10
Helmholtzstr. G7/8
Helmstedter Str. L/M9
Helmstr. L/M11
Helsingforser Str. J18
Herbartstr. J5
Herbertstr. L/M4
Herderstr. H/J7
Herkulesufer J10
Hermann-Stöhr-Pl. H17
Herthastr. L/M4
Hertzallee J8
Hessische Str. F12
Hildebrandstr. J11
Hildegard-Jadamowitz-Str. H17/18
Hinter dem Gießhaus G14
Hinter der Kath. Kirche H13/14
Hiroshimastr. J10/11
Hirtenstr. F15
Höchste Str. F16
Hölderlinstr. H4
Hoffmann-von-Fallersleben-Pl. M6
Hofjägerallee H/J10
Hohenfriedbergstr. M11
Hohenstaufenstr. L9/10
Hohenzollerndamm L8–M5
Hohenzollerndammbrücke M6
Hohenzollernpl. L8
Holsteiner Ufer G9/10
Holsteinische Str. L/M8
Holtzendorffstr. J/K5
Holtzendorffpl. J/K5
Holzmarktstr. H15–J17
Horstweg H5
Hubertusallee L5–M4
Hufelandstr. E16–F17
Hugo-Preuß-Brücke G12
Humboldtstr. L/M5
Ifflandstr. H16
Immanuelkirchstr. E/F16
In den Ministergärten H12
Ingeborg-Drewitz-Allee G11
Innsbrucker Str. M/N9
Inselbrücke H15
Inselstr. H15
Invalidenstr. E14–G11
Jacobystr. G15/16
Jägerstr. H13/14
Jagowstr. G8/9
Jannowitzbrücke H15
Jenaer Str. L/M9
Jerusalemer Str. H/J14
Joachim-Friedrich-Str. K/L5
Joachim-Karnatz-Allee G10/11
Joachimstaler Pl. J/K8
Joachimstaler Str. J/K8
Joachimstr. F14
Johann-Georg-Str. K5–L6
Johann-Sigismund-Str. K/L5
Johannapl. L4
Johannisstr. G13
Johanniterstr. K/L14
John-F.-Kennedy-Pl. M9
John-Foster-Dulles-Allee H10/11
John-Schehr-Str. E17
Joseph-Haydn-Str. H9
Jüdenstr. G15
Kadiner Str. H18
Käthe-Niederkirchner-Str. F16/17
Kaiser-Friedrich-Str. G–J6
Kaiserdamm H6–J4
Kaiserdammbrücke H4/5
Kaiserin-Augusta-Allee F6–G8
Kalckreuthstr. K10
Kalischer Str. M6
Kantstr. J5–8
Kapelleufer G12
Karl-August-Pl. J6/7
Karl-Liebknecht-Str. F15–G14
Karl-Marx-Allee G15–H18
Karl-Schrader-Str. L10
Karlpl. G12
Karlsruher Str. K5
Katharina-Heinroth-Ufer J9/10
Katharinenstr. K5
Kaubstr. L/M7
Keibelstr. F15
Keithstr. J10
Kelheimer Str. K9
Kieler Str. E11
Kielganstr. K10
Klingelhöferstr. J10
Kirchbachstr. L11
Kirchstr. G10
Klara-Jaschke-Str. G11
Klausenerpl. G5
Kleine Alexanderstr. F/G15
Kleine Andreasstr. H16
Kleine Hamburger Str. F13/14
Kleine Markusstr. H16
Kleiststr. K10
Klopstockstr. G/H9
Klosterstr. G/H15
Kluckstr. J/K11
Knaackstr. E15/16
Knesebeckstr. H8–K7
Kniprodestr. E18–F17
Knobelsdorffbrücke H5
Knobelsdorffstr. H4/5
Kochhannstr. F/G18
Kochstr. J13
Köbisstr. J10
Königin-Elisabeth-Str. G/H4
Koenigsallee L/M4
Köpenicker Str. H15–K17
Körnerstr. K11
Köthener Str. J12
Kohlfurter Str. K15
Kollwitzstr. E15
Kolmarer Str. E15
Kolonnenstr. M10/11
Kommandantenstr. J14
Konrad-Adenauer-Str. G12
Konstanzer Str. K7–L6
Kopernikusstr. H18
Koppenpl. F14
Koppenstr. G/H17
Kottbusser Brücke K16
Kottbusser Str. K15/16
Krausenstr. J13/14
Krausnickstr. F/G14
Krautstr. H16
Kronenstr. H13/14
Kronprinzenbrücke G12
Kronprinzendamm K4/5
Krumme Str. H7–J6
Kudowastr. L/M5
Kufsteiner Str. M9
Kulmbacher Str. K9
Kulmer Str. K/L11
Kuno-Fischer-Str. J5
Kunz-Buntschuh-Str. L5
Kurfürstendamm J8–L5
Kurfürstendammbrücke K5
Kurfürstenpl. H11
Kurfürstenstr. J9–K11
Kurmärkische Str. K10/11
Kurstr. H14
Kyffhäuserstr. L10
Landecker Str. M5
Landgrafenstr. J10
Landhausstr. L/M8
Landshuter Str. L9
Lange Str. H16/17
Langenbeckstr. F17/18
Langenscheidtstr. L/M11
Lasdehner Str. H18
Lassenstr. M4
Lausitzer Pl. K16
Lausitzer Str. K16
Leberstr. M11
Lebuser Str. G17
Legiendamm J15
Lehmbruckstr. J/K18
Lehniner Pl. K6
Lehrter Str. E/F11
Leibnizstr. H–K7
Leipziger Pl. J12
Leipziger Str. H14–J12
Lennéstr. H12
Leonhardtstr. J5/6
Lerschpfad G/H4
Lesser-Ury-Weg F/G11
Lessingstr. G9
Leuschnerdamm J15
Levetzowstr. G8/9
Lewishamstr. J/K6
Libauer Str. J18
Lichtenberger Str. F–H16
Lichtensteinallee H/J9
Lietzenburger Str. K7–9
Lietzenseeufer J5
Lindauer Str. L10
Lindenstr. J14–K13
Linienstr. F13–15
Linkstr. J12
Liselotte-Hermann-Str. E/F17
Littenstr. G/H15
Lobeckstr. J/K14
Löwestr. G/H18
Lohmeyerstr. G6
Los-Angeles-Pl. K9
Loschmidtstr. G/H7
Lottumstr. F14/15
Luckauer Str. J15
Luckenwalder Str. K12
Ludwig-Erhard-Ufer G11/12
Ludwigkirchpl. K7/8
Ludwigkirchstr. K7/8
Lübbener Str. K17
Lüneburger Str. G10/11
Lützeweg G7
Lützenstr. K5
Lützowpl. J10
Lützowstr. J10–K11
Lützowufer J10/11
Luisenpl. G5/6
Luisenstr. F/G12
Luitpoldstr. L9/10
Lutherbrücke G10
Luxemburg Str. F/G15
Lynarstr. L4/5
Maaßenstr. K10
Märkischer Pl. H15
Märkisches Ufer H15
Magazinstr. G15/16
Maienstr. K10
Mannheimer Str. L/M7
Mansfelder Str. L6/7
Mansteinstr. L11
Manteuffelstr. J/K16
Marburger Str. J/K9
Marchbrücke H8
Marchlewskistr. H17–J18
Marchstr. G/H8
Margarete-Sommer-Str. F17
Margaretenstr. L4
Mariannenpl. J16
Mariannenstr. K16
Marie-Elisabeth-Lüders-Str. H7
Marienburger Str. E16
Marienstr. G12/13
Markgraf-Albrecht-Str. K6
Markgrafenstr. H/J13
Marlene-Dietrich-Pl. J12
Marschallbrücke G12
Martin-Luther-Str. K10–M9
Masurenallee J4
Matternstr. G18
Matthäikirchpl. J11
Matthiasstr. G17
Mauerstr. H13
Max-Beer-Str. F15
Maxdorfer Steig M7
Meerscheidtstr. H/J4
Mehlitzstr. M8
Mehringbrücke K13
Mehringpl. K13
Meierottostr. K8
Meinekestr. J/K8
Meininger Str. M9/10
Melanchthonstr. G10
Melchiorstr. J16
Memhardstr. G15
Mendelssohnstr. F15/16
Meraner Str. M9
Merseburger Str. M10
Messedamm J/K4
Messedammbrücke K4
Metzer Str. E/F15
Michaelbr. H16
Michaelkirchpl. J15/16
Michaelkirchstr. H16–J15
Mittelstr. G13
Moabiter Brücke G9/10
Möckernstr. J13–K12
Mohrenstr. H13/14
Molkenmarkt H15
Mollstr. F15–G16
Moltkebrücke G11
Mommsenstr. J6/7
Monbijoupl. G14
Monbijoustr. G13
Monumentenstr. M11
Moritzpl. J/K15
Moritzstr. K14
Motzstr. K10–L9
Mühlendamm H14/15
Mühlendammbrücke H15
Mühlenstr. J17/18
Mühsamstr. G18
Müller-Breslau-Str. H8/9
Müncheberger Str. H17
Münchener Str. L9
Münstersche Str. L6
Münzstr. F14–G15
Mulackstr. F14/15
Muskauer Str. J16–K17
Nachodstr. L8/9
Naglerstr. J/K18
Nassauische Str. L/M8
Naunynstr. K15/16
Nedlitzer Str. K5
Nehringstr. H5
Nestorstr. K/L6
Neue Blumenstr. G16
Neue Christstr. H5
Neue Grünstr. J14
Neue Jakobstr. H15
Neue Kantstr. J4/5
Neue Roßstr. H/J15
Neue Schönhauser Str. F/G14
Neue Weberstr. G16/17
Neuenburger Str. K14
Neufertstr. G5
Neumannsgasse H14
Neustädtische Kirchstr. G/H13
Niebuhrstr. J6/7
Niederkirchner Str. J12/13
Niederwallstr. H14
Nikolaikirchpl. H14/15
Nikolsburger Pl. L8
Nithackstr. G/H6
Nollendorfpl. K10
Nollendorfstr. K10
Nordsternpl. M9
Nordsternstr. M9
Novalisstr. F13
Nürnberger Pl. K8/9
Nürnberger Str. J/K9
Nußbaumallee G/H4
Obentrautstr. K12/13
Oberbaumbr. K18
Oberbaumstr. K17/18
Obere Freiarchenbrücke K18
Oberwallstr. H14
Ohlauer Str. K16
Ohmstr. H15
Olivaer Pl. K7
Oppelner Str. K17
Oranienburger Str. F13–G14
Oranienpl. K15
Oranienstr. J14–K16
Orber Str. L/M5
Ostpreußenbrücke J4
Otto-Braun-Str. F16–G15
Otto-Ludwig-Str. J8
Otto-Suhr-Allee G6–H7
Otto-von-Bismarck-Allee G11/12
Paderborner Str. K6
Palisadenstr. G16/17
Pallasstr. L10/11
Panoramastr. G15
Pappelpl. E13
Pariser Pl. H12
Pariser Str. K7/8
Parochialstr. H15
Passauer Str. K9
Pasteurstr. E16–F17
Paul-Forster-Str. K17–L16
Paul-Heyse-Str. F18
Paul-Lincke-Ufer K/L16
Paul-Löbe-Str. G11/12
Paula-Thiede-Ufer H15–J16
Paulsborner Brücke L5
Paulsborner Str. K6–M5
Paulstr. G/H10
Penzberger Str. L9
Pestalozzistr. J5–7
Petersburger Pl. G18
Petersburger Str. F/G18
Pfalzburger Str. K8–L7
Philippstr. F12
Pintschstr. G18
Planckstr. G13
Platz am Königstor F16
Platz der Republik G12
Platz der Vereinten Nationen G16
Platz des 18. März H12
Platz vor dem Neuen Tor F12
Pohlstr. K11
Poststr. G/H14
Potsdamer Pl. J12
Potsdamer Str. J12–L11
Potsdamer-Platz-Arkaden J12
Prager Pl. L8
Prager Str. L8/9
Prenzlauer Allee E16–F15
Prenzlauer Berg F15/16
Prinzenstr. J15–K14
Prinzessinnenstr. K15
Prinzregentenstr. L/M8
Pücklerstr. J17–K16
Pufendorfstr. G17
Puttkamerstr. J13
Raabestr. E/F16
Rahel-Varnhagen-Prom. K13
Rankepl. K8
Rankestr. J9–K8
Rathausbrücke G/H14
Rathausstr. G15–H14
Rathenaupl. L4/5
Rauchstr. J10
Ravensberger Str. K6, K8/9
Reichenberger Str. K15–L17
Reichpietschufer J11–K12
Reichstagufer G12/13
Reinerzstr. M5
Reinhardtstr. G12/13
Revaler Str. J18
Richard-Sorge-Str. F/G18
Richard-Strauss-Str. M4
Richard-Wagner-Pl. G/H6
Richard-Wagner-Str. H6
Riehlstr. H/J5
Ringbahnstr. K5
Rintelner Str. L5
Ritterstr. J14–K15
Robert-Koch-Pl. F12
Rochstr. G14
Rönnestr. J5/6
Röntgenbrücke G7
Röntgenstr. G7
Rognitzstr. H/J4
Rolandufer H15
Rosa-Luxemburg-Pl. F15
Rosa-Luxemburg-Str. F/G15
Roscherstr. K6
Rosenheimer Str. L9/10
Rosenstr. G14
Rosenthaler Pl. F14
Rosenthaler Str. F/G14
Rudi-Arndt-Str. F18
Rudi-Dutschke-Str. J13/14
Rudolf-Schwarz-Str. E17/18
Rudolfstr. J18
Rudolstädter Str. M6
Rücker Str. F14
Rückertstr. H6
Rüdersdorfer Str. H17
Ruhlsdorfer Str. K13
Ruhrstr. L6/7
Rungestr. H15/16
Saarbrücker Str. F15
Sächsische Str. K/L7
Saldernstr. H5
Salzbrunner Str. L/M5
Salzburger Str. M9
Salzufer G7–H8
Savignypl. J7/8
Schadowstr. G/H13
Schaperstr. K8
Scharnhorststr. E11–F12
Scharrenstr. H14
Scheidemannstr. G12
Scheinitzstr. L/M4
Schiffbauerdamm G12/13
Schillerstr. H8–J6
Schillingbrücke J16
Schillingstr. G16–H15
Schillstr. J10
Schinkelpl. H14
Schinkelstr. L4
Schlegelstr. F13
Schlesingerstr. G8
Schlesische Brücke K18
Schlesische Str. K17/18
Schleswiger Ufer G/H9
Schloßbrücke G6
Schlosspl. H14
Schloßstr. G5–H6
Schlüterstr. H–K7
Schmidstr. J15
Schöneberger Str. J/K12
Schöneberger Ufer J11–K12
Schönhauser Allee E/F15
Schröderstr. F13
Schützenstr. J13/14
Schultze-Delitzsch-Pl. H15
Schumannstr. G12/13
Schustehrusstr. G6–H5
Schwäbische Str. L10
Schwarzbacher Str. K/L5
Schwarzer Weg F12
Schwedter Str. E14/15
Schweidnitzer Str. L6
Schwerinstr. K10/11
Sebastianstr. J15
Seelingstr. H5
Seesener Str. L5/6
Segitzdamm K15
Senefelderpl. E15
Sesenheimer Str. H/J6
Seydelstr. H/J14
Seydlitzstr. F10/11
Siegmunds Hof H9
Sigismundstr. J11
Sigmaringer Str. L/M7
Singerstr. H16/17
Skalitzer Str. K14–17
Solinger Str. G9
Soorstr. J4
Sophie-Charlotte-Pl. H5
Sophie-Charlotten-Str. G/H5
Sophienstr. F14
Sorauer Str. K17
Spandauer Damm G4–6
Spandauer Str. G14–H15
Spandauer-Damm-Brücke G4
Spenerstr. G10
Sperlingsgasse H14
Speyerer Str. L9
Spichernstr. K8/9
Spiegelweg J4/5
Spielhagenstr. H6
Spittelmarkt H14
Spreeufer H14
Spreewaldpl. K16
Spreeweg H10
Stallschreiberstr. J14/15
Stallstr. G5/6
Stauffenbergstr. J11
Steifensandstr. H/J5
Steinacher Str. M9
Steinmetzstr. K/L11
Steinpl. J8
Steinstr. F14
Sterzinger Str. M9
Storkower Str. E18
Stralauer Allee K18
Stralauer Pl. J16/17
Stralauer Str. H15
Straßburger Str. F15
Straße am Schoelerpark M8
Straße der Pariser Kommune H/J17
Straße des 17. Juni H8–11
Straßmannstr. G18
Strausberger Pl. G16
Strausberger Str. G16/17
Stresemannstr. J12–K13
Stübbenstr. L9
Stülerstr. J10
Stülpnagelstr. H4
Stuttgarter Pl. J6
Suarezstr. H/J5
Sybelstr. K5–7
Taborstr. K18
Taubenstr. H13/14
Tauentzienstr. J8–K9
Tempelherrenstr. K/L14
Tempelhofer Ufer K12–14
Teutoburger Pl. E15–F14
Thaerstr. G18
Theodor-Heuss-Weg E13
Thomasiusstr. G10
Thrasoltstr. H6
Tieckstr. F13
Tiergartenstr. H11–J10
Tile-Wardenberg-Str. G8/9
Torellstr. H18
Torstr. F13–15
Trabener Str. K/L4
Trautenaustr. L8
Trebbiner Str. K12
Trendelenburgstr. J5
Treseburger Str. G6
Tucholskystr. F/G13
Uhlandstr. J8–M7
Ulmenallee H4
Universitätsstr. G/H13
Unter den Linden H13/14
Unterbaumstr. G12
Unterwasserstr. H14
Vereinsweg H5
Veteranenstr. E14
Viktoria-Luise-Pl. K/L9
Virchowstr. F17
Voltairestr. G/H15
Von-der-Heydt-Str. J10
Vor dem Schlesischen Tor K18
Vorbergstr. L/M10
Voßstr. H12
Wadzeckstr. F/G15
Waghäuseler Str. M8/9
Waisenstr. H15
Waitzstr. J/K6
Waldemarstr. J15–K16
Wallnerstr. H16
Wallotstr. L4
Wallstr. H14/15
Walter-Benjamin-Pl. K7
Wangenheimstr. L/M5
Warburgzeile G/H7
Warmbrunner Str. M5
Warschauer Pl. J/K18
Warschauer Str. H/J18
Wartburgpl. M9/10
Wartburgstr. M9/10
Washingtonpl. G11/12
Wassertorpl. K15
Wassertorstr. K14/15
Wedekindstr. H17/18
Wegenerstr. L7
Weidenweg G17/18
Weimarer Str. H/J7
Weinbergsweg E/F14
Weinmeisterstr. F14
Weinstr. F16
Welser Str. K9
Werderscher Markt H14
Werderstr. H14
Werftstr. G11
Werkstättenweg K/L4
Westarpstr. L9
Westfälische Str. K5–L7
Weydemeyerstr. G16
Weydingerstr. F15
Wichmannstr. J10
Wielandstr. J/K7
Wiener Str. K16/17
Wikingerufer G8
Wilhelm-Stolze-Str. G18
Wilhelmsaue M7/8
Wilhelmstr. G12–K13
Willmanndamm L11
Willy-Brandt-Str. G11/12
Wilmersdorfer Str. H–K6
Windscheidstr. H/J6
Winsstr. E/F16
Winterfeldtstr. L9–K11
Wintersteinstr. G6
Wittelsbacherstr. L6/7
Wittenbergpl. K9
Witzlebenpl. J5
Witzlebenstr. H/J5
Wrangelstr. J16–K18
Wriezener Karree H/J17
Württemberger Str. K/L7
Wulfsheinstr. G5/6
Wullenweberstr. G8–H9
Wundtstr. H5, J4/5
Xantener Str. K6/7
Yitzhak-Rabin-Str. G/H11
Yorckstr. L11
Zähringerstr. K6–L7
Zehdenicker Str. F14
Zeughofstr. J/K17
Ziegelstr. G13
Zietenstr. K10
Zillestr. H5–7
Zimmerstr. J13/14
Zinnowitzer Str. E13–F12
Zionskirchpl. E14
Zionskirchstr. E14/15
Zossener Brücke K14
Zossener Str. K14–L13

Bochum S. 191

ABC-Str. D2
Adolfstr. D/E1
Agnesstr. A2/3
Akademiestr. D4
Alexandrinenstr. B3/4
Alleestr. D1/2
Alsenstr. D4–E3
Alte Hattinger Str. E2
Altenbochumer Str. E4
Am Alten Stadtpark B3
Am Bergbaumuseum B2/3
Am Dornbusch F4
Am Eschenbruch A4
Am Gerstkamp E3
Am Hain D3/4
Am Kortländer C2
Am Lohberg D4
Am Spik F4
Amselweg A4
An der Kaiseraue A4
An der Landwehr F1
An der Schalwiese E3/4
Annastr. D1
Antoniusstr. E1
Arndtstr. D3
Arnikastr. F2/3
Arnoldstr. D/E1
Baarestr. D1
Bachstr. D3
Bergstr. A–C3
Bessemer Str. D1–E2
Bleichstr. C3–D2
Blumenstr. C3/4
Bongardstr. D2
Brückstr. C2
Brüderstr. D2
Brunsteinstr. E3/4
Buddenbergpl. D3
Bürgerpl. B1
Bürkle de la Camp-Pl. F2
Burggrafenstr. C3
Castroper Str. B4–C3
Christstr. F2
Citypassage C2
Clemensstr. E2
Dibergstr. E2–F1

Diekampstr. D1/2
Dorotheenstr. D1
Dorstener Str. B1–C2
Dr.-Ruer-Pl. D2
Drosselweg A3/4
Drusenbergstr. F2
Düppelstr. D3–E4
Ehrenfeldstr. E2
Ehrenfeldstr. F1
Elsaßstr. D1
Emscherstr. B1/2
Erbhof A/B2
Ermlandstr. F1
Europapl. B2
Ewaldstr. E2
Fahrendeller Str. C1/2
Farnstr. F2/3
Feldsieper Str. A2–B1
Ferdinandstr. D3
Flurstr. C4
Franz-Vogt-Str. E3
Franzstr. C2
Freiligrathstr. B2/3
Frieda-Schanz-Str. A2
Friederikastr. F1–3
Gabelsbergerstr. F2
Gerberstr. C2/3
Gersteinring B/C4
Gilsingstr. F1/2
Glockengarten E4
Goethestr. C2
Grabenstr. D2
Graf-Engelbert-Str. B2/3
Gretchenstr. A2
Griesenbruchstr. D1
Große Beckstr. C3–D2
Grottenstr. E/F1
Gudrunstr. A3
Gußstahlstr. D1/2
Gustav-Heinemann-Pl. C2
Gustavstr. B1
Haderslebener Str. E3
Haldenstr. B1
Hans-Böckler-Str. C/D2
Hans-Ehrenberg-Pl. E2
Hans-Schalla-Pl. E2
Harmoniestr. D2
Harpener Str. C/D4
Hattinger Str. E2–F1
Heckertstr. A3/4
Hedwigstr. B1
Heidellerstr. A3
Hellweg D2/3
Henriettenstr. E1
Herderallee A2–B3
Hermannshöhe E2/3
Hermannstr. B2
Herner Str. A1–C2
Heuversstr. D/E1
Höhneweg A3
Hofsteder Str. A/B1
Hubertusstr. E2
Huestr. D2/3
Hüttenstr. F1
Hugo-Schultz-Str. F2/3
Humboldtstr. D/E2
Hunscheidtstr. F1/2
Husemannpl. D2
Im Brauke F4
Im Heicken F4
Im Winkel C/D1
Imbuschpl. C1
Jakobstr. E2
Joachimstr. E/F3
Johanniterstr. C/D1
Josephstr. B1
Juliusstr. C1
Junggesellenstr. D2
Kanalstr. C2
Katharinastr. D/E2
Kerkwege D2
Klarastr. D1
Kleine Ehrenfeldstr. F1
Klever Weg D/E3
Klinikstr. A3–C4
Klosterstr. C1
Knepperstr. F3
Knüwerweg E/F3
Königsallee E/F2
Körnerstr. C2
Konrad-Adenauer-Pl. E2
Kortenpfad C1
Kortumstr. C3–E2
Kreuzstr. D/E2
Kriemhildstr. D1
Kronenstr. E2/3
Krümmede C4
Küppersstr. B4–C3
Kulmer Str. F1
Kurfürstenstr. C3
Kurt-Schumacher-Pl. D3
Lerchenweg A4
Lessingstr. A/B2
Liboriusstr. A4
Lohring D/E4
Lorenz-Rebbert Allee C3
Lüderitzstr. F3
Luisenstr. D2
Luxemburger Str. F3/4
Malteserstr. C1
Margaretenstr. A2/3
Marienpl. D2
Markgrafenstr. C3
Marschnersstr. F2
Marthastr. A2/3
Massenbergstr. D2/3
Mauritiusstr. D/E3
Max-Greve-Str. C3/4
Maximilian-Kolbe-Str. D1/2
Maxstr. D1
Metzstr. D1
Mühlenweg A1
Neustr. D2
Nibelungenstr. D1/2
Nordring C1–3
Nordstr. E4
Oskar-Hoffmann-Str. E2–4
Ostring C/D3
Overhoffstr. A3
Pariser Str. D2
Petersstr. F3
Pieperstr. E/F2
Platz am Kuhhirten D2
Präsidentstr. B/C1
Prümer Str. C2
Querenburger Str. F3/4
Rechener Str. D2
Rheinische Str. C3
Richardstr. B/C1
Robertstr. A/B1
Romanuspl. F2
Rombergstr. E4
Rotkehlchenweg A4
Rottstr. D1/2
Ruhrschnellweg A1–4
Saladin-Schmitt-Str. E2–F3
Scharnhorststr. D3
Schellstr. F2
Schillerstr. B2–C3
Schmechtingstr. A1–B2
Schmidtstr. D/E1
Schützenbahn D2
Schulze-Delitzsch-Weg E/F3
Schwanenmarkt C3
Schwarzbachstr. B1
Signalstr. C1
Sophienstr. C1
Speicherstr. A1
Sperlingsgasse A4
Springerpl. D1
Stadionring A/B4
Steinring E4–F3
Stolzestr. F3
Stühmeyerstr. C1/2
Südring D2/3
Taubenstr. E2
Teylestr. B4
Theodor-Heuss-Pl. B4
Theodor-Imberg-Str. B/C1
Tonderner Str. E4
Trankgasse D3
Uhlandstr. A3–C2
Universitätsstr. D3–F4
Untere Marktstr. C2–D3
Ursulastr. E1
Vierhausstr. A2/3
Viktoriastr. D/E2
Wachtelweg A4
Wagenfeldstr. C2
Waldring F3
Wegescheid B1
Weilenbrink C/D3
Westfalenpl. E2
Westhoffstr. B1/2
Westring C1–D2
Widumestr. C2
Wielandstr. A–C2
Wilhelm-Engel-Str. E3
Wilhelm-Stumpf-Str. E/F2
William-Shakespeare-Pl. E2
Willy-Brandt-Pl. D2
Windmühlenstr. C2
Wißmannstr. F3
Wittener Str. D3–E4
Yorckstr. F2
Zaunkönigweg F3
Zechenstr. B1
Zeppelinstr. C3
Zwinglistr. F1

Bremen S. 154

Abbentorstr. C2
Abbentorswallstr. C2
Adelinenweg F4
Adlerstr. C4
Admiralstr. A2–B3
Albrechtstr. C4
Alexanderstr. E4
Altenwall D/E3
Am Barkhof C4
Am Brill C2
Am Deich C1–E2
Am Dobben C/D4
Am Dom D3
Am Landamt D3
Am Markt D2
Am Neuen Markt D/E2
Am Staatsarchiv D4
Am Stern B4
Am Wall D3–E4
Am Wandrahm C2
Am Weidedamm A3/4
Am Werderufer E2
Amalienweg F4
An der Weide C3/4
An der Weserbahn B1
Andreestr. A2
Annaweg F4
Ansbacher Str. A2
Ansgarikirchhof C2
Ansgaritorstr. C2
Ansgaritorswallstr. C2/3
Antonweg F3
Aschenburg C1/2
Auf dem Kamp B1
Auf dem Rövekamp C3
Auf den Bleichen F4
Auf den Häfen D4
Auf der Brake C3
Außer der Schleifmühle C4
Auwigstr. E4
Bachstr. E/F1
Bahnhofspl. C3
Bahnhofstr. C3
Bahnhofstr. C3
Balgebrückstr. D2/3
Bastianstr. E2
Beim Handelsmuseum B/C3
Beim Paulskloster E4
Bernburger Weg A4
Bernhardstr. E4
Berthaweg F4
Biebricher Str. E1
Bilsestr. B2
Birkenstr. C3
Bleicherstr. E3/4
Blocklander Str. A3
Blücherstr. E4
Blumenthalstr. B/C4
Bodenheimer Str. F1
Böttcherstr. D2
Bohnenstr. D4
Borchersweg E4
Borgfelder Str. A3
Borkumstr. A1/2
Bornstr. C2
Brandtstr. A/B3
Brautstr. D2
Bredenstr. D2
Breitenweg B2
Brigittenweg F4
Brinkumer Str. F2
Bruchstr. F3
Buchtstr. D3
Buddestr. A3
Bürgermeister-Hildebrand-Str. B1
Bürgermeister-Smidt-Str. C2/3
Buntentorsteinweg E2–F3
Calvinstr. A1
Charlottenstr. D4
Chemnitzer Str. A3
Christianweg F3
Christophweg F3/4
Contrescarpe B2–D4
Corneliaweg F4
Corssengang C1/2
Daniel-von-Büren-Str. B2–C1
Dechanatstr. D3
Deichschartweg F3/4
Deichstr. E4
Delbrückstr. C4
Delmestr. E1
Diepenau C1
Dobbenweg C4
Domsheide D3
Domshof D3
Donaustr. E1
Dorotheenstr. F2
Doventor C1
Doventorcontrescarpe B/C1
Doventorsdeich B2
Doventorsteinweg B1/2
Doventorstr. C1
Dresdener Str. A3/4
Eduard-Grunow-Str. D4
Eichenberger Str. A3
Eickedorfer Str. A3
Ellaweg F3/4
Ellhornstr. C2
Ellmersstr. A/B1
Emil-Waldmann-Str. C3
Erlanger Str. A2
Erlenstr. F1
Ernst-Glässel-Str. C/D4
Euckenstr. F1
Fährweg E/F4
Falkenberger Str. A2
Falkenstr. B2–C3
Faulenstr. C1/2
Fedelhören C4–D3
Fehrfeld D4
Ferdinandweg E3–F4
Findorffstr. A4–B2
Fischerstr. C1
Franziusweg E3
Freiberger Str. A3
Friedrich-Ebert-Str. E2–F1
Friedrich-Garves-Str. D1
Friedrich-Rauers-Str. B2
Frielinger Str. B2
Fuldastr. E2/3
Gastfeldstr. F1/2
Geeren C1
Geibelstr. A2
Gellertstr. F2/3
Gerhardhof C4
Gertrudenstr. D4
Geschwornenweg E2–F1
Gneisenaustr. F2
Goebenstr. C4
Goesselstr. A/B3
Goethepl. D3–E4
Gottfried-Keller-Weg F1
Grafenstr. C1/2
Graudenzer Str. F2
Große Annenstr. D/E1
Große Johannisstr. D1–E2
Große Sortillienstr. D1
Große Weidestr. C3
Großenstr. C1
Großer Marienweg F3/4
Grünbergstr. A3
Grünenkamp D1
Grünenstr. D1/2
Grünenweg C/D3
Güntherstr. D2
Gustav-Deetjen-Allee B/C4
Gustav-Freytag-Str. F1
Häschenstr. D1/2
Hankenstr. C2
Hans-Böckler-Str. B1
Hansestr. A1
Hardenbergstr. F2/3
Hegelstr. E/F1
Hegemannstr. A1
Heinrich-Bierbaum-Str. D1
Heinrichstr. D4
Hemmstr. A2/3
Herbststr. A2/3
Herdentor C3
Herdentorsteinweg C3
Herdentorswallstr. C/D3
Hermann-Böse-Str. B/C4
Hermann-Heye-Str. E2
Hermannstr. E2–F1
Herrlichkeit D/E2
Herthaweg F4
Hillmannpl. C3
Hillmannstr. C3
Hinter der Mauer C1
Hochstr. B2–C3
Hoffmannstr. E/F2
Hohe Str. D3
Hohenlohestr. B/C4
Hohenpfad D4
Hohentorstr. D1
Hollerallee A3/B4
Hoppenbank C4
Hugo-Schauinsland-Pl. C3
Humboldtstr. D4
Hurrelberg D3
Hutfilterstr. C2
Illerstr. E1
Imre-Nagy-Weg D3/4
In der Runken E4
Isarstr. E1
Jakobikirchhof D2
Jakobistr. C2
Johannesweg F3
Juiststr. A1
Juliusweg F3
Kalkstr. C1
Kantstr. E/F1
Karlshafener Str. A3
Karlweg F3/4
Karolinastr. C2
Kastanienstr. A1/2
Katharinenstr. D3
Katrepeler Str. A3
Kaufmannsmühlenkamp B2
Kielweg B1
Kirchweg F3
Kleestr. E/F2
Kleine Helle B/C2
Kleine Hundestr. C/D2
Kleine Johannis-Str. D1
Kleiner Marienweg F3/4
Kneippweg E3–F4
Knochenhauerstr. C2/3
Köpkenstr. E4
Körnerwall E4
Kohlenstr. A1
Kohlhökerstr. D3/4
Kolberger Str. F2
Koldeweystr. A/B1
Kolpingstr. D3
Komturstr. D3
Korffsdeich C1
Kornstr. E1–F2
Krankenstr. E1
Kreftingstr. D4
Kreuzstr. E4
Kuhhirtenweg E3–F4
Kumpweg A/B1
Lahnstr. E1
Landweg D4
Landwehrstr. A/B1
Langemarckstr. C2–E1
Langenstr. C/D2
Langewieren D3
Lehnstedter Str. E2–F1
Leibniz-Pl. E2
Leinestr. E2
Leipziger Str. A3/4
Lilienthaler Str. A2/3
Lindenmanstr. A1
Linienstr. D/E4
Lloydpassage D2
Lloydstr. B1
Löwenhof B1
Lohmannstr. A2
Loningstr. C3/4
Luisenstr. D/E4
Magdeburger Str. A3
Mainstr. E1
Margretweg F3
Marktstr. D3
Marterburg D/E3
Martinistr. C/D2
Mathildenstr. D4
Mauerstr. A1
Meinkenstr. D3/4
Meißener Str. A3
Mendelstr. C4
Meta-Sattler-Str. B1
Meyerstr. E2/F1
Mittelstr. E4
Mittelweg F4
Möckernstr. F2
Moselstr. E1
Mozartstr. E4
Münchener Str. A1–3
Nansenstr. A1
Nettelbeckstr. F2
Neuenstr. C1/2
Neuer Marienweg F3/4
Neukirchstr. A3
Neustadtscontrescarpe D1–E2
Neustadtswall D1–E2
Nicolaistr. B2
Nietzschestr. F1
Nörderneystr. A1
Nordwestknoten B1
Obernstr. C/D2
Ölmühlenstr. C2
Oldehoffshof F2
Orthof C4
Ostendorpstr. D4
Osterstr. D/E2
Ostertorsteinweg D/E4
Ostertorstr. D3
Ostertorswallstr. D3
Otto-Finsch-Str. A1
Ottostr. F1
Ottoweg F3
Papagoyenboom D2
Papenstr. C/D2
Pappelstr. E/F1
Parkallee B/C4
Parkstr. B/C4
Pelzerstr. C/D4
Philosophenweg C3
Pieperstr. D2
Plantage A/B2
Plünkenstr. E2
Präsident-Kennedy-Pl. D3
Prießnitzweg E3–F4
Probststr. A1
Rasingstr. F1
Reederstr. E4
Rembertiring C3–D4
Rembertistr. C4–D3
Rheinstr. E1
Richtweg C/D3
Rolandstr. D/E2
Rosenkranz B1
Rosenpl. C2
Roßbachstr. F2
Rudolf-Hilferding-Pl. C3
Rückertstr. E2
Rüdesheimer Str. E/F1
Rutenstr. D4
Salvador-Allende-Str. D4
Sandstr. D3
Schifferstr. A1
Schildstr. D/E4
Schillerstr. C3
Schlachte C1–D2
Schleiermacherstr. F1
Schleifmühlenweg C4
Schnoor D3
Schopenhauerstr. F1
Schüsselkorb C/D3
Schulstr. E1
Schwanengatt C2
Sedanstr. E2–F1
Seeberger Str. A2
Sielpfad E4
Sielwall D/E4
Slevogtstr. B/C4
Sögestr. C3–D2
Sommerstr. A/B3
Sonnenstr. D4
Spitzenkiel C2
St.-Magnus-Str. A1
St.-Pauli-Deich E2
St.-Pauli-Str. E4
Stavenstr. D3
Steinhauserstr. B2
Steinstr. E2
Stephanibrücke C1
Stephanitorsteinweg C1
Stephaniwall C1
Sternenhof B1
Strandweg E3/4
Struckmannstr. B1
Süderstr. D/E1
Tarmstedter Str. A2
Tauroggener Str. F2
Teerhof D/E2
Teerhofbrücke D2
Thedinghauser Str. F1
Theodor-Heuss-Allee B3/4
Thielenstr. A3
Tiefer Osterdeich D2–E4
Timmersloher Str. A2/3
Torgauer Str. A3
Ulenstein D2
Utbremer Str. A/B1
Vasmerstr. D4
Vietorstr. B2
Violenstr. D3
Vor Stephanitor C1
Wachtstr. D2/3
Walldammstr. E2
Walsroder Str. A2
Wartburgstr. A1
Waterloostr. F1/2
Weberstr. D/E4
Weg zum Krähenberg F4
Wegesende C2
Weideweg F4
Werderstr. E2/3
Werrastr. E2
Weserdeich E2–F3
Westerstr. D1/2
Wiesbadener Str. E1
Wiesenstr. C2/3
Wilhelm-Kaisen-Brücke D/E2
Wilhelm-Raabe-Str. F1
Wilkenstr. D2
Willy-Brandt-Pl. B3/4
Winterstr. A2/3
Wittenberger Str. A1
Worpsweder Str. A2/3
Würzburger Str. A1/2
Wulfhoopstr. E2–F1
Wulwesstr. D4
Yorckstr. F2/3
Zentaurenstr. E2
Zütphenstr. A1
Zwickauer Str. A3
Zwinglistr. A1

Dortmund S. 192-193

Adickesstr. D9
Adlerstr. C3/4
Albertstr. A7
Albrechtstr. C/D3
Alexanderstr. D5
Alfons-Spielhoff-Pl. C5
Alsenstr. A6
Alte Radstr. C3
Alter Mühlenweg D/E5
Althoffstr. D3
Altonaer Str. A6/7
Am Bentenskamp B8/9
Am Kaiserhain E/F7
Am Knappenberg D/E6
Am Mühlenberg D1
Am Ostpark C9
Am Südwestfriedhof E/F3
Am Talenberg F2
Am Tremoniapark E3
Amalienstr. C4/5
An der Buschmühle F6/7
Andreasstr. B6
Anna-Siemsen-Str. D9
Annenstr. C4
Ardeystr. F5
Arminiusstr. B/C1
Arndtstr. C7/8
Arnecke-Str. D/E4
Arnoldstr. A4
Auf dem Berge B6
Auf der Kluse F9
Auf'm Brautschatz F9
Augustastr. C4
Bachstr. A5
Baeumerstr. E8
Bahnhofstr. B4/5
Balkenstr. C6
Bandelstr. B/C1
Barmer Str. D3/4
Baumstr. A/B5
Baurat-Marx-Allee E7–F8
Berswordtstr. E4
Bessemerstr. C2
Betenstr. C6
Beurhausstr. D4/5
Beuthstr. C2/3
Bismarckstr. C8
Bissenkamp B6
Blankensteiner Str. E3/4
Bleichmärsch A/B7
Blücherstr. A/B4
Blumenstr. B3/4
Bömckestr. D9
Bonifatiusstr. E7
Bornstr. A/B6
Borsigpl. A8
Borsigstr. A6/7
Bovermannstr. D/E8
Brackeler Str. A8/9
Brandenburger Str. D6
Brassertstr. E9
Brauhausstr. C6
Bremer Str. C7/8
Brinkhoffstr. B/C4
Bronnerstr. D9
Brückstr. B/C6
Brüderweg C6/7
Brügmannstr. B6/7
Brunnenstr. A6
Burggrafenstr. E7
Burgholzstr. A5
Burgwall B6
Calvinstr. C9
Chemnitzer Str. D5–E6
Clemens-Vetum-Str. A3/4
Danewerkstr. A6/7
Davidisstr. C9
Dechenstr. B3
Deggingstr. D9–E8
Dessauer Str. F9
Detmarstr. C4
Diedenhofener Str. E2/3
Diekmüllerbaum F3
Döbelner Str. E6
Dorotheenstr. C3
Dorstelmannstr. D3
Dorstfelder Allee A–D1
Dorstfelder Hellweg C1/2
Dortmunder Feld D2
Dreherstr. A7
Dreihüttenstr. C8
Dresdener Str. D/E6
Dudenstr. D5
Düppelstr. A6
Dürener Str. A7/8
Düsseldorfer Str. C/D8
Eichenstr. C1
Eintrachtstr. E6/7
Eisenacher Str. B8
Eisenmarkt C5
Elisabethstr. C/D6
Emil-Figge-Str. F1/2
Emscherpfad D1–E2
Emscherstr. C1
Enscheder Str. A7
Ernst-Mehlich-Str. D6/7
Ernst-Wiecher-Str. D9
Erzbergerstr. C/D7
Essener Str. E4/5
Evertstr. A3
Fächerstr. D4
Falkenstr. C3
Feldherrnstr. A4
Feldstr. D7/8
Fichtestr. A/B3
Flamingoweg E/F7
Flavusstr. C1
Flensb. Str. A6
Florianstr. F6/7
Frankenstr. C5
Franziskanerstr. C8
Freiherr-von-Stein-Pl. B5
Freistuhl B/C5
Frieddenspl. C6
Friedenstr. E7
Friedrich-Engels-Str. E8
Friedrich-Henkel-Weg E1
Friedrich-Uhde-Str. E8
Friedrichstr. C/D4
Fritz-Reuter-Str. A5
Fuhrgabel C/D6
Gastkamp E/F3
Gerberstr. B6
Gerhart-Hauptmann-Str. D9
Gerichtsstr. B/C7
Gerstenstr. E5
Geschwister-Scholl-Str. B6/7
Gnadenort B6
Gneisenaustr. A/B4
Goebenstr. C8
Graf-Haeseler-Str. C8
Grafenhof C5
Gronaustr. A/B7
Große-Heim-Str. D/E4
Grünestr. B4/5
Güntherstr. B7–C9
Gustavstr. C4/5
Gutenbergstr. D5/6
Haenischstr. D4
Hahnenmühlenweg C–E2
Hainallee D6–E7
Haldenstr. D2/3
Hallesche Str. B8/9
Hamburger Str. C7/8
Hammerstr. A7
Hannöversche Str. A/B9
Hans-Litten-Str. C7
Hansapl. C6
Hansastr. B/C5
Hansbergstr. D7/8
Harnackstr. E5
Hausmannstr. D5
Haydnstr. A5
Heckenstr. A5
Heiligegartenstr. A6–B5
Heiliger Weg C/D7
Heimbaustr. B8
Heinrich-August-Schulte-Str. A1–B3
Heinrich-Mann-Str. D9
Heinrich-Wenke-Str. C3/4
Heinrichstr. C3
Helle B6
Helmutstr. C1
Herderstr. A4
Herdstr. C3
Herner Str. D/E5
Heroldstr. A6/7
Hilgenstockstr. F9
Hiltropwall C5
Himpendahlweg F8/9
Hochstr. C1
Höfkerstr. B1
Hövelstr. C5
Hofstr. B1
Hohe Luft B6
Hohe Str. C–E5
Hohenfriedberger Str. F8
Hohenzollernstr. C7
Hoher Wall C5
Hollestr. D4/5
Holsteiner Str. A6/7
Holzpl. E1
Hopfenstr. E5
Hülshofer Str. A/B1
Hüttemannstr. C/D4
Hukkarder Str. A1–C2
Humboldtstr. C4–D5
Hunnentränke B6
Im Defdahl D8/9
Im Dreieck C9
Im Grubenfeld C/D8
Im Rabenloh F4
Im Spähenfelde A/B8
Im Wiesengrund D1/2
Inselstr. B8
Insterburger Str. A1
Jägerstr. A6/7
Joachimstr. C2
Johanna-Melzer-Str. B4
Johannesstr. C/D5
Johannisborn B6
Joseph-Scherer-Str. E/F6
Josephstr. C4/5
Jülicher Str. E8
Junggesellenstr. C6
Kaiserstr. C7–9
Kamenerstr. A7
Kampstr. B6–C5
Kanalstr. A3
Kapellenstr. B6
Kapitelwiese F9
Karl-Liebknecht-Str. E8–F9
Karl-Lücking-Str. B/C9
Karl-Marx-Str. D7–E8
Karl-Rubel-Str. D7
Karl-Zahn-Str. D7/8
Katharinenstr. B/C5
Kesselstr. B3/4
Kielstr. A6
Kirchenstr. B4/5
Kl. Beurhausstr. D4
Kl. Kielstr. A6/7
Klemensstr. C3
Kleppingstr. C6
Klever Str. E8
Klönnestr. B/C8
Klöppelweg D9
Klosterstr. B6
Königsbergstr. B2
Königshof B5/6
Königswall B6–C5
Körnebachstr. A9–B7
Kohlenweg A2
Kohlgartenstr. E9
Kolmarer Str. E4
Kolpingstr. C5
Konrad-Glocker-Str. F9
Korneliusstr. C8
Kortental D1
Kreuzstr. D5–E3
Krimstr. B6
Kronenburgallee E7
Kronenstr. D/E7
Kronprinzenstr. C7–D8
Kuckelke B/C6
Küpferstr. D6
Kuhlmannstr. D4
Kuhstr. C5
Kuithanstr. D–F3
Kullrichstr. D8–E9
Kurfürstenstr. A/B5
Kurze Str. C/D3
Lagerhausstr. A3/4
Lambachstr. A5/6
Landgrafenstr. D7–E5
Landwehrstr. B3/4
Lange Str. C2–4
Lauenburger Str. A6
Leibnitzstr. A4/5
Leierweg D/E2
Leipziger Str. E6
Lensingstr. E9
Lenteninsel B8
Lentstr. B/C9
Leopoldstr. A5–B6
Lessingstr. A3–5
Leuthardstr. B6
Liebigstr. D4–E5
Lindemannstr. D–F4
Linienstr. A/B5
Lippestr. C8
Lippstädter Str. B/C9
Löwenstr. C6–D7
Lohnstr. A/B1
Lubecker Str. B7
Ludwigstr. B6
Lüneburger Str. B8
Lünener Str. A8
Lütge Brückstr. B5/6
Lütgenholz A7
Luisenstr. C/D5
Lutzowstr. A4
Märkische Str. D6–F9
Mallinckrodtstr. A1–6
Malzstr. E5
Manteuffelstr. A–C9
Markgrafenstr. E5–7
Martha-Gillessen-Str. A/B4
Martinstr. C5
Maurice-Vast-Str. F5/6
Meißener Str. D/E6
Melanchthonstr. C8
Mendestr. E/F8
Metzer Str. D4–E3
Middendorfstr. D3
Milchgasse B7
Missundestr. A6/7
Mittelstr. E5
Möllerstr. C/D4
Mollwitzer Str. F8
Moltkestr. C7
Mozartstr. A4
Mühlenstr. B6
Münsterstr. A5–B6
Natherweg F8–G9
Neben dem Brand C6
Nederhoffstr. D3/4
Nettelbeckstr. B3/4
Neue Radstr. C3
Neue Tremoniastr. D/E3
Neuer Graben D3–5
Nordstr. A/B6
Oberbank E1
Oberschlesier Str. F8
Örlinghauser Weg B/C1
Oesterholzstr. A8–B7
Oestermärsch A/B7
Ofenstr. C3
Olpe C6
Osningstr. B/C1
Ostenhellweg C6/7
Osterlandwehr A7/8
Ostermannstr. C2
Ostwall C6/7
Oswaldstr. C3
Ottostr. C2
Overbeckstr. D/E8
Paulinenstr. C/D3
Petergasse C5
Petrystr. D8–E7
Platz der alten Synagoge C5
Platz von Amiens B5
Platz von Rostow am Don D6
Plauener Str. D5–E6
Poppelsdorfer Str. D5
Poststr. C/D5
Präsidentenstr. C9
Prinz-Friedrich-Karl-Str. C7/8
Prinzenstr. C6
Priorstr. A5/6
Prüferweg D3
Pyrmonter Str. B9
Quadbeckstr. B5
Querstr. E4/5
Raiderweg F9
Rathenaustr. E8/9
Raudestr. E9
Redtenbacherstr. D/E5
Reichswehrstr. C9
Reinoldistr. B/C6
Remydamm F5/6
Rheinische Str. C1–4
Rheinlanddamm E7–F1
Rittershausstr. C/D4
Ritterstr. B/C4
Robert-Koch-Pl. C8
Robert-Koch-Str. C8/9
Rolandstr. B6
Roonstr. C9
Rosa-Luxemburg-Str. E8/9
Roseggerstr. D3/4
Rosemeyerstr. F3
Rosental C6
Ruhrallee D–F6
Saarbrücker Str. B/C7
Saarlandstr. D5/6
Sachsenwaldstr. C1
Salzwedeler Str. E/F9
Schaperstr. D3
Scharnhorststr. A3–B4
Scheffelstr. A5
Schichtweg E1
Schillerstr. A4/5
Schillingstr. D4/5
Schleswiger Str. A6
Schliepstr. C6
Schmettowstr. C1
Schmiedestr. A7
Schmiedingstr. B/C5
Schnettkerbrücke E/F2
Schnettkerweg E3
Schönaichstr. D9
Schönaustr. F2
Schönhsr.-Str. C8
Schützenstr. A/B4
Schuhhof C6
Schwanenstr. B6/7
Schwanenwall B6–C7
Schwarze-Brüder-Str. C5/6
Sckellstr. F8/9
Semerteichstr. D–F9
Seydlitzstr. F9
Siemensstr. C2/3
Silberstr. C5
Soester Str. A8
Sonnenpl. D4
Sonnenstr. D3–6
Spähenfelde A8
Speestr. A3
Speicherstr. A3/4
Spicherstr. C1
Splintstr. D5
Spohrstr. A5
Sportweg F4
Stahlwerkstr. A7
Stapelweg E1
Staßfurter Str. B9
Staufenstr. D/E5
Steinmetzstr. B/C9
Steinstr. B5
Sternstr. C/D3
Steubenstr. D4
Stiftstr. B6
Stolzestr. D5
Straßburger Str. D/E3
Strobelallee F4/5
Stubengasse B6
Studtstr. D3/4
Stübbenstr. E4
Sudermannstr. C3
Südflügelweg E1
Südrandweg D5/6
Südwall C5/6
Sunderweg B3/4
Tassiloweg F3
Teutoburger Str. C1
Tewaagstr. E8/9
Thielenstr. A1
Thomas-Mann-Str. D9
Thomasstr. B6
Thusneldastr. B/C1
Tiefe Str. A7/8
Töllnerstr. C/D6
Tolgauer Str. F9
Treibstr. B4
Tullstr. F9
Turnweg F5
Twerskuhle D/E1
Übelgönne C4
Uhlandstr. A5
Unionstr. B/C4
Unnaer Str. A7
Unterbank E1
Verlorenes Holz E/F9
Victor-Toyka-Str. F5/6
Viktoriastr. C6/7
Vinckestr. E5
Volmarsteiner Str. E4
Von-den-Berken-Str. D/E8
Von-der-Goltz-Str. C/D8
Von-der-Recke-Str. D/E3
Von-der-Tann-Str. C9
Vorwartsstr. E5/6
Voßkuhle D9

Wagenfeldstr. *F8*
Walderseestr. *C9*
Wallrabestr. *E6*
Wallstr. *B/C5*
Wambeler Str. *A8*
Weddepoth *C5*
Weiherstr. *B7*
Weisbachstr. *D5*
Weisnerstr. *E9*
Weißenburger Str. *B/C7*
Wenkerstr. *D7*
Werderstr. *B/C8*
Werkmeisterstr. *A8/9*
Westenhellweg *C5/6*
Westerbleichstr. *A4/5*
Westfalendamm *D9–E8*
Westfaliastr. *B2–4*
Westhoffstr. *A5/6*
Wetterstr. *E1*
Wilhelm-Brand-Str. *E9*
Wilhelm-Crüwell-Str. *E6*
Wilhelmstr. *C4–D5*
Willem-van-Vloten-Str. *F9*
Winterfeldtstr. *E8*
Wiskottstr. *E7/8*
Wißstr. *C6*
Wittekindstr. *E5–F3*
Wittelsbacherstr. *E5*
Wittener Str. *C/D1*
Worthstr. *C1*
Yorckstr. *A/B3*
Zimmerstr. *A5–B6*
Zweigstr. *A8*
Zwickauerstr. *D6*

Dresden S. 180

Adlergasse *L13*
Akademiestr. *M16*
Alaunstr. *K16*
Albertpl. *K16*
Albertstr. *K/L16*
Alfred-Althus-Str. *M13*
Altenzeller Str. *O13–P14*
Altmarkt *M/N15*
Am Hauptbahnhof *O14*
Am Queckbrunnen *M14*
Am Schießhaus *M14*
Am Schwarzen Tor *K14*
Am See *N14*
Am Zwingerteich *M14*
Ammonstr. *M13–O14*
An der Dreikönigskirche *K/L15*
An der Frauenkirche *M15/16*
An der Herzogin Garten *M14*
An der Kreuzkirche *N15*
Andreas-Schubert-Str. *P14/15*
Annenstr. *M/N14*
Antonspl. *N14*
Antonstr. *K15/16*
Archivstr. *L16*
August-Bebel-Str. *P16*
Augustusbrücke *L/M15*
Augustusstr. *M15*
Bauhofstr. *M/N13*
Bautzner Str. *K16*
Bayreuther Str. *P13*
Bayrische Str. *O13/14*
Bergstr. *O/P14*
Bernhard-von-Lindenau-Pl. *L14*
Bernhardstr. *O14–P13*
Blüherstr. *N/O16*
Bräuergasse *L13*
Brühlsche Terrasse *M15*
Brühlscher Garten *M16*
Budapester Str. *N14–O13*
Bürgerwiese *N/O14*
Carolabrücke *L/M16*
Carolapl. *L16*
Carolinenstr. *K16*
Devrientstr. *L14*
Dinterstr. *L13*
Dippoldiswalder Pl. *N14*
Doktor-Friedrich-Wolf-Str. *K15/16*
Doktor-Külz-Ring *N15*
Dore-Hoyer-Str. *O15*
Ehrlichstr. *M13*
Eisenbahnstr. *K15*
Eisenstuckstr. *P13/14*
Erich-Ponto-Str. *L16*
Ermischstr. *M13/14*
Erna-Berger-Str. *K15/16*
Falkenstr. *N13*
Feldgasse *O14*
Feldschlößchenstr. *O13*
Ferdinand Pl. *N14*
Ferdinandstr. *N15*
Franklinstr. *P15/16*
Freiberger Pl. *M13–N14*
Freiberger Str. *M14–N13*
Friedrich-List-Pl. *P14*
Friedrichstr. *L13*
Friesengasse *M15*
Fritz-Löffler-Pl. *P14*
Fritz-Löffler-Str. *O/P14*
Galeriestr. *M15*
Gellertstr. *P16*
Georgenstr. *K16*
Georgpl. *N15*
Gerichtsstr. *M16*
Gewandhausstr. *N15*
Glacisstr. *K/L16*
Gret-Palucca-Str. *O15*
Große Meißner Str. *L15*
Große Plauensche Str. *N14*
Grüne Str. *M13/14*
Grunaer Str. *N16/17*
Güterbahnhofstr. *N13*
Gutzkowstr. *P15*
Hafenstr. *K14*
Hainstr. *K15*
Hans-Dankner-Str. *O15*
Hansastr. *K15*
Hasenberg *M16*
Hauffstr. *P15*
Hauptallee *O16*
Hauptstr. *K16–L15*
Hedwigstr. *K15*
Heinrichstr. *L15*
Henriette-Heber-Str. *O13*
Herbert-Wehner-Pl. *N15*
Hertha-Lindner-Str. *M14*
Hochschulstr. *P14*
Hohe Str. *O/P13*
Hospitalstr. *K/L16*
Hübnerstr. *P13/14*
Jahnstr. *M13*
Jakobsgasse *N14*
Josephinenstr. *N/O14*
Jüdenhof *M15*
Kaitzer Str. *O14–P13*
Katharinenstr. *K16*
Kellstr. *O13*
Kleine Brüdergasse *M14/15*
Kleine Kirchgasse *M15*
Kleine Marienbrücke *K15*
Kleine Packhofstr. *L14*
Königsbrücker Str. *K16*
Königstr. *K16–L15*
Königsufer *L16*
Könneritzstr. *L14–M13*
Köpckestr. *L15/16*
Kreuzstr. *N15*
Kurze Str. *O13*
Landhausstr. *M15–N16*
Laurinstr. *L13*
Leipziger Str. *K14/15*
Lennépl. *P16*
Lennéstr. *N17–O16*
Leubnitzer Str. *O13–P14*
Liebigstr. *P13/14*
Liliengasse *N14*
Lindenaustr. *P14*
Lindengasse *O15*
Lingnerallee *N/O16*
Lingnerpl. *O16*
Löbtauer Str. *M13*
Ludwigstr. *K14/15*
Magdeburger Str. *K13–L14*
Marienbrücke *K/L14*
Marienstr. *M/N14*
Maternistr. *N13*
Mathildenstr. *N16*
Maxstr. *L14*
Messering *K13*
Metzer Str. *L16*
Mosczinskystr. *O15*
Mozartstr. *P16*
Neue Herkulesallee *N16*
Neue Terrasse *L14*
Neumarkt *M15*
Neustädter Markt *L15*
Nieritzstr. *K15*
Nürnberger Str. *P13*
Oberer Kreuzweg *K/L16*
Obergrabenstr. *L15*
Ostra-Allee *L/M14*
Ostra-Ufer *L14*
Palaispl. *K/L15*
Palmstr. *M/N13*
Papiermühlengasse *N13*
Parkstr. *O15–P16*
Paul-Schwarze-Staße *L16*
Pieschener Allee *K13/14*
Pillnitzer Str. *M16*
Pirnaische Str. *N16*
Pirnaischer Pl. *N16*
Polierstr. *N13/14*
Postpl. *M14*
Prager Str. *N15–O14*
Rabener Str. *P15*
Räcknitzstr. *N/O15*
Rähnitzgasse *L15*
Rampische Str. *M15/16*
Rathauspl. *N15*
Rathenaupl. *M16*
Reichenbachstr. *P14/15*
Reitbahnstr. *N/O14*
Richard-Strauss-Pl. *P16*
Ringstr. *N15*
Ritterstr. *L16*
Ritzenbergstr. *L14*
Robert-Blum-Str. *K15*
Röhrhofsgasse *N14*
Rosenstr. *N13*
Roßthaler Str. *M13*
Rugestr. *P13/14*
Sankt Petersburger Str. *M16–O14*
Sarrasanistaße *L16*
Schäferstr. *L/M13*
Scheffelgasse *M14–N15*
Schießgasse *M16*
Schlesischer Pl. *K15*
Schloßpl. *M15*
Schloßstr. *M15*
Schnorrstr. *P14–16*
Schützengasse *M13/14*
Schützenpl. *L/M14*
Schulgasse *N15*
Schweizer Str. *O13–P14*
Schweriner Str. *M13/14*
Seestr. *N15*
Seidnitzer Str. *N16*
Seilergasse *N14*
Seminarstr. *L13*
Semperstr. *P16*
Sidonienstr. *O15*
Sophienstr. *M14/15*
Steinstr. *M16*
Sternpl. *N13*
Stetzscher Str. *K16*
Strehlener Pl. *P16*
Strehlener Str. *O14–P16*
Struvestr. *O15*
Taschenberg *M15*
Terrassenufer *L15–M16*
Theaterpl. *M15*
Theaterstr. *M14*
Theresienstr. *K15/16*
Tieckstr. *L16*
Tiergartenstr. *P16*
Töpferstr. *M15*
Trompeterstr. *N15*
Turnerweg *K16*
Tzschirner Pl. *M16*
Uferstr. *K14*
Uhlandstr. *P15*
Unterer Kreuzweg *L16*
Viktoriastr. *N15*
Vitzthumstr. *N14*
Wachsbleichstr. *L13*
Waisenhausstr. *N14/15*
Wallgäßchen *K/L15*
Wallstr. *M/N14*
Walpurgisstr. *O15*
Webergasse *N14/15*
Weinligstr. *N14*
Weiße Gasse *N15*
Weißeritzstr. *L14–M13*
Wettiner Pl. *M13*
Wielandstr. *O13*
Wiener Pl. *O14*
Wiener Str. *O15–P16*
Wiesentorstr. *L15/16*
Wigardstr. *L16*
Wigmannstr. *O15*
Wilhelm-Buck-Str. *L16*
Wilsdruffer Str. *M14–N16*
Winckelmannstr. *O/P14*
Ziegelstr. *M16*
Zinzendorfstr. *N16–O15*
Zirkusstr. *M/N16*
Zwickauer Str. *O13*

Düsseldorf S. 198-199

Aachener Straße *N16*
Achenbachstraße *H19-J20*
Achillesstraße *J14*
Ackerstraße *J20-K19*
Adalbertstraße *J14*
Adersstraße *L16-18*
Adlerstraße *J18/19*
Ahnenweg *M15*
Ahnfeldstraße *H19*
Akademiestraße *K16*
Albertstraße *L20*
Alexanderstraße *L17*
Alt-Niederkassel *H14*
Altestadt *K16*
Am Deich *H14*
Am Fallhammer *N12*
Am Handelshafen *M14/15*
Am Heiligenhäuschen *J/K14*
Am Kuhtor *N12*
Am Sandacker *O12*
Am Wehrhahn *J19-K18*
An der Icklack *K20*
Andreasstraße *K16*
Annastraße *H18*
Anton-Betz-Straße *N17/18*
Antoniusstraße *M18*
Apollinarisstraße *M18*
Apolloplatz *L15*
Arminstraße *M18*
Arndtstraße *H/J18*
Arnoldstraße *J16/17*
Arnulfstraße *J13*
Askanierstraße *H14*
Auf dem Kampe *N12/13*
Auf den Kuhlen *N12*
Auf der Lausward *L12/13*
Auf'm Hennekamp *N18*
August-Thyssen-Straße *K17*
Augustastraße *H18*
Bachstraße *N15-17*
Bäckerstraße *L16*
Bagelstraße *H/J18*
Bahnstraße *L17*
Barbarossaplatz *J13/14*
Bardelebenstraße *J13/14*
Barmer Straße *J13*
Bastionstraße *L16*
Beethovenstraße *J19*
Behrenstraße *K20*
Belsenplatz *J13*
Belsenstraße *J13*
Bendemannstraße *L18*
Benedikt-Schmittmann-Str. *H18*
Benrather Straße *L16/17*
Benzenbergstraße *N15*
Berger Allee *L15/16*
Berger Straße *K16*
Berliner Allee *K/L17*
Bertha-von-Suttner-Platz *L19*
Beuthstraße *J18*
Bilker Allee *N15-17*
Bilker Straße *L16*
Binnenstraße *K20*
Binterimstraße *N16*
Birkenstraße *J19-K20*
Bismarckstraße *L17/18*
Blasiusstraße *N12*
Bleichstraße *K17*
Blücherstraße *H17*
Blumenstraße *K17*
Bonnerstraße *K18*
Bogenstraße *M19*
Bolkerstraße *K16*
Bongardstraße *H17-J18*
Borsigstraße *N19*
Brachtstraße *N17*
Brahmsplatz *H20*
Brehmplatz *H19*
Brehmstraße *H19*
Breite Straße *K/L16*
Bremer Straße *L13/14*
Brendamourstraße *J15-K14*
Brückenstraße *M14/15*
Bruderstraße *H16*
Brüggener Weg *H13*
Brüsseler Straße *H12/13*
Brunnenstraße *N17*
Bürgerstraße *M15*
Bunsenstraße *M18*
Burggrafenstraße *J14*
Burghofstraße *N15/16*
Burgplatz *K16*
Camphausenstraße *H/J18*
Cantadorstraße *K18*
Caritasplatz *M/N15*
Carl-Mosterts-Platz *H18*
Carl-Theodor-Straße *L16/17*
Carlsplatz *K/L16*
Carlstor *L16*
Carmenstraße *J12*
Cecilienallee *H16*
Chamissostraße *H20*
Charlottenstraße *K18-L17*
Cheruskerstraße *J13/14*
Cimbernstraße *K14*
Citadellstraße *K/L16*
Columbusstraße *J12*
Comeniusplatz *J13/14*
Comeniusstraße *J14*
Cordobastraße *H16*
Corneliusplatz *K17*
Corneliusstraße *M/N17*
Cranachplatz *J20*
Cuxhavener Straße *M12*
De Bläak *N12*
Degerstraße *J/K20*
Derendorfer Straße *H/J18*
Dianastraße *N15*
Dominikanerstraße *J14-K13*
Dorotheenplatz *K20*
Dorotheenstraße *J/K20*
Drakeplatz *K14*
Drakestraße *J/K14*
Dreieckstraße *M18*
Drususstraße *J12*
Düsseldorfer Straße *J12-K14*
Düsselstraße *M15/16*
Düsselthaler Straße *J18*
Duisburger Straße *H17-J18*
E.ON-Platz *H16*
Ehrenstraße *H/J17*
Eifeler Straße *L19*
Eintrachtstraße *L19*
Eisenstraße *M18/19*
Eiskellerstraße *J16*
Elberfelder Straße *K16/17*
Elisabethstraße *L-N16*
Ellerstraße *M18-20*
Emmastraße *N19*
Engelbertstraße *L20*
Erasmusstraße *N17*
Erftplatz *M14*
Erftstraße *M14*
Erik-Nölting-Straße *L19*
Erkrather Straße *K19-L20*
Ernst-Gnoß-Straße *M15*
Ernst-Reuter-Platz *L/M17*
Ernst-Schneider-Platz *K17*
Esmarchstraße *N17*
Eulerstraße *H18*
Fährstraße *N14*
Färberstraße *N17/18*
Feldmühleplatz *J14*
Feldstraße *J17*
Feuerbachstraße *N17/18*
Fichtenstraße *L/M20*
Fischerstraße *H16/17*
Flinger Straße *K16*
Florastraße *M/N16*
Florensstraße *N12*
Floßstraße *M12*
Flügelstraße *M/N19*
Flurstraße *K20*
Franklinstraße *H18*
Freiligrathstraße *H16-J17*
Freytagstraße *H20*
Friedensplätzchen *M15*
Friedenstraße *M16-N15*
Friedrich-Ebert-Straße *L18*
Friedrich-Springorum-Straße *H20*
Friedrichstraße *L-N16*
Friesenstraße *J14*
Fringsstraße *N12*
Fritz-Roeber-Straße *J16*
Fritz-Vomfelde-Straße *H12*
Fürstenplatz *M17*
Fürstenwall *M15-17*
Gangelplatz *N19*
Gartenstraße *J17*
Gemünder Straße *H12/13*
Georg-Schulhoff-Platz *N14/15*
Germaniastraße *N15*
Gerresheimer Straße *K18-20*
Gilbachstraße *M14*
Gladbacher Straße *M14-N15*
Glücksburger Straße *J13*
Gneisenaustraße *H17*
Goethestraße *J19/20*
Gogrevestraße *N17*
Goltsteinstraße *K17/18*
Grabbeplatz *K16*
Grabenstraße *K16*
Graf-Adolf-Platz *L16*
Graf-Adolf-Straße *L17/18*
Graf-Recke-Straße *H19/20*
Grafenberger Allee *J19/20*
Greifweg *H12-J13*
Grüneweg *N13/14*
Grünstraße *L17*
Grupellostraße *L17/18*
Gurlittstraße *N17/18*
Gustav-Gründgens-Platz *K17*
Gustav-Poensgen-Straße *M/N18*
Habsburgerstraße *H14*
Hafenstraße *K16*
Haifastraße *L19*
Halskestraße *M18*
Hamburger Straße *L13-N12*
Hammer Dorfstraße *N12/13*
Hammer Straße *M14*
Hans-Sachs-Straße *H/J20*
Hansaallee *H12-J13*
Harkortstraße *L18*
Haroldstraße *L15/16*
Hartwich-Straße *H13/14*
Hebbelstraße *H20*
Hectorstraße *J12*
Heerdter Sandberg *H12*
Heerstraße *M/N20*
Heinrich-Heine-Allee *J/K16*
Heinrich-Heine-Platz *K16*
Heinsbergstraße *H14*
Heinsenstraße *N12/13*
Heinz-Schmöle-Straße *L/M19*
Helmholtzstraße *M18*
Hemmersbachweg *N14*
Henriettenstraße *N16*
Herderstraße *H/J19*
Heresbachstraße *N17*
Hermannplatz *K20*
Hermannstraße *J/K20*
Herzogstraße *M16/17*
Hildebrandtstraße *N17*
Hinter dem Bahndamm *M18*
Höhenstraße *M/N19*
Höherweg *K/L20*
Hoffeldstraße *J20*
Hofgartenrampe *J16*
Hofgartenstraße *K17*
Hohe Straße *L16*
Hohenstaufenstraße *H14/15*
Hohenzollernstraße *K18*
Holbeinstraße *H20*
Holzstraße *M13-N12*
Horionplatz *L15*
Hubbelrather Straße *K/L20*
Hubertusstraße *M15/16*
Hüttenstraße *L17-N18*
Humboldtstraße *H19-J20*
Hunsrückenstraße *K16*
Huschbergerstraße *L17*
Im Liefeld *N20*
Immermannstraße *K/L18*
In der Laak *N13*
Industriestraße *M18/19*
Ingelheimer Weg *N20*
Inselstraße *J16/17*
Jacobistraße *J/K18*
Jägerhofstraße *J17*
Jahnstraße *L-M17*
Jan-Wellem-Platz *K17*
Joachimstraße *H/J14*
Josef-Wimmer-Gasse *K16*
Josefplatz *M19/20*
Josefstraße *M19/20*
Joseph-Beuys-Ufer *H/J16*
Josephinenstraße *K/L17*
Jürgensplatz *M15/16*
Julo-Levin-Ufer *M13/14*
Kaiser-Friedrich-Ring *H14-J15*
Kaiser-Wilhelm-Ring *J/K15*
Kaiserstraße *H/J17*
Kaiserswerther Straße *H16/17*
Kaistraße *M13/14*
Kanalstraße *H14*
Kapellstraße *H/J17*
Kapellweg *N13/14*
Kapuzinergasse *K16*
Karl-Anton-Straße *K18*
Karl-Müller-Straße *J20*
Karlstraße *K/L18*
Karolinger Straße *N15/16*
Kasernenstraße *K/L16*
Kavalleriestraße *L/M16*
Keplerstraße *M/N17*
Kesselstraße *M13*
Kettwiger Straße *K/L20*
Kiefernstraße *L20*
Kieler Straße *M12*
Kirchfeldstraße *M16-18*
Kirchplatz *M16*
Kirchstraße *M/N19*
Klever Straße *H16*
Klosterstraße *K17/18*
Kölner Straße *K18-N20*
Königsallee *K-M17*
Königstraße *K17*
Konkordiastraße *M16-N15*
Konrad-Adenauer-Platz *L18*
Krahestraße *K/L19*
Kreuzstraße *K18-L17*
Kronenstraße *M/N16*
Kronprinzenstraße *M/N16*
Kruppstraße *M19-N18*
Kuhstraße *N12*
Kurfürstenstraße *K18*
Kurt-Baurichter-Straße *H16*
Kurzestraße *K16*
Kyffhäuserstraße *J14*
Lahnweg *M15*
Langerstraße *K20-L19*
Lanker Straße *J13*
Lennéstraße *H18*
Leo-Statz-Platz *M16*
Leopoldstraße *K18*
Leostraße *H14-J15*
Lerchenstraße *H12*
Lessingplatz *M18*
Lessingstraße *M18*
Lewitstraße *H13*
Liebigstraße *H18*
Liefergasse *K16*
Liesegangstraße *K17/18*
Lindemannstraße *H19-J20*
Lindenstraße *J20-K19*
Linienstraße *M18-N19*
Lippestraße *M14/15*
Lohengrinstraße *J12*
Lorettostraße *M15*
Louise-Dumont-Straße *J/K18*
Ludwig-Erhard-Allee *L19*
Ludwig-Zimmermann-Str. *K16/17*
Luegallee *J13/14*
Luegplatz *J15*
Lütticher Straße *H/J13*
Luisenstraße *M16-18*
Maasstraße *H12*
Malkastenstraße *J18*
Mannesmannufer *L15*
Marienstraße *K17/18*
Markenstraße *M/N20*
Markgrafenstraße *J/K14*
Marktplatz *K16*
Marktstraße *K16*
Marschallstraße *H17*
Martin-Luther-Platz *K17*
Martinstraße *N15*
Maximilian-Weyhe-Allee *J16/17*
Maxplatz *K/L16*
Mendelssohnstraße *J19*
Mercatorstraße *J13*
Merowinger Straße *N16*
Mertensgasse *K16*
Mettmanner Straße *K19-L20*
Mindener Straße *M/N20*
Mintropplatz *M18*
Mintropstraße *L18*
Mittelstraße *K16*
Möhkersgäßchen *N12*
Mönchenwerther Straße *H/J14*
Moltkestraße *H17/18*
Monheimstraße *M20*
Moritz-Sommer-Straße *N18*
Morsesstraße *M/N17*
Moselstraße *M15*
Moskauer Straße *L19/20*
Mozartstraße *J17*
Mühlenstraße *K16*
Mülheimer Straße *H19*
Neanderstraße *J19/20*
Neckarstraße *M14*
Neersener Straße *H12*
Nettelbeckstraße *H17*
Neubrückstraße *J/K16*
Neuer Zollhof *M14*
Neusserstraße *M15*
Neustraße *K16*
Nibelungenstraße *J12*
Niederkasseler Kirchweg *H12/13*
Niederkasseler Straße *H13/14*
Niersstraße *H12*
Nördliche Franziusstraße *M13*
Nord-Carree *H17*
Nordstraße *H17*
Oberbilker Allee *N17-20*
Oberbilker Markt *M19/20*
Oberkasseler Brücke *J15/16*
Oberkasseler Straße *H-K14*
Oederallee *J16*
Opfergasse *N12*
Oststraße *K18-L17*
Palmenstraße *N16*
Parkstraße *H17*
Parlamentsufer *L15*
Paul-Klee-Platz *K16*
Paulusplatz *H20*
Paulusstraße *H19*
Pempelfort *J18*
Pempelforter Straße *J/K18*
Peter-Janssen-Straße *H20*
Peter-Roos-Straße *H13*
Pfalzstraße *H16/17*
Philipp-Reis-Straße *M17-N18*
Pinienstraße *L/M20*
Pionierstraße *L/M17*
Platanenstraße *K20*
Platz der Deutschen Einheit *L17*
Platz der Medien *M14*
Platz des Landtags *L15*
Plockstraße *M13-N14*
Poststraße *L16*
Prinz-Georg-Straße *H/J18*
Querstraße *M18*
Quirinstraße *H14-J13*
Rathausufer *K/L16*
Ratinger Straße *J16*
Readinger Straße *L19*
Reichsgasse *M16*
Reichsstraße *M16*
Reinheimer Weg *N20*
Rembrandtstraße *H20*
Remscheider Straße *M/N18*
Rethelstraße *H/J19*
Reuterkaserne *J16*
Rheinallee *J12-K14*
Rheinalleetunnel *J12-K13*
Rheinkniebrücke *K14-L15*
Rheinort *K16*
Rheinstraße *K16*
Rheinufertunnel *J16-N14*
Ringelsweide *N18*
Ritterstraße *J16*
Robert-Lehr-Ufer *H15/16*
Robert-Luther-Straße *N15*
Rochus-Straße *H17-J18*
Rochusmarkt *J18*
Rosenstraße *J17*
Rubensstraße *H20*
Rudolfstraße *L/M17*
Ruhrtalstraße *L20*
Saarwerdenstraße *H12*
Salierplatz *J14*
Salierstraße *J14/15*
San-Remo-Straße *J14/15*
Schadowplatz *K17*
Schadowstraße *K17/18*
Schäferstraße *J16*
Schanzenstraße *J12/13*
Scheibenstraße *H/J16*
Scheurenstraße *L/M18*
Schillerstraße *H/J19*
Schinkelstraße *H/J18*
Schirmerstraße *J18/19*
Schlägelstraße *L19*
Schloßstraße *H18*
Schloßufer *K16*
Schmiedestraße *N20*
Schneider-Wibbel-Gasse *K16*
Schorlemerstraße *H13-J14*
Schützenstraße *J18-K19*
Schulstraße *K16*
Schumannstraße *H20-J19*
Schwalmstraße *H12*
Schwanenmarkt *L16*
Schwerinstraße *H17*
Sedanstraße *M16*
Siegburger Straße *N20*
Siegfried-Klein-Straße *L16*
Siegfriedstraße *J13*
Siegstraße *M14*
Siemensstraße *M18/19*
Sigmaringenstraße *H/J14*
Sittarder Straße *H16*
Solinger Straße *M19*
Sonderburgstraße *J13*
Sonnenstraße *M18-N20*
Speditionstraße *M13/14*
Ständehausstraße *M16*
Stahlstraße *M19*
Stahlwerkstraße *L/M19*
Steffenstraße *J/K13*
Steinstraße *L17*
Stephanienstraße *K18*
Sternstraße *H/J17*
Sternwartstraße *N15*
Stiftsplatz *K16*
Stockkampstraße *H17/18*
Stoffeler Straße *N20*
Stresemannplatz *L18*
Stresemannstraße *L17/18*
Stromstraße *M14/15*
Südliche Franziusstraße *M13*
Südstraße *L16*
Suitbertusstraße *N15*
Talstraße *M/N17*
Tannhäuserstraße *J12*
Taubenstraße *J17*
Teutonenstraße *J14*
Theodor-Körner-Straße *K16/17*
Thomasstraße *L15/16*
Tiergartenstraße *H20*
Tonhallenstraße *K18*
Tonhallenufer *H/J16*
Trinkausstraße *K16/17*
Tußmannstraße *H18*
Uhlandstraße *J19*
Vagedesstraße *J17/18*
Van der Werff Straße *M19*
Van Douven-Straße *M18/19*
Velberter Straße *L19*
Venloer Straße *H16/17*
Victoriaplatz *H16*
Vlattenstraße *N17/18*
Völklinger Straße *M15-N14*
Volksgartenstraße *M/N18*
Volmerswerther Straße *N15*
Vossen Links *K14*
Vulkanstraße *M18*
Wagnerstraße *K17/18*
Wallstraße *K16*
Warschauer Straße *L19-M20*
Wasserstraße *L/M16*
Weberstraße *N17*
Weiherstraße *M/N15*
Weizenmühlenstraße *M12/13*
Werdener Straße *L/M20*
Weseler Straße *H19*
Wesermünder Straße *L/M12*
Wetterstraße *K20*
Wettiner Straße *H/J13*
Wielandstraße *J18*
Wildenbruchstraße *J13-K14*
Wilhelm-Tell-Straße *M15*
Willi-Becker-Allee *L19-M18*
Winkelsfelder Straße *H17*
Wissmannstraße *M/N15*
Wodanstraße *K13*
Wolkerstraße *H18*
Worringer Platz *K19*
Worringer Straße *J19-L18*
Wülfrather Straße *K19/20*
Wupperstraße *M14*
Zimmerstraße *N17*
Zollhof *M14*
Zollstraße *K16*

Duisburg S. 188-189

Aakerfährstr. *C/D9*
Abteistr. *E6*
Albertstr. *C/D5*
Alte Duisburger Str. *B4/5*
Alte Rheinstr. *E6*
Alte Ruhrorter Str. *B5*
Alte Schanze *F9*
Am Alten Flugpl. *D/E4*
Am Alten Ufer *A1*
Am Alten Wehrgang *D7*
Am Außenhafen *E5–F4*
Am Blumenkampshof *D2–4*
Am Bört *C3–5*
Am Brink *C/D5*
Am Buchenbaum *E8*
Am Burgacker *D8–E7*
Am Churkamp *D6*
Am Deichhof *E5*
Am Eisenbahnbassin *A3/4*
Am Güterbahnhof *F8*
Am Innenhafen *D8*
Am Jägerloch *D/E3*
Am Mühlenberg *E7/8*
Am Nordhafen *A5*
Am Parallelhafen *E5–F3*
Am Rosenhügel *B/C5*
Am Schlütershof *D/E4*
Am Unkelstein *C8–D7*
Amtsgerichtstr. *A4*
An der Bleek *E/F7*
An der Bleiche *A/B1*
Andreasstr. *D6*
Auf der Höhe *D6/7*
August-Hirsch-Str. *B5–C4*
Augustastr. *B1*
Averdunkpl. *E8*
Averdunkpl. *E8*
Averdunkpl. *C3–D4*
Averdunkstr. *E8*
Baerler Str. *E3*
Baldusstr. *A/B9*
Baukampstr. *D6*
Bechemstr. *E9*
Beekstr. *E6*
Beginengasse *E7*
Beim Alten Hebeturm *A3/4*
Benediktstr. *E3*
Bergstr. *A/B1*
Berliner Brücke *A8–B9*
Bertmannsstr. *E/F9*
Bismarckpl. *B1*
Bismarckstr. *F9*
Bleichstr. *F7*
Blumenstr. *F9*
Blumenthalstr. *D9*
Böningerstr. *E/F7*
Börsenstr. *E7/8*
Brüderstr. *D7*
Brükkenstr. *D/E1*
Bülowstr. *D6*
Bungertstr. *F6*
Butlerstr. *D9*
Butterweg *E2/3*
Calaispl. *E7*
Carpstr. *B4*
Cecilienstr. *F8*
Charlottenstr. *E/F6*
Claubergstr. *E8*
Claudiusstr. *E3*
Curtiusstr. *F7/8*
Dammstr. *A/B3*
Dammstr. *A2*
Danziger Str. *E9*
Deichstr. *A3/4*
Deichstr. *F1*
Dellpl. *F7*
Dellstr. *F7*
Denkmalspl. *D1*
Diergardtstr. *E3–F4*
Dillinger Str. *E3*
Dr. Hammacher-Str. *B4*
Düsseldorfer Str. *E/F7*
Duisburger Str. *C–E1*
Duissernpl. *D9*
Duissernstr. *D9*
Eisenbahnstr. *A4/5*
Emmericher Str. *E/F1*
Erftstr. *E8*
Essenberger Str. *E2–6*
Fabrikstr. *A/B4*
Fabrikstr. *C1*
Falkstr. *C–E9*
Feldstr. *B/C1*
Flachsmarkt *D/E7*
Flachsstr. *E1*
Franz-Haniel-Pl. *B4*
Friedensstr. *B1*
Friedrich-Albert-Lange-Pl. *E8*
Friedrich-Ebert-Brücke *A2/3*
Friedrich-Wilhelm-Pl. *E7*
Friedrich-Wilhelm-Str. *E7/8*
Friedrichspl. *A4*
Friedrichstr. *A2–B1*
Fürst-Bismarck-Str. *A3/4*
Fürstenstr. *F8*
Fuldastr. *D8*
Futterstr. *C9*
Gabelsberger Str. *B1*
Gablenzstr. *D5/6*
Gallenkampstr. *F8*
Gartenstr. *B1*
Gelderer Str. *F3*
Gildenstr. *B4*
Gochel Str. *F3*
Goethepl. *A2*
Goldstr. *E7*
Gottfried-Könzgen-Str. *F7*
Grünstr. *F7*
Güntherstr. *F8*
Gustav-Adolf-Str. *F9*
Gustav-Sander-Pl. *B4*
Gutenbergstr. *E7*
Hafenstr. *A2/B1*
Hafenstr. *A5–B4*
Hagelstr. *F6*
Handelsstr. *C1*
Hanielstr. *A/B4*
Hansastr. *D/E9*
Hansegracht *D8*
Harmoniestr. *B3–A4*
Harry-Epstein-Pl. *E8*
Harry-Epstein-Pl. *D4*
Hedwigstr. *E9*
Heerstr. *E/F6*
Heinrich-Lersch-Str. *F9*
Heinrichstr. *B1/2*
Heuserstr. *E7*
Heuweg *E3*
Hochfeldstr. *A/B1*
Hohe Str. *E/F8*
Holzgracht *D8*
Homberger Str. *A3/4*
Im Bocksbart *F7*
Im Bovefeld *E/F3*
Im Freihafen *A5/6*
Immendahl *F6*
In der Rheinau *D3*
Javastr. *E3*
Johannes-Corputius-Pl. *D7*
Johannisstr. *A/B1*
Jordingsstr. *B4*
Josef-Kiefer-Str. *E6/7*
Julius-Weber-Str. *E/F6*
Junkernstr. *D7/8*
Kaiserstr. *D1*
Kalkarer Str. *F3/4*
Kammerstr. *F9*
Kapellstr. *A1*
Kardinal-Galen-Str. *D8/9*
Karl-Strack-Pl. *E7*
Karlspl. *A4*
Karlstr. *A/B4*
Karlstr. *B1*
Karmelpl. *E7*
Kasinostr. *E7*
Kaßlerfelder Str. *D4/6*
Kasteelstr. *B4*
Kiffward *A9–B8*
Klemensstr. *D6*
Klever Str. *E/F3*
Klöcknerstr. *E9*
Klöcknerstr. *F9*
Klosterstr. *E6/7*
Köhnenstr. *E7/8*
Kölner Str. *F8*
König-Friedrich-Wilh.-Str. *A4–B3*
König-Heinr.-Pl. *E8*
Königsberger Allee *D/E9*
Königstr. *A2–B2*
Königstr. *E8*
Kohleninsel *A/B7*
Koloniestr. *F9*
Krabbenkamp *A9*
Kraußstr. *B3/4*
Kremerskamp *A/B1*
Kremerstr. *F7*
Krummacher Str. *F7*
Krusestr. *B4*
Kuhlenwall *D8–E7*
Kuhstr. *E7*
Kuhtor *E7*
Lahnstr. *E8*
Landfermannstr. *E8/9*
Landgerichtsstr. *E8*
Landwehrstr. *A/B4*
Lauerstr. *A1*
Lehmstr. *E5*
Lennestr. *D8*
Lerschstr. *F9*
Lessingstr. *D1*
Lilienthalstr. *D3–E2*
Linksstr. *F5*
Lippestr. *D/E8*
Ludgeripl. *F9*
Ludgeristr. *E9*
Lützowstr. *E9*
Luisenstr. *A/B4*
Mainstr. *D/E8*
Marienstr. *A/B1*
Marientorstr. *E6*
Max-Peters-Str. *C/D7*
Menzelstr. *F7*
Mercatorstr. *F7/8*
Merzinger Str. *D/E3*
Mevissenstr. *E3*
Milchstr. *B4*
Mittelstr. *A1–B2*
Moerser Str. *E5–F3*
Moselstr. *D/E8*
Mühlenstr. *B1*
Mühlenweg *F1*
Mülheimer Str. *E9*
Müllersgang *E7*
Münzstr. *E7*
Musfeldstr. *E/F7*
Nahestr. *D8–E9*
Neckarstr. *D/E8*
Neudorfer Markt *F9*
Neudorfer Str. *E/F9*
Neue Fruchtstr. *F9*
Neue Marktstr. *F7*
Neumarkt *A3–B4*
Neunkirchner Str. *E3/4*
Niederstr. *D7*
Nonnengang *D7*

Steinweg N26/27
Stephanstr. M27
Stephensonstr. O22
Sternstr. L/M27
Stettenstr. K26/27
Stiftstr. M/N27
Stoltzestr. N28
Strahlenberger Weg P29/30
Stralsunder Str. K26
Stresemannallee P25/26
Stuttgarter Str. P25
Sulzbacher Str. P22
Taubenstr. M27–N26
Taunusanlage N25/26
Taunusstr. O25/26
Taunustor N26
Teichstr. P29
Telemannstr. M26
Textorstr. P27/28
Theobald-Christ-Str. N29
Theodor-Heuss-Allee N22/23
Theodor-Stern-Kai P25
Theodor-W.-Adorno-Pl. M/N23
Thomasiusstr. M29
Throner Str. K30
Thüringer Str. M29
Tischbeinstr. P26
Töngesgasse N27/28
Turmstr. K30
Uhlandstr. N/O29
Ulmenstr. M/N25
Unter der Friedensbrücke P25/26
Unterer Atzemer M30
Unterlindau L/M25
Untermainanlage O26
Untermainbrücke O26/27
Untermainkai O27–P26
Unterweg M27
Usinger Str. K30
Varrentrappstr. N23
Vereinsstr. K30
Vilbeler Str. M28
Voelckerstr. K26
Vogelsbergstr. L28/29
Vogtstr. L26
Voltastr. M22
Waitzstr. M30
Waldschmidtstr. M29/30
Wallstr. O28
Walter-Kolb-Str. O27/28
Walter-vom-Rath-Str. K25/26
Walther-von-Cronberg-Pl. O29
Wasserweg O28/29
Weberstr. K27–L28
Weckmarkt N27/28
Wehrheimer Str. K30
Weidenbornstr. K29/30
Weiherstr. N29
Weilburger Str. P22/23
Weisbachstr. N30
Weißadlergasse N27
Weißfrauenstr. O26/27
Wendelspl. P28
Wendelsweg P29
Werftstr. P25
Werrastr. M22
Weserstr. N25–O26
Westendpl. N25
Westendstr. N24/25
Wetteraustr. K29
Wielandstr. L28
Wiesenau L/M25
Wiesenhüttenpl. O25
Wiesenhüttenstr. O25–P26
Wiesenstr. K29–L30
Wildunger Str. L/M23
Wilhelm-Hauff-Str. N24
Wilhelm-Leuschner-Str. O26–P25
Willemerstr. O28/29
Willy-Brandt-Pl. O26
Windeckstr. N29
Windmühlstr. O26
Wingertstr. M29
Wismarer Str. K25
Wittelsbacher Allee L30–M29
Wöhlerstr. M25
Wolfsgangstr. L26–27
Würzburger Str. L30
Wurmbachstr. L23
Zeil M29–N27
Zeißelstr. L28
Zeppelinallee K23–M24
Zimmerweg N25
Zobelstr. N29
Zum Apothekerhof O29
Zum Brommenhof O29
Zum Gipfelhof O29
Zum Gottschalkhof O30
Zum Laurenburger Hof O29/30
Zum Schlegelhof O30
Zwischenstr. P28/29

Halle (Saale) S. 174

Adam-Kuckhoff-Str. B/C2
Adolf-von-Harnack-Str. A2
Adolfstr. A1/2
Advokatenweg A/B1
Äußere Hordorfer Str. A3/4
Albert-Schmidt-Str. E1/2
Albert-Schweitzer-Str. A2
Alter Markt D2
Alter Thüringer Bahnhof E/F4
Am Kirchtor B1
Am Leipziger Turm D3
Am Steintor C3
An der Magistrale D1
An der Schwemme D1
An der Stadtschleuse D1
An der Waisenhausmauer D2/3
Anhalterstr. D3
Ankerstr. C1
August-Bebel-Pl. B2
August-Bebel-Str. B/C2
Augustastr. D3
Bahnhofspl. D4
Barfüsserstr. C2
Beesener Str. E/F2
Beethovenstr. F3
Bergstr. C1/2
Berliner Brücke B4
Berliner Str. B3/4
Bernburger Str. A/B2
Bernhardystr. E2/3
Bertramstr. E2
Beyschlagstr. E/F3
Blumenstr. B1/2
Böckstr. A1/2
Bölbergasse C2
Böllberger Weg E/F1
Brandenburger Str. A2
Breite Str. B1
Bruckdorfer Str. E4
Brucknerstr. F3
Brüderstr. C2
Brunos Warte D2
Buddestr. E4
Burgbrücke C1
Burgstr. A/B1
Cansteinstr. F2
Carl-v.-Ossietzky-Str. A2–B3
Carl-Wentzel-Str. F4
Carl-Wentzel-Str. F3
Charlottenstr. D3
Dachritzstr. C2
Delitzscher Str. D4
Dessauer Pl. A3
Dessauer Str. A3/4
Dieskauer Str. E4
Dompl. C1
Domstr. C1/2
Dorotheenstr. D3
Dryanderstr. E3
Dzondistr. C4
Emil-Abderhalden-Str. B2/3
Ernestusstr. A1
Ernst-Eckstein-Str. F2/3
Ernst-Kamieth-Pl. D4
Ernst-Kamieth-Str. D/E4
Ernst-Kromayer-Str. B3
Ernst-Toller-Str. D/E3
Feuerbachstr. A2
Fisch-von-Erlach-Str. A2
Fleischerstr. B1
Flurstr. F1/2
Forsterstr. C4–D3
Franckepl. D2
Franckestr. D3
Franz-Andres-Str. B2
Franz-Schubert-Str. C1
Franzosenweg C3
Friedemann-Bach-Pl. C1
Friedrich-List-Str. D3
Friesenstr. B/C3
Frohberger Str. F3
Geiststr. B/C2
Genzmerbrücke D/E1
Georg-Cantor-Str. B1
Georg-Schumann-Pl. D3
Georgstr. B2
Gerberstr. D1
Germarstr. C3
Geseniusstr. E1/2
Glauchaer Pl. D1/2
Glauchaer Str. D2–E1
Goethestr. B2/3
Gottesackerstr. C/D3
Graefestr. E2/3
Große Brauhausstr. D2/3
Große Gosenstr. A1
Große Klausstr. C1/2
Große Märkerstr. D2
Große Nikolaistr. C2
Große Schlossgasse C1/2
Große Steinstr. B3–C2
Große Ulrichstr. C2
Große Wallstr. B/C1
Großer Sandberg D3
Gütchenstr. B2/3
Gustav-Anlauf-Str. D2/3
Gustav-Hertzberg-Str. F2
Gutenbergstr. F4
Gutjahrstr. D2
Händelstr. A1/2
Halberstädter Str. C3/4
Hallmarkt D2
Hallorenring C1–D2
Hansering C2–D3
Hardenbergstr. A3
Harz B/C2
Heinrich-Franck-Str. F4
Heinrich-Heine-Str. A3
Heinrich-Schütz-Str. F3/4
Heinrich-u. Thomas-Mann-Str. B2
Heinrich-Zille-Str. A3
Herderstr. B3
Hermannstr. B1/2
Herrenstr. D1
Herweghstr. A2/3
Hirtenstr. E1
Hochstr. E2
Hollystr. B3
Holzpl. D/E1
Hordorfer Str. A/B4
Humboldtstr. A/B3
Im Winkel A/B3
Jacobstr. E1/2
Jägerpl. C1
Jahnstr. B3
Johann-Andreas-Segner-Str. C2–B3
Johannespl. F3
Joliot-Curie-Pl. C2
Jonasstr. F2
Joseph-Haydn-Str. F3
Julius-Ebeling-Str. F4
Julius-Kühn-Str. A/B4
Kantstr. F1/2
Kardinal-Albrecht-Str. B2
Karl-Meseberg-Str. F3/4
Kaulenberg C2
Kellnerstr. D1/2
Kirchnerstr. E4
Kirchtor B1
Klausbrücke C1
Kleine Brauhausstr. D2
Kleine Schlossgasse C1/2
Kleine Steinstr. C2
Kleine Ulrichstr. C2
Klosterstr. B2
Krausenstr. C3/4
Krukenbergstr. C3/4
Kuhgasse D2
Kurt-Eisner-Str. D/E3
Kurt-Tucholsky-Str. E/F1
Lafontaine-Str. A1
Lange Str. E1/2
Lauchstädter Str. F3/4
Laurentiusstr. B1
Leipziger Str. D2/3
Leostr. F1
Lerchenfeldstr. E1
Lessingstr. B3
Liebenauer Str. E2–F3
Liebigstr. B4
Liebknecht-Str. A/B1
Louis-Braille-Str. F2
Ludwig-Büchner-Str. A3
Ludwig-Wucherer-Str. A2–B3
Ludwigstr. E/F1
Lützener Str. E/F4
Luisenstr. B2/3
Lutherpl. F3
Lutherstr. F2–4
Magdeburger Str. B3–D4
Mansfelder Str. C/D1
Marienstr. D3
Marktpl. C/D2
Martha-Brautzsch-Str. B2
Martinstr. D3
Matthias-Claudius-Str. A3/4
Mauerstr. D2
Max-Lademann-Str. F1/2
Max-Maercker-Str. F3
Max-Reger-Str. F3
Maxim-Gorki-Str. A2
Maybachstr. E4
Meckelstr. C3/4
Melanchthonstr. F2
Merseburger Str. D–F4
Mittelstr. C2
Moritzburgring C1/2
Moritzzwinger D2
Mozartstr. A1/2
Mühlberg C1/2
Mühlbrücke C1
Mühlpforte C1
Mühlweg A2–B1
Nauestr. F3
Neumarktstr. B2
Neuwerk B/C1
Nickel-Hoffmann-Str. F2/3
Niemeyerstr. D/E3
Oleariusstr. C/D2
Osendorfer Str. E4
Otto-Kilian-Str. F2/3
Paracelsusstr. A/B3
Parkstr. D3
Passage D2/3
Pfälzer Brücke C1
Pfälzer Str. C1
Pfännerhöhe E2/3
Philipp-Müller-Str. E2–4
Preßlersberg E2
Prof.-Friedrich-Hoffmann-Str. D/E3
Puschkinstr. B2
Raffineriestr. E4
Rannische Str. D2
Rannischer Pl. E2
Rathausstr. C2
Rathenaupl. A2/3
Reichardtstr. A1
Reilstr. A2
Rembrandtstr. A2/3
Richard-Wagner-Str. A1/2
Riebeckpl. D4
Robert-Blum-Str. A2
Robert-Franz-Ring C1
Röpziger Str. E/F1
Rosa-Luxemburg-Pl. A1
Rosspl. B3
Rudolf-Breitscheid-Str. D/E3
Rudolf-Haym-Str. E2/3
Salzgrafenpl. D1
Salzgrafenstr. D2
Salzstr. C2
Scharrenstr. C2
Schillerstr. A/B3
Schimmelstr. C2/3
Schleiermacherstr. A2/3
Schmeerstr. D2
Schmiedstr. F4
Schönitzstr. F2/3
Schopenhauerstr. A2
Schülershof D2
Schützenstr. E1
Schulstr. C2
Schwetschkestr. E1/2
Senefelder Str. A1
Spiegelstr. C2
Spitze C/D1
Stadtgutweg F1
Steffenstr. A3
Steinbockgasse D2
Steinweg D/E2
Sternstr. D2
Straße der Opfer
des Faschismus C3
Straße der Republik F1
Streiberstr. E3
Südstr. E/F3
Talamtstr. C/D2
Taubenstr. D/E2
Thaerpl. B4
Thaerstr. B4
Thaliapassage B2
Thomas Müntzer-Pl. A2
Thomasiusstr. E/F3
Torstr. E1/2
Triftstr. A1
Türkstr. F3/4
Turmstr. E/F3
Ulestr. B1
Universitätsring C2
Unterplan E1
Vereinsstr., I. E2
Vereinsstr., II. E2
Vereinsstr., III. E2
Vereinsstr., IV. E2
Vereinsstr., V. E2
Volkmannstr. B3–D4
Vor dem Hamstertor F1
Waisenhausring D2/3
Warneckstr. F1
Wegscheiderstr. E1/2
Weidenplan B/C2
Weingärten E1
Wielandstr. A/B3
Wilhelm-Külz-Str. C/D3
Willy-Lohmann-Str. A/B2
Windhorststr. A2
Wittestr. E/F1
Wörmlitzer Pl. F2
Wörmlitzer Str. E/F2
Wolfstr. E/F2
Zachowstr. F3
Zenkerstr. D2
Zwingerstr. E2

Hamburg S. 148-149

Abbestr. P24
ABC-Str. P29
Ackermannstr. O32
Adenauerallee P32
Admiralitätstr. Q29
Agathenstr. N27
Alardusstr. M27
Albertstr. Q32
Alexanderstr. P32
Allendepl. N29
Alsenpl. N26
Alsenstr. N26–O25
Alsterchaussee M30
Alsterglacis O29/30
Alsterkamp M30
Alsterterrasse O29/30
Alstertor P30
Alsterufer N/O30
Alte Königstr. Q24/25
Alte Rabenstr. N30
Alter Fischmarkt Q30
Alter Steinweg Q28/29
Alter Wall Q29
Altmannbrücke Q31
Altonaer Poststr. Q25
Altonaer Str. N27–O26
Altstädter Str. Q30/31
Am Brunnenhof P26
Am Dalmannkai R30
Am Diebsteich N24
Am Elbpark Q27
Am Elbtunnel R27
Am Fährkanal R27
Am Feenteich M31
Am Felde Q24
Am Grasbrookhafen R30
Am Kaiserdamm R29/30
Am Langenzug M31
Am Mittelkanal Q32
Am Sandtorkai R29/30
Am Sood P24
Am Weiher M26
Am Ziegelteich M24
Amandastr. N26/27
Amsinckstr. Q/R32
Amundsenstr. Q25/26
An der Alster O/P31
An der Verbindungsbahn O28/29
Annenstr. P27
Antonistr. Q26
Armbruststr. M25
Armgartstr. N32
Arndtstr. M32
Arnisstr. N/O25
Arnkielstr. O26
Arnoldstr. Q24
Auf dem Sande R29
Augustenburger Str. N25/30
Augustenpassage O27
Auguststr. N31
Averhoffstr. N32
Axel-Springer-Pl. P29
Bachstr. M32
Badestr. N30
Bahrenfelder Str. P/Q24
Balduinstr. Q26
Ballindamm P30
Balthasarweg P25/26
Banksstr. Q31–R32
Barcastr. O32
Barnerstr. P24
Bartelsstr. O27
Baumannstr. Q/R25
Baumeisterstr. P31
Baumwall R29
Beckstr. O27
Beethovenstr. M32
Behnstr. Q25
Bei dem Neuen Krahn R29
Bei den Kirchhöfen O28/29
Bei den Mühren Q30–R29
Bei den Sankt-Pauli-
Landungsbrücken Q27–R28
Bei der Apostelkirche M25
Bei der Friedenseiche P25
Bei der Johanniskirche O26
Bei der Pauluskirche N25
Bei der Schilleroper O/P27
Bei Sankt Annen Q/R30
Bei Sankt Johannis N30
Beim Berliner Tor P32
Beim Grünen Jäger P27
Beim Kraftwerk R27
Beim Schlump M/N28
Beim Strohhause P32
Beim Trichter Q27
Bellealliancestr. N26/27
Bellevue M31
Bergstr. P/Q30
Berliner Tor P32
Bernhard-Nocht-Str. Q27
Bernstorffstr. O/P26
Bertha-Keyser-Weg Q26
Besenbinderhof Q31
Bessemerweg N/O24
Bieberstr. N29
Biernatzkistr. Q25
Billrothstr. P25/26
Binderstr. N29/30
Bismarckstr. M27/28
Bleicherstr. P26/27
Blücherstr. Q25
Bodenstedtstr. O/P25
Böckmannstr. P32
Böhmersweg M30
Böhmkenstr. Q28
Böttgerstr. N30
Bogenallee M28
Bogenstr. M27/28
Bornstr. N28/29
Boßdorfstr. M27
Brahmsallee M28/29
Brandsende P30
Brandstwiete Q30
Braunschweiger Str. Q24
Breite Str. Q25/26
Breiter Gang P29
Bremer Reihe P31
Brennerstr. P32
Brigittenstr. P26/27
Brockesstr. P/Q31
Brodersweg M/N30
Brook R29/30
Brooktor R30
Brooktorkai Q/R30
Brunnenhofstr. P26/27
Buchtstr. O32
Budapester Str. P/Q27
Bülaustr. O/P32
Büschstr. P29
Bugdahnstr. Q24/25
Bugenhagenstr. Q30/31
Bundesstr. M27–O29
Bundesweg O29
Burchardpl. Q30
Burchardstr. Q30
Buttstr. Q26–R25
Caffamacherreihe P29
Carl-von-Ossietzky-Pl. P31
Carlebachstr. P26
Carsten-Rehder-Str. Q26–R25
Charlottenstr. N26
Chemnitzstr. P25
Clemens-Schultz-Str. P26/27
Colonnaden P29
Cremon Q/R29
Dänenweg N/O27
Dag-Hammarskjöld-Pl. O29
Dalmannstr. R30
Dammtordamm O29
Dammtorstr. P29
Dammtorwall P29
Danziger Str. P31/32
Davidstr. Q27
De-Voß-Str. Q/R26
Deichstr. Q29
Deichtorpl. Q31
Detlev-Bremer-Str. P/Q27
Dillstr. N29
Ditmar-Koel-Str. Q28
Dohrnweg O26
Domstr. Q30
Doormannsweg M/N26
Dosestr. Q26
Dovenfleet Q30
Drehbahn P29
Düppelstr. O25
Düsternstr. Q29
Durchschnitt N29–O28
Duschweg O26
Eckernförder Str. N25/30
Eduard-Siemers-Allee O29
Eduardstr. M25
Eggerstedtstr. O25
Ehrenbergstr. Q24/25
Eichenstr. M26/27
Eichholz Q28
Eifflerstr. O26/27
Eimsbütteler Chaussee N26
Eimsbütteler Marktpl. M25
Eimsbütteler Str. N25–O26
Ekhofstr. O32
Elbberg Q/R24
Elbchaussee Q24
Ellenbogen N28
Ellmenreichstr. P31
Elmenhorststr. Q25
Emilienstr. M26
Eppendorfer Weg M27–N26
Erichstr. Q26/27
Erlenkamp N32
Ernst-Merck-Str. P31
Erzbergerstr. Q24
Eschelsweg Q25
Eschenstieg N26/27
Esmarchstr. P25/26
Esplanade P29/30
Eulenstr. Q24
Europa-Passage P/Q30
Faberstr. M25
Fährdamm M30
Fährhausstr. M31
Feldbrunnenstr. N/O29
Feldstr. P27/28
Felix-Dahn-Str. N27
Ferdinand-Beit-Str. P32
Ferdinandstor P30
Ferdinandstr. P30
Fettstr. N27
Finkenstr. Q26
Fontenay N/O30
Fontenayallee O30
Friedrichstr. Q26/27
Frohbösestr. M24
Fruchtallee M25–N27
Frühlingstr. M24
Fuhlentwiete P29
Funkstr. Q25
Gademannstr. Q25/26
Gählerstr. P26
Gänsemarkt P29
Garbestr. N27
Gaußstr. O/P24
Gefionstr. O25/26
Georgspl. P31
Gerberstr. P25
Gerhard-Hauptmann-Pl. P/Q30
Gerhardstr. Q27
Gerhofstr. P29
Gerichtstr. P25
Gerritstr. P26
Gilbertstr. P26
Glacischaussee P/Q28
Glashüttenstr. O/P28
Glockengießerwall P30/31
Glücksburger Str. N25
Gneisenaustr. M27
Goebenstr. M27
Goetheallee P24/25
Goethestr. P25
Goldbachstr. O/P25
Gorch-Fock-Str. M/N27
Gorch-Fock-Wall P28/29
Govertsweg P26
Grabbestr. P25
Grabenstr. O28
Grädenerstr. M25
Graskeller Q29
Graumannsweg O32
Gravensteiner Str. N26
Greifswalder Str. P31
Grindelallee M28–O29
Grindelberg M28
Grindelhof M/N29
Grindelweg N28/29
Große Bahnstr. M/N24
Große Bergstr. P24–Q25
Große Bleichen P29
Große Burstah Q29
Große Elbstr. Q26–R24
Große Freiheit P/Q26
Große Johannisstr. Q29/30
Große Rainstr. P24
Große Reichenstr. Q30
Große Theaterstr. P29
Großer Grasbrook R30
Großneumarkt Q28
Grotjahnstr. Q25
Grundstr. M25
Gurlittstr. O/P31
Gustav-Falke-Str. M28–N27
Gustav-Freytag-Str. M31/32
Hafentreppe Q26
Haferweg M24/25
Hallerstr. M28/29
Hamburger Berg Q27
Hamburger Hochstr. Q26
Hammerbrookstr. P/Q32
Hans-Albers-Pl. Q27
Hans-Sachs-Str. P25
Hansapl. P31
Hansastr. M29/30
Harkortstieg P25
Harkortstr. O25–P24
Hartungstr. N29
Hartwicusstr. N32
Harvestehuder Weg M/N30
Haubachstr. O25–P24
Hebbelstr. M32
Heidritterstr. Q26
Heimhuderstr. N/O30
Heimweg N30
Hein-Hoyer-Str. P/Q27
Hein-Köllisch-Pl. Q26
Heinrich-Barth-Str. M/N28
Heinrich-Grone-Stieg Q32
Heinrich-Hertz-Str. M32
Heinrichstr. N26
Helene-Lange-Str. M28
Helenenstr. O/P25
Helgoländer Allee Q28
Hellkamp M25
Henriettenstr. M26
Henriettenweg M26
Herb.-Weichmann-Str. M31–N32
Herbertstr. Q27
Hermann-Behn-Weg M/N29
Hermann-Blohm-Str. R27
Hermannstr. P/Q30
Herrengraben Q29
Herrenweide Q26
Heußweg M25/26
Hexenberg Q26
Heymannstr. M27
Hochallee M29
Högerdamm Q31/32
Höltystr. M32
Hofweg M/N32
Hohe Bleichen P29
Hohe Brücke Q/R29
Hohe Weide M28–N27
Hohenesch P24
Hoherade N25
Hoheschulstr. Q25
Holländische Reihe Q24
Holstenglacis O/P28
Holstenkamp M24/25
Holstenpl. O25
Holstenstr. O25–Q26
Holstenwall P/Q28
Holtenaustr. O25
Holzbrücke Q29
Holzdamm P31
Hopfenstr. Q27
Hospitalstr. P25
Hübenerstr. R30
Hütten P/Q28
Humboldtstr. M32
Hutmacherhof Q26
Ifflandstr. O32
Im Gehölz M26/27
Immenhof N32
Immermannstr. P24
Isebekstieg N25
Isebekstr. N24
Jessenstr. Q25
Johannes-Brahms-Pl. P28
Johannisbollwerk Q/R28
Johanniswall Q31
Johnsallee N29/30
Julius-Leber-Str. P24/25
Juliusstr. O26/27
Jungfernstieg P29/30
Jungiusstr. O/P29
Kaiser-Friedrich-Ufer M28–N27
Kaiser-Wilhelm-Str. P28/29
Kaistr. Q24
Kajen Q/R29
Kaltenkirchener Str. N/O25
Kaltenkircher Pl. O25
Kampstr. O27
Kanalstr. M32
Karl-Legien-Pl. P/Q31
Karl-Theodor-Str. Q24
Karl-Wolff-Str. P25/26
Karlstr. M31/32
Karolinenstr. O/P28
Karpfangerstr. Q28
Kastanienallee Q27
Katharinenstr. Q29/30
Kehrwieder R29
Kehrwiederspitze R29
Kennedybrücke O/P30
Kibbelsteg R30
Kieler Str. M24–O25
Kielortallee M/N28
Kippingstr. N28
Kirchenallee P31
Kirchenstr. Q25/26
Kirchentwiete Q24
Kirchenweg P31
Klausstr. Q24
Klein Fontenay O30
Kleine Bahnstr. M24
Kleine Bergstr. P/Q25
Kleine Freiheit P26
Kleine Marienstr. Q26
Kleine Rainstr. P24
Kleine Reichenstr. Q30
Kleine Seilerstr. Q27
Kleiner Kielort M/N28
Kleiner Pulverteich P32
Kleiner Schäferkamp N27
Kloksweg N27
Klopstockpl. Q24
Klopstockstr. Q24
Klopstockterrasse Q24
Klosterstieg M30
Klosterwall Q31
Knorrestr. O32
Köhlbrandtreppe Q25
Königstr. Q24–26
Kohlentwiete O24
Kohlhöfen P28
Kolbergstr. P32
Koldingstr. O25
Koopstr. N28
Koppel O32–P31
Kornträgergang P29
Kreuzweg P31/32
Kurt-Schumacher-Allee P32–Q31
Laeiszstr. O27
Lagerstr. O27/28
Lahrmannstr. P26
Lammstr. P26
Lamp'l Weg P24
Lange Mühren Q31
Lange Reihe O32–P31
Lange Str. Q26
Langenfelder Str. N25–O26
Lappenbergsallee M25
Laufgraben N28
Lawaetzweg Q25
Lerchenstieg P26/27
Lerchenstr. O/P27
Lesserspassage Q25
Leunastr. N24
Leverkusenstieg N/O24
Leverkusenstr. N24
Lilienstr. P30/31
Lincolnstr. Q26
Lindenallee N26
Lindenpl. P32
Lindenstr. P32
Lippeltstr. Q/R32
Lippmannstr. O26/27
Lobuschstr. Q24
Löfflerstr. P24/25
Lohmühlenstr. O32
Lohsepl. R31
Lombardsbrücke P30
Lornsenpl. P25
Lornsenstr. P25
Louise-Schroeder-Str. Q25/26
Ludwig-Erhard-Str. Q28/29
Ludwigstr. O27
Lübecker Tordamm O/P32
Lunapark N25
Magdalenenstr. M/N30
Magdeburger Str. R30
Magellan-Terrassen R30
Mansteinstr. M27
Margaretenstr. N27
Marienterrasse M31
Marktstr. O28–P27
Marktweg P27
Markusstr. Q28
Marseiller Str. O29
Marthastr. N26
Martin-Luther-Str. Q28/29
Mathildstr. P27/28
Matthesonstr. M24/25
Max-Brauer-Allee O26–Q24
Meißnerstr. N26
Memellandallee N25
Mennonitstr. N25
Meßberg Q30
Methfesselstr. M25
Milchstr. N30
Millerntordamm Q28
Millerntorpl. Q27
Minenstr. P32
Missundestr. N26
Mistralstr. O26
Mittelweg M–O30
Mönckebergstr. P31–Q30
Mönkedamm Q29
Mörkenstr. Q25
Mollerstr. N29/30
Monetastr. N28
Moorkamp N27
Moorweidenstr. O29/30
Mozartstr. M32
Münzpl. Q31
Münzstr. Q31
Mumsenstr. O/P26
Mundsburger Damm N32
Museumstr. Q24
Nagelsallee N/O26
Nagelsweg P–R32
Neanderstr. P/Q28
Nernstweg P24
Neß Q30
Neue Große Bergstr. P25–Q24
Neue Rabenstr. O29/30
Neuer Jungfernstieg P29/30
Neuer Kamp P27
Neuer Pferdemarkt O/P27
Neuer Steinweg Q28
Neuer Wall P30–Q29
Neuer Weg Q/R28
Neumühlen Q/R24
Neustädter Str. P28/29
Niederbaumbrücke R29
Nobistor Q26
Norderelbstr. R28
Norderhof P/Q32
Norderreihe P26
Nordersand R28
Norderstr. Q31/32
Nordkanalbrücke Q31/32
Nordkanalstr. Q32
Oberbaumbrücke Q31
Oberhafenstr. Q/R31
Oberstr. M28/29
Oelkersallee O26
Övelgönner Str. N25
Oeverseestr. O25
Olbersweg Q/R25
Ophagen N25
Osterstr. M25–27
Ottenser Hauptstr. P/Q24
Ottenser Marktpl. Q24
Ottersbekallee M26
Otzenstr. P26/27
Overbeckstr. N32
Paciusweg M24
Palmaille Q24/25
Papendamm N28
Papenhuder Str. N/O32
Parkallee M29
Paul-Nevermann-Pl. Q24
Paul-Roosen-Str. P26
Paulinenallee N25/30
Paulinenpl. P27
Paulsenpl. O26
Paulstr. Q30
Pepermölenbek Q26
Petkumstr. N32
Pilatuspool P28
Pinnasberg Q26
Pinneberger Weg M/N25
Platz der jüd. Deportierten O29
Platz der Republik Q24
Plöner Str. N24–O25
Pöseldorfer Weg M/N30
Poggenmühle Q30–R31
Poolstr. P28
Poststr. P29
Präsident-Krahn-Str. P24
Professor-Brix-Weg Q25
Pulverteich P32
Pumpen Q30/31
Querstr. Q26/27
Raboisen P/Q30
Rainvilleterrasse Q24
Rambachstr. Q/R28
Rappstr. N28/29
Rathausmarkt Q30
Rathausstr. Q30
Reeperbahn Q26/27
Reinfeldstr. N28
Rellinger Str. M24/25
Rendsburger Str. P/Q27
Rentzelstr. N/O28
Repsoldstr. Q31
Richterstr. M32
Rödingsmarkt Q29
Rohrweg R28
Rombergstr. M25
Rosenallee Q32
Rosenhofstr. O27
Rosenstr. P/Q30
Rostocker Str. P32
Rothenbaumchaussee M–O29
Rothesoodstr. Q28
Rothestr. Q24
Rutschbahn N28/29
Sachsenfeld Q32
Sachsenkamp Q32
Sägemühlstr. Q25
Sandberg Q/R25
Sandweg M/N25
Sankt Pauli-Fischmarkt Q26
Sankt Pauli-Hafenstr. Q27
Sankt Petersburger Str. O28/29
Sankt-Pauli-Alter Elbtunnel Q/R27
Saßstr. P26
Schaarsteinweg Q28/29
Schaartor Q29
Schäferkampsallee N27
Schäferstr. N27
Schanzenstr. N/O27
Schanzenweg R27
Scheel-Plessen-Str. P24
Scheideweg M27
Schenkendorfstr. M32
Scheplerstr. P26
Schillerstr. Q24
Schlankreye M27/28
Schleestr. Q25
Schleswiger Str. N24
Schlüterstr. N/O29
Schmarjestr. Q24/25
Schmidt-Rottluff-Weg P26
Schmidtspassage Q24/25
Schmilinskystr. O31–P32
Schmuckstr. Q26
Schnellstr. O/P25
Schöne Aussicht M31–N32
Schomburgstr. P25/26
Schottweg O32
Schröderstiftstr. N27/28
Schröderstiftweg N28
Schrötteringksweg N32
Schützenstr. N/O24
Schulterblatt N27–O27
Schultzweg Q31
Schulweg M26
Schumacherstr. P25
Schumannstr. M32
Schwanenwik N/O32
Schweimlerstr. O32
Schwenckestr. M25
Sechslingspforte O32
Sedanstr. N28
Seewartenstr. Q27/28
Seilerstr. Q27
Sievekingplaz P28
Silbersackstr. Q26
Silbersacktwiete Q26
Sillemstr. M25
Simon-von-Utrecht-Str. Q26/27
Soester Str. P31
Sommerhuder Str. O26
Sonninstr. Q32
Sophienallee N25/30
Sophienterrasse M30
Spaldingstr. Q32
Speckstr. P29
Speersort Q30
Spielbudenpl. Q27
Spitalerstr. P30/31
Sprengelweg M25
Stadtdeich Q/R31
Stadthausbrücke Q29
Steindamm P31/32
Steinheimpl. P26
Steinstr. Q30/31
Steintordamm P31
Steintorwall P/Q31
Steintwiete Q29

Lortzingstr. L/M17
Lothringer Str. N21
Ludolf-Camphausen-Str. K19
Ludwigstr. K/L22
Lütticher Str. L19/20
Lützowstr. L/M19
Luisenstr. L24
Lukasstr. J19
Lungengasse L21
Lupusstr. H/J22
Luxemburger Wall M/N20
Maastrichter Str. L20
Machabäerstr. J/K22
Magnusstr. K20/21
Mainzer Str. N22
Maria-Ablaß-Pl. K21
Mariawaldstr. N17
Mariengartengasse K/L21
Marienpl. L22
Marienstr. H17–J18
Markmannsgasse L22
Markomannenstr. L24
Marsiliusstr. N18
Marspfortengasse K/L22
Marspl. L22
Martin-Luther-Plaze N21
Martinsfeld M21
Maternusstr. N22/23
Mathiasstr. L/M22
Mathildenstr. L23
Mauritiussteinweg L/M21
Mauritiuswall L/M20
Max-Reger-Str. L18
Maximinenstr. K22
Maybachstr. J21
Mechternstr. K18
Mechtildisstr. M22
Meister-Ekkehart-Str. M19
Meister-Gerhard-Str. M20
Melatengürtel K/L17
Melchiorstr. H/J22
Menzelstr. H20/21
Merheimer Pl. H21
Merheimer Str. H21
Merowingerstr. N21/22
Messeboulevard J/K24
Messekreisel K24
Messepl. K23
Methweg H20
Metzer Str. N21/22
Mevissenstr. H/J23
Mindener Str. K/L23
Minoritenstr. L21/22
Mittelstr. L20/21
Mohrenstr. K21
Moltkestr. K/L19
Mommsenstr. N17
Montabaurer Weg M25
Moselstr. M20
Mozartstr. L20
Mühlenbach L/M22
Mühlengasse L22
Myliusstr. J19
Neptunpl. J18
Neptunstr. J18
Neue Maastrichter Str. K19–L20
Neue Weyerstr. M20/21
Neuhöfferstr. K/L24
Neumarkt L21
Neusser Pl. H22
Neusser Str. H21–J22
Neusser Wall H22/23
Niederichstr. J22
Niederländer Ufer H23/24
Niehler Str. H22
Nietzschestr. M19
Nikolausstr. N18/19
Nohlstr. H21
Norbertstr. K21
Nord-Süd-Fahrt L/M22
Nußbaumerstr. H18/19
Obenmarspforten L22
Ölstr. K17
Östliche Zubringerstr. L24–N25
Opladener Str. K/L24
Oppenheimstr. H23
Oskar-Jäger-Str. J–L17
Osterather Str. H20
Osthallenstr. K24
Otto-Fischer-Str. M20
Otto-Gerig-Str. M24
Ottopl. K23
Ottostr. H18/19
Overbeckstr. H19
Overstolzenstr. N21
Palanterstr. N18/19
Palmstr. K/L20
Parkgürtel H19
Paul-Schallück-Str. N20
Paulstr. M21
Pellenzstr. J18/19
Perlengraben M21/22
Peter-Bauer-Str. J19
Peter-Dedenbach-Str. J/K19
Pettenkofer Str. H19
Pfälzer Str. M/N20
Pfälzischer Ring J25
Pfarriusstr. M17
Pfitznerstr. L18
Philippstr. J18
Pilgrimstr. L20
Pipinstr. L22
Piusstr. K19–L18
Plankgasse J21/22
Platenstr. H18–J17
Poller Kirchweg N24
Prälat-Otto-Müller-Pl. H21/22
Probsteigasse K21
Rathauspl. L22
Rathenaupl. M20
Rautenstrauchstr. L17
Redwitzstr. N18/19
Reichenspergerpl. H22
Reischpl. L24
Reisstr. J18
Reitweg L25
Remigiusstr. M19
Rennebergstr. M19
Repgowstr. M19
Rheinaustr. M22
Rheinparkweg K23
Rheinufertunnel K/L22
Richard-Strauss-Str. L18
Richard-Wagner-Str. L19/20
Richmodstr. L21
Riehler Pl. H23
Riehler Str. H23–J22
Ritterstr. J21
Robert-Blum-Str. M/N17
Robert-Koch-Str. M/N18
Röntgenstr. H18/19
Rolandstr. N21/22
Rolshover Kirchweg N24/25
Roncallipl. K22
Roonstr. L/M20
Rosenstr. M22
Roßstr. K18
Rothehausstr. J18
Rothgerberbach M21
Rotterdamer Str. H24
Rudolf-Amelunxen-Str. N20
Rudolfpl. L20
Rückertstr. N17
Rupprechtstr. N18
Rurstr. N17/18
Saarstr. N20
Sachsenbergstr. J24
Sachsenring M21–N22
Säckinger Str. N17
Salierring M20/21
Salzgasse L22
Schaafenstr. L20
Schadowstr. H19
Schaevenstr. L20
Schallstr. M18
Schaurtestr. L24
Scheffelstr. N17
Scheidtweilerstr. L17
Schildergasse L21
Schillingstr. J21/22
Schirmerstr. H19
Schlegelstr. N17
Schleidener Str. N18
Schmalbeinstr. K/L19
Schnurgasse M21
Schönsteinstr. H/J18
Schumacherstr. M18
Schwalbengasse K21
Sechzigstr. H21
Sedanstr. J22
Senefelderstr. H/J18
Severinsbrücke M22/23
Severinskirchpl. N22
Severinstr. M/N22
Severinswall N22/23
Seyengasse M22
Siegburger Str. L23–N25
Siegesstr. L23
Sielsdorfer Str. N17
Siemensstr. H18
Simarpl. H18
Simrockstr. J18/19
Sömmeringstr. J18
Sonnenscheinstr. J25
Speditionshof J/K24
Speestr. N18
Spichernstr. K20
Spiesergasse K20/21
Sporthallenweg J/K24
St.-Apern-Str. K/L21
Stadtwaldgürtel L/M17
Stammstr. J18/19
Stauderstr. M/N20
Steinfeldergasse K21
Steinstr. M21
Sternengasse L21/22
Stolberger Str. K17
Stolkgasse K21
Stolzestr. N20
Stormstr. H22
Straße des 17. Juni K25
Stuppstr. K19
Subbelrather Str. H17–J20
Sudermanpl. J21/22
Sülzburgstr. N18
Suevenstr. L/M24
Suitbert-Heimbach-Pl. N17
Takustr. H17/18
Tel-Aviv-Str. M22
Tempelstr. L23
Teutonenstr. M23
Thebäerstr. J/K18
Theodor-Brauer-Str. J25
Theodor-Heuss-Ring J22
Theodor-Hürth-Str. L24
Theresienstr. M17
Thieboldsgasse L/M21
Thürmchenswall J22
Thusneldastr. L24
Trajanstr. N23
Trierer Str. M20/21
Troisdorfer Str. M23
Tunisstr. K21
Turiner Str. J22
Ubierring N22/23
Ürdinger Str. H21
Uhlandstr. M17
Ulitzkastr. J25
Ullrich-Zell-Str. H20
Ulrichgasse M22–N21
Universitätsstr. L–N19
Unter Goldschmied K/L22
Unter Kahlenhausen J22
Unter Krahnenbäumen J22
Urbanstr. L23
Ursulapl. K21
Ursulastr. K21/22
Utrechter Str. L19
Vallendarer Str. M25
Venloer Str. H17–K20
Venloer Wall J/K20
Victoriastr. K21
Virchowstr. M17
Vogelsanger Str. J17–K19
Vogteistr. J21
Volksgartenstr. N21
Von-Lauff-Str. L17
Von-Sandt-Pl. L24
Von-Werth-Str. K20
Vor den Siebenburgen M21
Vorgebirgstr. N21
Vorgebirgswall N20/21
Wahlenstr. J18
Waidmarkt M22
Waisenhausgasse M21
Walter-Kasper-Weg M/N24
Walter-Pauli-Ring L25
Waltharistr. L24
Weberstr. M22
Weidengasse J21/22
Weinsbergstr. K17–19
Weißenburgstr. H22
Weißhausstr. M19–N20
Werderstr. K20
Wermelskircher Str. J25
Westerwaldstr. M25
Wevelinghovener Str. H21
Weyerstr. M20/21
Weyertal M18–N19
Wickrather Str. H21
Widdersdorfer Str. K17
Wilhelm-Backhaus-Str. M18
Willy-Brandt-Pl. L24
Windmühlenstr. H25
Wissener Weg M25/N24
Wißmannstr. J18/19
Wittgensteinstr. M17
Wöhlerstr. H19/20
Woensamstr. L18/19
Wörthstr. H22–J23
Wolfsstr. L21
Worringer Str. H23
Wüllnerstr. M17/18
Zeppelinstr. L21
Zeughausstr. K21
Zonser Str. H21
Zoobrücke H23/24
Zülpicher Pl. M20
Zülpicher Str. M20–N17
Zülpicher Wall M19
Zugasse M/N22
Zwirnerstr. M/N22

Leipzig S. 175

Aachener Str. B/C1
Albrecht-Dürer-Pl. E3
Alexis-Schumann-Pl. F3
Alfred-Kästner-Str. F2/3
Altenburger Str. F4
Alter Amtshof C2
Am Hallischen Tor B3
An den Tierkliniken F4
An der Verfassungslinde C4
Anton-Bruckner-Allee D1
Arndtstr. E2/3
Arthur-Hoffmann-Str. D–F3
Audorfstr. D/E2
August-Bebel-Str. E/F2
Auguste-Schmidt-Str. C3/4
Augustuspl. C3
Bachstr. C/D1
Barfußgäßchen B2/3
Bauhofstr. D3/4
Bayrischer Pl. D3
Beethovenstr. D1/2
Beipertbrücke F1
Berliner Str. A3/4
Bernhard-Göring-Str. D–F3
Böttchergäßchen B3
Bosestr. B/C2
Brahmspl. D1
Brandenburger Str. A/B4
Brandvorwerkstr. E/F2
Braustr. E2/3
Brüderstr. C3–D4
Brühl B2/3
Büttnerstr. B4
Burgpl. C2/3
Burgstr. C2
Carl-Maria-v.-Weber-Str. B1
Chopinstr. B4
Christianstr. A1
Czermaks Garten B4
Davidstr. C/D1
Dimitroffstr. C3–D2
Dittrichring B/C2
Dörrienstr. B4
Dösner Weg E/F4
Dohnanyistr. A/B4
Dorotheenpl. C2
Dresdner Str. C4
Dürrpl. F1
Dufourstr. E2
Edvard-Grieg-Allee D1
Egelstr. B4
Elsterstr. B1–C2
Emil-Fuchs-Str. A1/2
Emilienstr. D3
Erich-Weinert-Str. A2/3
Ernst-Schneller-Str. C/D3
Eutrizscher Str. A3
Färberstr. B2
Ferdinand-Lassalle-Str. C/D1
Ferdinand-Rhode-Str. D1–E2
Feuerbachstr. A/B1
Floßpl. D2
Fockestr. E/F2
Franz-Schubert-Pl. D1
Fregestr. A/B1
Friedrich-Ebert-Str. B1–C2
Friedrichstr. C/D4
Funkenburgstr. A/B1
Georgiring B/C4
Gerberbrücke A3
Gerberstr. A/B3
Gewandgäßchen C3
Glockenstr. D4
Gneisenaustr. A2/3
Goerdelerring B2
Goethestr. B/C3
Goldschmidtstr. C3/4
Gottschedstr. B1–C2
Grassistr. D/E2
Grimmaische Str. C2/3
Grimmaischer Steinweg C3/4
Große Fleischergasse B2
Grünewaldstr. C/D3
Güterstr. A/B3
Gustav-Adolf-Str. B1/2
Gustav-Mahler-Str. C1/2
Härtelstr. D3
Hahnekamm B4
Hainstr. B2/3
Hans-Poeche-Str. A/B4
Hardenbergstr. F2–4
Harkortstr. C–E2
Hauptmannstr. C1
Haydnstr. D1/2
Heinrich-Schütz-Pl. F2
Hillerstr. C1
Hinrichsenstr. B1/2
Hofmeisterstr. A/B4
Hohe Str. D2/3
Humboldtstr. A3–B2
Jablonowskistr. C/D3
Jacobstr. A/B2
Jahnallee B1/2
Johannisallee D/E4
Johannisgasse C4
Johannispl. C4
Johannnaparkweg D1
Käthe-Kollwitz-Str. B2–C1
Karl-Liebknecht-Str. D–F3
Karl-Tauchnitz-Str. C–E2
Katharinenstr. B/C3
Keilstr. A3
Kleine Fleischergasse B2
Klostergasse B/C2
Kochstr. E3–F2
Körnerpl. E3
Körnerstr. E2–4
Kohlenstr. D/E3
Kolonnadenstr. C1/2
Kreuzstr. B4
Kuhturmallee A1
Kupfergasse C3
Kurt-Eisner-Str. F1–3
Kurt-Schumacher-Str. A/B3
Lampestr. D2
Leibnitzstr. A1–B2
Leibnitzweg A1
Leplaystr. C/D3
Lessingstr. B1/2
Liebigstr. D3/4
Littstr. B4
Liviastr. A1
Löhrstr. A2–B3
Lößniger Str. E/F3
Lortzingstr. A/B2
Lotterstr. C2
Louise-Otto-Peters-Pl. A1
Mädlerpassage C3
Magazingasse C3
Mahlmanstr. E2
Manetstr. C2
Markgrafenstr. C2/3
Markthallenstr. C3
Marschnerstr. C1
Martin-Luther-Ring C2/3
Matthäikirchhof B2
Max-Beckmann-Str. C1/2
Max-Reger-Allee E1
Mendelssohnstr. B/C1
Michaelistr. A3
Mozartstr. D1/2
Münzgasse D2/3
Neumarkt C3
Niederkirchnerstr. E2/3
Nikolaikirchhof B3
Nikolaistr. B/C3
Nordstr. A/B3
Nürnberger Str. C4–D3
Otto-Schill-Str. C2
Packhofstr. B3
Parthenstr. A2/3
Paul-Gerhardt-Weg C1/2
Paul-Gruner-Str. D2–E3
Paul-List-Str. D4
Peterskirchhof C3
Peterssteinweg C/D3
Petersstr. C3
Pfaffendorfer Str. A/B2
Philipp-Rosenthal-Str. D3–E4
Prager Str. C4
Preußergäßchen C3
Querstr. B/C4
Ratsfreischulstr. C2
Reichelstr. C2
Reichsstr. B/C3
Rennbahnsteg E1
Rennbahnweg E1
Richard-Strauß-Pl. D1
Richard-Wagner-Pl. B2
Richard-Wagner-Str. B2/3
Riemannstr. D2/3
Ritterstr. B/C3
Robert-Schumann-Str. D/E2
Rosa-Luxemburg-Str. B4
Rosentalgasse A/B2
Roßpl. C3
Rudolphstr. C2
Salomonstr. B/C4
Salzgäßchen B3
Scharnhorststr. F2–4
Schenkendorfstr. E2/3
Schillerstr. C3
Schlegelstr. E2
Schletterpl. D3
Schleußiger Weg F1
Schloßgasse C3
Schönauer Allee A1
Schreberstr. B/C1
Schützenstr. B4
Schuhmachergasse B3
Schwägrichenstr. D1–E2
Seeburgstr. C3–D4
Shakespearepl. E3
Shakespearestr. E3
Simsonstr. D2
Sporergäßchen C2/3
Steinpl. F3
Steinstr. F2–4
Stephanstr. C/D4
Sternwartenstr. C3–D4
Straße des 17. Juni D2/3
Straße des 18.Oktober D/E4
Südpl. E2/3
Täubchenweg C4
Talstr. C/D4
Tarostr. E/F4
Telemannstr. E2
Thomasiusstr. B2
Thomaskirchhof C2
Tieckstr. F1/2
Tröndlinring B2/3
Tschaikowskistr. A/B1
Turnerstr. C/D3
Uferstr. A2/3
Universitätsstr. C3
Wächterstr. D1/2
Waldpl. B1
Waldstr. A/B1
Webergasse D4
Westpl. C1
Wettiner Str. A1
Wilhelm-Leuschner-Pl. C3
Wilhelm-Liebknecht-Pl. A3
Wilhelm-Seyfferth-Str. C/D2
Wilhelm-Wundt-Pl. D/E1
Willmar-Schwabe-Str. B1
Willy-Brandt-Pl. B3
Windmühlenstr. C/D3
Wintergartenstr. B4
Wundtstr. E2–F1
Zentralstr. C2
Zimmerstr. C2
Zöllnerweg A1

Ludwigshafen S. 218-219

Achenbachstr. F4/5
Adlerdamm F2
Alberichstr. C2
Alwin-Mittasch-Pl. B1
Amalienstr. C/D2
Amselweg A1
Amtsstr. C/D4
An der Kammerschleuse F4
An der Rheinschanze D4
Anilinstr. B2
Arnimstr. A1
Arnulfstr. E3
Auerstr. B1
Bahnhofstr. C4–D3
Bayernpl. E4
Bayernstr. E4
Benckiserstr. C/D3
Benzstr. B1
Bergmannstr. B1/2
Berliner Pl. D4
Berlinerstr. C3–D4
Bernhard-Timm-Pl. B3
Berzeliusstr. B1
Bessemerstr. B/C2
Bismarckstr. C3–D4
Bleichstr. D4–E3
Bliesstr. D1
Blücherstr. B2–C3
Böcklinstr. F3/4
Böhlstr. A/B2
Borsigstr. B1
Brahmsstr. E/F4
Bremserstr. A2–B1
Bruchwiesenstr. D–F1
Brucknerstr. E4
Brunckstr. A1
Brunhildenstr. D1
Bruno-Körner-Str. D1
Bürgerm.-Krafft-Pl. E4
Bürgerm.- Grünzweig-Str. C1–3
Bürgermeister-Kutterer-Str. D3
Bürgerstr. B2
Burgundenstr. C2–D1
Carl-Bosch-Str. A1/2
Carl-Friedrich-Gauß-Str. C2
Carl-Wurster-Pl. C3
Christian-Weiß-Str. F1
Dammstr. D4
Danziger Pl. C/D3
Defreggerstr. F5
Dessauer Str. B/C3
Deutsche Str. C/D2
Dörrhorststr. D3
Donnersbergweg E1
Drosselweg A1
Dürerstr. F4
Eichendorffstr. F2
Erich-Reimann-Str. F2/3
Ernst-Bloch-Pl. D4
Ernst-Boehe-Str. E1
Erzbergerstr. B/C1
Europapl. C3
Fabrikstr. B2
Falkenstr. B2
Ferdinand-Freiligrath-Str. ..F2
Fichtestr. A/B1
Finkenweg A1
Fontanestr. E3–F2
Frankenthaler Str. C1/2
Franz-Zang-Str. E/F1
Freiastr. D1/2
Friedrich-Heene-Str. E4/5
Friedrich-Lux-Str. D3
Ganderhofstr. B3
Ganghoferstr. F2
Gartenstr. B3
Gartenweg, IV. A/B2
Geibelstr. A1/2
Georg-Büchner-Str. E2
Georg-Herwegh-Str. E3–F2
Gneisenaustr. E4/5
Goethestr. B2
Graebestr. B1/2
Gräfenaustr. B2–C3
Grünerstr. D/E4
Gudrunstr. D2
Gustav-Heinemann-Allee C2/3
Händelstr. E3
Hafenstr. E5–F4
Halbergstr. D4/5
Hans-Sachs-Str. E4
Hartmannstr. B2–C3
Haveringallee C3
Haydnstr. E3
Hegelstr. A1
Heinigstr. C3–D4
Heinrich-Heine-Str. E2–F3
Hemshofstr. B2/3
Herderstr. F2
Hermann-Hofmann-Str. D1
Herzogstr. E4
Hohenzollernstr. A1–C2
Holbeinstr. F4
Hornstr. D4
Hüttenmüllerweg A/B1
In den Aspen B1
Industriestr. C1
Jacob-von-Lavalle-Pl. E2
Jägerstr. C3
Jakob-Binder-Str. C3
Kaiser-Wilhelm-Str. C4–D3
Kanalstr. B3–C2
Kappesgartenweg F2/3
Karl-Krämer-Str. E4/5
Karl-Müller-Str. A2–B1
Karlstr. B2/3
Kleiststr. F2
Kneippstr. B1
Knollstr. D/E3
Konrad-Adenauer-Brücke C/D5
Koschatpl. E3
Koschatstr. E3
Kuckucksweg A1
Kukelepl. A1
Kurfürstenstr. E3/4
Kurt-Schumacher-Brücke B3–5
Kurze Str. A2–B3
Kußmaulstr. B2
Lachnerstr. E3/4
Lagerhausstr. E5–F4
Lagerplatzweg C2
Lannerstr. E3
Lenaustr. B2
Lenbachstr. E/F5
Leopoldstr. A1
Leuschnerstr. A1–B2
Lichtenberger Str. C/D4
Liebermannstr. A1
Liebigstr. B2
Limburgstr. C3
Lisztstr. E4–F3
Lorientallee C2–D3
Ludig-Reichling-Str. E/F1
Ludwig-Bertram-Str. D2/3
Ludwig-Börne-Str. E/F2
Ludwigpl. C4
Ludwigstr. C/D4
Lungestr. A1
Margaretenstr. D2
Marienstr. B3
Marschnerstr. E/F3
Martin-Greiff-Str. F2
Max-Reger-Str. E4
Maxstr. C3–D4
Mendelssohnstr. E4–F3
Menzelstr. F5
Mittlere Drehbr. E/F5
Moltkestr. D4
Mottstr. B3
Mozartstr. F4
Mundenheimer Str. D4–F3
Nibelungenallee E1
Nietzschestr. A1
Orffstr. D4
Oskar-Vongerichten-Str. E2–F1
Otto-Dill-Str. F5
Otto-Stabel-Str. D4
Parkstr. E5–F4
Pasadenaallee C3–D2
Paul-Ehrlich-Str. B1
Paul-Kleefootpl. D4
Pestalozzistr. E3
Pettenkoferstr. B2–C1
Pfalzgrabenpl. E4
Pfalzgrafenstr. E3/4
Pinienstr. F1
Platenstr. A1
Pranckhstr. D/E4
Prinzregentenstr. B/C3
Rathauspl. C3
Rembrandtstr. E/F4
Rene-Bohn-Str. B1/2
Rheinfeldstr. A1
Rheinufer B3
Rheinuferstr. A2–D5
Richard-Dehmel-Str. E2/3
Richard-Wagner-Str. E/F4
Röntgenstr. B2–C1
Rohrlachstr. B3–C2
Rollesstr. B2
Roonstr. D/E4
Rosseggerstr. F2
Rossinistr. E3
Rottstr. E3–5
Rubensstr. F4
Rudolf-Hoffmann-Pl. C2
Ruthenpl. A1
Saarlandstr. D4–F2
Sauerbruchstr. B/C2
Schänzeldamm F1/2
Schanzstr. B/C2
Scharnhorststr. E/F4
Scheffelstr. A1
Schellingstr. A1/2
Schießhausstr. E/F4
Schmale Gasse B2/3
Schopenhauerstr. A1
Schubertstr. E/F4
Schützenpl. E4
Schulstr. C3/4
Schumannstr. E4
Schwalbenweg A1
Schwantahlerallee F5
Schwantalherpl. F5
Schwindstr. F4
Sebastian-Bach-Str. E3
Seilerstr. B2–C3
Seydlitzstr. D/E4
Sieglindenstr. D1/2
Silcherstr. E3/4
Slevogtweg E4
Sodastr. B2
Sperlinggasse A/B1
Stifterstr. F2
Sudermannstr. E3
Suppestr. E3
Theaterpl. D4
Thorwaldsenstr. F4
Treppenweg B1
Turmstr. D1
Unteres Rheinufer B3
Valentin-Bauer-Str. C2–D1
Van-Leyden-Str. F4
Virchowstr. B1
Volkerstr. C1
Von-der-Tann-Str. C3
Von-Drais-Str. B1
Von-Weber-Str. E/F3
Walkurenstr. D1/2
Waltraudenstr. C2–D1
Walzmühlstr. D5
Welserstr. C2/3
Westendstr. D3
Wielandstr. F2
Wildermuthstr. F2
Wislicenusstr. B1/2
Wittelsbachpl. E3
Wittelsbachstr. E4/5
Wöhlerstr. A/B2
Wörthstr. D4
Wolframstr. A1
Wredestr. D3/4
Yorckstr. D4/5
Zellerstr. E3
Zollhofstr. C4

Mannheim S. 218-219

A1 C6
A2 C6
A3 C5/6
A4 C5
A5 C5
Almenpl. F8
Almenstr. F8
Alter Meßpl. A7
Alter Rangierbahnhof E7
Am Friedenspl. D9
Am Friedhof B9
Am Meßpl. A7
Am Oberen Luisenpark C/D9
Am Salzkai A5/6
Amerikanerstr. D7
Augartenpl. D7
Augartenstr. D/E8
Augustaanlage C8–D9
B1 C6
B2 C6
B4 C5/6
B5 C5
B6 B5
B7 B5
Bachstr. D8
Bassermannstr. B8–C9
Beethovenstr. C8
Beilstr. A5
Bellenstr. D6–E7
Berliner Str. B8–C7
Bibienastr. A9
Binnenhafenstr. A4
Bismarckpl. D7
Bismarckstr. C5–D7
Böcklerstr. B7
Böckstr. A5
Brahmsstr. D8
Brentanostr. F7/8
Brucknerstr. D9
Burgstr. D/E8
C1 C6
C2 C6
C3 B/C6
C4 B/C6
C5 B5/6
C6 B5
C7 B5
Cahn-Garnier-Ufer B7/8
Cannabichstr. A8
Carl-Benz-Str. A8/9
Carl-Metz-Str. D6/7
Carl-Reiß-Pl. D9
Chamissostr. A7
Charlottenpl. C8
Cheliusstr. A/B9
Collinistr. B7/8
D1 B/C6
D2 B/C6
D3 B6
D4 B6
D5 B6
D6 B5/6
D7 B5
Dalbergstr. A5/6
Dammstr. A6/7
Donnersbergstr. F6/7
Drachenfelsstr. F6
Dynamostr. D/E9
E1 B6
E2 B6
E3 B6
E4 B6
E5 B6
E6 B6
E7 B5
Egellstr. A7
Eichelsheimer Str. E6/7
Eichendorffstr. A8
Elisabethstr. C7/8
Emil-Henckel-Str. E7–F6
Erzbergerstr. C8/9
Eschkopfstr. F7
Europapl. D9
F1 B6
F2 B6
F3 B6
F4 B6
F5 B6
F6 B6
F7 B5
Fabrikstationsstr. F8/9
Fahrlachstr. E9
Fahrlachtunnel E8
Fichtestr. C/D9
Freherstr. A5
Friedenspl. D9
Friedenspl. D9
Friedrich-Ebert-Brücke A9–B8
Friedrich-Karl-Str. C/D7
Friedrichspl. C7
Friedrichsring B7
Fritz-Huber-Str. E9
Fruchtbahnhofstr. A3–B4
G2 B6
G3 B6
G4 B6
G5 B6
G6 B6
G7 B5/6
Galileistr. D7
Gaußstr. D/E8
Gebelsbstr. D7/8
Georg-Lechleiter-Pl. E8
Gluckstr. D8
Goethestr. B7/8
Gontardpl. E6
Gontardstr. D6–E7
Gottlieb-Daimler-Str. D/E9
Grenzweg F8
Grillparzerstr. A8
Große Holzgasse E7/8
Großer Weidstückerweg E/F8
Güterhallenstr. A4–B5
H1 B6
H2 B6
H3 B6
H4 B6
H5 B6
H7 A5–B6
Haardtstr. F6/7
Hafenstr. A/B5
Hanns-Glückstein-Pl. E7
Hans-Böckler-Pl. B7
Hasenackerstr. F9
Hebelstr. B7/8
Heidelberger Str. C7
Heinrich-Lanz-Str. D7
Heinrich-von-Stephan-Str. D7
Hellingstr. A5
Hermann-Heimerich-Ufer A/B8
Holzbauerstr. A7
Holzstr. A6
Ifflandstr. B7
J1 B6
J2 B6
J3 B6
J4 B6
J5 B6
J6 B6
J7 A/B6
Josef-Braun-Ufer B8–C9
Joseph-Haydn-Str. D8
Joseph-Keller-Str. D6
Jungbuschbrücke A5
Jungbuschstr. A/B5
K1 B6/7
K2 A6–B7
K3 B6
K4 A/B6
K5 A/B6
K6 A/B6
K7 A6
Käfertaler Str. A7/9
Käfertaler Str. A7
Kaiserring B–D7
Kalmitstr. F6
Kantstr. C/D9
Kapuzinerpl. C6
Kapuzinerplanken C6/7
Karl-Ludwig-Str. C/D8
Karl-Mathy-Str. A9
Keplerstr. D7
Kinzigstr. A8
Kirchenstr. A/B5
Kirchhoffstr. F9
Kleinfeldstr. D/E8
Kleiststr. A7/8
Kobellstr. A8
Kohlenstr. A4
Kolpingstr. B8–C9
Konrad-Adenauer-Brücke C/D5
Kopernikusstr. D7/8
Krafft-Ebing-Str. A/B9
Krappmühlstr. D/E8
Kurpfalzbrücke A/B7
Kurpfalzstr. B7–C6
Kurt-Schumacher-Brücke B3–5
Kußmaulstr. A9
L1 C6
L10 C6
L11 C/D6
L12 C6–D7
L13 D6
L14 C/D7
L15 D6/7
L2 C6
L3 C6
L4 C6
L5 C6
L6 C6
L7 C6
L8 C6
L9 C/D6
Lachnerstr. C8
Lameystr. C7/8
Landteilstr. E6/7
Landzungenstr. A4/5
Lange Rötterstr. A7/8
Langstr. A6/7
Laurentiusstr. A7
Leibnizstr. C9–D8
Lenaustr. A8
Lessingstr. B8
Lindenhofpl. D6
Lindenhofstr. E/F7
Ludolf-Krehl-Str. A9
Ludwig-Ratzel-Str. B/C9
Ludwigsbadstr. B/C5
Ludwigshafener Str. E/F9
Luisenring A7–B5
M1 C6
M2 C6
M3 C6
M4 C6
M5 C6
M6 C6/7
M7 C7
Mainstr. A8/9
Marktpl. B6
Max-Joseph-Str. A7
Maximilianstr. C8
Medicusstr. B/C9
Meeräckerpl. F7
Meeräckerstr. F/G7
Meerfeld Str. D6–F7
Meerlachstr. E6
Meerwiesenstr. F6/7
Mittelstr. A6/7
Möhlstr. D9–F8
Mönchwörthstr. F8
Mollstr. C/D8
Moltkestr. C/D7
Moselstr. A8
Mozartstr. B8
Mühlauhbrücke B5
N1 C6
N2 C6
N3 C6
N4 C6
N5 C6
N6 C6/7
N7 C7
Nebeniusstr. A9
Neckarauer Str. F8/9

Neckarpromenade A7
Neckarvorlandstr. A5/6
Nietzschestr. D8/9
O2 C6
O3 C6
O4 C6
O5 C6/7
O6 C7
O7 C7
Obere Clignetstr. A7/8
Oswald-v.-Nell-Breuning-Pl. C6
Otto-Beck-Str. C9–D8
Otto-Selz-Str. C5/6
P1 B/C6
P2 B/C6
P3 C6
P4 C6/7
P5 C7
P6 C7
P7 C7
Paradepl. C6
Parkring B/C5
Peterskopfstr. F7
Pfalzpl. F7
Philosophenpl. D9
Planken B6–C7
Pozzistr. A7
Q1 B6
Q2 B6
Q3 B6/7
Q4 B/C7
Q5 B/C7
Q6 C7
Q7 C7
R1 B6
R2 B6
R3 B6/7
R4 B7
R5 B7
R6 B/C7
R7 B/C7
Rahnfelsstr. F6
Rampenweg E/F8
Rathenaustr. B/C8
Regattastr. B4/5
Reichskanzler-Müller-Str. D7–E8
Rennershofstr. D/E6
Renzstr. B7/8
Rheinaustr. E6
Rheindammstr. D/E6
Rheinhäuser Str. D7–E8
Rheinkaistr. A3–C5
Rheinkaistr. B4–C5
Rheinmühlenstr. B4
Rheinparkstr. E6
Rheinpromenade D5–E6
Rheinstr. B5/6
Rheinvillenstr. E6
Rheinvorlandstr. C/D5
Rheinvorlandstr. D5
Richard-Wagner-Str. D7/9
Röntgenstr. A/B9
Roonstr. C/D7
Rosengartenpl. C7
S1 B6
S2 B6/7
S3 B7
S4 B7
S5 B7
S6 B7
Schafweide A7/8
Schanzenstr. A5/6
Schellingstr. D9
Schillerpl. C6
Schimperstr. A7
Schlachthofstr. D/E9
Schleiermacherstr. D9
Schleusenweg C4/5
Schöpflinstr. B/C9
Schopenhauerstr. D9
Schubertstr. D9
Schwarzwaldstr. F6/7
Schwetzinger Str. D7–E8
Schwetzinger Str. E8
Seckenheimer Str. C7–E9
Seilerstr. A6
Siemensstr. F9
Soironstr. A9
Sophienstr. C8
Spatzenbrücke B5
Speyerer Str. F7/8
Spinozastr. C8–D9
Stephanienstr. F6
Stephanienufer E/F6
Stotzstr. E7–F8
Stresemannstr. C7/8
Suckowstr. B8
Swanseapl. B6
T1 B6/7
T2 B7
T3 B7
T4 B7
T5 B7
T6 B7
Tattersallstr. C/D7
Tauberstr. A8
Teufelsbrücke A5
Theodor-Kutzer-Ufer B8/9
Toräckerstr. D7
Torwiesenstr. E/F6
Traitteurstr. D7/8
Trifelsstr. F6
Tullastr. C7/8
Tunnelstr. D6
U1 B7
U2 B7
U3 B7
U4 B7
U5 B7
U6 B7
Uhlandstr. A8
Untere Clignetstr. A8
Valentin-Streuber-Str. F8
Verbindungsk. Linkes Ufer A/B5
Verlängerte Jungbuschstr. A4/5
Verschaffeltstr. A8
Viehhofstr. E8
Viktoriastr. C8
Waldparkdamm F6
Waldparkstr. E/F6
Weidenstr. D8–E9
Weinbietstr. F6/7
Werderpl. C8
Werderstr. C8–D7
Werfthallenstr. A/B4
Werftstr. A5
Wespinstr. D8
Weylstr. A9
Willy-Brandt-Pl. D7
Windeckstr. E6–F8
Windmühlstr. E8
Zellerstr. A9

München S. 236-237

Adalbertstr. A5–B7
Adamstr. B2/3
Adelgundenstr. D/E7
Adelheidstr. A5
Adlzreiterstr. F3
Adolf-Kolping-Str. D4
Agnesstr. A4–6
Akademiestr. A6–B7
Albanistr. F6
Albertgasse D6
Albrechtstr. A1–B2
Alexandrastr. C/D8
Alfonsstr. A/B2
Altenhofstr. D6
Altheimer Eck D5
Am Bavariapark E1/2
Am Einlaß E6
Am Eisbach A9
Am Feuerbächl F6
Am Gasteig E7/8
Am Glockenbach F5
Am Gries C8
Am Hergottseck F7
Am Kosttor D6
Am Lilienberg E7
Am Neudeck F7
Am Tucherpark A8/9
Am Wageck F7
Am Westpark F1
Amalienpassage B6
Amalienstr. A–C6
Amirapl. C6
An der Hauptfeuerwache E5
An der Kreppe E8
Angertorstr. E5
Anglerstr. E1
Arcisstr. A6–C5
Arcostr. C5
Arndtstr. F5
Arnulfstr. C1–D4
Artilleriestr. A1/2
Asamstr. F6
Auenstr. F5/6
Auf der Insel E7
Augsburgerstr. E4/5
August-Kühn-Str. F2
Augustenstr. A5–C4
Augustinerstr. D5/6
Aventinstr. E6
Baaderpl. E6
Baaderstr. E7–F6
Bad Brunnthal B9
Bahnhofspl. D4
Balanstr. F8
Baldestr. F5
Barer Str. A6–C5
Barnabasstr. F8
Baumgartnerstr. F1/2
Baumstr. F5
Bavariaring D3–F2
Bayerstr. D3/4
Bazeillesstr. F8/9
Beethovenpl. E4
Beethovenstr. E3/4
Belfortstr. E/F9
Ben-Chorin-Str. E1/2
Bereiteranger F6
Bergmannstr. D/E1
Berlepschstr. F2
Birkerstr. B2–C1
Blücherstr. B1
Blütenstr. B6
Blumenstr. E5/6
Blutenburgstr. B1–3
Bogenhauser Kirchpl. B9
Bogenstr. D8/9
Boosstr. F6
Bordeauxpl. E/F9
Boschbrücke E7
Bothmerstr. A1
Bräuhausstr. D6
Breisacher Str. E/F9
Brienner Str. B4–C6
Bruderstr. C7
Brunnstr. D5
Bürkleinstr. D7
Burgstr. D6
Buttermelcherstr. E6
Carlamaria-Heim-Str. F2
Chorherrstr. E8
Christophstr. C7
Comeniusstr. E8/9
Corneliusbrücke F6
Corneliusstr. E5–F6
Cranachstr. A3/4
Crusiusstr. C8
Cuvilliesstr. C9
Dachauer Str. A3–C4
Daimlerstr. A5
Damenstiftstr. D5
Denisstr. C3
Deroystr. C2
Dianastr. B8
Dienerstr. D6
Donnersbergerbrücke C/D1
Donnersbergerstr. A–C1
Dreifaltigkeitspl. E6
Dürnbräugasse D6
Dultstr. D/E5
Eduard-Schmid-Str. F6/7
Eggernstr. E8
Einsteinstr. D9
Elisabethpl. A6
Elisenstr. C4–D5
Elsässer Str. E/F9
Elvirastr. B2
Emil-Riedel-Str. B/C8
Enhuberstr. B4/5
Entenbachstr. F6
Enzenspergerstr. F8
Erhardtstr. E7–F6
Ernst-Henle-Str. A2/3
Erzgießereistr. A/B3
Esperantopl. E3
Ettstr. D5
Europapl. D9
Färbergraben D5
Fäustlestr. D1
Falckenbergstr. D7
Falkenstr. F6/7
Falkenturmstr. D6
Ferdinand-Miller-Pl. B3
Filserbräugasse D6
Finkenstr. C6
Fischerweg F7
Fleischerstr. F3
Fliegenstr. E5
Flurstr. D/E9
Franz-Josef-Strauß-Ring C/D7
Franz-Joseph-Str. A5–7
Franz-Priller-Str. F7
Franziska-Bilek-Weg E2
Franziskanerstr. F7/8
Frauenlobstr. E/F4
Frauenstr. E6
Fraunhoferstr. E5–F6
Freudenbergerweg F7/8
Friedenstr. F9
Friedrich-Herschel-Str. C9
Friedrichstr. A6
Friedrichstr. A9–C10
Fritz-Endres-Str. F1/2
Frundsbergstr. A1
Fürstenfelder Str. D5/6
Fürstenstr. B/C6
Funkerstr. A2/3
Gabelsbergerstr. B4–C6
Gabrielenstr. B1
Gärtnerpl. E6
Gaiglstr. B3
Galeriestr. C6/7
Gallmayerstr. F8
Ganghoferstr. D2–F1
Gebsattelstr. F7/8
Gedonstr. A7
Geibelstr. C/D9
Georg-Freundorfer-Pl. E1
Georg-Hirth-Pl. E3
Georgenstr. A4–7
Geroltstr. D/E1
Geschwister-Scholl-Pl. B6
Gewürzmühlstr. D7/8
Geyerstr. F5
Giselastr. A7
Glückstr. C6
Görresstr. A4/5
Goethepl. F4
Goethestr. D–F4
Gollierpl. D1
Gollierstr. D1/2
Grasserstr. D2
Gravelottestr. F9
Grimmstr. F3
Grütznerstr. E8
Güllstr. F3
Guldeinstr. D1
Gumbelstr. B1
Habsburgerstr. A6
Hackenstr. D5
Hackerbrücke C3–D2
Häberlstr. F4
Händelstr. B9
Hahnenstr. C7
Hans-Dürrmeier-Weg E2
Hans-Fischer-Str. F2
Hans-Klein-Str. F2
Hans-Sachs-Str. E/F5
Hansastr. E/F1
Hartmannstr. D5
Haydnstr. E3/4
Hedwigstr. A2–B1
Heiliggeiststr. D/E6
Heimeranpl. E1
Heimeranstr. E1/2
Heldstr. A3
Helmholtzstr. C1/2
Herbststr. C3
Hermann-Lingg-Str. D3
Hermann-Sack-Str. D/E5
Hermann-Schmid-Str. F3
Herrnstr. D6/7
Herzog-Ernst-Pl. F2
Herzog-Heinrich-Str. E/F3
Herzog-Max-Str. D5
Herzog-Rudolf-Str. D7
Herzog-Wilhelm-Str. D/E5
Herzogparkstr. B9
Herzogspitalstr. D5
Heßstr. A3–B5
Hilblestr. A2/3
Hildegardstr. D6/7
Hiltenspergerstr. A5
Himbselstr. C8
Himmelreichstr. B/C8
Hirschauer Str. A/B8
Hirschbergstr. B1
Hirtenstr. C3/4
Hochbrückenstr. D6/7
Hochstr. E8–F7
Höchlstr. C9
Hof-Pfisterstr. D6
Hofgartenstr. C6/7
Hofgraben D6
Hofstatt D5
Hohenstaufenstr. A6
Holbeinstr. C9
Holzapfelstr. D2
Holzhofstr. E8
Holzstr. E/F5
Hompeschstr. C9
Hopfenstr. C3
Horemansstr. A2–B1
Hotterstr. D5
Ickstattstr. E5–F6
Ifflandstr. A9–B8
Infanteriestr. A4
Innere Wiener Str. D9–E7
Isabellastr. A5
Isartorpl. E7
Ismaninger Str. B–D9
Jägerstr. C6
Jahnstr. E/F5
Johannes-Timm-Str. F2
Johannis-Pl. E9
John-F. Kennedy Brücke A9
Josef-Ruederer-Str. B4
Josephspitalstr. D4/5
Josephspl. A5
Josephstr. A5
Jugendstr. E9
Jungfernturmstr. C6
Jutastr. A1–B2
Kabelsteg E7/8
Kaiser-Ludwig-Pl. E3
Kanalstr. E7
Kapschstr. A2
Kapstr. D5
Kapuzinerstr. F3/4
Kardinal-Döpfner-Str. C6
Kardinal-Faulhaber-Str. C/D6
Karl-Müller-Weg E7
Karl-Scharnagl-Ring C/D7
Karl-Spengler-Str. E/F2
Karlspl. (Stachus) D5
Karlstr. B3–C5
Karmeliterstr. D5
Karolinenpl. C5
Karolinenstr. B8
Kaufinger Str. D5/6
Kaulbachstr. A–C7
Kazmairstr. D1–E2
Kegelhof F7
Kellerstr. E/F8
Keuslinstr. A4/5
Kilianspl. D/E1
Kirchenstr. E9
Kißkaltpl. A7
Klarastr. B/C2
Klenzestr. E6–F5
Klosterhofstr. E5
Knöbelstr. D7
Kobellstr. E/F3
Königinstr. A–C7
Königspl. C5
Körnerstr. F5
Kohlstr. E6/7
Kolbergerstr. B9
Kolosseumstr. E5
Konradstr. A6
Kraelerstr. F1/2
Kreittmayrstr. B3/4
Kreuzplätzchen F7
Kreuzstr. D/E5
Küchelbäckerstr. D/E6
Kufsteiner Pl. B9
Kufsteiner Str. B9
Kuglerstr. D9
Kurfürstenstr. A6
Lämmerstr. C4
Ländstr. E7
Lamontstr. C/D9
Landsberger Str. D1–3
Landschaftstr. D6
Landshuter Allee A–C1
Landwehrstr. D3/4
Langerstr. D8/9
Laplacestr. B9
Lazarettstr. A3–B2
Ledererstr. D6
Lenaustr. F1
Lenbachpl. D5
Leonhardstr. E9
Leonrodstr. A1/2
Leopoldstr. A/B7
Lerchenfeldstr. C7–B8
Lessingstr. E3/4
Liebfrauenstr. D5
Liebherrstr. E7
Liebigstr. C7–D8
Ligsalzstr. D/E2
Lilienstr. E/F7
Lindwurmstr. E5–F2
Linprunstr. B3
Lipowskistr. F2
Löwengrube D5/6
Loristr. A/B3
Lothringer Str. F8/9
Lothstr. A4–B2
Ludwigsbrücke E7
Ludwigstr. A7–C6
Lueg ins Land D/E7
Luisenstr. A5–D4
Luitpoldbrücke C8
Luitpoldstr. C/D4
Maderbräustr. D6
Maffeistr. D6
Maillingerstr. B2
Maistr. E/F4
Mannhardtstr. D/E7
Maria-Theresia-Str. C9–D8
Mariahilfpl. F7
Mariahilfstr. F6/7
Mariannenbrücke E7
Mariannenpl. E7
Mariannenstr. D/E7
Marienhof D6
Marienpl. D6
Marienstr. D6/7
Marspl. C2
Marsstr. C2–4
Marstallpl. D6
Marstallstr. D6/7
Martin-Greif-Str. D3
Martiusstr. A7
Maßmannstr. B4
Mathildenstr. D/E4
Matthias-Pschorr-Str. E2/3
Mauerkircherstr. A/B9
Max-Hirschberg-Weg F1/2
Max-Josef-Brücke
(Tivolibrücke) B8/9
Max-Joseph-Pl. D6
Max-Joseph-Str. C5
Max-Planck-Str. D8/9
Max-Weber-Pl. D9
Maxburgstr. D5
Maximiliansbrücke D6–8
Maximilianstr. D6–8
Mayrfelsstr. A1
Mazaristr. D6
Meillerweg D/E8
Meiserstr. C4/5
Messepl. E2
Metzgerstr. E8/9
Metzstr. E9–F8
Milchstr. E8/9
Mittererstr. D4
Möhlstr. B–D9
Montgelasstr. B9
Morassistr. E7
Mozartstr. E3/4
Müllerstr. E5/6
Münzstr. D6
Museumsinsel E7
Neherstr. D9
Neuberghauser Str. B9
Neuhauser Str. D5
Neureutherstr. A5/6
Neustätterstr. A1
Neuturmstr. D6
Nieserstr. D/E6
Nigerstr. D9
Nordendstr. A/B6
Nußbaumstr. E4/5
Nymphenburger Str. A1–B4
Oberanger E5
Obere Johannisstr. (2) E9
Obermaierstr. E7
Oda-Schaefer-Weg E/F2
Odeonspl. C6
Oettingenstr. B–D8
Ohlmüllerstr. F6
Ohmstr. A7
Olgastr. A1–B2
Orffstr. A1
Orlandostr. D6
Orleanspl. F9
Orleansstr. F9–G8
Oskar-von-Miller-Ring C6
Ottostr. C/D5
Pacellistr. D5
Palmstr. F5
Papa-Schmid-Str. E5
Pappenheimstr. B/C3
Paradiesstr. C8
Pariser Pl. F9
Pariser Str. F8/9
Parkstr. D/E2
Paul-Heyse-Str. D/E3
Paul-Heyse-Unterführung C/D3
Paulanerpl. F7
Paumannstr. F1
Perfallstr. D9
Perusastr. D6
Pestalozzistr. E/F5
Peterspl. D6
Petra-Moll-Weg E2
Pettenbeckstr. D6
Pettenkoferstr. E3–5
Pfänderstr. A2/3
Pfarrstr. D7
Pfefferstr. C4
Pfeuferstr. F1/2
Pflugstr. D7–E6
Pienzenauerstr. A/B9
Pilotystr. C7
Platenstr. F3
Platz der Freiheit A1
Platz der Opfer des
Nationalsozialismus C6
Platzl D6
Poccistr. F2/3
Pöppelstr. F7
Prälat-Zistl-Str. E5/6
Pranckhstr. C2
Prannerstr. C5–D6
Praterinsel D8–E7
Praterwehrbrücke D7/8
Preysingpl. E8
Preysingstr. E8
Prielmayerstr. D4/5
Prinz-Ludwig-Str. C5
Prinzregentenstr. C7–D9
Prof.-Huber-Pl. B7
Promenadepl. D5
Pütrichstr. E8
Quellenstr. E/F7
Quellenweg F7
Rablstr. F7/8
Radlkoferstr. F2
Radlsteg D/E6
Rambergstr. A6
Rauchstr. C9
Regerpl. F7
Reichenbachbrücke F6
Reichenbachpl. E6
Reichenbachstr. E/F6
Reisingerstr. E4/5
Reitmorstr. C/D8
Residenzstr. C/D6
Rheinbergerstr. C6
Richard-Wagner-Str. B/C4
Richelstr. C1
Ridlerstr. E1
Riedlstr. B8
Riggauerweg E/F7
Rindermarkt D6
Ringseisstr. E/F4
Robert-Koch-Str. D7/8
Rochusberg C5/6
Rochusstr. C/D5
Roncallipl. B5
Rosenbuschstr. C8
Rosenheimer Pl. F8
Rosenheimer Str. E7–F9
Rosenstr. D6
Rosental D5–E6
Rothmundstr. E4
Rotkreuzpl. A1
Rottmannstr. B4
Rückertstr. E3
Rüthlingstr. A1
Ruffinistr. A1
Rumfordstr. E6/7
Rundfunkpl. C3
Ruppertstr. F/G3
Rupprechtstr. B1/2
Safferlingstr. C1
Salpeterstr. D6/7
Salvatorpl. C6
Salvatorstr. C6
Sammtstr. F7
Sandstr. B4–C3
Sandtnerstr. E1
Sattlerstr. D5
Schachenmeierstr. A2
Schackstr. B7
Schäfflerstr. D6
Schätzelstr. C3
Schellingstr. A4–B6
Schießstättstr. D/E2
Schillerstr. D/E4
Schiltbergerstr. E8
Schleibingerstr. F8
Schleißheimer Str. A/B4
Schlörstr. B1
Schlosserstr. D4
Schloßstr. D/E9
Schmellerstr. F3
Schmidstr. E5
Schneckenburgerstr. D9
Schnorrstr. A5–B6
Schönfeldstr. C6/7
Schornstr. F8
Schrammerstr. D6
Schraudolphstr. A6–B5
Schrenkstr. D2
Schubertstr. E3
Schützenstr. D4
Schulstr. A–C1
Schumannstr. C/D9
Schwanthalerstr. D2–4
Schwarzmannstr. A4
Schwarzstr. F7
Schweigerstr. F6/7
Schwindstr. A/B4
Sckellstr. D/E8
Sebastianspl. E6
Sedanstr. E8–F9
Sederanger A9
Seeaustr. C8
Seeriederstr. D/E9
Seidlstr. B4–C3
Seitzstr. C/D7
Sendlinger Str. D6–E5
Sendlinger-Tor-Pl. E5
Senefelderstr. D4
Siebertstr. C9
Sieboldstr. F8
Sigmundstr. C7
Simon-Knoll-Pl. F8
Singlspielerstr. E5
Sinti-Roma-Pl. E2
Sonnenstr. D/E5
Sophienstr. C4–D5
Sparkassenstr. D6
Spatenstr. B/C3
Sporerstr. D6
St.-Anna-Pl. D7
St.-Anna-Str. C/D7
St.-Jakobs-Pl. E5
St.-Pauls-Pl. D3
St.-Pauls-Str. D/E3
St.-Wolfgangspl. F8
Steinbacherstr. B9
Steinheilstr. B4/5
Steinickeweg B5
Steinsdorfstr. D/E7
Steinstr. E/F8
Stephanspl. E5
Stephanstr. E5
Sterneckerstr. D/E6
Sternstr. D7/8
Sternwartstr. C9
Stielerstr. F3
Stiglmaierpl. B4
Stollbergstr. D7
Stubenvollstr. E8
Tal D6–E7
Tattenbachstr. D7/8
Tengstr. A5
Thalkirchener Str. E5–F4
Theatinerstr. C/D6
Theklastr. E5/6
Theodorparkstr. B8
Theresienhöhe D3–F2
Theresienstr. B4–6
Thiemestr. A7
Thiereckstr. D6
Thierschpl. D7
Thierschstr. D/E7
Thomas-Mann-Allee A/B9
Thomas-Wimmer-Ring D/E7
Thorwaldsenstr. B2/3
Tillystr. C2/3
Tivolistr. A7–B8
Törringstr. B9
Trappentreustr. D/E1
Trautenwolfstr. A7
Triftstr. C/D7
Trogerstr. C/D9
Türkenstr. A6–C5
Tulbeckstr. D1/2
Tumblingerstr. F3/4
Uhlandstr. E3
Unsöldstr. C7
Untere Feldstr. D8/9
Untere Johannisstr. (1) E9
Unterer Anger E5
Utzschneiderstr. E6
Veterinärstr. B7
Viscardigasse D6
Volkartstr. A1/2
Von-der-Tann-Str. C6/7
Wagmüllerstr. C/D7
Wallstr. E5
Walserstr. E9
Walter-Heerde-Weg D9
Waltherstr. F4
Weberstr. B9
Weiglstr. B1–C2
Weinstr. D6
Weißenburger Pl. F8
Weißenburger Str. F8/9
Westendstr. D1–3
Westenriederstr. E6
Westermühlstr. F5
Widenmayerstr. B–D8
Wiener Pl. E8
Wilderich-Lang-Str. B1
Wilh.-Hausenstein-Weg B9–C8
Wilhelm-Herbert-Weg F7
Winckelstr. E4–F5
Windenmachenstr. D6
Winzererstr. A4
Wittelsbacherpl. C6
Wittelsbacherstr. F5/6
Wörthstr. E/F9
Wolfgangstr. E9
Wredestr. C3
Wurzerstr. D7
Ysenburgstr. A1
Zellstr. E7/8
Zenettistr. F3
Zenneckbrücke E/F7
Zentnerstr. A4
Zeppelinstr. E7–F6
Zieblandstr. A4–B6
Ziemssenstr. E4
Zirkus-Krone-Str. C3
Zollstr. D3
Zweibrückenstr. E7
Zweigstr. D4
Zwingerstr. E6

Nürnberg S. 230-231

Aachener Str. A3
Ackerstr. F4
Adam-Klein-Str. C1–D3
Adam-Kraft-Str. C4
Adamstr. B/C8
Adelgundenstr. B3
Adenauerbrücke D8
Adlerstr. D5/6
Äußere Bayreuther Str. A9–B8
Äußere Cramer-Klett-Str. D7
Äußere Laufer Gasse C6/7
Äußere Sulzbacher Str. C9
Äußerer Laufer Pl. C7
Agathenweg F7
Agnesbrücke D6
Agnesgasse C5
Albertstr. E9
Albrecht-Dürer-Pl. C5
Albrecht-Dürer-Str. C5
Albrichstr. F8
Alexanderstr. F5/6
Allersberger Str. E/F7
Allersberger Unterführung E7
Alte Parlerstr. A1/2
Am Gräslein E5
Am Johannisfriedhof C4
Am Messehaus B8
Am Ölberg C5/6
Am Pierdemarkt F3
Am Plärrer E4
Am Stadtpark A8–B7
Amalienstr. B/C3
Ammanstr. F6
Amselstr. F3
An den Rampen E3–F4
Andreasstr. F7
Andreij-Sacharow-Pl. D6
Angerstr. F5
Anton-Müller-Pl. F8
Archivstr. B5
Arminiusstr. D9
Arndtstr. C5
Arnulfstr. D7
Attinghausenstr. A7
Aufseßpl. F6
Augusten str. F7/8
Augustinerstr. D5
Austr. D2–E3
Avenariusstr. A6/7
Baaderstr. F8/9
Badstr. E7
Bärenschanzstr. D2–4
Bahnhofspl. E6
Bahnhofstr. E6–8
Bankgasse D6
Barbiergasse E4
Bartholomäusstr. C9–D8
Bauerngasse E4
Bauvereinstr. C/D8
Bayreuther Str. B8–C7
Beckschlagergasse C6–D7
Beckstr. D1/2
Beim Rochuskirchhof E3/4
Benekestr. B6/7
Berckhauserstr. B7
Bergstr. C5
Berliner Pl. B8
Bernadottestr. E/F1
Bertha-von-Suttner-Str. E/F2
Bestelmeyerstr. E/F9
Bielefelder Str. A2–B3
Bielingpl. B4
Bielingstr. B/C4
Bienweg A/B2
Birkenstr. F5
Bischof-Meiser-Str. D6
Bismarckstr. B8/9
Bleichstr. D/E4
Blücherstr. F1/2
Blumenstr. D6–E7
Blumenthalstr. D4
Boelckestr. F9
Bönerstr. F6
Bogenstr. F5/6
Borsigstr. E9
Breite Gasse D5/6
Breitscheidstr. F6/7
Briandstr. F1
Brombergerstr. A/B9
Brückenstr. C4–D3
Brunnengasse D5/6
Bucher Str. B/C5
Bucherstr. A4–C5
Bulmannstr. F6
Burgerstr. E8/9
Burgkmairstr. A5
Burgschmietstr. C4/5
Burgstr. C/D6
Camerariusstr. E5
Campestr. C5
Carl-von-Linde-Str. A8–B9
Celtis-Unterführung E/F6
Celtispl. F6
Celtisstr. F6
Charlottenstr. F4
Christoph-Weiß-Str. C2
Cimbernstr. D9
Cochlaeusweg A8/9
Comeniusstr. F6
Cranachstr. A5
Creußnestr. A8/9
Culmer Str. A9
Dallingerstr. F7
Dammstr. E4
Danziger Str. A/B9
Daumerstr. A7
Dechsendorfer Str. D1
Deichslerstr. C8/9
Deinstr. C9
Delsenbachweg A/B2
Denisstr. D2–E3
Dennerstr. D/E4
Detmolder Str. B2
Deumentenstr. B8
Deutschherrnstr. D3/4
Dietzstr. E5
Dilherrstr. D3
Diltheystr. A6
Distelstr. A7
Dörflerstr. D1–E2
Dorfäckerstr. A1
Dortmunder Str. A2–B3
Dottenheimer Str. E1
Dovestr. F7
Dürrenhofstr. E8
Düsseldorfer Str. A4–B3
Eberhardshofstr. D3
Egidienpl. C6
Ehemannstr. F7
Eilgutstr. E6
Eintrachtstr. A6
Eisenacher Str. A9
Elbinger Str. A9–B8
Elsnerstr. E4
Emilienstr. D7
Emmerlingsgasse F5
Enderleinstr. F7
Endterstr. F6
Engelhardsgasse E5
Entengasse E5
Erdastr. F8
Erlanger Str. A4
Ernststr. E9
Espanstr. F4
Essenweinstr. E5
Färberpl. E5
Färberstr. D/E5
Fahrradstr. C1
Feldgasse C7/8
Felixstr. F2
Felseckerstr. C/D8
Fenitzerpl. C8
Fenitzerstr. B/C8
Feuerleinstr. D2
Feuerweg E4
Fichtestr. B/C9
Findelgasse D6
Findelwiesenstr. F7
Finkenstr. F3
Flaschenhofstr. E7
Fleischbrücke D6
Fleischmannpl. B3
Fleischmannstr. B3
Flötnerstr. C/D8
Flurstr. B4
Frankenschnellweg D1–E3
Frankstr. F/G7
Franz-Josef-Strauß-Brücke D7
Franzstr. B/C3
Frauengasse E5
Frauenholzstr. C4
Frauentorgraben E4–6
Frauentormauer E4/6
Fraunhoferstr. A8
Freytagstr. C9
Friedenstr. B6/7
Friedr. Stettner-Str. C2/3
Friedrich-Ebert-Pl. B5
Friedrich-Löffler-Str. B3/4
Friedrichstr. B/C6
Fritz-von-Röth-Str. A8
Fröbelstr. B9
Frommannstr. C5
Frühlingstr. D/E1
Füchtbauerstr. A7
Füll C/D5
Fürther Str. C1–E4
Fuggerstr. E2–F3
Gabelsbergerstr. F6
Gärtnerstr. A/B5
Galgenhofstr. F6/7
Gartenstr. E4
Gebhard-Ott-Str. F4
Geiersberg D5
Geisberg D8
Gellertstr. B7
Georg-Eberlein-Str. B6
Georg-Hager-Str. E2
Georg-Hennch-Str. D1
Georg-Strobel-Str. C9–D7
Georgstr. F2
Gerlestr. F6/7
Gerngrosstr. A7/8
Gertrudstr. C1/2
Geßler Str. A8
Geuderstr. B8
Gewerbemuseumspl. D6
Gibitzenhofstr. F/G4
Gleißbühlstr. D7–E6
Gleißhammerstr. E9
Glesserelstr. C/D7
Glockendonstr. D3–E2
Glockenhofstr. E7
Goethestr. B6/7
Gostenhofer Hauptstr. E4
Gostenhofer Schulgasse E4
Gottfriedstr. E9
Gottliebstr. C2
Grasersgasse E5/6
Graudenzer Str. A/B9
Grenzstr. F7
Grobestr. C1
Grolandstr. A6–B5
Großweidenmühlsteg C4
Großweidenmühlstr. C3/4
Grübelstr. D6
Grünewaldstr. A/B5
Grünstr. F2
Gugelstr. F5
Guttenbergpl. F7
Hadergchn. D8
Hainstr. F8/9
Hallerhüffenstr. F8
Hallerstr. B/C4
Hallertorbr. D5
Hallerwiese C4–D5
Hallpl. E5/6
Hans-Bunte-Str. E1/2
Hans-Heß-Weg A7
Hans-Sachs-Pl. D6
Harmoniestr. C/D7
Harrichstr. B5
Harsdörfferpl. F7
Harsdörfferstr. F7/8
Hartmannstr. F8
Haslerstr. F4/5
Hasstr. C/D1
Hastverstr. B/C6
Hauptmarkt D6
Hauptstr. D8

Straßenatlas Deutschland / Road atlas Germany / Atlas routier de l'Allemagne / Stratenatlas Duitsland
Tyskland Vejatlas / Atlante stradale della Germania / Silnicní atlas Nemecko / Drogowy atlas Niemiec

1 : 300.000

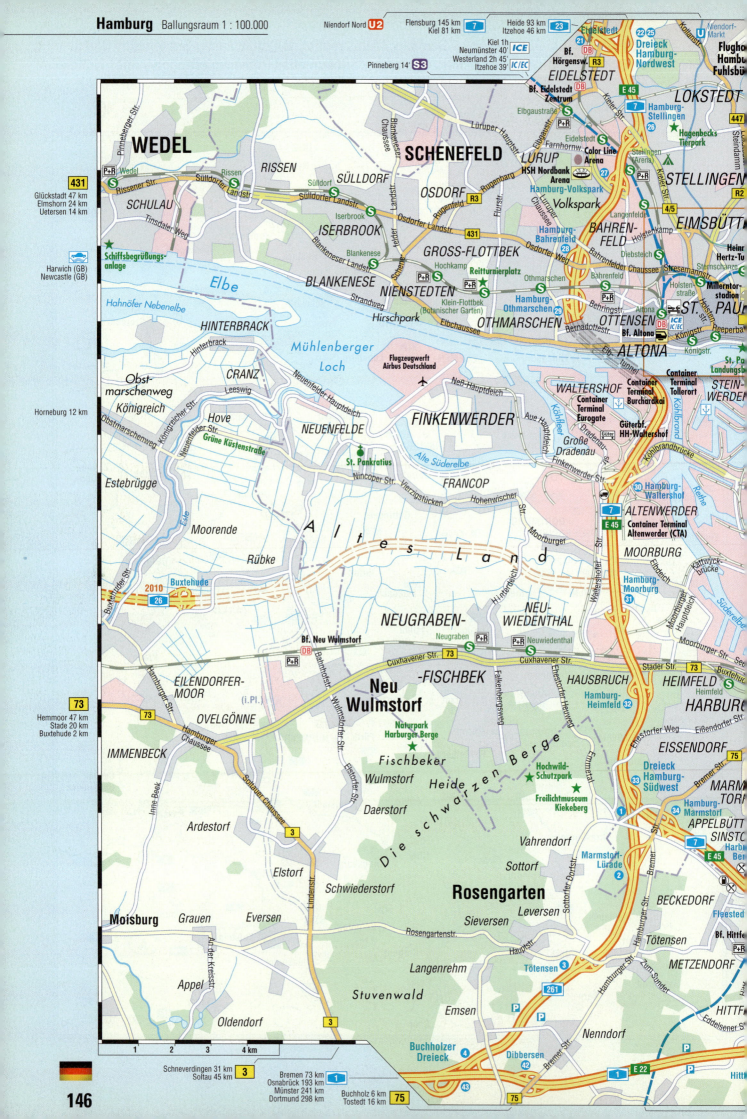

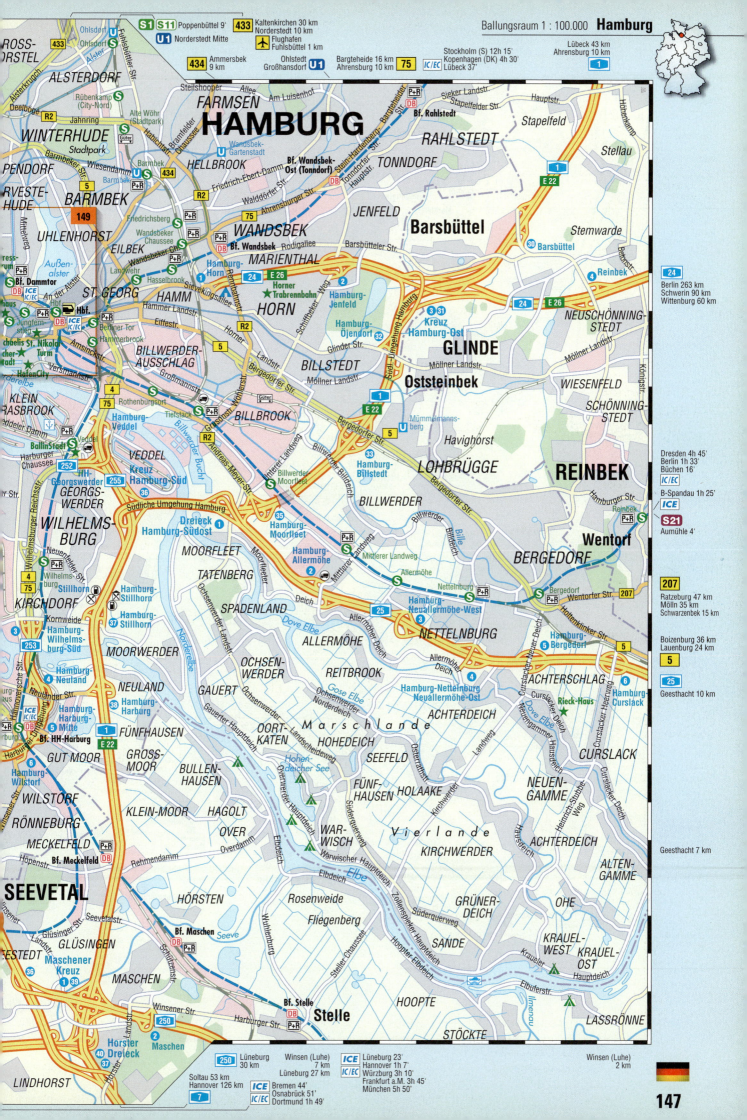

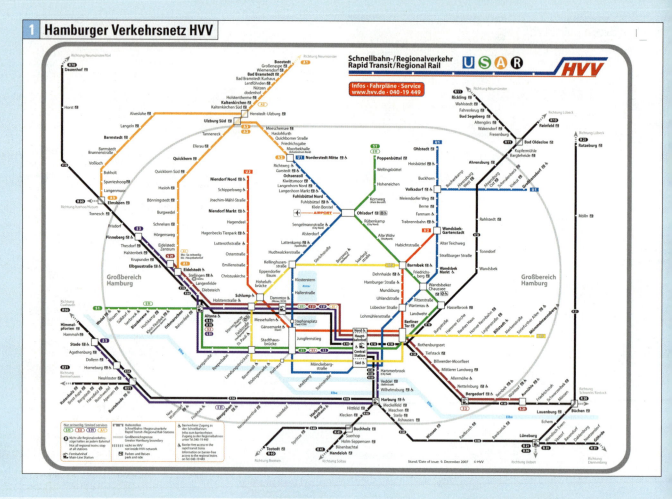

1 Hamburger Verkehrsnetz HVV

2 Messe

EIMSBÜTTEL, EPPENDORF   ROTHERBAUM, EPPENDORF   EIMSBÜTTEL, STELLINGEN   EIMSBÜTTEL, → 7

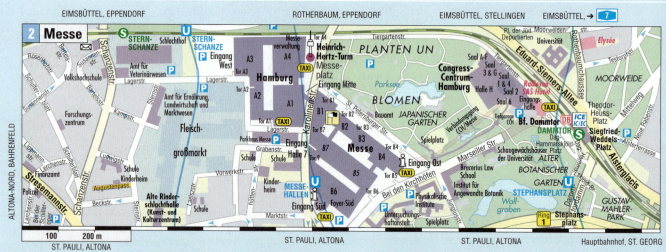

3 Hauptbahnhof

4 HSH Nordbank Arena/ColorLine Arena

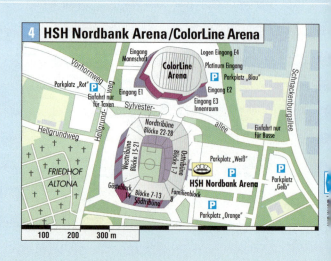

5 Flughafen Hamburg

Ostfalenweg
Bayernweg
Grotkoppelweg
Thüringer Weg
Gotenweg
Kneip
Courtyard by Marriott
Hamburg-Airport
Zeppelinstraße
292

FUHLS-
BÜTTEL-
NORD
U

Kimbrigstieg
Schwabenstieg
König-Heinrich-Weg
Münchhausenweg
Hessenweg
Teutonenweg
Langobarden
Quadenweg
Carlstedter
Weg

NIENDORF

KLEINGARTEN
PARK

Flughafenmeisterei
Wetterstation
Feuerwehr

433
Langzeit-
parken

Am Raakmoor
Rosenreihe
Klewerkamp
Kürvenkamp

Erdkampsweg

Paßborghöhe
Burgunderweg
Burgunderweg
Kleingärten

Hasenheide

Parkrotunde

HAMBURG-
AIRPORT

Terminal 1
S ZOB
TAXI
Shopping
Plaza
88

Hotel (2009)

Preetzer Str.

U1 Hauptbahnhof

Kleingärten
Reitbahn
Blockstedweg

Start- und Landebahn 2

Kurzzeit-
parken

Terminal 2
TAXI

Alsterkrugchaussee

Kleingärten

Start- und Landebahn 1

Valet-Parken

Zeppelinstraße

FUHLSBÜTTEL

Steinhoff-
weg
Engelmann

Bundesanstalt für
Flugsicherung

Geschäfts-
fliegerzentrum

23, 34, 114, 292
Weg beim Jäger
292

Röntgenstr.

Luftwerft

Polizeihubschrauber-
staffel

Behörde

Tarpenbek

BORSTELER JÄGER

200   400 m

Zentrum 433   BARMBEK 110 Ohlsdorf S

5b Terminals

→ R 3 / 7

Langzeitparken
P1

Event-Location
Terminal Tango

Parkrotunde
P2

433

Flughafenstr.

Elfriedenweg

Angelika-weg

Flughafen-
modell

Bundes-
grenzschutz

Hotel
(2009)

Preetzer Str.

FUHLSBÜTTEL

Besucherterrasse

Baustellen-
einfahrt

Paul-Baumer-
Brücke

Terminal 1

HAMBURG-
AIRPORT
S
Shopping Plaza

Haltestelle
Terminals
ZOB

Jasper 110 Airport Express
39 Schnellbus
26 172 HVV
292
606 Nachtbus

Junkersdamm

Herm.-
Löns-
Weg

Car Rental

Terminal 2
TAXI

Kurzzeit-
parken
P4

Zeppelinstraße

Betriebs-
fläche

Pier Süd

Valet-Parken

Cargo

Mietwagen-
zentrale
Car Rental

W.-Raabe-Weg

50   100   150   200 m

Holiday-
Parkplatz P8 P9 P6   HH-Zentrum

Wichtige Reise-Infos, Adressen und Telefonnummern

Polizei/Notruf   110
Feuerwehr/Rettungsleitstelle   112
Internet: www.hamburg.de
www.hamburg-tourismus.de
Tourist-Information   040-300 51 300
Taxi-Zentrale   040-21 12 11
Wichtige Autovermieter
Hamburg City (Tel-Vorwahl 040):
Avis   43 10 01   National   23 51 35 20
Europcar   520 18 80 00   Sixt   01805 25 25 25
Hertz   668 63 50

S- und U-Bahn: HVV

Das Einzugsgebiet des Hamburger Verkehrsverbunds mit 6 S-Bahn- und 3 U-Bahnlinien
erschließt die gesamte Stadtregion und die
angrenzenden Gebiete in Niedersachsen und
Schleswig-Holstein.

Wichtige Haltestellen:
Hauptbahnhof   U1–3,S1,S3,(S2,S11,S21,S31)
Altona   S1,S3,(S2,S11,S31)
Dammtor   S11,S21,S31
Rathaus   U3
St. Pauli   U3
Ohlsdorf   Airport-Express,S1,U1,(S11)
Landungsbrücken   S1,S3,U3
Universität   Buslinie 5
Hagenbecks Tierpark   U2
Messehallen   U2
Stellingen (Volksparkstadion)   S3,S21
Fahrplanauskunft: verkehrsinfo-hamburg.de

Hauptbahnhof: Deutsche Bahn

Der Hauptbahnhof liegt östlich der Altstadt in
einer Entfernung von 5 bis 10 Gehminuten zur
Fußgängerzone.
Service-Point   040-39 18 30 46
Reiseauskunft   040- 1 94 19
Autovermieter am Hbf. (Tel-Vorwahl 040):
Avis   32 87 38 00   Hertz   280 12 01-3
Europcar   33 59 41   Sixt   32 90 18 81
Shuttle-Bus zum Flughafen:
Eingang Kirchenallee; von 5.40 –21.20 im
20-Min-Takt;
Fahrzeit zum Flughafen ca. 25 Min

Airport-Express/Linie 110

vom Hbf erreicht man die Umsteigehaltestelle
"Ohlsdorf" mit der S1 (Richtung Poppenbüttel);
dort hat man Anschluss an den Airport-Express
(von 5.09 –0.59 im 10-Min-Takt); Gesamtfahrzeit
vom Hbf zum Flughafen ca. 40 Min

Flughafen Hamburg

Flugauskunft: 040-50 75 0
www.ham.airport.de

Wichtige Fluggesellschaften:
Aeroflot 040-50 75 27 46 Hapag-Lloyd 01805-09 35 09
Air France 0180-583 08 30 Iberia 01805-44 29 00
Austrian 0180-300 05 20 KLM 01805-21 42 01
BA 0180-526 65 22 LTU 040-50 00 03 1
Delta 01803-33 78 80 Lufthansa 0180-380 38 03
Dt. BA 0180-535 93 22

Kurzzeitparken: P1, P4, P5, P2
Langzeitparken: P3 P6, Parkhaus PH6, P9

Autovermietungen (Tel-Vorwahl 040):
Avis   50 75 23 14   National   50 75 23 01
Europcar   50 02 17-0   Sixt   018 05 26 25 25
Hertz   59 35 13 67   Budget   50 75 38 11

Shuttle-Bus in die Innenstadt:
Abfahrt vor Terminal 1 und 4 von 6.22 –22.52 im
20-Min-Takt. Fahrzeit zum Hbf ca. 30 Min
Airport-Express/Linie 110:
Abfahrt vor Terminal 1 und 4 von 5.44 -0.44 im
10-Min-Takt bis U-/S-Bahn-Station "Ohlsdorf";
Anschluss an die Linien S1 oder U1 in die
Hamburger Innenstadt;
Fahrzeit zum Hbf ca. 35 Min

Bus-Direktverbindungen:
Kiel, Neumünster, Lübeck,Bad Oldesloe

Taxi:
HANSA TAXI Flughafen   040-21 12 11
Fahrzeit in die Innenstadt ca. 30 Min

151

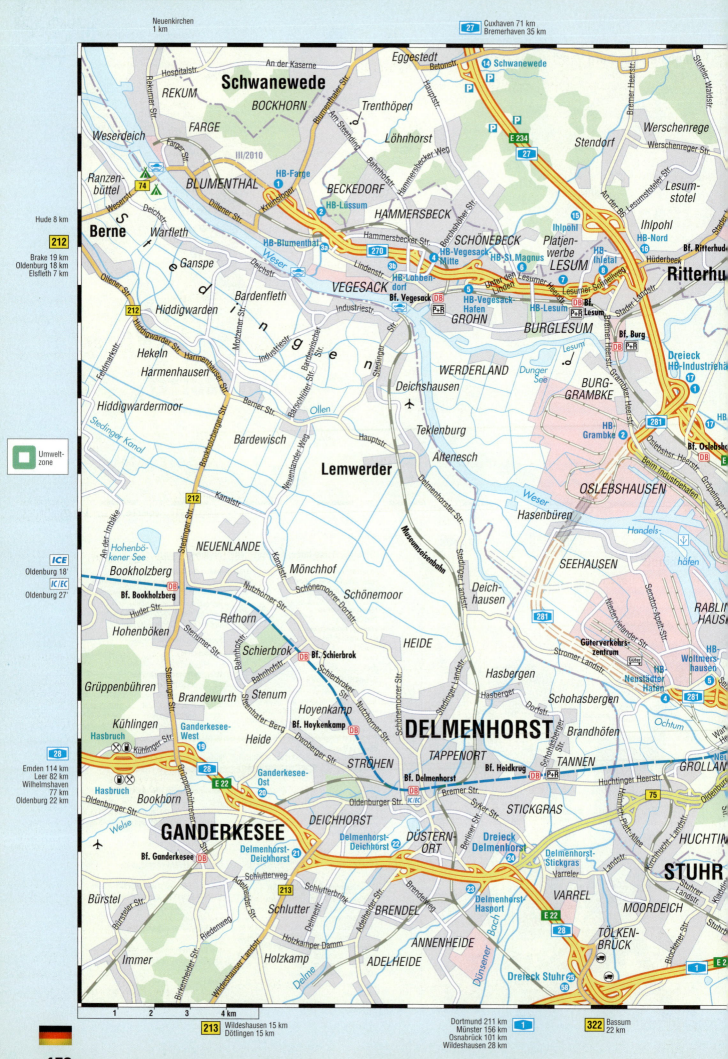

74 Bremervörde 46 km
Gnarrenburg 25 km

Gnarrenburg 18 km

OSTERHOLZ-SCHARMBECK

Worpswede

Adolphsdorf

Osterholzer Str.

Bf. Osterholz-Scharmbeck

74

SCHUSEN

Ritterhuder Str.

Osterholzer Str.

Bremer Str.

Heidkampst.

Schwimmendes Land

Auf d. Hamme

HARMBECKSTOTEL

Osterweder Str.

Bergedorfer Str.

Neu Bergedorfer Damm

Adolphsdorfer Str.

Neu Bergedorf

Ottersteiner Str.

Otterstein

Zeven 22 km
Tarmstedt 5 km

Künstlerkolonie

Nordwede

Waakhauser Str.

Worpheimer Str.

Wörpedahler Str.

Bergedorfer Str.

Mooringer Str.

Mooringen

Seehausen

Hamme

Viehlander Str.

Lüninghauser Str.

Worphauser Landstr.

Moorende

Moorender Str.

Wörpedorfer Str.

Wörpedorf

Eickedorf

Niederende

Mittelbauer

Oberende

Frankenburg

Worphausen

Klostermoor

Kleinmoor

Grasberg

Wörpedorfer Str.

Huxfeld

Vierhausen

FRANKENBURG

Trupermoor

Trupermoorer Landstr. 2009

Heidberg

Heidberger Str.

Dannenberg

Moorhausen

Worpe

Alte Reihe

NIEDERBLOCKLAND

Wümme

Niederblockland

Falkenberger Landstr.

Lilienthal

Falkenberg

Timmersloh

Rautendorf

OBERBLOCKLAND

Oberblockland

Trupe

Hauptstr.

Butendiek

Seeberger Landstr.

Seebergen

Wümme-Nordarm

Sottrum 15 km
Ottersberg 9 km
Fischerhude 4 km

BREMEN

27

RÖPELINGEN

HB-Überseestadt

P

18

Kuhgraben-see

Kuhgrabenweg

Am Lehester Deich

HB-Horn/Lehe

19

Borgfeld

Lienthaler Heerstr.

Borgfelder Heerstr.

Wümme

W ü m m e w i e s e n

Fischerhude 4 km

IC/EC

Kiel 2h 15'
Hamburg 57'

ICE

Hamburg 44'

ALLE OSTER-FEUERBERG

Waller Heerstr.

Autobahnzubringer Freihafen

Hochschulring

FINDORFF

Stadtwaldsee

Universum Science Center

Bürgerpark

LEHE

Leher Heerstr.

HORN

OBERNEULAND

Oberneulander Landstr.

Rockwinkeler Heerstr.

Wümme-Südarm

Uferemer Ring

Botanischer Garten

P

Am Mühlengraben

BREMEN

Hollerallee

Hemmstr.

Messehalle, Congress-Centrum

Stadthalle

SCHWACHHAUSEN

Schwachhauser Heerstr.

P

P

20 HB-Vahr

Bf. Oberneuland

DB

Klüverdamm

OLTMERSHAUSEN

Güter-bf.

Hbf.
DB
IC/EC

P+R

Bonn-Spitta-Allee

Franz-Schütte-Allee

HB-Sebaldsbrück

21

Königsmoor

6

Übersee-museum

Roland

Rathaus

Dom

Bismarckstr.

Kurfürstenallee

Richard-Boljahn-Allee

E 234

27

Oyterdam

Bf. neustadt

DB

154 **NEUSTADT**

Friedrich-Ebert-Str.

Langemarckstr.

Osterdeich

Stresemannstr.

VAHR

Rennplatz

Ludwig-Roselius-Allee

SEBALDSBRÜCK

Osterholzer Landstr.

TENEVER

Oyterdamm

OYTEN

P

1 / 75

7
HB
rt-Stadt

HASTEDT

Malerstr.

Bf. Sebaldsbrück

DB

OSTERHOLZ

Osterholzer Heerstr.

Hans-Bredow-Str.

1

52

Lübeck 158 km
Lüneburg 111 km
Hamburg 96 km
Rotenburg (Wümme)
27 km

Flughafen Bremen

6

HUCKELRIEDE

Weserstadion

Werdersee

Weser

Werderdamm

Habenhauser Landstr.

HABENHAUSEN

Bf. Hemlingen

DB

Aquadom

22 53

Oyten

Bremer Kreuz

EMBSEN

Hannover 102 km
Walsrode 48 km
Verden 21 km

27

ICE

München 5h 36'
Kassel 2h 9'
Hannover 1h

KATTENTURM

Kattenturmer Heerstr.

Arster Damm

Arsten

AB-Zubringer Hemelingen

HEMELINGEN

HB-Hemelingen

55

Arberger Heerstr.

ARBERGEN

1

Bf. Mahndorf

DB

MAHNDORF

UPHUSEN

Uphusener Heerstr.

E 234

Achim-Nord

23

ARSTEN

Autobahnzubringer Arsten

6n

56

HB-Arsten

E 22

54

Uphusen/
HB-Mahndorf

IC/EC Verden 19'

57

HB-Brinkum

Baumhauser Weg

P

Bf. Dreye

DB

Drever Str.

Bf. Achim

P+R
DB

BIERDEN

Bremer Str.

Syke 28 km
Verden (Aller) 22 km

BRINKUM

6

51

Bremer Str.

Dreye

BOLLEN

ACHIM

6 Nienburg 50 km
Syke 12 km

51 Bassum 24 km

ICE
IC/EC Köln 3h
Dortmund 1h 45'
Münster 1h 15'
Osnabrück 53'

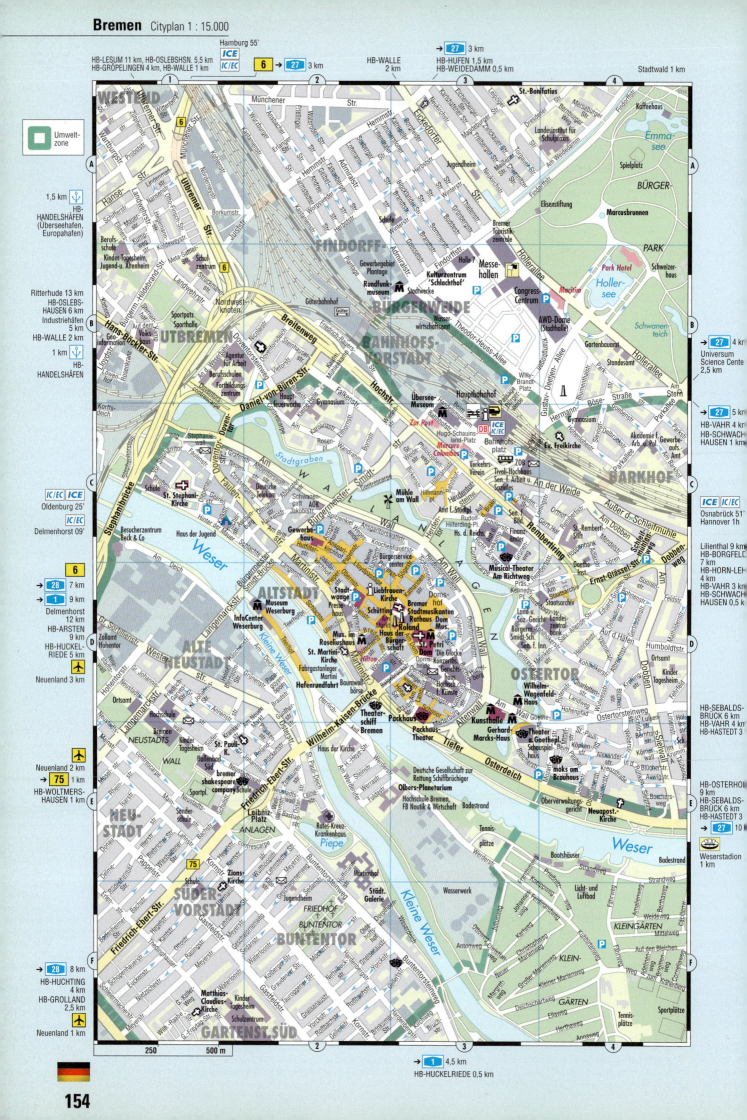

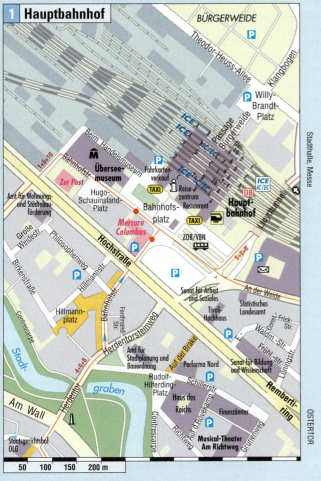

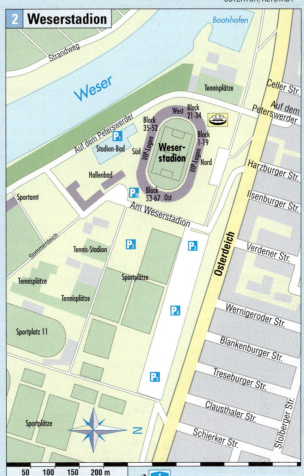

Wichtige Reise-Infos, Adressen und Telefonnummern

Polizei/Notruf	**110**
Feuerwehr/Rettungsleitstelle	**112**
Internet: www.bremen.de	

Touristik-Information 01805-10 10 30
www.bremen-tourism.de
Taxi-Zentrale 0421-1 40 14

Wichtige Autovermieter
Bremen City (Tel.-Vorwahl **0421**):
Avis 625 00 00
Europcar 17 35 10
Hertz 64 20 73
Sixt 51 10 51

S- und U-Bahn: VBN
Das ca. 8.400 km² große Verkehrsgebiet des
Verkehrsverbunds Bremen/Niedersachsen
erstreckt sich von der Nordsee bis an die
Landesgrenze von Nordrhein-Westfalen und in
Ost-West-Richtung von Rotenburg bis Apen.

Fahrplanauskunft: www.vbn.de

Wichtige Haltestellen:
Hauptbahnhof Straßenbahnen 1,4,5,6,8,10;
Schnell-Linien 3S,30S
Flughafen Straßenbahn 6
Domsheide (Rathaus) Straßenbahnen 2,3,4,5,6;
Schnell-Linien 3S,30S
Überseehafen Bus 28
Bürgerpark Bus 26,27
Universität Bus 21,22,23,28,32
Weserstadion Straßenbahn 3

Hauptbahnhof: Deutsche Bahn
Der Hauptbahnhof liegt im Stadtzentrum (nörd-
lich der Altstadt). Zu Fuß gelangt man innerhalb
von 10 bis 15 Minuten in die Fußgängerzone
(Rathaus, Dom, Böttcherstraße); auch das
Messegelände läßt sich vom Hbf. aus durch den
Südtunnel Richtung Bürgerweide innerhalb von
5 Gehminuten erreichen.

Service-Point 0421-1 72 73 46
Reiseauskunft 0421-1 94 19

Parken
(Öffnungszeiten an Wochentagen):
Parkplätze Bürgerweide tagsüber geöffnet
Hochgarage am Wall 6.30–23.00 Uhr
Hochgarage am Hillmannplatz durchg.geöffnet
Hochgarage am Herdentor durchg. geöffnet

Straßenbahnlinie 6 zum Flughafen:
ab Bahnhofsvorplatz alle 6 bis 20 Minuten;
Fahrzeit zum Flughafen ca. 16 Min

Flughafen Bremen
Flughafeninfo: 0421-55 95-0
www.airport-bremen.de

Wichtige Fluggesellschaften:
Hapagfly 01805-88 44 00
KLM 01805-21 42 01
LTU 0421-55 20 35
Lufthansa 0180-3 80 38 03
Inselflugdienste:
OLT / Roland Air 04921-8 99 20
Luftverkehr Friesland 04464-94810

Parken:
Parkhäuser 1,2
Garagen in Parkhaus 2
Dauerparkplätze mietbar

Autovermietungen (Tel.-Vorwahl **0421**):
Avis 55 80 55
Budget 597 00 17
Europcar 55 74 40
Hertz 55 53 50
National 55 20 26
Sixt 55 20 81

Straßenbahnlinie 6 zum Hbf.:
von 6.00 –19.00 ca. im 7-Min-Takt
(danach bis 23.45 in größeren Abständen);
Fahrzeit zum Hauptbahnhof ca. 17 Min

Taxi:
Taxi-Zentrale 0421-1 40 14
Fahrzeit in die Innenstadt ca. 15 Min

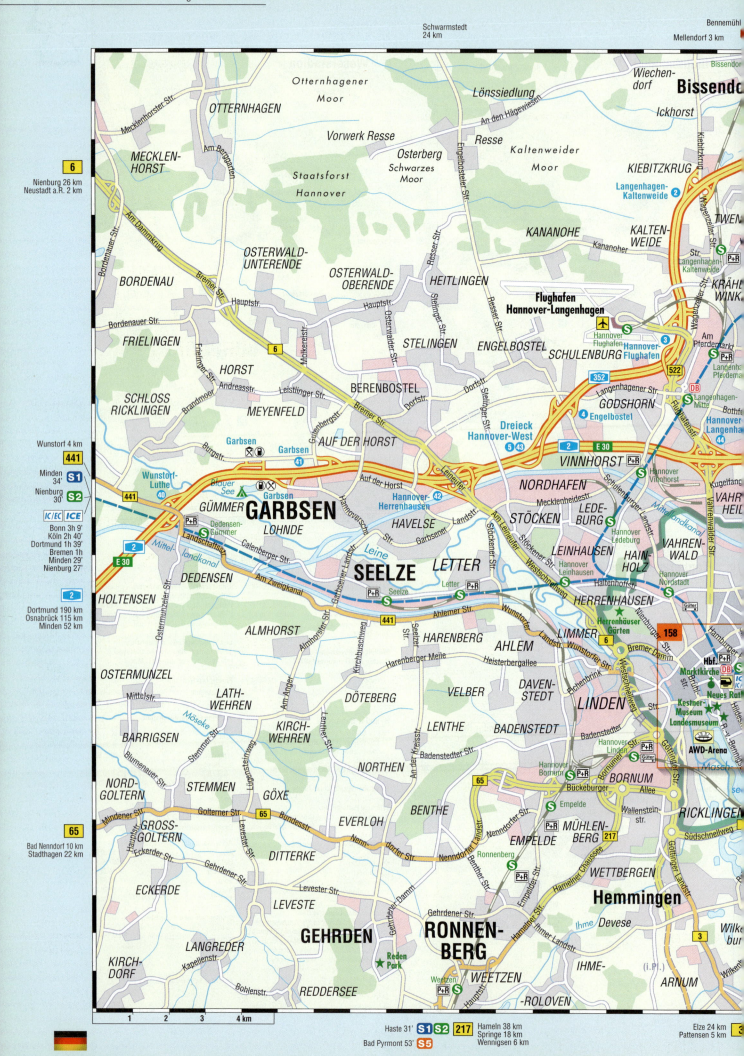

Schwarmstedt
24 km

Bennemühl
Mellendorf 3 km

Wiechen-
dorf

Bissendo

Ickhorst

Bissendor

Otternhagener
Moor

Lönssiedlung

An den Hägewiesen

Resse

KIEBITZKRUG

TWEN

6

Nienburg 26 km
Neustadt a.R. 2 km

OTTERNHAGEN

Vorwerk Resse

Osterberg
Schwarzes
Moor

Kaltenweider
Moor

Langenhagen-
Kaltenweide

2

KALTEN-
WEIDE

KRÄHL
WINK

MECKLEN-
HORST

Am Bergarten

Staatsforst
Hannover

KANANOHE

Kananoher
Str.

Am
Pferdemarkt

Str.
Langenhagen-
Kaltenweide

OSTERWALD-
UNTERENDE

Resser Str.

HEITLINGEN

Flughafen
Hannover-Langenhagen

3

Langenha
Pferdea

BORDENAU

Hauptstr.

OSTERWALD-
OBERENDE

Engelbosteler Str.

Hannover
Flughafen

Hannover-
Flughafen

522

Hannover
Langenha
44

Bremer Str.

Stelinger Str.

STELINGEN

ENGELBOSTEL

SCHULENBURG

FRIELINGEN

Hauptstr.

Osterwalder Str.

Dorfstr.

352

Langenhagener Str.

DB

Langenhagen-
Mitte

Frielinger Str.

Andreasstr.

Leistlinger Str.

BERENBOSTEL

Dorfstr.

GODSHORN

HORST

Brandmoor

Bremer Str.

Gütenbergstr.

Stelinger Str.

4 Engelbostel

Dreieck
Hannover-West

5 **43**

SCHLOSS
RICKLINGEN

MEYENFELD

AUF DER HORST

2

E 30

VINNHORST

P+R

Hannover
Vinnhorst

Kugelfang

VAHR
HEIL

Garbsen

Garbsen

41

Leineufer

Auf der Horst

42

NORDHAFEN

Mecklenheidestr.

Schulenburger Landstr.

Mittellandkanal

6

Wunstorf 4 km

441

Minden 34'
S1
Nienburg 30'
S2

Wunstorf-
Luthe

Blauer
See

Garbsen

GÜMMER

GARBSEN

LOHNDE

Hannover-
Herrenhausen

HAVELSE

Landstr.

Stöckener Str.

STÖCKEN

LEDE-
BURG

Hannover
Ledeburg

Mittellandkanal

VAHREN-
WALD

441

IC/EC **ICE**

Bonn 3h 9'
Köln 2h 40'
Dortmund 1h 39'
Bremen 1h
Minden 29'
Nienburg 27'

P+R
Dedensen-
Gümmer

Landschaftsw.

Calenberger Str.

Leine

Garbsener Landstr.

Garbsener Str.

Hannoversche

Am Leineufer

LEINHAUSEN

Am Leineufer

Hannover
Leinhausen

Westschnellweg

HAIN-
HOLZ

Hannover
Nordstadt

Hannover
Nordhafen

E 30

DEDENSEN

SEELZE

LETTER

Letter

2

Dortmund 190 km
Osnabrück 115 km
Minden 52 km

Mittel-
landkanal

Am Zweigkanal

S
Seelze

P+R
Letter

S

Haltenhoffstr.

HERRENHAUSEN

Herrenhäuser
Gärten

158

HOLTENSEN

441

Ahlemer Str.

Wunstorfer

Wunstorfer Landstr.

LIMMER

Bremer Damm

6

Güter

Hbf.
DB

Marktkirche

Brühl
str.

Neues Rat

ALMHORST

HARENBERG

AHLEM

Heisterbergallee

Eichenbrink

Nenburger

Str.

Kestner-
Museum

Landesmuseum

OSTERMUNZEL

Mittelstr.

LATH-
WEHREN

Am Anger

DÖTEBERG

VELBER

DAVEN-
STEDT

LINDEN

Göttinger Str.

Mas

Harenberger Meile

Badenstedter Str.

Bundesstr.

AWD-Arena

BARRIGSEN

Blumenauer Str.

Stemmer Str.

KIRCH-
WEHREN

Lenther Str.

LENTHE

Badenstedter Str.

BADENSTEDT

Hannover
Linden

S

Güter

NORD-
GOLTERN

Nord-Golterner Str.

STEMMEN

GÖXE

Golterner Str.

65

NORTHEN

An der Kreisstr.

BENTHE

Hannover
Bornum

S

Bornumer Str.

BORNUM

Allee

RICKLINGEN

65

Bad Nenndorf 10 km
Stadthagen 22 km

GROSS-
GOLTERN

Mindener Str.

Bundesstr.

Nenn

dorfer Damm

S Empelde

EMPELDE

Nenndorfer Landstr.

P+R

P+R
MÜHLEN-
BERG
217

Wallenstein-
str.

Südschnellweg

ECKERDE

Eckerder Str.

Levester Str.

DITTERKE

Gehrdener Str.

Ronnenberg

S

WETTBERGEN

Hamelner Chaussee

Göttinger Landstr.

KIRCH-
DORF

Kapellenstr.

LEVESTE

Gehrdener Str.

GEHRDEN

Gehrdener Str.

**RONNEN-
BERG**

Empelder Str.

Hamelner Chaussee

Hemmingen

LANGREDER

Reden
Park

Gehrdener Damm

Ihmer Landstr.

IHME-

Ihme Devese

Wilke
bur

3

REDDERSEE

Bohlenstr.

Hauptstr.

Weetzen

P+R

WEETZEN

-ROLOVEN

ARNUM

(i.Pl.)

1 2 3 4 km

Haste 31' **S1** **S2** **217**
Bad Pyrmont 53' **S5**

Hamelm 38 km
Springe 18 km
Wennigsen 6 km

Elze 24 km
Pattensen 5 km

Kiel 250 km
Hamburg 125 km
Bremen 100 km
Walsrode 42 km

→ 7 3 km
352
7

Celle 19 km
Fuhrberg 5 km

IC/EC Celle 19'
ICE Kiel 2h 30'
Hamburg 1h 15'

EHLERSHAUSEN

Wietze
Kleinburgwedel
Bf. Großburgwedel DB P+R
Wettmar
RAMLINGEN
Lahberg

3
Uelzen 63 km
Celle 10 km

S3 Celle 11'

Burgwedeler
Bruch
Großburgwedel
Burgwedel
Wettmarer Str.
Engensen
Wullbeck
Otze S
DB

MASPE
Großburgwedel 54
Thönser Str.
Thönser Str.
OTZE
Bf. Otze

Bf. Isernhagen DB P+R
HAINHAUS
Isernhagener Str.
Burgdorfer Str.
Thönse
SCHILLERS-
LAGE
3

Hohenhorster
Bauerschaft
Farster
Bauerschaft
7
E 45
Hannoversche Str.
Farster Str.
Oldhorst
Oldhorst
Engenser Str.
443

Isernhagen
Kircher
Bauerschaft
Hauptstr.
Dorfstr.
Heinrich-Kencke-Str.
Oldhorster
Moor
Oldhorster Moor
V/2010
Vor dem Celler Tor
Burgdorfer Aue

ANGEN-
AGEN
Niederhägener
Bauerschaft
ISERNHAGEN-
SÜD
Am Ortfelde
Gartenstadt
Lohne
Neuwarmbüchen
Freizeitpark
Blumenhof ★
P+R
BURGDORF
Burgdorf S Bf. Burgdorf
DB

188
Gifhorn 38 km
Meinersen 25 km
Uetze 14 km

Hannover-
Bothfeld 45
Altwarmbüchen 55
Kirchhorst
Kirchhorster Str.
Stelle
Steller Str.
2 Burgdorf
HEESSEL
Dorfstr.
Marktstr.
Burgdorfer Str.

2 E 30
Altwarmbüchen
Hannoversche Str.
37
188
BEINHORN
AHRBECK

BOTHFELD
Hannover-Lahe 46
Altwarm-
büchener
See
Altwarmbüchener
Moor
3 56
Kreuz Hannover/
Kirchhorst
GROSS-
KOLSHORN
RÖDDENSEN
Unter den Linden

Tangentherstr.
Kirchhorster Str.
4 47
7
E 45
KLEIN-
KOLSHORN
Am Ortfelde
STEINWEDEL

HLKAMP
37
Kreuz Hannover-
Buchholz
P
P
Kreuz Hannover-
Buchholz
ALIGSE
Lehrter Str.
Remhorster Str.

IST
5 Hannover-
Misburg
Misburger Wald
Ahltener
Aligse S
Bf. Aligse
P+R

Umwelt-
zone

GROSS-
BUCHHOLZ
Buchholzer Str.
MISBURG
Lehrte 49
Lehrter See
⊗ ⛽

2
Berlin 210 km
Braunschweig 40 km
Peine 21 km

HANNOVER
Hannoversche Str.
Kreuz
Hannover-Ost
48 57
2 E 30
Wald
P

KLEEFELD Bf.
3 Hannover K.-Wiechert-Allee
Kleefeld
DB S
Anderter Str.
Güter
DB Ahlten
Bf. Ahlten
P+R
Bf. Lehrte DB
LEHRTE
Lehrte
S Bf. Lehrte
Mittelstr.
50
Lehrte-Ost

Eilenriede
Kirchröder Str.
ANDERTEN
Anderten S
P+R
Anderten-
Misburg
Ahltener Str.
Everner Str.

ICE IC/EC
Berlin 1h 38'
Wolfsburg 32'

Hannover
Bismarckstr.
Güter
DB
KIRCHRODE
Thie
gartenstr.
Lehrter Str.
Südschnellweg
AHLTEN
Ilten Str.
443

Bf. H-Bismarckstr.
Bemeroder Str.
Südschnellweg
Hannover-
Anderten
58
Hannoversche Str.
Bilmer Str.
65
Hindenburgstr.
ILTEN

ALDHAUSEN
65
6
Garkenburgstr.
Wülferoder Str.
HÖVER
BILM
An der Schaftrift
KÖTHEN-
WALD
443

ÖHREN
Wülfeler Str.
Messeschnellweg
WÜLFE-
RODE
⊗ ⓟ
Wülferode
Reuterstr.
Sehnder Landstr.

MITTELFELD
VÜLFEL
burger Str.
Güter
Messegelände
7
E 45
**Bockmer-
Holz**
Mittellandkanal
WASSEL
Stadtweg
Rethener Str.
P+R Bf. Sehnde
DB
RETHMAR

65
Lahstedt 27 km
Ilsede 22 km
Peine 16 km

P+R DB
Bf. H-Messe/
Laatzen
EXPO
Park
Leine Center
Einkaufszentrum
Messegelände
11
Bockmerholzstr.
Laatzen
59
443
Peiner Str.
Rethener Str.
65 Hauptstr.
SEHNDE
Gretenberger Str.
EVERN

LAATZEN
Hildesheimer Str.
37
Erich-Panitz-Str.
Messestutzen
Dreieck
Hannover-Süd
12 60
WEHMINGEN
BOLZUM

RETHEN
München 4h 36'
Frankfurt a.M. 2h 19'
Würzburg 2h
Kassel 56'
Göttingen 34' ICE

Bf. Rethen
(Leine)
DB
P+R

7
Würzburg 350 km
Frankfurt a.M. 330 km
Kassel 150 km
Hildesheim 17 km

6 Hildesheim 17 km
Sarstedt 8 km

157

1 Verkehrsnetz Hannover GVH

Netzplan Schiene
Rail network map
Plan du réseau rail

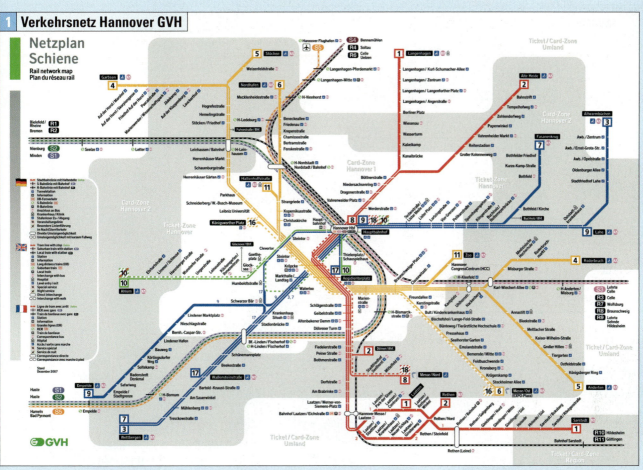

2 Hauptbahnhof

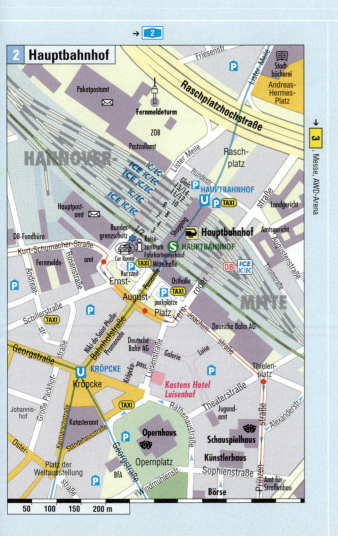

3 AWD-Arena

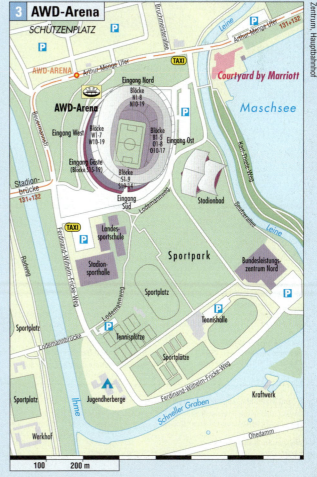

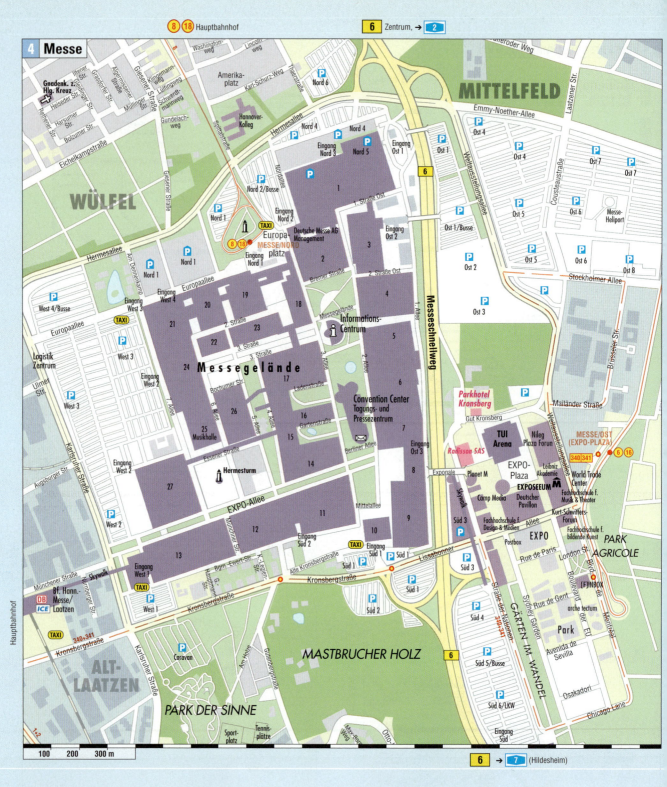

100 200 300 m

⑥ → ⑦ (Hildesheim)

Wichtige Reise-Infos, Adressen und Telefonnummern

Polizei/Notruf	110
Feuerwehr/Rettungsleitstelle	112
Internet:	
www.hannover.de	
www.hannover-tourism.de	
Tourist-Information	0511-12 34 51 11
Taxi-Zentrale	0511-4 58 45 45

Wichtige Autovermieter
Hannover City (Tel.-Vorwahl **0511**):

Avis	1 21 74-0	National	9 77 24 63
Hertz	63 50 92	Sixt	01805-25 25 25
Europcar	72 61 10		

S- und Stadtbahn, Zug und Bus: GVH
Der Großraum-Verkehr Hannover (GVH) bedient
neben der City den gesamten Landkreis Hannover.

Wichtige Stadtbahnhaltestellen:

Hauptbahnhof	Linien 1–3,7–10
Markthalle/Landtag	Linien 3,7,9
Sedanstraße/Lister Meile	Linien 3,7,9
Universität	Linien 4,5
Messegelände Eingang Nord	Linie 8
Messegelände Eingang Ost	Linien 6,11,14,16
Stadionbrücke	Linien 3,7,17
Fahrplanauskunft: www.efa.de	

Hauptbahnhof: Deutsche Bahn
Der Hauptbahnhof befindet sich in der Stadtmitte in unmittelbarer Nähe zur Fußgängerzone.

Service-Point	0511-2 86 34 68
Reiseauskunft	0511-1 94 19

Parken (Öffnungszeiten an Wochentagen):

Parkhaus Rundestraße/Hbf	durchg. geöffnet
Tiefgarage Schillerstr./Kaufhof	9.00–20.30 Uhr
Phs Leonhardtstraße	durchg. geöffnet
Parkhaus Mehlstraße	7.00–21.00 Uhr

Autovermieter am Hbf. (Tel.-Vorwahl **0511**):

Avis	018 05 55 77 55	National	9 77 24 63
Europcar	01805 8000	Sixt	01805-26 02 50
Hertz	07805 33 35 35		

**Direkte Verbindung zum Messegelände
mit den Stadtbahnlinien 6 und 8**

Flughafen Hannover
Der Flughafen Langenhagen liegt 11 km nördlich
von Hannover. Er ist mit dem PKW von der A7
und der A2 bequem zu erreichen.

Flugauskunft:	0511-977-18 99
www.flughafen.hannover.de	

Wichtige Fluggesellschaften (Tel.-Vorwahl **0511**):

Air France	9 77 42 91
British Airways	9 77 21 65
Hapagfly	0180-5 88 44 00
Iberia	9 77 28 90
KLM	0180-5 21 42 01
LTU	9 73 47 86
Lufthansa	0180-3 80 38 03

Kurzzeitparken:
Terminalparkplätze; auch bei PH1-3 möglich
Langzeitparken:
Parkhäuser PH1,PH 2; PH3, PHNord, PHOst; P10

Autovermietungen (Tel.-Vorwahl **0511**):

Avis	9 73 39 96
Budget	9 77 21 37
Europcar	72 61 10
Hertz	77 90 41
National	9 77 24 63
Sixt	9 77 24 08

S-Bahn-Linie 5 in die Innenstadt:
Fahrzeit ca. 15 Min

Taxi:

Flughafen-Taxen GmbH	0511-4 58 45 45
Fahrt in die Innenstadt ca. 20 Min	

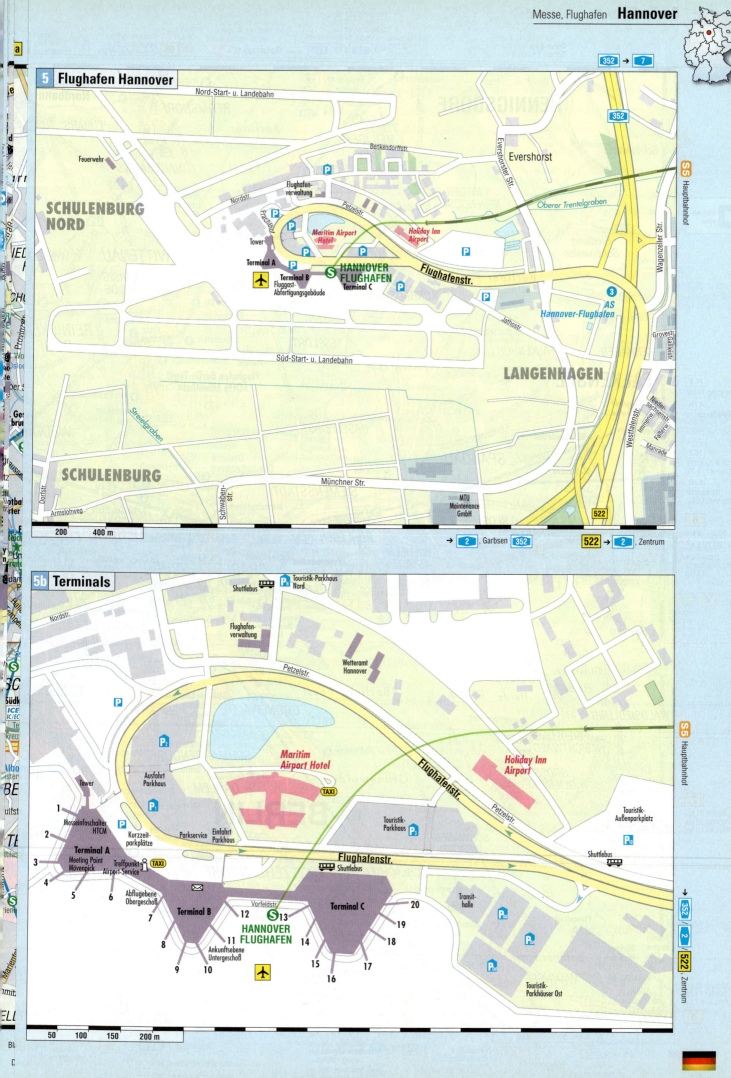

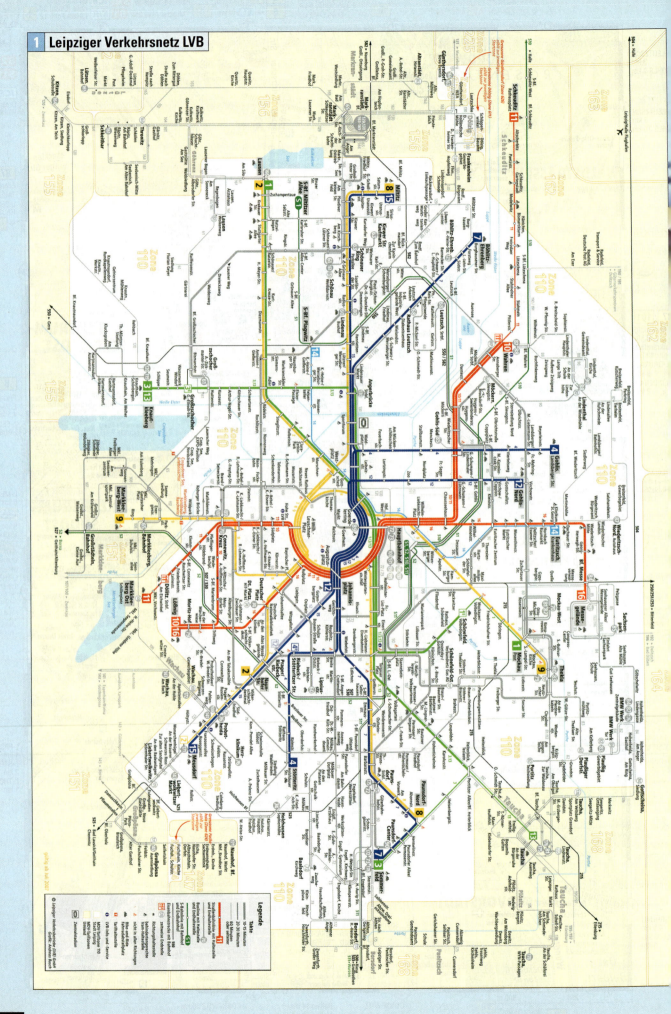

1 Leipziger Verkehrsnetz LVB

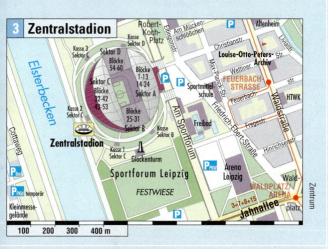

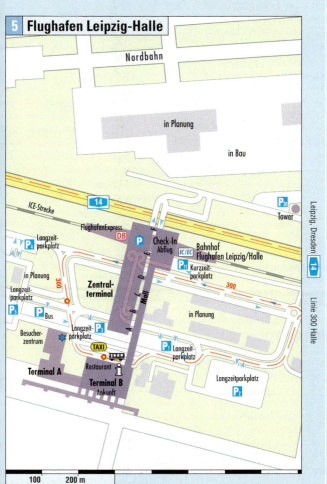

Wichtige Reise-Infos, Adressen und Telefonnummern

Polizei/Notruf	110
Feuerwehr/Rettungsleitstelle	112
Internet: www.leipzig.de	

Tourist-Information	0341-71 04-260/-265
Taxi-Zentrale	0341-48 84

Wichtige Autovermieter Leipzig City
(Tel-Vorwahl **0341**):

Avis	25 95 80
Europcar	90 44 40
Sixt	2 27 72 58

Straßenbahn und Busse: LVB
Der LVB bedient das Stadtgebiet von Leipzig
mit 20 Straßenbahnlinien und zahlreichen
Busverbindungen

Wichtige Haltestellen in Leipzig:

Hauptbahnhof	S 2,3,4,6,10,11,15,16,20,28,31,37
Thomaskirche (Stadtzentrum)	S 21,24
Neues Rathaus/Karl-Tauchnitz-Str.	S 5,8,13,21,24
Neue Messe/Messegelände	S 16,21
Sportforum (Zentralstadion)	S 5,13,15,17,37
Völkerschlachtdenkmal	S 15,21
Zoo	S 20,24
Fahrplanauskunft:	www.lvb.de

Hauptbahnhof: Deutsche Bahn
Der Hauptbahnhof befindet sich nördlich vom
Leipziger Stadtzentrum; zu Fuß gelangt man
innerhalb von 5 bis 10 Gehminuten zur Alten
Börse am Naschmarkt (Fußgängerzone).

Service-Point	0341-9 68 36 20
Reiseauskunft	0341-1 94 19

Parken:
Kurzzeitparkplatz Hbf
Hbf-Promenaden Parkhaus Ost
Hbf-Promenaden Parkhaus West

Autovermieter am Hbf (Tel-Vorwahl **0341**):

Avis	961 14 00
Hertz	4 77 37 12
Europcar	14 11 60
Sixt	01805-25 25 25

Shuttle-Bus zum Flughafen:
ab Leipzig Hbf Ostseite (Goethestraße)
von 3.35 –21.15 (9.00 –17.30 im 30-Min-Takt)
Fahrzeit ca. 30 Min

Flughafen Leipzig/Halle:
Der Flughafen Leipzig/Halle liegt nordwestlich
der Stadt Leipzig (ungefähr 18 km vom Stadtzentrum entfernt) am Autobahnknotenpunkt
Schkeuditzer Kreuz.

Flugauskunft:	0341-2 24 11 55
www.leipzig-halle-airport.de	

Wichtige Fluggesellschaften:
(Tel-Vorwahl **0341**):

Aero Lloyd	224-12 06
Hapag Lloyd	224-18 27
Lufthansa	224-16 00

Kurzzeitparken: P11
Langzeitparken: P1,P2, P4, P5, P20
Parkplatzreservierung: 034-224 12 47

Autovermietungen (im Terminal B):

Ahrens & Merkle	0341-912 59 20
Avis	0341-224 18 04
Budget	0341-224 18 80
Europcar	0341-04 77 00
Hertz	034204-1 43 17
Sixt	0180-526 25 25

Shuttleverkehr in die Innenstadt von Leipzig
FlughafenExpress (Deutsche Bahn)
Flughafen - Neue Messe - Hauptbahnhof:
täglich von 4.48 –23.18 (im 30-min-Takt);
Fahrzeit bis Leipzig Neue Messe ca. 7 Min
Fahrzeit bis Leipzig Hbf. ca. 14 Min

FlughafenExpress nach Halle:
täglich von 5.03 –23.03 (im 60-min-Takt);
Fahrzeit bis Halle Hbf. ca. 13 Min

Buslinie 300 nach Halle:
von 5.55-1.35 (etwa im 45-min-Takt);
Fahrzeit in die Innenstadt von Halle ca. 35 Min

Taxi:

Taxi-Zentrale Leipzig	0341-98 22 22
Fahrzeit in die Innenstadt von Leipzig ca. 30 Min	

177

Elsterwerda 34 km **101**
Großenhain 13 km

Frankfurt a.M. 4h 22'
Berlin 1h 40'
Leipzig 58'
Riesa 29' IC/EC ICE

Großenhain 13 km

Oschatz 33 km
Riesa 27 km
Zehren 6 km **6**

101
Freiberg 41 km
Nossen 22 km
Jahna-Löthain 2 km

S1
Meißen-
Triebischtal 4'

101
Dieraer Weg
Gröbener Str.
Oberauer Str.

BOHNITZSCH
Meißner Str.
Niederau
Niederau
Niederauer Str.
Weinböhla
DB **Weinböhla**

Albrechtsburg
Dom Meißen
MEISSEN
Porzellan-
manufaktur
Zaschendorfer Str. H.-Heine-Str.

Friedewald
Mittelteich
Frauen-
teich
Kalkreuther Str.
Schloss Moritzburg
MORITZBURG DB
Bf. Bärnsdorf
Bf. Cunnertswalde
Großteich
Museumseisenbahn
Bf. Moritzburg

SPAAR
ZASCHENDORF
Neu-Sörnewitz
Siebeneichener Str.
Dresdner Str.
SÖRNEWITZ
Elbgaustr.
Chösbener Str.

Forststr.
Moritzburger Str.
Auer
Neuer
Anbau
(i.Pl.)

Bockwen
Meißner Landstr. **6**
Reichenbach
SCHARFENBERG
Schloss Scharfenberg
Elbe
Dresdner Str.
BROCKWITZ
KÖTITZ

Am Spitzberg
Moritzburger Str.

COSWIG
Neucoswig
LINDENAU
Schloss Wackerbarths Ruhe
Zitzschewig
S Coswig
Meißner Str.
Bf. Friedewald, Bad
Bf. Friedewald
Großenhainer Str.
Kötzschenbroder Str.
Hochlandstr.
Friedewald
Bf. Lößnitzgrund

Dippelsdorfer Weiher
Dippelsdorf
Oberer Waldteich
REICHENBERG
WILS-
DO
BOXDOR

Riemsdorf
Naustadt
Constappel
GAUERNITZ
Meißner Landstr.
Naundorf DB
(i.Pl.)
Röhrsdorf

Ullendorf
Taubenheim
Niederwartha
Weistropp
Unteres
Staubecken
Niederwartha
RADEBEUL
Weintraube
S Radebeul-West
NIEDER-
LOSSNITZ
Bf. Weißes Roß DB
Karl-May-Museum
S Radebeul-Ost
WAHNSDORF
Am Walde
Moritzburger Str.
Dresden-Wilder Mann
8C
Dresden-Neustadt
79
TRACH
Tra

Sora
Silber Str.
KLIPPHAUSEN
Kleinschönberg
Oberwartha
COSSE-
BAUDE
Gohlis
KADITZ
Kötzschenbroder Str.
Lommatzscher Str.
Leipziger Str.

Baeyrhöhe
Sachsdorf
Brabschütz
Cossebaude DB
MOBSCHATZ
Stetzsch DB
Kemnitz 4
MICKTEN
E 40

Lotzen
Hühndorf
Dreieck Dresden-West
P
Podemus
MERBITZ
Merbitzer Str.
Warthaer Str.
Dresden-Altstadt 78
DB Cotta
BRIESNITZ
Bremer Str.
Friedrich

Birkenhain
4 E 40
Nossener Str.
77a
Wilsdruff
Dresdner Tor
77b
Dresdner Tor
1
KAUFBACH
Hühn-
Roitzsch
Ocker-
witz
Ockerwitzer Allee
Hauptstr.
E-Ambros-Ufer
COTTA
Güter

4
Nürnberg 293 km
Chemnitz 56 km
Leipzig 85 km
Döbeln 30 km

Limbach
Wilsdruff
Umgehungsstr.
Unkersdorf
17
Zöllmen
Pennrich
Dresden-Gorbitz
2
Kesselsdorfer Str.
Coventrystr.
Elbamare
GOMPITZ
Fröbel-
Kesselsdorfer Str. **173**
LÖBTAU

Grumbach
Freiberger Str.
Kesselsdorfer Str.
Kesselsdorf
Kesselsdorfer
Altfranken
WURGWITZ
Pesterwitzer Str.
Saalhausener Str.
Tharandter Str.
PESTERWITZ
Wurgwitzer Str.

Helbigsdorf
Herzogswalder Str.
Niederhermsdorf
Oberhermsdorfer Str.
Str.
Wilsdruffer Str.
Potschappel
S
Windbergbahn-museum
KLEINNAUNDOR

173
Mohorn
Fördergersdorf
Ober-
hermsdorf
ZAUCKERODE
Weißiger Str.
Deuben
Karlsruther Str.

Freiberg 16 km
Niederschöna 5 km

Herzogswalde
Braunsdorf
Braunsdorfer Str.
Tharandter Str.
Kleinopitz
WEISSIG
Freital Hainsberg Güter
Hainsberg-West
S
Poisentalstr.

POHRSDORF
Tharandter Str.
GROSSOPITZ
Horkens

Grund
Spechtshausen
Forstbotanischer Garten
THARANDT
Dresdner Str.
S Tharandt
S
Weißeritz
Tharandter Str.
FREITAL
OBERNAUNDORF
Obernaundorfer Str.

Herndorf
Kurort Hartha
Talmühlenstr.
Freiberger Str.
SOMSDORF
Bf. Coßmannsdorf DB
Dresdner Str.
Batru
Wilmsdorf
Börnchen

Hetzdorf
Tharandter Wald
RABENAU
Bf. Rabenau DB

1 2 3 4 km

Freiberg 14 km
Naundorf 7 km

IC/EC Chemnitz 1h 2'
Freiberg 33'

Dippoldiswalde 8 km
Oelsa 1 km

Teplice (CZ) 48 km
Altenberg 28 km
Dippoldiswalde 8 km **170**

178

Berlin 223 km
Cottbus 111 km
Radeburg 5 km
13

Hoyerswerda 45 km
Königsbrück 12 km
Ottendorf-Okrilla 1 km
97

Ottendorf-Okrilla 2 km

Kamenz 14 km
Pulsnitz 3 km

4

Görlitz 78 km
Bautzen 35 km

Neustadt i. Sachsen
18 km
Bischofswerda
16 km

Zittau 76 km
Bautzen 33 km
Neustadt i. Sachsen
18 km
Bischofswerda
17 km

6

Stolpen 10 km

Sebnitz 24 km
Hohnstein 10 km
Lohmen 2 km

IC/EC
Praha (CZ) 2h 45'
Bad Schandau 39'

S1
Schöna 31'
Bad Schandau
21'

Medingen
Hermsdorf 83
Ottendorf-Okrilla
84 Ottendorf-Okrilla
Lichtenberg
Hufen
MARSDORF
Hermsdorf
Grünberg
Wachau
Barockschloss
(i.Pl.)
Mârsdorf 22
Seifersdorf
Schönborn
Romantischer
Landschaftspark
Feldschlößchen
(i.Pl.)
Klein-
röhrsdorf
Kurort
Volkersdorf
Weixdorf
Leppersdorf
Pulsnitz
85
WEIXDORF
Weixdorf Bad
Flughafen Dresden
LANGEBRÜCK
Langebrück
LIEGAU-
AUGUSTUSBAD
Schloss
Klippenstein
RANDHÄUSER
Grenzstr.
Flughafen
LOTZDORF
Radeberger
Brauerei
WALLRODA
Dresden-
Flughafen KLOTZSCHE
HELLER-
AU
Klotzsche
Prießnitz
Wasserfall
RADEBERG
Radeberg
(i.Pl.)
Klein-
wolmsdorf
Arnsdorf
Arnsdorf
Dresden-
Hellerau
81a
D r e s d n e r   H e i d e
Prießnitz
GROSS-
ERKMANNSDORF
ACHENBERGE
DRESDEN
ULLERSDORF
BEI RADEBERG
Klein-
erkmannsdorf
Industrie
gelände
ALBERT-
STADT
Radeberger Str.
(i.Pl.)
NEUSTADT
WEISSER HIRSCH
Bautzner Str.
WEISSIG
Dresdner Str.
6
ICE
IC/EC
Neustadt
Albertplatz
Elbschlösser
Bautzner Landstr.
Siedlung
Rossendorf
Antonstr.
ALTSTADT
LOSCHWITZ
BÜHLAU
Semperoper
Kathedrale
BLASEWITZ
ROCHWITZ
GÖNNSDORF
SCHULLWITZ
Albertinum
STRIESEN
Blaues
Wunder
WACHWITZ
CUNNERS-
DORF
Dittersbach
Hygiene-Museum
Fernsehturm
(Elbnadel)
ESCHDORF
Gläserne VW-Manufaktur
Großer
Garten
TOLKEWITZ
PAPPRITZ
SCHÖNFELD-WEISSIG
Schloss Schönfeld
Dürrröhrsdorf-
Dittersbach
Rudolf-Harbig-
Stadion
(Neu bis 2009)
180
SEIDNITZ
Ruine
Helfenberg
REITZENDORF
Wünschendorf
RÄCKNITZ
Christuskirche
LAUBEGAST
Wasserski
ROCKAU
Weber-
Museum
MALSCHENDORF
ZASCHENDORF
Pferde-
rennbahn
Reick
Maria am Wasser
Bonnewitz
KAITZ
Dobritz
LEUBEN
Staatsoperette
Weinbergkirche
PILLNITZ
GOSTRITZ
172
PROHLIS
Berthold-Haupt-Str.
Schloss
Pillnitz
GRAUPA
LIEBETHAL
LEUBNITZ-
NEUOSTRA
NICKERN
MEUSSLITZ
Richard-
Wagner-
Museum
Dresden-
Südvorstadt
Dresden-
Prohlis
Schloss Nickern
NIEDERSEDLITZ
Bannewitz
GROSSLUGA
Zschachwitz
JESSEN
Goppeln
Sobrigau
MÜGELN
Birkwitz-
Pratzschwitz
COPITZ
Gaustritz
LOCKWITZ
GOMMERN
HEIDENAU
Bf. Copitz
PIRNA
Heidenau in Sa.
5
Kiessee
Marienkirche
Bärenklause-
Kautzsch
Borthen
17
172
Pirna
Rathaus
Burgstädtel
Bosewitz
KLEIN-
SEDLITZ
Barockgarten
Röhrsdorf
Bf. Dohna
GROSS-
SEDLITZ
Görknitz
DOHNA
172

Kreischa 2 km
Kreischa 2 km
Glashütte 15 km
Altenberg 33 km
Pirna 7 km
17 4 km
Děčín (CZ) 40 km
Bad Schandau 21 km
Königstein 14 km
172

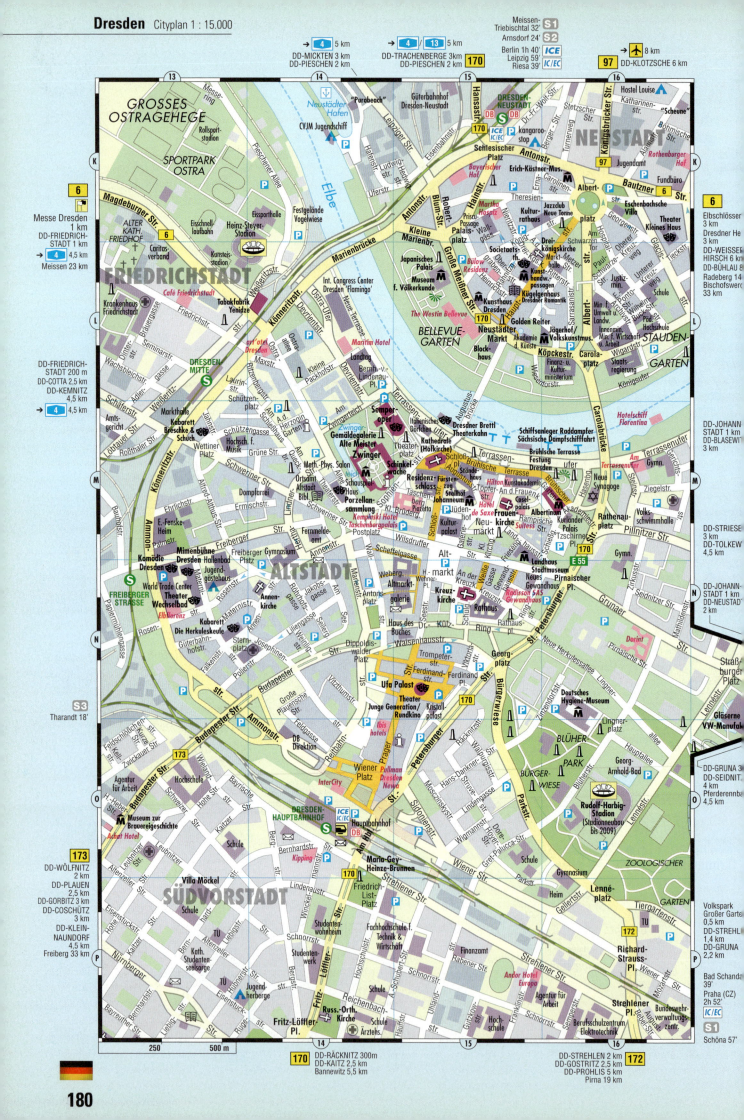

1 Dresdener Verkehrsnetz DVB

Haltestellen

Straßenbahn

S-Bahn

2 Hauptbahnhof

50 100 150 200 m

170 Bannewitz

3 Rudolf-Harbig-Stadion

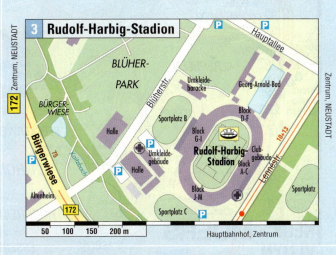

50 100 150 200 m

Hauptbahnhof, Zentrum

4 Flughafen Dresden

50 100 150 200 m

→ **97** , KLOTZSCHE, Zentrum

→ **4** 1,8 km

Wichtige Reise-Infos, Adressen und Telefonnummern

Polizei/Notruf 110
Feuerwehr/Rettungsleitstelle 112
Internet: www.dresden.de
www.dresden-tourist.de
Tourist-Information 0351-49 19 21 00
Taxi-Zentrale 0351-21 12 11

Wichtige Autovermieter
Dresden City (Tel-Vorwahl 0351):
Avis 496 96 13   Budget 8 81 46 40
Hertz 45 26 30   National 83 71 50
Europcar 87 73 20   Sixt 01805-25 25 25

S-Bahn, Straßenbahn und Busse:
Wichtige Haltestellen:
Hauptbahnhof   Straßenbahn 3,6,7,8,10
Altmarkt   Straßenbahn 1,2,4
Neustadt   Straßenbahn 7,8
Fahrplanauskunft: www.dvbag.de
www.nahverkehr.sachsen.de

Hauptbahnhof: Deutsche Bahn
Service-Point 0351-4 61 37 10
Reiseauskunft 0351-4 61 37 10

S-Bahn zum Flughafen:
wochentags von 3.39–22.39 etwa halbstündlich
Fahrzeit ca. 22 Min

Elbschifffahrt:
Auskunft 0351-86 60 90
www.saechsische-dampfschiffahrt.de

Flughafen Dresden:
Flugauskunft 0351-8 81 33 62
www.dresden-airport.de

Parken:
Kurzzeitparken: Parkhaus; Terminalparkplätze: Pk
Langzeitparken: P2, P3, P4;
Autovermietungen (Tel-Vorwahl 0351):
Avis 8 81 46 00   National 8 81 45 75
Europcar 8 81 45 90   Sixt 0180- 525 25 25
S-Bahn zum Hauptbahnhof:
wochentags von 4.35–23.30 etwa halbstündlich
Fahrzeit ca. 22 Min
Taxi: Fahrzeit City Dresden ca. 25 Min

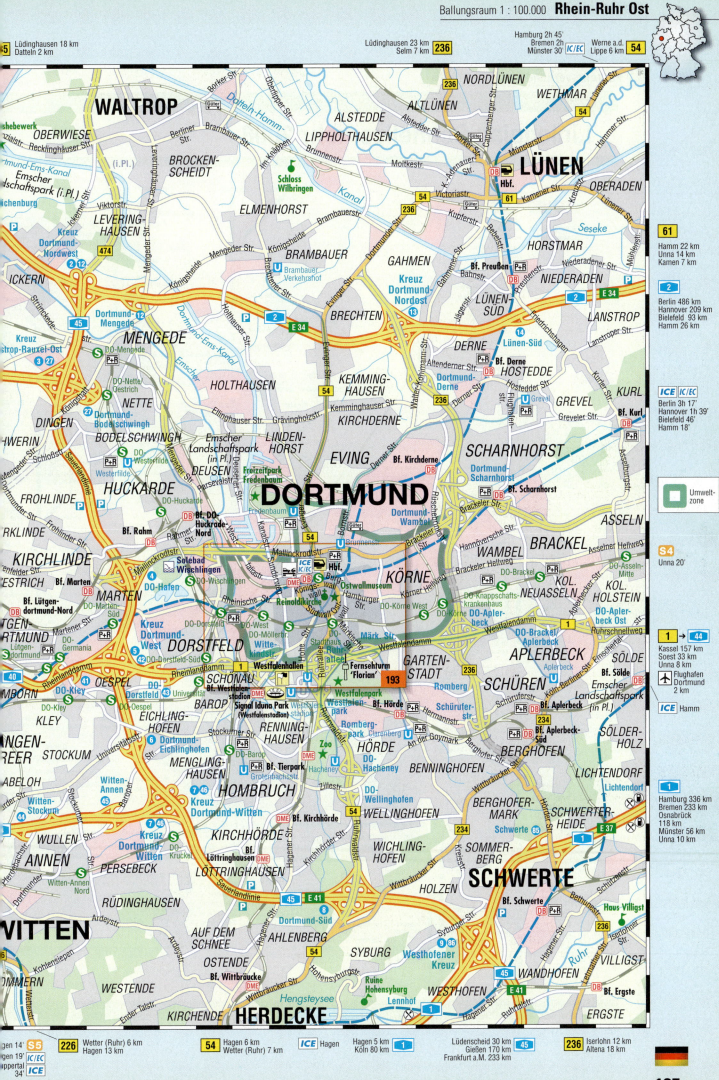

Lüdinghausen 18 km
Datteln 2 km

Lüdinghausen 23 km
Selm 7 km `236`

Hamburg 2h 45'
Bremen 2h
Münster 30' IC/EC Werne a.d.
Lippe 6 km `54`

WALTROP

shebewerk OBERWIESE
zialstr. Recklinghäuser Str.
Berliner Str.

BROCKEN-SCHEIDT

mund-Ems-Kanal
Emscher
schaftspark (i.Pl.)
chenburg

LEVERING-HAUSEN
Viktorstr.

Kreuz
Dortmund-Nordwest `474`

ICKERN

Kreuz
trop-Rauxel-Ost

MENGEDE

DINGEN

HWERIN

FROHLINDE

RKLINDE

KIRCHLINDE
ESTRICH

TGEN-RTMUND
Lütgen-dortmund

MBORN

NGEN-REER

ABELOH

WULLEN

ANNEN

WITTEN

OMMERN

Datteln-Hamm-

Borker Str.
Oberhagener Str.
Brambauer Str.
Im Knappen
Brunnenstr.

ALSTEDDE
Alstedder Str.

ALTLÜNEN
Borker Str.

LIPPHOLTHAUSEN

Kanal

Moltkestr.

`236`

NORDLÜNEN

WETHMAR
Lünener Str.
Hammer Str. `54`

Cappenberger Str.
Münsterstr.

LÜNEN
DB Hbf.

OBERADEN
K. Adenauer Str.
Kamener Str.
Lünener Str. Kreuzstr. `61`

HORSTMAR

Seseke

`61`
Hamm 22 km
Unna 14 km
Kamen 7 km

`2`
Berlin 486 km
Hannover 209 km
Bielefeld 93 km
Hamm 26 km

ELMENHORST

Mengeder Str.
Königsheide
Mengeder Str.

BRAMBAUER

Brambauer Str.

GAHMEN

Victoriastr. `54`
Kupferstr.

`236`

Bf. Preußen
DB Bahnhof P+R
Preußen

LÜNEN-SÜD

Niederadener Str.

Lünen-Süd `14`

NIEDERADEN

`2` E 34

LANSTROP
Lanstroper Str.

DERNE

Altenderner Str.

Bf. Derne
DB

Dortmund-Derne

Derner Str.

`236`

Hostedder Str.

HOSTEDDE

U Grevel

GREVEL
Greveler Str.

KURL

Bf. Kurl
DB

ICE IC/EC
Berlin 3h 17'
Hannover 1h 39'
Bielefeld 46'
Hamm 18'

LEVERINGHAUSEN

`12` DO-Mengede
S DO-Mengede
P+R

DO-Nette/Oestrich

NETTE

Dortmund-Bodelschwingh
BODELSCHWINGH

Emscher Landschaftspark (in Pl.)
DO-Westerfilde
Westerfilde P+R

HUCKARDE

DO-Huckarde

Bf. Rahm
DB

Bf. DO-Huckarde-Nord
DB

Holthauser Str.

HOLTHAUSEN

Dortmund-Ems-Kanal
Emscher

LINDEN-HORST

Ellinghauser Str. Grävingholzstr.

KEMMING-HAUSEN

Kemminghauser Str.

KIRCHDERNE

`236` `14`

Kreuz
Dortmund-Nordost `13`

BRECHTEN

`2` E 34

EVING

Derner Str.

SCHARNHORST

Dortmund-Scharnhorst

Bf. Scharnhorst
DB

Brackeler Str.

ASSELN

Asselnstr.

BRACKEL

Asselner Hellweg
S DO-Asseln-Mite

`236`

Umwelt-zone

`S4`
Unna 20'

DEUSEN

Freizeitpark Fredenbaum

Fredenbaum

DORTMUND

Bf. Kirchderne
DB

Dortmund-Wambel

WAMBEL

Hannoversche Str.

DO-Brackel

KOL.
NEUASSELN

Aplerbecker Str.

KOL.
HOLSTEIN

DO-Aplerbeck Ost
S

Ruhrwanderweg

`1`

`1` → `44`
Kassel 157 km
Soest 33 km
Unna 8 km

Flughafen
Dortmund
2 km

ICE Hamm

HWERIN
Schloßstr.
Sauerlandstr.

DINGEN

Mengeder Str.

Westerfilde

Meydenbauer Str.

Kanalstr.

Parsevalstr.

Deusener Str.

Bornstr.

Burg

U

Mallinckrodtstr. `54`

U Brunnenstr.

KÖRNE

Körner Hellweg

DO-Körne West

DO-Körne

DO-Aplerbeck

Westfalendamm

Bf. Sölde
DB

SÖLDE

HUCKARDE

Solebad
Wischlingen
DO-Huckarde

Mallinckrodtstr.

Bf. Marten
DB

MARTEN

DO-Marten-Süd

Bf. Lütgen-dortmund-Nord
DB

Martener Str.

DO-Lütgen-dortmund
P+R

Kreuz
Dortmund-West

Kreuz
Dortmund-Germania

DORSTFELD

DO-Dorstfeld

DO-Dorstfeld-Süd

DO-Hafen

DO-Wischlingen
S

DO-West
S

Witte-kindstr.

ICE IC/EC
DB Hbf.
DME

Königs-wall

Ostwallmuseum

Reinoldikirche

Südwall

Hamburger Str.

Märk. Str.

Westfalendamm

GARTEN-STADT

`236`

DO-Brackel-Aplerbeck

APLERBECK

DO-Aplerbeck
S

Romberg

Köln-Berliner-Str.

SCHÜREN

Schürufer-str.

Bf. Aplerbeck
DB

Bf. Aplerbeck-Süd
DB P+R

`234`

SÖLDER-HOLZ

Emscher
Landschaftspark
(in Pl.)

ICE Hamm

`1` → Hamburg 336 km
Bremen 233 km
Osnabrück
118 km
Münster 56 km
Unna 10 km

40
Rheinlanddamm

OESPEL

DO-Kley

DO-Kley

KLEY

DO-Oespel

EICHLING-HOFEN

Rheinlanddamm

SCHÖNAU
Bf. DO Westfalen

Universität

BAROP

Stockumer Str.

Dortmund-Eichlinghofen

Rheinlanddamm

Stadthaus
Ruhr-allee

Westfalenhallen

Fernsehturm
'Florian' `193`

Westfalen-park

Signal Iduna Park
(Westfalenstadion)
Westfalen-stadion

RENNING-HAUSEN

Bf. Hörde
DB P+R

HÖRDE

DO-Hörde

Romberg-park Clarenberg

An der Goymark

Hörder-str.

BERGHOFEN

Wittbräucker Str.

Aplerbecker Str.

LICHTENDORF

Lichtendorf

`1`

STOCKUM

Universitätsstr.

Baroper Str.

Dortmund-Barop

MENGLING-HAUSEN

DO-Barop

Grotenbachstr.

Zoo

DO-Wellinghofen

Bf. Tierpark
U P+R

Zillestr.

An der Goymark

Wittbräucker Str.

BERGHOFER-MARK

SCHWERTER-HEIDE

E 37

HOMBRUCH

`7` `46`

Kreuz
Dortmund-Witten

`7` `46`

Kreuz
Dortmund-Witten

DO-Kruckel

Bf. Löttringhausen
DME

Stockumer Str.

Bf. Kirchhörde
DME

WELLINGHOFEN `54`

WICHLING-HOFEN

SOMMER-BERG

Schwerte 85

`234`

SCHWERTE

RÜDINGHAUSEN

PERSEBECK

Witten-Annen
Nord
S

KIRCHHÖRDE

LÖTTRINGHAUSEN

Hagener Str.

Kirchhörder Str.

Wittbräucker Str.

HOLZEN

`1`

`1`

Bf. Schwerte
DB P+R

Haus Villigst

`236`

Witten-Stockum

`44`

Stockumer Str.

Sauerlandlinie

`45` E 41

AUF DEM
SCHNEE

Dortmund-Süd

`54`

AHLENBERG

Hagener Str.

Hörder Str.

OSTENDE

Bf. Wittbräucke
DME

SYBURG

Hohensyburgstr.

Westhofener
Kreuz

`86`

Syburger Str.

WANDHOFEN

`45`

`1`

VILLIGST

Ruhr

VILLIGST

Bethunestr.

Bf. Ergste
DB

ERGSTE

WULLEN

WESTENDE

Ender Talstr.

KIRCHENDE

HERDECKE

Hengsteysee

Ruine
Hohensyburg

Lennhof

Wittbräucker Str.

Hohensyburgstr.

WESTHOFEN

`45` WANDHOFEN

`1`

`41` E 41

Ruhr

Iserlohner Str.

SCHWERTE

gen 14' `S5`
gen 19' IC/EC
upperal ICE
34'

`226` Wetter (Ruhr) 6 km
Hagen 13 km

`54` Hagen 6 km
Wetter (Ruhr) 7 km

ICE Hagen

Hagen 5 km
Köln 80 km `1`

Lüdenscheid 30 km
Gießen 170 km `45`
Frankfurt a.M. 233 km

Iserlohn 12 km
Altena 18 km `236`

185

1 Verkehrsverbund Rhein-Ruhr VRR

Linienplan Schnellverkehr 2008

Legend:
- RE — RE2 — RE RegionalExpress mit Bahnhof
- RB — RB33 — RB RegionalBahn mit Bahnhof
- S8 — S-Bahn mit Bahnhof
- U17 — Stadtbahn mit Bahnhof
- Wuppertaler Schwebebahn mit Bahnhof
- Neuss — SB86 — Schnellbus mit Haltestelle und Richtungsangabe
- Endhaltestelle
- Park and Ride-Anlage
- Fahrrad-Abstellplatz
- Aufzug, Rampe oder stufenloser Weg zwischen Straße und Bahnsteig, im Fahrzeugeinstieg Stufen möglich
- Aufzug, Rampe oder stufenloser Weg zwischen Straße und Bahnsteig, behindertenfreundlicher Fahrzeugeinstieg
- VRR-Verbundgebiet
- VRR-Verbundgrenze

Stand: Dezember 2007

Herausgeber:
Verkehrsverbund Rhein-Ruhr AöR (VRR)
Augustastr. 1
45879 Gelsenkirchen

RE RB Ⓢ Ⓤ 🚈 SB

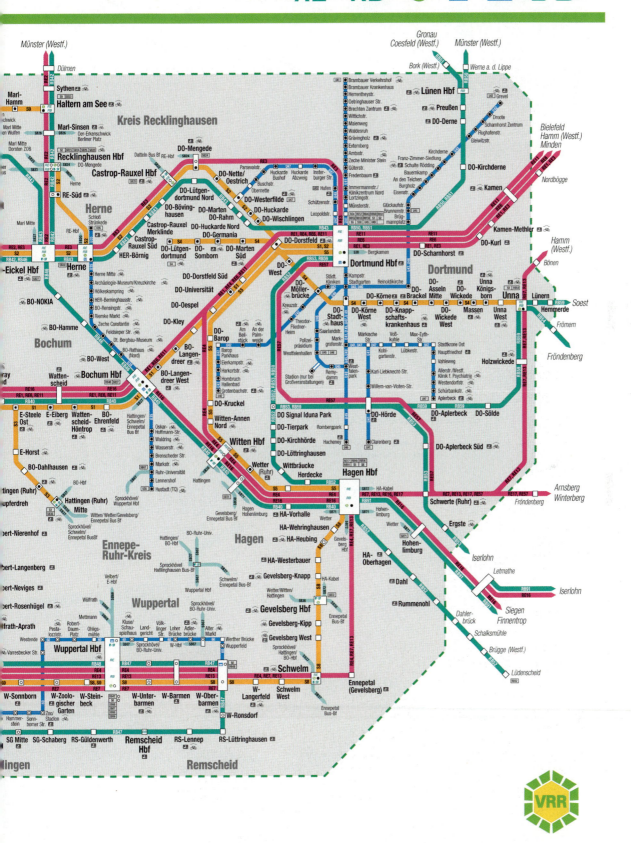

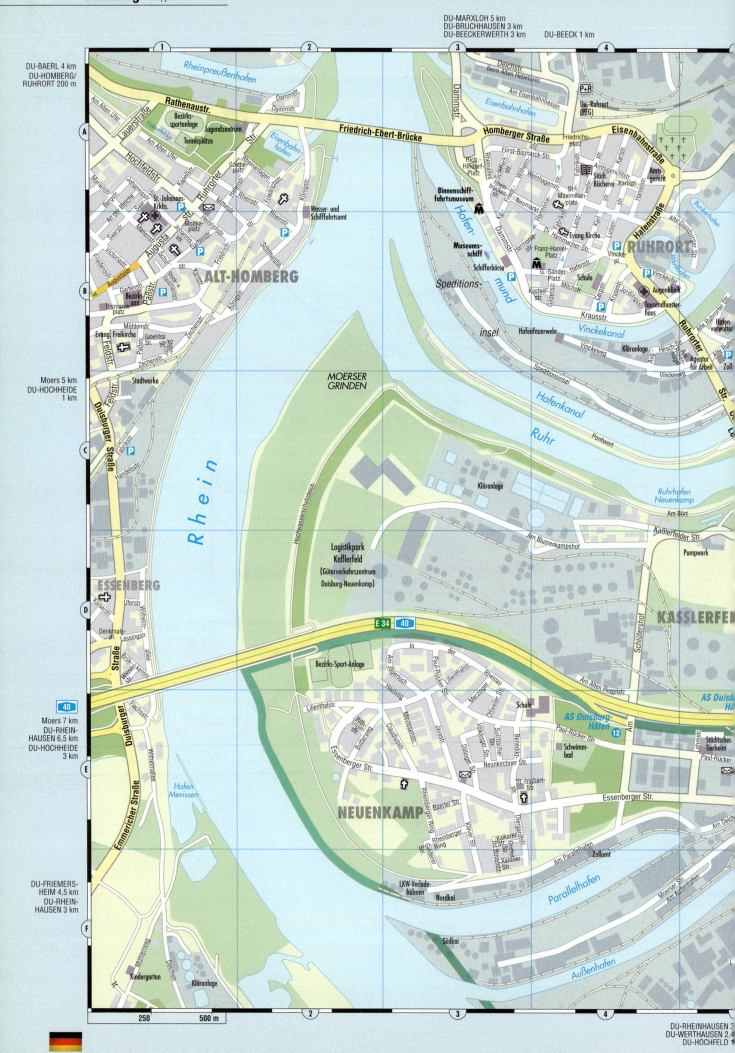

DU-MARXLOH 5 km
DU-BRUCHHAUSEN 3 km
DU-BEECKERWERTH 3 km
DU-BEECK 1 km

DU-BAERL 4 km
DU-HOMBERG/
RUHRORT 200 m

Rheinpreußenhafen

Rathenaustr.
Dammstr.
Dammstr.
Friedrich-Ebert-Brücke
Homberger Straße
Eisenbahnstraße

Am Alten Ufer
Lauerstraße
Am Alten Ufer
Hochfeldstr.
Bezirks-
sportanlage
Hohenbuch
Jugendzentrum
Tennisplätze
Goethe-
platz
Rheinanlagen
Königstr.
Ruhrorter
Str.
Friedrichstr.
Eisenbahn-
hafen
Eisenbahn-
hafen
P+R
DU-Ruhrort
(PEG)
Dammstr.
Friedrichs-
platz
Rich.-Hindorf-
Platz
Fürst-Bismarck-Str.
Karlstr.
Karlstr.

St. Johannes-
Krkhs.
Augusta
Mittelstr.
Wasser- und
Schifffahrtsamt
Binnenschiff-
fahrtsmuseum
Weinhagenstr.
Stadt.
Bücherei
Amtsgericht
Amts-
gericht

A

Marienstr.
Johannstr.
Am gr. Bleiche
Saar-
Mottke-
platz
Johannes-
Garten
str.
Friedrich-
Rheinstr.
Evang. Kirche
Maximilian-
platz
Museums-
schiff
Dr. Hammacher-Str.
Harmonie
RUHRORT
Vincke-
pl.

B

Saarstr.
Victoriastr.
Friedenstr.
Padstr.
Bismarck-
platz
Bezirks-
amt
Gartenstr.
Königstr.
Zechenstr.
Schifferbörse
G.-Sänder-
Platz
Franz-Haniel-
Platz
Schule
Kasteel-
str.
Milchstr.
Krugestr.
Jordanstr.
P
Vinckeufer
Augenklinik
Tausendfenster-
haus
Hafen-
verwaltur

Evang. Freikirche
Feldstr.
Mühlenstr.
Gabelsbg.
Str.
Zechenstr.
Stadtwerke
Hafenfeuerwehr
Krausstr.
Vinckeweg
Klaranlage
Hirsch-
str.
Vinckekanal
Spedinsonsinsel
Vinckeweg
Agentur
für Arbeit
Zoll
Ruhrorter

C

Moers 5 km
DU-HOCHHEIDE
1 km
Duisburger Straße
Fabrikstr.
Handelsstr.
P
MOERSER
GRINDEN
Speditions-
insel
Hafen
mund
Hafenkanal
Ruhr
Pontwert
Klaranlage
Ruhrhafen
Neuenkamp
Am Bört
Kaßlerfelder Str.
Pumpwerk

R h e i n

D

ESSENBERG
Kaiserstr.
Uferstr.
Denkmals-
pl.
Lessingstr.
Wilhelm-
allee
Straße
Brük.
Wiesenfernstr.
Logistikpark
Kaßlerfeld
(Güterverkehrszentrum
Duisburg-Neuenkamp)
Am Blumenkampshof
Schlüterhof
KASSLERFE

E 34 40

Moers 7 km
DU-RHEIN-
HAUSEN 6,5 km
DU-HOCHHEIDE
3 km

40

Duisburger

Emmericher Straße

Bezirks-Sport-Anlage
In
der
Am Jägerloch
Hauptweg
Lilienthalstr.
Paul-Rücker-Str.
Merzinger Str.
Rheinau
Rheinstr.
Lilienthalstr.
Am Alten Flugplatz
AS Duisburg-
Häfen
AS Duisburg-
Häfen 12
Am
Städtisches
Tierheim
Paul-Rücker-

E

Flacissstr.
Wittimallee
Hafen
Mevissen
Lilienthalstr.
Butterweg
Essenberger Str.
Both-
unter-
str.
Claudiusstr.
Mevissenstr.
Javastr.
Volklinger Str.
Surbacher Str.
Benedikt
Schule
Neunkirchner Str.
St.-Ingbert-
Str.
Schwimm-
bad
Essenberger Str.
Paul-Rücker-Str.

NEUENKAMP
Rheinberger Ring
Baerler Str.
Rheinberger Str.
Klever Str.
Dilinger Str.
Diergardtstr.
Rheinberger Ring
Gelderner Str.
Kalkarer
Str.
Krefel-
Str.
Goeben
Xantner
Str.
Am Bovenberg
Am Parallelhafen
Zollamt

F

DU-FRIEMERS-
HEIM 4,5 km
DU-RHEIN-
HAUSEN 3 km

Kindergarten
Klaranlage
LKW-Verlade-
bühnen
Nordkai
Südkai
Parallelhafen
Außenhafen
Moerser Str.
Am Außenhafen
Am Au

250   500 m

DU-RHEINHAUSEN 3
DU-WERTHAUSEN 2,4
DU-HOCHFELD 1

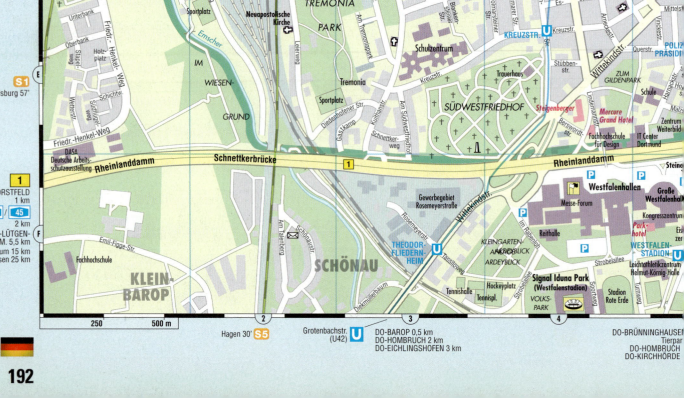

Westerfilde (U47) DO-MENGEDE 6,5 km / DO-BODELSCHWINGH 6 km
DO-RAHM 3,5 km / DO-HUCKARDE 1,5 km

DO-DEUSEN 2 km
Gewerbe- und Industriegebiet
Dortmund Stadthafen 0,5 km

DO-LINDENHORST 3,5 km
Freizeitpark Fredenbaum 1 km

Lünen Brambauer (U49)
Fredenbaum (U45)

Gelsenkirchen 26 km
Herne 21 km
Castrop-Rauxel 12 km
DO-KIRCHLINDE 4 km
→ 45 3 km

Umwelt-zone

DO-LÜTGEN-DORTMUND 8 km
DO-MARTEN 3 km

ICE IC/EC Bochum 9'
S2 DO-Mengede 13'
S4 DO-Lütgen-dortmund 9'

DO-OESPEL 3 km
Universität 2,5 km
DO-DORSTFELD 0,5 km

S1 Duisburg 57'

DO-DORSTFELD 1 km
→ 40 45 2 km
DO-LÜTGEN-DORTM. 5,5 km
Bochum 15 km
Essen 25 km

250   500 m

Hagen 30' S5 Grotenbachstr. (U42) DO-BAROP 0,5 km
DO-HOMBRUCH 2 km
DO-EICHLINGSHOFEN 3 km

DO-BRÜNNINGHAUSE
Tierpar
DO-HOMBRUCH
DO-KIRCHHÖRDE

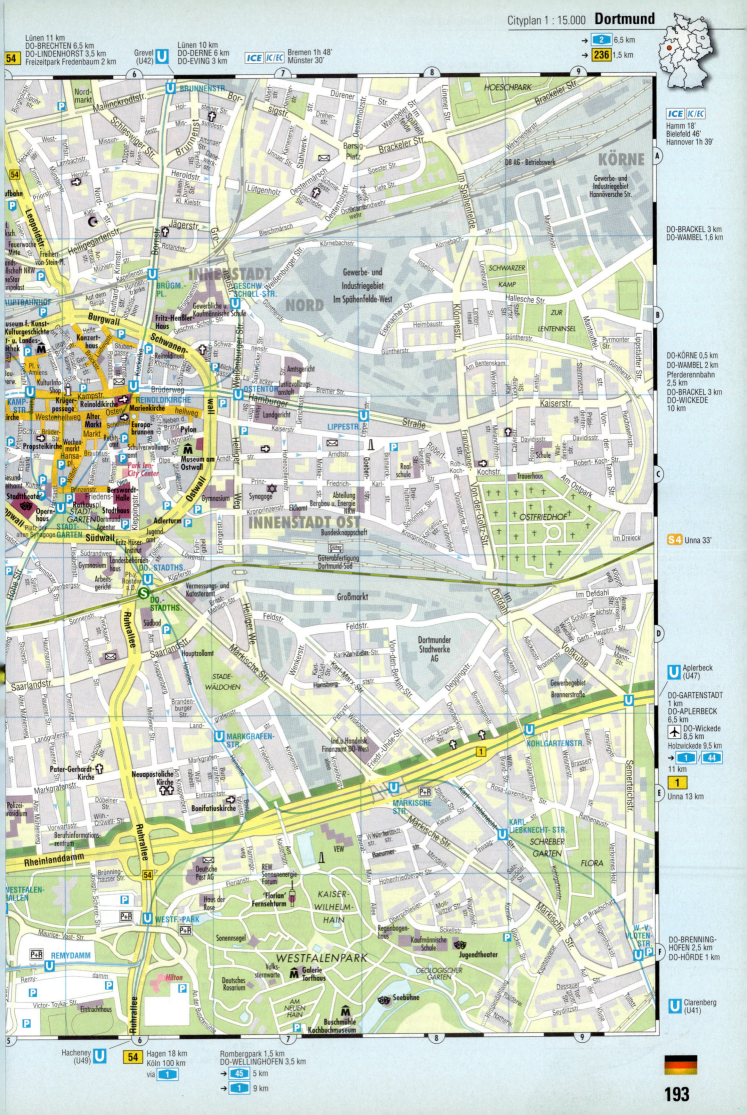

Kleve 64 km
Geldern 26 km
9 Kerken 14 km

Moers 14 km
509 → 57

57 Nijmegen (NL) 89 km
Moers 11 km

Kempener Land

St. Tönniser-Str.
Schmelendorf
Hülbusch
Kempen-Krefelder Weg
Lemmenhöfe
INRATH
König Palast Arena
Blumental
Blumen str.
Nassauer Ring
Talstr.

BOCKUM
57
E 31
UERDINGEN
P+R DB Bf. Uerdingen
Berliner Str.
Grotenburg-Stadion
DB Bf. Linn
P+R
Krefeld-Zentrum
LINN
13
Burg Linn
Textil-museum
GELLEP-STRATUM

KREFELD
Bf. Krefeld-Nord
P+R U Rheinstr.
DIESSEM
Hbf. DB
Glockenspitz
Bf. Oppum
DB
P+R
Güter

St. Tönnis-Str.
Vorster Str.
Düsseldorfer Str.

St. TÖNIS
Bf. St.Tönis
Willicher Str.
Museumseisenbahn
BENRAD
OPPUM
Untergath
14
Krefeld-Oppum

TÖNISVORST
Südring
Südring
Gladbacher Str.
Obergath
9
Kölner Str.
Hafenstr.
1050

KEHN
LASCHENHÜTTE
Hickelsmay-str.
Forststr.
STAHLDORF
GRUNDEND
Geismühle
Geismühle

VORST
Anrather-Str.
Bf. Forsthaus DB
57
FISCHELN
Strümper Weg
BÖSING-HOVEN
26
Meerbusch-Osterrath
E 31
Lank-Latum
28

Düsseldorfer-Str.
Stock

DARDER-HÖFE
Schottelstr.
Hohe Str.
Aachener Str.
24
Krefeld-Forstwald
Krefeld-Fichtenhain
25
44
P
Mb.-Gorgesheide
P
U Görges-Heide
27
15
222
STR.

ANRATH
Anrather Str.
23
Willich-Münchheide
WILLICHER-HEIDE
Düsseldorfer Str.
SCHWEIN-HEIM
9
P+R
Bovert
16
Meerbuscher Str.

Neersener Str.

7
Venlo (NL) 25 km
Viersen 2 km

7
44
WILLICH
OSTERATH
Bf. Meerbusch-Osterrath DB
Willicher Str. Meerbuscher Str.
MEER-BUSCH
BRÜH

Venloer Str.
Willich-Neersen
22
Neusser Str.
GIESENEND
Osterather Str.
57
E 31
Badendonker Str.

DÜPP
Niers
Donker Weg
NEERSEN
NIEDER-HEIDE
DIEPEN-BROICH
DICKERHEIDE
HARDT
57
E 31

HAMM
Kreuz Neersen
Rothweg
Alte Poststr.
SCHIEFBAHN
Hardt
Kaarst-Nord
12

HEIMER
10
MG-Neuwerk
52
22
Cloerbruch
Willich-Schiefbahn
11
UNTERBRUCH
Kaarster See
Neusser Str.
13 17
Kreuz Kaarst

MG-Nord
9
8
22
Cloerbruch
BÜTTGERWALD
Neersener Str.
52
P+R
BROICHER-DORF
NEUSSER FURTH

BETTRATH
DONK
21
MG-Ost
Kaarster See
LINNING
VORST
KAARST
Kaarster Str.
Neusser Str.
18
Ikea Kaarst
WEISSENE

NEUWERK
57
Schloss Myllendonk
HERZBROICH
WATTMANN-STRASSE
Vorster Str.
Kaarster Bhf. Holzbüttgen
Bismarckstr.
Kaarst Mitte
Gladbacher Str.

EICKEN
LÜRRIP
MG-Lürrip
RADERBROICH
RHEDUNG
DRIESCH Str.
HOLZBÜTTGEN
19
Umgehungsstr.

MÖNCHEN-GLADBACH
Hbf. S DB
Korschenbroicher Str.
P+R Korschenbroich
EICKEREND
ROTTES
P+R
Büttgen
Neuss
57
E 31

HARDTER-BROICH
MG-Hbf.
Münster
Schloss Rheydt
KORSCHEN-BROICH
KLEINENBROICH
ÜBERSEITE
WEILER-HÖFE
BUSCHER-HÖFE
BÜTTGEN

DAHL
Th.-Heuss-Str.
NEERSBROICH
DRÖLSHOLZ
Glehner Str.
BIRKHOF
19
Neuss
57
Th.-Adenauer-Ring
NE-Holz

RHEYDT
Rheydter Str.
TRIETEN-BROICH
STEINHAUSEN
GLEHN
GREFRATH
allrounder winter world
Kreuz 20 Neuss-West
Neuss-Reuschenbe.

59
Viersen 7 km

59
Hbf. Rheydt
P+R DB
Niers
BAUERNHÜTTE
Liedberger Str.
Burg Liedberg
Haus Fürth
Hauptstr.
Bachstr.
LÜTTENGLEHN
Neuss-Holzheim
15
21
Bf. Holzhe
HOLZHEIM

57
Erkelenz 17 km
→ 61 3 km

230
Breite Str.
Oden-kirchener Str.
Zoppenbroicher Str.
SCHELSEN
STEINFORTH
Schloß-
Dyck-Str.
SCHERF-HAUSEN
EPSEN-DORF
47

230
Mülforter Str.
GIESENKIRCHEN
WAAT
WALLRATH
Klosterstr.
Kloster St. Niklas
DAMM
BUSCH
46

HOCK-STEIN
MÜLFORT
Duvenstr.
WEY
Linden-str.
Brabanter Heerstr.
Schloss Dyck
Kapellen
14
Gut Hombroich
GILVERATH
SPECK

59
Bf. Rh.-Odenkirchen
DB
Tiergarten
Kölner Str.
ODENKIRCHEN
Güderath
NEUENHOVEN
Wallrath
ALDENHOVEN
Bf. Kapellen-Wevelinghoven
Vierwinden
HELPENSTE.

Grevenbroich 6 km
Erkelenz 23 km
Aachen 64 km
Maastricht (NL) 96 km
46

Rommerskirchen 12 km
Bergheim 24 km

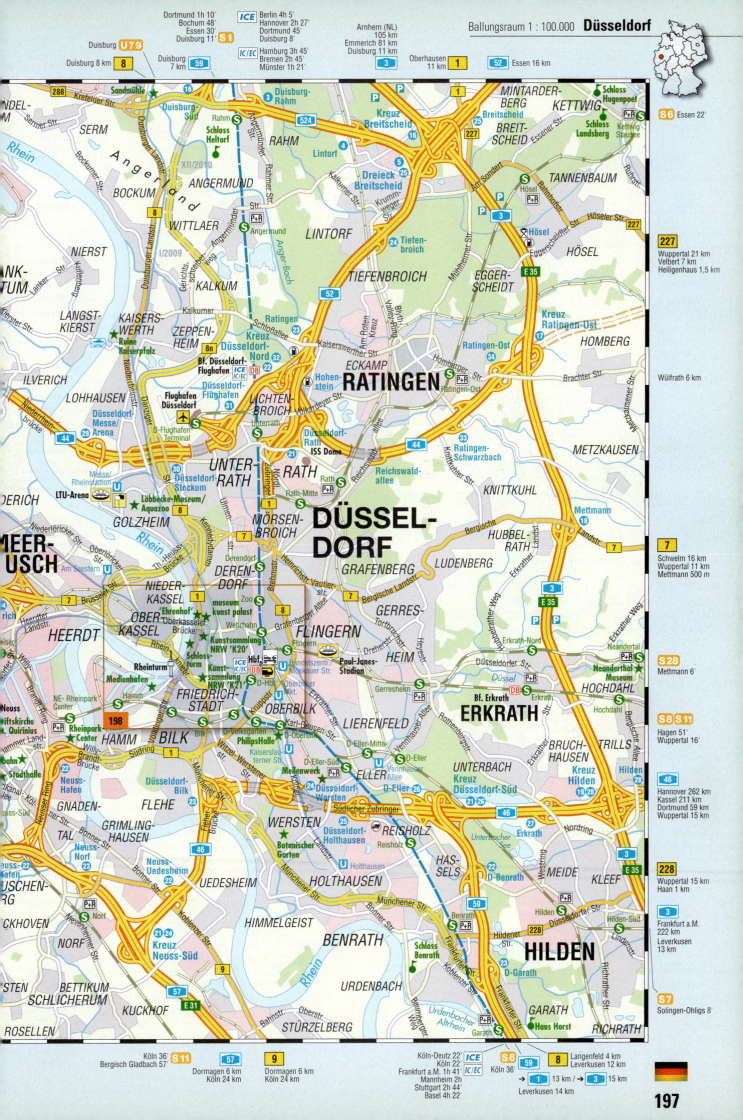

Düsseldorf Cityplan 1 : 15.000

→ 44 ✈ Flughafen Düsseldorf, P1 Nord & Süd   U78 Hauptbahnhof U

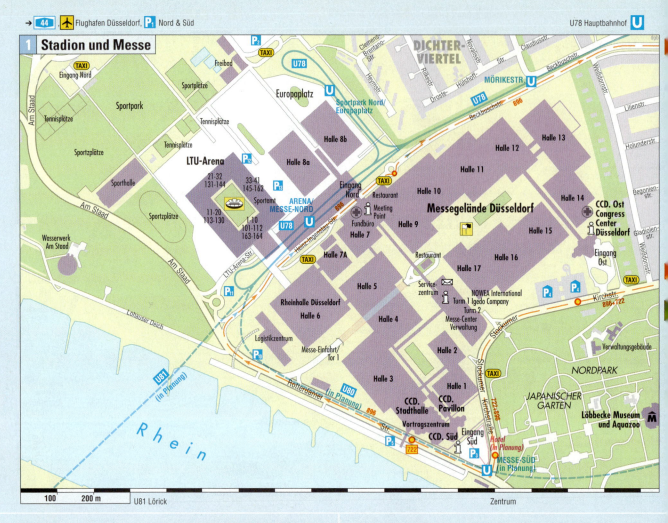

1 Stadion und Messe

DICHTER-VIERTEL

P2 TAXI
TAXI
Freibad
Eingang Nord
Sportpark
Sportplätze
Tennisplätze
Sportzplätze
Tennisplätze
Tennisplätze
Europaplatz
U
Sportpark Nord/Europaplatz
U78
MÖRIKESTR.
896
U78
896

Halle 13
Halle 12
Halle 8b
Halle 8a
Halle 11
LTU-Arena
Sporthalle
21-32 131-144
33-41 145-162
P3
Sportamt
ARENA/MESSE-NORD
Eingang Nord
Restaurant
Halle 10
Halle 14
CCD. Ost Congress Center Düsseldorf
11-20 113-130
1-10 101-112 163-164
U78
U
Meeting Point
Fundbüro
Halle 9
Messegelände Düsseldorf
Halle 15
Eingang Ost
Am Staad
Sportzplätze
Heinz-Ingenstau-Str.
TAXI
Halle 7
Restaurant
Halle 16
Halle 17
TAXI
Wasserwerk Am Staad
Halle 7A
Service-zentrum
NOWEA International
Turm 1 Igedo Company
Turm 2
P4 P22
TAXI
Kirchstr.
896·722
Begonien-str.

Lohäuser Deich
Rheinhalle Düsseldorf
Halle 6
Halle 5
Halle 4
Messe-Center Verwaltung
Stockumer
Verwaltungsgebäude
Gladiolen-str.
Weidenstr.
P11
Logistikzentrum
Messe-Einfahrt/Tor 1
Halle 3
Halle 2
Halle 1
TAXI
Kirchstraße
722·896
NORDPARK
JAPANISCHER GARTEN

U81 (In Planung)
Rotterdamer Str.
U80 (in Planung)
896
CCD. Stadthalle
Vortragszentrum
CCD. Pavillon
CCD. Süd
Eingang Süd
Löbbecke Museum und Aquazoo
P5 722 Hotel (in Planung)
MESSE-SÜD (in Planung)
U

R h e i n

100   200 m

U81 Lörick   Zentrum

FLINGERN PEMPELFORT

2 Hauptbahnhof

Altstadt
Schule
Kloster-str.
Worringer Platz
Kölner Str.
Erkrather Str.
Karlstr.
Worringer Str.
Charlottenstr.
Kurfürstenstr.
Bendemannstr.
Hauptpost
P
Immermannstr.
Immermannstr.
Karlstr.
Friedrich
Ebert-Str.
Konrad-Adenauer-Platz
P
DB-Motorzuganlage
46
3
Leverkusen, Wuppertal
Schlagstr.
Bismarckstr.
ICE IC/EC
TAXI
Hauptbahnhof
U S DB ICE IC/EC
Bank
Restaurant Reisezentrum
D. HAUPTBAHNHOF
D. HAUPTBAHNHOF
KARLSTADT, OBERKASSEL
Graf-Adolf-Str.
Landes-rechnungshof
P
Finanzamt
Bertha-von-Suttner-Platz
WBZ Zentralbücherei
Harkortstr.
Mintropstr.
Goethe-Institut
TAXI
Justiz-verwaltung
Heinz-Schmöle-Str.
Verwaltungs-gebäude
Willi-Becker-Allee
Ludwig-Erhard-Allee
P
Mintropplatz
Volksstr.
Eisenstr.
Stahlstr.
Ellerstr.
Lessing-Gym. Lessing Kollegsch.

50 100 150 200 m

Wichtige Reise-Infos, Adressen und Telefonnummern

Polizei/Notruf 110
Feuerwehr/Rettungsleitstelle 112
Internet: www.duesseldorf.de
www.duesseldorf-tourismus.de
Tourist-Information 0211-17 20 20
Taxi-Zentrale 0211-3 33 33
Wichtige Autovermieter
Düsseldorf City (Tel-Vorwahl **0211**)
Avis 865 62 20
Europcar 73 09 80
Hertz 35 70 25
National 5 06 67 30
Sixt 2 40 62 00

S- und U-Bahn/Stadtexpress: VRR

Das Netz des Verkehrsverbunds Rhein-Ruhr erstreckt sich über das gesamte Ruhrgebiet und erfasst eine Fläche von ca. 5.000 km².

Wichtige Haltestellen:
Hauptbahnhof S1,6,7,8,11,U70,74-79,SE1,4
Flughafen S7
Messe U78,80
Rheinstraße U78
Steinstraße/Königsallee (Stadtmitte) U70,74-79
Neuss Rheinpark Center S8,S11,SE 4
Fahrplanauskunft: www.rheinbahn.de

Hauptbahnhof: Deutsche Bahn

Der Düsseldorfer Hauptbahnhof liegt östlich zur Stadtmitte. Die Fußgängerzone bzw. die Königsallee ist 10 bis 15 Gehminuten entfernt.
Service-Point 0211-3 68 02 66
Reiseauskunft 0211-1 94 19
Parken (Öffnungszeiten an Wochentagen):
Immermannhof 7.00–23.00 Uhr
Hauptbahnhof-Ost durchg. geöffnet
Charlottenstraße 50 durchg. geöffnet
Charlottenstraße 62 7.00–23.00 Uhr
Grupellostraße 7.00–19.00 Uhr
Autovermieter am Hbf. (Tel-Vorwahl **0211**):
Europcar 17 38 10 Sixt 2 40 62 00
S-Bahn zum Flughafen: Linie S7
wochentags von 5.08–19.08 ungefähr im 20-Min-Takt (danach bis 0.10 alle 30 Min); Fahrzeit ca. 13 Min

Flughafen Düsseldorf

Der Flughafen Düsseldorf International liegt im Norden der Stadt, nur wenige Kilometer vom Zentrum entfernt.
Flugauskunft: 0211-4 21 22 23
www.duesseldorf-international.de
Wichtige Fluggesellschaften (Tel-Vorwahl **0211**):
Aeroflot 421-68 44 Eurowings 01803-87 69 46
Air France 1805-83 08 30 Hapagfly 01805-75 75 10
Alitalia 01805-07 47 47 Iberia 01805-44 29 00
Austrian 01803-00 05 20 Lufthansa 01803-80 38 03
Brit. Airw. 1805-26 65 22 LTU 94 18 08
Dt. BA 01805-35 93 22

Kurzzeitparken: P1
Langzeitparken: P2, P3, P4, P14, P22, P23, P24

Autovermietungen (Tel-Vorwahl **0211**):
ADAC 421-47 47 Hertz 41 10 83
Avis 421-67 47 National 42 17 77 55
Europcar 94 23 80 Sixt 01805-25 25 25
S-Bahn zum Hbf Düsseldorf: S7
wochentags von 5.05 –19.05 im 20-Min-Takt;
von 19.05 –0.35 im 30-Min-Takt;
(Sa/So von 5.05 bis 0.35 im 30 -Min-Takt).
Fahrzeit ca. 13 Min
S-Bahn nach Duisburg, Mülheim, Essen, Bochum, Dortmund: S1
von 5.47 –0.37 ungefähr im 60-Min-Takt
Shuttle-Bus 721 zum Hbf Düsseldorf:
Von 5.21 –0.27 ungefähr im 20-Min-Takt.
Fahrzeit ca. 21 Min
Shuttle-Service 'Sky Train' zwischen Flughafen-Terminals und Bhf. D.-Flughafen:
Verkehr im 15-Min-Takt; Fahrzeit ca. 5 Min
Direkte Zugverbindungen u.a. nach:
Aachen, Arnhem, Bielefeld, Bochum, Bonn, Bremen, Dortmund, Duisburg, Essen, Frankfurt, Gelsenkirchen, Hagen, Hamburg, Koblenz, Köln, Leverkusen, Mainz, Mönchengladbach, Neuss, Münster, Nürnberg, Oberhausen, Osnabrück, Regensburg, Würzburg, Wuppertal

Taxi:
Taxi-Zentrale 0211-3 33 33
Fahrzeit City Düsseldorf ca. 25 Min

3 Flughafen Düsseldorf

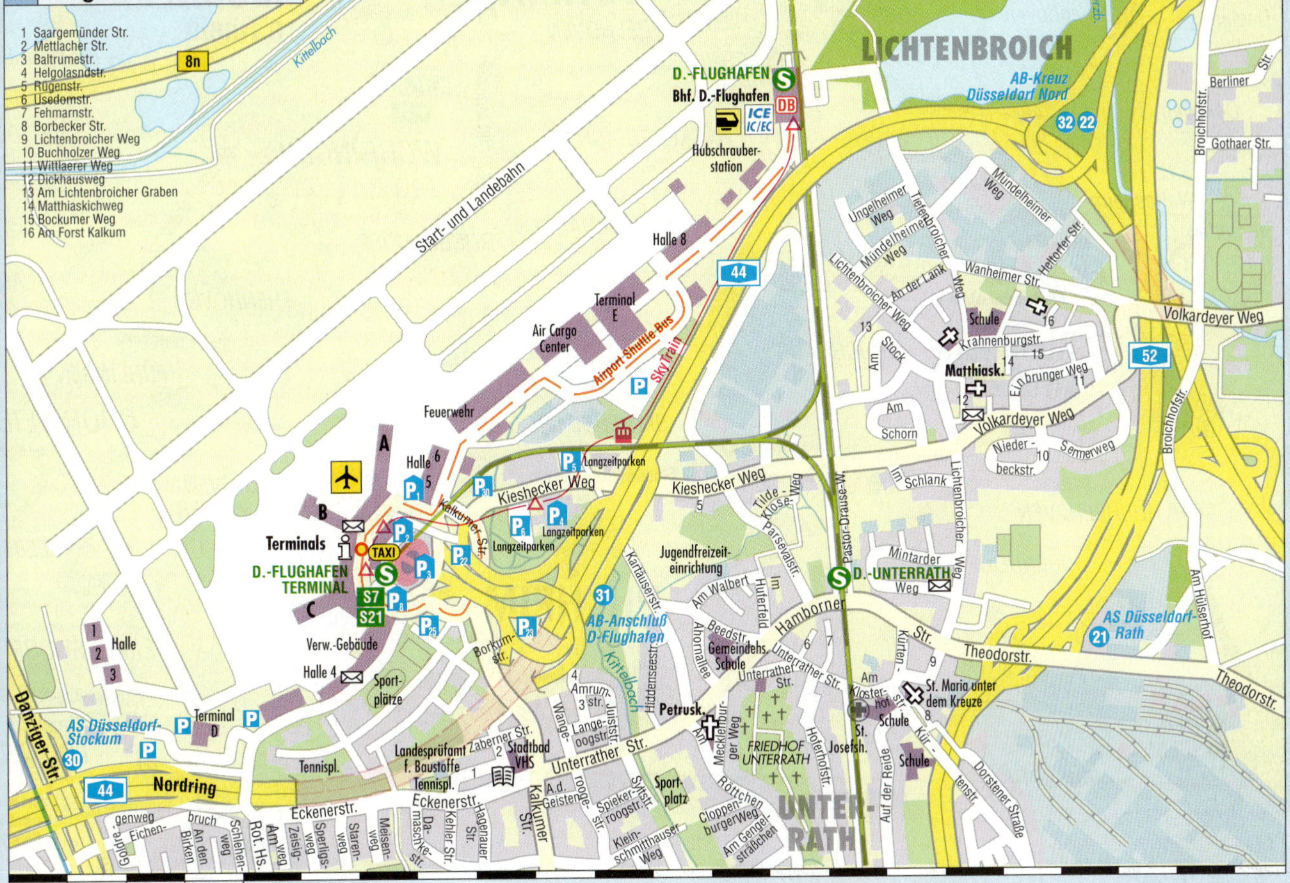

1 Saargemünder Str.
2 Mettlacher Str.
3 Baltrumestr.
4 Helgolandstr.
5 Rügenstr.
6 Usedomstr.
7 Fehmarnstr.
8 Borbecker Str.
9 Lichtenbroicher Weg
10 Buchholzer Weg
11 Wittlaerer Weg
12 Dickhausweg
13 Am Lichtenbroicher Graben
14 Matthiaskichweg
15 Bockumer Weg
16 Am Forst Kalkum

Dortmund S1   Essen, Duisburg 52

LICHTENBROICH

D.-FLUGHAFEN
Bhf. D.-Flughafen
ICE IC/EC

AB-Kreuz Düsseldorf Nord

Hubschrauber-station

Halle 8

Terminal E
Air Cargo Center
Feuerwehr

Halle 6
Halle 5
Kieshecker Weg

Terminals
D.-FLUGHAFEN TERMINAL
TAXI
S7 S21

Verw.-Gebäude
Halle 4
Sportplätze

AS Düsseldorf-Stockum
Terminal D
Danziger Str.
Nordring
Eckenerstr.

Landesprüfamt f. Baustoffe
Stadtbad VHS
Tennispl.

Matthiask.
Schule
Volkardeyer Weg
Niederbeckstr.

Jugendfreizeit-einrichtung
Gemeindeh.-Schule
AB-Anschluß D-Flughafen
D.-UNTERRATH
AS Düsseldorf Rath

Petrusk.
FRIEDHOF UNTERRATH
St. Josefsk.
St. Maria unter dem Kreuze
Theodorstr.

UNTER-RATH

Ratingen

200 400 600 m

D-Zentrum   Düsseldorf Hbf. S1 S7   52 D-Zentrum

3b Terminals

Bhf. D-Flughafen

Start- und Landebahn

Terminal A
Tower
Terminal B
D.-FLUGHAFEN TERMINAL
TAXI
S7 S21
Arabella Sheraton Hotel Airport
Terminal C
Reisemarkt

Air Cargo Center
Airport Shuttle Bus
SkyTrain
Feuerwehr
Halle 6
Halle 5
Kieshecker Weg
Langzeitparken

AB-Kr. Düsseldorf-Nord
S7 D-Hauptbahnhof, Solingen-Ohligs

Unterrather Kirmesplatz
AS Düsseldorf-Flughafen
UNTERRATH

Verwaltungs-gebäude
Halle 4
Sportplatz

Halle 1
Sportplatz
Halle 2
Halle 3
FLUGHAFENSTR.
Flughafenstr.
AS Düsseldorf-Stockum
Terminal D
Danziger Str.
Nordring
Eckenerstr.

Tennisplätze
Hallenbad
Bücherei
Unterrather Str.

Lindner Hotel Airport
52 D-Zentrum
Sportplatz

8
44

100 200 300 400 m

D-Zentrum

44 Messegelände / Arena

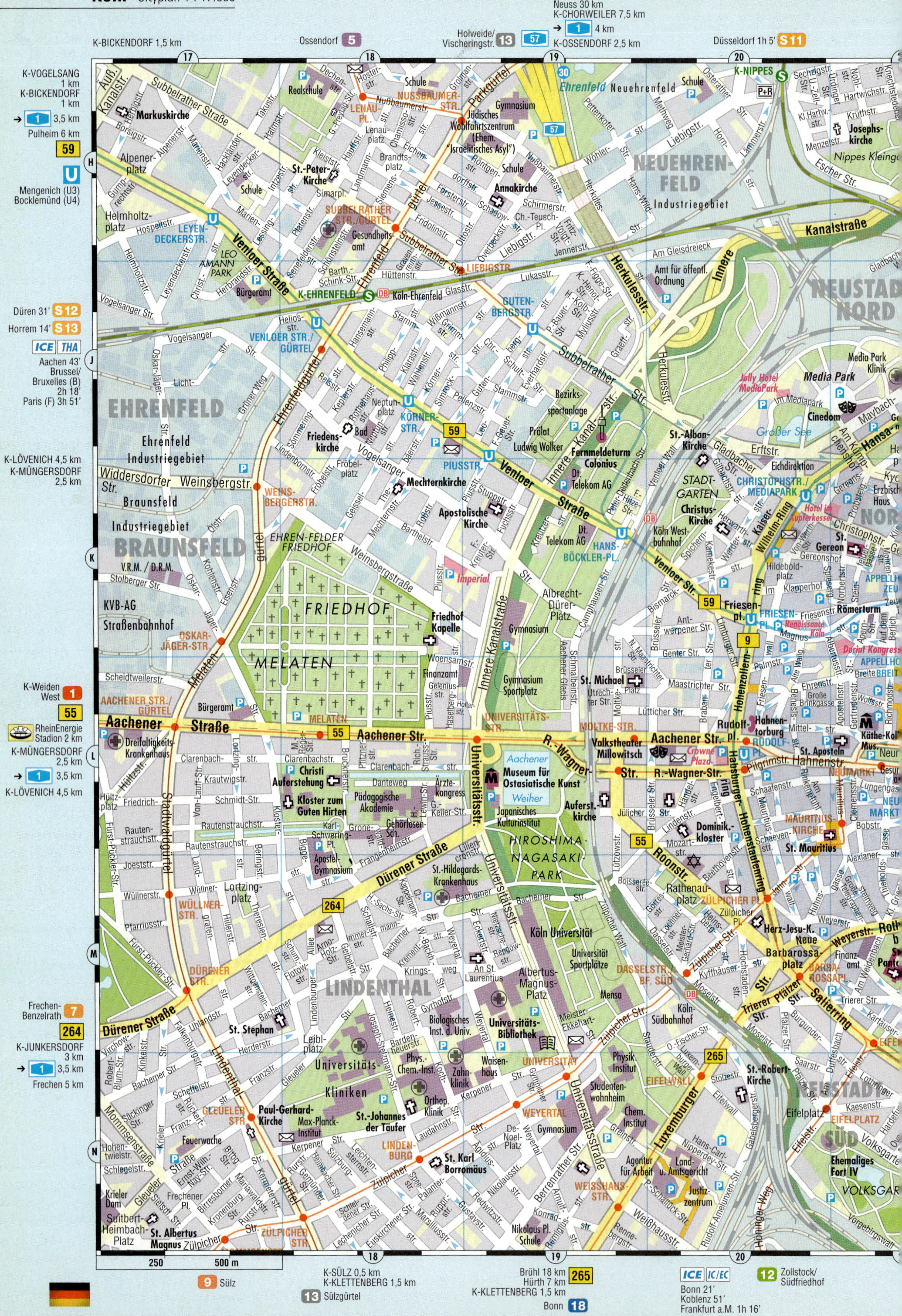

EHRENFELD

BRAUNSFELD

NEUEHRENFELD

NEUSTADT NORD

FRIEDHOF MELATEN

LINDENTHAL

HIROSHIMA-NAGASAKI PARK

VOLKSGARTEN

NEUSTADT SÜD

250   500 m

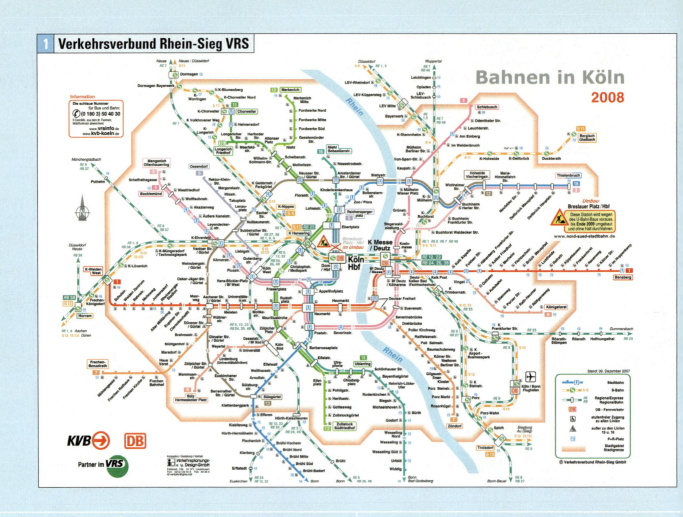

1 Verkehrsverbund Rhein-Sieg VRS

Bahnen in Köln 2008

2 Messe

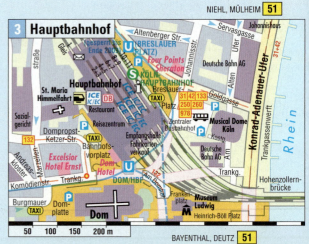

3 Hauptbahnhof

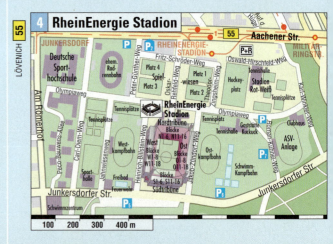

4 RheinEnergie Stadion

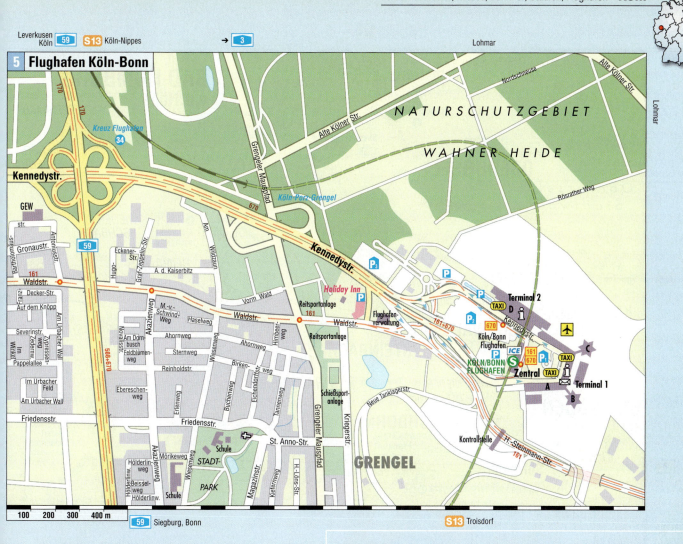

5 Flughafen Köln-Bonn

Leverkusen Köln `59` `S13` Köln-Nippes → `3`

Lohmar

NATURSCHUTZGEBIET
WAHNER HEIDE

Kennedystr.
Kreuz Flughafen `34`
Köln-Porz-Grengel

Kennedystr.
GEW str.
Gronaustr. `59`
Waldstr. `161`
Decker-Str.
Auf dem Knöpp
Severinstr.
Im Winkel
Pappelallee
Im Urbacher Wall
Im Urbacher Feld
Am Urbacher Wall
Friedensstr.

Holiday Inn
Reitsportanlage `161`
Reitsportanlage
Flughafen-verwaltung

Terminal 2
Köln/Bonn Flughafen
ICE `161` `670`
KÖLN/BONN FLUGHAFEN `S` Zentral
Terminal 1
TAXI
A
B
C

Neue Tanklagerstr.
Kontrollstelle
H. Steinmann-Str. `161`

Schule STADT PARK Schule
GRENGEL

100 200 300 400 m
`59` Siegburg, Bonn
`S13` Troisdorf

5b Terminals

Flugsteig C
C
Konferenzzentrum
Flugsteig B
B
Abflug/Ankunft Terminal 1
Besucher-terrasse
Café/Bar
TAXI
Eingang C Eingang B
Zoll
A
Warteraum
Café/Bar
Café/Bar Warteraum
Eingang D Zentral Eingang A
`161` `670` (nur Ausstieg)
ICE
Köln/Bonn Flughafen
`S` KÖLN/BONN FLUGHAFEN
`S13` Troisdorf
Terminal 2
D
Kennedystraße
Behinderten-parkplatz
TAXI `670`
`161` `670`
Heinrich Steinmann-Str.
`670`
`161`
Parkplatz Nord
Verwaltung
Kennedystraße

50 100 150 200 m
→ `59` Köln-PORZ, Köln, Bonn

Wichtige Reise-Infos, Adressen und Telefonnummern

Polizei/Notruf 110
Feuerwehr/Rettungsleitstelle 112
Internet: www.koeln.de
www.koelntourismus.de
Tourist-Information 0221-3 04 00
Taxi Zentrale 0221-28 82 oder 1 94 10
Autovermieter Köln City (Tel-Vorwahl **0221**)
Avis 27 23 47 30 National 1 77 10
Europcar 9 12 60 10 Sixt 01805-25 25 25
Hertz 51 50 84
Autovermieter Bonn City (Tel-Vorwahl **0228**)
Avis 22 80 20 Hertz 98 84 00
Europcar 60 43 40 Sixt 01805-25 25 25

S- und U-Bahn: VRS
Wichtige Haltestellen in Köln:
Hauptbahnhof/Dom S6,S11,S12,U5,U6,U12,U14,
U16,U18,U19,DB 30–32,34–39,43
Deutz/Messe S6,S11,S12,U1,U3,U4,U9,U14,
DB 30–32,34–39,43
RheinEnergie Stadion U1
Neumarkt U1–4,U7–U9,U12,U14,U16,U18,U19
Universität U7,U9
Fahrplanauskunft: www.kvb-koeln.de
www.vrs-fahrplan.de

Hauptbahnhof Köln: Deutsche Bahn
Der Hauptbahnhof liegt in unmittelbarer Nähe
des Doms, der Altstadt und der Fußgängerzone.
Service-Point 0221-141 10 75 53
Reiseauskunft 0221-1 94 19
Autovermieter im Hbf:
Europcar 0221-1 39 27 48 Avis 0221-9 13 00 63
Parken (Öffnungszeiten an Wochentagen):
Tiefgarage Breslauer Platz durchg. geöffnet
Phs „Am Dom", Trankgasse durchg. geöffnet
Tiefgarage Rheingarten durchg. geöffnet
Shuttle-Bus zum Flughafen: Linie 170
ab Busbahnhof Breslauer Platz; von 7.00–20.00
im 15- Min-Takt, von 5.30–7.00 und von
20.00–23.00 im 30-Min-Takt; Fahrzeit ca. 20 Min
Wichtige Haltestellen in Bonn:
Hauptbahnhof U16,U18,U61–63,U66–68,DB 32,33
Heussallee U16,U63,U66–68
Stadthaus U61–62,U66–67
Universität/Markt U16,U63,U66–68

Hauptbahnhof Bonn: Deutsche Bahn
Service-Point 0228-71 53 31
Reiseauskunft 0228-1 94 19
Parken (Öffnungszeiten an Wochentagen):
Bahnhofsgarage 7.00–01.00 Uhr
DB-Parkhaus durchg. geöffnet

Busverbindung zum Flughafen: Linie 670
Mo–Sa von 6.25 – 20.25 im 20-Min-Takt,
von 20.25 – 22.55 im 30-Min-Takt;
Fahrzeit ca. 30 Min

Flughafen Köln/Bonn:
Der Konrad-Adenauer-Flughafen liegt ca. 15 km
südöstlich von der Stadtmitte Kölns.
Flugauskunft 02203-40 40 01
www.airport-cgn.de
Wichtige Fluggesellschaften
(Tel-Vorwahl **02203**):
BA 01805-26 65 22 KLM 01805-21 42 01
Dt. BA 01805-35 93 22 LTU 9 41 83 33
Eurowgs 01803-87 69 46 Lufthansa 01805-8 38 42 67

Kurzzeitparken
Parkhaus PH1
Langzeitparken
Parkhaus PH2, PH3, Parkplatz Nord

Autovermietungen (Tel-Vorwahl **02203**)
Avis 40 23 43 Hertz 40 25 01
Budget 40 23 50 National 40 24 59
Europcar 40 25 55 Sixt 01805 25 25 25

Shuttle-Bus in die Innenstadt:
City Köln: Linie 170 von 6.05 –7.35 und von 20.35
–23.45 im 30-Min-Takt; von 7.50 –20.35 im
15-Min-Takt (Fahrzeit 20 Min).
City Bonn: Linie 6.70 von 6.05 –19.45 im 20-Min-
Takt ; von 19.45 –23.45 im 30-Min-Takt
(Fahrzeit 35 Min)

Taxi:
Taxi-Zentrale Köln 0221-1 94 10
Fahrzeit City Köln ca. 15 Min
Fahrzeit City Bonn ca. 15 Min

Schmitten 8 km

Weilburg 60 km **456**
Usingen 25 km

Friedrichsdorf 6' **S5**

Hamburg 470 km
Hannover 310 km **5**
Dortmund 230 km
Kassel 170 km
Gießen 49 km

Bad Nauheim
Friedberg
Karben

Taunus

OBERSTEDTEN

GONZEN-HEIM

BAD HOMBURG
v.d. Höhe

Taunus-Therme

OBER-ERLENBACH

Wetterauer Str.
Ober-Erlenbach

Kanonstr.
Urselbach
Dornbach

Altkönig 798

Oberursel-Nord **456**
Oberursel-Hohemark
Hohemarkstr. **661**

Oberursel **2**

Bad Homburger Kreuz **17** **E 451**

OBERESCHBACH

NIEDER-ESCHBACH

NIEDER-ERLENBACH

OBERURSEL

455
Mainz 40 km
Wiesbaden 30 km
Kelkheim 9 km

Oberursel **1**

Bad Homburg

O b e r u r s e l e r
S t a d t w a l d

SCHÖNBERG

Opel-Zoo
Johanniskirche Kronberg

BOMMERSHEIM

KALBACH

F-Niedereschbach **6**

BONAMES

MASSEN-HEIM

HARHEIM

BERKERS-HEIM

Bad Vilbel-Süd

Dreieck Preungesheim **8**

KRONBERG
im Taunus

Kronberg-Süd

WEISS-KIRCHEN
Stierstadt

OBER-HÖCHSTADT

SCHWALBACH
am Taunus

STEINBACH

NIEDER-URSEL

HEDDERN-HEIM

Römerstadt

ESCHERS-HEIM

ECKEN-HEIM

PREUNGES-HEIM

SECKB

521

Frankfurt-Friedberger Landstr.

NEUENHAIN
LIMESSTADT

NIEDER-HÖCHSTADT

PRAUNHEIM

GINN-HEIM

Frankfurt-Miquelallee **21**

BORNHEIM

BAD SODEN
am Taunus

Bad Soden

Wilhelmshöhe

Sulzbach-Nord

8
Bad Camberg 30 km
Bad Soden 3 km

Sulzbach

Bf. Sulzbach Eschborner Dreieck **18**

ESCHBORN

Nordwestkreuz Frankfurt

HAUSEN

Palmengarten

Alte Oper

Zoo

40
8

Liederbach
am Taunus

Bf. Liederbach
Bf. Liederbach-Süd

Eschborn-Süd

RÖDEL-HEIM

BOCKEN-HEIM

Messe

Dom

Römer

Offenbach-Kaiserlei **15**

UNTERLIEDER-BACH

Bf. Sossenheim

SOSSEN-HEIM

Westkreuz Frankfurt

Frankfurt-Rebstock

Messeturm

Hbf. **ICE** **IC/EC**

210

66
Wiesbaden 25 km
Mainz 25 km

Jahrhunderthalle

ZEILSHEIM

HÖCHST

NIED

Mainzer Landstr.

Galluswarte

F-Hbf.

F-Süd

OBERRAD

S2
Niedernhausen 21'

40

Krifteler Dreieck **13**

Sindlingen

HÖCHST

Griesheim

Frankfurt-Niederrad **20**

Henninger Turm

43
44

SACHSENHAUSEN

40
66 1 km

Wiesbaden Hbf. 24'
S1

SINDLINGEN

SCHWAN-HEIM

GOLDSTEIN

Galopprennbahn

NIEDERRAD

Offenbacher Kreuz **17** **52**

43
Kelsterbach

Commerzbank-Arena
Sportfeld

Frankfurt-Süd **3** **E 42**

KELSTERBACH

OKRIFTEL

Frankfurt-Flughafen-Nord **22**

Bf. Neu-Isenburg

43
Rüsselsheim 5 km

AIRail F-Fernbhf. **ICE** **IC/EC**

Frankfurter Kreuz

43

Terminal 2 **50**

NEU-ISENBURG

43
ICE
Dortmund 2h 39'
Bonn 1h 35'
Köln 57'
Mainz 16'

Terminal 1

Frankfurt-Flughafen **5** **E 451**

44

S8 **S9**
Wiesbaden Hbf. 30'

3

Flughafen Frankfurt am Main

Zeppelinheim

ZEPPELINHEIM

Zeppelin-Museum

3
Köln 185 km
Bonn 160 km
Limburg 55 km

Mönchhof-Dreieck **1** **48**

Langener Waldsee

BUCHSCHLAG

SPRENDLINGEN

67
Mannheim 67 km
Groß-Gerau 14 km

MÖRFELDEN-
WALLDORF

Bf. Dreieich-Buchschlag

DREIEICH

Bf. Sprendlingen

DREIEICHENHAIN

208

Mannheim 30'
Stuttgart 1h 28'
Freiburg i.Br. 2h 4'
München 3h 43'
ICE
IC/EC

Riedstadt-Goddelau 22'
S7

Groß-Gerau 15 km **44**
Mörfelden 4 km

Basel (CH) 300 km **5**
Karlsruhe 115 km
Mannheim 65 km
Darmstadt 18 km
Weiterstadt 14 km

Darmstadt 15' **ICE**
Heidelberg 52'
Stuttgart 1h 18' **IC/EC**

Darmstadt 16' **S3** **S4**

Langen 4 km

661 **3** 5 km

Egelsbach 7 km
Darmstadt 16 km

Umwelt-zone

Wiesbaden 35 km
Hattersheim 15 km
66 → 5 3 km

Oberursel 11 km
F-NIEDERURSEL 5 km
F-ECKENHEIM 3,5 km

F-HEDDERNHEIM 4 km
F-ESCHERSHEIM 3 km
F-DORNBUSCH 1 km

Deutsche Bundesbank
MIQUELANLAGE

Institut für Sportwissenschaften

Neues Uni-Campus in Bau

Altkatholische Kirche
Anglikan. Pfarramt
Philipp-Holzmann-Schule
Griech.-Orthodoxe Kirche
Frankfurter Central-Chapel

Frauen-Frieden-Kirche

BOCKENHEIM

GRÜNEBURG

BOTANISCHER GARTEN

PARK

Praunheim Heerstr. (U6)
Hausen (U7)

St. Elisabethen-Krankenhaus

St. Jakobs-Kirche

KIRCHPLATZ

Johann-Wolfgang-Goethe Universität (Campus Westend)

I.G. Farben-Hochhaus

F-HAUSEN 1 km
F-PRAUNHEIM 3 km

Max-Beckmann-Schule

Sophien-schule

Neuapostolische Kirche

Grüneburg-platz

IC/EC
Friedberg 20'
Gießen 39'

Evan. Kirche

Franz. Kulturinst.

Botanisches Institut

Bremer-platz

S6 Friedberg 31'

LEIPZIGER STR.

MINUELALLEE

Zoologisches Institut

Wilhelm-Fay-Haus (Feuchte Tropen)

WESTEND

Dt. Inst. f. Betriebswirt.

VON-BERNUS-PARK

Goethe-Theater

Bockenheimer Depot (Theater am Turm)

Inst. der Univ.

Universitätsbibliothek

PALMEN-GARTEN

Karl-Egle-Haus (Trockene Tropen)

Palmenhaus

Synagoge

S3 Bad Soden 18'

Kath. Kirche

Bockenheimer Warte

Stadt- und Universitätsbibliothek

Inst. für Biologie u. Informatik

Amerikan. Generalkons.

Sigmund-Freud-Inst.

S4 Kronberg 17'

Öko-Haus

FRANKFURT WEST

Adalbertstraße

BOCKENHEIMER WARTE

WESTEND

Dt. evan. ref. Kirche

ROTHSCHILD PARK

S5 Friedrichsdorf 20'

Wolfgang-Goethe Naturmuseum Senckenberg Volkssternwarte

Heinrich-Hoffmann-Museum

Christuskirche

WESTEND SÜD

Alte Oper

ALTE OPER

Universität (Campus Bockenheim)

Beethoven

Inst. für Sozialforsch.

648
5 2,5 km
66 5 km

Theodor-Heuss-Allee 44

Hamburger Allee

Marriott

TAUNUS ANLAGE

Schwalbach am Taunus 6 km

Theodor-Heuss-Allee

DECHEMA

Maritim

Ludwig-Erhard-Anlage

Messeturm

Hessischer Hof

St. Antonius-Kirche

Halle 9

Halle 8

Halle 7

Halle 6

Halle 5

Congress Center

Festhalle

FESTHALLE/MESSE

Goethe-Gymnasium

Ariel Center

Halle 10

Messe Frankfurt

Forum

Halle 2

Halle 1

Friedrich-Ebert-Anlage

Platz der Einheit

Matthäuskirche Polizeipräsidium

Dresdner Bank

BAHNHOFS-VIERTEL

Halle 3

Halle 4

Oberlandesgericht

Platz der Republik

Messe-Erweiterung in Bau (ehem. Güter- und Rangierbahnhof)

Urban Entertainment Center (in Pl.)

GALLUS-VIERTEL

Güterplatz

Mainzer Landstr.

Steigenberger Metropolitan

FRANKFURT HBF

EUROPA-GARTEN (i.Pl.)

Europaviertel

Europa-Allee

Lia-Wöhr-Platz

Frankenallee

Staatl. Amt f. Arbeitsschutz

ICE IC/EC DB

FRANKF. HBF

Verwaltung Deutsche Bahn AG

Gründerrodeschule

GALLUSWARTE

Mainzer Landstraße

Galluswarte

Eilgüterbahnhof

Baseler Platz

44

GUTLEUT-VIERTEL

F-GRIESHEIM 3 km
F-HÖCHST 6 km
F-SCHWANHEIM 6 km
Mainz 40 km

Neuapostol. Kirche

Islam. Moschee

Mainzer Landstraße

St. Gallus-Kirche

Straßenbahn-Betriebsbahnhof

Westhafentower

Main

210

Wiesbaden 40' (über Höchst) S1
Niedernhausen 32' S2

ICE IC/EC
F-Flughafen 11'
Darmstadt 15'
Mannheim 30'
Köln 1h 10'

S8 S9
F-Flughafen 10'
Wiesbaden 51'

S7
Riedstadt-Goddelau 40'

5 2,5 km

F-NIEDERRAD 2 km

5 3,5 km
F-SCHWANHEIM 6 km

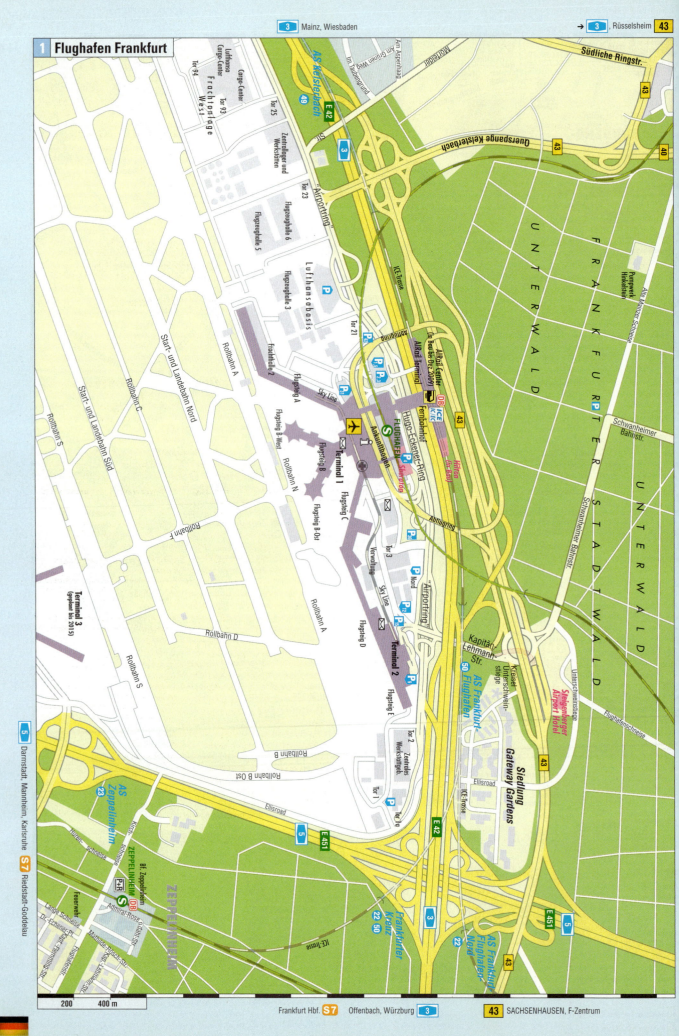

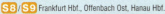

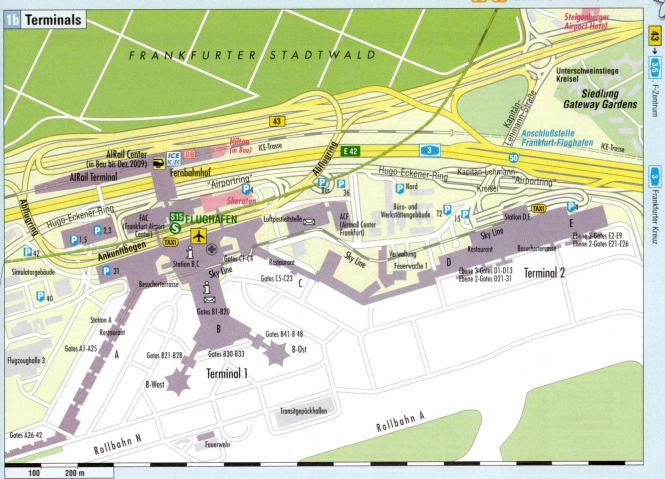

1b Terminals

Wichtige Reise-Infos, Adressen und Telefonnummern

Polizei/Notruf 110
Feuerwehr/Rettungsleitstelle 112
Internet: www.frankfurt.de
www.frankfurt-tourismus.de
Tourist-Information 069-2 12-3 88 00
Taxi-Zentrale 069-23 00 01

Wichtige Autovermieter
Frankfurt City (Tel-Vorwahl **069**):
Avis 73 01 11 Hertz 44 90 90
Budget 61 40 04 National 4 05 70 60
Europcar 9 42 15 60 Sixt 01805-25 25 25

S- und U-Bahn: RMV
Das Streckennetz des Rhein-Main-Verkehrsverbunds bedient mit 7 S- und 7 U-Bahnlinien die Städte Frankfurt, Wiesbaden, Mainz, Darmstadt, Offenbach und Hanau sowie deren Umland.

Wichtige Haltestellen:
Frankfurt:
Hauptbahnhof S1–6,S8,U4
Hauptwache S5,S6,S9,U1,U2,U6,U7
Flughafen S8
Frankfurt Süd S3,S6,U1–3
Römer U4,U5
Sportfeld (Stadion) S8

Stadtexpress, Regionalexpress und Regionalbahn:
Wiesbaden Hbf S1,S8,SE 80, RE 10,90, RB 75
Mainz Hbf S8,RE 80, SE 80, RB 75
Darmstadt Hbf S3,RE 60, SE 60, RB 63,65,75
Offenbach Hbf RE 50,55, SE 50, RB 62
Hanau Hbf S8, RE 50,55,64,90 SE 50, RB 33,55,64
Fahrplanauskunft: www.rmv.de

Hauptbahnhof: Deutsche Bahn
Der Frankfurter Hauptbahnhof liegt westlich der Altstadt. Zu Fuß gelangt man innerhalb von 5 bis 10 Gehminuten ins bedeutende Banken- und Hochhausviertel; innerhalb von 15 bis 20 Minuten kann man das Messegelände oder den Römerberg (Rathaus) erreichen.
Service-Point 069-265 10 75 53
Reiseauskunft 069-1 94 19

Parken:
Hbf Poststraße durchg. geöffnet
Hbf Süd, Karlsruher Str. 14–19 durchg. geöffnet
Behördenzentrum, Mannheimer Straße 7.00 –21.00 Uhr
Parkhotel, Wiesenhüttenplatz 28–38 durchg. geöffnet
Gutleut (Intercontinental Hotel), Gutleutstr. 49 durchg. geöffnet
Moselstraße, Moselstr. 41–43 durchg. geöffnet
Autovermieter am Hbf. (Tel-Vorwahl **069**):
Avis 01805 55 77 55 Hertz 01805 33 35 35
Europcar 01805 80 00 Sixt 01805-260 250
S-Bahnlinie S 8 zum Flughafen:
wochentags von 5.02 -23.46 ungefähr im 15-Min-Takt ab Bahnhofsvorplatz;
Fahrzeit zum Flughafen ca. 10 Min

Flughafen Frankfurt:
Der Flughafen Frankfurt/Main ist mit seinem Betriebsgelände von 19 km² seinen etwa 62.000 Beschäftigten und einem Passagieraufkommen von bald 42 Mio. eine Stadt für sich. Er gliedert sich in die Terminals 1 und 2, die durch die Sky Line, einen automatischen Pendelzug, miteinander verbunden sind (Fahrzeit im 2- bis 7-Min-Takt).
Flugauskunft: 01805-3 72 46 36
www.frankfurt-airport.de
Deutsche Bahn Service-Point: 069-690-7 28 78
Wichtige Fluggesellschaften:
Aeroflot (Term. 1) 069-27 30 06 30
Air Canada (Term. 1) 069-27 11 51 11
Air China (Term. 1) 069-23 30 38
Air France (Term. 2) 01805-83 08 30
Air India (Term. 1) 069-25 60 04-0
Alitalia (Term. 1) 01805-07 47 47
American Airlines (Term. 1) 0180-3 24 23 24
Austrian Airlines (Term. 2) 01803-00 05 20
British Airways (Term. 2) 01805-26 65 22
Cathay Pacific (Term. 1) 069-71 00 88 00
China Airlines (Term. 2) 069-2 97 05 80
Continental Airlines (Term. 1) 0180-3 21 26 10
Delta (Term. 1) 01803-33 78 80
Hapagfly (Term. 1) 069-690-5 28 61
Iberia (Term. 2) 01803-00 06 13
Japan Airlines (Term. 2) 0180-2 22 87 00

KLM (Term. 2) 0190-51 00 45
LTU (Term. 2) 069-69 07 86 74
Lufthansa (Term. 1) 01803-80 38 03
Olympic Airways (Term. 1) 069-97 06 72 05
Qantas Airways (Term. 2) 01805-25 06 20
SAA (Term. 1) 069-6 95 01 40
SAS (Term. 1) 01803- 23 40 23
Singapore Airlines (Term. 1) 069-7 19 52 00
TAP Air Portugal (Term. 1) 01803-00 04 35
Thai Airways (Term. 1) 069-9 28 74-4 44
Turkish Airlines (Term. 1) 069-6 50 07 40
United Airlines (Term. 1) 069-50 07 03 87
Varig (Term. 1) 069-27 10 20

Parken:
P1,2,3; P15; P31; P36; P40; P42; PFAC; PT2; PNord
Alle Parkflächen sind durchgehend geöffnet.

Autovermietungen (Tel-Vorwahl **069**):
Avis 69 02 77 71
Europcar 69 79 70
Hertz 69 59 32 44
National 690-723 60
Sixt 01805-26 25 25

Flughafen-S-Bahn S8 (Term. 1):
von 4.48 bis 0.33 ungefähr im 15-Min-Takt; die Fahrzeit zum Frankfurter Hbf ca. 10 Min
Direkte Zugverbindungen ab Term. 1:
Amsterdam, Aschaffenburg, Basel, Baden-Baden, Berchtesgaden, Berlin, Bingen, Bonn, Bremen, Budapest, Darmstadt, Dortmund, Düsseldorf, Frankfurt Hbf., Freiburg, Hamburg, Hamm, Heidelberg, Karlsruhe, Koblenz, Kiel, Köln, Linz, Mainz, München, Münster, Nürnberg, Offenburg, Osnabrück, Passau, Prag, Regensburg, Schwerin, Stralsund, Westerland, Wien, Wuppertal, Würzburg

Direkte Regionalexpressverbindungen ab Term. 1:
Aschaffenburg, Bad Kreuznach, Frankfurt Hbf., Gemünden, Hanau, Hof, Mainz, Rüsselsheim, Saarbrücken, Wiesbaden, Würzburg

Direkte Stadtexpressverbindungen ab Term. 1:
Frankfurt Hbf., Koblenz, Mainz, Rüsselsheim, Wiesbaden

Direkte Busverbindungen:
Bad Homburg, Darmstadt, Düsseldorf, Heidelberg, Heilbronn, Mannheim, Kaiserslautern, Kelsterbach, Rüsselsheim, Saarbrücken, Straßburg
Während der Messezeiten verkehrt ein Shuttle-Bus zwischen Flughafen und Messegelände.

Taxi:
Taxi-Zentrale 069-23 00 01
Fahrzeit in die Frankfurter Innenstadt ca. 20 Min

Hotels in Flughafennähe:
Achat Langen 06103-75 60
Airport-Domizil Walldorf 06105-9 57-0
Astron Kelsterbach 06107-93 80
Astron Mörf.-Walldorf 06105-20 40
Astron Raunheim 06142-99 00
Best West. Bauer Rüsselsheim 06142-91 50
Best West. Wings Raunheim 06142-7 90
Columbia Rüsselsheim 06142-87 60
Cristall Frankfurt 069-23 03 51
Dorint Novotel Frankfurt 069-6 63 06-0
Dorint Rüsselsheim 06142-60 70
Holiday Inn Neu-Isenburg 06102-29 00-9
Hugenottenhof Neu-Isenburg 06102-50 50
Kempinski Neu-Isenburg 06102-50 50
Mercur Dreieich 06103-60 60
Mercator Frankfurt 069-4 90 69 13
Novotel Kelsterbach 06107-7 68-0
Queens Frankfurt 069-6 78 40
Ramada Frankfurt 069-3 90 50
Sheraton F-Flughafen 069-6 97 70
Steigenberger F-Flughafen 069-69 75-0
Steigenberger Langen 06103-97 20

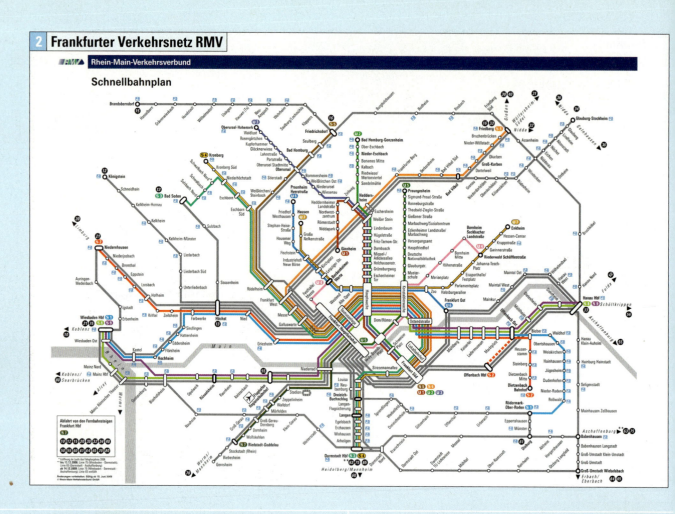

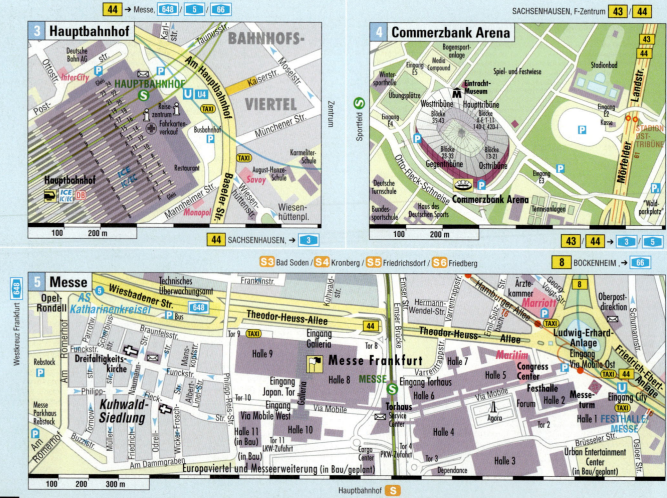

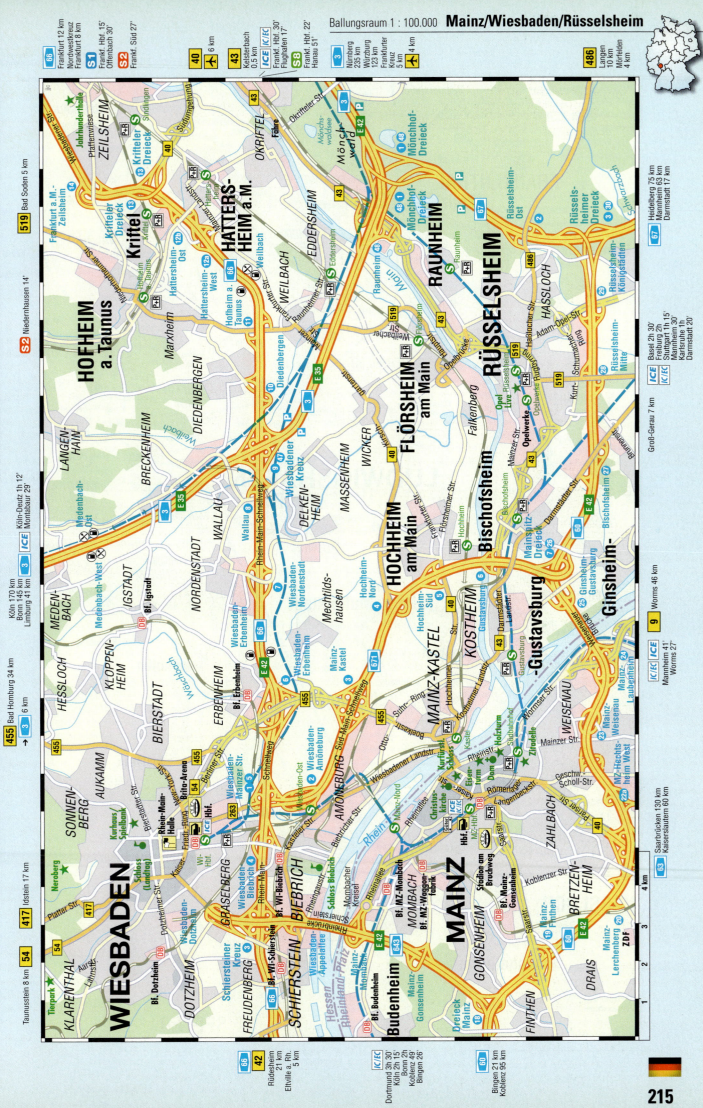

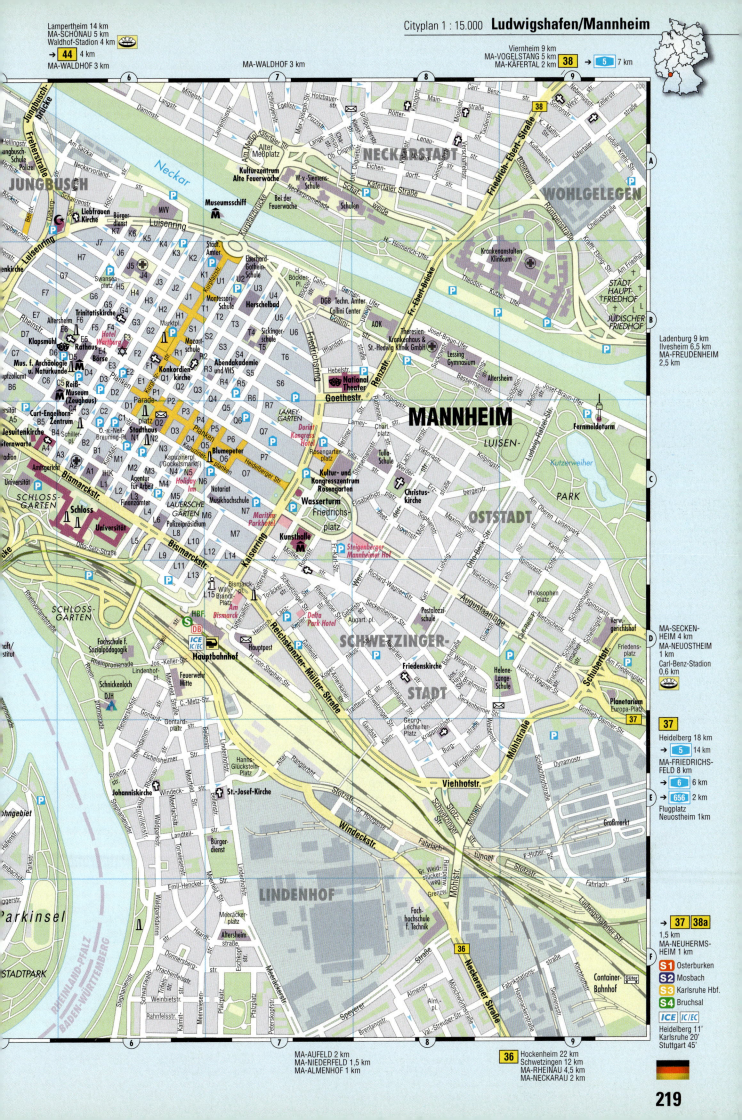

Rheinzabern 0,5 km
9 Germersheim 15 km
Speyer 28 km

S-Bahn
RheinNeckar **S3** Mannheim
Heidelberg
Bruchsal
Linkenheim-
Hochstetten 0,5 km **S1** **S11** Hochstetten

Mannheim 50 km
Hockenheim 28 km
36

Mannheim 20'
IC/EC **ICE**

S2 Spöck
Bruchsal 10 k

Bf. Friedrichstal **DB**
P+R

Friedrichstal
Friedrichs-
tal Mitte
Bruchsal 10 k

Jockgrim
P+R
Bf. Jockgrim **DB**

Leopolds-
hafen

Leopoldshafen
Leopoldst.

Forschungs-
zentrum

Forschungszentrum
Karlsruhe

Stutensee
Stutensee

Eggenstein-
P+R
Eggenstein
Bf.

Hardt-

wald

Blankenloch
Blankenloch-
Nord
DB
Bf. Blankenloch

Weingarten 3

Frankfurt 109
Heidelberg 37
5

Wörth a.Rhein
2 km

Wörth Dorschberg
S5

Ludwigshafen
59 km
Landau i. d. Pfalz
23 km
65

Hagenbach 2 km

Raffinerie

Ölhafen

Landeshafen
Wörth

Raffinerien

WÖRTH
a.Rhein

Wörth
(Rhein)
P+R

MAXAU

KNIELINGEN

Rhein

Alb

Altrhein

Maximilianstr.

Kleiner
Bodensee

Neureut-
Kirchfeld

NEUREUT

Welschneureuter
Str.

KIRCHFELD-
SIEDLUNG

Büchig
Büchig
Reitschulschlag

WALD-
STADT

HAGSFELD
Hagsfeld Bf.

S3 Heidel
S31 Oden
S32 Menzi
IC/EC
Heidelberg 29
Bruchsal 11
Heidelberg 47
Bruchsal 15 k

3

KARLSRUHE

Schloss
Staatl.
Kunsthalle
Marktplatz

Wildparkstadion

Durlacher Tor

Karlsruhe-
Nord

RINTHEIM

Karlsruhe-Durlach

GRÖTZINGEN

5
E 35

Umwelt-
zone

MÜHLBURG
Bf. KA-Mühlburg
Mühlburg-West
DB

LANGE
RICHTSTATT

Haus
Bethlehem

Entenfang
Kaiserallee
Yorckstr.

ZKM
Europa-
halle
Kongress-
zentrum

Kriegsstr.
Ebertstr.
Karlsruhe
Hbf.
Hbf.

Dur.-Ostring
Durlacher Allee

KILLISFELD

Durlach
Bf.

DURLACH

10
Grötzingen
Bf.
P+R

Pforzheim 21
Stuttgart 50'
IC/EC

S5 Bietighe
Bissing
S4 Öhringe
Cappel

10
Pforzheim 25
→**293** 2,5
Heilbronn 61
Bretten 21 km

Stuperich 5 k

DAX-
LANDEN
P+R
Thomas-Mann-Str.

Rheinhafen

Rheinstrandsiedlung/
Hammäcker

OBER-
REUT

BULACH

Altrhein

36

WEIHER-
FELD

ICE
IC/EC

221

NSG

DAMMER-
STOCK

GARTEN-
STADT

Karlsruhe-
Mitte

Dreieck
Karlsruhe

WOLFARTS-
WEIER

BERGWALD

HOHEN-
WETTERS-
BACH

8
E 52

Forchheim
Forchheim Messe
(Leichtsandstr.)
Neue Messe

dm-
Arena
Forchheim Hallenbad
P+R

Rhein-
stetten

Eppelsee
P+R
Forchheim

Mörsch
Rösselsbrünnle
Mörsch Bach West

Silberstreifen

RÜPPURR

Tulpenstr./
Diakonissenstr.

5

3

GRÜN-
WETTERSBACH

Karlsbad

PALMBACH

Busenbach

Neubburgweier
2 km

Strasbourg (F)
63 km
Kehl 56 km
Rastatt 10 km
36

S4 Achern
S41 Freudenstadt
IC/EC
Rastatt 10'
ICE
Offenburg 30'

MÖRSCH
P+R
Mörsch
Merkurstr.

Hardt-

wald

NSG

Durmersheim

Neuwiesen-
reben
Karlsruhe-Süd
P+R **DB**

ETTLINGEN

Rhein
Bf. Ettlingen
West

Ettlingen
West

Markgräfliches
Schloss

Ettlingen
Albgaubad

BRUCH-
HAUSEN
Bf.
Bruchhausen
DB
Bruchhausen

ETTLINGEN-
WEILER

OBERWEIER

SCHLUTTEN-
BACH

Busenbach

SPESSART

Etzenrot
Etzenrot
Bf.

Waldbronn

Reichen-
bach
Reichenbach
Bf.

Pforzheimer Str.
P+R

8

München 26
Ulm 148 km
Stuttgart 55

Karlsbad 1 k

Pforzheim 20
Karlsbad 1 k

E 35
E 52
5

3

Offenburg 62 km
Baden-Airport
20 km
Rastatt 6 km
3

Basel (CH) 171 km
Freiburg 112 km
Offenburg 54 km
5

Neumalsch

Sulzbach

OBERWEIER

Neurod

SCHÖLL-
BRONN

Spielberg
Spielberg
P+R

Malsch
Bf. Malsch **DB**
P+R Malsch

1   2   3   4 km

S31 Forbach
S32 Achern

S1
Bad Herrenalb

Marxzell 3 km
Pforzheim 27 km
Baden-Baden 30 km

S11
Ittersbach

Straubenhardt
4 km

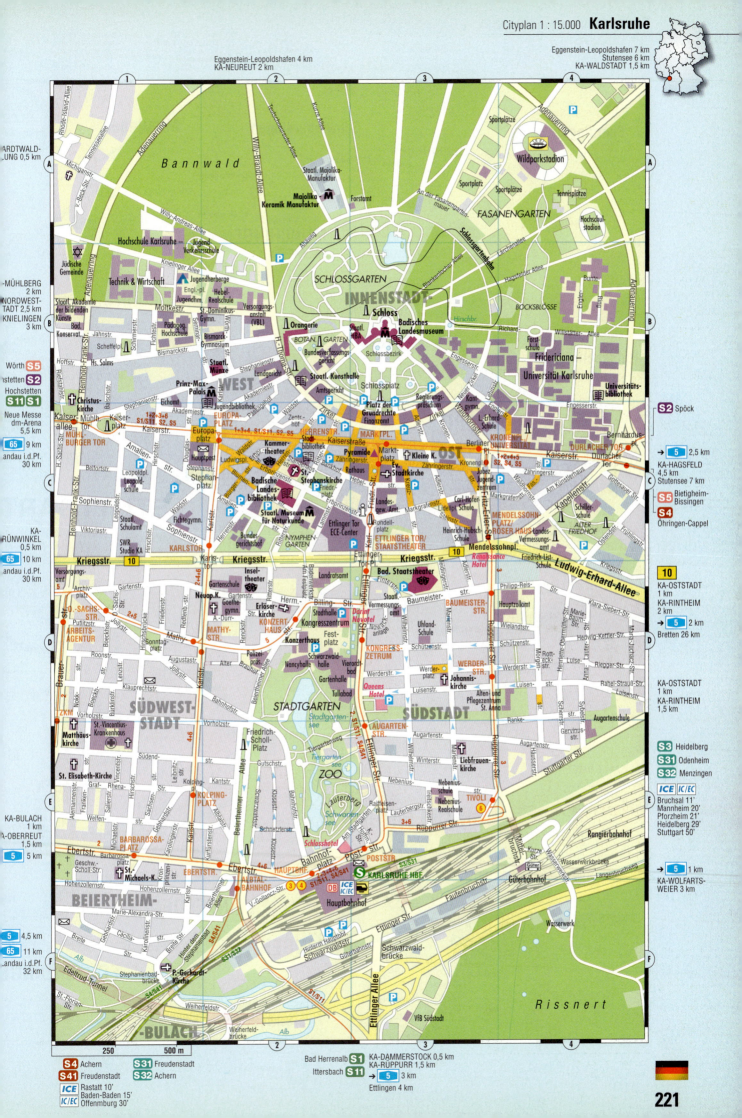

Maulbronn 26 km
Mühlacker 20 km **10**
Vaihingen/Enz 10 km

Frankfurt a.M. 1h 30'
Mannheim 45'
Karlsruhe 45'
Vaihingen/Enz 14' **ICE IC/EC**

TGV Paris (F) 3h 39'
Strasbourg (F) 1h 45'
Pforzheim 28'
Vaihingen/Enz 15'

Würzburg 127 km
Mannheim 114 km
Heidelberg 106 km
Heilbronn 35 km
Ludwigsburg 1 km **81**

Vaihingen/Enz
9 km

Hochdorf

Schwieberdingen

Möglingen

**PFLUG
FELDEN**
16
Ludwigsburg-Süd

Eberdingen

Hemmingen

Bf. Hemmingen

Museumseisenbahn **WEG**

Bf. Schwieberdingen

81
E 41

Stuttgart-
Zuffenhausen

Kornwes

Mönsheim 6 km

HEIMERDINGEN

Bf. Weissach
WEG

Weissach

Weissacher Str.

Bf. Heimerdingen

SCHÖCKINGEN

Hemminger Str.

Schöckinger Str.

Bf. Münchingen **WEG**

-MÜNCHINGEN

Stuttgarter Str.

ä

υ

STAMMHEIM

27a

17

Neuwirtshaus

Zuffenhausen

S

KORNTAL-

10

Rutesheim

Hochdorfer Str.

Heimerdinger Str.

Feuerbacher Str.

h

g

HIRSCHLANDEN

DITZINGEN

Ditzinger Str.

P+R

Hemminger Str.

Bf. Gymn.
Korntal **WEG** Korntal

Solitudestr.

Nordseestr.

S

WEILIMDORF

Feuerbach

S

8
Strasbourg (F)
115 km
Karlsruhe 49 km
Pforzheim 23 km

GEBERSHEIM

HÖFINGEN

o

Gebersheimer Str.

LEONBERG

Ruthesheimer Str.

Feuerbacher Str.

P+R Höfingen

S

Ditzingen

Calwer Str.

S

Weilldorf

18

S

Stuttgart-
Feuerbach

295

GIEBEL

Engelbergstr.

Giebel

WOLFBUSCH

Föhrichstr.

Feuerbach-
Pfostenwäldle

**Höhenpar
Killesberg**

**Altes M
gelände
Killesbe**

Leonberger
Str.

P
Leonberg-
West

48

ELTINGEN

Leonberg

295

S

P+R

Stuttgarter Str.

Engelberg-
tunnel

Gerlingen

BOPSER

GERLINGEN

Schloss
Solitude

Wildparkstr.

FEUERBACH

Solitudestr.

Killesbe

Hölderlinpl.

STUTTGART

S6
Weil der Stadt 5'

SILBERBERG

RENNINGEN

S

Renningen

P+R

Gebersheimer Str.

S

Rutesheim

Südrandstr.

Neue Ramtelstr.

19 49
Dreieck
Leonberg

RAMTEL

Glemseckstr.

SCHILLER-
HÖHE

BOTNANG

Botnang

U

Kultur- und Kongress-
zentrum Liederhalle
Bebelstr.

Rotebühlstr.

Schwabstr.

Feuersee

HESLAC

295

Remminger Str.

50
Leonberg-
Ost

Neuer See

Pfaffensee

Bärensee

Mahdental

Magstadter Str.

Schatten-
ring

Leonberger Str.

Rotenwaldstr.

Am Krähenwald

Heslacher
Vogelrain

Heslacher Tunnel

Calw 17 km
Weil der Stadt 5 km

295

Warmbronner Str.

WARMBRONN

E 41
E 52
81
8

Glems

BÜSNAU

Magstadter Str.

U

Universität

S Universität

Böblinger Str.

14

U

Oegerloch
Albstr.

Calw 18 km
Schafhausen 3 km

Ihinger Str.

Magstadt

Neue Stuttgarter Str.

IV/2011

Alte Stuttgarter Str.

Leonberger Str.

Sindelfinger
Wald

P

LAUCHAU

S
Stuttgart-
Vaihingen

1

Österfeld

P+R

S Vaihingen

Hauptstr.

Möhringer Landstr.

Vaihingen

S **P+R**

KALTENTAL

VAIHINGEN

SONNEN-
BERG

Rembrandtstr.

Sigmaringer Str.

27

P+R

Pforzheimer Str.

MAICHINGEN

Stuttgarter Str.

SPITZ-
HOLZ

HINTER-
WEIL

X

P

831

20 51
Kreuz
Stuttgart
2

Pascalstr.

ROHR

S Rohr

Rob.-Koch-Str.

P+R

MÖHRINGEN

Plienin

SI-Erlebnis-
Centrum **★**

FASANEN-
HOF

Mühlackerstr.

IV/2011

Döffinger Str.

SINDELFINGEN

Calwer Str.

Mahdentalstr.

E 41
81

22

Sindelfingen-
Ost

21

Sindelfingen-Ost

E 52
8
Stuttgart-
Möhringen

52a

Ober-
aichen

S

P+R

52a

Bf.
Sindelfingen **DB**

Daimler
Chrysler AG

23

Böblingen-
Ost

P+R

Panzerstr.

OBERAICHEN

LEINFELDEN-

Leinfelden

S **U**

Leinfelden

P+R

Bad

Echterdingen

S

464
Böblingen/
Sindelfingen
Meilenwerk
(ab 2009)

P+R **DB**

Bf. Böblingen

Goldberg

MUSBERG

Tübinger Str.

Haupt...

DAGERSHEIM

Calwer Str.

S
Böblingen

Bauernkriegs-
museum **★**

S **P+R**

BÖBLINGEN

-ECHTERDINGE

Böblingen-
Hulb

24

P+R Hulb

Herrenberger Str.

464

WEG

TANNENBERG

Schönaicher Str.

WEG

S **P+R**

Schönaicher Str.

Siebenmühlental

STETTEN

Bf. Danziger Str.
Südbahnhof

DIEZEN-
HALDE

Bf. Heusteigstr. **WEG**

464

25 Ehningen

Bf. Zimmerschlag **WEG**

Schönaich

Steinenbronn

Herrenberg 9'
S1

ICE IC/EC
Zürich (CH) 2h 43'
Singen 1h 47'
Horb 37'

81
Zürich (CH) 219 km
Singen 124 km
Herrenberg 12 km

464
Hechingen 45 km
Reutlingen 34 km
Tübingen 23 km

Umwelt-
zone

Tübingen 20 km
Dettenhausen 10 km
Waldenbach 5 km

1   2   3   4 km

Cityplan 1 : 15.000 **Stuttgart**

Kornwestheim 8,5 km
S-ZUFFENHAUSEN 6 km
S-FEUERBACH 5 km
S-MÜNSTER 4,5 km
S-BAD CANNSTADT 1 km

10

Neugereut (U2)
Fellbach Lutherkirche (U1)

IC/EC
Aalen 48'
Schwäbisch
Gmünd 32'

S2
Schorndorf

S3
Backnang

ICE IC/EC
München 2h 20'
Ulm 54'
Göppingen 24'

S1
Plochingen

Schorndorf 22 km
Waiblingen 11 km
Fellbach 6,5 km
S-LUGINSLAND
4 km

14

Esslingen 9 km
S-HEDELFINGEN
3,5 km
Neckarhäfen 2 km
S-WANGEN 1 km

10

S-HEDELFINGEN
3 km
S-WANGEN
0,5 km

Untertürkheim (U4)
Hedelfingen (U9)

Ruhbank(U15)
S-SILLENBRUCH 3 km
S-BIRKACH 6,5 km
Schloss Hohenheim 7,5 km
S-PLIENINGEN 8,5 km

Flughafen/Messe Stuttgart 10 km

225

1 **Stuttgarter Verkehrsnetz VVS**

Verbund-Schienennetz

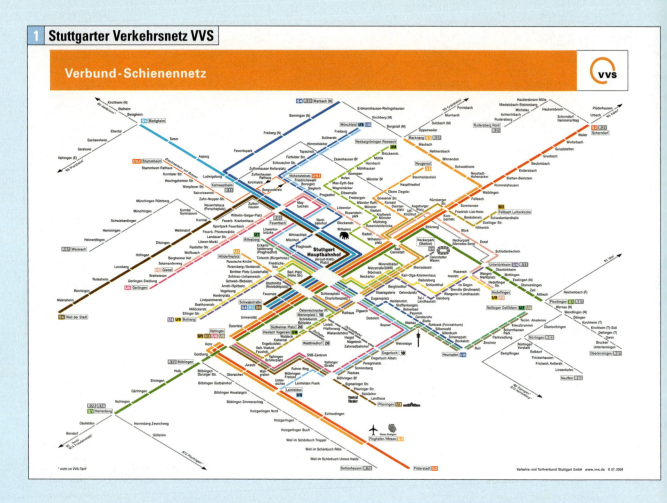

2 **Hauptbahnhof**

3 **Mercedes-Benz-Arena**

Wichtige Reise-Infos, Adressen und Telefonnummern

Polizei/Notruf	110
Feuerwehr/Rettungsleitstelle	112
Internet: www.stuttgart.de	
Tourist-Information	0711-22 28-0
www.stuttgart-tourist.de	
Taxi-Zentrale	0711-5 51 00 00 o. 1 94 16

Wichtige Autovermieter
Stuttgart City (Tel-Vorwahl **0711**):

Avis	23 93 20	National	420 30 80/-81
Europcar	9 54 69 60	Sixt	24 39 25
Hertz	5 09 02 80/-81		

S- und U-Bahn: VVS
Der Verkehrsverbund Stuttgart bedient die baden-württembergische Landeshauptstadt und ihr Umland regelmäßig mit insgesamt sechs S-Bahn- sowie 11 U-Bahnlinien.

Wichtige Haltestellen:

Hauptbahnhof	S1–6,U5–7,U9,U11,U14+15
Flughafen	S2+3
Stadtmitte (Rotebühlplatz)	S1–6,U2,U4,U11,U14
Rathaus	U1,U2,U4,U11
Killesberg Messe	U7
Universität	S1–3
Daimler-Stadion (Schleyerhalle)	Bus 56
Fahrplanauskunft: www.vvs.de	

Hauptbahnhof: Deutsche Bahn
Der Hauptbahnhof befindet sich im nördlichen Teil des Stadtzentrums; innerhalb von 5 bis 10 Gehminuten erreicht man die Königstraße (Fußgängerzone), innerhalb von 15 bis 20 Gehminuten gelangt man zum Rathaus bzw. zum Marktplatz.

Service-Point	0711-20 92 10 75 53
Reiseauskunft	0711-1 94 19

Parken:

Tiefgarage Hauptbahnhof	durchg. geöffnet
Parkhaus Hauptbahnhof	Mo–Sa 5.30–23.30 Uhr
Parkhaus Kaufhof	Mo–Sa 7.00–1.00 Uhr
Tiefgarage Schlossgarten	durchg. geöffnet

Autovermieter am Hbf.
(Tel-Vorwahl **0711**):

Avis	223 72 58
Hertz	226 29 21
Europcar	22 44 63-0
Sixt	01805-25 25 25

S-Bahnverbindungen zum Flughafen: S2/S3
von 4.55 –0.25 im 10- bzw. 20-Min-Takt (Sa/ So ab 5.25 im 30-Min-Takt);
Fahrzeit zum Flughafen ca. 27 Min

Stuttgart Flughafen
Der Flughafen liegt südlich von Stuttgart.

Flugauskunft:	0711-9 48-0
www.flughafen-stuttgart.de	

Wichtige Fluggesellschaften (Tel-Vorwahl **0180**):

Aero Lloyd	2 30 29 49	Air France	5 83 08 30
Air Canada	948-44 69	Alitalia	5 07 47 47
Austrian	3 00 05 20	LTU	948-44 24
BA	5 26 65 22	Lufthansa	3 80 38 03
Delta	3 33 78 80	Olympic	948-49 94
Dt. BA	090 01 10 03 22	SAS	5 11 70 02
Hapagfly	5 75 7510	Th. Cook	948-27 59
Iberia	3 00 06 13	Turkish Airl.	0711-2258200
KLM	01805 21 42 01	United Airl.	948-44 09

Kurzzeitparken:
Parkplatz P3,P5; Parkhaus PH1,PH4,PH6
Langzeitparken:
Parkplatz P0; Parkhaus PH2, PH10

Autovermietungen am Flughafen:

Avis	948 45 39	Hertz	9 48 43 39
Budget	948 45 49	National	9 48 44 22
Europcar	949 90 10	Sixt	9 48 45 04

Flughafen-S-Bahnen S2, S3:
von 5.08 (nicht So) bis 0.08 im 20-Min-Takt;
Fahrzeit zum Hbf ca. 30 Min

Taxi:
Taxi Flughafen-Zentralbereich 0711-9 48 44 09
Fahrzeit in die Innenstadt ca. 20 Min

DEGERLOCH, Zentrum

4 Flughafen / Messe

1 Schulgasse
2 Schachtelheimweg
3 Schoellstr.
4 Weizenstr.
5 Dr.-Steinheil-Weg

Heidfeldbrunnen
Körsch
Mühlb.
Paracelsius Gymn.
Obere Mühle
Allgäu-Str.
Dreifelderstr.
Scharnhauser Str.

Frauenbr.
Fraubronn-str.
Körsch-str.
Hint.
Filderhauptstr.
Schule
† †

Heiligen-brunnen
Hebsäcker
Raiteäcker
Echterdinger Str.
Bei der Gemeinde
Schießhaus-äcker
Langwiesen
PLIENINGEN

Bliensäcker
Lachenäcker
Plieninger Weg
Heerstraße
LKW-Pool
Langwieser See
Langwies-äcker
Stangen-äcker
AS Stuttgart-Plieningen
53b
8
Ulm, München

Messe Stuttgart
Bosch-Parkhaus
53a
AS Stuttgart-Flughafen
ICS Internationales Congresscenter Stuttgart
Messe-piazza
Filderbahnhof (in Bau)
Mövenpick H. Stuttgart Messe
Langparken
8 E 52
Flughafenstraße

Busterminal West
Flughafenstraße
Kurzparken
Langparken
Kurzparken
Hotel
Mövenpick H. Stuttgart Airport
Langparken
Personal
27
S3
FLUGHAFEN
4
Kurz- & Ferienparker
Kurzparken
1 2 3
Terminals
ECHTERDINGEN
Langparken
Hoch

FILDERSTADT
312
Pilegner Str.
Tower
Nord-Ost-Ring

Brühlhofstr.
6 Zaunackerstr.
7 Stützlesweg
Böhmackerstr.
BERNHAUSEN
Nord-West-Ring
Ruiter Str.

200 400 m

27 Tübingen
S2 Filderstadt
312 Filderstadt

Stuttgart, Karlsruhe 8
PLIENINGEN

5 Terminals / Messe

Lachenäcker
Echterdinger Straße
Weg
Plieninger Weg
Heerstraße
Tor 1
LKW-Pool
LKW
8
Bei der Gemeinde

Wohnmobil-stellplätze
Ausstellungsfreigelände
E 52
Langwieser See

1
L-Bank-Forum
Bosch-Parkhaus
53a
AS Stuttgart-Flughafen
Ulm, München
8

3
Messe Eingang Ost
TAXI
5
7
Messe-verwaltung (in Bau)
Messe Stuttgart (Landesmesse Baden-Württemberg)
ROTHAUSPARK
Eingang ICS
C2
Messe-piazza
Hotel
Langparken
Flughafenstraße
9
Bus Busterminal West (Messeshuttle 78)
TAXI
Messe Eingang West
Oskar-Lapp-Halle
Schenker-Allee
4
ICS Internationales Congresscenter Stuttgart
C1
Filderbahnhof (in Bau)
Mövenpick Hotel Stuttgart Messe
expresso X3 FAirLiner X15; 809
Tank-stelle
Langparken
8 Filderstadt
Vorplatz West
6
8
Flughafen Stuttgart Verwaltung
Tank-stelle
Speditionslager
Luftfracht
Export
SB Restaurant Mini Markt
S2 Filderstadt

expresso X3 122 809 828
Flughafenstraße
Mövenpick Hotel Stuttgart Airport
Kurzparken
Kurz-parken
Import Zoll
Personal
Langparken
Stuttgart Airport-Office
Auto-vermieter
S3
FLUGHAFEN
TAXI
Valet-Parken
Pforte Ost
Langparken
Kurzparken
Kurz- & Ferienparker
Rückgabe Mietwagen
Kurz-parken
Terminal 1 Abflug / Ankunft
Terminal 2 Abflug / Ankunft
Terminal 3 Abflug / Ankunft
Terminal 4 Ankunft
27
Pforte West
ATRIUM Konferenz- und Bankettcenter
Besucher-terrasse
Albatros Flugmuseum

100 200 m

27 Tübingen

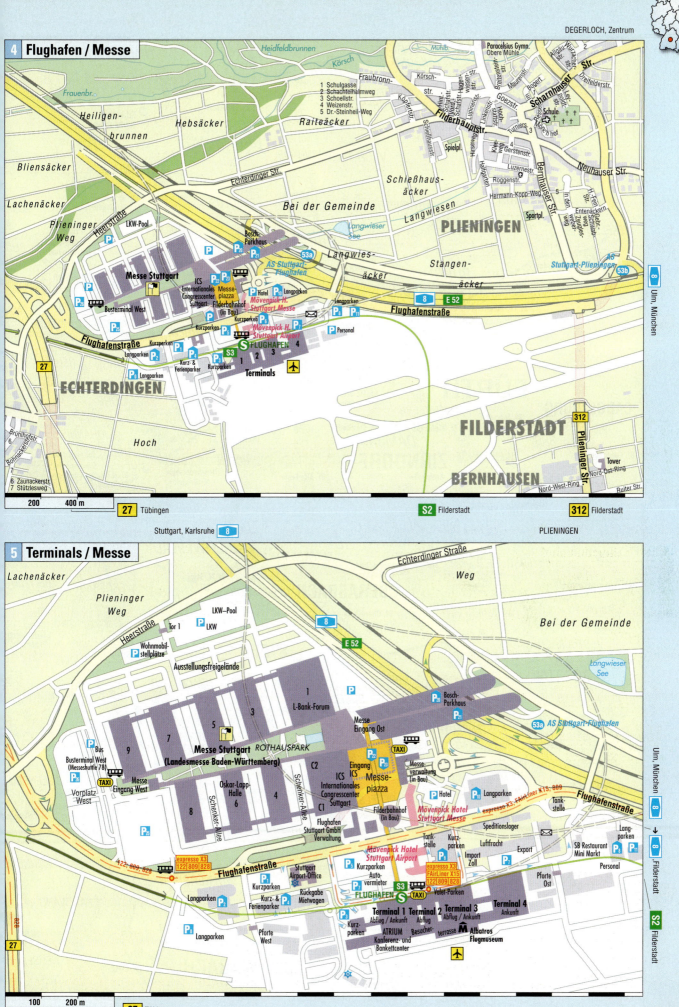

2 Pegnitz 39 km
Gräfenberg 12 km

Chemnitz 208 km 9
Bayreuth 52 km

NEUNHOF

HEROLDSBERG

TAUCHERSREUTH

GÜNTHERS-
BÜHL

EGELSEE

DEHNBERG

Bf. Rollhofen

Brückenstr.

E 51

9

Bf. Speikern

Rollhofen

Speikern

Bf. Heroldsberg DB

P+R

2

OEDENBERG

SEIBOLDS-
HOF

KUHNHOF

HEUCHLING

Neunkirchen
am Sand

Marktredwitz 1h 20'
Bayreuth 57'

IC/EC

R e i c h s w a l d

RUDOLFSHOF

St. Kunigunda

Bf. Lauf
(re. Pegnitz)

Wenzel-
schloss

Bf.
Neunkirchen a. S.

P+R

14

14

Sulzbach-
Rosenberg 29 km
Hersbruck 7 km

LAUF
a.d. Pegnitz

Laufer
Laufer

P+R

Hersbrucker Str.

Pegnitz

85 Nürnberg-Nord

LUDWIGSHÖHE

Bf. Ludwigshöhe DB

Rückersdorf

Bf. Rückersdorf

14

DB

WETZEN-
DORF

Lauf-Hersbruck

Lauf
West

50

Lauf a.d.P.

Bf. Ottensoos

Ottensoos

SCHÖNBERG

GELSTEIN

SCHAFHOF

Behringersdorf

Bf. Behringersdorf

Nürnberg-
Behringersdorf

86

Laufer Str.

P+R DB

Mittelbüg

Steinberg

LETTEN

Seespitze

S

RÖTHENBACH
a.d. Pegnitz

Hellingstr.

WEIGEN-
HOFEN

ERLENSTEGEN

Bf. Erlenstegen

Norisstr.

Erlenstegenstr.

Röthenbacher Str.

Röthenbach

Renzenhofer Str.

Altdorfer Str.

HAIMEN-
DORF

f. N.-Nordost

14

GELS-
HOF

ST.
JOBST

Bf. N.-Ost

DB

Güter

Mögldorf

Laufamholzstr.

Rehhof

S P+R

LAUFAMHOLZ

Nürnberg-
Mögeldorf

87

Schwaig

S

P+R

Schwaig
bei Nürnberg

Diepersdorf

WEIHERSBURG

PÖTZLING

MÖGELDORF

Ostring

Dutzendteich

L o r e n z e r

51 88

Kreuz Nürnberg

Leinburg

OBER-
HAIDELBACH

Tiergarten

ZERZABELSHOF

BRUNN

UNTER-
HAIDELBACH

NÜRNBERG

Zeppelin-
wiese

Frankenstadion

Norisring

easyCredit
Stadion

ZEND-
TEICH

Kongresszentrum
CCN Ost

Messezentrum

4

Regensburger Str.

FISCHBACH
bei Nürnberg

E 45

9

P

P

R e i c h s w a l d

E 56

3

P

UNGELSTETTEN

Altdorf/Leinburg

62

6

6

Amberg 42 km
Sulzbach-
Rosenberg 35 km

8

LANG-
WASSER

Fischbach

Str.

Glogauer Str.

Breslauer
Str.

P+R

Nürnberg-Fischbach

52

Kreuz Altdorf

61 89

Winkelhaid

S

Ludersheim

Moosbach

S

P+R

Altdorf-West

P+R

E 50

E 56

Altdorf

P+R

ALTDORF

Langwasser-
Süd

U

Nürnberg-
Zollhaus

P+R

MOORENBRUNN

53 60

MOOSBACH

RICHTHAUSEN

3

3

Regensburg 79 km
Neumarkt i.d.Opf.
17 km

45

Am Zollhaus

E 50

6

59

Nürnberg-
Langwasser

Kreuz
Nürnberg-Ost

Feucht

P+R

Altdorfer Str.

Altdorf/Burgthann

90

Wallersburg

Kreuz
berg-Süd

46

58

47

Wendelstein

47

Feucht

48

73

Feuchter Str.

FEUCHT

RUMMELSBERG

Regensburger Str.

ALTENTHANN

Burg Thann

PATTENHOFEN

BURGTHANN

ZEL-
RF

RÖTHENBACH
bei St. Wolfgang

Nürnberg/
Feucht

GSTEINACH

Bf. Ochenbruck

DB

P+R

OCHENBRUCK

Bf. Mimberg

DB

Schwarzach

Bf. Burgthann

DB

KLEIN-
SCHWARZENLOHE

Schwarzenbruck

ehem. Ludwig-Donau-Main-Kanal

MIMBERG

Rübleinshof

SCHWARZEN-
BACH

WENDELSTEIN

49

54

8

Schwarz...

GROSS-
SCHWARZENLOHE

Dreieck
Nürnberg/Feucht

E 45

9

LINDELBURG

HEINLEINSHOF

Leerstetten 0,5 km

ICE

9

München 144 km
Ingolstadt 72 km
Allersberg 11 km

München 1h 19'
Ingolstadt 29'

Neumarkt i.d.Opf. 13 km 8

ICE IC/EC

Regensburg 58'
Passau 2h 8'

229

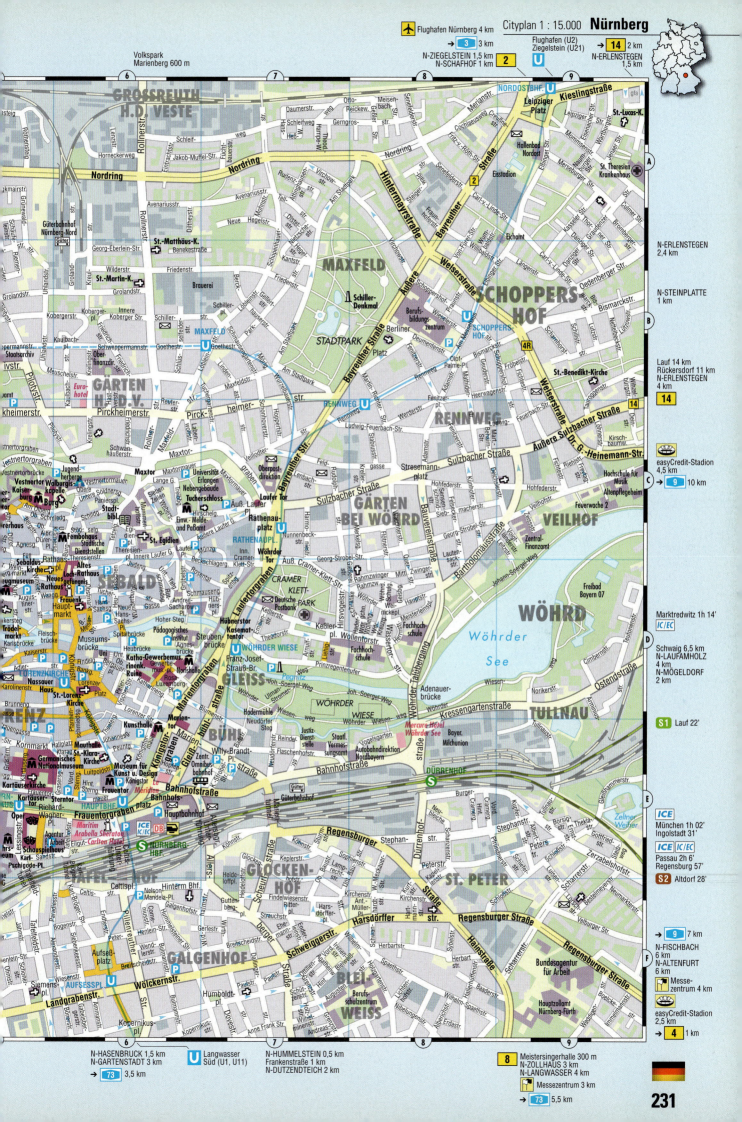

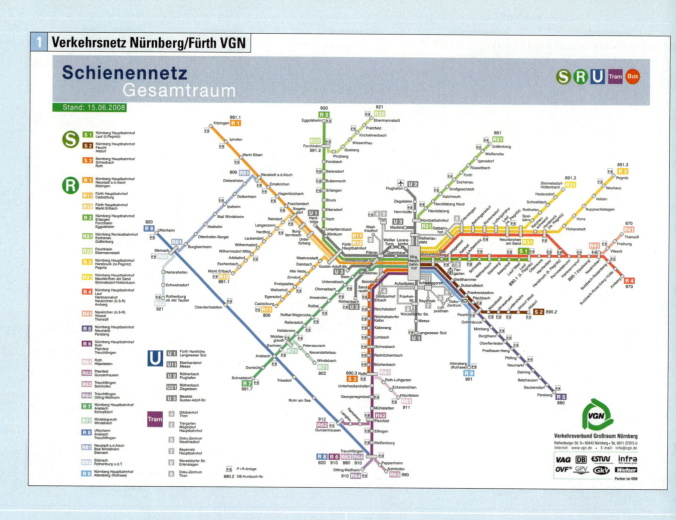

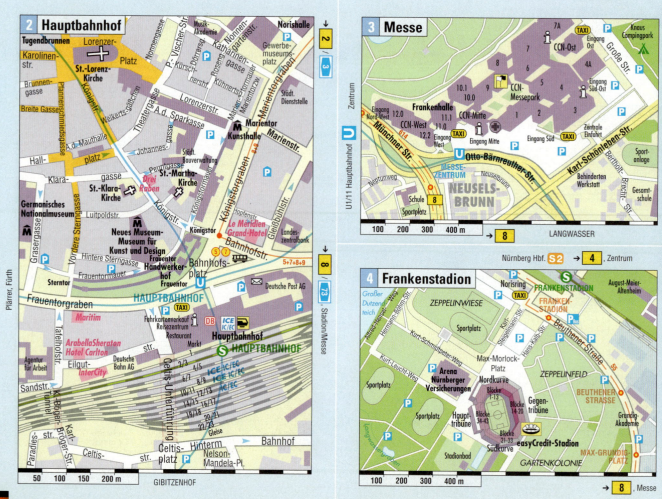

5 Flughafen Nürnberg

100 200 300 400 m

4 Nürnberg Zentrum

5b Terminals

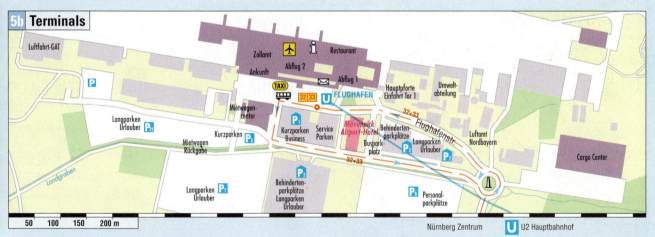

50 100 150 200 m

Nürnberg Zentrum   **U** U2 Hauptbahnhof

Wichtige Reise-Infos, Adressen und Telefonnummern

Polizei/Notruf 110
Feuerwehr/Rettungsleitstelle 112
Internet: www.nuernberg.de
Tourist-Information 0911-2 33 60
www.tourismus-nuernberg.de
Taxi-Zentrale 0911-1 94 10

Wichtige Autovermieter
Nürnberg City (Tel-Vorwahl 0911):
Avis 4 96 96   Hertz 20 90 86
Europcar 21 49 30   Sixt 01805-25 25 25

S-, U- und Regionalbahn: VGN
Das Streckennetz des VGN bedient mit seinen
zwei S-Bahn-, zwei U-Bahn- sowie 16 Regional-
bahnlinien die Städte Nürnberg, Fürth, Erlangen,
Ansbach, Treuchtlingen, sowie deren Umland.
Mit einer Fläche von fast 11.000 km² ist der
VGN der zweitgrößte Verkehrsverbund in
Deutschland.

Wichtige Haltestellen:
Nürnberg Hbf U1,U2,(U11),S1,S2,R1-7
Rathaus Busse 36,46,47
Frankenstadion S2
Messe U1
Herrnhütte
(umsteigen in den Flughafenbus) U2
Opernhaus U2
Erlangen R2
Fürth U1,R1,R2
Fahrplanauskunft: www.vgn.de

Hauptbahnhof: Deutsche Bahn
Der Nürnberger Hauptbahnhof befindet sich in
unmittelbarer Nähe vom Stadtzentrum.
So kann man innerhalb von 5 bis 10 Gehminuten
beispielsweise zur Frauenkirche am Hauptmarkt
gelangen.
Service-Point 0911-219-10 75 53
Reiseauskunft 0911-1 94 19

Parken:
Parkplatz Hinterm Bahnhof
Parkplatz am Marienplatz
Parkplatz Hintere Sterngasse
Parkhaus Sterntor 7.00-2.00 Uhr

Autovermieter am Hbf. (Tel-Vorwahl 0911):
Avis 4 96 96   Europcar 2 41 90 70
Sixt 948 45 04   Hertz 20 90 86

Busverbindung zum Flughafen: Linie 20
ab U-Bahn-Haltestelle Herrnhütte
(Endstation U2) im 20-Min-Takt (frühmorgens
und am Wochenende im 30-Min-Takt);
Fahrzeit vom Hbf zum Flughafen ca. 25 Min

Flughafen Nürnberg
Flughafenauskunft: 0911-9 37 00
www.flughafen-nuernberg.de

Wichtige Fluggesellschaften:
Air France 01805-83 08 30
Eurowings 01803-87 69 46

KLM 937 19 30
Lufthansa 01805-38 42 67

Kurzzeitparken:
Parkhaus PH1
Langzeitparken:
Parkhaus PH2
Sonderparkplätze:
P1, P6, P11, P21, P31

Autovermietungen (Tel-Vorwahl 0911):
Avis 5 29 89 66
Budget 937 24 70
Europcar 3 65 29-0
Hertz 52 77 19
National 36 70 36
Sixt 01805-25 25 25

U-Bahn U2 in die Innenstadt:
Fahrzeit ca.12 Min

Taxi:
Fahrzeit in die Innenstadt ca.15 Min

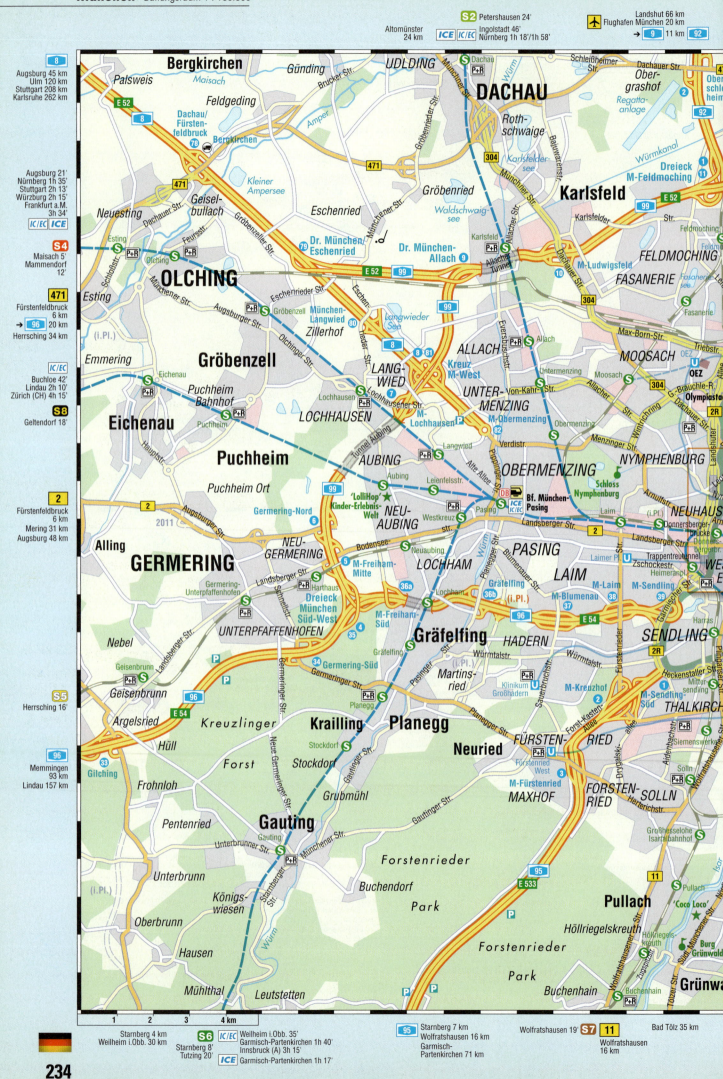

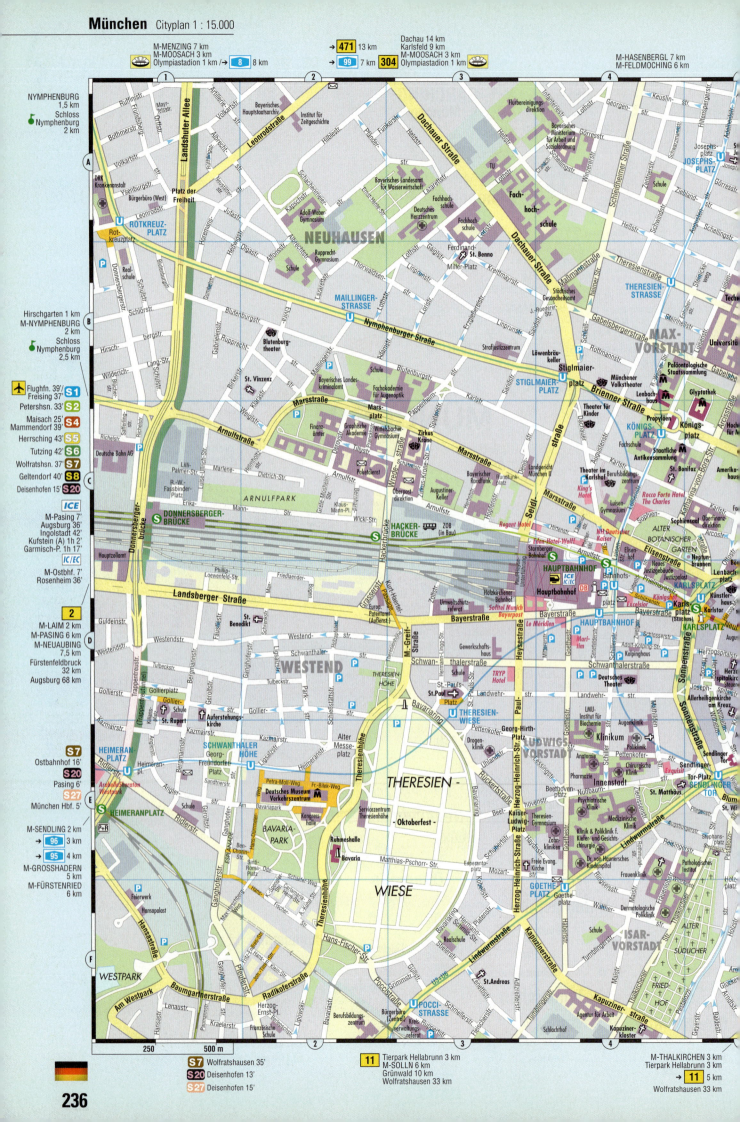

1 Münchner Verkehrsnetz MVV

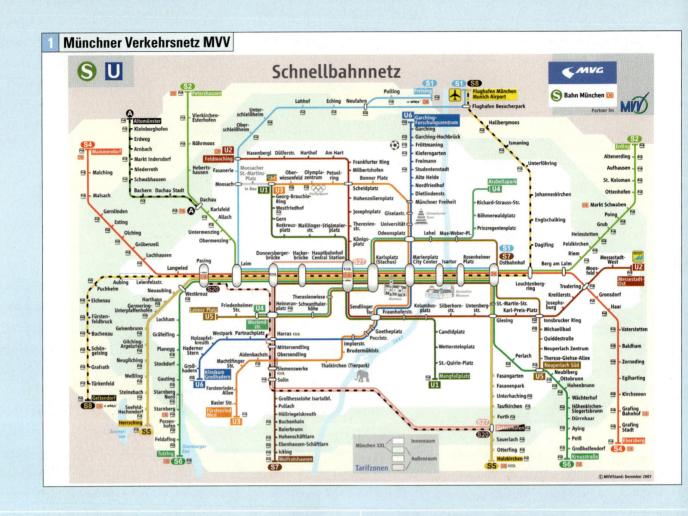

Schnellbahnnetz

2 Hauptbahnhof

3 Neue Messe

4 Olympiagelände

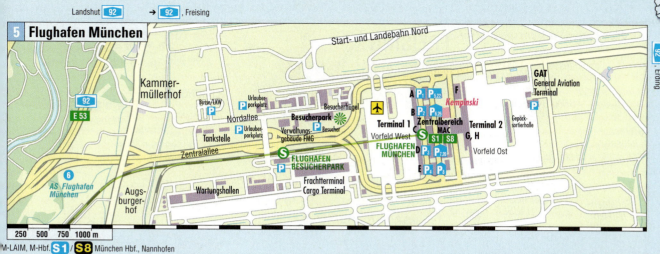

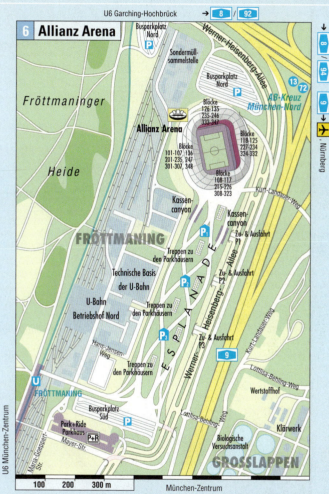

Wichtige Reise-Infos, Adressen und Telefonnummern

Polizei/Notruf	110
Feuerwehr/Rettungsleitstelle	112
Internet: www.muenchen.de	

Tourist-Information	2 33 03 00
Taxi-Zentrale	089-71 94 10

Wichtige Autovermieter München City (Tel.-Vorwahl **089**):

Avis	12 60 00-20
Europcar	5 49 02 40
Hertz	5 50 22 56
Sixt-Budget	22 33 33
National	4 57 69 39-15

S- und U-Bahn: MVV

Das S- und U-Bahnnetz des MVV bedient den Großraum München mit zehn S- und acht U-Bahnlinien und erfasst ein Verkehrsgebiet mit einem Durchmesser von 80 km.

Wichtige Haltestellen:

Marienplatz (Rathaus, Innenstadt)	S1–8, U3,6
Hauptbahnhof	S1–8, U1,U2,U4,U5
Flughafen	S1,S8
Olympiastadion	U3
Neue Messe	U2,U7
Theresienwiese (Oktoberfest)	U4,U5
Allianz-Arena	U6
Fahrplanauskunft:	www.mvv-muenchen.de

Hauptbahnhof: Deutsche Bahn

Der Hauptbahnhof liegt westlich vom Altstadtring 5 Gehminuten vom Stachus und der Fußgängerzone entfernt.

Service-Point	089-13 08 58 82
Reiseauskunft	089-1 94 19

Parken (Öffnungszeiten an Wochentagen):

Hbf 4. und 5. Obergeschoss	5.25–0.30 Uhr
Contipark unter Bhf-Platz	7.00–24.00 Uhr
Bavaria Parkhaus im Elisenhof	7.00–22.30 Uhr
Hotel Maritim, Senefelderstr.10	durchg. geöffnet
Hotel Metropol, Goethestr. 4	6.00–1.00 Uhr
Parkgarage Hirtenstr. 14	durchg. geöffnet

Autovermietung:

Avis	01805 55 77 55	Europcar 01805 8000
Hertz	01805 3335 35	Sixt 01805-260 250

Flughafen München

Der Franz-Josef-Strauß-Flughafen liegt ca. 40 km nordöstlich von der Innenstadt und gilt als einer der modernsten Flughäfen der Welt.

Flugauskunft:	089-975-2 13 13
	www.munich-airport.de

Wichtige Fluggesellschaften (Tel.-Vorwahl **089**):

Aeroflot	975-9 10 91	Air France 01805-83 08 30
Alitalia	01805-07 47 47	Austrian 01803-00 05 20
BA	01805-26 65 22	Delta 01803-33 78 80
Dt. BA	090 01 10 03 22	Lufthansa 01805-8 38 42 67
Hpg. Ld.01802-26 28 31	Iberia 01805-44 29 00
KLM	97 59 10 87	LTU 9 41 88 88

Kurz- und Langzeitparken: P1-4; P6; P25
(unterschiedliche Höchstparkdauer):

Langzeitparken: P23,P5-P8,P26
Parken für Urlauber: P41 an der Nordallee

Autovermietung (Tel.-Vorwahl **089**):

ADAC	975-96670	National 975-9 76 80
Avis	975-97600	Europcar 9 73 50 20
Hertz	978860	Sixt 01805-26 25 25

Flughafen-S-Bahnen S1/S 8:
verkehren durchgehend (von 5.45-0.25 im 10-min- Takt); am Hbf., Ostbhf. und in M.-Pasing Anschluss an die Fernzüge der Deutschen Bahn.

Bus-Direktverbindungen:
Augsburg, Dachau, Erding, Freising, Ingolstadt, Innsbruck, Landshut, Markt Schwaben, Nürnberg (Flughafen), Regensburg, Salzburg, Salzburg (Flughafen), Taufkirchen, Wasserburg

Taxi:
Taxi Flughafen-Zentralbereich 089-97 59 68 87
Fahrzeit in die City ca. 30–40 Min

239

1:800 000

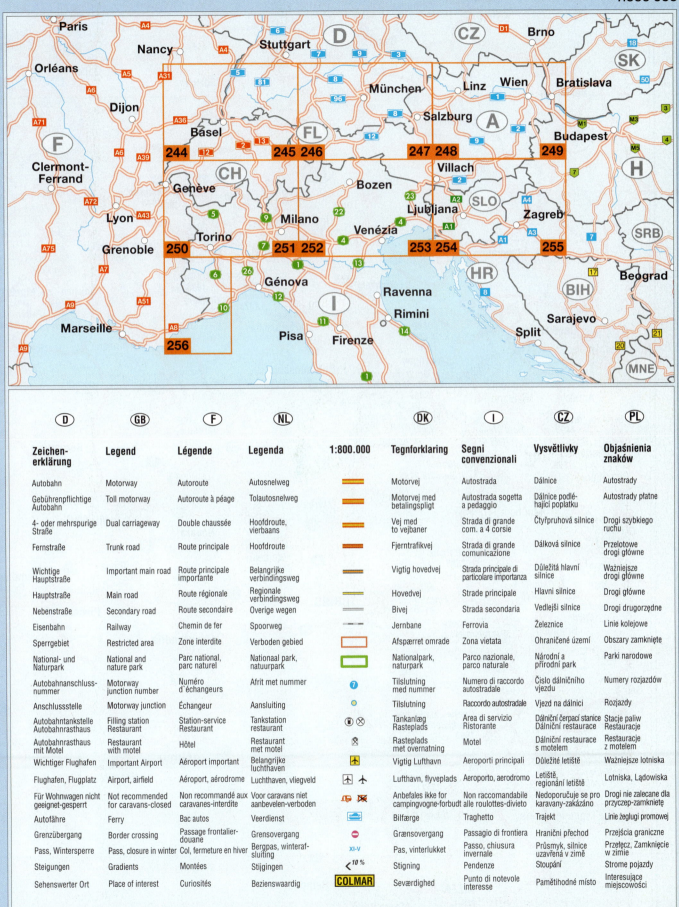

	D	GB	F	NL	1:800.000	DK	I	CZ	PL
	Zeichen-erklärung	Legend	Légende	Legenda		Tegnforklaring	Segni convenzionali	Vysvětlivky	Objaśnienia znaków
	Autobahn	Motorway	Autoroute	Autosnelweg		Motorvej	Autostrada	Dálnice	Autostrady
	Gebührenpflichtige Autobahn	Toll motorway	Autoroute à péage	Tolautosnelweg		Motorvej med betalingspligt	Autostrada soggetta a pedaggio	Dálnice podlé-hající poplatku	Autostrady płatne
	4- oder mehrspurige Straße	Dual carriageway	Double chaussée	Hoofdroute, vierbaans		Vej med to vejbaner	Strada di grande com. a 4 corsie	Čtyřpruhová silnice	Drogi szybkiego ruchu
	Fernstraße	Trunk road	Route principale	Hoofdroute		Fjerntrafikvej	Strada di grande comunicazione	Dálková silnice	Przelotowe drogi główne
	Wichtige Hauptstraße	Important main road	Route principale importante	Belangrijke verbindingsweg		Vigtig hovedvej	Strada principale di particolare importanza	Důležitá hlavní silnice	Ważniejsze drogi główne
	Hauptstraße	Main road	Route régionale	Regionale verbindingsweg		Hovedvej	Strade principale	Hlavní silnice	Drogi główne
	Nebenstraße	Secondary road	Route secondaire	Overige wegen		Bivej	Strada secondaria	Vedlejší silnice	Drogi drugorzędne
	Eisenbahn	Railway	Chemin de fer	Spoorweg		Jernbane	Ferrovia	Železnice	Linie kolejowe
	Sperrgebiet	Restricted area	Zone interdite	Verboden gebied		Afspærret omrade	Zona vietata	Ohraničené území	Obszary zamknięte
	National- und Naturpark	National and nature park	Parc national, parc naturel	Nationaal park, natuurpark		Nationalpark, naturpark	Parco nazionale, parco naturale	Národní a přírodní park	Parki narodowe
	Autobahnanschluss-nummer	Motorway junction number	Numéro d`échangeurs	Afrit met nummer		Tilslutning med nummer	Numero di raccordo autostradale	Číslo dálničního vjezdu	Numery rozjazdów
	Anschlussstelle	Motorway junction	Échangeur	Aansluiting		Tilslutning	Raccordo autostradale	Vjezd na dálnici	Rozjazdy
	Autobahntankstelle Autobahnrasthaus	Filling station Restaurant	Station-service Restaurant	Tankstation restaurant		Tankanlæg Rasteplads	Area di servizio Ristorante	Dálniční čerpací stanice Dálniční restaurace	Stacje paliw Restauracje
	Autobahnrasthaus mit Motel	Restaurant with motel	Hôtel	Restaurant met motel		Rasteplads med overnatning	Motel	Dálniční restaurace s motelem	Restauracje z motelem
	Wichtiger Flughafen	Important Airport	Aéroport important	Belangrijke luchthaven		Vigtig Lufthavn	Aeroporti principali	Důležité letiště	Ważniejsze lotniska
	Flughafen, Flugplatz	Airport, airfield	Aéroport, aérodrome	Luchthaven, vliegveld		Lufthavn, flyveplads	Aeroporto, aerodromo	Letiště, regionální letiště	Lotniska, Lądowiska
	Für Wohnwagen nicht geeignet-gesperrt	Not recommended for caravans-closed	Non recommandé aux caravanes-interdite	Voor caravans niet aanbevelen-verboden		Anbefales ikke for campingvogne-forbudt	Non raccomandabile alle roulottes-divieto	Nedoporučuje se pro karavany-zakázáno	Drogi nie zalecane dla przyczep-zamknięte
	Autofähre	Ferry	Bac autos	Veerdienst		Bilfærge	Traghetto	Trajekt	Linie żeglugi promowej
	Grenzübergang	Border crossing	Passage frontalier-douane	Grensovergang		Grænsovergang	Passaggio di frontiera	Hraniční přechod	Przejścia graniczne
	Pass, Wintersperre	Pass, closure in winter	Col, fermeture en hiver	Bergpas, winteraf-sluiting		Pas, vinterlukket	Passo, chiusura invernale	Průsmyk, silnice uzavřená v zimě	Przełęcz, Zamknięcie w zimie
	Steigungen	Gradients	Montées	Stijgingen		Stigning	Pendenze	Stoupání	Strome pojazdy
	Sehenswerter Ort	Place of interest	Curiosités	Bezienswaardig		Seværdighed	Punto di notevole interesse	Pamětihodné místo	Interesujące miejscowości

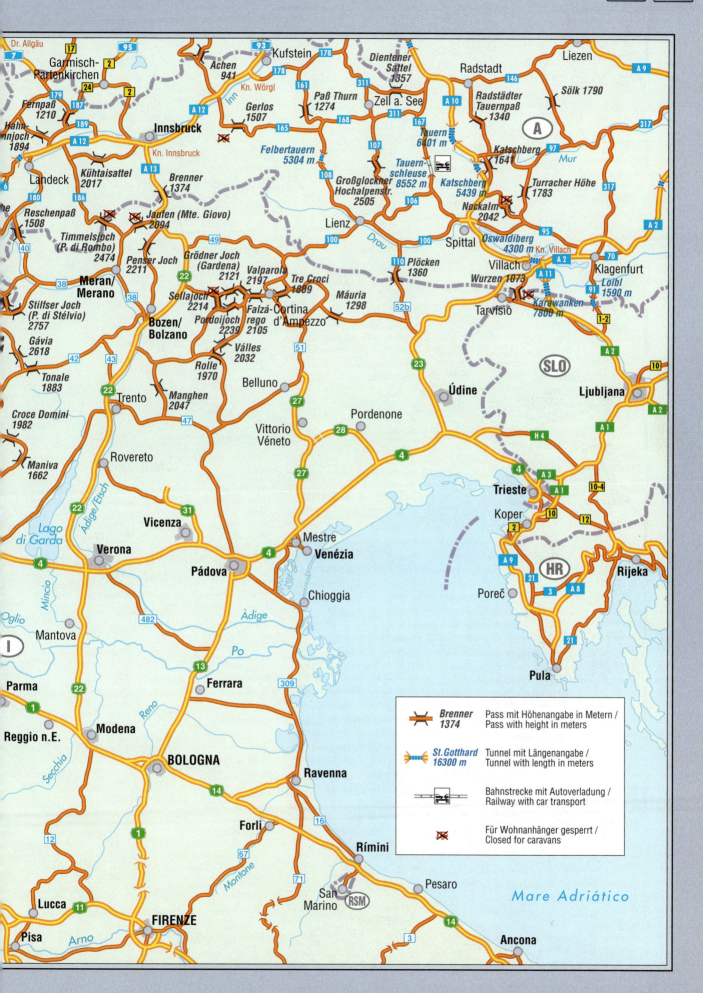

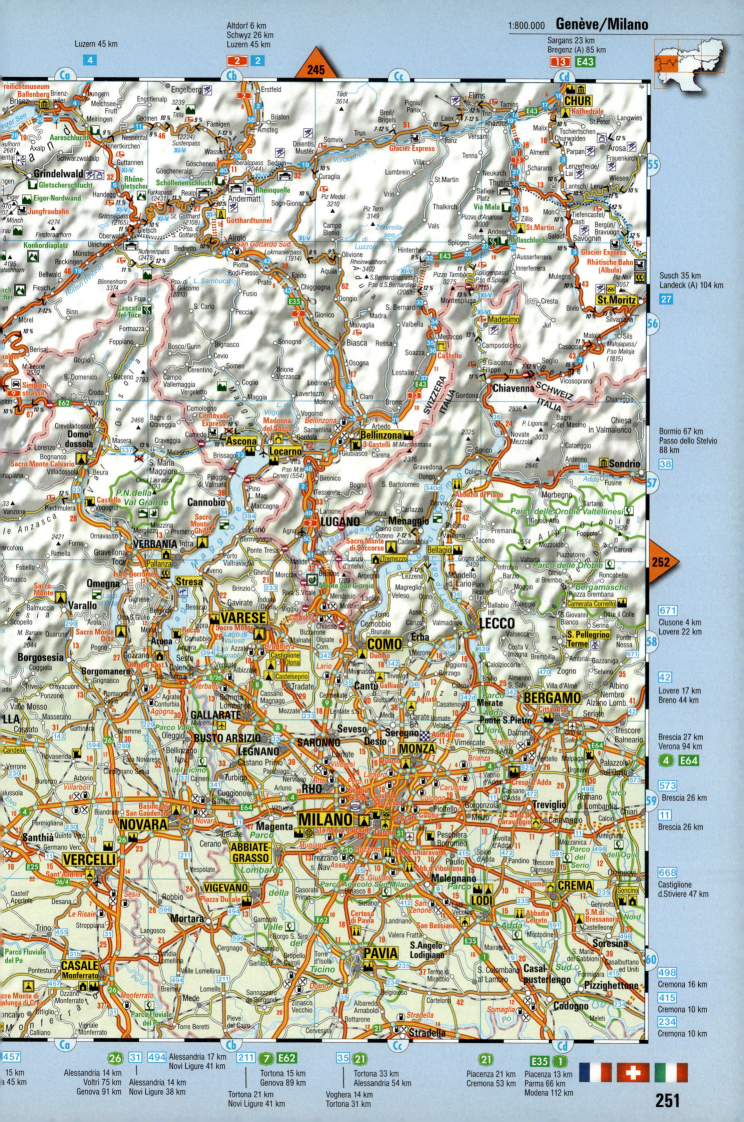

Briançon 2 km
Torino (I) 102 km
N94 Grenoble 120 km
250
589 Torino 31 km
Torino 8 km
6 20 21
Torino 30 km
10
21 Asti 28 km
Alessandria 49 km
29 Alba 19 km
231 Alba 8 km
Asti 36 km
Alessandria 63 km
Ceva 21 km
Savona 67 km
661
Savona 46 km
Genova 97 km
6 E717
28 Ceva 12 km
Alba 48 km
Asti 76 km
Savona 60 km
Genova 111 km
La Spezia 232 km
10 E80
1 Albenga 29 km
Finale Ligure 53 km
Bastia (Corse)
Génova (I)
Calvi (Corse)
L'Ile Rousse (Corse)
Ajaccio (Corse)
Porto-Vecchio (Corse)
Barcelona
Palma de Mallorca (E)
N94
Gap 25 km
900
Gap 39 km
Sisteron 89 km
N202
N85
Sisteron 94 km
955
Draguignan 32 km
A8 43 km
le Muy 45 km
Draguignan 5 km
A8 16 km
562
E80 A8
Aix-en-Prov. 100 km
Marseille 110 km
98
Toulon 64 km
Marseille 135 km
Ba
Bb
Bc
Bd
61
62
63
64
65
66
PINEROLO
Saluzzo
CUNEO
Mondovi
Carmagnola
Bra
Fossano
IMPERIA
SAN REMO
Bordighera
Ventimiglia
Menton
Monte-Carlo
MONACO
NICE
ANTIBES
Juan-les-Pins
CANNES
Grasse
Fréjus
St-Raphaël
St-Tropez
Parc National des Ecrins
Parc National du Mercantour
Parco delle Alpi Marittime
FRANCE
ITALIA
Alpi Marittime
Alpi Liguri
Côte d'Azur
MAR LÍGURE
10 20 30 40 km

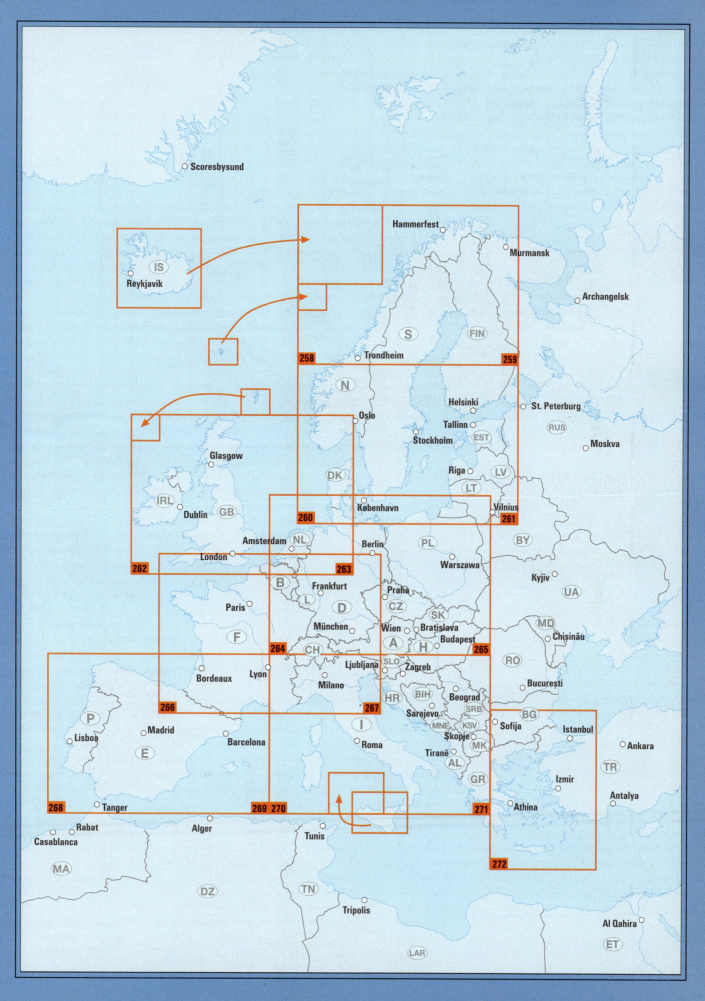

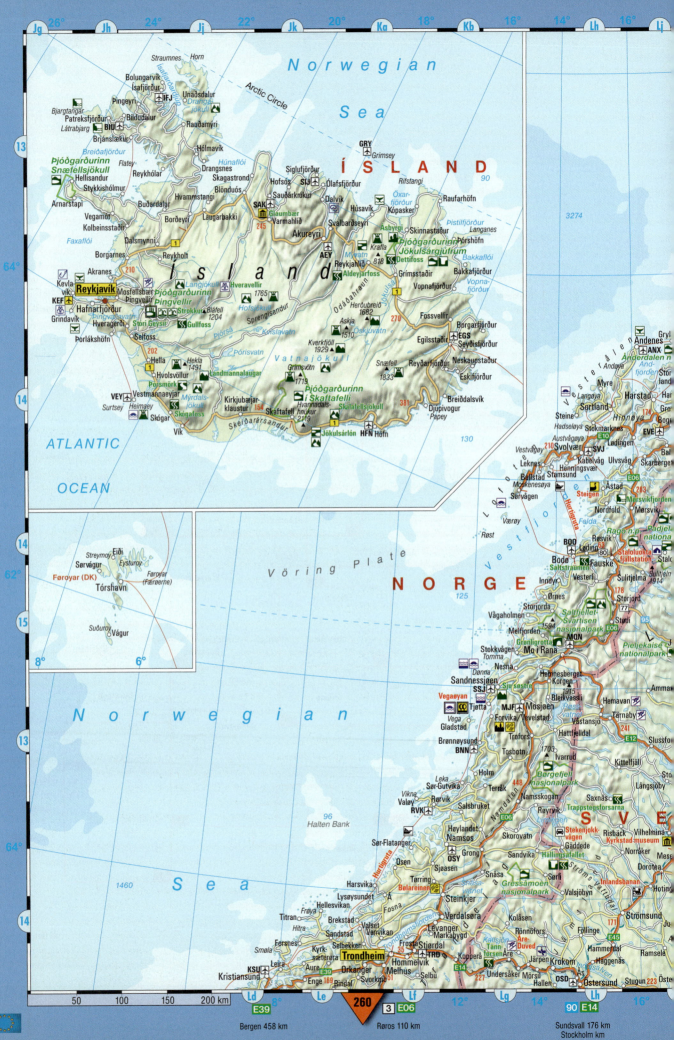

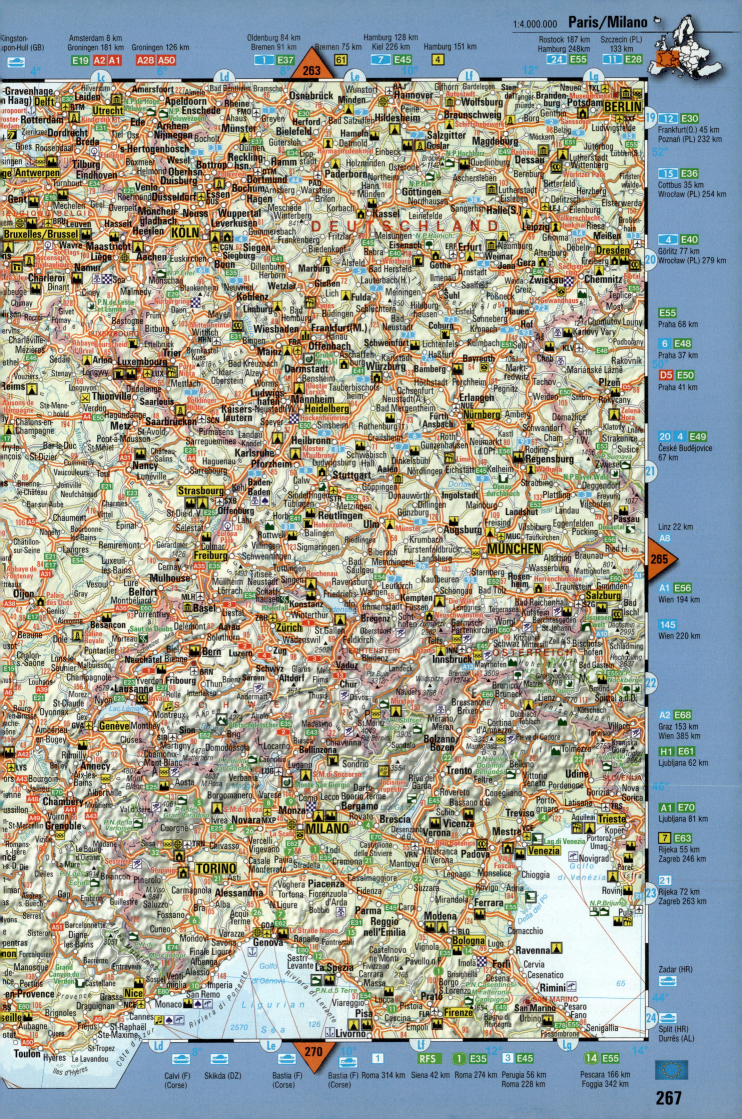

Havre (F)
mouth (GB)

La Rochelle 115 km
Niort 112 km

Limoges 12 km
Paris 401 km   Limoges 100 km

Orléans 277 km
Paris 398 km   Nevers 152 km

A10   E05   **266**

A20   E09   941

E11   A71   A75

N7

N7
Lyon 35 km

A47   E70
Lyon 39 km

A7   E15
Valence 21 km
Lyon 111 km

A7   E714
Marseille 75 km

A54
Marseille 48 km
Genova (I) 396 km

A55
Marseille 34 km

Marseille (F)

270

Dijon 141 km   Lausanne 41 km   Lausanne 45 km   Luzern 111 km   Innsbruck   Innsbruck   Innsbruck   Salzburg 203 km   Salzburg 17
                Bern 110 km   Bern 114 km   Zürich 169 km   (A) 191 km   (A) 150 km   (A) 83 km
A6 E15   1 E25   9 E62   2 E35   264   27   38   22 E45   110   A10 E15

N7
Clermont-Ferrand
138 km

A47 E70
St-Etienne 22 km

E15 A7
Nîmes 129 km
Barcelona 500 km

E714 A7
Avignon 23 km

A54
Nîmes 67 km

A55
Nîmes 82 km

Al Jazâ'ir (DZ)
(Alger)

264

269

FRANCE

ITALIA

Corse

Sardegna

Sicilia

Algerian Provenceal Basin

Ligurian Sea

Tyrrhenian Sea

MEDITERRANEAN SEA

MEDITERRANEAN SEA

Tunis (TN)

Valletta (Malta)   Valletta (Malta)